T O P

VERSO

Joachim Huber: Urbane Topologie – Architektur der randlosen Stadt

© 2002 Universitätsverlag der Bauhaus-Universität Weimar

All rights reserved. No part of this book may be reproduced or utilized in any form or by any means, electronic or mechanical, including photocopying, recording or by any information storage and retrieval system, without permission in writing from the copywrite holder.

Gestaltung: Kirstin Eichenberg & Torsten Symank
Schrift: GST Polo
Fotos: Joachim Huber
Druck: Buch- und Kunstdruckerei Kessler GmbH, Weimar

Universitätsverlag der Bauhaus-Universität Weimar,
Marienstraße 5, D-99 423 Weimar,
Fax +49 (0) 36 43-58 11 56

ISBN 3-86068-136-2
Printed in Germany

URBANE TOPOLOGIE

Vorwort 1 Ort ist die Bedingung von Raum. Wie schon Heidegger wusste, »empfangen die Räume ihr Wesen aus Orten«. Wir sprechen von Topos, Topografie, Topologie und kennzeichnen mit diesen Begriffen Theorien des Ortes, sei es die Lehre von den Topoi in der Rhetorik oder die Theorie des literarischen Topos, sei es die Topografie als Lehre vom vermessenen Gelände oder eben die Topologie als eine mathematische Theorie, welche auf nicht-metrische Weise die Strukturen des Raumes untersucht.

Seit August Schmarsow und Fritz Schumacher herrscht die Erkenntnis, dass Architektur »Raumkunst« ist. Wir beobachten heute unter dem Einfluss einer eskalierenden Mobilität und globalisierender Medialität einen dramatischen Wandel der Raum-Zeit-Begriffe, der Stadt und der Architektur. Die Stadt, vor allem die Megalopolis, ist zur »randlosen Stadt« geworden, wie Joachim Huber uns zeigt. Sie hat die Raumvorstellungen der »urbs intra muros« längst hinter sich gelassen, die Milieus des Ländlichen und des Städtischen verschwimmen. Die medialen Netze sorgen dafür, dass der Begriff des »Kontextes« auch für die Architektur neu bestimmt werden muss. Im Zeitalter der medialen Ubiquität ist natürlich das Bild der Welt jener Kontext, in dem wir bauen, die entsprechenden Klischees und Simulakra sind unter Umständen viel einflussreicher als jede Nachbarschaft, Hollywood oft viel näher als – sagen wir – Daasdorf am Berg.

Joachim Huber unternimmt in diesem Buch den umfassenden, ambitionierten und bestechenden Versuch, diesen neuen Phänomenen des Raumes eine eigene Sprache, eine neue Theorie zu geben. Und das Werkzeug, das Instrument dieses Denkens entnimmt er der (mathematischen) Topologie. Ein solcher interdisziplinärer Brückenschlag ist zweifellos schwierig, wird aber von Joachim Huber als eine exzellente »Übersetzungsleistung« ins Werk gesetzt, bei Aussparung eines nur den Mathematikern verständlichen Formelapparates.

Warum aber Topologie? In den geometrischen und perspektivischen Raumtheorien herrscht das Maß, es gibt eine Metrik, euklidisch oder nicht-euklidisch. Demgegenüber ist die Topologie grundsätzlich nicht metrisch, sie ist gewissermaßen eine Theorie von Strukturen und Relationen, sie denkt den Raum ohne den Abstand. Da aber die Überwindung, ja das Verschwinden der Distanz zum Kern des gegenwärtigen Raumdenkens gehört, im Gefolge des physischen wie virtuellen Weltverkehrs, muss sich unsere Raumvorstellung zu einer topologischen wandeln. Der Architekt war immer schon ein »naiver Topologe«, insofern er Raumstrukturen ordnete. In der Moderne, welche sich aus den Korsetts der Perspektive, der Geometrie und der Proportionslehre befreit, tritt die Abstraktion auf dieses topologische Moment der Architektur und der Stadt immer deutlicher hervor.

Mir scheint, dass in der gegenwärtigen Kultur das topologische Moment radikalisiert wird. Die These nach der Lektüre der umfassenden Schrift von Joachim Huber könnte sein, dass wir von einem kulturellen Paradigmenwechsel zugunsten des topologischen Raumdenkens sprechen können. Dies nahegelegt zu haben, ist eine überaus bemerkenswerte Leistung dieses nicht einfachen, aber gerade deshalb äußerst lesenswerten Buches.

Gerd Zimmermann

Vorwort 2 Die initiale Motivation für dieses Forschungsprojekt über »Urbane Topologie« führt zurück auf einen interdisziplinären Topologie-Workshop der Diploma Unit 1 an der Architectural Association, School of Architecture/London, im Winter 89/90. Es waren neben den Studenten als Leiter Gäste und Kritiker anwesend: der Knotentheoretiker Louis H. Kaufmann, Gordon Pask als Second-Order-Cybernetiker der ersten Stunde, der erkenntnistheoretische Logiker George Spencer Brown sowie der Architekt Raoul Bunschoten, welcher gerade sein Institut »CHORA« gegründet hatte. Nachdem das Thema für mich einige Jahre brach lag, bekam es an der Bauhaus-Universität Weimar neuen Schub. Als interdisziplinäres »Exotikum« für eine Hochschule mit Schwerpunkt Architektur und Bauingenieurwesen existiert dort eine kleine, etwas unterschätzte Mathematik- und Informatikzweigbibliothek, in der sich überraschenderweise ein gutes Dutzend brauchbarer Topologie-Bücher fanden und so einen vorgefundenen Katalysator für diese Forschungsarbeit bildeten. Zu meinem weiteren Glück hatte sich die Bibliotheksleitung gleichzeitig entschieden, in die Entwicklung der Fernleihe und der digitalen Recherche zu investieren, was ich dann auch gnadenlos missbrauchte. Die Arbeit ist Produkt von sich ergänzenden architektonischen Haltungen der ETH-Zürich und der AA-London. Zürich war in meiner Studienzeit geprägt durch einen Kult des architektonischen Handwerks und Ethos', dem Rossi-Kontextualismus – eingebracht durch Aldo Rossis zwei Gastprofessuren in Zürich – und dem Rowschen Cornell-Kontextualismus (Bernhard Hoesli als damals gerade verstorbener Übervater, Franz Oswald, Herbert Kramel). An der Architectural Association – 1989/90 gerade verlassen von ihren Stars Rem Koolhaas, Bernard Tschumi, Peter Wilson und Zaha Hadid – stand prozessorientierte Methodologie der Architektur im Vordergrund. Diese zwei Wurzeln sind in dieser Arbeit zu spüren und sie ist insofern sehr »europäisch«. Dadurch ergibt sich auch eine inhaltliche Abgrenzung zu den Arbeiten des Paperless-Studios der Columbia-University/NY, MIT-Boston, und UCLA, die insgesamt topologische Ansätze eher akontextuell und objektzentriert verfolgen. Im notwendigen Einbeziehen von kultur-, geisteswissenschaftlichem und mathematischem Material entwickelte sich die Arbeitsphase zu einer Form von Zweitstudium. Zugegebenermaßen fehlt manchmal das mathematische Fundament (das ist interdisziplinäres Risiko), aber dies fängt meine Verwurzelung in der Stammdisziplin Architektur wieder auf. Die Arbeit »Urbane Topologie« wurde im Januar 2002 an der Bauhaus-Universität Weimar als Dissertation erfolgreich verteidigt.

Zu danken ist an dieser Stelle den Gutachtern Prof. Dr. Holger van den Boom, Prof. Dr. Michael Hays, Prof. Dr. Herbert Mehrtens, Prof. Dr. Gerd Zimmermann als loyalem Mentor für sein Vertrauen und den richtigen Fragen im richtigen Moment; Frau Gabriele Schaller und Marianne&Hermann Huber als geduldige Lektoren; Prof. Wolfgang Sattler und Prof. Heiko Bartels sowie Kanzler Dr. Heiko Schultz und Dr. Bernhard Andrä für den mir gewährten Forschungsfreiraum; Dr. Gerhard Schweppenhäuser, Jörg Gleiter, Jürg Graser, Markus Aerni und Dr. Klaus-Jürgen Bauer für katalytische Gespräche unter Kollegen; Prof. Dr. Marco De Michelis, BU Weimar/Venedig; Prof. Dr. Helga Nowotny und Prof. Dr. Adolf Muschg vom Collegium Helveticum ETHZ; Prof. emeritus Dr. André Corboz, ETHZ; Prof. Franz Oswald, ETHZ; Prof. Dr. Marc Angélil, ETHZ; Prof. Wim van den Bergh, TU Eindhoven; Prof. Dr. Kari Jormakka, TU Wien; Dr. Walter Prigge; Dr. Niklaus Kuhnert, den BibliotheksmitarbeiterInnen der Bauhaus-Universität Weimar; Vera&Christophe Gloor für ihre 2nd-Hand Computer und freundschaftlichen geduldigen Support; den Freunden, die mich in diesem Marathon unterstützten. Außerdem den »Buchmachern«: Kirstin Eichenberg und Torsten Symank, die als synergetisches interdisziplinäres Team – Grafikdesign und Architektur – aus einer schieren Masse von Text, Bildern und Diagrammen dieses Buch generierten. Die Verlagsleiterin Dr. Heidemarie Schirmer hat die Schlussredaktion und den Produktionsprozess routiniert in die Hand genommen. Ihnen allen sei gedankt.

Joachim Huber

18 EINFÜHRUNG

32 AUFBAU DER ARBEIT

35 TOPOLOGIE, RAUMBEGRIFF UND ARCHITEKTUREN, DIE TANZEN

46 RANDLOSE STADT

51 KONTEXT UND ARCHITEKTUR

TOPOLOGIE: VERFORMUNG, TRANSFORMATION UND ABBILDUNG

70

TOPOLOGISCHE BEGRIFFE

75

Topologischer Raum und Topologische Abbildung
Generische nichtnumerische topologische Invarianten

75
80

GEISTESWISSENSCHAFTLICHER KONTEXT: JACQUES DERRIDA

95

Topologische Différance: Verräumlichung, Verbildlichung, Spuren und Sinn
Die paradoxe Différance – der paradoxe Raum

95
100

KONTEXT ARCHITEKTUR: REM KOOLHAAS

105

»Generic City«
Topologien der randloser Stadt
Typologie und Abbildung

105
118
136

URBANE TOPOLOGIE: GENERISCHE DIFFÉRANCE – TYPOLOGIE/TOPOLOGIE

152

Kommentierte Zusammenfassung
Folgerung und Interaktion

152
161

ABBILDUNGSRAUM HOMOTOPIE

TOPOLOGISCHE BEGRIFFE DER HOMOTOPIE

Abbildungraum und Funktoren
Faserraum und Transversalität

GEISTESWISSENSCHAFTLICHER KONTEXT: PAUL VIRILIO

»L'espace critique« und Drittes Intervall
Jean Baudrillard und Simulacra
Intermundien und Topologie des »Sozialen Raumes«

KONTEXT ARCHITEKTUR: VENTURI&SCOTT BROWN

Pop Architektur
Dirty Realism und Pop-Kultur

URBANE TOPOLOGIE: POP, DISNEY UND RE-MIX IN DER STADT

Kommentierte Zusammenfassung
Folgerung und Interaktion

GRENZEN UND OBERFLÄCHEN – BORDISMUS UND HOMOLOGIE

258

260 TOPOLOGISCHE BEGRIFFE: OBERFLÄCHEN UND BERANDUNGEN

260 Dimension, Berandung und Einbettung
265 Stratifikation: Schichten und Schnitte

268 GEISTESWISSENSCHAFTLICHER KONTEXT: MICHEL FOUCAULT

268 Michel Foucault: Andere Räume – Heterotopologien
286 George Spencer Brown: Indikationskalkül

293 KONTEXT ARCHITEKTUR: DILLER&SCOFIDIO UND MIKE DAVIS

294 Raum, Körper und Disziplinierung
299 Medienarchitektur und Überwachung: Mike Davis

310 URBANE TOPOLOGIE: GRENZBEREICHE

310 Kommentierte Zusammenfassung
314 Folgerung und Interaktion

KARTE UND FELDTOPOLOGIE

329

TOPOLOGISCHE BEGRIFFE: DIFFERENZIALTOPOLOGIE   331

Vektorfeldtopologie   332
Kritische Punkte   334

GEISTESWISSENSCHAFTLICHER KONTEXT: PIERRE BOURDIEU   339

Feldtheorien: Kurt Lewin und Nachfolger   340
Force Field: Pierre Bourdieu und das Feld kultureller Produktion   355

KONTEXT ARCHITEKTUR: RAOUL BUNSCHOTEN   365

Architektonisches Feld: Cornell-Zone/-Field   365
Raoul Bunschoten: Stadt als Prozess – Prozess als Architektur   374

URBANE TOPOLOGIE: KRITISCHE PUNKTE UND ÜBERGÄNGE   383

Kommentierte Zusammenfassung   383
Folgerung und Interaktion   389

EREIGNISSE: TOPOLOGISCHE SINGULARITÄTSTHEORIE

399

401 TOPOLOGISCHE BEGRIFFE: PHASENRAUM UND BIFURKATION

402 Phasenraum
406 Singularitäten von Mappings: Whitney-Theorie
408 Bifurkationen
411 Exkurs: René Thom: »Structural Stability and Morphogenesis«

415 GEISTESWISSENSCHAFTLICHER KONTEXT: GILLES DELEUZE

417 Gilles Deleuze und das »barocke Ereignis«
424 Emergenz

428 KONTEXT ARCHITEKTUR: TSCHUMI VERSUS EISENMAN

432 Event City: Bernhard Tschumi
443 Urbane Falten: Eisenman

449 URBANE TOPOLOGIE: ENTFALTUNG UND EREIGNIS

449 Kommentierte Zusammenfassung
453 Folgerung und Interaktion

TOPOLOGISCHE STABILITÄT UND TOPOLOGIE DES FLÜSSIGEN

463

TOPOLOGISCHE BEGRIFFE: STABILITÄT UND VERWIRBELUNG

466

Topologische Stabilität und generische Eigenschaften
Topological Fluid Dynamics, Wirbel-Topologie

466
468

GEISTESWISSENSCHAFTLICHER KONTEXT: MICHEL SERRES

474

Michel Serres: Topologische Verflüssigung des Wissens
Destabilisiertes Denken – Destabilisierter Kontext

477
482

KONTEXT ARCHITEKTUR: MARCOS NOVAK

487

Mediatisierte Stadt
Liquid Architecture: Marcos Novak

487
497

URBANE TOPOLOGIE: VIRTUALITÄT UND STABILITÄT

511

Kommentierte Zusammenfassung
Folgerung und Interaktion

511
518

URBANE TOPOLOGIE: KONSEQUENZEN, OFFENE PROBLEME UND AUSBLICK

530

531 »Randlose« Architektur
533 Topologie als katalythische Methapher zur Bewältigung von Großmaßstäblichkeit
537 Spatial-Turn in der Architektur
540 Instabilitäten als topologischen Wandel – The city goes soft
543 Urbane Topologie – Architektur der randlosen Stadt: Ausblick

550 Bibliographie

569 Abbildungsverzeichnis

EINFÜHRUNG

Jede Generation, jede kulturelle Epoche fragt auf Grundlage des jeweiligen Standes der Wissenschaft, der politischen Lage und kulturellen »Stimmung« neu nach Konzeptionen der Sprachlichkeit, der Wahrnehmung, dem Umgang mit Bildern, Symbolen und: Raum. Es deuten viele Anzeichen darauf hin, dass letzteres im Moment wieder verstärkt in den Vordergrund rückt – ganz sicher aber gilt dies für die Architektur. Architektur nimmt solche Befragungen als eine Art räumlich kultureller Seismograph immer sehr direkt auf und sucht nach Umformungen und Umsetzungen der Auseinandersetzungen am Puls der Zeit.
Die Arbeit »Urbane Topologie« untersucht Entwicklungen in der Architektur seit der Mitte der 80er Jahre des 20. Jahrhunderts. Sie wurden geprägt durch eine Loslösung von eher textorientierten Betrachtungen von Architekturtheorie und architektonischem, urbanem Kontext hin zu raumorientierten Diskursen und Analogien aus der Wissenschaftsphilosophie und der Sozialgeographie. Das vorliegende Projekt versucht, eine topologische Beziehung zu Stadtraum zu entwickeln, indem sie die traditionelle, objektorientierte Beschreibung von architektonischer Umwelt durch Lesarten ersetzt, die experimentelle Qualitäten, Medialität, Kommunikation und die Dynamik des urbanen Raumes betonen und hervorheben. Um diese Lesarten für die Architektur analytisch präzise zu beschreiben und um ein konsequentes und hartnäckiges Herausschälen von kontexträumlichen Kriterien bezüglich der Auseinandersetzung mit dem Entwurfsprozess zu erlauben, werden unter anderem nichtnumerische Konzepte der mengentheoretischen und algebraischen Topologie übernommen.
Interaktion zwischen Vorstellung und Projektion/Transformation oder zwischen Interpretation und Entwurf respektive deren Umsetzung fragt nach Reformulierung der klassischen Konzepte von Struktur, Typologie und Stil. Hinzu kommt, dass solch eine Definition nicht der traditionellen Trennlinie verschiedener Maßstäblichkeiten im Entwurf und den damit verknüpften Disziplinen von Architektur und Städtebau folgt. Stattdessen übernimmt die Architektur die Rolle eines Mediators im Verschmelzen der Untersuchungen auf den verschiedenen übermaßstäblichen Ebenen. Das schon erwähnte Zirkulieren um eine Strukturanalogie zwischen Architektur und Topologie hat ein wesentliches Ziel: Eine Aktuali-

sierung des Kontextbegriffes in der Architektur. Der urbane Kontext erfährt im Moment eine Beschleunigung in der Loslösung vom physischen Ort, einem Sachverhalt, dem die Möglichkeit der theoretischen Erfassung noch weitgehend fehlt.

In jüngeren architekturtheoretischen Arbeiten, ich nenne Sanford Kwinter,[1] Jeffrey Kipnis, Manuel DeLanda,[2] Bernard Cache,[3] Stan Allen[4] und Greg Lynn,[5] wird öfter auf Forschungen aus der Wissenschaft der dynamischen Systeme und deren Anwendungen in den Naturwissenschaften, den »New Sciences«, verwiesen, deren Grundlage wiederum ein sehr junger Zweig der Mathematik darstellt: die Topologie. Diese ist insbesondere für Architekten äußerst interessant, kann man sie doch vereinfacht eine Wissenschaft der qualitativen Raumbeziehungen in Bezug auf Lage und Gestalt nennen, und dies nicht nur bezogen auf Mathematik. Für die Architektur formen sich dabei zwei Punkte heraus:

– Topologie als Verräumlichung von Logik und Mengenlehre, einer ersten logischen Setzung von Raum. Der topologische Raum definiert sich durch eine Punktmenge, der eine Struktur aufgeprägt wird.
– Topologie als eine vergleichende Wissenschaft, die u. a. auch Beiträge zu einer hermeneutischen Raumbetrachtung der Architektur liefern kann.[6]

Letzterer Punkt generiert sich aus der Arbeitsweise des Topologen. Um zwei Räume zu vergleichen, speziell um die so genannten Invarianten zu finden, werden sie durch eine Abbildungsfunktion einer stetigen Deformation aufeinandergelegt. Für diese Vergleiche erarbeitet sich der Topologe ein Repertoire von Werkzeugen; die dazugehörenden Handlungen werden, z. T. in Anlehnung an die Medizin, chirurgische Operationen (engl. ›surgeries‹) genannt. Dieses Schnittlegen ist eine architektonische Handlung. Der Topologe wendet seine spezifischen Werkzeuge aus der Untersuchung von Äquivalenz auch zur Produktion von Räumen an. Er versieht Räume mit gewissen gewünschten oder zu entwerfenden Eigenschaften und konstruiert Räume; er wird damit zum Architekten. Man vergesse bitte alle Vorstellungen, dass eine Abbildung eine direkte Projektion in axonometrischem Sinne oder perspektivisch dargestellt, wie das seit der Renaissance in Europa üblich, sei. Die topologischen Transformationsbeziehungen der heutigen urbanen Realität sind differenzierter. Man sollte sie sich als Funktionen visualisieren. Die vorliegende Untersuchung versucht, Topologie ohne formale mathematische Sprache zu beschreiben und sich auf nichtnumerische topologische Invarianten zu beschränken.[7]

Die Entwicklungen der nicht-euklidischen Geometrie und der Topologie bedeuteten für die Naturwissenschaften des 19. Jahrhunderts einen radikalen Paradigmenwechsel, einen Umbruch in den Denkweisen, wie ihn später vielleicht nur noch Relativitätstheorie und Quantenmechanik wiederholen konnten.[8] Architektur tastet sich mit etwas über 100 Jahren Verzögerung an diese veränderte Auffassung von Geometrie und Raum heran. Materialforschung und CAAD erlauben einerseits eine größere Abstrahierung des Begriffs »Bauwerk«, andererseits hat aber auch die Topologie selbst erst in der zweiten Hälfte des 20. Jahrhunderts eine Entwicklung durchgemacht, die sie nun plötzlich zu einem der interdisziplinärsten mathematischen Werkzeuge werden ließ.

Hier setzt die vorliegende Arbeit an. Sie hat das Fehlen eines Verständnisses der einfachen topologischen Elemente im jüngsten Architekturdiskurs als Forschungslücke erkannt. Der Schwerpunkt soll dabei aber nicht auf den rein objektorientierten topologischen Interpretationen, wie sie das »paperless studio« der Columbia-University New York oder jüngere niederländische Architekten um Winy Maas oder Lars Spuybrook ausgiebig erforschen, liegen, sondern es soll als Ergänzung dieser Studien die Einbindung der Topologie in kontextuelle Sichtweisen der Architektur versucht werden. »Urbane Topologie« gewinnt dadurch einen über die Architekturtheorie hinausgehenden unvermeidbar städtebaulichen Aspekt.

Architektur ist in ihrer Tradition und Praxis in gewissem Sinne schon eine Form von »naiver Topologie«:[9] Behandlung von Typen, Körpern, Oberflächen, Lage, Konfiguration und Gestalt, intrinsische und extrinsische Betrachtung sind charakteristische topologische Attribute. Das Potenzial zur interdisziplinären Strukturanalogie wird von der Topologie selbst betont, zum Beispiel von Klaus Jänich: »Eher schon kann man nämlich die große und immer noch zunehmende Verflechtung früher getrennter Disziplinen ein Merkmal moderner Wissenschaft nennen. […] Diese Verflechtung wird dadurch bewirkt, dass die wissenschaftliche Entwicklung immer wieder verborgene Analogien ans Licht bringt, deren weitere Ausnutzung einen solchen Denkvorteil bedeutet, dass die darauf gegründete Theorie bald in alle betroffenen Gebiete einwandert und sie verbindet. Eine solche Analogietheorie ist auch die mengentheoretische Topologie, die alles umfasst, was sich Allgemeines über Begriffe sagen lässt, die auch nur in der Ferne mit Nähe, Nachbarschaft und Konvergenz zu tun haben.«[10]

Die Konsequenzen von Globalisierung, Verstädterung und Virtualisierung tangieren einerseits Fragen nach einer »Autonomie von Architektur«, andererseits deren Einbettung in ein komplexes Geflecht von Mikro-Makro-Phänomena, Polykontextualität, Dezentralisierung, die insgesamt nicht mehr quantitativ überschaubar sind. »Urbane Topologie« als qualitative Theorie respektive qualitative Methodologie von Räumen versucht, vermittelnd einzugreifen. »Architektur« hat in diesem Entfaltungsprozess eine Rolle als »Medium«. »Urbane Topologie« als Raumgefüge und Basis dieses Prozesses stellt und erzeugt im Sinne einer »Bricolage« die Raum-Zeit-spezifischen Werkzeuge. Die Rolle der einzelnen Komponenten (Kontext/Stadt/Architektur) steht außerhalb ihrer klassischen Einordnung. Sie können sich nicht mehr über ihre Materialisierung und Hierarchisierung als Produkte definieren. Das »Produkt« wird durch einen Transformations-Prozess ersetzt. Dieser Schritt hat einschneidende Konsequenzen. Das Orientierungssystem, traditionell auf den »Ort« (Topos) angewiesen, muss vollständig neu gedacht werden. Der Schritt vom Lokalen zum Globalen, eine topologische Handlung, und umgekehrt, evoziert Maßstabs-Loslösungen, die als gewaltige dissipative Energiefresser völlig außerhalb des klassischen Kontextes, sprich »Ortes«, stehen. Entwurfsaufgaben werden zu Re-Kontextualisierungen des individuellen Produkts. Aber dieser neue Kontext wird ein ganz anderer, topologisch transformierter sein.

Der Normalbegriff von Stadt wird auf die Quasi-Stadt der topologischen Stadt projiziert. Aus architektonischer Sicht ist dieser Normalbegriff durch einige Modelle geprägt, die alle mehr oder weniger der Auseinandersetzung mit der Moderne im 20. Jahrhundert entspringen. Einen frühen Fixpunkt bildet sicher die Charta von Athen mit ihrer infrastrukturorientierten Funktionentrennung in der Stadt. Aus ihr heraus kann man grob zwei Entwicklungsstränge festmachen: Einerseits aus dem CIAM und Post-CIAM heraus, eine, ich nenne dies Anthropologisierung der Charta von Athen durch Team X (frühe 60er Jahre) und den niederländischen Strukturalismus (frühe 70er), der weiter in eine urbane Semiotik (70er/80er) und poststrukturalistische Stadt als Text (80er/90er) führt. Andererseits finden wir die Typologie/Morphologie-Schule des italienischen Rationalismus – der Aldo Rossi-Schule (60er) – und die damit verwandte Figur/Grund-Analyse der Cornell-Schule um Colin Rowe (60er/70er). Als Summe mit all ihren Nuancen, Mischformen und Gegenprojekten bildet sich daraus das, was man für die Architekturdebatte einen Normalbegriff von Stadt nennen könnte.

Die heutige Stadt hat diese Modelle vor allem bezüglich Großmaßstäblichkeit, Heterogenität und dem Element der neuen Kommunikationstechnologien weit hinter sich gelassen. Die so genannte fordistische Stadt der Moderne ist erst zur postfordistischen Dienstleistungsstadt und nun weiter zur Informationsstadt mutiert. Hier greift die idealisierende Monofunktionalität der meisten genannten Modelle nicht mehr, sie erfassen oft nur einen spezifischen Aspekt von Stadt und sie bieten kaum flexible Handhabe für den Umgang mit Urbanität jenseits der klassischen Stadt mit historischem Zentrum. Es geht also bei obig angesprochener Projektion des Normalbegriffs von Stadt auf die topologische Stadt um eine Aktualisierung und eine Weiterentwicklung, aber auch um eine Vermittlung von dem in den verschiedenen Sichtweisen vorhandenen Know How.

»Urbane Topologie« als zentraler Begriff, Titel und Leitmotiv der vorliegenden Untersuchung ist dem Aufsatz »Der kritische Raum/L'espace critique« des französischen Urbanisten Paul Virilio entnommen: »Urban topology has, however, paid the price for the atomization and disintegration of figures, of visual points of reference which promote transmigrations and transfigurations, much in the same way as landscapes suffered in the face of aggricultural mechanization.«[11] Was stellen sich für die architektonische Umwelt heute für Fragen, respektive für Grundvoraussetzungen bezüglich einer urbanen Topologie?

Formen von Topologie Topologie wird hier in architektonischem Zusammenhang verwendet, um auf einen grundlegend veränderten Raumbegriff bezüglich der Wahrnehmung unserer Umwelt hinzuweisen. Der klassische Raumbegriff in der Architektur orientiert sich immer noch – auch in der (Post-) Moderne – am cartesianischen Raum und einem Kantschen Raum-Apriorismus. »Absolute Räume« und niederkomplexe phänomenologische Räume bestimmen den Diskurs der Architektur. Der Raumbegriff wurde in der Architektur fast nur »lokal« verwendet. Topologie betritt die heutige architektonische Bühne als abstrakter Relationierungsraum, welcher lokal und global besetzt sein will. Topologischer Raum ist ein medienübergreifender Raum, der die Einbindung des Diskurses über Architektur und Urbanität virtueller Welten in das Tätigkeitsfeld des Architekten hinsichtlich Transfer und Interaktion zwischen realen und virtuellen Kontexten ermöglicht.

Randlose Stadt Die randlose Stadt bildet das Quellenmaterial heutiger architektonischer Intervention und Reflexion. Ein Umgehen mit Zersiedelung der Landschaft respektive Ausdehnung der Städte muss Unübersichtlichkeit als Fakt, als Konstatierung, aber auch als Chance anerkennen. Gefordert ist heute mehr denn je ein affirmativer Umgang mit randloser Stadt, der jenseits bisheriger statistischer und soziotechnischer Interpolation liegt und sich qualitativen, in dieser Arbeit topologischen, Werkzeugen zuwendet.

Kontext Die kontextuellen Lesarten in der Architektur müssen erweitert werden. Ihre textorientierten Wurzeln soll Architektur einerseits wirklich ausschöpfen, andererseits fordern Pluralismus, A-Zentrik und Virtualisierung/Globalisierung von Kontext eine Hinwendung zu räumlichen Kriterien – einem Spatial Turn – welcher ein Berücksichtigen von Dynamisierung und Beschleunigung des urbanen Raumes erlaubt. »Con-Textere« wird wieder auf seinen Stamm des Verflechtens von Texturen und Räumen zurückgeworfen.

Diese drei Themen werden in den folgenden Expositionen ausführlich behandelt und bilden die Basis für die weitere Argumentation. Bisherige Modelle bezüglich ähnlicher Fragestellungen waren in der Vergangenheit zu stark quantitativ geometrisch und statistisch ausgerichtet. Auseinandersetzung mit der schieren Größe der randlosen Stadt; deren Kontext und Raum wurde entweder durch Interpolation statistisch berücksichtigt, oder es wurden auf handhabbaren lokalen Kontext reduziert. »Urbane Topologie« fungiert unter diesen Prämissen als medienübergreifende und paradigmenübergreifende, vermittelnde Strategie.

Ziel ist das Erarbeiten einer progressiven zeitgemäßen Stadtbetrachtung mit dem Zur-Verfügung-Stellen ausgewählter topologischer Werkzeuge zur Prozess-Erarbeitung von Betrachtung, Analyse, Programm zuhanden des architektonischen Entwurfes. Hauptmerkmal wird das Ersetzen eines statischen Ort-Begriffes durch den dynamischen Begriff der Transformationsbeziehung sein. Daraus resultiert eine meiner Meinung nach dramatische Verschiebung des städtischen und architektonischen Kontextbegriffes. Vom Standpunkt der Architekturtheorie aus werden kontextformierende Aspekte untersucht und auf die »Quasi-Stadt« – virtuelle Stadt – der urban-topologischen Stadt abgebildet.

VORGEHEN

Die vorliegende Arbeit intendiert, mit den Werkzeugen der Topologie ein paar der gegenwärtigen Strömungen innerhalb der Architekturtheorie neu zu testen und weiterzuentwickeln. Es ist ein Versuch, wieder stärker auf einen Raumbegriff in der Architekturtheorie zurückzukommen und die Pfade der linguistischen Lesart von Stadt und Architektur zugunsten einer Erweiterung durch Topologie zu verlassen. Dadurch gewinnen erkenntnistheoretische Betrachtungen, aber auch Seitenblicke zu modernen phänomenologischen Interpretationen an Gewicht. Im Vordergrund steht dabei immer ein erweiterter Kontextbegriff. In der zeitgenössischen Architekturtheorie existiert zum Glück kein systematischer Kanon bezüglich Wissenschaftlichkeit, Forschungsbegriff und Methodologie. Und doch erzeugt diese Offenheit gerade in einem interdisziplinären Diskurs keine Vereinfachung der Situation – im Gegenteil. Man tut deshalb gut daran, seine eigene Position und diejenige des Forschungsthemas so zu definieren, dass beide handlungsbefähigend und genügend flexibel sind. Methodologische Architekturtheorie, interdisziplinäre Forschung und Poststrukturalismus bilden den Hintergrund, aus dem dieses Forschungsprojekt über »Urbane Topologie« schöpft. Ursache und Wirkung sind dabei nicht klar zu trennen. Die Entdeckung der Topologie als Forschungsfeld für die Architektur entsprang für mich größtenteils der intensiven Auseinandersetzung mit den Exponenten des französischen Poststrukturalismus: Jacques Derrida, Gilles Deleuze, Michel Foucault und Jean-Francois Lyotard. (Bekanntlich verweigern sich alle genannten »neuen Denker« der Bezeichnung »Poststrukturalismus«; und doch hat er sich als Sammelbegriff durchgesetzt und wird hier so eingesetzt.)

Architekturtheorie

»Innerhalb der architektonischen Disziplin ist die Theorie ein Diskurs, der Praxis und Produktion von Architektur beschreibt und Herausforderungen für sie identifiziert.« schreibt Kate Nesbitt.[12] »Architekturtheorie überlappt, aber unterscheidet sich von Architekturgeschichte, welche deskriptiv über vergangene Werke arbeitet, und sie unterscheidet sich von der Architekturkritik als einem engen, beschränkten Werten und Interpretieren von spezifischen, existierenden Werken, relativ zu den, von der Kritik oder den Architekten gewählten respektive etablierten Standards«.[13] Kate Nesbitts Definition von Architekturtheorie ist in Europa nicht sehr verbreitet; Geschichte und Theorie werden hier stärker vermischt. Ich bin mir bewusst, dass man auch in progressiver Forschung dem geschichtlich-hermeneutischen Zirkel nicht entfliehen kann, aber man darf sich Fragen nach dessen Gewichtung und Interpretation stellen, wie dies in Folge des Derrida-Gadamer-Treffens (Paris 1981) zum Beispiel in Form einer »Radikalen Hermeneutik« getan wurde.[14] Im Rahmen dieser Forschungsarbeit über »Urbane Topologie« soll der angelsächsische Ansatz – hier durch Kate Nesbitt nur rudimentär vorgestellt – und wie ich ihn auch an der AA-London kennen gelernt habe, verfolgt werden. Ich gehe zudem als praktizierender Architekt einen Schritt weiter als Nesbitt und fordere als Ziel architekturtheoretischer Arbeit zusätzlich den methodischen Bezug zuhanden einer Entwurfspraxis respektive jeder Praxis der Architektur. Solche Praxis berücksichtigt auch Methodologie von »Prozess als Ergebnis«, bestehend aus der Interaktion von Qellenmaterial (Bauplatz/Kontext/Geschichte), Werkzeugen und Programmen des jeweiligen Entwurfes.

Gilles Deleuze nennt Theorie generell eine »Werkzeugkiste«.[15] Der Architekt braucht in den seltensten Fällen Hilfe im »Kontext der Entdeckungen«, dem Entwurf, eher schon verweigert er sich einer solchen. Der Architekt ist jedoch nachgerade süchtig nach Kontextinformationen, die ihm helfen, seine Entwürfe als architektonische Entdeckungen zu rationalisieren und zu rechtfertigen – Architekten sind Plünderer.[16] Nach dem Informationstheoretiker N. Rashevsky gestattet solche »topologische Information« die Untersuchung informationeller Eigenschaften von Systemen, die nicht metrischer, sondern lage- oder anordnungsbezogener, also qualitativer Art sind.[17] Architekturtheorie ist immer auch Methodologie, sehr oft, wie auch hier, ohne dass direkt über Methode geschrieben werden wird. Praxis, speziell die Entwurfspraxis ist, wie dies der Physiker Hans Reichenbach bezüglich empirischer Experimente beschreibt, geprägt durch die Abtrennung zweier Kontexte, »des Kontexts der Entdeckung (discovery) und des Kontexts der Rechtfertigung (justification). Der rationalen Rekonstruktion zugänglich ist allein der Kontext der Rechtfertigung, oder wie Karl R. Popper vorzieht zu sagen, der Kontext der Prüfung. Hingegen ist der Kontext der Entdeckung durch subjektive, nicht zu rationalisierende Momente der Kreativität geprägt«.[18] Für die Architektur trifft diese Deutung sicherlich zu. Architekturtheorie hat die Aufgabe, den »Kontext der Entdeckung« einerseits mit den Werkzeugen der Kunst-, Ästhetik-, Psychologie- und Philosophie-Theorie trotzdem zu deuten (außerhalb des analytisch normativen Diskurses gibt es auch hier eine Tradition, J. H.), andererseits aber durch ihre gesunde Distanz zur Praxis auch spekulativ zu provozieren. Kate Nesbitt weiter: »Theorie unterscheidet sich von diesen (der Geschichte und der Kritik, J. H.) Aktivitäten dadurch, dass sie alternative Lösungen vorschlägt, die auf Beobachtungen des zeitgenössischen Zustandes der Disziplin basieren und sie offeriert neue Denkparadigmen, um die architektonischen Themen anzugehen. Ihre spekulative, antizipatorische und katalytische Natur grenzt theoretische Tätigkeit von Geschichte und Kritik ab«.[19] Die Forschungsarbeit über »Urbane Topologie« sieht sich durch diese Formulierung präzise vertreten. Der Versuch einer interdisziplinären Einbindung der Topologie in den aktuellen architekturtheoretischen Diskurs besitzt sicherlich gewissen spekulativen Charakter. Nichtsdestotrotz handelt es sich um eine wohl begründete Spekulation, die aber bezüglich der Fragestellungen »Globalisierung«, »Virtualisierung« und »Großmaßstäblichkeit« in keiner Weise eine Diskursmonopolisierung bedeuten will.

»Urbane Topologie« verinnerlicht aber auch einen typisch europäischen Gedanken der Architekturtheorie: Sie bedeutet eine Auseinandersetzung mit Kontext: Sie ist Kontexttheorie. Die Einbindung von Kontext bedeutet eine Klärung des »unsichtbaren« methodologischen Anteils dieser Forschung. Vergleicht man die wichtigsten theoretischen Schriften der Architektur in den letzten Jahrzehnten, erkennt man, dass sie sich alle im weitesten Sinne mit kontextuellen Lesarten auseinandersetzen. Rossi, Venturi, Lynch, Rowe und Tschumi setzen sich schlussendlich aus verschiedensten Positionen immer mit einem europäischen Stadtideal auseinander. Hier setzt »Urbane Topologie« an und kombiniert diese Denktradition mit den urbanen Lesarten der jüngeren amerikanischen Sozialgeographen. Dies zu betonen ist insofern wichtig, als die gesamte zeitgenössische Topologiedebatte in der Architektur äußerst CAAD-Objekt-orientiert ist und eine Kontextdiskussion vollkommen ignoriert. Diese Lücke will »Urbane Topologie« füllen. Etwas vereinfacht könnte man also von einer angelsächsisch motivierten Architekturtheorie mit europäischer Kontexttradition sprechen.

»Entwurf« bedeutet innerhalb der vorliegenden Arbeit ein umfassendes, offenes, architektonisches Konzept und nicht nur das dabei entstehende Objekt als Normalfall: Entwerfen-im-Kontext-als-Prozess. Interdisziplinärer Entwurfsprozess wiederum darf nicht als bloßes logistisches Facility Management und als Ablaufsplanung verstanden werden. Insofern geht es durch die räumlichen Kriterien einer »Urbanen Topologie« verstärkt um veränderte Sichtweisen auf den Architekturentwurf. Dadurch könnte sich als mögliches Optimum, über diese Arbeit hinaus, auch eine methodologische Neuorientierung des entwerferischen Verhaltens entwickeln.

Poststrukturalismus

Strukturalismus bildet die methodische Voraussetzung für den Poststrukturalismus. Es wird gemeinhin ein linguistischer und ein mathematischer Strukturalismus unterschieden. Beiden und der Topologie gemeinsam ist das relationale und komparatistische Vorgehen,[20] um durch Freilegen von Isomorphien übergreifende Strukturen bestimmen zu können. Insofern ist es methodisch sinnvoller, wie dies Roland Barthes vorschlägt, von einer strukturalistischen Tätigkeit zu sprechen denn von einem Ismus.[21] Topologie und mathematischer Strukturalismus berufen sich beide auf den mathematischen Strukturbegriff. Michel Serres – der im letzten Kapitel über die Topologie des Flüssigen behandelt wird – ist der wichtigste Vertreter eines mathematischen Strukturalismus in Wissenschaftstheorie und Philosophie. Er versucht, synchrone Entsprechungen zwischen Wissenschaftssystemen und anderen Bereichen der gesellschaftlichen Lebenswelt aufzudecken. Topologie als nicht-euklidische qualitative Theorie spielt dabei eine zentrale Rolle.

Poststrukturalismus kritisiert die Vorstellung einer überhistorisch wirkenden, geschlossenen Struktur sowie die Annahme eines strukturübergreifenden Zentrums durch den Strukturalismus. Unter Rückgriff auf Heidegger, vor allem durch Jacques Derrida, wird das Wissenschaftverständnis des Strukturalismus als neuzeitliche Metaphysik abgelehnt. Die Vertreter des Postrukturalismus, u.a. Derrida, Deleuze, Foucault, Serres, Lyotard, versuchen, dezentrale, heterogene Strukturen zu denken. Auch wenn Richard Rorty von »Kultur ohne Zentrum«[22] spricht, ist seine neopragmatische Nähe zum Poststrukturalismus ersichtlich: »Denken in Differenzen statt in emphatischen Oppositionen«.[23] Jean Francois Lyotard versucht, »Heterogenität wieder Geltung zu verschaffen und auf der Basis anerkannter Heterogenität Formen des Zusammenhangs zu denken und zu entwickeln«.[24] Die Entwicklungen in der Wissenschaftsphilosophie in Folge von Thomas S. Kuhns »Struktur der wissenschaftlichen Revolutionen«[25] ergänzen die Poststrukturalismusdebatte um den Aspekt des Paradigmenpluralismus.

- A-Zentrik
- Heterogenität
- Pluralismus

sind die drei wichtigsten Attribute des Poststrukturalismus für diese Arbeit über »Urbane Topologie«. Sie decken sich mit den Erfahrungen im heutigen soziokulturellen urbanen Kontext und markieren auch Charaktere im Konstrukt der »randlosen Stadt«. Definiert Strukturalismus Methode und Tätigkeit, formuliert der Poststrukturalismus eine a-zentrische Haltung.

Interdisziplinäre Forschung

Post-/Strukturalismus ist in seiner gesamten Tradition eine interdisziplinäre Wissenschaft. Sie spielt in der vorliegenden Arbeit vor allem auch die Rolle einer Vermittlungsdisziplin zwischen Topologie und Architektur – einer »dritten Disziplin«. Wir haben am interdisziplinären »Think Tank« Collegium Helveticum der ETHZ deshalb vom Konstrukt einer »Drei-Fächer-Einpersonen-Interdisziplinarität« gesprochen. Ein Grundproblem interdisziplinärer Forschung ist »Kommensurabilität«; ob die beteiligten Disziplinen in irgendeiner Form vergleichbar und kommunikatibel seien. Die Topologie als Bestandteil der Mathematik ist eine deduktive analytische Wissenschaft, die auf Basis weniger Axiome agiert. Architektur ist Teil eines offenen Systems aus Künsten, Sozial- und Kulturwissenschaften, Ingenieurtechniken. Sie ist geprägt vom »ganzheitlichen« lebenspraktischen Ansatz nichtanalytischer Wissenschaft und Philosophie.[26] Es stellt sich die Frage der Kommensurabilität also durchaus. Gerade in der interdisziplinären Forschung erweist sich, dass wissenschaftliche Begriffsbildung im Alltagsleben und den alltäglichen Handlungen des Menschen verankert ist. Sie kann daher nicht nur logisch analytisch, sondern muss auch hermeneutisch begründet werden.[27] Andererseits betont Helmut Seiffert, dass die nichtanalytischen Wissenschaften in jüngerer Zeit enorm von der sauberen analytischen Begriffsentwicklung als Fundament aller Wissenschaften profitiert haben.[28] Obwohl einerseits Topologie und Strukturalismus über den Strukturbegriff eine gemeinsame Basis besitzen, und andererseits Architektur und Topologie beide »Raum« im Mittelpunkt ihrer Disziplinen sehen, besitzen die Topologie und ihre Begrifflichkeit auch die Rolle einer Metapher in der Stammdisziplin »Architektur«. Interdisziplinäre Forschung ist dem Phänomen der Metaphorisierung ziemlich unausweichlich ausgeliefert. Topologie wird als Metapher in die Architektur importiert. Methodologisch handelt es sich bei der Metapher »Topologie« um eine »Explikation« (zur Begriffsentfaltung). Der Schritt von einer Metapher innerhalb einer monodisziplinären Forschung zu einer interdisziplinären Wissenschaft, die dialogisch-interdisziplinär und erkenntnisfördernd sein soll, geschieht durch die Entfaltung der singulären Begriffe – der metaphorologischen Explikation. In dieser Arbeit wird nicht weiter spezifisch auf die Metaphertheorie im Dreieck Topologie-Poststrukturalismus-Architektur eingegangen. Es wird als stillschweigendes Einverständnis auf die moderne Auffassung einer interaktionistischen Metaphertheorie, mit ihrer Betonung auf Rückkoppelung, Transformation, Repräsentation und Modell, verwiesen, aus deren Bewegung sich die katalytische Innovationsfülle des »Neuen« ergibt.[29] Interdisziplinäre Forschung macht nur dann Sinn, wenn nicht nur finale Erkenntnis ausgetauscht wird, sondern wenn ein interaktionistischer Transfer von Werkzeugen, Kriterien und Methoden stattfindet. Ein gelungenes Beispiel aus der Topologie bildet die Klassifikation der Differenzierbarkeitsstrukturen vierdimensionaler Mannigfaltigkeiten mit Hilfe der

Yang-Mills-Gleichungen[30] aus der Physik der starken Wechselwirkungen durch S. K. Donaldson.[31] Claude Lévi-Strauss nennt Werkzeug-Metaphern in einer »Wissenschaft des Konkreten«: »bricolage«, womit eine »nichtvorgezeichnete Bewegung« betont wird.[32] Die Werkzeuge werden in ihrem neuen, aktualisierten Kontext nicht in Tradition ihrer ursprünglichen Zwecke angewandt. Der Bricoleur setzt sie nach Bedarf neu, unorthodox, pragmatisch, unvorhersehbar und vielfältig ein. Die neuen Funktionen sind weder geplant noch zielgerichtet, sondern ergeben sich aus der Komplexität des Kontexts. Die Bricolage setzt ein neues »gefundenes« Element in eine frei gewordene Funktion ein, »so dass jede Wahl eine vollständige Neuorganisation der Struktur nach sich zieht«.[33] »Jedes Element stellt eine Gesamtheit von konkreten und zugleich möglichen Beziehungen dar«.[34] Die Bedeutung wird aus dem traditionellen Zentrum verschoben; es spannt sich ein Bedeutungsfeld respektive ein Metaphernfeld auf.[35] Jede metaphorische Bewegung bewirkt eine neue, andere strukturale Konstellation, die in strukturalistischer Weise neuen, anderen »Sinn« konstituiert. Die Stammdisziplin interdisziplinärer Forschung, in diesem Fall die Architektur, muss offen genug sein, diesen Sinn als Teil ihrer Sinn-Kontingenz zu akzeptieren und nicht – was in akademischen Macht-Konfigurationen häufig geschieht – zu zensieren.

Der Start jedes interdisziplinären Projektes ist auch ein Sich-aus-der-Disziplin-Hinausbewegen. Es erfolgt im Laufe der Klärung des Verhältnisses von Zweitdisziplin zu Stammdisziplin eine Rückeroberung der Disziplin. Dabei ist mit Respekt den dabei getätigten Umwegen zu begegnen. Für die Position des Forschers kann man dabei von der (Re-)Formierung (s-)einer professionellen Identität sprechen. Die Fragen lauten deshalb: Hat die spezifische interdisziplinäre Arbeit Auswirkungen auf meine Positionierung in – und mein Verständnis – der eigenen Disziplin? Kann ich diese Identitätsbildung als Teil der Arbeit vermitteln oder erst nachträglich? Kann diese neue »aufgeklärte« Identität einen Beitrag zur Identität der eigenen Disziplin liefern und ist diese bereit dazu? Sicherlich kann eine Disziplin als ganzes obiger Bewegung nicht folgen. Sie kann nicht aus sich selbst heraustreten. Disziplinen verhalten sich intrinsisch, Interdisziplinen können einer extrinsischen Bewegung folgen. Interdisziplinarität wirkt als Reibungsfläche, als kritische Instanz und bis zu einem gewissen Grade destabilisierend gegenüber der Stammdisziplin »Architektur«. Durch die Interdisziplinarität erhält eine Stammdisziplinarität Gelegenheit zur Evolution und zur Verifizierung ihrer Position als zeitgemäß und progressiv. Die Interdisziplinarität kann als Opposition oder als Katalysator angenommen/akzeptiert werden oder nicht. Interdisziplinarität kann als »Fragemaschinerie« bezüglich offener Probleme der Stammdisziplin »Architektur« wirken. Interdisziplinarität kann demzufolge die Art und Weise des »Fragens« (und nicht nur des Dialogs und Diskurses) innerhalb einer Stammdisziplin fort- und weiterentwickeln. Eine Fragemaschinerie ist auch immer eine Infragestellungsmaschinerie – ein Korrekturlesen der Stammdisziplin »Architektur« durch einen externen »Lektor«. Interdisziplinarität unterbindet eine singuläre extrinsische Betrachtungsweise: Durch die »zweite« oder »dritte« Disziplin findet eine Einbettung in einen gesamtkulturellen Zusammenhang statt, der viele dogmatische Positionen hinterfragt. In der Architektur finden wir im Moment eine Vielzahl von parallelen Universen. Kleine – ich vermeide den Begriff »lokale« bewusst – Geschichten und Paradigmen mit den damit verbundenen Verschiebungen/Shifts und Übergängen. Auf dieser Ebene findet auch die interdisziplinäre Arbeit statt. Sie dockt nicht an eine Meta-Erzählung der Disziplin an. Architektur war immer vielfältiger, als es die klassisch moderne eurozentrische Geschichtsschreibung suggerierte.[36]

In meinem ein-personen-interdisziplinären Forschungsprojekt über »Urbane Topologie« spielen Kriterien eine zentrale Rolle. Traditionell ist die Architektur noch stark geprägt durch tektonische, funktionale, räumlich-strukturelle und historische Kriterien. Da Architektur als angewandte technische Wissenschaft gegenüber Kulturwissenschaften und Naturwissenschaften, bezüglich einer Forschungstradition sich latent im Rückstand fühlt, ist sie – für mich »leider« – immer stolz, wenn sie Ansätze von innerdisziplinärer Epistemologie etablieren kann – einer »architettura autonomo«. Bei Rossi äußert sich das zum Beispiel in folgender Aussage: »Jeder Eingriff in einen historischen Stadtkern enthält ein Urteil, und dieses Urteil muss in erster Linie in den Begriffen der Architektur und der Stadtanalyse gegeben werden«.[37] Ich selbst werde mich nicht um diese innerdisziplinäre Monopolisierung kümmern. Ich nehme aber einen Terminus aus Rossis Aussage auf: das Urteil. Es zeigt sich in Ansätzen, dass Kriterien (in) meiner Arbeit auch im Umfeld der Idee und Gestalt von kontextuellen Differenztheorien generiert werden. Man trifft dabei auf einen ersten Widerstand: Die Topologie als Teil einer streng analytischen Disziplin, der Mathematik, kann im Sinne der formalen Logik nicht so einfach von einer »Form« der Differenz ausgehen. Nichtanalytische Philosophie kennt aber durchaus solche Denkansätze. Dies soll nur als Beispiel dazu dienen, dass man in der interdisziplinären Arbeit nicht nur einfach vereinfachten Kriterienimport betreiben kann. Solche Paradoxien sind ein Grund, weshalb in meiner Arbeit »Third-Terms«/»Dritte-Begriffe« oder »dritte Disziplinen« als Vermittlungsinstanzen vorkommen.

Interdisziplinäre Arbeit wird immer motiviert durch das Vorhandensein einer Lücke im Vokabular der Stammdisziplin, hier der Architektur. Die kontextuellen Veränderungen durch Globalisierung und Virtualisierung unserer Umwelt formulieren eine solche Lücke und drängen auch in der Architektur nach »neuen« Werkzeugen. Gerade der hohe Abstraktionsgrad der Topologie bezüglich »Raum« scheint aus diesem Grund für eine interdisziplinäre Arbeit prädestiniert, um eine erhöhte Kontextkomplexität zu beschreiben.

Es sei an dieser Stelle kurz betont, was diese Arbeit über »Urbane Topologie« nicht ist: Sie ist kein »How-to-do-Topology-for-Architects-Manual«! »Urbane Topologie« will keine Mustersammlung für »spannende, topologische Shapes« liefern. Gerade deshalb ist auch der hohe Abstraktionsgrad des verwendeten Materials gerechtfertigt. Sicherlich gibt die Arbeit einen Einblick in die grundlegenden Konzepte der Topologie, aber es kann kein Anspruch auf eine, im mathematischen Sinne, Vollständigkeit erhoben werden. Neu für den Umgang mit Topologie in der Architektur ist die oben erläuterte Konfrontation mit Sozial- und Kulturwissenschaften. Die eingesetzten Quellen boten sich an, im Versuch architekturrelevantes Material des Diskurses aus den 80er Jahren des 20. Jahrhunderts heraus neu zu »verorten«. Der Stadttheoretiker André Corboz spricht bezüglich dieses Ansatzes über »Urbane Topologie« von einer »Katasterierung« (entnommen der Bedeutung des Erstellung eines Katasters, eines Katasterplanes von Gedankenmaterial in einem übergeordneten, strukturierten Raum), einer Sammlung, Verortung und Neukartographierung von Material. Diese Katasterierung findet nicht linear, hierarchisch und nicht deduktiv statt. Vielmehr muss man auch für die gesamte Arbeit von einer eigenen, quasi nicht-metrischen Topologie sprechen; einer »Urbanen Topologie«.

AUFBAU DER ARBEIT

Als Quellenmaterial dient die Architekturdebatte seit Anfang der 80er Jahre des 20. Jahrhunderts. Es gab, wie man im Exkurs über den Raumbegriff feststellen konnte, immer wieder Momente in der Architekturgeschichte, die Topologie auftauchen ließen, und solche werden punktuell erwähnt, aber die Denktradition und der Technologieschub, die es ermöglichen und meines Erachtens erfordern, Topologie integral in die Architektur zu integrieren, sind der Pluralismus der philosophischen Postmoderne und die Entwicklungen im Computer Aided Architectural Design (CAAD).
Die Gliederung der Arbeit ergab sich aus dem Versuch einer möglichst einfachen Heranführung ans Thema. Beim Start der Arbeit herrschte Einigkeit zu versuchen, Topologie ohne formale mathematische Sprache zu beschreiben und sich auf nichtnumerische Invarianten zu beschränken. Auf diese Weise wurde das Material auch vom Umfang her überschaubarer. Die verschiedenen angesprochenen Themen entstammen unterschiedlichen Richtungen innerhalb der Topologie selbst. Es scheint deshalb angebracht, sie als »General Topology/Allgemeine Topologie« zusammenzufassen, wie dies auch von der internationalen Forschergruppe »N. Bourbaki« unternommen wurde. Vor allem die getätigten Bezüge zu Elementen der Topologie in zeitgenössischen Kulturwissenschaften, Städtebau und Architektur führen zu einer – wie schon erwähnt – »Katasterierung«[38] des Materials im Sinne einer »General Urban Topology«/allgemeinen urbanen Topologie; einem topologischen Verorten von Material in einer nach Kriterien strukturierten topologischen Räumlichkeit.
Jedes Kapitel, je einem spezifischen Themenbereich der Topologie zugeordnet, besitzt denselben Aufbau. Nach der Erläuterung der topologischen Begriffe werden diese komparatistisch und katalytisch mit Kontexten konfrontiert. Der kulturwissenschaftliche Kontext, wie schon angedeutet, geprägt vom französischen Poststrukturalismus, zeigt Beispiele, in denen topologische Begriffe, Denkformen und Themen direkt oder indirekt schon eingesetzt wurden. Gerade durch die Schwierigkeit einer Dekodierung der analytischen Abstraktion der mathematischen topologischen Formulierungen wäre es fahrlässig, diese assoziative kulturwissenschaftliche Vorarbeit nicht zu nutzen. Der städtebauliche und der

architektonische Kontext versuchen einerseits, selbst Beispiele zu liefern, andererseits auch eine Synthese zuhanden einer »Urbanen Topologie« zu erreichen. Jedes Hauptkapitel schließt mit einem 4. Punkt: »Urbane Topologie«, der das Kapitel nochmals kommentierend zusammenfasst und daran eine Folgerung anhängt. Dazu gehört auch das Aufbauen einer argumentativen Interaktion der Kapitel.

Das erste Kapitel ist in der mengentheoretischen Topologie verwurzelt und erläutert die einfachen topologischen Invarianten. Gleichzeitig enthält dieses Kapitel den Punkt der Topologie, an dem die meisten Assoziationen und naiven topologischen Anwendungen enden: Möbius-Band und Klein-Flasche. Diese Arbeit über »Urbane Topologie« versucht, solche Clichés so früh wie möglich hinter sich zu lassen und erweiterte topologische Kontingenz zu ermöglichen.

Das zweite und das dritte Kapitel sind Teil der algebraischen Topologie. Ihre Grundthemen der Homotopie und Homologie bilden die Basis für Computabilität von Topologie. Diese zwei Kapitel bilden mit den Schwerpunkten »Abbildungsraum« und »Bordismen« Möglichkeiten für kontextuelle Schnittstellen zwischen Realität und Virtualität. Im Cliché »Möbiusband« sind sowohl die Homologie enthalten – das Möbiusband ist eine berandete Topologie – als auch die Homotopie – man kann ein Möbiusband auch über die Theorie der Faserbündel konstruieren.

Diese ersten drei Kapitel kann man geisteswissenschaftlich unter dem Sammelbegriff der »Differenztheorien« einordnen. Das vierte bis sechste Kapitel hingegen verschiebt den Blickwinkel auf das Vorhandensein und Verhalten von »kritischen Punkten«. Sie wurden gewählt, um Themen, die durch ihre Anwendungen in den »New Sciences« auch für die Architektur interessant geworden sind, topologisch zu verorten. Der Schritt von angewandter Topologie der Transformationsabbildungen hin zu dynamischen Aspekten von Kontext und Topologie führt zur Einführung des Faktors »Zeit«. Kritische Punkte unter topologischer Transformation werden verstanden als ein Interaktionspattern. Im weiteren Verlauf der Untersuchungen bekommen kritische Punkte eine Qualität ähnlich derjenigen der Differenztheorien im ersten Teil der Arbeit: Sie treten quasi an deren Stelle. Der sich so formierende »kritische« urbane Kontext besitzt keine sozialpessimistische »kritische« Aura, im Gegenteil: Es ist ein katalytischer, emergenter Kontext des topologischen Wandels: Kontinuität anstelle von Permanenz. Die uns umgebende Realität der randlosen Stadt hat diesen Paradigmenwechsel schon längst vollzogen.

Das vierte Kapitel fußt auf Differenzialtopologie, mit dem Schwerpunkt Vektorfeldtopologie. Man betritt damit die Welt der Mannigfaltigkeiten, der lokalmetrischen Räume, deren Karten, Kartenwechsel und Atlanten.

Das fünfte Kapitel befasst sich mit den topologischen Eigenschaften von dynamischen Systemen: Phasenraum, Bifurkationen und Singularitäten.

Das sechste, letzte Kapitel schlussendlich fragt nach den generischen Eigenschaften für topologische Stabilität. Um unsere Vorstellungskraft nicht zu arg zu strapazieren, werden aus Thermodynamik (Flüssigkeitsdynamik) und Physik (Flüssigkeitsmechanik) Anleihen bei der Topologie von Flüssigkeiten gemacht. Die Frage nach generischen Eigenschaften von Topologie schließt den Bogen zur analogen Einstiegsfrage nach dem Generischen im ersten Kapitel.

Als ein roter Faden zieht sich ein Selbstverständnis durch die Arbeit, weniger das Augenmerk auf statische »Frozen-Topology«, wie sie z. B. bei gebauten Möbius-Häusern zu finden ist, sondern auf »Topological Change«, Wandel und »Emergenz von Neuem« zu richten: Dies ist vitale Architektur und ermöglicht vielleicht eine Form von Spatial-Turn im zeitgenössischen Kontext-Diskurs.

TOPOLOGIE, RAUMBEGRIFF UND ARCHITEKTUREN, DIE TANZEN

Topologie ist etwas schwer Vorstellbares. Man spricht von einem topologischen Raum, der dabei vorausgesetzte Raumbegriff ist jedoch weit von unserem alltäglichen »Raum« und Raumempfinden der Lebenswelt entfernt. Die darin enthaltene Abstraktion bezeichnet nicht einen vereinfachenden Reduktionismus. Im Gegenteil, die Topologie wurde historisch auch in ihrer rudimentärsten Form immer gebraucht und entwickelt, um komplexe, nicht-repräsentierbare »Dinge« räumlich zu beschreiben, Kristallgitterstrukturen bei Listings, später differenzialgeometrische Räume bei Riemann und Poincaré. Topologie hat selbst immer enorm zur Entwicklung des Raumbegriffes beigetragen, auch zu demjenigen der Relativitätstheorien und der Quantenmechanik; es lohnt sich, um dem Wesen der Topologie näher zu kommen, sich mit Raum auseinanderzusetzen – speziell unter den Aspekten Nicht-Euklidik und Nicht-Metrik. Das Verständnis letzterer öffnet die Bandbreite der Interpretation und Vorstellung über Topologie.
Raum, wie man ihn unter topologischen Gesichtspunkten verstehen sollte, ist kein Apriorismus im Sinne Kants mehr, er ist ein Informationsträger, ein ›Vehikel‹ einer ganzen Kulturgeschichte, die sich mit ihm auseinandergesetzt hat. Es würde hier den Rahmen sprengen, auf diese historische Entwicklung genauer einzugehen; wir können dazu nur auf spezialisierte Quellen verweisen (A. Gosztonyi, 1976/R. Sorabji, 1988/M. Capek, 1976). Der für diese Arbeit entscheidende Bruch im Denken von »Raum« fand in der zweiten Hälfte des 19. Jahrhunderts mit der Entwicklung der nicht-euklidischen Geometrie und als Konsequenz davon anfang dieses Jahrhunderts mit der Quantenmechanik und der allgemeinen respektive speziellen Relativitätstheorie statt. Als Einführung in letztere wird empfohlen: B. Russell, 1925/58/69/89, M. Jammer, 1954/1980. Vom ersten Moment ihres Erscheinens an hatten diese zwei Komponenten, Nicht-Euklidik und Relativitätstheorie, einen ungeheuren Einfluss auf die kulturelle Phantasie. Für die Architektur erstaunt dabei, dass sich einerseits zwar z. B. über den italienischen Futorismo eine rege Auseinandersetzung damit ergab, diese aber nie die Dimensionen der bildenden Künste oder der Literatur erreichten. Insbesondere ist darauf hinzuweisen, dass viele der umgesetzten oder nur geplanten Entwürfe – von Mendelsohns Einsteinturm über LeCorbusiers Ronchamp-Kirche zu

Frank Gehrys Guggenheim-Collection-Museum in Bilbao – unter der architektur-historischen Klassifikation der »klassischen organischen Moderne« laufen. Die bewussten und unbewussten Einflüsse einer nicht-euklidischen Denkweise, wie sie auch schon kulturhistorisch untersucht wurde (J. Gray, 1989/B. A. Rosenfeld, 1988/L. Dalrymple-Henderson, 1983), wird uns in der Auseinandersetzung mit einer Topologie in der Architektur (immer) wieder von Neuem beschäftigen.
Wir werden uns deshalb hüten zu versuchen, »Raum« absolut zu definieren. Raum ist heute am Anfang des 21. Jahrhunderts definitiv ein heterogener Begriff geworden. Andererseits sind jedoch aktuelle kulturelle Manifestatio-nen deko-dierbar, die in der Folge von Einstein, von McLuhan, nach der ersten Mondlan-dung etc. unser intuitives Verständnis von – respektive unsere Bezieh-ung zum – Raum grundlegend geprägt und verändert haben. Eine Analogie zwischen Topo-logie und der Architektur soll in diesem Sinne als ein Perspektiven-wechsel auf solche »Raum«-Veränderungen – in diesem Falle des urbanen architektonischen Kontextes – hinweisen.

Mathematischer Umgang mit Raumbegriffen In einem ursprünglichen, nai-ven Sinne kann man »Raum« als den Unterschied zwischen der Arithmetik und der Geometrie betrachten. Bildet für die Arithmetik die »Zahl«, als abzählende, einen Archetypen, so tut dies die »Größe«, die Ausdehnung im Raum oder des Raumes, für die Geometrie.[39] Moderner ausgedrückt kann man im Falle der Arithmetik von »diskreten« Prozessen sprechen und in der Geometrie von »kon-tinuierlichen« Prozessen, die Linien, Kurven, Flächen und Körper erzeugen.[40]
Durch die Entwicklung der nicht-euklidischen Geometrie, Mehrdimensionalität, Unentlichkeitsbegriffe usw. im 19. Jahrhundert wurde das ausschließlich carte-sianisch/euklidische Konzept von Raum in der Tradition von René Descartes ver-nichtend in Frage gestellt.[41] Es gibt heute Dutzende von mathematischen Räu-men mit den exotischsten Eigenschaften. Die Räume der modernen Mathema-tik sind nicht mehr einfach da, auch sie werden geschaffen, wie eine Architektur, und erhalten manchmal den Namen ihres Schöpfers. »Raum« ist also kein wohl definierter Fachbegriff, sondern ein unscharf verwendeter Name für eine Klasse von Gegenständen der Mathematik, die gewisse Familienähnlichkeit haben. »Diese Ähnlichkeit ist eine heuristische Perspektive, die an die Traditionen der Geometrie anknüpft, ohne dass die Mathematiker sich darüber Rechenschaft ablegen«, schreibt Herbert Mehrtens.[42] Die offensichtliche Heterogenität führte auch dazu, dass nicht mehr Raum und Größe, die ursprünglich Arithmetik und Geometrie unterschieden, zu Definitionszwecken gebraucht werden, sondern der Begriff der »Struktur« und der »Relation«. »In der Mathematik wird ›Raum‹ im allgemeinen aufgefasst als Menge von Elementen, zum Beispiel Punkte, Vek-toren, Funktionen usw., zwischen denen bestimmte Relationen bestehen«.[43]

Topologie und Metrik Die Entwicklung der nicht-euklidischen Geometrie – eng verbunden mit der Entwicklung der Topologie – ist im eurozentristischen Kulturkreis ein Kind des 19. Jahrhunderts.[44] Die Auseinandersetzung mit der Möglichkeit einer nicht-euklidischen Geometrie entsprang einem Unbehagen gegenüber der Absolutheit von Euklids Parrallelensatz. Dieses Unbehagen wurde sehr früh schon von Carl Friedrich Gauß (1777–1855) in einem Briefwechsel von 1829/30 geäußert.[44] Es geht dabei um die Frage, ob es zu einer Geraden Parallelen geben kann oder nicht. Respektive auch wie. »Zu jeder Geraden und einem Punkt außerhalb dieser Geraden gibt es genau eine Gerade durch diesen Punkt, die die erste Gerade nicht schneidet (also parallel ist)«.[46] Dies ist eine einfache moderne Formulierung des Parallelensatzes. Euklid hat das Problem anders, mit Hilfe von Winkeln beschrieben: »Und dass, wenn eine gerade Linie beim Schnitt mit zwei Geraden Linien bewirkt, dass innen auf derselben Seite entstehende Winkel zusammen kleiner als zwei Rechte werden, dann die zwei geraden Linien bei Verlängerung ins Unendliche sich treffen auf der Seite, auf der die Winkel liegen, die zusammen kleiner als zwei Rechte sind.«[47]

Die Frage, ob es nun nicht einfach eine andere Geometrie geben könne, innerhalb derer Axiome es keine Parallelen im Sinne von Euklids Axiom gebe, war natürlich auch eine durchaus mutige Infragestellung einer Konzeption der Univozität vom wissenschaftlichen System der Geometrie, der Metaphysik und Methode und daraus folgernd des Kantschen Apriorismus von Raum. Räume, in denen oder auf denen das Parallelenaxiom nicht gilt, werden im Allgemeinen unter dem Begriff der hyperbolischen Räume zusammengefasst, trivial gesprochen sind dies gekrümmte Räume.

Eine zweite Form der nicht-euklidischen Räume bilden die Räume der projektiven Geometrie – durchaus auch Teil der Topologie. Sie wird in der Literatur oft unterschlagen, da sie kaum einen Einfluss auf Entwicklungen in der Interaktion von Physik, Mathematik und Philosophie hatte. Eines der wenigen Einführungsbücher zur Topologie von Oberflächen, das auch mit projektivem Raum arbeitet, ist von J. Scott Carter: »How Surfaces Intersect In Space«.[48] Kulturgeschichtlich und auch wahrnehmungstheoretisch (phänomenologiegeschichtlich) bildet die projektive Geometrie ein wichtiges Bindeglied im Verständnis und in der Entwicklung von nicht-euklidischer Geometrie und derer kulturellen Anwendung. Speziell für die Architektur hat sie seit der Renaissance eine entscheidende Rolle in Bezug auf Entwurf, Repräsentation und Rezeption von Raum gespielt. Erwin Panofsky, Robin Evans und Wolfgang Jung haben dieses katalytische Moment der Entwicklung und Wandlung der Perspektive eingehend und sehr vollständig untersucht.[49] Perspektivische Räume sind nicht-euklidische Räume und trotzdem sind es real-wahrnehmbare Räume. Der Kode der Repräsentationsform ist aber ein anderer als derjenige des euklidischen Raums. Das Modell des euklidischen Raumes ist auch in einer Arbeit über Topologie in Beziehung zu Architektur nicht so einfach über Bord zu werfen. Es wird gebraucht als Kode zur

Vermittlung von Erkenntnissen auch aus dem nicht-euklidischen Bereich. Unsere kulturelle Erfahrung, Intuition und Gewohnheit in Bezug auf Euklidik ist zu gross, um darauf verzichten zu können. Mehrtens schreibt dazu: »Die Modelle, die nicht-euklidische Geometrien in Teile eines euklidischen Raumes abbilden, verführen zu dieser semantischen Fixierung. Das Problem mit der Semantik der Geometrien liegt im Zwang zur Interpretation«.[50] Er erläutert dies am Beispiel der Geraden. Eine Gerade im hyperbolischen Raum ist eigentlich eine gekrümmte Linie, aber eben nur, wenn wir sie wieder im euklidischen Raum betrachten. Im hyperbolischen Raum ist sie immer eine Gerade. Dieses Problem zwischen intrinsischer und extrinsischer Betrachtung wird uns auch in der Topologie noch eingehend beschäftigen. Die »Illusionsräume« der Spätrenaissance und des Barock haben bewusst mit solchen Kippbildern in Architektur und Malerei gearbeitet. Die wissenschaftsgeschichtliche Forschung ist heute so weit, dass rückwirkend auch frühe, auch nichteuropäische Spuren (v. a. Indien und China) von nicht-euklidischem Raum und Geometrie gefunden wurden. Gray und Rosenfeld weisen beide auf sehr wichtige Ursprünge sphärischer Geometrie im mittelalterlichen Indien und in der arabischen Mathematik hin.[51]

In unserer Annäherung an die Topologie muss im Zusammenhang mit nicht-euklidischer Geometrie auch über das Problem der Metrik gesprochen werden. Man könnte sagen, dass die Metrik eine Geometrie erst »sichtbar« macht. Sie führt das oben erwähnte Element der »Größe« überhaupt erst ein und formuliert so diesen Ur-Unterschied von Geometrie und Arithmetik mit. Eine Metrik ist noch nicht unbedingt eine euklidische Metrik, sie beschreibt eine erste Zuordnung von Abstand zu Elementen; eine Art Zuordnung von Differenzen. Dieses Ordnungssystem bildet die metrische Struktur einer Menge respektive Topologie. Topologie kümmert sich an sich wenig um Metrik. Ihre Invarianten bedingen sie oft überhaupt nicht. Mannigfaltigkeiten hingegen sind lokal-metrisch oder sogar lokal-euklidisch. Speziell bei Anwendungen in der Physik sind solche Mannigfaltigkeiten die Basis für topologische Betrachtungen.

In Kombination wird das Quartett Euklidik, Nicht-Euklidik, Metrik und Nicht-Metrik noch komplexer. Intuitiv nehmen wir an, dass die Krümmung der nicht-euklidischen hyperbolischen Räume überall in diesen Räumen dieselbe sei, eine so genannte homogene Krümmung, und wir nehmen intuitiv an, dass eine Metrik über den gesamten Raum verteilt auch überall dieselbe sei, also eine homogene Metrik. Dem ist natürlich nicht so. Sowohl die Krümmung als auch die Metrik können sich verändern. Sie sind keine Konstanten. Ein Beispiel bildet Einsteins Gravitationstheorie, nach der die Metrik des Raumes von der Masse-Energieverteilung abhängig ist.[52] In der Auseinandersetzung mit topologischen Faserräumen werden wir sehen, dass topologische Verbindungen – Konnexionen – und die »Kraft« der Verbindung durch die Krümmung bestimmt werden.

Es zeigt sich eine kleine Matrix aus:

homogener Krümmung	nicht homogener Krümmung
homogener Metrik	nicht homogener Metrik
nicht Metrik	nicht Krümmung

Hat man dies vor Augen, beginnt man zu begreifen, wie starr die Konventionen der euklidischen und cartesianischen Geometrie den Mathematikern und Naturwissenschaftlern des 19. Jahrhunderts vorgekommen sein müssen. Die Topologie als Wissenschaft versucht dem auszuweichen. Es wurde und wird nach anderen Invarianten von Räumen gesucht. Den Spezialfall euklidischen Raum müssen wir aber als ein Vehikel betrachten, das uns mit unserer lokalen Umwelt kommunikationsfähig erhält und das ein großes kulturelles Erbe und Erfahrung beinhaltet, die man auch für weiterführende Aussagen missbrauchen kann. In fast all unseren Repräsentationsformen sind wir gezwungen, uns mit dem euklidischen Raum – als semantische Repräsentation – auseinanderzusetzen. Die Topologie soll uns ermöglichen, dies auch unter unkonventionellen Gesichtspunkten zu tun – auch in der Architektur.

Topik – Topostheorie ist keine Topologie Für einen Umgang mit Kontextproblemen der Architektur ist es quasi Bedingung, sich auch kurz mit dem im Namen »Topologie« versteckten »Topos« auseinanderzusetzen. Sowohl dieser als auch der Vorgängerbegriff der »Analysis Situs« behandelt »Die Lage und Gestalt des Ortes« – ein Situiert-Sein am Ort oder im Falle einer intrinsischen Perspektive: im Ort. Albert Einstein weist in seinem 1953 geschriebenen Vorwort zu Max Jammers »Das Problem des Raumes« auf einen Ort-Raum-Bezug hin: »Was nun den Raum-Begriff angeht, so scheint es, dass ihm der Begriff ›Ort‹ vorausgegangen ist, als der psychologisch einfachere. ›Ort‹ ist zunächst ein mit einem Namen bezeichneter (kleiner) Teil der Erdoberfläche. Das Ding, dessen ›Ort‹ ausgesagt wird, ist ein ›körperliches Objekt‹. Der ›Ort‹ erweist sich bei simpler Analyse ebenfalls als eine Gruppe körperlicher Objekte. Hat das Wort ›Ort‹ unabhängig davon einen Sinn? (bzw. kann man ihm einen Sinn geben?) Wenn man hierauf eine Antwort geben kann, wird man so zu der Auffassung geführt, dass ›Raum‹ (bzw. Ort) eine Art Ordnung körperlicher Objekte sei, und nichts als eine Art Ordnung körperlicher Objekte. Wenn der Begriff ›Raum‹ in solcher Weise gebildet und beschränkt wird, hat es keinen Sinn von leerem Raum zu reden«.[53]

Raum aus Orten zu folgern ist ein Gedankengang, den Einstein von Aristoteles übernommen hat. Aristoteles hatte vor allem in seiner »Physik« den Begriff des Ortes und des Raumes elaboriert ausgearbeitet. Der Raum wird bei ihm im eigentlichen Sinne eine ›Örtertheorie‹ – eine Topostheorie, »in deren Rahmen auf der Auszeichnung natürlicher Örter (der Dinge) eine Theorie des einfachen Körpers (der Körper, der eine Ursache der Bewegung in sich hat) und eine Theorie der einfachen Bewegung (der Bewegung einfacher Körper) basieren, [...] wobei Aristoteles selbst keine Theorie des Raumes im eigentlichen Sinne, sondern eine Theorie der Örter (als Lagebeziehungen von Körpern, J. H.) ausgearbeitet hat«.[54]

Vor dem Ort hingegen kommt einerseits die Leere (engl. void), andererseits das Nichts. Die Leere kann extrinsisch als ein Gefäß aufgefasst werden (das leer ist), oder intrinsisch als In-der-Leere-eingebettet-Seins, Umhüllt-Seins. F. M. Cornford geht in seinem Aufsatz »The Invention of Space« ausführlich auf diese Zweifachbedeutung der »Leere« als Grundlage für Raum ein. Interessant in dieser Deutung, auch für eine Aktualisierung, wie wir sie z. B. im »Void« von Daniel Libeskinds Jüdischem Museum vorfinden, ist das von Cornford herausgeschälte Attribut des »Atems« respektive sogar der pulsierenden ›Atmung‹ der innen liegenden Leere.[55] Aspekte des »Nichts« werden in der antiken Philosophie durch teleologische Argumente umgangen. Der Topos in der atmenden Leere besitzt im Sinne von Platon »Timaeus« eine bewusste Körperlichkeit – eine Gestalt. In der Assoziation zu menschlichen und tierischen Körpern beinhaltet Platons Raumvorstellung in der Ideenlehre, wie wir sie im Timaeus vorfinden, den expliziten Aspekt des »Werdens« von Raum und Körper, der Genese (von »Kenosis«, dieses wiederum von »kenon«, der Leere) aus der Leere oder der Chora (dem Muttermund, dem Behältnis), heraus. Einstein spricht in obigem Zitat vom Topos als eines benannten Dinges. Die Toponymie – die Benennung – des Ortes ist einer der Aspekte einer durchaus auch architektonischen ersten Setzung – einer Situierung – eines Ortes. Durch die Nennung wird er erkenntlich gemacht. (Siehe dazu auch das Indikationskalkül von Spencer Brown, hier im Kapitel »Homologie«) »Existentialontologie von Topos« und »Erkenntnistheorie von Topos« geben sich in diesem Moment der Benennung des Ortes die Hand. Wie Edward S. Casey in »The Fate of Place« schreibt, reicht ein beliebiger Name nicht, um im/am Ort zu »Sein« – es bedarf dazu des »logos«.[56] Die Verkörperung des Ortes durch einen Namen, ein Zeichen, setzt wiederum eine Semiose in Gang, die eine Topos-Theorie, also eine Topologie mit zeitgenössischer Semiotik und Strukturalismus in Beziehung treten lässt.

Den Begriff ›Ding‹ übernahm Einstein von Heidegger und indirekt von Kant. In »Sein und Zeit«, »Die Frage nach dem Ding«, »Die Kunst und der Raum«, »Der Ursprung des Kunstwerkes« und »Bauen, Denken, Wohnen« behandelt Martin Heidegger – vor und nach der Kehre – immer wieder den ursprünglichen, generierenden Topos, den Ort aber auch an den »Grund«-gebundenen Faktor des »Dinges an sich«.

Topos lässt sich aber über das englische »place« einerseits mit dem deutschen Platz, andererseits mit den griechischen Stämmen »plateia/platus/plax« verknüpfen, wobei nicht nur die Bedeutung des »flachen« interessant ist, sondern auch die des »weiten, ausgeweiteten« Ortes.[57] Platz verweist aber auch auf »locus«, den Erscheinungs- und Ereignisort.

Für die Architektur wichtig ist die an eine körperliche Gestalt – als ›Morphe‹ des Topos – geknüpfte bildliche Form. Zur Gestalt gehört deshalb der Formbegriff des »Typs«. Der Brockhaus dazu: »in der Philosophie wurde die Vorstellung des Typos seit der Antike im Sinne der allgemeinen charakteristischen, dem einzelnen zugrunde liegende urbildliche Gestalt (auch im Sinne einer Stanz- und Gussform, J. H.) vertreten: bei Platon als Idee (Eidos), bei Aristoteles als Form (Entelechie), im Mittelalter und später als Wesen (Spezies) und als allgemeiner Begriff«.[58] Ursprünglicher Ort und ursprüngliche Form bildeten also im Foucaultschen Sinne eine Doppelung (das eine, der Typ als Form, dem Anderen, dem Topos als Gestalt aufgeprägt), die erst – so Alan Colquhoun – durch »die Epistemologie des geometrischen Universums« der Aufklärung gebrochen wurde.[59]

Die zweite wichtige Herkunft des Topos-Begriffs wurzelt in der antiken Dialektik und der dazugehörenden Rhetorik.

»Ein Ort ist ein rhetorisches Territorium, d. h. ein Raum, innerhalb dessen gleich gewortet (und nicht nur dieselbe Sprache gesprochen) wird, was letztlich ein Verständnis ›über Andeutungen‹ oder Lücken und Hintergedanken ermöglicht.«[60] so Mark Augé.

»Im engeren Sinne derjenige Teil der Argumentationslehre, der sich mit situativen Argumentationsschemata (Topoi, Topos) befasst. (Nach Aristoteles) [...] Hinsichtlich Philosophie und Wissenschaft hat die Topik nach Aristoteles propädeutische Funktion. Sie ermittelt diejenigen Aussagen, die aufgrund dialektischer Untersuchungen widerlegt und damit als falsch erwiesen werden können. Sie ist damit eine universale Prüfmethode für alle Bereiche nicht-wissenschaftlichen, lebensweltlich relevanten Wissens. Die Prüfung erfolgt anhand eines Ensembles formaler Grundelemente, sogenannter Topoi, die in ihrer Funktion als Suchanweisungen für Prämissen und Argumente, mit denen anerkannte Meinungen begründet werden können, auch in der ›inventio‹ und ›memoria‹ der Rhetorik einen wichtigen Platz einnehmen«.[61] Cicero benutzt in seiner Abwandlung und Weiterentwicklung von Aristoteles' Topik, in seiner »Topic« den Begriff der »topthesia« als der Beschreibung der Lage des Ortes, eine Formulierung, die der Topologie und der Analysis Situs sehr nahe kommt, nur; Cicero spricht von Orten als Thesen, im literarischen, rhetorischen Sinne.

In diesem Zusammenhang hatte der Toposbegriff als Grundelement der antiken und mittelalterlichen Mnemo-Techniken eine zentrale Rolle in der Informations- und Wissensübermittlung inne. Die dazu geschaffenen mnemotechnischen Hyper-Räume gewinnen heute in Diskussionen der Cyberkultur wieder an Bedeutung, und in unserem topologischen Zusammenhang lohnt es sich zu betonen, dass es sich dabei – bei den Mnemoräumen – um das wichtigste Erbe kultureller topologischer Räume der europäischen Kultur handelt.

Über die Literaturtheorie entwickelte sich im 19. Jahrhundert eine Topik-Theorie – oft fälschlicherweise auch Topologie genannt – die Topoi im lexikalischen Sinne als »Gemeinplätze« der Literatur definierte und in einem Kantschen Sinne als Ordnungsschemata gebrauchte. Der Kulturtheoretiker Beat Wyss weist auf den kontextuellen Zusammenhang dieser Topik-Theorie mit der Tradition der europäischen Emblematik hin: der Versinnbildlichung: Sinn und Bild, eine Umdeutung von Topos/Locus und Typ/Imago; beides in der Pop-Emblematik als erster »Nachchristlicher Universalkultur« vereint.[62] Man kann bei der rhetorisch/dialektischen Topik nicht von einer räumlich-mathematischen Topologie sprechen. Wird der Begriff trotzdem in der zeitgenössischen Kulturtheorie verwandt, entspricht das damit bezweckte Ordnungsschema eher dem der mathematischen Mengenlehre als dem der topologischen Räume. Dieses Missverständnis taucht z. B. bei Merleau-Ponty, Leroi Gurham, im Prinzip auch versteckt bei Lacan und Lefèbvre auf. Trotzdem werden diese durchaus im Weiteren unter gewissen Aspekten berücksichtigt werden.

Topologie, Territorium und Topographie Es gilt zunächst auch ein paar in der Architektur weit verbreitete Missverständnisse bezüglich der drei Begriffe »Topologie, Topographie und Territorium« auszuräumen. Die topographische Struktur ist die geometrisch-metrische respektive geographisch-metrische Eigenschaft eines Raumes. Dazu gehören Kurvaturen, Strecken, Winkel etc. Diese Eigenschaften verändern sich, wenn der Raum topologisch stetig abgebildet, also deformiert wird. »Stetig« heißt hier, dass es bei einer Transformation zu keiner Rissbildung in der Umgebung der abgebildeten Elemente kommt. Die Nachbarschaftsverhätnisse bleiben somit erhalten. Topologische Eigenschaften ändern sich nicht unter einer stetigen Abbildung.[63] So kann zum Beispiel eine gegebene Oberfläche in eine infinite Anzahl variierender, topologisch äquivalenter anderer Oberflächen transformiert werden, die vollkommen unterschiedliche topographische Eigenschaften besitzen. Topologische Eigenschaften sind gewissermaßen deformationsresistent. Man spricht umgangssprachlich deshalb auch von einer »Rubber Sheet Geometry«. Das Territorium wiederum kann man als »mentale Inbesitznahme« respektive Machtstruktur einer Topographie bezeichnen. Es formuliert also eine Doppelung eines geographischen und eines Verhaltensphänomens, welche beide stark an ein subjektives Verhaltensmuster gekoppelt sind.[64]

Das Tripel Topographie, Topologie, Territorium deckt sich in verblüffender Weise mit demjenigen des Soziologen Henri Lefèbvre, bestehend aus physischem Raum, sozialem Raum und psychischem Raum.[65] Der Psychologe Jacques Lacan wiederum spricht analog vom Realen, dem Symbolischen und dem Imaginären. Auf diese Verbindung zwischen Lacan und Lefèbvre haben Dereck Gregory und Steve Pile hingewiesen.[66] Hinter der Macht des »Dritten«, hier die Topologie, das Symbolische und der soziale Raum, steckt auch die Idee der Vermittlung in der spekulativen Dialektik bei Hegel,[67] die über die französischen Entwicklungen der Phänomenologie eine eigenständige Streuung erhielt und sich indirekt bis zu den Poststrukturalisten hartnäckig gehalten hat.[68]

Der mathematische Raumbegriff und die Architektur Die Architektur hat sich gegenüber dem Raumbegriff im für die Topologie wichtigen Zeitraum seit Mitte des 19. Jahrhunderts konservativ verhalten. Sie durchlief zwar etliche Stilepochen – auch eine Paradigmenrevolution der »Moderne« – aber das grundlegende Verhalten gegenüber Raumvermessung, Landesvermessung und Objektvermessung blieb in der aufklärerischen Trinität von Euklidischer Geometrie, (Des-) Cartesianischem Koordinatensystem und Kantschem Raum-Apriorismus verhaftet. Etwas spitz formuliert, könnte man von den Architekten als den »letzten (universalen) Landvermessern« sprechen. Dieses Verhalten entspricht ja auch vordergründig seiner alltäglichen Tätigkeit des Entwerfens von vermessenen oder vermessbaren Plänen. René Descartes' (1596–1650) Werk »La Géometrie« (1637) bedeutet für Jahrhunderte nicht nur eine Arithmetrisierung der Geometrie, sondern auch eine Geometrisierung des Denkens.[69] Architektur verinnerlichte dies zu lange. Irritierenderweise hat die Postmoderne in der Architektur durch das Überhandnehmen und Überbewerten der Stilform des »Postmodernen Historizismus« diese konservative Raumauffassung weiter zementiert und die Chance einer wirklich progressiven heterogenen Raumauffassung vertan – CAAD, Raumanimationen und Raumsimulation beginnen diese nun aufzubrechen. Gerade das Zusammenspiel der (drei obig genannten) Konzepte von Euklid, Descartes in Zusammenspiel mit Kants Raum-Apriorismus hat so über die Jahrhunderte eines der hartnäckigsten kulturellen Paradigmen für den alltäglichen Gebrauch geschaffen, das, obwohl es wissenschaftlich und philosophisch schon längst überholt ist, kaum aus der architektonischen Denkwelt zu schaffen sein wird.

Deutung von Topologie im Zusammenhang mit »Urbaner Topologie« Was ist Topologie, wenn sie einerseits eine Geometrie »ohne Ausdehnung« ist, andererseits auch nicht Topos-Theorie? Im Sinne der vorliegenden Arbeit ist sie aber auch nicht mathematisches Klassifizierungsinstrument. Was kann nun Topologie sein? In der absoluten Abstraktion des mathematischen Formalismus ist Topologie reines Konstrukt und objektiv eine Topologie von »Nichts«. Topologie ist als »Raum« ein quasi-Bild von »Nichts«, das auf das zu Interpretierende abgebildet wird.[70] Es gibt dann ein topologisches System des Nichts – eine Semantik des Nichts,[71] das trotzdem nicht indifferent wird, sondern Kriterien für die Interpretation und Handhabung eines Kontexts liefert. Ganz zu Beginn dieser Exposition wurde von allgemeinstem Raum als einem Informationsträger gesprochen. Topologie mit ihren Invarianten würde auf Information im weitesten Sinne projiziert und in der Doppelung von Struktur den topologischen Raum schaffen; semantische Topologie, um mit Holger van den Boom zu sprechen.[72] Topologie muss besetzt werden, respektive präziser, sie wird durch Besetzungen mit strukturierter Bedeutung geschaffen. Bezüglich solcher Besetzung sollen unter anderem auch die gewählten Beispiele der Illustrationen dienen; sie sollen Assoziationsfelder zur Auffüllung der »Topologie von Nichts« eröffnen.

Es scheint kein Zufall zu sein, dass sich als erste die Psychologie in diesem Sinne für Anwendungen der Topologie interessiert hat: Jean Piaget, Kurt Lewin, Jacques Lacan. Wir sind nicht fähig, unseren geistigen Raum, unsere Psyche zu »sehen«, wie wir gebaute Räume betrachten oder uns vorstellen. Es ist immer ein indirektes Schließen – eine Projektion auf »Etwas«. Das gilt auch für den topologischen Raum und im Speziellen für einen urbanen topologischen Raum; einer semantischen Topologie der urbanen Nichtmetrik. Spezielle Nähe zur Topologie findet man aber auch in der Gestalt-Psychologie, neben diesbezüglichen Ansätzen bei Piaget und Lewin ist aber Wolfgang Metzger zu nennen, der einen eigentlichen nichtmetrischen Kontextraum – bei ihm Wirkungsraum genannt – der Umwelt in die Gestalttheorie eingeführt hatte. Die Gestalten in diesem Kontext sind nicht monolytisch und statisch, sondern dynamisch und in Veränderung; sie transformieren sich topologisch. In der Gestalttheorie spricht man dabei von Transponierbarkeit: »Gestalten, die bei gewissen simultanen Transformationen, etwa räumlichen Verschiebungen, ihrer Teile erhalten.« Metzger entwickelt daraus eine auf J. W. Goethes Morphologiebegriff basierende Psycho-Morphologie mit topologischen Qualitäten:

»Eine Psycho-Morphologie untersucht dementsprechend das Design von Gestalten, die sich wandeln: ihre ausgedehnten Gefüge, Figurationen, ihre Wirkungs-Verhältnisse, Masse und Konsequenzen. Es sind nie Elemente, sondern immer ganze Muster, die sich im Fluss und der Wirklichkeit bewegen; es sind Bild-Entwicklungen, Architekturen die tanzen. [...] Die Analyse des Designs dieser bewegten, bedeutungsgeladenen und verrückten (verschoben, deformiert, J. H.) Wirklichkeit führt zu einer Produktionstheorie. Statt einzelner Ursachen oder Motive wird hier mit Wirkungszusammenhängen etwas umfassendes, etwas komplettes, ein ganzer Betrieb zusammengebracht: Gestaltverwandlungen, Drehfiguren, Wirkungskreise, Ge-Triebe, eben das Design der Verwandlungswirklichkeiten.«

In Metzgers Gestalttheorie ist ein reizphysiologisches Paradoxon von Doppelung enthalten, eine topologische Struktur jenseits einer konsistenten Figur, ohne konsistente Phänomenologie: eine Topologie.

»Wenn für das System einer Verwandlungs-Wirklichkeit also Doppelgestricktes, Übergänge, Transfigurationen zentral sind, dann lässt sich auch das Design (und die Architektur, J. H.) nur von solchen Doppelheiten her charakterisieren. [...] Wenn wir die verschiedenartigen Zeichnungen der Wirklichkeit nachbilden wollen, dann lässt sich ihre besondere Morphologie nur in einem Dazwischen kennzeichnen: zwischen umfassenden Gestalt-Mustern und den Herausforderungen der Verwandlungsvielfalt des Alltags, zwischen bewegter Unruhe/Explosivität und Werkstabilität, zwischen den Polarisierungen eines Entwicklungsprozesses und seiner Wucht oder Dichte, zwischen der Prägnanztendenz von Gestalt-Karrikaturen und dem Reichtum ihrer Abwandlungen und Metamorphosen.«

Die heutige Kultur hat sich insbesondere einen neuen dominanten »geistigen

Raum« geschaffen; den der virtuellen Realität. Das Agieren in der virtuellen Realität bedient sich sehr genau oben beschriebener Projektion einer Topologie des Nichts – dem reinen Pixelraum – auf dekodierbare räumliche oder nichträumliche Zeichen, um dadurch Bedeutung zu generieren. Als nichtobjektivierte, nichtmaterielle »Form« ist Topologie typisch für viele Phänomene der virtuellen Realität. Jeder Architekt, der mit CAAD arbeitet, weiß wie schwierig der Import von Kontext, Bedeutung und Sinn in die virtuelle Realität ist. Die Schwierigkeit liegt auch darin, dass heute noch die wenigsten Architekten topologisch ausreichend geschult sind, um mit diesen Räumen umzugehen. Sie erzeugen SAD© Architecture – »Softwaredependant Architectural Design«.[73] Der Stadttheoretiker André Corboz hat das Programm für eine »Urbane Topologie« wie folgt formuliert: »Ein derartiger Wandel in unserem Verhältnis zum Raum ist umso dringender, als die Probleme der unter unseren Augen im Entstehen begriffenen ›Stadt‹ nicht mehr die Probleme von Zentren sind, sondern von Zonen, Anhängseln (topologische Henkel, J. H.), Ausfransungen (topologische Fasern, J. H.) und Enklaven, die gemeinsam mit der Stadt in dem Bereich existieren, den wir Peripherie nennen. Die Zeit der Kahlschlaglösungen ist zwar abgelaufen, aber auch jene der Rückkehr zum Zentrum ist es, sei dies zwecks Erhaltung (weil historisch) oder zwecks Rekonstruktion (weil durch Krieg oder städtebauliche Erneuerung zerrissen). Eine auf Harmonie ausgerichtete Ästhetik, wie sie bislang auf das Vorgehen bei städtebaulichen Eingriffen maßgebend war und für die der absolute Raum das ideale Modell darstellte, lässt es nicht zu, die Beschaffenheit dieser Peripherie zu begreifen. Sie muss zu Missverständnissen führen, das heißt die Peripherie verdammen. Mit einer wahrhaft postkubistischen Sensibilität, ausgebildet in Topologie und geprägt von Kontakt mit Werken der zeitgenössischen Kunst – von Pollock und Beuys bis Turrell[74] – werden die Ausführenden des neuen Raums hingegen sehr viel besser gewappnet sein, die vermeintliche Unordnung der Peripherie zu verstehen, und diese werden sie ohne Zweifel als »herauszuspürende Ordnung« (Edmond Gilliard) behandeln. Vergessen wir nicht, dass es wahrscheinlich für den Florentiner Kaufmann von 1450 ebenso schwierig war, die Zentralperspektive »zu lesen«, wie für einen französischen Bürger von 1930 die Entzifferung eines kubistischen Bildes problematisch war. Es wird wohl Zeit brauchen, bevor eine topologische Sensibilität Fuß fassen kann«.[75] Die Stadt selbst aber, die mit Topologie gelesen werden soll, ist heute auch nicht mehr ein-eindeutig definierbar. Diese Arbeit formuliert dazu das Konstrukt einer randlosen Stadt.

Randlose Stadt

Der Normalbegriff von Stadt orientiert sich an einer mittelgroßen, mitteleuropäischen Stadt mit historischem und gepflegtem Stadtkern und ausgewogenen wirtschaftlichen und politischen Verhältnissen. Erstaunlicherweise bleibt dieses idealisierte Stadtbild eine »Idée-Fix« breitester Bevölkerungsschichten – dies auch in Situationen oder Kontinenten, wo die Realität schon eine komplett andere geworden ist. Schon die Städte der industriellen Revolution, die Städte Charles Dickens oder Emile Zolas waren weit vom Normalbegriff der Stadt entfernt. Das idealisierte Stadtbild widerspiegelt die Vorstellung einer Stadt »Intra Muros«. Von der Siedlung »Extra Muros« spricht man dann konsequenterweise als von Peripherie – was aber immer noch eine Form von »Berandung« bedeutet. Das Konzept der Stadt »Intra Muros« ist mit zwei Metriken versehen: der Distanz, in Form der »Mauer« und der Dichte. In der Topologie der randlosen Stadt sind diese ersetzt durch Wegzusammenhang (für die Mauer) und topologischer Kompaktheit (anstelle metrischer Dichte).

Marshall McLuhan: »Unsere heutige Beschleunigung ist nicht eine Zeitlupenexplosion vom Zentrum zur Peripherie, sondern eine augenblickliche Implosion und Verquickung von Raum und Funktionen. Unsere spezialisierte und atomisierte Zivilisation vom Zentrum-Peripherie-Typus erlebt nun plötzlich, wie alle Maschinenteilchen auf der Stelle zu einem organischem Ganzen neu zusammengesetzt werden. Das ist die neue Welt des globalen Dorfes. Das Dorf hat, wie Lewis Mumford in ›The City in History‹ ausführt, eine gesellschaftliche und ordnende Ausweitung aller menschlichen Fähigkeiten zustande gebracht. Beschleunigung und Siedlungsballungen in Städten führen nur zu deren Trennung voneinander in stärker spezialisierten Formen. [...] Das elektrische Zeitalter kann das niedrigtourige Zentrum-Peripheriesystem, wie wir es mit den vergangenen zwei Jahrhunderten in Verbindung bringen, nicht ertragen.[76] [...] Die Elektrizität zentralisiert nicht, sie dezentralisiert«.[77] Und wie um dies zu ergänzen, finden wir bei Jean-Francois Lyotard: »Wenn die Urbs zu Orbs werden, wenn die Zone zur ganzen Stadt wird, dann hat die Megalopolis kein Außen. Und folglich auch kein Innen. [...] Die grenzenlose Zone rauscht von Milliarden von miteinander verfilzten Nachrichten«.[78]

Das Problem und der Begriff der Zersiedlung ist nicht neu. Sie hat etwas mit Wahrnehmungsverschiebungen, mit Wahrnehmungsgewohnheiten von Lebensraum – von städtischem Lebensraum – zwischen Generationen und Epochen zu tun. Dem steht, schon seit alters her, die sich endlos ausbreitende Megalopolis entgegen. Aristoteles sprach von einer Megalopolis – einer sehr großen Stadt – als von einer Polis, die über die Befestigungen hinausreiche und den gesamten Peloponnes überdecken könne: »When are men living in the same place to be regarded as a single city? What is the limit? Certainly not the wall of the city, for you might surround all Peleponesus with a wall. Like this, we may say, is Babylon and every city that has the compass of a nation rather than a city«.[79] Der Stadthistoriker Lewis Mumford hat diese Interpretation in den 50er Jahren dieses Jahrhunderts wieder aufgenommen,[80] bevor der Begriff von Jean Gottmann 1957 reformuliert wurde. Das Phänomen einer überregionalen, verschmelzenden, urbanen Gegend wurde in der Nachkriegszeit durch das überdurchschnittlich schnelle Wachstum der Großstädte neu aufgenommen und unterschiedlichst benannt. Armin Meili sprach davor schon 1932 von der Schweiz als von einer »weit dezentralisierten Grosstadt«[81] und Jean Jacques Rousseau, »eigentlich sonst ein Feind von Städten«,[82] schreibt im Jahre 1763 über das damalige Helvetien: »Die Schweiz ist gewissermaßen eine einzige große Stadt, in dreizehn Quartiere aufgeteilt, von denen einige in Tälern, andere in hügeligem Gelände und wieder andere in den Bergen liegen [...]; die einen Quartiere sind dicht, andere weniger dicht besiedelt, dicht genug jedoch, als dass man sich immer noch in der Stadt wähnt, [...] Man hat nicht mehr das Gefühl, eine Einöde zu durchstreifen, wenn man zwischen den Tannen Kirchtürme, auf den Felsen Herden, in den Schluchten Fabriken und über den Wildbächen Werkstätten antrifft. Diese bizarre Mischung hat etwas Beseeltes und Lebendiges«.[83]

60% der Erdbevölkerung lebt heute, mehr als 200 Jahre nach Rousseaus Diagnose, in Städten. Das meiste davon sind Großstädte mit Millionen von Einwohnern und enormen Infrastrukturproblemen. Mexiko City soll nach UNO-Schätzung um diese Jahrtausendwende herum 24 Mio. Einwohner besitzen.[84] Die vorliegende Arbeit beschränkt sich aus Kompetenz-, Quellen- und thematischen Gründen auf ein eurozentrisches Stadtbild. Wie die Beispiele Paris, Milano, Ruhrgebiet oder Randstaad in Europa und Los Angeles, Boston-Area etc. in USA zeigen, ist Zersiedlung auch hier zu dem zentralen Thema von Urbanität geworden. Ob man nun vom blauen Eurohalbmond, der niederländischen Randstaad oder dem kleinen Städteband Thüringen als Megalopolen spricht: Es gibt heute kein letztes Haus der Stadt mehr. Und trotzdem besteht die randlose Stadt, die im Folgenden als Basis für eine »Urbane Topologie« genommen werden wird, aus Komponenten von verschiedensten städtischen Strukturen. Es liegt nahe, sich dabei auf die gängigen Begriffe der urbanistischen Literatur zu stützen. Waren diese Begriffe in ihrer Formierung noch Paradigmen, werden sie in einer Aktualisierung zu topologischen Komponenten, die unorthodox gleichzeitig in der randlosen Stadt wirken respektive wirken können.[85] Das Auftauchen des Phänomens der randlosen Stadt vollzog sich zeitlich parallel zu Paradigmenveränderungen in den Wissenschaften, der Kulturtheorie, der Philosophie und der Architektur. Thomas S. Kuhns »Struktur wissenschaftlicher Revolutionen« aus dem Jahre 1962 leitete das Denken einer Paradigmenpluralität in den Wissenschaften ein.[86] Einem Pluralismus, der in Paul Feyerabends Äußerung des »Anything Goes« seinen Höhepunkt fand.[87] Kulturphilosophisch für die Architektur wichtig entwickelte sich daraus Jean-Francois Lyotards »Postmodernes Wissen«, dessen Kern ein lokaler Paradigmenpluralismus der »kleinen Geschichten« formt.[88]

- Mega-City: Makro Kontext um ein bestehendes, historisch gewachsenes Zentrum.[89]
- Peripherie und periphere Subzentren: Suburbane Kontexte und Zersiedlung.[90]
- Netzstadt: urbane Netzwerke als autarke dynamische Strukturen.[91]
- Zwischenstadt: urbane Siedlungen zwischen Zentralstädten und Landschaft.[92]
- Megalopolis: Verwachsene und verschmolzene Kontexte.[93]
- Edge City: Autarke kontextuelle Artefakte, New Towns.[94]
- Global Cities: Kommunikations- und Handelsknoten als Kontext.[95]
- Urban Landscape: Landschaft als Artefakt erzeugt urbane Landschaft als Kontext.[96]
- Exchanger City: Hochverdichtete ›Hybridbuildings‹ als Kontext von Mobilität.[97]
- Informational City: Dienstleistungsstädte im Informationszeitalter.[98]
- und andere.

Um diese verschiedenen Diskursansätze berücksichtigen zu können, wurde für die vorliegende Arbeit das Konstrukt der »randlosen Stadt« formuliert. Typisch für unser neues Jahrtausend ist ein gleichzeitiges Auftreten solch urbaner Lesarten und Typen. Sie bilden zusammen die Topologie einer randlosen Stadt. Urbanität ist zur allgegenwärtigen zweiten Natur unserer Lebenswelt geworden. »Auf der Ebene der Siedlungsentwicklung ist heute davon auszugehen, dass jeder Eingriff innerhalb eines urban besetzten Territoriums erfolgt, […] Jeder Eingriff muss sich deshalb buchstäblich einen Raum schaffen, das heißt, er löst Verdrängungs- und Anpassungsprozesse aus, die im Umfeld, oft jedoch weit über dieses hinaus, die Elementarteile des Siedlungszusammenhangs neu positionieren«,[99] konstatiert dazu Christoph Luchsinger. Ein architektonischer Eingriff in diese zweite Natur gebiert ein Artefakt – eine Künstlichkeit. Für unsere Epoche am Ende des 20. Jahrhunderts scheint es richtig und wichtig, diese Artefakte – speziell Architekturen als Artefakte – als Produkte einer globalen urbanen Kultur zu sehen: »Stadt als menschliches Artefakt«,[100] in den Worten Aldo Rossis. In den Sozialwissenschaften sind Konstrukte Produkte einer Wirklichkeitsanalyse, bei offenen Systemen bedeutet das in der Konsequenz eine affirmativ-unvollständige Wirklichkeitsanalyse.[101] Das theoretische Konstrukt dient der Übersetzung von der Beobachtungssprache, die eine konstituierende Leistung des Beobachters im Erkenntnisprozess betont, in theoretische Sprache (Von der Beobachtung zur Theorie und Handlung).[102] Ernst von Glaserfeld setzt eine solche Konstruktion in Bezug zu Jean Piagets topologischem Wahrnehmungsraum bei Kindern:[103] »Schon in den dreißiger Jahren hat Piaget erklärt, dass die kognitiven Strukturen, die wir Wissen nennen, nicht als ›Kopie der Wirklichkeit‹ verstanden werden dürfen, sondern vielmehr als Ergebnis der Anpassung. […] Er (Silvio Ceccato) wies darauf hin, dass Wahrnehmung und Erkenntnis unter keinen Umständen ontische Objekte widerspiegeln und darum als ›kreative‹ Tätigkeiten zu betrachten sind«.[104] »Urbane Topologie« hat präzise eine solche kreative Tätigkeit von Wahrnehmung in der randlosen Stadt zum Thema. Randlose Stadt ist dabei, wie schon angedeutet, ein Sammelbegriff für verschiedene Termini, um die endlose Stadtausbreitung, Zersiedlung, um Zusammenwachsen von Städten einerseits und Veränderungen durch neue Kommunikationstechniken, Virtualisierung, ökonomische Globalisierung andererseits zu beschreiben.

- Die Globalisierung von Stadt: Peripherie, Migration, Mobilität
- Die Virtualisierung von Stadt: Räume, Bilder, Information

Der oben erwähnte Term für das Zusammenwachsen von Ballungsräumen, Megalopolis, wie sie der französische Urbanist Jean Gottmann nennt, kann diesen Wandel respektive diese Erweiterung beispielhaft darstellen. 1957 wurde der Begriff Megalopolis durch Gottmann so radikal reinterpretiert, dass schon 1966 der Random House/Websters Dictionary die neue Formulierung übernahm.[105] Er hatte in der Zeitschrift Economic Geography den Artikel »Megalopolis or the Urbanization of the Northeastern Seaboard« veröffentlicht.[106] Megalopolis wurde dadurch zu einem Synonym für das Verschmelzen von Agglomerationen sehr großer Städte (»Large urban Units«),[107] in der ersten Studie von Boston bis Washington DC, zu einer einzigen Aera von – wörtlich nach Gottmann – »super-metropolem Charakter«. Jean Gottmannn hatte für eine Megalopolis folgende spezifischen Bedingungen herausgeschält:

- ein Polynucleus als Basis,
- eine wirtschaftliche Autarkie der Megalopolis,
- die politische Autonomie der einzelnen Nuclei,
- das Vorhandensein gemeinsamer historischer Traditionen (im Falle Boston/Washington als ehemalige oder noch funktionierende Hafenstädte),
- die Existenz, Ausbaufähigkeit und gegenseitige Potenzierung eines dichten Netzes von Transportwegen (Hafen + Eisenbahn + Autobahnen).

Diese Faktoren erzeugen Synergieeffekte, welche die topographische/geographische Verschmelzung beschleunigen und lebensfähig erhalten. Ohne diese weiter auszuführen, weist Gottmann auf die Analogie zur amerikanischen »middle west« Metapher der Main Street hin, die polyfunktionalen Charakter besitze.[108] Jean Gottmann hat das Entstehen der europäisch-niederländischen Megalopolis »Randstaad« zwischen Rotterdam, Amsterdam, Utrecht vorausgesehen.[109] Diese ist mittlerweile wohl das besterforschte megalopole Planungsgebiet der »globalen Stadt«. Sie erfüllt auch das irrationale Kriterium für jede Megalopolis: einer Küstenlinie zu folgen. Dasselbe gilt auch für die Seattle/San Francisco/Los Angeles/San Diego-Megalopolis, die sich entwickelnde Megalopolis um Hong Kong etc. Für Europa versucht man den Begriff des »Blauen (EU) Halbmonds« zu etablieren, diesem Kriterium nur bedingt folgend, der das

Zusammenwachsen der urbanen Konglomerate zwischen Nordsee/Randstaad-Ruhrgebiet-Rhein/Main-Paris-Lyon-Turin-Mailand bezeichnet. Was sich heute der Gottmann-Megalopolis überlagert, ist die oben formulierte Doppelung von Globalisierung und Virtualisierung. Jean Gottmanns Aufsatztitel ist heute zu einer gängigen Metapher geworden, die sich verselbständigt hat und Science-Fiction-bildend wurde. Normalerweise findet dieser Prozess umgedreht statt; die Fiktion erscheint vor der Analyse einer realen Situation. Im Zeitalter der CyberCities, wird gerne auf die Kult gewordene, 27 Jahre jüngere Stelle in William Gibsons »Neuromancer« verwiesen, wo der Hauptakteur »daheim« in der virtuellen Welt seiner »Konsole« über »LAMA«, – die Boston-Atlanta-Metropolitan-Axis – hinwegfliegt.[110] Der Grund wiederum, dass Gibson so oft zitiert wird, liegt im immer dominanteren urbanen Einfluss von Medienvernetzungen, deren Ausformung als »Räume« und deren zunehmenden Anteil an der globalen Ökonomie. Und an dieser Erweiterung scheitern einerseits die diagnostischen Werkzeuge – größtenteils statistischer Art – Gottmanns, andererseits scheitert daran auch eine reine Medientheorie.

»Urbane Topologie der randlosen Stadt« hakt genau an dieser Schnittstelle ein und versucht über die qualitativen topologischen Werkzeuge übergreifende Kriterien handhabbar zu machen. Als Ausgangssituation ist die Arbeit so mutig, verschiedenste Denkansätze über Stadt, von Edge City über Megalopolis bis Cybercity, in einen gemeinsamen Topf zu werfen. Intern differenziert – z. B. bezüglich »Cities within the City« (O. M. Ungers)[111] – wird über topologische Werkzeuge. »Urbane Topologie der randlosen Stadt« ist noch nicht in angewandter Feldforschung und Entwurf erprobt oder empirisch unterlegt. Dies ist erklärtes Ziel weiterführender Untersuchungen. Die hier favorisierte Sichtweise auf Stadt ist stark beeinflusst durch die Forschungen des weiteren Umfeldes der Los Angeles School of Urban Studies (Soja, Scott, Sorkin, Jarreau, Davis, Fishman etc.), die LA als große Fallstudie und »Zukunftslabor« nutzen und neben »Umrissen eines paradigmatischen Postfordismus, eines entstehenden Urbanismus des 21.Jahrhunderts« auch die »dunkelsten Seiten der World City« freilegen wollen.[112] Die Architektur findet im Moment die randlose Stadt wieder oder besser, sie hat keine andere Wahl mehr, als sich fundamental mit ihr auseinanderzusetzen.

An diesem Punkt scheint es angebracht, kurz den eurozentristischen Blick zu verlassen. Kairo, Kalkutta, Sao Paulo, Mexiko-City sind Mega-Cities von Drittwelt oder Schwellenländern. Durch deren wirtschaftliche Entwicklung ergibt sich eine Sogwirkung auf die verarmte Landbevölkerung. Entgegen landläufigen Clischés ist die Mega-Stadt nicht nur ein Traum für eine Verbesserung der eigenen Lebensqualität, sondern tatsächlich eine eigentliche Überlebensstrategie, die, je größer die Stadt, desto besser funktioniert.[113] Obwohl diese Megastädte mit ihren »wilden Siedlungen«,[114] ob Slum, Favela oder Barrios genannt, schon seit spätestens den 60er Jahren ein akademisches Thema auch in Erstwelt-Ländern waren, wird das Problem eurozentristisch maximal mit einer fatalistischen

Attitüde registriert.[115] Das radiale Wachstum der Mega-Cities Nord vollzieht sich in erster Linie entlang der Transportwege, der Ausfallstraßen; die Triangulationen dazwischen werden mit Wohnquartieren gefüllt. Das Wachstum in der dritten Welt wird auch ökonomisch geregelt, aber umgekehrt proportional: Das schnellste Wachstum erfahren die wertlosesten Flecken Erde. Sie werden als erste von den wilden Siedlungen überwuchert. Noch ist es gang und gäbe, diese Wucherung als eine Form einer illegalen »Verschmutzung« der Stadt an sich zu lesen. Erst langsam akzeptiert die offizielle Politik eine Favela als Form der Selbsthilfe und versucht, Minimalinfrastrukturen zu legalisieren und zu fördern. Dies ist ein zweiter Wachstumsunterschied zwischen Nord und Süd: Im Norden findet eine Erschließung eines Geländes mit Infrastruktur dirigistisch und ökonomisch, spekulierend, vorausdenkend statt, während in den Dritte-Welt- und Schwellenländern dies frühestens nachträglich geschieht. Maßnahmen zur Selbsthilfe in dieser Hinsicht brauchen im Durchschnitt 25 Jahre, um anerkannt zu werden.[116] Paul Virilio nennt dies »La sociétée des deux Vitesses«.[117] Die Bewohner dieser Mega-Cities können als neue Nomaden bezeichnet werden, die nicht nur in den Restflächen, sondern auch zwischen den urbanen Geschwindigkeiten nomadisieren. Die topographische Überdeckung der Mega-City verursacht eine »endlose« Vereinnahmung der Größe, außerhalb jeglicher Kontrolle. Die eurozentrische randlose Stadt besitzt politische, ökonomische und kulturelle Bedingungen, um sich Alternativen im vermeintlichen »Außerhalb« zu erarbeiten, ein vermeintliches urbanes Außen, das durch die randlose Stadt wieder überdeckt wird. Mega-Cities in Schwellenländern besitzen diese Kapazitäten kaum. Insofern ist damit auch ein Einverständnis verbunden, sich im Rahmen dieser Arbeit auf den zeitgenössischen eurozentrischen Diskurs zu beschränken.

Kontext und Architektur

Der Kontextbegriff entstammt der Literaturtheorie und der Rhetorik. Ein Kontext bezeichnet die Teile einer geschriebenen oder gesprochenen Aussage, die einem spezifischen Wort respektive einer Passage voranstehen oder folgen und dabei meist deren Sinn beeinflussen.[118] Im Lateinischen bedeutet contextus/contextere ein »zusammenfügen«, abgeleitet von con+textere, gedeutet als flechten, verweben. Tatsächlich sind in der Literaturtheorie Kontext und Topos grundlegend in Analyse und Interpretation. Für die moderne pragmatische Sprachphilosophie und Linguistik meint Kontext eine »außersprachliche, lebenspraktische Umgebung, in die Äußerungen eingebettet sind«.[119] Bedeutung und Verstehbarkeit einer Äußerung hängen von ihm als einem situativen und thematischen Verwendungszusammenhang ab. Kontext und Kontextualismus sind insofern relativistische Auffassungen einer hermeneutisch-pragmatischen

Wende, »nach der Sätze und Normen ihrem Sinn und ihrer Geltung nach von den jeweiligen kulturellen und geschichtlichen Kontexten abhängen, innerhalb derer sie auftreten«.[120] Ein radikaler Kontextualismus wie ihn zum Beispiel Richard Rorty vertritt, beurteilt Gültigkeiten »an der zufälligen faktischen Konsensbasis einer besonderen Sprachgemeinschaft bzw. Lebensform«.[121] Nach Rorty soll die philosophische Rede von »Wahrheit« insgesamt in einem neopragmatisch gefassten Kontextualismus ad acta gelegt werden. Rortys »Kontextualismus« propagiert, »dass wir unsere Wahrheitsansprüche nicht direkt mit Bezug auf (sprachnackte) ›Objekte‹ rechtfertigen, sondern nur indirekt, d. h. durch Übereinstimmungsprozesse innerhalb desjenigen (als kompetent eingeschätzten, aber offenen) ›Auditoriums‹, vor dem wir unsere Geltungsansprüche, wenn sie problematisiert werden, verteidigen müssen. [...] Er (Rorty) versucht vielmehr, dem intersubjektiven Argumentationsraum, in dem die Reden über Tatsachen, Sachverhalte und Normen, jederzeit schon loziert sind, eine durchgängig ›empirische‹ (d. h. auf ›Erfahrungs-Tatsachen und -Handlungen‹ basierend, J. H.) [...] Deutung zu geben«,[122] so Ludwig Nagel über Rortys Neopragmatismus.

Es ist deshalb nicht verwunderlich, tauchen die beiden Begriffe Kontext und Topos in schriftlichen Äußerungen zur Architektur und zur Stadt an verschiedenster Stelle und in verschiedensten Epochen auf. Der Gebrauch von »Kontext«, seine aktive Rolle in einem analytischen Sinne zuhanden des Architekturentwurfes ist hingegen neueren Datums. Peter Smithson führte Mitte der 50er Jahre den Begriff des »context thinking« in seinen Unterricht an der AA London ein:

»When I was teaching at the Architectural Association School of Architecture in the mid-fifties the school's syllabus was reorganised in a very simple way to induce what I then called ›context thinking‹ – that a new thing is to be through in the context of the existing patterns. Thought through in the context of the patterns of human association, the pattern of use, the patterns of movement, the patterns of stillness, quiet, noise and so on, and the patterns of form, in so far as we can uncover them; and it was thought that a design for a building on building ground could not be evolved outside of context. This sounded easy. But it cut against all inherited post-renaissance tradition – of building as ›ideas‹, of building as ›obstructions‹, of buildings as simple mechanisms – and it cut against a simple force of fashion. For fashion is without doubt the most powerfull force in the design of buildings. [...] In our own design work the ›context‹ is the main center of effort. It is not exactely a ›fitting in‹, but of rematerialising, refocusing – the words are difficult.«[123]

Der Kontextualismus der Smithsons war ein surrealistischer, speziell Duchamp beeinflusster Kontextualismus – »As-Found-Contextualism«:

»The ›As Found‹ and the ›Found‹: The ›as found‹ where the art is in the picking up, turning over and putting with [...] and the ›found‹, where the art is in the process and the watchfull eye [...] With hinsight [...] The ›as found‹ in architecture: [...] Setting ourselves the task of rethinking architecture in the early 1950s, we meant by the ›as found‹ not only adjcent buildings, but all those marks that constitute remembrancers in a place and that are to be read through finding out how the existing built fabric of the place had come to be as it was. [...] As soon as architecture begins to be thought about, its ideogram should be so touched by the ›as found‹ as to make it specific-to-place. [...] Thus the ›as found‹ was a new seeing of the ordinary, an open-ness as to how prosaic ›things‹ could re-energise our inventive activity. [...] The ›as found‹ aesthetic fed the invention of the ›random aesthetic‹ of all our ›Cluster‹ ideograms, diagrams and theories, which we took first to CIAM 9 at Aix-en-Provence, then to La Sarraz, and finally to CIAM 10 at Dubrovnik«.[124] As-Found-Kontextualismus fand seinen Niederschlag einerseits im Team X-Primer,[125] andererseits in Charles Jenks und Nathan Silvers »Adhocism«.[126] Dem, von Liane Lefaivre später Pop-Kontextualismus genannten,[127] steht ein etwa gleichzeitig auftauchender Cornell-Kontextualismus gegenüber. »Contexturalism/Contextualis-mus« wurde als Kunstwort am Entwurfslehrstuhl von Colin Rowe in der Architektur an der Cornell-University anfangs der 60er Jahre angewandt:[128] »In fact, the term originally used [...] was Contexturalism, a conflation of Context and Texture. We were interrested in urban texture, what Italians call the tessuto urbano (more literally ›Urban Fabric‹), and urban form«.[129] Cornell-Kontextualismus ist gekennzeichnet durch eine typologisch/morphologische Figur-Grund/Field-Zone Untersuchung – wörtlich »figur-ground-interface«[130] – mit gestalttheoretischem Hintergrund.[131] Thomas L. Schumacher sieht die Möglichkeit einer Verbindung dieser zwei Auffassungen über den von Rowe übernommenen Term der Pop-Kultur, der Collage, der Collage City mit einem Verweis auf Robert Venturis »Complexity and Contradiction«: »The notion that some ideal forms can exist as fragments, ›collaged‹ into an empirical environment, and that other forms can withstand elaborate deformations in the process of being adjusted to a context have largely eluded the modern architect. This attitude was recognized and deplored by Robert Venturi who called for elements which were ›hybrid rather than pure‹, distorted rather than ›straitforward, ambiguous rather than articulated‹[132] [...] It is precisely the ways in which idealized forms (also Typen, J. H.) can be adjusted to a context or used as ›collage‹ that contextualism seeks to explain, and it is the system of geometric organization which can be abstracted from any given context that contextualism seeks to devine as design tools«.[133] Verbindet man in dieser Weise Rowe und Venturi, werden beider Wurzeln in Camillo Sittes »Der Städte-Bau nach seinen künstlerischen Grundsätzen« von 1889 sichtbar.[134] Auch dieser befürwortete gewachsene Unregelmäßigkeiten, Heterogenität und Vielfalt mit einer Favorisierung des öffentlichen Raumes – des Platzes als Topos für Lebensraum und Maßstäblichkeit. Kruft nennt Sitte ja bekanntlich den »ersten nennenswerten Beitrag zur Theorie des Städtebaus in deutscher Sprache«.[135] André Corboz sieht ihn als Vorläufer eines topologischen Denkens bezüglich der

Stadt.[136] Rowe und Venturi leiteten mit diesem Hinweis die Wiederentdeckung gewachsener städtischer Strukturen jenseits klassizistischer Planung (gegen die sich Sitte stellte) oder klassisch-moderner Planung ein.

Die Auseinandersetzung mit architektonischem Kontextualismus in den 70er Jahren und in der ersten Hälfte der 80er Jahre war geprägt durch die Prädominanz von Strukturalismus und Semiotik. Kontextualismus wurde ein »Stadtlesen«. Diane Agrest beschreibt solche literarische Stadtanalyse, wie sie damals zum Beispiel an der Cooper-Union New York unterrichtet wurde, als »Reading of the City«: »Our work is based on the understanding, through a critical reading of the city as text, of the relationship between the urban structure and architecture. A new project is not an alien element but the result of the critical transformation or mutation of preexisting configurations that are not only formal but social as well. The articulation of history and the creative subject define the notion of reading that is basic to this approach. Critically reading the city, its public places, its architecture, ›projecting‹ on them not only architectural codes but also other cultural readings, allows for the articulation of urban form as a text with other cultural texts, [...] In the process of critically reading the urban text and rewriting, not just a fragmentation but also a transformation takes place, generating new configurations linked to the present cultural conjuncture. It is precisely through the notion of transformation that the necessary relationship between the old and the new, between the creative subject and history can be established«.[137] Textliche, strukturalistische Konfiguration erzeugt den Sinn und die Bedeutung von Text – und von Stadt. Peter Eisenman stellt diese strukturelle, zeichenhafte Bedeutung der metaphorischen Bedeutung von architektonischen und urbanen Symbolen gegenüber: »Architecture has traditionally been thought of as producing an object with meaning. Recently this meaning has been confused with a different idea, that of an architectural text. [...] Texts always contain something else. That something else is the approximation or simulation of another object. A text does not represent or symbolize this other object, it attempts to reveal or simulate its structure. [...] Architecture is traditionally concerned also with meaning. This meaning unfolds in the analysis of metaphor, of something that is described in terms of something else: the façade as a face, the chimney as a backbone, etc. The ›meaning‹ is however, a structural meaning, not a metaphoric one. A structural meaning is one in which there is a differentiation and not a representation. Symbols are metaphoric; they are objects that represent other objects. Signs, however, are textual in that they differentiate one element from another in a set of structural, rather than formal or metaphoric, relationships. Signs are notational devices that will not yield to formal and symbolic analysis and, therefore, are selfreferential; that is, they do not participate in formal or symbolic whole. A sign of difference and a trace of presence are textual notation«.[138] Eisenmans Beitrag bezeichnet einen für diese Arbeit entscheidenden Bruch in der textorientierten – kontextorientierten urbanen Lesart. Er argumentiert im letzten Satz differenztheoretisch und folgt der anfangs der 80er Jahre erfolgten architektonischen Rezeption radikalhermeneutischer und poststrukturalistischer Denkweisen, speziell Paul Ricoeurs und Jacques Derridas. Texttheorie respektive Sprachphilosophie und urbane Realität hatten sich zuvor beide schon weit über holistischen Strukturalismus und städtische Zentrumstheorie hinausentwickelt. Mathias Prangel fasst Ricoeurs Position wie folgt zusammen: »In der aktuellen literaturwissenschaftlichen Verstehensdiskussion erscheint die Kontextproblematik im allgemeinen in enger Koppelung an die Frage der Mündlichkeit bzw. Schriftlichkeit sprachlicher Diskurse. So auch in dem noch stark hermeneutisch bestimmten Modell des Lesens von Paul Ricoeur. Für diesen sind Texte (in verstärkter Form noch literarische Texte) Gebilde, die sich zunächst in aufsteigender Linie emanzipieren und autonomisieren. Sie verselbständigen sich als Diskursereignis gegenüber der Sprache als System; sie objektivieren sich als strukturierte Form (Werk) gegenüber dem Diskurs; und sie distanzieren sich schließlich als schriftlich fixierte Texte vom kommunikativen Kontext des mündlichen Diskurses und von dessen faktischer Welt. [...] Text [...] unterliegt einer radikalen Dekontextualisierung. Der Text ist [...] autorenthoben, adressatenenthoben, bewusstseinsenthoben, weltenthoben, also diskursenthoben, kommunikationsenthoben und damit letztlich auch bedeutungsenthoben. [...] Es schafft die durch Schriftlichkeit erlangte Dekontextualisierung des Textes nämlich gewissermaßen unter der Hand gerade die Voraussetzung dafür, dass der seiner Kontextbindung enthobene und somit freigesetzte Text sich der Einbindung in neue, ganz andere Kontexte öffnet. [...] Nur auf diese auf vorgängiger Dekontextualisierung beruhenden Möglichkeit erneuter Kontextualisierung im Licht der Lebens- und Theoriebezüge jeweils aktueller Rezipienten und Rezipientengruppen ist es nach Ricoeur zurückzuführen, dass schriftliche, insbesondere literarische Texte, abgenabelt von einer oralen Diskurssituation, immer wieder aufs neue rezipiert und interpretiert werden können. [...] Die interpretative Anwendung von Kontexten ist [...] dadurch, dass der Interpret, der durch die Strukturanalyse offenbar gewordenen Richtung des Textes folgt und es unternimmt »to place oneself en route towards the orient of the text«, in einen objektiven Verstehensakt umzuwandeln. Ricoeurs Konzept des Lesens zielt demnach auf die Erfüllung der Textbestimmung durch die Symbiose von strukturanalytischem Erklären und kontextualisierendem Interpretieren«.[139] Diese Haltung Ricoeurs finden wir in den 80er Jahren versteckt in den Texten von Bernard Tschumi wieder. Jacques Derrida löst die Idee eines Zentrums textlicher Bedeutung, also von Kontext, durch die dekonstruktivistische Einschreibung der Interpretation vollständig auf. Obwohl Derrida von Tschumi und Eisenman vor allem bezüglich einer Dekonstruktion von Profession und architektonischem Objekt zitiert wird, besitzen vor allem seine zwei Aufsätze »Signatur, Ereignis, Kontext«[140] und »Die Struktur, das Zeichen und das Spiel im Diskurs der Wissenschaften vom Menschen«[141] fundamentale kontextuelle Aspekte: Kontext wird fragil, temporal und unstetig; er verräumlicht sich im strukturalen Feld. »Es versteht sich scheinbar von selbst, dass sich das Mehrdeutigkeitsfeld des Wortes ›Kommunikation‹ durch die Grenzen des sogenannten Kontextes stark reduzieren lässt. [...] Aber sind die Erfordernisse eines Kontextes jemals absolut bestimmbar? [...] Gibt es einen strengen und wissenschaftlichen Begriff des Kontextes? Ich möchte, um es jetzt schon summa summarum zu sagen, warum ein Kontext nie absolut bestimmbar ist oder vielmehr inwiefern eine Bestimmung niemals gesichert oder gesättigt ist [...]. Gleichzeitig enthält ein schriftliches Zeichen die Kraft eines Bruches mit seinem Kontext, das heißt mit der Gesamtheit der Anwesenheiten, die das Moment der Einschreibung organisieren. Diese Kraft des Bruches ist kein akzidentelles Prädikat, sondern die Struktur des Geschriebenen selbst. [...] Es gehört zum Zeichen, schlechterdings lesbar zu sein, selbst wenn der Augenblick seiner Produktion unwiederbringlich verloren ist und selbst wenn ich nicht weiß, was sein angeblicher Autor-Schreiber in dem Augenblick, da er es schrieb, das heißt, es seiner wesentlichen Führungslosigkeit überließ, bewusst und mit Absicht hat sagen wollen. [...] Diese Kraft des Bruches hat ihren Grund in der Verräumlichung, die das schriftliche Zeichen konstituiert: in der Verräumlichung, die es von den anderen Elementen der internen kontextuellen Kette trennt. [...] Diese Verräumlichung ist nicht die einfache Negativität einer Lücke, sondern das Auftauchen des Zeichens (marque). [...] Jedes linguistische oder nicht-linguistische, gesprochene oder geschriebene (im üblichen Sinne der Opposition) Zeichen kann als kleine oder große Einheit zitiert, in Anführungszeichen gesetzt werden; dadurch kann es mit jedem gegebenen Kontext brechen, unendlich viele neue Kontexte (Polykontexe/Polykontexturen; siehe unten, J. H.) auf eine absolut nicht saturierbare Weise erzeugen. Dies setzt nicht voraus, dass das Zeichen (marque) außerhalb des Kontextes liegt, sondern im Gegenteil, dass es nur Kontexte ohne absolute Verankerung oder Doppelheit gibt. [...] Diese Iterierbarkeit des Zeichens (marque) ist kein Zufall und keine Anomalie, sondern das (Normale/Anormale), ohne welches ein Zeichen (marque) sogar nicht mehr auf sogenannt ›normale‹ Weise funktionieren könnte. Was für ein Zeichen (marque), das man nicht zitieren könnte? und dessen Ursprung nicht unterwegs verlorengehen könnte?«[142] Dazu nochmals Prangel: »Bedeutungen, so diese Überzeugung in ihrer Kurzfassung, seien nicht unwandelbarer und unveräußerlicher Besitz von Texten an sich, sie seien vielmehr Ergebnis der Konfrontation von Texten und den jeweils an sie herangetragenen allgemein lebensweltlichen oder auch wissenschaftlichen Kontexten ihrer Leser und Interpreten und entsprechend der ausschnitthaften strickt temporalisierten und subjektdependenten Begrenztheit dieser Kontexte per definitionem immer nur partialen oder vorläufigen Charakters. [...] Denn es sind die Kontexte, wie es Derrida formuliert, ›without any center or absolute anchoring‹ (Derrida, 1988, (Sig. Er. Kont.) 12) und daher auch die durch sie konstituierten Bedeutungen außerstande, den Aggregatzustand der Stabilität und Dauerhaftigkeit anzunehmen. […] Texte entfalten Bedeutung demnach in einem unbegrenzten Prozess der Dissemination«.[143] Realweltlich erfassbar sind nur Spuren dieses Prozesses. Peter Bosch meint bezüglich solcher Dynamik kontextueller Konzepte: »Für unsere Erfahrung gegeben und in dem Sinn realistisch, sind immer nur die Spuren, die Bedeutung in einem konkreten Sprachgebrauchskontext hinterlässt. […] Die Schwierigkeit, mit der wir zu tun haben, liegt darin, dass lexikalische Bedeutungen, aus denen wir irgendwie die beobachtbaren Interferenzen konstruieren möchten, in der freien Natur als solche nicht vorkommen, sondern immer schon kontaminiert sind mit Eigenschaften des Gebrauchskontexts oder des Kontexts der Interpretation«.[144] Architektur und Städtebau in den 90er Jahren knüpfen hier an. Während die frühen 90er Jahre in der Architektur eine theorielastige Text/Kontext-Orientierung mit hermetischem Architekturdiskurs thematisierten, sind die letzten Jahre und die Jahrtausendwende geprägt durch eine eigentliche Form der Argumentationsumkehr: Der urbane Kontext heutiger Städte hat den Diskurs längst überholt, ist viel a-zentrischer, komplexer und unübersichtlicher geworden als in den frühen Verweisen auf a-zentrische Literaturtheorie vorausgesehen. Mallarmé und Joyce sind in übertragenem Sinne urbane Wirklichkeit geworden. Überlagert wird diese Komplexität urbanen Kontexts durch die zwei sich in den Vordergrund schiebenden Themen der Globalisierung und der Virtualisierung urbanen Raumes. Raumbegriff und Kontextbegriff nähern sich wieder an. Urbane Kulturen gleichen sich in Inhalten und Ausdrucksformen und vermengen sich zu einer Hyperkultur mit neuer räumlicher »Materialität« und erweiterter Dimensionalität. »Context is the situation, where the long-term factors becomes concrete«,[145] schreiben Ole Bouman und Roemer van Toom in »The Invisible in Architecture«: »[…] The context cannot be captured in a single truth; it is the rest of the world, that is provisionally ignored but in fact has a bearing on the subject under discussion. There is always a context. […] The final result is a morally detached ›complexity‹ in which the context has become the text. […] The political context of social systems and their potential alternatives remain invisible. All attention is reserved for the symbolic context. […] This is a nomadic attitude: it does not design in time, but finds in space. The cartography of the context that this nomadism so strongly stimulates has meanwhile brought us into contact with quite a few forgotten dimensions of our existence. … The media presents us with the multipliocity of contexts in a comprehensive, entertaining and reassuring way. However, this domestification of heterotopia has become part of our context in its own right, and, morover, precisely the part we do not talk about. The obsessive interest in personal micro-narratives has thrust the macro-historical and macro-economic context into the background. The context is our morality, but in this morality we ignore the context. References to social conditions, ecologies, ecological problems or preveiling ideologies are much more unusual. And rare indeed is a critical intervention in the programme inherent in the context. Naturally, architecture always articulates a value judgement about the context. If this judgement is an unfavourable one, it can, in the best cases, stimulate a striving for an alternative. This alternative, too, is invariably contextual; it is located both in the context of the existing circumstances and in a context of current critical ideas. […] Contextuality is inescapable«.[146] Oder wie der Architekturtheoretiker Christoph Luchsinger schreibt: »So gesehen ist Kontextualität heute keine Parole mehr, sondern Gebot, realer Alltag«.[147] Radikaler Kontextualismus, wie oben beschrieben, ist nicht nur architektonische Lesart/Reading, sondern mit poststrukturalistischen Attributen versehene Alltäglichkeit: a-zentrisch, pluralistisch, heterogen. Die vorliegende Arbeit knüpft an diese Radikalität an und versucht, sie topologisch zu deuten und weiterzuentwickeln.

In der Architekturdebatte steht eine solche Kontextauffassung einer zweiten, meiner Meinung nach terminologisch missverstandenen Kontextauffassung gegenüber: diejenige konservativer Denkmalpflege und historisierender Postmoderne. Man kann in dieser Kritik wieder auf die sprachtheoretische und linguistische Theorie von Kontext zurückgreifen. In einer modernen Auffassung von Kontext und Kontextualismus ist dieser außersprachlich angesiedelt und interpretiert Äußerungen nichtmetaphysisch relativistisch. Kontext ist dynamisch und entwickelt sich so in seiner Zeit und Kultur. In ihn eingebettet – quasi als topologischer Unterraum, darauf kommen wir später – ist der hermetische innersprachliche Kontext, seit Y. Bar-Hillel »Kotext«[148] genannt. Kotext verfolgt im Gegensatz zum Kontext holistischen Universalismus, ist intrinsisch und sucht nach klassisch-hermeneutischer Kontextinvarianz respektive Transkontextualität »im Hinblick auf Zusammenwirken und Kompatibilität sprachlicher Einheiten«.[149] »In einem verallgemeinerten Sinn wird«, nach Mittelstrass, »Kotext auch für diejenige Umgebung beim Gebrauch eines semiotischen Gegenstandes verwendet, die zum gleichen Medium gehört, also etwa die visuelle Umgebung eines visuellen Zeichens«.[150] Vereinfacht ausgedrückt bedeutet »Con-Text« mit-dem-Text und »Co-Text« bei-oder-im-Text. In historisierender architektonischer Auffassung wird dieser Kotext noch weiter auf die unmittelbare Nachbarschaftsbeziehung unabhängig von Sinn, Verwendungszusammenhang und Gültigkeit reduziert; auch konservative, universelle Hermeneutik geht intertextuell hier bedeutend weiter. Der niederländische Architekturtheoretiker Jos Bosman liefert in diesem Sinne folgende kurze Fassung von missverständlichem »Kontext«: »Context is there, where the physical presence of the pre-existing imposes a significant role on the design as a pre-forming charakter«.[151] Es kann sein, dass diese Verwirrung im Umgang mit dem Kontextbegriff in der Architektur historisch bedingt ist. Die 50er Jahre bedeuteten nicht nur »Erfindung« architektonischer Kontexttheorie, siehe oben, sondern im Zuge der Problematik von Kriegsschäden und Wiederaufbau im Wirtschaftswunder auch »Erfindung« von Denkmalpflege in größerem Zusammenhang – also nicht mehr nur Monumentenpflege. Obwohl radikale Linguistik, z. B. Chomsky und Neopragmatismus, aber auch erste poststrukturalistische Ansätze aus den späten 50er und den 60er Jahren stammen, wirken sie für die gebaute Architektur gemeinsam erst in den 80er Jahren. Für Westeuropa kann man dies mit einem Datum, der IBA Berlin 1982, festmachen. Bis zu dem Moment hatten sich aber die Kontexttheorie und realweltlicher Kontext schon entscheidend weiterentwickelt, während sie in der Architektur für einen Moment als »tote Metapher« auf der Bedeutung der 50er Jahre eingefroren war. Erst die Hinwendung der Architekturtheorie zu Texttheorie und linguistischem Poststrukturalismus Ende der 80er Jahre ermöglicht nun eine Reformulierung und Aktualisierung des Kontextbegriffes bezüglich der Komplexität unserer Umwelt.

Anfangs dieses Jahrtausends stehen wir vor einer neuen Situation. Kontextuelle Fragestellungen sind mit der Komplexität und Gleichzeitigkeit der Prädominanz des Urbanen, von Globalisierung, speziell im Medialen und Ökonomischen, und einer zunehmenden Virtualisierung konfrontiert. Der kontextinhärente Relativismus stellt sich im Zeitalter von Globalisierung, Stadtausbreitung/randloser Stadt und Virtualisierung nun plötzlich als Problem heraus: Relativismus verlangt die Möglichkeit von verschiedenen Perspektiven und Positionen, heute sind diese Orte nicht mehr klassisch, mit den klassischen Werkzeugen festzumachen, zum Teil sind sie flotierend, zum Teil virtuell, zum Teil mehrfach besetzt. »Urbane Topologie« befasst sich mit einer Art Substitution des perspektivischen Raumes durch kontextuellen Relativismus und formuliert neue und andere Invarianten bezüglich desselben. Jacques Derridas Diagnose in »Grammatologie«[152] (immerhin schon 1967 geschrieben), einer Trennung von Sprache und Text, respektive Sprachen und Texten ist realweltlicher, ursprungsloser, a-zentrischer Kontext geworden. Welche Sprache soll man nun sprechen, um in der Logik linguistischer Kontexttheorie – auch ihrer radikalsten Ausformung, agieren zu können? In den möglichen Welten des postmodernen Paradigmenpluralismus sind zu viele verschiedene Sprachen vorhanden, und damit sind gleichzeitig die verschiedensten Kontexte möglich: Polykontexte. Kontextverbindende Kontexte treten deshalb analytisch und operativ in den Vordergrund, um überhaupt Handlungsfähigkeit zu ermöglichen: Kontexte 2. Ordnung, wie Elena Esposito formuliert.[153] In der Systemtheorie wird dazu heute ein in der Linguistik veralteter Ausdruck weiterverwendet: Kontextur,[154] im Sinne von Kontextverbindungen und Kontextzusammenhängen – topologisch der Homotopie sehr nahe. Kontextur bedeutet auch die Verbindung von Kontext und Kotext – intern-extern –; in der Topologie werden wir sehen, dass dies wiederum ein Homologieproblem ist. Kontextuelle Mehrfachverbindungen sind dann Polykontexturen.[155] In der allgemeinen Systemtheorie werden diese mit Selbsreferenz in Verbindung gebracht. Elena Esposito leitet dies wie folgt her und weiter: »Eine Folge der Selbsreferenz ist dann die neue Relevanz der Unterscheidung intern/extern, aber eine in revidierter Form. Es handelt sich nicht bloß darum […] sich mit einem jenseits des Bereiches der zugänglichen Objekte auseinanderzusetzen, sondern darum, die

Unterscheidung intern/extern innerhalb des Feldes jedes Beobachters wiederzufinden: Es gibt kein Außen als solches, sondern nur das Außen, das ich durch die Tatsache selbst generiere, dass ich ein Innen schaffe. Mit George Spencer Browns Worten realisiert sich damit ein ›Re-Entry‹ einer Unterscheidung im Bereich, den es zu unterscheiden erlaubt, und die Unterscheidung wird dadurch zur Unterscheidung zweiter Ordnung. […] Wenn das stimmt, so ist jedes Denken (jede Beobachtung) unvermeidlich situiert (also kontextbezogen), aber es gibt nicht nur einen einzigen Bezugskontext. Im Gegenteil: Wenn ich anerkenne, dass die Realität, die ich vor mir habe, meine Realität ist, und unabhängig von meiner Beobachtung, so anerkenne ich zugleich, dass dasselbe für andere Beobachter gilt, deren jeweilige Unterscheidung intern/extern ich beobachten kann. Dies ist die Wurzel von Gotthard Günthers Begriff der Polykontexturalität:[156] die Anerkennung einer Mehrheit situierter Denkformen, von denen jede vom eigenen Kontext abhängig ist, und die nicht in einem einzigen vereinenden Kontext (der seinerseits sein unzulängliches Außen hätte) integriert werden können. Was die unterschiedlichen Kontexte (oder Kontexturen im Sinne Günthers) vereint, ist die Tatsache, dass jeder auf eigene Weise die originäre Kompaktheit des ›unmarked space‹, der dem Einführen von Unterscheidungen vorangeht, bricht: Jeder Kontext verweist also auf ein Unsagbares, von dem er abhängt, das er aber nicht beobachten kann. […] Die Polykontexturalität, so könnte man sagen, ist eine Art ›räumliches Denken zweiter Ordnung‹, bezogen auf eine Mehrheit von über sich selbst reflektierenden Kontexturen«.[157] (nebenbei bemerkt: Luhmann verwendet Günthers Handhabung der Polykontextur, um damit die Schwäche seiner »Theorie sozialer Systeme« bezüglich Intersubjektivität quasi »kontextuell« zu umschiffen. J. H.) Für Architektur und Städtebau stellt sich damit keine leichte Aufgabe. »Der Zwang nach kontextueller Einbindung und die Forderung nach ›voller Flexibilität‹ verlangen dem architektonisch-städtebaulichen Projekt wesentlich mehr Offenheit ab als bisher. Es muss in der Lage sein, heterogene Einbindungskriterien und variable Szenarien absorbieren zu können. Funktionale Beweglichkeit ist umso wichtiger geworden, als sich die Grenzen zwischen den verschiedenen menschlichen Tätigkeiten mehr und mehr vermischen: Wohnung und Arbeit, Arbeit und Freizeit, Freizeit und Mobilität, Mobilität und Wohnen usw. Auch dieser Prozess ist in seinen potentiellen Folgen langfristig nicht absehbar, jedoch für die Herausbildung der räumlichen Infrastruktur auf allen Masstabsebenen absolut entscheidend«.[158] Diese Aussage von Christoph Luchsinger ordnet Kontext im Sinne der vorliegenden Arbeit der Topologie zu. Und vice versa führt angewandter Kontextualismus dazu, dass Topologie nicht eine »Topologie von Nichts« ist, sondern soziokulturell besetzt und angereichert werden soll. Für die Architektur muss dies ein Weiterkommen auf den Raum-Diskurs als vermittelnde Äußerungen von Kontexten bedeuten – dies im Gegensatz zum textbasierten Kontextdiskurs der 80er Jahre. Man muss sich in zeitgenössischen Kontext-Komplexitäten räumlich respektive räumlich-topologisch orientieren können, um nicht einem pseudo-übersichtlichen Reduktionismus zu verfallen, wie dies in den 90er Jahren unter anderem in der deutsch-schweizer Architektur geschehen ist. »Urbane Topologie« wird versuchen, solche kontextuellen Orientierungsmerkmale zu entwickeln: Radikaler Kontextualismus, Kotext, Kontextur, Polykontexturalität.

Die Suche nach Invarianten von Kontext, die deformationsresistent sind, war präzise der Ansatz der frühen urbanen Kontextualisten wie Colin Rowe, Robert Venturi oder Peter Smithson.[159] Deren Arbeitsweise ist und war gewissermaßen immer sehr topologisch: Wieviele Deformationen erträgt eine »ideale« Intervention, um erkennbar und gleichbedeutend kontextuell wirksam zu sein – als Zeichen jenseits einer Urform oder eines Zentrums? Ein wesentlicher Unterschied zu den kontextuellen Theorien der 50er/60er Jahre besteht in der Maßstäblichkeit. In der randlosen Stadt sind über die topologischen Transformationsuntersuchungen auch »large-scale-phenomena« und nicht-metrische Bedingungen (sozial, kulturell, medial etc.) Teil der topologischen Lokalität. Diese Lokalität wird nicht mehr nur durch eine »Figur-Grund« Relation der Baukörper bestimmt. In der Horizontalität der Randlosigkeit verlieren diese weitgehend an Bedeutung.[160] Erweitern können wir den Figur-Grund-Kontext aber nicht nur mit Gestalttheorie, kognitiven Karten oder Behaviourismus, die alle für sich in der Vergangenheit schon ausreichend erforscht wurden. Im Rahmen der These einer urbanen Topologie sollen hier mediale Interventionen und Kriterien von Urbanität interessieren.

Die Untersuchung räumlicher Eigenschaften, unabhängig vom euklidisch-cartesianischen Begriffen der »Größe, Nähe oder Distanz« respektive unter deren bewusstem Verzicht, ergibt neuartige Aspekte für den Kontextbegriff in der Architektur des urbanen Raumes. Solch ein Erweiterungsversuch ist natürlich nicht neu. Viele urbane Lesarten der letzten Jahrzehnte entstanden aus dem Verlangen nach Reformierung der kontextuellen Lesart – es gehören dazu:

- Der Einfluss der Kritischen Theorie, der Frankfurter Schule mit ihrem interdisziplinären Ansatz, auf die Politisierung der Stadtplanung der 60er und 70er Jahre,
- die morphologischen Kästen zur Integration des anthropologischen Strukturalismus in eine architektonische Analyse der 70er Jahre,
- die ikonographische Seite des Einflusses der Semiotik auf die postmoderne Architektur der 80er Jahre,
- die sprachtheoretischen Analysen der poststrukturalistischen Einflüsse in der Architektur der 90er Jahre.

In der Architektur begann das Umdenken weg von der Meta-Historie der klassischen Moderne unter anderem mit dem Ende des CIAM in Otterlo 1958, den Schriften des TEAM X[161] und dem kritischen Regionalismus.[162] Diese vielfältigen, von Kontextualismus durchdrungenen Manifestationen äußerten sich in einem wiederum sehr pluralistischen Feld von stilistischen und theoretischen -Ismen. Es scheint im Moment so, dass mit dem weltbewegenden Einschnitt des Endes des Kalten Krieges, mit dem Fall der Mauer 1989 sich ein globaler Pluralismus entfaltet, der jeden Ismus überdeckt und obsolet zu machen scheint. Die Welt ist auch in dieser Hinsicht zu einer einzigen randlosen Stadt geworden.

1 Sanford Kwinter, »Landschaften des Wandels. Boccionis ›Stati d'animo‹ als allgemeine Modelltheorie«, Arch+, S. 119/120, Die Architektur des Ereignisses, Berlin, Dez. 1993, Orig: Ders. »›quelli che partono‹ as a General Theory of Models«, Andrew Benjamin (Ed.) Architecture-Space-Painting, Journal of Philosophy and the Visual Arts, London 1992, S. 36–44 **2** Manuel DeLanda, »Nonorganic Life«, in: Jonathan Crary; Sanford Kwinter (eds.), Incorporations, New York 1992, S. 129–167 **3** Bernard Cache, Earth Moves, The Furnishing of Territories, Michael Speaks (ed.), Writing Architecture Series, Boston 1995 **4** Stan Allen: »Field Conditions in Architecture and Urbanism«, Berlage Papers Nr. 17, 1996 **5** Greg Lynn, »Blob Tectonics, or Why Tectonics is Square and Topology is Groovy«, ANY Vol. 14, 1995, S. 58 ff **6** Siehe auch Katalog der Triennale XVII Mailand: World Cities and the Future of the Metropoles, Band 2: Beyond the city, the Metropolis, Milano 1988, darin: Interview with Gianni Vattimo, »Metropolis and Hermeneutics«, S. 273 **7** Dies in Absprache mit Doktorvater/Dissertationsbetreuer Prof. Dr. Gerd Zimmermann, 1997 **8** Vgl. Peter Janich, Kleine Philosophie der Naturwissenschaften, München 1997, S. 178; Helmut Seiffert, Einführung in die Wissenschaftstheorie 4, Bd. 4, München 1969/1996, S. 188 **9** Vgl. Ernest W. Adams, »The Naive Conception of the Topology of the Surface of a Body«, in: Patrick Suppes (ed.), Space, Time and Geometry, Dordrecht, Holland 1973, S. 402–424; Margaret M. Fleck, »The Topology of Boundaries«, Artificial Intelligence 80, 1996, S. 1–27 **10** Klaus Jänich, Topologie, Berlin, Heidelberg, New York 1980/1987/1990, S. 1/2 **11** Paul Virilio, »The Overexposed City«, in Sanford Kwinter; Michael Feher (eds.), Zone Books Nr. 1/2, New York, 1986, S. 15–31 , Orig. »l'espace critique«, Paris 1984; siehe auch: Leil Leach (ed.), Rethinking Architecture. A Reader in Cultural Theory, London New York 1997, S. 381–390, hier: S. 29 **12** Kate Nesbitt (ed.), Theorizing a New Agenda for Architecture. An Anthology of Architectural Theory 1965–1995. Princeton/New York 1996, S. 16 Übersetzung durch den Autor (J. H.) **13** a. a. O., S. 16 **14** Vgl. John D. Caputo, Radical Hermeneutics. Repetition, Deconstruction and the Hermeneutic Project, Bloomington 1987; Roy Martinez (ed.), The Very Idea of Radical Hermeneutics, New Jersey 1997; Fred R. Dallmayr, Critical Encounters. Between Philosophy and Politics, Notre Dame Indiana 1987, Darin: Ders., »Hermeneutics and Deconstruction: Gadamer and Derrida in Dialogue«, S. 130–159; Diane P. Michelfelder; Richard E. Palmer (eds.), Dialogue and Deconstruction. The Gadamer-Derrida Encounter, New York, 1989 **15** Vgl. Gilles Deleuze; Michel Foucault, »Intellectuals and Power«, in: Donald Bouchard (ed.), Language Counter-Memory, Practice, Ithaca, New York, 1977, S. 206 **16** »Architekten sind Plünderer«, ist eine Thesenüberschrift, die ich 1995 am Collegium Helveticum ETZ 1998 gebraucht hatte. **17** Vgl. Herbert Stachoviak, »Informationstheorie«, in: Helmut Seiffert; Gerard Radnitzky (Hrsg.), Handlexikon der Wissenschaftstheorie, München 1989/1994, S. 155 **18** Lothar Schäfer, Karl R. Popper, München 1996, S. 48/49 **19** Kate Nesbitt (ed.), Theorizing A New Agenda for Architecture. An Anthology of Architectural Theory 1965–1995. Princeton/New York, 1996, S. 16 Übersetzung durch den Autor (J. H.) **20** Vgl. Peter Pechtel; Franz-Peter Burkard, Metzler Philosophie Lexikon, Begriffe und Definitionen, Stuttgart, Weimar 1996, S. 498 **21** Vgl. Roland Barthes, »Die strukturalistische Tätigkeit«, Kursbuch 5, Frankfurt a. M. 1966, Orig. 1963/1964, S. 190–196 **22** Vgl. Richard Rorty, Eine Kultur ohne Zentrum, Stuttgart 1993, Orig. 1991 **23** Andreas Huyssen; Klaus Scherpe (hg.), Postmoderne. Zeichen eines kulturellen Wandels, Reinbeck bei Hamburg, 1986/1997, S. 9 **24** Vgl. Peter Engelmann (hg.) Postmoderne und Dekonstruktion. Texte französischer Philosophen der Gegenwart, Stuttgart 1990, S. 16 **25** Vgl. Thomas S. Kuhn, The Structure of Scientific Revolutions, Chicago 1962, 2. Auflage mit Nachwort 1969, dt. Ders., Die Struktur wissenschaftlicher Revolutionen, übers. K. Simon, Frankfurt a. M. 1967, 2. rev. und um das Postscriptum von 1969 erg. Aufl. 1976 **26** Vgl. Helmut Seiffert, Einführung in die Wissenschaftstheorie

1, Bd. 2 München 1969/1996, S. 20 **27** Vgl. a. a. O., S. 16 **28** Vgl. Joachim Huber, »Metaphern« in einer Urbanen Topologie der Architektur, Unveröffentlichtes Vortragsmanuskript, Collegium Helveticum ETHZ 27. Mai 1998; Helmut Seiffert, Einführung in die Wissenschaftstheorie, Bd. 2 München 1969/1996, S. 20 **29** Vgl. Gerhard Kurz, Metapher, Allegorie, Symbol, Göttingen 1982/1997; Anselm Haverkamp (hg.), Theorien der Metapher, Darmstadt 1983/1996 ; Anselm Haverkamp (hg.) Die Paradoxe Metapher, Frankfurt a. M. 1998 **30** Vgl. D. S. Freed; K. K. Uhlenbeck, Instantons and Four-Manifolds, New York 1984, S. 32/39 **31** Vgl. S. K. Donaldson; P. B. Kronheimer, The Geometry of Four-Manifolds, Oxford 1990 **32** Vgl. Claude Lévi-Strauss, Das wilde Denken, Frankfurt a. M. 1968/1989, Orig. 1962, S. 29 **33** a. a. O. S. 32 **34** a. a. O., S. 31 **35** Vgl. Gerhard Kurz, Metapher, Allegorie, Symbol, Göttingen 1982/1997, S. 24 **36** Dieser Abschnitt basiert auf einem Thesenpapier von: Holger Hoffmann-Riem; Joachim Huber; Dr. Franz Meier, »Interdisziplinarität gelebt«. Workshop am Collegium Helveticum ETHZ vom 24. Juni 1998 **37** Aldo Rossi, Vorlesungen, Aufsätze, Entwürfe, Zürich 1974, S. 19 **38** Ein Vergleich, den der Stadttheoretiker Prof. Dr. habil. André Corboz bezüglich dieser Arbeit gezogen hat. **39** Vgl. Herbert Mehrtens, Moderne Sprache Mathematik, Frankfurt a. M. 1990, S. 42 **40** John Stillwell, Mathematics and Its History, New York, 1989, S. 2 **41** Vgl. Herbert Mehrtens, Moderne, Sprache, Mathematik, Frankfurt a. M. 1990, S. 185 **42** a. a. O., S. 44–45 **43** Jörn Bruhn (hg.): Lexikon der Schulmathematik. Studienausgabe. Bd. 3, Köln 1980, 850f. **44** Für den folgenden Abschnitt standen folgende Abhandlungen über die Nichteuklidischen Geometrie zur Verfügung: John Stillwell, Mathematics and Its History, New York, 1989; Jeremy Gray, Ideas of Space, Euclidian, Non-Euclidian, and Relativistic, Oxford, 1989; B. A. Rosenfeld, A History of Non-Euclidian Geometry, Evolution of th Concept of a Geometric Space, New York 1988; Herbert Mehrtens, Moderne Sprache Mathematik, Frankfurt a. M. 1990 **45** Herbert Mehrtens, Moderne Sprache Mathematik, Frankfurt a. M. 1990, S. 46/50 **46** John Stillwell, Mathematics and Its History, New York, 1989, S. 255 **47** Herbert Mehrtens, Moderne Sprache Mathematik, Frankfurt a. M. 1990, S. 47, zitiert wird aus; Euklid, Die Elemente: Buch i-Xiii. Darmstadt 1980, S. 2f. **48** J. Scott Carter: »How Surfacec Intersect In Space, An Introduction To Topology«, Singapore, London, 1993, S. 53ff. **49** Robin Evans, The Projective Cast, Architecture and its Three Geometries, Cambridge MA 1995; Erwin Panofsky: Perspective as Symbolic Form, Zone Books, New York, 1991, Orig. Leipzig & Berlin 1927; Wolfgang Jung, Über scenographisches Entwerfen, Rafael und die Villa Madama, Braunschweig 1997 **50** Herbert Mehrtens, Moderne Sprache Mathematik, Frankfurt a. M. 1990, S. 51 ff **51** Vgl. Jeremy Gray, Ideas of Space, Euclidian, Non-Euclidian and Relativistics, Oxford UK 1989; B. A. Rosenfeld, A History of Non-Euclidian Geometry. Evolution of the Concept of a Geometric Space, New York, Heidelberg, Berlin 1988 **52** Vgl. Max Jammer: Das Problem des Raumes. Darmstadt, 1960, S. 168–179 **53** a. a. O., S. XIV **54** Vgl. Jürgen Mittelstrass, Enzyklopädie Philosophie und Wissenschaftstheorie, Stuttgart, Weimar, 1995, Bd. 3, S. 482 **55** Vgl. F. M. Cornford, »The Invention of Space«, in: Essays in Honour of Gilbert Murray, London 1936 **56** Vgl. Edward S. Casey, The Fate of Place: A Philosophical History, Berkley , London 1997, S. 4 **57** Vgl. Collins Concise Dictionary, London 1989, S. 984 **58** Brockhaus, alt, Wiesbaden 1974, Band 19, S. 161 **59** Vgl. Alan Colquhoun, Essays in Architectural Critisism: Modern Architecture and Historical Change, Opposition Books, Cambridge/MA, 1981, S.87 **60** Marc Augé, Orte und Nicht-Orte der Stadt, in: Roland Ritter (ed.) Spaces of Solitude, HDA Dokumente zur Architektur 9, Graz 1997, S. 15 **61** Jürgen Mittelstrass, Enzyklopädie Philosophie und Wissenschaftstheorie, Stuttgart, Weimar, 1995, Bd. 4, S. 319 **62** Vgl. Beat Wyss: Die Welt als T-Shirt, Zur Ästhetik und Geschichte der Medien, Köln 1997, S. 124: Den Verweis auf die Emblematik verdanke ich einem Telefongespräch von August '96 mit Beat Wyss zu diesem, erstmalig in der Süddeutschen Zeitung erschienenen Aufsatz. **63** Nach: Jeffrey R. Weeks, The Shape of Space. How to Visualize Surfaces and Three-Dimensional Manifolds. New York und Basel 1985, S. 27ff. und: J. Scott Carter, How Surfaces Intesect In Space, An Introduction To Topology, Singapore London 1993, S. 4 **64** Vgl. C. R. Carpenter, »Territoriality: A Review of Concepts and Problems«, in: A. Roe; G. G. Simpson, Behaviour and Evolution, New Haven 1958/1967, S. 224–250 **65** Vgl. Henri Lefèbvre, The Production of Space, Oxford/UK, Cambridge/MA. 1991, Orig. La production de L'espace, Paris 1974 **66** Dereck Gregory, »Lefèbvre, Lacan and the production of space«, in: G. B. Benko, U. Strohmayer (eds.), Geography, History and Social Sciences, Dordrecht/NL, 1995, S. 15–44; Steve Pile, The Body and the City, Psychoanalysis, Space and Subjectivity, London 1996 **67** Vgl. Jürgen Ritsert, Kleines Lehrbuch der Dialektik, Darmstadt 1997; Christoph Türcke, Vermittlung als Gott, Lüneburg 1994 **68** Vgl. Gilles Deleuze, Woran erkennt man den Strukturalismus, Berlin 1992, Orig. Paris 1973, S. 9ff. **69** Timothy Lenoir: »Descartes and the Geometrization of Thought: The Methodological Background of Descartes Geometrie«. HM 6, 1979, S. 355–379 (Hier aus Mehrtens, S. 43) **70** Prof. Dr. Gerd Zimmermann, im Gespräch vom 16. 2. 2000 **71** Vgl. Brian Rotman, Signifying Nothing. The Semiotics of Zero, London 1987 **72** Vgl. Felicidad Romero-Tejedor, Holger van den Boom, »Systemtopologie: vom Konzept zum Entwurf. Über eine Schwierigkeit in der Designdidaktik«. in: Öffnungszeiten Nr. 8, Braunschweig 1999, S. 9–13; Felicidad Romero-Tejedor, »Der Begriff der ›Topologie‹ nach Jean Piaget und seine Bedeutung für den Designprozess«, in: Öffnungszeiten, Nr. 9/1999, Braunschweig 1999, S. 11–18 + Telefongespräch ders. mit Autor vom 12. 2. 2000 **73** SAD© Architecture: Joachim Huber, Weimar 2000 **74** Vgl. James Turrell, Mapping Spaces. A Topological Survey of the Work by James Turrell, New York 1987 **75** André Corboz: »Auf der Suche nach »dem« Raum?«, Werk, Bauen&Wohnen Nr. 3 März 1996, S. 6–14, hier S. 14 **76** Marshall McLuhan, Magische Kanäle. Understanding Media, Dresden, Basel 1968/1994, Orig. 1964, S. 21, S. 146 **77** a. a. O., S. 66 **78** Jean-Francois Lyotard, »Zone«, in: Ursula Keller (hg.) Perspektiven metropolitaner Kultur, Frankfurt a. M. 2000, S. 121/129 **79** Aristoteles, Politik, (III, 3, 1276 a, 25.), hier aus: Jean Gottmann, »Megalopolis or the Urbanization of the Northeastern Seabord«, in Economic Geography, July 1957, Vol. 33, No. 3, S. 189–200 **80** Lewis Mumford, Megalopolis, Gesicht und Seele der Großstadt, Wiesbaden 1951 **81** Anré Corboz, »Die Schweiz, Fragment einer europäischen Galaxie der Städte«, Werk, Bauen+Wohnen 3/1997, S. 49 ff nach: Michael Koch, Leitbilder des modernen Städtebaus in der Schweiz 1918–1939 (Diss. ETHZ 1987), ORL-Berichte ETHZ, Zürich 1988 **82** a. a. O., S. 49ff. nach: Jean Jacques Rousseau, Lettre au Maréchal de Luxemburg, 20. Jan. 1973, in: Oeuvres Complétes, Paris 1969, Bd. 1, S. 1813ff. **83** a. a. O. S. 49ff. **84** Vgl. Alexander King; Bertrand Schneider (hg.) Die Globale Revolution, Bericht des Club of Rome 1991, Spiegel Spezial Nr. 2, Hamburg 1991; Gerold O. Barney, (hg.) Global 2000. Der Bericht an den Präsidenten (Jimmy Carter). Frankfurt a. M. 1980, Orig. 1980 **85** Diese Gleichzeitigkeit von verschiedenen Topoi findet man auch in Italo Calvino, Die unsichtbaren Städte, München Wien 1984, Orig. 1972. Calvino schafft Zyklen von wiederkehrenden Topoi, die sich ineinander verflechten und doch eigenständige »Städte« formulieren. Diese verknüpften Topologien einer einzigen, als Ganzes unsichtbaren Stadt werden durch den erzählerischen Zeit-Kontext dynamisiert und entlang dessen erzählerischen Stranges aufgedeckt. **86** Vgl. Thomas S. Kuhn, Die Struktur wissenschaftlicher Revolutionen, Frankfurt a. M. 1967/1969/1997, Orig. 1962 **87** Vgl. Paul Feyerabend, Wider den Methodenzwang, Frankfurt a. M. 1976/1983/1993, Orig. 1975 **88** Vgl. Jean-Francois Lyotard, Das Postmoderne Wissen. Ein Bericht, Bremen 1982, Graz 1986, Orig. Paris 1979 **89** Vgl. Saskia Sassen, Metropolen des Weltmarktes, Die neue Rolle der Global Cities, Frankfurt a. M. 1996, Orig. Cities in a World Economy,

Thousand Oaks, ca. 1994, S. 26; Edward W. Soja: Postmodern Geographies. The Reasseration of Space in Critical Social Theory, London 1989 **90** Vgl. Robert Fishman: »Beyond Suburbia: the Rise of the Technoburbs, from Bourgouis Utopias: The Rise and Fall of Suburbia«, in: Richard T. LeGates; Frederic Stout, The City Reader, London, New York, 1996, S. 484; Robert Fishman, »Die befreite Megalopolis: Amerikas neue Stadt«, Arch+ 109/110, S. 73ff.; Robert Fishmann: Space Time and Sprawl, AD Profile No. 108 Periphery, London 1994; Peter Calthorpe, »The Next American Metropolis«, in: Maggie Toy (ed.) AD Profile No. 108: Periphery London 1994: S. 19ff.: S. 23: Mixed-use Neighbourhoods, Subdivisions, gated Communites; Peter Calthorphe »Pedestrian Pockets«, in: Richard T. LeGates; Frederic Stout (Eds.), The City Reader, London, New York, 1996, S. 468 und Arch+ 109/110, S. 56ff.; Max Bosshard, Christoph Luchsinger, »Nicht Stadt-Nicht Land«, in Werk, Bauen+Wohnen Nr. 5/1990, S. 26–35 **91** Vgl. Peter Baccini; Franz Oswald (hg.), Netzstadt, Zürich 1998 **92** Vgl. Thomas Sieverts, Zwischenstadt, zwischen Ort und Welt, Raum und Zeit, Stadt und Land, Braunschweig 1997 **93** Vgl. Jean Gottmann, »Megalopolis or the urbanization of the northeastern Seabord.« in Economic Geography, July 1957, Vol. 33, No. 3, S. 196; Lewis Mumford, Megalopolis, Gesicht und Seele der Großstadt, Wiesbaden 1951 **94** Vgl. Joel Garreau, Edge City, Life on the New Frontier, New York 1991 **95** Vgl. Saskia Sassen, Metropolen des Weltmarktes, Die neue Rolle der Global Cities, Frankfurt a. M. 1996, Orig. 1994 **96** Vgl. Victor Gruen, »Cityscape and Landscape«, Art&Architecture 19, Sept. 1955, S. 35–37; Niklaus Kuhnert, »Die Gestaltung der Landschaft«, Arch+ 112, Berlin, Juni 1992 **97** Paul Virilio »The Overexposed City«, in Sanford Kwinter, Michael Feher (Eds) Zone 1/2, New York, 1986, S. 15–31, Orig. »l'éspace critique«, Paris 1984; René Furrer, Architekturtheorie 1–4, Quellensammlung zur Prüfungsvorbereitung, Zürich GTA-ETHZ 1992; Rem Koolhaas »Transferia«, in: Arch+ 119/120, Dez. 1993, S. 62; Joseph Fenton, Hybrid Buildings, Pamphlet Architecture No. 11, Princeton, New York 1985 **98** Vgl. Manuel Castells, The Informational City. Information Technology, Economic Restructurig and the Urban-Regional Process, Cambridge/MA , Oxford 1989/1991 **99** Christoph Luchsinger, »Urbanität, Funktionalität; Wirklichkeit oder Simulakrum? Fragmentierung des Raumes«, Werk, Bauen und Wohnen 12/1999, S. 44–49, hier: S. 44 **100** Aldo Rossi, Die Architektur der Stadt, Skiz-ze zu einer grundlegenden Theorie des Urbanen, Bauwelt Fundamente, Düsseldorf 1973, Orig 1966, S. 13 **101** Vgl. Helmut Seiffert, Einführung in die Wissenschaftstheorie 1, Bd. 1 München 1969/1996, S. 254 **102** Vgl. a. a. O., S. 206 **103** Vgl. Jean Piaget; Bärbel Inhelder, Die Entwicklung des räumlichen Denkens beim Kinde, Stuttgart 1971 **104** Piaget zitiert aus: Ernst von Glasersfeld, »Konstruktion der Wirklichkeit und des Begriffs der Objektivität«, in: Ders.; H. v. Foerster; P. Watzlawick; P. M. Hejl; S. S. Schmidt, Einführung in den Konstruktivismus, München 1985/1992, S. 29 **105** Webster's Encyclopedic Unabridged Dictionary, London, 1983, 1994, S. 892: »An urban region, esp. one consisting of several large cities and suburbs that adjoin each other.« **106** Jean Gottmann, »Megalopolis or the Urbanization of the Northeastern Seabord«, in Economic Geography, July 1957, Vol. 33, No. 3, p. 189–200; Jean Gottmann, The Urbanized Notheastern Seaboard of the United States, New York 1961; Jean Gottmann; Robert A. Harper, Since Megalopolis. The Urban Writings of Jean Gottmann, Baltimore, London 1990 **107** Jean Gottmann, »Megalopolis, or the Urbanization of the Northeastern Seaboard«, in: »Economic Geography, Vol. 33. July 1957, No. 3, S. 189 **108** a. a. O., S. 190. Ich verweise hier auf das Buch von Venturi/Scott-Brown, »Learning from Las Vegas« hin. Es ist mit Sicherheit anzunehmen, dass Venturi/Scott-Brown, Gottmanns Aufsatz gekannt haben und dass gerade diese Main Street Metapher als unerforschte Qualität Ausgangslage ihrer Arbeit wurde. Diese Vermutung ist spekulativ, aber siehe dazu: Denis Scott Brown, Urban Concepts, Rise and Fall of Community Architecture, AD London 1990

109 a. a. O., S. 197/198 **110** William Gibson, Neuromancer, München 1987, Orig. 1984, erster Satz, des zweiten Teiles, S. 64 **111** Vgl. Oswald Mathias Ungers, »Cities within the City«, Lotus 19, 1978, S. 82-97 **112** Fachbereiche Planung und Geographie UCLA, hier aus Mike Davis, City of Quartz. Ausgrabungen der Zukunft von Los Angeles, Berlin/Göttingen 1994, Orig. 1990, S. 106 und: Marco Cenzatti, The Los Angeles School of Urban Studies, Los Angeles Forum für Architecture and Urban Design, 1993 **113** Vgl. Michael Mönninger, »Die Stadt als Rettung«, Werk, Bauen & Wohnen 3/1997 S. 28-33: Mönninger stellt das 1987 gegründete New Yorker »Mega-Cities-Project« vor. **114** Vgl. Leonardo Benevolo, Geschichte der Architektur des 19.+20. Jahrhunderts, Band 3, München 1978/1984 **115** Ausnahmen bestädtigen die Regel: Die wichtigsten Berichte stellen dar: The Global 2000 to the President (Jimmy Carter, J. H.) Frankfurt a. M. 1980: Die Berichte des Club of Rome: Die Grenzen des Wachstums, 1972, Die Globale Revolution, 1991; Protokolle und thematische Nachbearbeitungen der Konferenz von Rio de Janeiro 1992; Günter Haaf, »Bald ein Garten Eden? Sanfte Entwickler und harte Planer streiten um die Zukunft der Mega-Städte«, in: Jochen Bölsche; Hans Joachim Schöps, Leben in der Stadt, Spiegel Spezial Nr. 12 Hamburg 1998, S. 84-87 **116** Vgl. Michael Mönninger, »Die Stadt als Rettung«, Werk, Bauen und Wohnen 3/1997, S. 232 **117** Siehe den Pariser Architekturwettbeweb: »Les Balises Urbaines« der Aufsatz von Paul Virilio in den Wettbewerbsunterlagen, 1994; Chilpéric de Boiscuillé, Balises Urbaine. Nomades dans la Ville, Paris 1999 **118** Frei übersetzt vom Autor nach: Websters Dictionary, S. 316 **119** Peter Prechtel; Franz-Peter Burkard, Metzler Philosophie Lexikon, Stuttgart 1996, S. 271 **120** a. a. O., S. 271/272 **121** a. a. O., S. 271/272 **122** Ludwig Nagel, Pragmatismus, Frankfurt, New York, 1998, darin: Richard Rorty, S. 160-180, hier: 160/161 **123** Peter Smithson, »The Slow Growth of Another Sensibility: Architecture as Townbuilding«, in: James Gowan (ed.) A continuing Experiment, Learning and Teaching at the Architectural association, London 1975, S. 58ff. **124** Alison and Peter Smithson, »The ›As Found‹ and the ›Found‹«, in: David Robbins, The Independent Group: Postwar Britain and the Aestethics of Plenty, Cambridge/MA, London/UK 1990, S. 201-202 **125** Alison & Peter Smithson (eds.), »Team X Primer 1953-62« in: AD Nr. 12 dec. 1962; »The Work of Team X« in AD Nr. 8 aug. 1964 **126** Charles Jencks; Nathan Silver, Adhocism – The Case for Improvisation, London 1972 **127** Vgl. Liane Lefaivre, »Dirty Realism in der Architektur, Den Stein steinern machen«, Archithese 1/90, S. 14-21 **128** Vgl. Thomas L. Schumacher, »Contextualism: Urban Ideals and Deformations«, in: Kate Nesbitt (ed.), Theorizing A New Agenda for Architecture. An Anthology of Architectural Theory 1965-1995. Princeton/New York 1996, S. 294-307: »The term ›Contextualism‹ was first used by Stuart Cohen and Steven Hurtt in an unpublished master thesis entiteled ›Le Corbusier‹: The Architect of City Planning.« **129** a. a. O., S. 294 **130** Vgl. Graham Shane, »Contextualism«, Architectural Design/AD Nr. 11 1976, S. 676-679 **131** Vgl. William Ellis, »Type and Context in Urbanism: Colin Rowe's Contextualism«, Oppositions, New York 1979, Vol. 18, S. 1-27; Stuart Cohen, »Physical Context/Cultural Context: Including it All«, Oppositions Nr. 2, 1974, S. 1-39; Wayne Cooper, »The Figure Ground (1967)«, in: D. B. Middleton, The Cornell Journal of Architecture, No. 2, Ithaka 1982, S. 42-53 **132** Robert Venturi, Complexity and Contradiction in Architecture, New York 1966, S. 22 **133** Thomas L. Schuhmacher, »Contextualism, Urban Ideals and Deformations«, Casabella No. 359-360 (1971): 79-86 **134** Camillo Sitte, Der Städte-Bau nach seinen künstlerischen Grundsätzen, Reprint: Braunschweig-Wiesbaden 1983, Orig. Wien 1889 **135** Hanno-Walter Kruft, Geschichte der Architekturthorie, München 1995, S. 365 **136** Vgl. André Corboz, »Auf der Suche nach ›dem‹ Raum?«, Werk, Bauen & Wohnen, Nr. 3, März 1996, S. 6-14, hier S. 10 **137** Diana Agrest, »The Order of the City«, in: J. Hejduk; E. Diller; Diana Lewis; Kim Shkapich (eds.), Education of an Architect, New York 1988, S. 171 **138** Peter Eisenman, »A Critical Practice: American architecture in the last decade of the twentieth century«, in: J. Hejduk; E. Diller; Diana Lewis; Kim Shkapich (eds.), Education of an Architect, New York 1988, S. 192 **139** Mathias Prangel, »Kontexte – aber welche? Mit Blick auf einen systemheoretischen Begriff »objektiven Textverstehens«, in: H. de Berg; M. Prangel (hg.), Differenzen, Systemtheorie zwischen Dekonstruktion und Konstruktivismus, Basel, Tübingen 1995, S. 156–157 **140** Jacques Derrida, »Signatur, Ereignis, Kontext«, in: Ders. Randgänge der Philosophie, Wien 1988, Orig. Paris 1972, S. 291–315 **141** Jacques Derrida, »Die Struktur, das Zeichen und das Spiel im Diskurs der Wissenschaften vom Menschen«, in: Ders. Die Schrift und die Differenz, Frankfurt a. M. 1972 **142** Jacques Derrida, »Signatur, Ereignis, Kontext«, in: Ders. Randgänge der Philosophie, Wien 1988, Orig. Paris 1972, S. 291–315, hier: S. 292/300/301/304 **143** Mathias Prangel, »Kontexte – aber welche? Mit Blick auf einen systemheoretischen Begriff ›objektiven Textverstehens‹«, in: H. de Berg; M. Prangel (hg.), Differenzen, Systemtheorie zwischen Dekonstruktion und Konstruktivismus, Basel/Tübingen 1995, S. 155/159/169 **144** Peter Bosch, »Zur Dynamik kontextueller Konzepte«, in: Carla Umbach (hg.), Perspektive in Sprache und Raum: Aspekte von Repräsentation und Perspektivität, Wiesbaden 1997, S. 195 **145** Ole Bouman; Roemer van Toorn, Foundation, the Invisible in Architecture, Academy Editions, London 1994, S. 15 **146** a. a. O., S. 86–88 **147** Christoph Luchsinger, »Urbanität, Funktionalität; Wirklichkeit oder Simulakrum? Fragmentierung des Raumes«, Werk, Bauen&Wohnen 12/1999, S. 44 **148** Vgl. Y. Bar-Hillel, »Argumentation in Pragmatic Languages«, in: Ders: Aspects of Language. Essays and Lectures on Philosophy of Language, Linguistic Philosophy and Methodology of Linguistics, Jerusalem, Amsterdam 1970, S. 206–221 **149** Duden, Das große Fremdwörterbuch: Herkunft und Bedeutung der Wörter, Mannheim, Leipzig, Wien, Zürich 1994 **150** Jürgen Mittelstraß (hg.), Enzyklopädie Philosophie und Wissenschaftstheorie, Stuttgart, Weimar Bd. 2 1995, S. 489 **151** Jos Bosman, »Kant's Categories as Matrix«, in Archis, Nr. 1 jan. 1997, S. 68–73 **152** Jacques Derrida, Grammatologie, Frankfurt a. M. 1974/1983/1998, Orig. 1967 **153** Vgl. Elena Esposito, »Geheimnis in Raum, Geheimnis in Zeit«, in: Dagmar Reichert, Räumliches Denken, Vdf, ETH Zürich 1996, S. 318 **154** Duden, Das große Fremdwörterbuch: Herkunft und Bedeutung der Wörter, Mannheim, Leipzig, Wien, Zürich 1994 **155** Vgl. Gotthard Günther, »Life as Poly-Contexturality«, in: Ders. Beiträge zur Grundlegung einer operationsfähigen Dialektik, Bd. 2 Wirklichkeit als Poly-Kontexturalität, Hamburg 1979, S. 283–306 **156** a. a .O. **157** Elena Esposito, »Geheimnis in Raum, Geheimnis in Zeit«, in: Dagmar Reichert, Räumliches Denken, Vdf, ETH Zürich 1996, S. 318 **158** Christoph Luchsinger, »Urbanität, Funktionalität; Wirklichkeit oder Simulakrum? Fragmentierung des Raumes«, Werk, Bauen&Wohnen 12/1999, S. 44–49, hier S. 44 **159** Vgl. und oben: Thomas L. Schuhmacher, »Contextualism, Urban Ideals and Deformations«, Casabella No. 359–360 (1971): 79–86 **160** Der Architekt Stan Allen hat anlässlich des Bauhauskolloquiums Weimar 1996 explizit nach der »Dicke« von städtischer Horizontalität auf der Basis der Unterschiedlichkeit von New York/Chicago versus Los Angeles gefragt. Siehe auch Kapitel 5 **161** Vgl. Alison&Peter Smithson (eds.), »Team X Primer 1953–62«, AD Nr. 12, dec. 1962 **162** Vgl. Kenneth Frampton, »Kritischer Regionalismus – Thesen zu einer Architektur des Widerstands«, in: A. Huyssen; K. R. Scherpe, Postmoderne, Zeichen eines kulturellen Wandels, Reinbek bei Hamburg, 1996

TOPOLOGIE: VERFORMUNG, TRANS-
FORMATION UND ABBILDUNG

Topologie untersucht Räume durch Vergleich; es wird dabei versucht, einen topologischen nicht-euklidischen Raum in einen anderen überzuführen, ohne dass er durch diese Deformation/Transformation/Abbildung (für die Topologie sind dies drei Synonyme) verletzt würde. Systemtheoretisch betrachtet etabliert die topologische Deformation/Transformation/Abbildung eine strukturelle Koppelung zwischen System – sprich Kontext – und Umwelt. Diese Aussage hat weit reichende Konsequenzen. Demnach lösen Transformationsprinzipien die gewohnten Ordnungsprinzipien als Kontextrelationen ab. Da für den topologischen Vergleich keine Metrik, z. B. das Metermaß, zur Verfügung steht, entscheiden andere Invarianten über das Gelingen dieses Vergleiches. Die hier vertretene Grundthese ist ja, dass unser heutiger urbaner Kontext nicht mehr durch ein konventionelles »Vermessen« kontextuell erfassbar ist. Ein Kontext der Architektur wird translokal definiert: Wir finden darin das für die Topologie typische Schliessen vom Lokalen aufs Globale und vice versa. Einfache nichtnumerische topologische Invarianten sind zum Beispiel: Zusammenhang, Stetigkeit, Kompaktheit, Überdeckung, Konvergenz, Genus und Orientierung. Letzteres, die »Orientierung«, wird uns etwas ausführlicher beschäftigen.
Der großmaßstäbliche Kontext einer zeitgenössischen »randlosen Stadt« ist mit diesen Invarianten schon beschreibbar. Diese Beschreibbarkeit muss manchmal aber über Umwege kulturell anwendbar gemacht werden. Was heisst »Orientierung« in einem sozio-kulturellen, architektonischen Kontext? Was Genus? Und zuallererst: Was ist eine »Topologie«, ein topologischer Raum, wenn man ihn aus der abstrakten Mathematik löst? Die Geisteswissenschaften haben hier schon Ansätze geliefert, manchmal ohne es zu ahnen. Es ist deshalb notwendig, sich dieser Ansätze zu bedienen, um nicht einer naiven A-nach-B-Analogie von Architektur und Topologie zu verfallen.
Die Topologie hat in ihrer Geschichte eine ähnliche Entwicklung durchgemacht wie der Kontextbegriff für und mit der Architektur. Ursprünglich – zu Zeiten der »Analysis Situs« – wurde Topologie gerne über den lokalen Umgebungsbegriff definiert. Als nicht-metrische Geometrie musste sie sich dazu einem so mysteriösen Vehikel wie der »Epsilon-Umgebung« bedienen, um handlungsfähig zu

sein. Im Übergang vom Lokalen zum Globalen bei komplexeren Topologien war dieser Umgebungsbegriff nicht mehr konsistent und Topologie wird heute über offene Mengen definiert (siehe Kapitel »Definition der Topologie über den Begriff der offenen Menge«). In der Architektur stehen wir im Rahmen von Debatten der Globalisierung und Kommunikationsvernetzung vor der grundsätzlichen kontextuellen Frage, wie »nahe« die Nähe einer Umgebung sein muss/soll respektive, ob der Umgebungsbegriff für die Kontextdefinition überhaupt noch adäquat ist. In der Literaturtheorie, der »Kontext« in den 50er Jahren terminologisch entnommen wurde, geschah diese Öffnung und Erweiterung sehr schnell und konsequent: »Kontext« ist weit mehr als textliche »Umgebung«, Kontext ist ein mehrschichtiger offener Beziehungsraum von Inhalten, Räumen, Handlungen, Personen und – sehr wichtig – deren textliche Interaktion (»Con-Text«), kurz »Kontext« kann man auch in der Literaturtheorie als einen topologischen Raum – einen topologischen Kulturraum – sehen, wie das zum Beispiel im Zusammenhang mit dem französischen Nouveau-Roman getan wurde.

Kulturtheoretischer und architektonischer Kontextualismus muss sich dem aussetzen, es genügt nicht, Begriffe wie »offene Menge« oder »offene Systeme« nur unkommentiert in den Raum zu stellen. Als Entscheidungskriterien, was diese in einer Anwendung heißen, stößt man auf u. a. differenztheoretische Überlegungen. Um eine Brücke zu schlagen zwischen der abstrakten Definition von Topologie hin zu angewandter Differenztheorie, kann Jacques Derridas Theorie der »Différance« herangezogen werden. Die topologische Dopplung von Struktur verräumlicht Derrida durch Verschiebung in der Différance. Eine Nähe zur Topologie besteht darin, dass die Différance auch eine Verbildräumlichung ermöglicht; also topologische Transformationen als Abbildung. Die Lesart von Kontext als topologischem (Abbild-Urbild-Vorbild-) Raum über Topologie und Derrida zeigt, dass das Bild von Kontext immer schon ein deformiertes, ein paradoxes Bild ist, das eine Differenz realisiert. Die Topologisierung und Derridaische Erweiterung ist für eine Theorie kontextueller Transformationsabbildungen wichtig, um einen erwiesenermaßen überholten Platonismus zu vermeiden. Die Theorie Derridas ihrerseits braucht die Topologie in einer architektonischen Applikation, um dem rein sprachphilosophischen Diskurs der Philosophie zu entkommen und in einen geometrisch-räumlichen Diskurs einzutreten. Ein bildtheoretischer Kontext wird konventionell als »Angleichung« an den Kontext verstanden: »Ähnlichkeit« als vordergründigstes Kriterium und in dem Sinne ein Wunsch nach Homogenisierung. Unsere reale Umwelt der randlosen Stadt entspricht diesem Ideal nicht mehr. Topologische »paradoxe« Transformationsabbildungen ermöglichen die Integration von widersprüchlichen heterogenen Topoi in einen oder mehrere Kontexte. Diese Polykontexturalität – auch hier folgen wir Derrida – ist die Folge einer radikalen Aufgabe des Zentrums. Die randlose Stadt ist eine Stadt ohne Zentrum, um mit Rorty zu sprechen: eine Kultur ohne Zentrum.

Derridas methodologische Counter-Strategy des »Dazwischen-Schreibens«

bedeutet quasi ein Ändern der topologischen Orientierung: das Auftretenlassen einer Gleichzeitigkeit von Widersprüchlichem. Die topologische Invariante, die das Paradoxe berücksichtigt, heißt: »Orientierbarkeit« – und ist eine der mächtigsten Invarianten. Man spricht deshalb im Umgang mit Paradoxen auch vom Möbius-Prinzip. Normalerweise werden Paradoxe nicht als kontextuell akzeptiert. Widersprüchlichkeiten werden, wenn nötig, eliminiert, geglättet. Unbewusst wird dadurch aber eine topologische Rissstelle im Kontext erzeugt, also genau das Gegenteil von dem, was mit der »Glättung« eigentlich beabsichtigt wurde. Das Vorhandensein und die Akzeptanz von Paradoxen in einem Kontext bedeutet Umgang mit Metaphern, Transfiguration (Danto) und Kontrasten (siehe: Haverkamp, Böhm, Ulmer). Die Liste im weitesten Sinne architekuturrelevanter Literatur neben Derrida zum Thema Paradox ist lang (und hier unvollständig): Rudolphe Gaché, Claude Lévi-Strauss, Gilles Deleuze, Jacques Lacan, Bernard Tschumi, Rem Koolhaas, Lebeus Woods etc.

In unserer bebauten Umwelt, der zweiten Natur menschlicher Artefakte, hier randlose Stadt genannt, hat der Paradigmenwechsel von Ordnungsprinzipien hin zu Transformationsprinzipien schon längst stattgefunden. Typisches Merkmal dieser Entwicklung, ob unter dem Label »Peripherisierung, Edge-City, Megalopolis« etc., ist das Ende der Idee eines »Zentrums« der randlosen Stadt. Einer urbanen Topologie geht es auch darum, Werkzeuge zur Verfügung zu stellen, wenn solche territorialen Fixpunkte wegfallen. Die heutige Stadt ist definitiv zu einer Stadt »Extra Muros« geworden und soll auch als solche anerkannt und gewertet werden.

Auf globaler Ebene tritt Topologie an die Stelle der Topographie. Die Erde ist topographisch »vermessen«, besitzt keine weißen Flecken mehr. Diese Tatsache hat die Naturwissenschaft der Geographie in den letzten Jahrzehnten grundlegend verändert; gezwungenermaßen musste sie sich neue Aufgabenbereiche respektive ganze neue Berufsselbstverständnisse suchen. (Ein Schritt, den Planung und Architektur noch vor sich haben). Aus diesem Grunde kommen die wichtigsten neueren großmaßstäblichen Theorien zum Thema Urbanität aus der Landschafts- und Sozialgeographie. Schon aus den 50er Jahren heraus entwickelte sich eine US-amerikanische Schule, »Stadt« als urbane Landschaft/ »Urban Landscape« zu lesen. Was sind dann die typischen, invarianten Eigenschaften – die Topologie fragt in diesem Falle nach »generischen« Eigenschaften – einer solchen urbanen Landschaft, im Gegensatz zu »pathologischen« Elementen? Für den architektonischen Kontext sind diesbezüglich vor allem die Arbeiten zum »Generic Landscape« des Landschaftsgeographen Grady Clay von Interesse. Die topologische Fragestellung nach dem Übergang von lokalen mikrokontextuellen Räumen zu globalen stadträumlich, landschaftsgeographischen Folgen und umgekehrt – also auch topologisch bijektiv – liegt im Zentrum seiner Forschung. Grady Clay sieht die Generic Landscape auch als Schule des Sehens (Buchtitel: »How to Read the American Landscape?«) und Lesens von

Umwelt: Dinge wahrzunehmen und als kontextuell wertvoll zu betrachten, die in konventionellen Planungsrastern »durchs Sieb fallen«.

Rem Koolhaas bezieht sich mit seiner »Generic City« 20 Jahre später indirekt auf Grady Clay, wobei Koolhaas seine topologischen »generischen« Invarianten am globalen Ende aufrollt. Clay und Koolhaas beschreiben als Summe sehr präzise die stadträumliche Brisanz, Konsequenz und Bedeutung nicht-metrischer urbaner Lesart, die Transformation anstelle von Ordnung stellt. Das Lokale ist im Globalen enthalten und umgekehrt (Bijektivität ist typisch für die Topologie). Die unterschiedlichen Vorgehensweisen von Clay und Koolhaas widerspiegeln das, was ich einen urbanen »Sputnik-Schock« nennen will: Kontext und Topologie haben gemeinsam, dass sie »intrinsische« Phänomene sind, das heißt, sie werden von Innen heraus untersucht. Die Betrachtung von »Außen« – etwas, das jeder Architekt und Planer täglich bei der Betrachtung von Entwurfsplänen simuliert – ist erst durch topologische Homologie (siehe Kapitel »Grenzen und Oberflächen«) und dem Vorhandensein eines Einbettungsraumes möglich. Juri Gagarin – als Paradebeispiel für extrinsische Wahrnehmung von »Welt«, war der erste Mensch, der die Erde »von außen« sah und auf erkenntnistheoretischer Ebene den Sputnik-Schock des Kalten Krieges nachdoppelte. Rem Koolhaas versucht in seinem Konzept von Generic City, die extrinsische Position Gagarins gewissermaßen surrealistisch zu rekonstruieren. Unser »Bild« von Kontext ist andererseits auch bei großmaßstäblichen Phänomenen immer intrinsisch und lokal. Kontext soll in einer Praxis aber extrinsisch verfügbar/verformbar sein. Globalität muss also topologisch rekonstruiert werden. Grady Clay verbleibt intrinsisch. Der Begriff der generischen Eigenschaften von topologischen Räumen schlägt einen Bogen zum letzten Kapitel dieser Arbeit, zur Topologie des Flüssigen. Generische Eigenschaften garantieren topologische Stabilität, andernfalls sind wir mit Instabilität konfrontiert: In der Thermodynamik und Flüssigkeitsmechanik bedeutet dies »Turbulenz«. Die Topologie des Generischen erlaubt eine interessante (dringend nötige) Aktualisierung und Umdeutung von Vitruvs Forderung nach »firmitas«, nach struktureller Stabilität in der Architektur und derem grossmaßstäblichen urbanen Kontext. Dies spannt einen Bogen auf zum letzten Kapitel über topologische generische Stabilität.

Das topologische Konzept der »Deformation« lässt an den Cornell-Kontextualismus von Colin Rowe erinnern: »The Deformation of the Ideal Type« und die kontextuelle Anpassung durch das »époché« der Renaissance, wie sie in Collage-City beschrieben wird. Dieses Konzept scheitert am Übergang vom lokalen zum globalen Kontext. Genius Loci und Archetyp sind »monokontexturale Konzepte der Architektur« mit latentem formalem »Letztbegründungsanspruch«. Typologie hatte aber ursprünglich auch als Klassifikationsmuster eine andere Funktion, die Funktion des Vergleichs, der Interpretation, der Zurückführung auf gemeinsame nicht reduzierbare Muster analog der topologischen Invarianten. Der hier vertretene Ansatz lässt die Topologie im lokalen Kontext an die Stelle der Typologie treten. Aus der Typologie müsste so eine Art »Radical Typology« werden. Diese Wortschöpfung orientiert sich am Konzept der »Radical Hermeneutic«. In Anlehnung an die angelsächsische Debatte nach dem Gadamer-Derrida Treffen, aus dem sich die Form einer aktuellen »Radical Hermeneutic« entwickelte, könnten wir hier im Falle eines topologischen Umgangs mit Typologie von einer »Radical Typology« sprechen. Dadurch ist es möglich, diejenige typologische Tradition, die sich mit Kontext und Konfiguration beschäftigte, Blondel, Milizia, Quincy, Sitte, Aymonino, Gregotti, Rossi, Vidler, in einen großmaßstäblichen, urban-topologischen Kontext zu integrieren. Lokale Typologien formieren lokale Morphologien. Die lokalen fragmentarischen, heterogenen Morphologien formieren topologische Überdeckungen, die zusammen globale Topologien bilden.

Kontextuelle Analyse, ob lokal oder global, soll nicht darüber hinwegtäuschen, dass architektonischer Entwurf und architektonische Intervention in einen sozio-kulturellen »Bauplatz«/Site immer einen topologischen Wandel erzeugen. Invarianten werden durch »das Bauen« verändert: Entwerfen bedeutet nichtinvarianter topologischer Wandel.

TOPOLOGISCHE BEGRIFFE

Topologischer Raum und Topologische Abbildung

Eine Topologie kann auf unterschiedliche Arten definiert werden. Die Axiomatik über den Begriff der offenen Mengen war eine der großen Errungenschaften von Felix Hausdorff zu Beginn dieses Jahrhunderts.[1] Man beginnt gemeinhin mit ihr, weil sie die allgemeingültigste ist. Vor Hausdorff wurde die Definition über den Umgebungsbegriff geführt.

Definition der Topologie über den Begriff der offenen Menge »Einer Menge wird eine topologische Struktur aufgeprägt, wenn in ihr ein System von Teilmengen [...] mit bestimmten Eigenschaften – einer Struktur – ausgezeichnet wird«.[2] Eine Menge mit einer aufgeprägten topologischen Struktur heißt topologischer Raum. Auf axiomatischer Ebene heißt solch eine bestimmte Eigenschaft/Struktur, die einer Punktmenge aufgeprägt wird, »offene Menge«. Eine offene Menge ist eine Menge, die nur innere Punkte enthält. Umgekehrt formuliert bedeutet dies, dass der Rand der Menge respektive genauer, die Punkte auf dem Rand der Menge nicht zur offenen Menge gehören. »Der ganze Raum ist stets offen, die leere Menge wird als offen definiert«.[3] Der Begriff der »Offenheit«, gekoppelt mit der Beschreibung »nur innere Punkte«, widerspricht etwas der ersten intuitiven Logik. Aber man muss sich vor Augen halten, dass dadurch die Randpunkte wegfallen und diese »fehlende« Begrenzung gerade die Offenheit produziert.

Ein topologischer Raum ist ein Paar, bestehend aus einer Trägermenge und der Menge aller Teilmengen – genannt offene Mengen – der Potenzmenge dieser Trägermenge.

Axiom 1: Beliebige Vereinigungen von offenen Mengen sind offen.
Axiom 2: Der Durchschnitt von je zwei offenen Mengen ist offen.
Axiom 3: Die leere Menge und die Trägermenge sind offen.[4]

Das Mengensystem aller offenen Mengen bezeichnet man als Topologie, die zugrundeliegende Menge als Trägermenge der Topologie.[5] Die Elemente der Trägermenge heissen Punkte. Man sagt, die Menge aller offenen Teilmengen sei die Topologie des topologischen Raum bestehend aus der Trägermenge und der Topologie. Häufig wird die »Topologie« in der Aussprache und der Notation unterdrückt. Man spricht dann einfach vom topologischen Raum der Trägermenge. Die Definition der Topologie über die offenen Mengen erleichtert die Arbeit mit der Konvergenz von Folgen. Man darf sich natürlich fragen, was denn mit den Randpunkten nun sei? Wie verhalte ich mich, wenn ich mich genau für diese Punkte interessiere? Sehr oft lässt sich diese Frage über die Dimensionalität beantworten. Die Randpunkte können selbst eine eigene Topologie in einer niedrigeren Dimensionalität bilden. Diese Fragen werden im Kapitel »Grenzen und Oberflächen« unter dem Gesichtspunkt der Homologie diskutiert werden.

In der Anwendung werden infolgedessen als erstes zwei Informationen gebraucht, um einen topologischen Raum zu spezifizieren. Erstens, welche Punkte der Raum enthält, daraus ergibt sich die Potenzmenge, und zweitens, welche Punktmengen offen sind. Diese Doppelung von Menge und Struktur sich als Raum vorzustellen bedarf einer Gewöhnung. Was uns für eine Angleichung an den Raumbegriff unserer alltäglichen Wahrnehmung fehlt, ist die Idee einer Ausdehnung von Raum. Auf dieses Phänomen werden wir im Abschnitt über die Metrisationsprobleme der Topologie näher eingehen.

Topologische Mengen, Relationen und Strukturen Wir bewegen uns bei einer allgemeinen Definition von Topologie in einem nicht-metrischen topologischen Raum, dessen kleinste Entität die Doppelung von Menge und Struktur ist. Trotz der abstrakten Verallgemeinerung besteht über den Begriff der Menge ein sehr reale Vorstellungsmöglichkeit dieses Raumes. »Eine Menge ist eine Zusammenfassung von bestimmten wohlunterschiedenen Objekten unserer Anschauung oder unseres Denkens zu einem Ganzen. Die Objekte heißen Elemente der Menge«.[6] Zur mathematischen Veranschaulichung werden die Elemente oft Punkte genannt. Relationen stellen Beziehungen zwischen den Elementen einer Menge oder denen verschiedener Mengen her. Die Relation wird aus dem kartesischen Produkt von Mengen gebildet. Sie bildet aber auch die Grundlage für den Begriff der Struktur. Man spricht davon, dass einer Menge eine Struktur aufgeprägt wird, wenn in ihr – also nicht außerhalb – eine oder mehrere Relationen, Verknüpfungen oder Zuordnungen erklärt sind.

Ganz reduziert und einfach formuliert kann man zusammenfassen, dass ein topologischer Raum eine Menge von Elementen mit mindestens einer inneren Verknüpfungseigenschaft ist – ein Raum mit Eigenschaft.

Metrik Einer Menge wird eine metrische Struktur oder kürzer eine Metrik aufgeprägt, wenn je zwei Punkten der Menge eine reelle Zahl größer-gleich Null als Abstand oder Entfernung zugeordnet wird und diese Zuordnung – eine Abbildung – verknüpft mit der Metrik den folgenden Forderungen genügt: a) Es gibt ein Nullelement, b) Die Kommutativtät ist gegeben, c) Die Dreiecksungleichung gilt.[7] Über die Metrik lässt sich eine Umgebung definieren. Jeder metrische Raum lässt sich dadurch auf einfache Weise topologisieren. Man betrachtet so genannte Epsilon-Umgebungen (»offene Kugeln«) um einen Punkt und nennt eine Teilmenge offen, wenn es zu jedem Punkt der Teilmenge ein Epsilon (größer als Null) gibt, so dass die Epsilon-Kugel um diesen Punkt noch ganz in der Teilmenge liegt. Damit wird der metrische Raum zu einem topologischen Raum. Eine Epsilon-Umgebung ist selbst eine offene Menge.

Man sieht dabei, dass eine allgemeine Metrik sehr unterschiedlich sein kann, es werden in der Topologie auch Metriken untersucht, die sich auf einer Mannigfaltigkeit verändern, also nicht überall genau gleich (nicht homogen) sind. Diese Flexibilität der Metrik, die einem in der Umgangssprache kaum bewusst ist, da wir mit der euklidischen Metrik aufgewachsen sind, lässt die Frage auftauchen, ob es nicht voreilig ist, den Begriff der Metrik in einer topologischen Anwendung gleich über Bord zu werfen.[8]

Die interdisziplinäre Auseinandersetzung mit Topologie beginnt meist mit der Faszination für die Art und Weise, wie diese sich mit Eigenschaften von Räumen auseinandersetzt, ohne sich um deren klassische, reelle Größe zu kümmern. Von dort kommt auch der populärwissenschaftliche Ausdruck der »Rubbersheet Geometry«. Man glaubt, dadurch einen Einblick in nicht-euklidische Räume gewinnen zu können. Dieser Wunsch geschieht weniger aus einem funktionellen Bedürfnis nach solchen »anderen« Räumen als aus einem Unbehagen gegenüber den geistesgeschichtlichen Zwängen, die uns 400 Jahre deterministische Logik seit Descartes beschert haben.

Es gibt dabei Folgendes zu beachten: a) »Metrik« heißt noch nicht »euklidische Metrik«. Metrik definiert einfach die Möglichkeit des Vorhandenseins eines Abstandes. Der Abstand wird über eine Funktion dargestellt. In der Mengenlehre wird eine Unterscheidung, eine Differenz in weitestem Sinne, nur über eine Negation hervorgerufen. Zwei Elemente einer Punktmenge oder zwei Mengen selbst sollen demgemäß »nicht gleich« sein, falls sie nicht eine Identität darstellen.[9] Aus der Sicht der Logik sind Möglichkeiten des Treffens einer Unterscheidung immer von äußerster Wichtigkeit und Aktualität. Ich weise hier auf den Boom der »Différance«-Idee von Jacques Derrida hin, der die Idee einer Verschiebung von Differenz zu einem Schwerpunkt seines Denkens gemacht hat. Auch diese sollte größer-gleich Null sein, umkehrbar und der Dreiecksungleichung genügen. Mit dieser Substitution gewinnt die Idee der Metrik Bedeutung innerhalb des kulturellen Diskurses. Eine Metrik hat noch keine »Länge«, keine Größe im Sinne unseres euklidischen Weltbildes. Andererseits ist eine Metrik, sobald sie aufgeprägt ist, eine Konstante des untersuchten Raumes; man wird sie nicht mehr so einfach los.[10] Die Auseinandersetzung mit der Metrik stellt sich naheliegenderweise immer dort, wo probiert wird, geistige, soziale und kulturelle Räume mit Werkzeugen der Topologie zu betrachten. b) Es ist möglich, auch euklidische Räume unter Gesichtspunkten zu untersuchen, bei denen die Metrik und speziell die euklidische Metrik keine Rolle spielt. Man lässt sie einfach weg. In diesem Fall muss man bei jeder untersuchten und angewendeten Invarianten und jeder Funktion prüfen, ob diese auch ohne die Metrik Gültigkeit hat. Dieses Verfahren ist nahe liegend in Anwendungsbeispielen aus der Praxis. In jedem Fall sollte man sich bewusst sein, dass das Weglassen der Metrik auch ein Verlust ist. Interessanterweise fragen gerade Topologen immer hartnäckig nach, ob ein solcher Verzicht überhaupt nötig sei.[11] c) Die Differenzialtopologie hat wahrscheinlich den größten Beitrag zum interdisziplinären Topologie-Boom der letzten Jahrzehnte beigetragen. Wie schon erwähnt, ist die Metrik, speziell die lokaleuklidische Metrik und die Differenzierbarkeit, Grundlage der Differenzialtopologie in 3D. In ihr tritt der Begriff der Mannigfaltigkeit an Stelle des Begriffes des Topologischen Raumes.

Mannigfaltigkeiten treten speziell in der interdisziplinären Anwendung häufig als Lösungsmannigfaltigkeiten von nichtlinearen Gleichungssystemen respektive Differenzialgleichungen höherer Ordnung auf. Diese wiederum sind typische Kennzeichen von dynamischen Systemen, die durch die enormen Entwicklungen in der Katastrophentheorie, der Theorie der Selbstorganisation, der Chaosforschung etc. zu einem der wichtigsten Anwendungsgebiete der Mathematik geworden sind. Den Möglichkeiten, die sich durch diese Forschungsbereiche ergeben haben, sollte man sich nicht voreilig durch eine Verwerfung der Metrik verschließen.

Topologische Abbildung, Transformation, Deformation Für den Laien besteht anfänglich eine große Schwierigkeit, sich den nicht-euklidischen Raum vorzustellen. Ein Schritt, dies zu vereinfachen, ist, sich mit den einfachsten topologischen Werkzeugen auseinanderzusetzen. Ein topologischer Raum wird visualisiert und untersucht, indem man ihn auf einen zweiten topologischen Raum abbildet. Dies bedeutet, dass jede Untersuchung einen Vergleich darstellt. Die Topologie äußert sich durch vergleichende Abbildungen – sie ist wie der Strukturalismus eine komparatistische Disziplin.

Der Begriff der Abbildung ist das entscheidende Werkzeug des Topologen. Mit ihm kann das Phänomen der elastischen Verformung beschrieben werden, für das die Topologie populärwissenschaftlich so berühmt ist. Stellt man sich Punktmengen aus elastischem Material hergestellt vor, so lassen sich topologische Räume durch umkehrbare elastische Verformungen ineinander überführen respektive auseinander erzeugen. Man nennt sie in solch einem Fall »topologisch äquivalent« oder »homöomorph«.[12] Eine der Aufgaben der Topologie besteht in der Klassifizierung topologisch äquivalenter Räume mithilfe von Eigenschaften, den topologischen Invarianten, die bei der Anwendung topologischer Abbildungen, auch elastischer Verformung, Transformation oder Deformation genannt (im Englischen fast immer »mapping«), invariant , also gleich bleiben. Die Bedeutungsidentität obiger Begriffe für die topologische Abbildung kommt daher, dass es sich, rein mathematisch betrachtet, um eine »Funktion« handelt. Beim Nachweis eines Homöomorphismus respektive einer Äquivalenz der Abbildung, die über die Invarianz entscheidet, vergleicht man, wie schon angedeutet, zwei Räume. Das heißt, die Topologie selbst ist eine vergleichende Wissenschaft. Diese Grundidee, die auch auf eine Verfahrensweise hindeutet, eröffnet die Möglichkeit, interdisziplinäre Erkenntnisse aus der Phänomenologie, der Erkenntnistheorie, des Strukturalismus,[13] der Epistemologie[14] und der Hermeneutik einfließen zu lassen. An dem kommt man kaum vorbei, beruhen doch viele der neuesten wissenschaftlichen Erkenntnisse der Wahrnehmung und des Prozessdenkens auf einem Ineinanderfließen dieser Bereiche. Die Topologie versucht, durch Abbildungen so genannte Invarianten zu entdecken, also eine Form von »Konstanten«, die bei elastischen Verformungen und Abbildungen topologisch äquivalent, also »gleich« bleiben. Die Topologie bedient sich hier insbesondere auch der Gruppentheorie der Mathematik, weil die invarianten Elemente im besten Fall Gruppen und Familien bilden. Die Abbildung steht im Mittelpunkt der topologischen Verfahren. Durch die Abbildung wird die Topologie respektive der topologische Raum »sichtbar« gemacht. Die Abbildungen gestatten es, Beziehungen zwischen »strukturierten« Mengen herzustellen, wobei die Abbildung mit der Struktur beider Mengen verträglich sein soll. Diese strukturverträglichen Abbildungen heißen »Morphismen«. Man verlangt von einer Abbildung, dass sie die ganze Menge eindeutig in die andere Menge abbildet.

Man trifft Abbildungen in grundsätzlich jeder mathematischen Disziplin an. Wie auch die Struktur leitet sich die Abbildung aus der Relation her. Im Allgemeinen stellen Relationen keine eindeutige Beziehung zwischen Mengen her, einem Element können zum Beispiel auch mehrere Elemente zugewiesen sein. Eine Abbildung hingegen soll die ganze Menge eindeutig in eine andere Menge abbilden.[15]

Es gibt neben der Umkehrung (Bijektivität)[16] eine grundlegende Bedingung, die eine topologische Abbildung erfüllen muss, damit sie eine topologische Abbildung ist: die Stetigkeit.[17] Die einfachste Definition liefert Jänich, der von einer stetigen Abbildung verlangt, dass »die Urbilder offener Mengen stets offen sind«.[18] Es ist andererseits auch möglich, die Stetigkeit über den Umgebungsbegriff[19] und über den Konvergenzbegriff[20] zu definieren. (»Stetigkeit« wird im Englischen mit »continuity« übersetzt). Etwas präziser formuliert:

Eine Abbildung heißt »topologisch«, wenn die Funktion (bei algebraisch strukturierten Mengen) der Abbildung bijektiv, also umkehrbar ist und sowohl die Funktion als auch deren Umkehrfunktion stetig sind und die Funktion eine offene Abbildung ist. Die Funktion ist eine offene Abbildung, wenn das Bild jeder offenen Menge unter der Abbildung/Funktion offen ist. Eine bijektive[21] Abbildung bedeutet, dass die Funktion sowohl surjektiv als auch injektiv ist, vereinfacht gesagt, wenn die Abbildung in beide Richtungen eineindeutig und vollständig ist. Surjektiv heißt, dass die Abbildung gleichzeitig nur in »eine Richtung« geht. Injektiv heißt, dass die Abbildung zwar in »beide Richtungen« gewährleistet ist, also die Umkehrfunktion wieder die Ausgangsmenge erzeugt, aber die ursprüngliche Abbildungsfunktion nur eine Einbettung in der (Ab-)Bildmenge erzeugt. Bijektive Abbildungen sind bitotale eineindeutige Relationen.

Eine topologische Abbildung, also bijektiv und stetig, nennt man »Homöomorphismus«. Kann man Punktmengen durch eine topologische Abbildung aufeinander projizieren, nennt man sie topologisch äquivalent respektive homöomorph.

Generische nichtnumerische topologische Invarianten

Invarianten bezeichnen Eigenschaften, die unter Deformation, Transformation oder Abbildung erhalten bleiben. Invarianten bedeuten nicht, dass alles immer invariant bleiben soll, wie in Anwendungen manchmal der Topologie vorgeworfen wird. Man kann durch die präzise Bestimmung der Invarianten im Sinne einer Denkumkehr sehr präzise bestimmen, welche Topologien und welche topologischen Räume »anders« sind. In dieser Weise arbeitet die Klassifikation topologischer Räume. Durch den Nachweis von Invarianz ist Unterscheidung möglich. Die Invarianten sind dann auch Differenzkriterien, die sich vom Vorwurf einer Indifferenz in der Topologie abgrenzen. Das Moment der Invarianz deutet entweder auf eine einfache Andersartigkeit, eine Pathologie oder auf topologischen Wandel – sprich dynamische Veränderung hin. Letzteres ist eine Möglichkeit, Emergenz von Neuem zu beschreiben. Konfrontiert man ein Gebiet der angewandten Techniken und Wissenschaften wie die Architektur mit einem Gebiet wie der Topologie, wie es Gegenstand dieser Arbeit ist, sieht man als erstes einen riesigen Berg vor sich. Man muss Prioritäten in den und für die Untersuchungen setzen können. Die Künstliche-Intelligenz-Forscherin Margarete M. Fleck weisst auf zwei der wichtigen topologischen Konzepte für interdisziplinäre Anwendungen hin: »Ein befriedigendes Modell von Raum und Zeit muss eine brauchbare topologische Struktur definieren, weil die topologische Struktur zwei wichtige Konzepte der praktischen/angewandten »Vernunft« repräsentiert:

– welche Funktionen stetig sind und
– welche Regionen und Pfade/Wege zusammenhängend sind«.[22]

Stetige Abbildungen Eines der wichtigsten Wörter, das in jeder Definition der topologisch äquivalenten Abbildungen aufgetaucht ist, ist das unscheinbare »stetig«. Eine topologische Invarianz ist dann nachgewiesen, wenn vor und nach einer Deformation die Nachbarschaftsbeziehung noch dieselbe ist, wenn der

Raum also keine Rissstelle aufweist. Es spielt dabei aber keine Rolle, ob sie noch »gleich aussehen« oder »gleich angeordnet« sind. Dies ist nichts anderes als eine Aussage über einen architektonischen, mehr noch, einen urbanen Kontext.

Um die Stetigkeit anschaulich zu erklären, begibt man sich in den euklidischen, also einen metrischen Raum. Man kann dann Stetigkeit über den Umgebungsbegriff formulieren. Ein Punkt wird durch eine Abbildungsfunktion abgebildet. Damit die Abbildung stetig ist, muss man die Umgebung des Punktes betrachten. Alle Punkte der Umgebung des Punktes, und wurde diese auch noch so klein gewählt,[23] müssen nach der Abbildung wieder in der noch so klein gewählten abgebildeten Umgebung liegen. Fehlen welche, gibt es also einen »Riss« in der Stetigkeit, ist die Abbildung dementsprechend unstetig. Bei nicht-metrischen Topologien beschreibt man zuerst eine Umgebungsbasis als Teilmenge aus einem Umgebungssystem[24] und weist die Stetigkeit analog zu oben nach.[25] Zuerst formuliert man die lokale Stetigkeit in einem Punkt, danach als globale Stetigkeit für die offenen Teilmengen der zugrunde liegenden Topologie. Dieser zweite Schritt ist im metrischen Raum nicht immer nötig, da die Grundlage des Schrittes vom Lokalen zum Globalen durch die Metrik selbst gegeben ist und der Beweis oft mit vollständiger Induktion geführt werden kann. Im Bedarfsfall braucht es dazu einer Kennzeichnung hinsichtlich einer Basis respektive Subbasis einer Topologie. Es lässt sich zeigen, dass die Abbildung genau dann global-stetig ist, wenn sie in jedem Punkt lokal-stetig ist.[26]

Allgemeiner wird der Begriff der stetigen Abbildung über die offenen Mengen gefasst und führt über die Umkehrfunktion: »die mit der topologischen Struktur verträglichen Abbildungen müssen mittels der offenen Mengen definiert sein. Das führt zu den stetigen Abbildungen.«[27] Zwei topologische Räume, mit ihren jeweiligen Topologien versehen, seien gegeben zusammen mit einer Abbildungsfunktion von Urbild zu Abbild. Eine Abbildung heißt stetig, wenn die Umkehrfunktion der Abbildung die Menge aller ausgezeichneten offenen Teilmengen des Abbildungsraumes vollständig und ein-eindeutig in den offenen topologischen Urbildraum abbildet.

Den Begriff der Stetigkeit und dessen Nachweises trifft man ununterbrochen in der Arbeit mit Topologie und topologischen Räumen. »Stetigkeit« und »Kompaktheit« bildeten auch die eigentlichen historischen Knackpunkte zu einer allgemeingültigen axiomatischen Festlegung der Topologie. Mit diesen Begriffen gelingt der Schritt vom metrischen in den nicht-metrischen Raum oder was gleichwertig interessant ist, eine Axiomatik ohne die Metrik (unabhängig davon, ob man nicht doch mit metrischen Räumen arbeitet). Der Begriff der Stetigkeit verweist auch auf seine Negation, den Begriff der Unstetigkeit. Diesen zuzulassen bedeutet, sich mit »Rissen« in einer Abbildung auseinanderzusetzen.

Tatsächlich gibt es Ansätze und Anregungen, Nichtstetigkeit in die Topologie zu integrieren. Sie stammen aus der Forschungsrichtung der Nichtstandard-Topologie und der Emergenz-Theorie.[28]

Zusammenhang und Wegzusammenhang Die zwei sehr wichtigen Eigenschaften Zusammenhang und Wegzusammenhang lassen sich sehr kurz erklären: »Ein topologischer Raum gilt als zusammenhängend, falls er nicht eine Vereinigung von zwei disjunkten[29] – von zwei unverbundenen – offenen Mengen darstellt«.[30] »Eine Region ist wegzusammenhängend, falls zwei beliebige Punkte in der Region durch einen stetigen Weg/Pfad/Kurve/Streckenzug/Polygonzug[31] verbunden werden können, der vollständig in der Region liegt«.[32] Für die Erläuterung des lokalzusammenhängenden und des lokalwegzusammenhängenden Raumes wird auf die Fachliteratur verwiesen.[33] Wegzusammenhang taucht in der trivialen topologischen Anwendungsliteratur (z. B. bei Piaget, Lewin) gerne auch bezüglich des so genannten Jordan-Kurventheorems auf, das anschaulich trivial besagt, dass ein zweidimensionaler topologischer Raum – eine Fläche – durch eine eingebettete Kurve, die wieder zum Ausgangspunkt zurückführt, in zwei Regionen geteilt wird.

Umgebung und Trennung Man kann die Topologie selbst über die vier Umgebungsaxiome definieren: Ein topologischer Raum ist ein Paar, bestehend aus einer Trägermenge und einer Topologie als Familie von Teilmengen, genannt »Umgebungen«, derart, dass die Umgebungsaxiome gelten.
Als Umkehrung dieser Definition, erweitert mit Sätzen aus der Definition der Topologie über offene Mengen ergibt sich wiederum der Umgebungsbegriff.[34] Das Erstaunliche ist, dass mit den Definitionen über den Umgebungsbegriff und über die offenen Mengen, die axiomatische Festlegung[35] des topologischen Raumes gelingt. In der Definition der Mannigfaltigkeit (siehe unten) werden die Umgebung und die Abbildung verbunden. Diese Verknüpfung kann man schon bei allgemeinen topologischen Räumen machen. Ein Problem des Agierens im nicht-metrischen Raum ist der Umgang mit dem Begriff der Umgebung. Heute ist es gängige Praxis, den topologischen Raum über die offene Menge zu definieren. Traditionell fand die Herleitung jedoch über den Umgebungsbegriff statt. Im metrischen Raum wird dabei eine »Epsilon«-Umgebung/-Kugel, ein »genügend kleiner Abstand« als Hilfskonstruktion angenommen.[36] Damit wird eine Metrik vorausgesetzt, um diesen Abstand zu fassen. Einem beliebigen topologischen Raum müssen bei der Verallgemeinerung Charaktere der dann nicht vorhandenen Metrik respektive der nicht-metrischen Umgebungen zugrunde gelegt werden.[37] Nach Hausdorff werden folgende Umgebungsaxiome gefordert:

– U1: Jeder Punkt gehört zu jeder seiner Umgebungen.
– U2: Umfasst eine Teilmenge einer Menge eine Umgebung eines Punktes dieser Menge, so ist diese Teilmenge selbst Umgebung des Punktes.
– U3: Der Durchschnitt zweier Umgebungen eines Punktes ist eine Umgebung dieses Punktes.

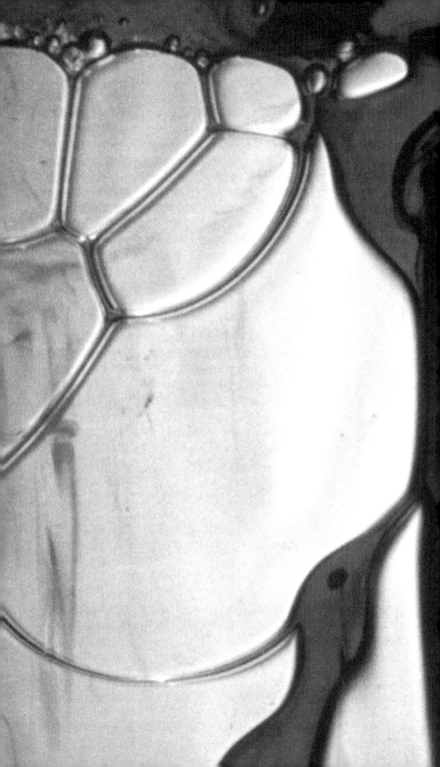

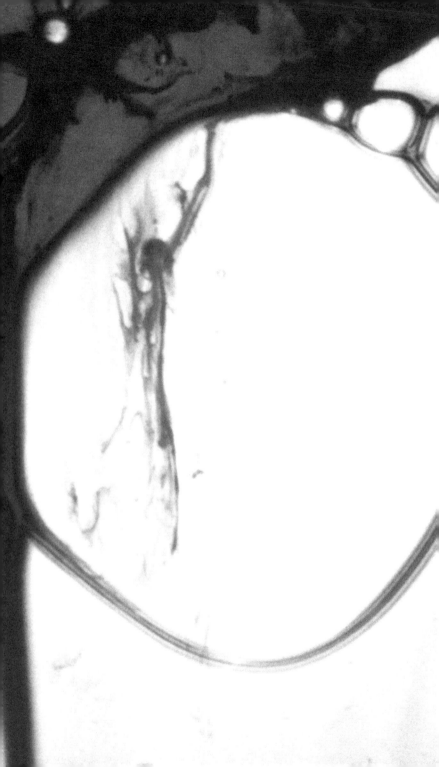

- U4: Jede Umgebung eines Punktes enthält eine Umgebung dieses Punktes, die jeden ihrer Punkte umgibt.[38]

Aus den Umgebungsaxiomen folgern die Trennungsaxiome: Man missachtet in der Erklärung die Reihenfolge der Umgebungen und beginnt mit T2, dem Hausdorffschen Trennungsaxiom:

- T2: Ein topologischer Raum heißt Hausdorff-Raum, wenn man zu je zwei verschiedenen Punkten disjunkte Umgebungen finden kann.[39]
- T1: Ein topologischer Raum heißt T1-Raum, wenn je zwei verschiedene Punkte Umgebungen besitzen, die den anderen Punkt nicht enthalten.
- T0: Von je zwei verschiedenen Punkten besitzt mindestens einer eine Umgebung, die den anderen Punkt nicht enthält.[40]
- T3: Zu jeder abgeschlossenen Menge A und jedem Punkt x außerhalb von A gibt es eine A umfassende offene Menge und eine dazu disjunkte Umgebung von x.
- T4: Zu zwei disjunkten Mengen A1 und A2 gibt es die umfassend disjunkten offenen Mengen O1 und O2.
- Ein T2-Raum ist immer ein T1-Raum, aber nicht umgekehrt und es gibt T0-Räume, die das T1-Axiom nicht erfüllen.
- Das T3-Axiom trennt Menge und außerhalb liegende Punkte, und das T4 Axiom zwei abgeschlossene Mengen.[41]

Das Interessante an diesen beiden Gruppen von Axiomen ist, dass sie über den Nachweis der Umgebung auch eine Trennung, eine Abgrenzung definieren können.

Überdeckung Die Eigenschaft der Kompaktheit wird über die Überdeckungseigenschaft gefasst.[42] Es sei eine Menge und eine Teilmenge davon gegeben. Eine Familie von Teilmengen der Menge wird eine Überdeckung genannt, wenn jeder Punkt der Teilmenge der Menge von mindestens einer Menge der Familie »überdeckt« wird.[43] Die Überdeckung heißt endliche Überdeckung, wenn sie endlich viele Elemente enthält. Die Überdeckung heißt offene (oder abgeschlossene) Überdeckung, wenn alle ihre Elemente offen (oder abgeschlossen) sind.[44] Die Familie ist eine offene Überdeckung, falls jede Teilmenge der Familie eine offene Menge ist. Eine Unterüberdeckung der Überdeckung ist eine Unterfamilie, welche auch eine Überdeckung ist.[45] Der Begriff der Endlichkeit wird unten erläutert.

Kompaktheit »Kompaktheit ist ein wichtiger Begriff in der Topologie, aber schwierig zu erklären«, schreiben Sokal/Bricmont, »Grenzwerte wurden ursprünglich für Folgen reeller Zahlen verwendet, aber mit der Zeit merkte man, dass der Begriff des Grenzwerts auf Funktionsräume ausgedehnt werden sollte (etwa zur Untersuchung von Differenzial- oder Integralgleichungen). Die Topologie entstand um 1990 auch im Gefolge dieser Untersuchungen. Nun lässt sich unter den topologischen Räumen die Unterklasse der kompakten Räume auszeichnen, nämlich jene, in der jede Folge von Elementen eine konvergente Teilfolge (im allgemeinen Fall: Verfeinerung, J. H.), also eine Teilfolge mit einem Grenzwert besitzt. (An dieser Stelle vereinfachen wir ein wenig, indem wir uns auf metrische Räume beschränken, Sokal)«[46] Ein topologischer Raum heißt qua-

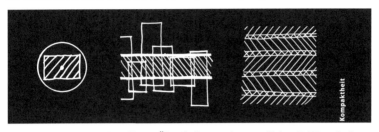

sikompakt, wenn jede offene Überdeckung eine endliche Teilüberdeckung besitzt.[47] Er heißt kompakt, wenn er quasikompakt und hausdorffsch ist. Ein Hausdorff-Raum, genauer ein T2-Raum,[48] heißt lokalkompakt, wenn jeder Punkt eine kompakte Umgebung besitzt. Trivialerweise ist jeder kompakte Raum lokalkompakt. Der T2-Raum ist zwar nichtquasikompakt, aber jeder Punkt ist in einer kompakten Umgebung enthalten.[49] Dies kann man für die Kompaktifizierung von Räumen gebrauchen, indem man einen lokalkompakten, nichtkompakten topologischen Raum durch das Hinzufügen eines Punktes erweitert, so dass die ursprüngliche Topologie ein Unterraum wird.[50] Man nennt dies Ein-Punkt-Kompaktifizierung nach Alexandroff.[51] Wichtig für die Konstruktion von topologischen Räumen ist der Satz von Tychonoff: Ein Produktraum ist genau dann quasikompakt (resp. kompakt), wenn die Faktoren quasikompakt (resp. kompakt) sind.[52]

Einige Eigenschaften der Kompaktheit, welche beides lokale und globale Aspekte besitzen, sind auf das Konzept der Verfeinerung einer Überdeckung zurückzuführen.[53] Eine Überdeckung eines Raumes ist eine Verfeinerung einer Überdeckung, falls es für jeden Teilraum des Raumes einen Teilraum der Überdeckung gibt, so dass der Teilraum des Raumes vollständig im Teilraum der Überdeckung enthalten ist. Eine Überdeckung ist ›Punkt-finit‹, falls jeder Punkt nur zu finit vielen Mengen in der Überdeckung gehört, und eine Überdeckung ist ›lokalfinit‹, falls jeder Punkt eine Umgebung besitzt, welche nur finit viele Teilmengen der Überdeckung schneidet. [...] Ein Raum wird als metakompakt (oder manchmal punktweise parakompakt) bezeichnet, wenn jede offene Überdeckung eine offene punktweise Verfeinerung besitzt, parakompakt, wenn jede offene Überdeckung eine offene lokal-finite Verfeinerung besitzt, [...] Offensichtlich ist jeder kompakte Raum parakompakt, und jeder parakompakte Raum metakompakt.[54]

(Diese Aussagen sind nicht umkehrbar, J. H.) »Ein topologischer Raum gilt als parakompakt, falls er hausdorffsch ist und dem folgenden Axiom genügt: Jede offene Überdeckung R von X besitzt eine lokal finit offene Verfeinerung R'«.[55]
In diesem Abschnitt, bedürfen einige Begriffe der Erläuterung: Bei der Untersuchung und dem Vergleich von Räumen stellt sich die Frage nach der »Anzahl« der Elemente. Als Ausgangslage befinden wir uns noch in einem nicht-metrischen Raum. Die Anzahl wird deshalb ohne die Verwendung der Menge der natürlichen Zahlen gefasst. An deren Stelle tritt der Begriff der »Mächtigkeit«. Zwei Mengen sind gleichmächtig, falls eine bijektive (in beide Richtungen, also umkehrbare, vollständige) Abbildung besteht. Man kann mit dem Begriff der Gleichmächtigkeit, der nichts anderes als eine Äquivalenzrelation darstellt, eine Definition der endlichen und unendlichen Mengen herbeiführen. Eine Menge heißt unendlich, wenn eine echte Teilmenge, vollständig enthalten in der Menge, existiert, so dass die Teilmenge und die Menge gleichmächtig sind. Andernfalls heißt die Menge endlich. Durch die Forderung nach einer endlichen Teilüberdeckung »driftet« eine Kompaktheit nicht unaufhaltsam in die Unendlichkeit weg, was ja auch ihrer umgangssprachlichen Bedeutung widersprechen würde.

Konvergenz »Anschaulich bedeutet die Existenz eines Konvergenzpunktes, dass man in jeder ›Umgebung‹ des Punktes stets fast alle Mitglieder findet, d. h. höchstens endlich viele liegen außerhalb. Diese anschauliche Vorstellung wird exakt fassbar durch die Auszeichnung bestimmter Teilmengen einer Menge. Man prägt der Menge eine topologische Struktur auf und macht die Menge dadurch zu einem topologischen Raum, indem der Begriff der Umgebung axiomatisch fundiert ist«. »Allerdings ist in allgemeinen topologischen Räumen der Konvergenzpunkt (auch Limespunkt, J. H. genannt) nicht eindeutig bestimmt«.[56] »Fordert man zusätzlich, dass es zu je zwei verschiedenen Punkten der Trägermenge disjunkte Umgebungen gibt (also einen Hausdorff-Raum), so ist die Eindeutigkeit der Konvergenz gesichert. Zu den Hausdorff-Räumen gehören auch die sogenannten metrischen Räume«.[57]
»Eine Menge, versehen mit der dazugehörigen Topologie, sei ein topologischer Raum und es gebe eine Folge in der Menge. Dann heißt die Folge konvergent gegen einen Punkt der Menge, wenn es zu jeder Umgebung des Punktes ein Nullelement gibt, so dass gilt: Jedes Element der Folge ist Element der Umgebung für alle n-ten Elemente größer/gleich Null«.[58] »Der Punkt wird Limes oder Grenzwert genannt. Stetige Abbildungen erhalten die Konvergenz. Wenn also eine Folge gegen einen Grenzwert konvergiert, konvergiert auch die zugehörige Bildfolge gegen ein Bild des Grenzwertes. Achtung, die Umkehrung gilt nicht oder nur in Spezialfällen! In allen metrischen Räumen ist daher die Charakterisierung stetiger Abbildungen durch die Konvergenz von Folgen noch möglich. Dass dies nicht in beliebigen topologischen Räumen geschehen kann, liegt

daran, dass der Begriff der Folge nicht allgemein genug ist. Anstelle von Folgen betrachtet man sogenannte Filterbasen«.[59]

Filterkonvergenz »Ein Filter auf einer Menge ist ein System von Teilmengen, das mit jeder Menge alle ihre Obermengen, mit je zweien ihren Durchschnitt und nicht die leere Menge enthält«.[60] »In einem beliebigen topologischen Raum X lässt sich die Definition der Konvergenz einer Punktfolge (xn) zum Limes x so fassen, dass sie sich auf den Vergleich zweier Mengensysteme gründet. Das eine

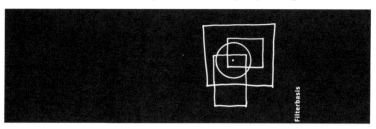

System wird von den Mengen einer Umgebungsbasis des Punktes x, das andere von den Endstücken der Folge xn gebildet (der Elementarfilterbasis). Die Konvergenz der Folge (xn) zum Limes x besagt genau, dass jede Menge des 1. Systems eine Menge des 2. Systems enthält. [...] Die beiden fraglichen Mengensysteme weisen gemeinsame Eigenschaften auf: In der Umgebungsbasis von x ist die leere Menge nicht enthalten. Und es ist der Durchschnitt zweier beliebiger Mengen der Umgebungsbasis eine Umgebung von x, er umfasst also eine Menge der Umgebungsbasis. Ebenso ist unter den Endstücken der Folge, der Elementarfilterbasis, die leere Menge nicht enthalten. Und es ist der Durchschnitt zweier Endstücke selbst ein solches, er umfasst also gewiss wieder ein Endstück der Folge. Man gelangt zu der eingangs erwähnten Konstruktion des Filters, indem man alle Mengensysteme aus X mit den beiden genannten Eigenschaften betrachtet und sie dann durch die Hinzunahme aller Obermengen der in ihnen enthaltenen Mengen erweitert«.[61] »Entscheidend für die Konvergenz einer Folge ist also die besondere Struktur des aus Elementen der Folge gebildeten Mengensystemes, Elementarfilterbasis genannt, im Vergleich zum Umgebungssystem U(x)«.[62] In einer allgemeinen Konvergenztheorie ersetzt der Begriff des »Häufungspunktes« den Limes, Grenzwert oder Konvergenzpunkt.[63] Es ist wichtig darauf hinzuweisen, dass nur in Hausdorff-Räumen die Konvergenz oder die Anzahl der Häufungspunkte eindeutig ist. Es könnten oder dürften im allgemeinen Fall auch mehrere vorkommen.

Kommentar zur Filterbasis: Die zwei letzten Beschreibungen über Konvergenz und Filterbasen sind für Nichtmathematiker nicht sehr leicht zugänglich. Für die weitere Anwendung ist für uns die Tatsache interessant, dass durch das Ersetzen des Begriffes der Folge durch die Filterbasis eine interessante Axiomatik mit einem Umgebungsbegriff eingeführt wurde. Es sind die Teilmengen des Umgebungssystems, von denen mindestens zwei eine nichtleere Schnittmenge bilden müssen. Die Filterbasis konvergiert also in gewissem Sinne innerhalb einer Abfolge von sich immer feiner überlappenden Umgebungsmengen des Limespunktes. Damit ist die Metrik umgangen und trotzdem kann der Konvergenz eine Art von »Richtung« gegeben werden. In der Anwendung auf das Projekt einer urbanen Topologie könnte diese Auffassung zum Beispiel beim Phänomen der »Global Cities« von Interesse sein (siehe Kapitel »Generic City«).

Topologische Operationen Topologie besteht nicht nur aus vergleichender Analyse. Sie beinhaltet auch eine entwerferische Seite im Konstruieren von Räumen. In der Suche nach einer »vollständigen« Klassifikation (der mittlerweile zum Glück aufgegebene Traum des Erlanger Programms) von topologischen Räumen müssen immer neue Räume gefunden, entworfen und getestet werden. Dabei stehen dem Topologen verschiedene Operationen zur Verfügung.[64] Davon sind am grundlegendsten die Summentopologie, das cartesische Produkt von Topologien, die Quotiententopologie und die Teilraumtopologien. Man braucht für die

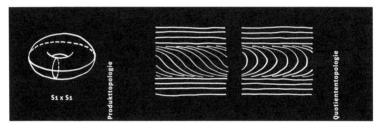

Konstruktion von topologischen Räumen umgangssprachlich sehr oft den Begriff des »Zusammenklebens« (im englischen »gluing, pasting«). Als erstes stellt man sich die Frage, was womit zusammengeklebt werden soll. Werden zwei verschiedene topologische Räume zusammengeklebt, kann dies über die Summe gehen, klebt sich ein Teil eines topologischen Raumes an ein anderes Teil von sich selbst, geschieht dies über die Quotiententopologie.

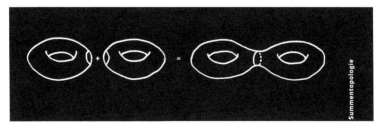

Bei der Summe zweier topologischer disjunkten topologischen Räume sei daran erinnert, dass neben der Addition der zwei der Topologie zugrunde liegenden Mengen auch die topologische Struktur addiert wird – wichtig ist, dass Offenheit und Stetigkeit gewährleistet bleiben.[65] Bildlich kann man sich eine topologische

Summe als ein Verschmelzen ohne eine Überlappung vorstellen.[66] Es dürfen keine Punkte verloren gehen. Man halte sich dabei das Bild von zwei Doughnuts vor Augen, die »zusammengeklebt« werden und danach einen großen Doughnut mit zwei Löchern bilden.

Das An-sich-selbst-Anheften entspricht dem Topologisieren einer Quotientenmenge durch eine Identifizierung.[67] Man beachte dabei, dass im Moment der Identifizierung die Orientierbarkeit des topologischen Raumes festgelegt wird.[68] Genau dieser Aspekt macht die große Bedeutung der Quotiententopologie aus. Eine sehr häufig gebrauchte und wichtige Konstruktion von topologischen Räumen stellt die Produkttopologie dar, die über das kartesische Produkt der Trägermengen zweier Topologien erzeugt wird. Das Produkt eines Kreises und einer Linie erzeugt einen Zylinder. Das Produkt zweier Kreise ergibt einen Torus, einen »Doughnut«.

Die Topologie eines topologischen Raumes kann zum Beispiel über die Hilfskonstruktion einer Spur respektive der daraus resultierenden Spurtopologie auf eine Teilmenge aufgeprägt werden. Man erhält dadurch eine Teilraumtopologie.[69] Bei all diesen Operationen werden mögliche Nahtstellen, Leimstellen nachträglich fein säuberlich »wegradiert«.

Jeffrey R. Weeks hat sehr einfach aufgezeigt, wie man auf spielerische Art und Weise durch die Kombination obiger Operationen fast alle Räume des dreidimensionalen Raumes erzeugen und klassifizieren kann.[70]

Surgery – Operieren Die Erzeugung von topologischem Raum oder das Ausführen von algebraischen Operationen mit Topologie zuhanden einer solchen Produktion kann man bezüglich der nötigen »stetigen« Sorgfalt am Beispiel der Summentopologie veranschaulichen. Das Vorgehen besteht aus drei Schritten: Schneiden/Verletzen, Verändern, Transformieren/Abbilden und wieder Zusammenkleben, Zusammennähen, so dass die topologischen Kriterien der Invarianz erhalten bleiben. Etwas ausführlicher: a) Punktieren der Topologie: Der Ort des Eingriffs wird, bestimmt und markiert, im Sinne Grady Clays »benannt«. b) Die Punktierung wird mit der vorhandenen oder gewählten topologischen Struktur versehen. c) Der Schnitt wird gelegt. d) Die Schnittkanten werden mit der topologischen Struktur versehen (oft in Form eines »Kragens«) e) Die eigentliche Transformation findet statt. f) Die Topologie wird wieder zusammengeklebt, vernäht. Dies geschieht entlang den »neuen« Schnittkanten, die ja mit der alten, stetigen topologischen Struktur versehen sind.

Auf diese Weise kann zum Beispiel ein Henkel angeklebt werden. Es ist mit solchen Operationen möglich, neue Topologien zu entwerfen, zu formen, zu deformieren, zu transformieren, ohne dass ein »Bruch« entsteht.

Das Vorgehen ist der Denkweise des Architekten sehr viel näher als die Analogie zu einer Morphogenese auf der Grundlage eines versteckten genetischen Codes. Nimmt man dieses Vorgehen Schritt für Schritt sehr ernst und genau, findet man in einer Analogie eine große Nähe zu einem architektonischen Kontextualismus. Aber das Resultat ist dabei nicht ein angepasstes Verschwinden des vermeintlich Neuen im Kontext, sondern wirklich ein »neuer Raum«. Architektur lebt von solchen Interaktionen zwischen Körpern, Operationen und dem Kontext einer randlosen Stadt.

Orientierbarkeit Das Thema Orientierbarkeit gehört zum Bereich der Topologie von Oberflächen.[71] Es spielt eine wesentliche Rolle bei der Unterscheidbarkeit, dem Vergleich und der Klassifikation von topologischen Räumen und Mannigfaltigkeiten.[72] Zu den wichtigsten nichtorientierbaren, berandeten Flächen gehört das Möbius-Band. Auf ihm existiert der Unterschied Links-Rechts nur lokal, global macht er keinen Sinn.[73] »Man nennt nach Felix Klein[74] eine Fläche nichtorientierbar, wenn es eine Jordan-Kurve auf der Fläche gibt, längs der man das topologische Bild eines orientierten Kreises (›Choice of Signs‹)[75] so verschieben kann, dass es mit umgekehrter Orientierung an seinen Ausgangspunkt zurückkehrt«.[76] Gibt es keine derartige Jordan-Kurve, so heißt die Fläche orien-

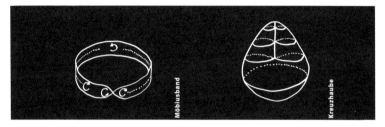

tierbar. Die Orientierbarkeit ist eine topologische Invariante. Die orientierbaren geschlossenen Flächen werden durch die Oberflächen der Kugeln mit g (g für »Genus«) Henkeln repräsentiert, die nichtorientierbaren durch die Oberflächen der Kugeln mit k Kreuzhauben«.[77] »Eine Kreuzhaube muss man sich als geschlossenes, also randloses Möbiusband vorstellen. Dieses stellt deshalb nur einen Unterraum der Kreuzhaube dar. Eine Kreuzhaube kann in im zweidimensionalen

respektive dreidimensionalen Raum nicht ohne Selbstdurchdringung dargestellt werden, dies würde erst in der vierten Dimension gehen, was aber die Visualisierung sehr erschwert. Anhand der Erzählung »Flatland« von E. M. Abbott[78] zeigt Jeffrey R. Weeks in »The Shape of Space. How to Visualize Surfaces and Three-

Dimensional Manifolds« wunderbar, wie weit man auch in phänomenologischer Hinsicht mit dem vergleichsweise einfachen Thema Orientierbarkeit gehen kann, bis hin zu einer Klassifikation von Oberflächen, die in zwei und drei Dimensionen nach Weeks vollständig durchgeführt worden ist.[79] Anstelle von Henkel und Kreuzhaube demonstriert Weeks Orientierbarkeit am Beispiel des »flachen Torus«. Man muss sich dazu ein Rechteck auf einer Ebene vorstellen, deren gegenüberliegenden Seiten indiziert und »virtuell« zusammengeklebt werden. Je nach Indizierung erhalten wir eine orientierbare oder nicht orientierbare Oberfläche. Das Konzept kann danach auf geschlossene Oberflächen in R2 und R3 übertragen werden.

Genus, Henkel und Löcher Löcher in einem Torus oder Henkel an einer Kugel, was topologisch gesehen dasselbe ist, sind sicherlich die spektakulärsten Invarianten der Topologie. Sie sind spektakulär zu visualisieren, vor allem, wenn Verschlingungen, Knoten und ähnliches vorkommen. In einer Anwendung wird sich sehr bald die Frage stellen, wie man ein Loch oder einen Henkel erkennt, da es sich doch um eine globale Eigenschaft handelt, sehr oft jedoch nur eine intrinsische lokale Beobachtbarkeit möglich ist. Der Weg führt über sehr architektonische Analyse und Entwurfswerkzeuge, die Schnitte: Man stellt sich die Frage, ob es bei einer geschlossenen Oberfläche rekursive – also zum Ausgangspunkt zurückführende – Schnitte gebe, die nicht zur Folge hätten, dass die Oberfläche auseinanderfällt. Für Kreisscheiben werden solche nichttrennenden Schnittlinien »Substantielle Kurvenbögen« genannt.[80] Für berandete Oberflächen ist die Anzahl der Schnitte immer um die Zahl 1 kleiner als die Anzahl der Berandungen. Die Anzahl der Schnitte entspricht dann der Anzahl der vorhandenen Löcher in der Kreisscheibe; man nennt dies den »Genus« der Oberfläche.[81] Genus, Henkel und Löcher spielen bei der numerischen topologischen Invarianten der Fundamentalgruppe, die Elemente der Homotopie und der Homologie verknüpft, eine prägende Rolle (siehe dazu im Kapitel »Homologie«).

Die hier vorgestellten einfachen nichtnumerischen Invarianten bilden eine erste Grundlage für die Auseinandersetzung mit Topologie. Es sind Eigenschaften, die für die Topologie »immer« gelten, also eine gewisse Allgemeingültigkeit und Selbstverständlichkeit besitzen. Man spricht schon bei diesen einfachen Fällen von generischen Eigenschaften. Dieser Begriff spannt einen Bogen zum letzten Kapitel, wo auf die generischen Eigenschaften von dynamischen Systemen eingegangen werden wird. Das Generische in der Topologie ist eng an Stabilität – strukturelle Stabilität geknüpft. Generisch bedeutet weder »eigenschaftslos« noch indifferent.

Der topologische Raum in seiner rohen Grundform ist ein randloser Raum. In der Applikation einer urbanen Topologie auf den architektonischen Kontext wollen wir von dieser Grundlage ausgehen. Als Konsequenz folgt aus der Randlosigkeit eine intrinsische Betrachtung – man kann nur innen stehen –, eine Untersuchung des topologischen Raumes aus seinem Inneren.

Wie wir in den kurzen Herleitungen der topologischen Begrifflichkeiten sahen, besitzt die »Urbane Topologie« Tradition im Umgang mit dem Übergang von globalen zu lokalen Eigenschaften und vice versa. Er wird über den Begriff der offenen Menge, der Umgebung, der Konvergenz oder der Metrik geführt. Nochmals kurz zur Rekapitulation die Axiomatik der Topologie über die offene Menge: Einer Menge wird eine topologische Struktur aufgeprägt, wenn in ihr ein System von Teilmengen mit bestimmten Eigenschaften, Relationen – präziser: einer Struktur – ausgezeichnet wird. Eine Menge mit einer aufgeprägten topologischen Struktur, sprich Topologie, heißt topologischer Raum. Auf axiomatischer Ebene der Topologie bezeichnet man solch eine bestimmte Eigenschaft/Struktur als eine ›offene Menge‹, eine Menge ohne Randpunkte, die einer Punktmenge aufgeprägt wird. Demnach kann man von einem topologischen Raum als Paar sprechen, bestehend aus der zugrunde liegenden Punktmenge und der zugehörigen Topologie. Es ist dies eine eigentliche Doppelung der Struktur in einem topologischen Raum, eine Eigenschaft, die diesen eindeutig von einfachen mengentheoretischen Raumüberlegungen unterscheidet. In seiner umfassenden Bedeutung mit der Vielfalt verschiedenster Formen von Strukturen, den sprachlichen, gesellschaftlichen, technischen, ökonomischen etc., könnte eine Äquivalenz zwischen Topologie und Struktur,[82] wie sie in der Mathematik möglich ist, als zu reduktionistisch erscheinen.[84] Ich bin jedoch der Meinung, dass eine Übertragung auf sozio-kulturelle Strukturbegriffe aus der Mathematik möglich ist – der französische Wissenschaftsphilosoph und »neue Denker« Michel Serres steht für ein solches Vorgehen. Es ergibt sich daraus, analog dem Problem der ›sozialen Konstruktionen‹, die Frage nach einer »Topologie von wovon«.[85] Die Definition der Topologie über die offene Menge besitzt nicht nur eine terminologische, sondern auch eine substanzielle Nähe zu den Theorien offener Systeme, wie wir sie in so unterschiedlicher Ausformung z. B. von Karl R. Popper,[85] Umberto Eco,[86] Ross Ashby, Gregory Bateson[87] oder Niklas Luhmann[88] kennen. Man nennt in neuerer Sicht jedes System »offen«, das in irgendeiner Art des Austausches mit der Umwelt steht, neben dem Materie- und Energieaustausch vor allem auch in Informationsaustausch, und das Neuem gegenüber offen ist; jedes andere System bezeichnet man als abgeschlossen.[89]

In dem wir unsere Umwelt als urbanen Kontext über die Topologie der offenen Mengen angehen, generieren wir eine Top-Down-Sichtweise des Kontextes, der sich von rein statisch-lokalen mikrokontextuellen Konzepten unterscheidet.

Eine schon in den Expositionen geäußerte Hypothese geht davon aus, dass der Kontext der randlosen Stadt zu groß und zu komplex für ein konventionelles metrisches Vermessen ist. Wie verschiedenste reduktionistische Planungsmodelle immer wieder vor Augen geführt haben, reicht es aber nicht, sich aufgrund dieses Dilemmas auf rein lokale Kontextualitäten zu beschränken. Wir sind interessiert am Übergang von globalen zu lokalen Eigenschaften der Topologie; zu Fragen nach Lage (global) und Gestalt (lokal).

GEISTESWISSENSCHAFTLICHER KONTEXT: JACQUES DERRIDA

Topologische Différance: Verräumlichung, Verbildlichung, Spuren und Sinn

»[…] die Matrix des Urbanen ist nicht mehr die der Realisierung einer Kraft […], sondern die der Realisierung einer Differenz (der Operation des Zeichens).«[90]
Jean Baudrillard

Im großmaßstäblichen Kontext einer urbanen Topologie, die wir über die offene Menge formulieren, wird für einen Übergang zum Lokalen – einem topologischen Top-Down-Vorgehen – das Moment der »Unterscheidung« von Wahrgenommenem relevant.
Jacques Derrida konstituiert Unterscheidungen über sein Konstrukt der »Différance« einem polysemischen Begriff. ›Différance‹ beinhaltet zunächst die zwei Bedeutungen des französischen Verbs différer: ›verschieden sein‹ und ›aufschieben‹. Zusätzlich spielt Différance auf die homophonen Ausdrücke différents und différends an, also auf die Pluralität (eine Dissemination = Verstreuung) von Unterschiedenem (différents) sowie auf deren polemisches Verhältnis (différends). Des Weiteren ist zu beachten, dass Différance durch die Endung auf -ance unentschieden zwischen dem Aktiv und dem Passiv verharrt und einen Verlauf bezeichnet«.[91] Différance ist »die Unterscheidung von Präsenz (– urimpressionale Gegenwart) und Suplementarität (– nachträgliche Wahrnehmung der urimpressionalen Gegenwart; als Aufschub). Nach Derrida erfolgt also stets eine zeitliche Verschiebung, welche die Präsenz in der Weise ergänzt, als diese nur von der verschobenen Zeitstelle her wahrzunehmen ist«.[92] Das Aufschieben bewirkt eine Spaltung und Verschiebung der Präsenz. Sie wird aus dem Zentrum verschoben.[93] Diese kulturelle A-Zentrik ist unaufhebbar.[94] Die genannten Bedeutungen bilden Derrida zufolge eine kohärente Konfiguration, die freilich nicht die Struktur einer geschlossenen Totalität, sondern eher die eines »Bündels« hat.[95] »Man wird dann sehr schnell feststellen können, dass die Präsenz des Präsens nur insofern erscheinen kann, als sie sich kontinuierlich mit einer Nicht-Präsenz und einer Nicht-Wahrnehmung […] zusammenschließt. Diese Nicht-Wahrnehmungen begleiten oder fügen sich nicht etwa eventuell dem aktuell wahrgenommenen Jetzt hinzu, sondern sie partizipieren unverzichtbar und wesentlich an seiner Möglichkeitsbedingung«.[96] »Jede Differenzierung, jede Aktualisie-

rung vollzieht sich auf folgenden Wegen: Arten und Teilen. Die differentiellen Verhältnisse verkörpern sich in qualitativ verschiedenen Arten, während sich die entsprechenden Besonderheiten in den ausgedehnten Teilen und Figuren verkörpern, die jede Art charakterisieren«.[97]

Verräumlichung der Différance »Différance verräumlicht. Zeitliche Differenzen prägen sich als räumliche Unterschiede aus, denn Aufschub geht stets einher mit der Bahnung von Umwegen und Abständen (topologisch: Jordan-Kurven, Wegzusammenhängen und Metrik, J. H.). [...] Différance ist dasjenige, was Zwischenräume, Intervalle, räumliches Auseinander erzeugt, ebenso wie das Darin dieser Unterschiede, den Raum der Verweisung«.[98] Jacques Derrida weiter: »Différance ist demnach eine Struktur oder eine Bewegung, die sich nicht mehr vom Gegensatzpaar Anwesenheit/Abwesenheit (in Bezug auf das ›Sein‹ der ›ontologischen Differenz‹ Heideggers,[99] J. H.) her denken lässt. Die Différance ist das systematische Spiel der Differenzen, der Spuren von Differenzen, der Verräumlichung, mittels derer sich die Elemente aufeinander beziehen. Diese Verräumlichung ist die zugleich aktive und passive Herstellung der Intervalle (also des Raumes zwischen den Differenzen, J. H.), ohne welche die ›vollen‹ Ausdrücke nicht bezeichnen, nicht funktionieren würden. [...] Sie stellt das Raum-Werden der gesprochenen Kette dar (= signifikante Kette im Symbolischen, J. H.) –, die man als zeitlich und linear bezeichnet hat; ein Raum-Werden, das allein die Schrift und alle Entsprechungen zwischen dem Sprechen und der Schrift, jeden Übergang von dem einen in das andere ermöglicht. [...] Nichts – kein präsent und nicht differierend Seiendes geht also der différance und der Verräumlichung voraus. Es gibt kein Subjekt, das Agent, Autor oder Herr der Différance wäre und dem sie sich womöglich empirisch aufdrängen würde. Die Subjektivität ist – ebenso wie die Objektivität – eine Wirkung der Différance, eine in das System der Différance eingeschriebene Wirkung. Das ›a‹ der Différance bringt daher auch zum Ausdruck, dass die Zwischenräume, Verzeitlichung, Umweg, Aufschub sind, mittels derer die Intuition, die Wahrnehmung, der Konsum, mit anderen Worten der Bezug zur Gegenwart, zu einer gegenwärtigen Realität, zu einem Seienden, immer differiert werden. Diese Differierung geht auf das Prinzip der Differenz selbst zurück, von dem aus ein Element nur dann funktionieren kann, wenn es im Rahmen der Ökonomie der Spuren auf ein anderes, vergangenes, oder zukünftiges verweist«.[100]

Ich habe in einer anderen Arbeit[101] über »offene Werke« Zwischenraum als Verkörperung (also Transformierung) von Derridas »Différance« gedeutet. Ort wäre demnach eine Materialisierung (physisch und psychisch) und Identifizierung mit diesem Raum dazwischen. Nicht ein Gebäude im Realen »ist« ein Ort: Es kann »Ort« schaffen. Der Ort entspringt dem »differenziellen Unterbewusstsein« des Entwurfs-Prozesses.

Verbildlichung der Différance Jacques Derrida glaubt, dass die Différance nicht nur eine semantische Verräumlichung erzeuge, sondern auch eine Verbildlichung und damit ein Werkzeug in der beschriebenen metaphorischen Offenheit der Bilder zur Verfügung stehe. Karlheinz Lüdeking fasst dies in seiner Derrida-Einführung so zusammen: »Aus Derridas Sicht kann die Ablösung eines Bildes von seiner Referenz deshalb auch keine Errungenschaft der modernen Kunst sein. […] Noch nie konnte das Bild nämlich anders existieren als in einem logischen Abstand zu dem, was es darstellt. Sobald etwas zum Bild wird, rückt es in eine semantische Distanz zur Welt und bewegt sich fortan unabhängig von ihr. […] Und selbst dann, wenn ein Bild nichts abbilden, sondern in seiner eigenen Gestalt etwas verkörpern will, muss es sich doch von dem, was es verkörpert, als ein selbständiges Supplement abtrennen und sich ihm gegenüber in die Entfernung und Verspätung begeben, in der es überhaupt erst als Bild fungieren kann. Derrida ist also überzeugt, dass auch das Bild sich nur in jenen Prozessen konstituiert, für die er den Begriff der Différance erfunden hat. […] Die Bedeutung ist also durch das Bild selbst […] niemals festgelegt, und deshalb schaut Derrida bei seinen Bildanalysen konsequenterweise auch nicht so sehr auf das, was innerhalb des Rahmens liegt, der ein Bild begrenzt. Er bevorzugt auch hier die Randgänge und redet, wie er selbst sagt, lieber um die Bilder herum. Man kann deshalb leicht den Eindruck gewinnen, dass er eigentlich nie zur Sache kommt; nach seiner Auffassung kann man aber eben nicht zu Sache kommen, denn die ›Sache‹ als solche gibt es nicht. Es gibt nur immer neue Lektüren«.[102]

Das Werkzeug der topologischen Abbildung zum Erkennen von Invarianten kann man mit der erkenntnistheoretischen Annahme des »Abbildes« vergleichen, dass die Wirklichkeit in Sprache und Denken, d. h. durch Empfindungen, Wahrnehmungen, Vorstellungen oder Begriffe, Urteile Theorien, abgebildet wird. Auch in der analytischen Sprachphilosophie versteht man unter Abbildung, dass die Sätze die Form der Welt darstellen, so dass, z. B. isomorphe Abbildungen mögliche Sachverhalte darstellen.[103] Abbildtheorien gehen direkt oder indirekt auf die platonische Ideenlehre zurück, in der die metaphorische – bildhafte – Redeweise von Ur- und Abbild eine zentrale Stellung zur Erklärung des Dualismus von übersinnlichen Ideen auf der einen Seite und sinnlichen Phänomenen auf der anderen einnimmt. Schon bei Platon stellt sich das Problem Transzendenz versus Konstruktivismus; übersinnliche Ideen versus sinnliche Phänomene. Im Gegensatz zu den nächsten Kapiteln, in denen das konstitutive Urbild konkret in Frage gestellt wird, hält die klassische Abbildtheorie und Topologie an ihm fest. Noch bei Gadamer bekommt in »Wahrheit und Methode« die Darstellungsweise als »Seinsvalenz« des Bildes eine außerordentliche Bedeutung.[104] Ich verweise auch auf das Kapitel »Singularitätstheorie«, in dem ein ähnliches Problem in Zusammenhang mit Descartes' Leib-Seele-Dualismus auftaucht.

Vilém Flusser fragt: »Wie muss man sich einstellen um darzustellen?«[105] Darstellen heiße entweder, ein Abbild von dem zu machen, was sei, oder ein Vorbild für das, was sein sollte. Die Frage nach Darstellung unterscheidet eine Negierende und eine projizierende Einstellung, die Abbild und Vorbild als Darstellungsarten ableite. »Die aus den Vorstellungen hergestellten Darstellungen heißen ›Abbilder‹ sind Resultate einer Reihe von Abstraktionen. ›Entwerfen‹ meint, aus Abstraktestem in Richtung Konkretem werfen. Das Kriterium der Konkretion ist Dichte der Streuung der Teilchen: je dichter gerafft (komputiert), desto konkreter; also ist Entwerfen eine Darstellungsfrage: Je dichter gerafft die Darstellung ist, desto konkreter ist sie«.[106] Darstellung bedeutet immer weniger »repräsentieren« und immer mehr »exhibieren«, wie mit »darstellen« immer deutlicher das Entwerfen von künstlichen Objekten (Artefakten) und Subjekten aus kalkulierten Möglichkeiten gemeint ist, wie »darstellen« immer näher an »komputieren« rückt und wie die abzubildende Realität zugunsten einer vorbildlich entworfenen zurücktritt.[107] Robert Musil beschreibt dieses Verhältnis in »Mann ohne Eigenschaften« als einen »Wirklichkeitssinn«, der von einem neuen »Möglichkeitssinn« begleitet werde.[108] Diese Offenheit ist auch gekoppelt an die »Metaphernpflichtigkeit« (Blumenberg/Gadamer) von Bildern. Bei Danto wird »die Metapher als rhetorische Figur eines unvollständigen Schlusses« diskutiert.[109] Gerade diese Offenheit, Unvollständigkeit und Vieldeutigkeit evoziert nach Gottfried Böhm Sinn, gibt affektiven Resonanzen Raum, »indem sie Spuren legt, Allusionen erzeugt, paradoxe Zirkularitäten (siehe Rudolphe Gaché, oben, J. H.) in Gang setzt, usw. […] und zusammengefasst ein Phänomen des Kontrastes erzeugt. […] Das eigentliche ›Wunder‹ der Metapher ist die Fruchtbarkeit des gesetzten Kontrastes. Er fügt sich zu etwas Überschaubarem, Simultanem, etwas das wir Bild nennen«.[110] Arthur C. Danto bezeichnet die Verformungen, die zu diesem metaphorischen Kontrast führen, weniger als Transformationen, sondern als Transfigurationen, eine Veränderung der äußeren Erscheinung oder Verklärung, nicht Umwandlung oder Formwandel.[111] Danto behält also figurkonstituierende topologische Invarianten bei.

Die Spur der Differenz Differenzieren ist nach Derrida ein Akt der »Spuren« und »Markierungen«. In einer Analogie kann man den Begriff der Spur bei Derrida und denjenigen des »Mythos« bei Claude Lévi-Strauss gleichsetzen: Beide beschreiben soziale Fakten im Kontext der randlosen Stadt.[112] Spuren sind nicht nur Hinterlassenschaften von Ereignissen und Handlungen, sondern selbst Aktionen, im Französischen als Verb »tracer« genannt. Die Vermittlung vollzieht sich topologisch über deren Abbildung im Raum. Diese Transformationsabbildungen führen im großmaßstäblichen Kontext zu einer »Verstreuung«, einer »Dissemination« nach Derrida.[113] Als Folge davon ist ein durch Differenzen konstituierter topologischer Kontext unmittelbar heterogen. Wir betrachten also ein Mapping/Abbilden der Spuren von Differenzierungen als Akt.
Über diese kleine Verbindung von Topologie und Differenztheorien wird es nun möglich, das Konzept der urbanen Topologie in die Gesellschaftswissenschaften

und die kontextuelle Architektur zu integrieren. Ich denke hier vor allem an die gesellschaftlichen Differenzierungstheorien in den Traditionen von Max Weber, Talcott Parsons, zu Anthony Giddens und Niklas Luhmann. Bei Derridas Différance lautet eine methodische kontextuelle Sequenz: Die Spur, die Marke, die Bahnung, die Aufschiebung, der Umweg, die Verstreuung.[114]

Sinn und Bedeutung durch topologische Konfiguration Eine Struktur ist mathematisch eine starke Form von Relation, wie wir gesehen haben. In einem bestimmten Moment bestehende Relationen bestimmen die aktuelle Bedeutung, den Sinn eines Elementes der Topologie. Gilles Deleuze schreibt dazu: »Wie Lévi-Strauss nachdrücklich in Erinnerung bringt, haben sie (die Elemente einer Struktur, J. H.) nichts anderes als einen Sinn: einen Sinn, der notwendig und einzig aus der ›Stellung‹ hervorgeht. Es handelt sich nicht um einen Platz in einer realen Ausdehnung noch um Orte in imaginären Bereichen, sondern um Plätze und Orte in einem eigentlichen strukturellen, das heißt topologischen Raum. Was strukturell ist, ist der Raum, aber ein unausgedehnter, prä-extensiver Raum, reines Spatium, das allmählich als Nachbarschaftsordnung herausgebildet wurde, in der der Begriff der Nachbarschaft zunächst genau einen ordinalen Sinn hat und nicht eine Bedeutung der Ausdehnung«.[115] Claude Lévi-Strauss stützt sich dabei auf Ferdinand de Saussures These, dass Fakten in der synchronischen Ordnung Zusammenhänge und Fakten in der diachronischen Ordnung isolierte Ereignisse sind.[116] Sinn, Bezeichnung und Bedeutung markieren demzufolge Übergänge und Transformationen, unter denen sie invariant bleiben – ein grundlegend topologisches Vorgehen. »Die Bezeichnung erweitert das Ganze nicht, noch erneuert sie es; sie beschränkt sich darauf, seine verschiedenen Umwandlungen zu erhalten«.[117] »Ihre (die signifikanten Bilder des Mythos – als Bedeutung, J. H.) Notwendigkeit ist nicht einfach und nicht eindeutig; dennoch existiert sie als die Invarianz semantischer oder ästhetischer Art, die die Gruppe der Transformationen charakterisiert, zu denen diese Beziehungen sich eignen […] «.[118]

In unserem Zusammenhang konstituiert sich »Sinn« als Invarianz, also durch die topologische Konfiguration als Lage-und-Gestalt, die sich aus Differenzierungen ergibt. Die Thematik einer nicht-euklidischen Theorie der Lage und Gestalt war – wie in der Exposition über Topologie in der Einführung schon erwähnt, einer der Ursprünge der Topologie bei Listings und Leibniz.

Die paradoxe Différance – der paradoxe Raum

Unterscheidungen mit den beschriebenen Konsequenzen führen in jedem Kontext, in unserem alltäglichen urbanen topologischen Kontext aber im Besonderen, zu Paradoxien, Asymmetrien, Dissonanzen und Unentscheidbarkeiten. Unentscheidbarkeit so wie wir sie heute verstehen, geht auf Kurt Gödels Kritik an Alfred North Whitehead und Bertrand Russells Principia Mathematica zurück.[119] Gödel weißt darin nach, dass jedes einigermaßen ausdrucksstarke, widerspruchsfreie, formal deduktive System unvollständig sei respektive entsprechend ein so genannt vollständiges System nicht widerspruchsfrei sein könne.[120] Durch das Moment der räumlichen Verschiebung im temporalen Aufschub entsteht bei Derridas Différance rekursiv eine Doppelung: Differenz der Differenz,[121] die in der Anwendung »Unentscheidbarkeit« evoziert. Die rekonstruierten Sätze geben auf die Frage, unter welchen Bedingungen Ausdrücke auf Inhalte, Referenz-Objekte und andere Ausdrücke verweisen können, eine paradoxe Antwort: Die Bedingungen der Möglichkeit des Verweisens begründen die Unmöglichkeit, Verweisungen zu fixieren. »Différance erzeugt in ihrem Medium Differenzen, die Verweisungen grundsätzlich unentscheidbar machen.«[122] Daraus resultiert, dass »das Feld oder das Spiel des Bezeichnens von nun an keine Grenzen mehr hat«.[123] Die Untentscheidbarkeit der Différance bewirkt eine Asymmetrisierung des natürlichen urbanen Kontextes.[124] »Paradoxie [...] meint etwas ähnliches wie Unentscheidbarkeit [...]: ein logisches Prinzip der Differenzierung, demgemäß Unterschiede, insbesondere Gegensätze, die starr und trennscharf anmuten, die Neigung besitzen, sich aufzulösen oder zusammenzubrechen. Der Instabilität des Beobachtens, hervorgerufen durch die Paradoxie der Form, entspricht die Nicht-Fixierbarkeit von Verweisungen, die sich aus der Struktur der Différance herleitet«.[125] Lévi-Strauss deutet Paradoxien als Notwendigkeit im Umgang mit alltäglichen sozialen Konflikten. »Jeder Begriff erzeugt durch einen doppelten Prozess von Opposition und Korrelation einen neuen Vermittler. [...] Eine Grundthese von Lévi-Strauss ist, dass der Mensch durch den Mythos (als Kontext, J. H.) intellektuelle Paradoxien und damit verbundene tiefgreifende soziale Konflikte zur Sprache bringt. Im Mythos versucht der Mensch, diese Paradoxien, die in verschiedenen Codes, Schemata, oder Sprachen (sprich verschiedenen urbanen Topologien, J. H.) ausgedrückt werden, zu lösen oder wenigstens abzuschwächen«.[126] »Paradoxien sind ein Problem für den Beobachter, nicht aber notwendigerweise für die Operationen des beobachtenden Systems. [...] In diesem Sinne dienen Paradoxien dazu, Operationen und Beobachtungen zu trennen, sie lassen Operationen sich ereignen, blockieren aber Beobachtungen«.[127] Paradoxien scheinen eine Funktion der Irritation des Beobachters zu erfüllen, der, wenn er auf eine Paradoxie stösst und sich gezwungen sieht, eine unmögliche Entscheidung zu treffen, entweder aufgibt, weil seine Beobachtung blockiert ist, oder kreativ wird, indem er irgendeine Form der

Asymmetrisierung findet. [...] Welche Form auch immer die Asymmetrisierung annimmt, in jedem Fall erlaubt sie es dem System, Ankerpunkte für die eigenen Operationen zu finden«.[128] »Der Paradoxiegefahr entkommt man also letztendlich nur durch anschließende Operationen, durch Selbstfestlegungen, man entkommt ihr nur zeitweise, weil man nur im Moment der Operation vor ihr sicher ist, denn dann bleibt sie für sich selbst unbeobachtbar. Letztlich geschieht dies alles durch Hören des lautlosen Befehls (von George Spencer Brown, J. H.): Draw a distinction«.[129]

Rodolphe Gasché bezeichnet eine paradoxe Metapher im Sinne einer nichtorientierbaren Topologie einer Einheit von Gegensätzen als »chiastische Umkehrbarkeit«:

»Als eine Form, als die Form des Denkens ist der Chiasmus ursprünglich das, was es überhaupt ermöglicht, Gegensätze zu einer Einheit zu verbinden. Er ist eine Form, die ermöglicht, Unterschiede in bezug auf eine zugrunde liegende Totalität zu bestimmen. Der Chiasmus legt dem kreuzweisen Einschnitt, durch den er ein Ganzes in seine ihm eigentümlichen Differenzen unterteilt, sozusagen einen Kreuzverband (eine topologische Kreuzhaube, J. H.: wahrscheinlich ein Fehler des deutschen Übersetzers von Gasché) an. [...] In diesem Sinne ist der Chiasmus eine der frühesten Formen des Denkens: er erlaubt das Auseinanderziehen und Zusammenbringen einander entgegengesetzter Funktionen oder Begriffe und schlingt sie in einer Identität von Bewegungen ineinander. Vor allem bei Heraklit erhält der Chiasmus diese Funktion, eine Einheit von Gegensätzen (als nichtorientierbare Topologie, J. H.) herzustellen. Dank der Form des Chiasmus ist das, ›was einander entgegengesetzt erscheint, miteinander vereint, und Dinge, die sich unterscheiden, geraten in schönste Harmonie miteinander‹. Nichts, was einander entgegengesetzt ist, wird allein stehengelassen; sondern durch den Chiasmus werden die Gegenpole zu parallelen und verkehrten Gegensätzen auf dem Boden einer zugrunde liegenden Einheit miteinander verknüpft, einem tauto, das sich durch das ausdrückt, was voneinander getrennt ist. Ob diese Einheit, die der Totalität einer Gesamtheit oder die eines einzelnen ist, beschäftigt uns hier nicht. Uns interessiert dagegen die Idee, dass chiastische Umkehrungen, gerade in der Bewegung der Inversion der Verknüpfung, die zwischen den Polen besteht (d. h. durch eine Rückwärts gespannte Verbindung), die Einigkeit eines Dings in seiner Abweichung von sich selbst garantieren. Heraklits Fragment 51 (nach Herman Diels), auf das wir hier Bezug nehmen und das Platon im Symposion in den Worten paraphrasiert, dass ›das Eins in sich entzweit sich mit sich einige‹, impliziert, dass man, indem man alles mit seinem Gegensatz verknüpft (d. h. sowohl die Begriffe einer Relation als auch die Relation selbst, wenn sie auf sich selbst zurückgewendet wird), nicht nur eine fundamentale und ursprüngliche Einheit entdeckt, die den Begriffen zugrunde liegt und die dadurch den Status von Differenzen erhalten, sondern dass man dabei auch den Forderungen der Vernunft als Logos genügt. [...] Für Paul de Man ist die Inversion, die durch die kreuzförmige Figur herbeigeführt wird, interessanterweise nicht bloß chiastisch; sie ist fundamental asymmetrisch«.¹³⁰ Doch diese Asymmetrie wird nach Derrida nur dann sichtbar, wenn man das überkreuzende Verknüpfen des Chiasmus und die doppelte Teilnahme, die er impliziert, nicht mehr so versteht, dass dabei ehemals voneinander getrennte Elemente zur punktuellen Identität und Einfachheit einer coincidentiy oppositorum gebracht werden, sondern als ein Zurückverweisen (renvoi) »auf dasselbe, welches nicht die Identität ist, auf das gemeinsame Element, auf das Medium jeder möglichen Teilung«.¹³¹ Wie Derrida in »Die Archäologie des Frivolen« hervorhebt, »faltet der Chiasmus«, anstatt nur einfach Gegensätze zu einer Einheit zu falten, »sich selbst in einer zusätzlichen Flexion«. Diese zusätzliche Falte macht den Chiasmus zu einer Struktur, die jede Vermittlung von Gegensätzen – ob reflexiv oder spekulativ, ob analogisch oder didaktisch – auf das Medium bezieht, »in der die Gegensätze sich entgegensetzen können (auf) die Bewegung und das Spiel, worin sie aufeinander bezogen sind, ineinander verkehrt und verwandelt werden.« Es ist der Bezug auf dieses Medium, der aus dem Chiasmus eine ungleiche

Paradox mit Löchern und Kreuzhaube

Gabe macht. [...] Aufgrund der verdrehten Figur der chiastischen Einstülpung deutet die scheinbar äußere Grenze einer Umschließung »auf das, was gänzlich anders ist, nur dadurch hin, dass sie sich verdoppelt, dass sie im Innern der Umschließung oder zumindest in dem Raum, den die Struktur als Effekt eines Innen hervorbringt, ›repräsentiert‹ gefaltet, überlagert, wiedermarkiert wird«. Kurz gesagt, sie ist die Struktur, gemäß der ein Rand, der immer die Grenze eines Innen zu sein scheint, das gegen ein Außen gesetzt wird, den Verweis auf das Außen innerhalb seines Innen, zwischen seinem Zentrum und seinem Umfang, fortlaufend wiedermarkieren und wiederanwenden muss [...]. Was ist eine Einstülpung? »Sie ist«, schreibt Derrida, »die innere Faltung einer gaine (Scheide, Futteral, Etui), die umgekehrte Wiederanwendung des äusseren Randes auf das Innere einer Form, deren Äusseres eine Tasche öffnet.« Wo eine solche Einstülpung stattfindet, ist es unmöglich, sich auf die Grenzen des Randes zu einigen. Der Rand der Form entpuppt sich als eine Falte innerhalb der Form. Weil der Teil die Form ständig überschreitet, ist er notwendig größer als die Form. [...] Die Form des Chiasmus ist nach Derrida die Gestalt einer Bewegung, die, indem sie den irreduziblen Verweis einer Totalität auf ein Anderes im Prozess ihrer Selbstkonstitution aufnimmt, zu einem Gegensatz derselben Konstitution wird. Da der

Verweis auf ein Anderes innerhalb der Totalität wiedermarkiert und wiederangewendet wird (auf eine nicht einschließende Weise), kann »die Struktur des Chiasmus bei Derrida als die Form jenes äußerst fremden Raums verstanden werden, in die die philosophische Form des Chiasmus einschneidet, um durch Analogie und Dialektik eben diese Wunde kreuzzuverbinden. Mit anderen Worten, der doppelt eingestülpte Chiasmus ist genau das, was die Dialektik (einer Paradoxie, J. H.) zugleich ermöglicht und dekonstruiert«.[132]

Das Phänomen Paradoxie ist eng mit den »seltsamen Schlaufen«, der Rekursivität von nicht-orientierbaren topologischen Räumen verbunden. Topologische Nicht-Orientierbarkeit ermöglicht die Gleichzeitigkeit von Widersprüchlichem: Paradoxien.

»Das Möbiusband zeichnet sich dadurch aus, dass auf ihm jeder Ort unmittelbar mit seinem Gegenteil identisch ist«.[134] »Es geht hier um solche Knäuel, in denen sich ein System (ein Satz, ein Bild, eine Sprache, ein Organismus, eine Gesellschaft etc.) rückwärts mit sich selbst verwickelt und sich zu einer Schleife schließt. Ganz allgemein bezeichnet man dies als Rückbezüglichkeit. Wenn man dieses Abstraktum auf unterschiedliche Weise verwirklicht, wird daraus ein konkretes Phänomen. Beispiele dafür sind: Selbstbezüglichkeit, Selbstbeschreibung, Selbstdokumentierung, Selbstwiderspruch, Selbstbefragung, Selbstbeantwortung, Selbstdefinition, Selbstreplikation, Selbstmodifikation [...]. und dergleichen mehr«.[135] »Das Möbiusband [...] wird als eine rhetorische Figur behandelt, die von der Sprache abgelöst scheint. Das ist ein Paradox, doch eines, das sich im Raum erstreckt [...]«, schreibt Malcolm Bowie über die Topologie Jacques Lacans.[135] Für unsere Vorstellungskraft ist es dabei wichtig, ein Möbiusband nicht aus einem Papierstreifen, sondern korrekt aus einem transparenten Band, z. B. einer Over-Head-Folie, zu basteln. Topologisch gesehen gibt es keine Vorder- und Hinterseite. Dies sind geometrische Attribute jenseits der Logik einer topologischen Setzung von Orientierbarkeit. Da wir in diesem Kapitel aber von unberandeten topologischen Räumen ausgehen, sollte man nicht das Möbiusband, das zwei Ränder besitzt, zum Vergleich heranziehen, sondern die Kleinsche Flasche, die Kreuzhaube oder eine andere nicht-orientierbare unberandete Topologie. Jede Topologie ist nach Derrida oder Gasché demzufolge mit dem Analogon einer Kreuzhaube versehen. Daraus folgt aber auch, dass in einer Topologie Selbstdurchdringungen vorkommen können. Räume schneiden sich selbst.

Lewis Carroll's »Alice in Wonderland« ist der Klassiker einer Anwendung dieser Verbindung von Paradoxie und Nicht-Orientierbarkeit. Gilles Deleuze benutzt Carroll in seiner »Logik des Sinns«, um Paradoxien als Klassifikationsmuster einer Deutung unserer Kultur zu verwenden.[136]

Die Verbindung von Unentscheidbarkeit, Mehrdeutigkeit und Paradoxien als »seltsame Schleifen« sind auch ein Element der Faszinationsproduktion in den Kultfilmen des Pulp-Genres, Blue Velvet und Twin Peaks von David Lynch oder auch in den Klassikern von Alfred Hitchcock. Ihre Wirkung nennt man nicht von ungefähr »kafka'esk«.[137] Die Medien Film und Video eignen sich wie keine anderen zur Visualisierung paradoxer Bewegungen. Wir werden darauf noch zurückkommen.

Slavoj Zizek weist auf eine interessante Verbindung von Paradoxie und Macht respektive Autorität hin.[138] Paradoxie hebt »Macht« und »Autorität« auf, durch Infragestellung und Unentscheidbarkeit. Sie fordert alternative Wege und Umwege. Das Zulassen von Paradoxien in der urbanen Topologie bedeutet eine subversive kontextuelle Verhaltensweise im Globalen und Lokalen. Paradoxie ist umgekehrt eine Form einer demokratischen, aufklärerischen Topologie. Aufhebung einer Seite eines Widerspruchs im Lokalen wie im Globalen bedeutet immer ein Akt von Zensur. »Simple geometrical opposition becomes tinged with aggressivity«,[140] so Victor Burgin.

Bernard Tschumi schält in seiner Auseinandersetzung mit Arbeiten des Surrealisten Georges Battaille ein unentrinnbares Paradox der Architektur zwischen dem Pyramidischen und dem Labyrinthischen heraus und verbindet diese Diagnose mit der Aufforderung zur Akzeptanz dieser Dualität: »As long as social practice rejects the paradox of ideal and real space, imagination – interior experiance – may be the only means to transcend it. By changing the prevalent attitudes toward space and its subject, the dream of the step beyond the paradox can even provide the conditions for renewed social attitudes. Just as eroticism is the pleasure of excess rather than the excess of pleasure, so the solution of the paradox is the imaginary blending of the architecture rule and the experience of pleasure«.[141]

Rem Koolhaas integriert das Paradoxe in seinem Buch »Delirious New York« über die Beschreibung eines fiktiven Besuches von Salvador Dali in New York anhand der »Paranoid-Critical Method«[142] von Dalí. »Paranoid-Critical activity is the fabrication of evidence for unprovable speculations and the subsequent grafting of this evidence on the world, so that a ›false‹ fact takes its unlawful place among the ›real‹ facts. These false facts relate to the real world as spies to a given society: the more conventional and unnoted their existance, the better they can devote themselves to that society's destruction. [...] In the late twenties Salvador Dali injects his Paranoid-Critical Method into the bloodstream of Surrealism. [...] The motto of the Paranoid-Critical Method is ›The Conquest of the Irrational‹ [...]. I belive that the moment is at hand when by a paranoid and active advance of the mind, it will be possible to systematize confusion and thus help to discredit completely the world of reality«.[143]

Der Architekt Lebbeous Woods fordert in seinen »Twenty Tactics of a New Practice«: »Engage paradox. The simulatneous realization of contradictory or mutually exclusive qualities and ideas leads to a transceding of former categories of knowledge and types of experience, to a next higher level of understanding of work, where what is formerly considered as paradox is revealed as a more developed, more complex form of order«.[144]

KONTEXT ARCHITEKTUR: REM KOOLHAAS

»The city no longer exists. As the concept of the city is distorted and streched beyond precedent, each insistance on its premordial condition – in terms of images, rules, fabrication – irrevocably leads via nostalgia to irrelevance«.[145]
Rem Koolhaas

Rem Koolhaas wird in der Rezeption nur indirekt mit Topologie in Verbindung gebracht, geschweige denn direkt mit Jacques Derrida. Beides überlässt er lieber seinen Kollegen Tschumi oder Eisenman. Koolhaas' Argumentationsweise ist von einem trockenen calvinistischen Pragmatismus geprägt: Er bedient sich nicht oder selten wissenschaftlicher und philosophischer Metaphern. Obiges einleitendes Zitat von ihm besitzt andererseits Züge sowohl von Topologie von Derrida. Weshalb: Abwesenheit der Stadt als Deformation der Stadt/Abwesenheit ihrer Nostalgie/Irrelevanz – Topologisches dehnen und deformieren. Rem Koolhaas' Librarie de France – einer der wichtigsten ungebauten Entwürfe der 2. Hälfte des 20. Jahrhunderts – besitzt eindeutige formale topologische Attribute. Meiner Meinung nach äußert sich jedoch Koolhaas' Umgang mit Topologie in seinem generellen Verständnis für Großmaßstäblichkeit – sowohl bei Gebäuden, den Great-Exchanger-Buildings – als auch im Umgang mit Stadt – randloser Stadt.

»**Generic City**«

»Die Sache hat uns in der Hand. Man fährt Tag und Nacht in ihr und tut noch alles andere darin; man rasiert sich, man isst, man liebt, man liest Bücher, man übt seinen Beruf aus, als ob die Wände stillstünden, und das Unheimliche ist bloß, dass die Wände fahren, ohne dass man es merkt, und ihre Schienen vorauswerfen, wie lange, tastend gekrümmte Fäden, ohne dass man weiß wohin [...] aber bei aller Ergebenheit gewinnt ein unangenehmes Gefühl immer mehr Gewalt, als ob man über das Ziel hinausgefahren oder auf eine falsche Strecke

gefahren wäre. Und eines Tages ist das stürmische Bedürfnis da: Aussteigen! Abspringen! Ein Heimweh nach Aufgehaltenwerden, Nichtsichentwickeln, Steckenbleiben, Zurückkehren zu einem Punkt, der vor der falschen Abzweigung liegt«.[146] Robert Musil

Eine Diagnose der randlosen Stadt auf der kontextuellen Ebene betrifft die Ausbreitung einer Normalität des Gleichförmigen. In der Mathematik nennt man solche gewöhnlichen, normalen Eigenschaften, die allgemein innerhalb einer mathematischen Gruppe oder Klasse Gültigkeit haben und die mögliche Ausnahmen nicht betreffen oder berücksichtigen, »generische« Eigenschaften. Stetige topologische Transformationen behandeln solche generischen Qualitäten, die sich als Invarianten äußern. Rem Koolhaas formuliert in »S, M, L, XL« für die randlose Normalität des Städtischen sein Konzept der »Generic City«.[147] Mit einem filmischen, aber auch polemisch journalistischen Blick, immer die asiatischen Megalopolen vor Augen, auch was das Bildmaterial angeht, beschreibt Koolhaas Attribute der randlosen Stadt. Die Diagnose ist eine affirmative Umdeutung der pessimistischen Analysen von Alexander Mitscherlichs »Unwirtlichkeit der Städte«[148] (1965) und Jane Jacobs »Tod und Leben großer amerikanischer Städte«. In einer willkürlichen, vielleicht auch gezielten Geste des deutschen Übersetzers wurde aus »generischer Stadt« in Anlehnung an Robert Musils Roman »Der Mann ohne Eigenschaften« die »Stadt ohne Eigenschaften«. Die Verfälschung der Aussage entspricht nicht der Intention von Koolhaas' Aufsatz: Generische Städte besitzen Eigenschaften! Die Architekturtheoretikerin Karin Willhelm hat den Unterschied von Musils Gleichgültigkeit der Grosstadtexistenz und Koolhaas' Gleichgültig(e)keit der urbanen Eigenschaften respektive Gattungsmerkmale versus urbaner generischer Gattungsspezifik herausgeschält:

»Das Wort ›generic‹ meint in seiner wörtlichen Übertragung soviel wie Gattung und Geschlecht, das Wort ›gender‹ ist darin enthalten, wiewohl die Bedeutung, auf die Koolhaas anspielt, die der Gleichartigkeit im Klassifizierungsprozess ist. Wie einst die Naturwissenschaftler die Erscheinungen der Natur einem Ähnlichkeitsvergleich unterzogen, um Arten, Familien oder Geschlechter unterscheiden zu können, d. h. das Allgemeine, das dem Besonderen vorzugehen scheint, zu finden und zu bestimmen, so unterzieht auch Koolhaas seinen Untersuchungsgegenstand, die Stadt also, zumindest in der Formulierung von der Generic City einem solchen Ähnlichkeitsvergleich. Somit richtet er sein Augenmerk auf allgemeine Erscheinungen der Gleichartigkeit unserer heutigen Städte, um deren Gattungsspezifik herauszupräparieren. Zwangsläufig, oder sollte man besser sagen, naturwissenschaftsgemäß, orientiert sich Koolhaas in seiner Untersuchung am entwickeltsten Exemplar der Spezies ›Stadt‹, an der Megalopolis, deren Gattungsmerkmale er im Mikrokosmos eines modernen Flughafens zu finden glaubt und daher fragt, ob nicht die moderne Stadt wie der Flughafen

›überall gleich‹[149] sei«.[150] Koolhaas ist fasziniert von Dichte, Perversität und Komplexität der Mechanismen randloser Städte, einer Stadtwahrnehmung, wie wir sie schon von Dickens, Zola, Orwell, Benjamin, Fallada und anderen Schriftstellern kennen. Koolhaas verbindet seine Sichtweise mit einem trivialisierten »Anything Goes«. Er bezeichnet die Ästhetik der generischen Stadt als »Freestyle«.[151] An anderer Stelle hat Koolhaas die generische Stadt am Beispiel der Niederlande aber auch als »Plankton bezeichnet, was bedeute, dass es vier Millionen Holländer gäbe, die in völlig gesichtslosem Plankton lebten, das die größeren Städte miteinander verbinde. »Dieses Plankton ist verbunden durch ein kreisförmiges Autobahnnetz mit Abzweigungen und Verästelungen, das für Architekten bisher nie Gegenstand von Planung, Kontrolle oder gar ernsthaften Überlegungen war. [...] Es gibt hier eine Art Autostraßensystem, das über den Rhein führt, eine andere Autobahn führt nach Utrecht. Auf der Autobahn gibt es Plankton, Plankton ersten und zweiten Grades, Plankton auf der Autobahn und Plankton neben der Autobahn. In diesem Fall ging es darum, das Beste aus der Situation mit dem Plankton zweiten Grades zu machen«.[152] Plankton ist als unterstes Glied der Nahrungskette generisch in den Weltmeeren; urbaner Plankton ist generisch in der randlosen Stadt.

Rem Koolhaas: Generic City als Globalisierung Rem Koolhaas' Text »Generic City« ist von seinem Inhalt und von seinem Aufbau her ein Manifest. In ihm fasst er einige der heute typischen urbanen Merkmale, wie sie in der Exposition über ›randlose Stadt‹ beschrieben wurden, zusammen. Koolhaas setzt – und dies ist typisch für seine Vorgehensweise – die Schwerpunkte neu und deformiert das Bild der generischen Stadt. In der Form des Textes sind Verweise enthalten. Eine Nummerierung analog eines wissenschaftlichen Klassifikationssystems. Diese Nummerierung könnte aber auch nur ein Inhaltsverzeichnis für ein ganzes Buch sein. Dem Buch entspräche dann die reale generische Stadt. Andererseits verweist die numerische Klassifikation auf Wittgensteins Tractatus, der wiederum auch für Bernard Tschumi bei dessen »Questions of Space« Pate stand.

»1.3: Identität ist wie eine Mausefalle«.[153] Koolhaas zeigt sich mit diesem fast einleitenden Statement auf der Höhe des poststrukturalistischen Diskurses – Derrida ist zwischen die Identitätslosigkeit der generischen Stadt eingeschrieben. »1.4. [...] Die letzten Zuckungen, die vom erschöpften Zentrum ausgehen, verhindern, dass man die Peripherie als kritische Masse begreift. Das Zentrum ist per definitionem nicht nur zu klein, um die ihm zugewiesenen Aufgaben zu erfüllen, es ist auch nicht mehr das wirkliche Zentrum, sondern eine pompöse kurz vor der Implosion stehende Schimäre; trotzdem verweigert seine trügerische Präsenz der übrigen Stadt die Daseinsberechtigung. [...] 9.1. Es gibt immer einen Stadtteil namens Lippenbekenntnis, in dem ein Minimum der Vergangenheit konserviert wird [...]. 14.6. Das Fehlen von Geschichte zu bedauern ist ein ermüdender Reflex«.[154] Zu Koolhaas' Pragmatismus gehört eine a-historische, klassisch-moderne Position. Die generische Stadt findet »en passent« – im Transit – statt, sie zirkuliert an der Historität und der Zentralität vorbei. Insofern sind Flughäfen als generische Exchanger nicht nur real existierende Favoriten von ihm, sondern sind auch Synonym und Metapher für ein Stadt als globalen gewaltigen Transitraum. »4.1. Flughäfen, einst Manifestationen absoluter Neutralität, gehören heute zu den eigentümlichsten, charakteristischsten Eigenschaften der generischen Stadt und sind ihr markantestes Unterscheidungskriterium. [...] Hinsichtlich seiner Ikonographie/Effizienz ist der Flughafen gleichzeitig ein Konzentrat des Hyperlokalen und des Hyperglobalen. Hyperglobal insofern, als man dort Waren erhält, die selbst in der Stadt nicht zu haben sind; hyperlokal, weil man dort Dinge bekommt, die man nirgendwo sonst erhält [...]. 4.2. [...] Der Zustand des Transits wird universell. 3.1. [...] Die generische Stadt ist das, was übrigbleibt, wenn beträchtliche Teile des urbanen Lebens in den Cyberspace übergewechselt sind«.[155] Im Unterschied zu Mark Augé's Nicht-Orte der Transiträume, die ein topologisches Feld markieren (siehe Kapitel »Karte und Fedtopologie«), interessiert Koolhaas das Transitraum-Objekt – den Exchanger – einerseits selbst transformierte Stadt, andererseits selbst, wie der Name sagt: Umwandler. Exchanger Architektur ist eine urbane topologische Maschinerie, die durchaus am Übergang zum Cyberspace agiert, selbständig halbvirtuellen Charakter und Metaphorisierung übernommen hat. Rem Koolhaas' Faszination für den Exchanger »Flughafen« – in Lille ist es der TGV-Bahnhof – zeigt ein Verhalten aus der industriellen Revolution: Bahnhöfe waren die architektonischen Kathedralen des Industriezeitalters. Insofern agiert Koolhaas viel traditioneller, als er es selbst in Punkt 14.6 vom Umgang mit Stadt verlangt hat. Wenn der Flughafen die urbane Kathedrale des Dienstleistungszeitalters war, dann besteht immer noch ein Lücke bezüglich der Ikone des digitalen Informationszeitalters. »6.15. Die generische Stadt markiert den endgültigen Tod jeder Planung«.[156] Koolhaas kritisiert damit einerseits die klassischen Planungsinstanzen mit ihren Werkzeugen, andererseits meint er aber auch die Unmöglichkeit jeglicher Vorhersehbarkeit durch Planung. »6.2. Die generische Stadt wird nicht zusammengehalten von einer zu anspruchsvollen öffentlichen Sphäre. [...] 11.6. Das Ironische daran ist, dass die generische Stadt auf diese Weise am subversivsten, am ideologischsten ist; sie hebt die Mittelmäßigkeit auf ein höheres Niveau; sie ist wie Kurt Schwitters Merzbau im Stadtformat; die generische Stadt ist eine Merzstadt. [...] 16. Kultur [...] Nur das Redundante zählt«.[157] Die skulpturale Überhöhung und Deformierung des Non-Sense – wie im dadaistischen Merzbau – ist generische Kultur und generische Stadt. Formiert wird sie durch eine Allgegenwärtigkeit der Auswahl in der Überfluss- und Konsumgesellschaft: »6.8. Die generische Stadt ist die Apotheose (dt. »Vergöttlichung/Verherrlichung«, J. H.) des Multiple-Choice-Prinzips«.[158] Aufgrund solcher Aussagen wird Koolhaas von Kritikern eine (zu) neoliberale Haltung vorgeworfen. Subkulturelles »Anything-Goes« transformiert sich auf Investoren-Ebene unverhofft zu einem »Jedernimmt-sich-was-er-kann«. Diese Gefahr zeigt die Gratwanderung von »Generic City«, als Analyse ist sie unweigerlich sehr treffend; als Manifest fehlt ihm an substanziellen Momenten eine ethische Dimension jenseits von Ideologie. Generic City in Koolhaas' Formulierung folgt unterschwelligen poststrukturalistischen Thesen: a-zentrisch, pluralistisch, a-historisch (radikal-hermeneutisch). Gerade Jacques Derridas Spätwerk in den 90er Jahren zeigt eine Möglichkeit, poststrukturalistische Offenheit mit einer ethischen Position zu flankieren.[159] Rem Koolhaas' »Urbane Topologie« behandelt nicht urbane Zwischenräume und Abbildungsräume, Felder oder abstrakte Singularitäten, wie wir sie in den nächsten Kapiteln behandeln. Er transformiert ›das Ding‹ selbst, die Stadt als sehr großes deformierbares Objekt. Sein topologisches Spiel agiert u. a. mit der Metrik – durchaus in einem topologischen Sinne. Er prägt den jeweiligen Kontexten unterschiedliche, auf den ersten Blick redundante Maßstäblichkeiten auf. Die Grundaussage der generischen Stadt ist für ihn ja gerade, dass sie deformationsresistent ist; heute würde man sagen resilient, also stabil unter Veränderung. Mit der generischen Stadt als Manifest ist auch die Aufforderung verbunden, gewisse urbane Elemente, die vom Normaldiskurs als Ausnahmen oder Negativkodierungen ausgeschlossen werden, als generisch zu reintegrieren. Zirkulation, Transit, Maßstäblichkeiten und die Übergänge vom Globalen zum Lokalen stehen für Rem Koolhaas im Zentrum der architektonischen Tätigkeit im dynamischen urbanen Kontext. Rainer Banhams Beitrag der topologischen »Connenctivity« zu Alison & Peter Smithsons New-Brutalism kann man hier als Referenz finden, aber auch die mengentheoretische Topologie Christopher Alexanders und populärwissenschaftliche Verbindungen von Architektur und Topologie der 70er Jahre, z. B. Jean Cousins »Topological Organization of Architectural Space (1970)«.[160]

Typologie andererseits ersetzt Koolhaas durch einen topologischen »Non-Type« (siehe in diesem Kapitel unten). Funktionen werden durch Infrastrukturen ersetzt. Durch letzteres werden auch architektonische Objekte generisch urbanisiert. Die Stadt endet nicht bei der Eingangstür in Architekturen, sondern wird gerade bei Koolhaas' Exchanger-Buildings (Lille, Zeebrugge, Librairie de France etc.) zu Stadt selbst. Die Stadt wird topologisch in die Architektur hineingestülpt; das Globale wird auf Lokales projiziert. Generisches ist für Koolhaas' Verständnis von Stadt global allgegenwärtig und wirkt als Top-Down-Kondition auf das Lokale. Dies unterscheidet seine Generic City von Konzepten einer Bottom-Up-Sehweise von generischem Kontext bei Grady Clay, Anthony Giddens und anderen.

Generisch als regional Für eine Topologie der randlosen Stadt bedarf es nicht nur der globalen Perspektive von Rem Koolhaas. Das generisch Alltägliche findet auch in und an den Schnittstellen von Lokalem zum Globalen statt. Nach Antonio Gramsci generiert sich aus der »spontanen Philosophie des Alltagverstandes« fundamental eine urbane generische Kultur.[161] Diesen Alltäglichkeiten der

lokalen Stadt geht der Landschaftsplaner Grady Clay in »Real Places, An Unconventional Guide to America's Generic Landscape« auf den Grund.[162] Clay führt Untersuchungen weiter, die er 1973 in »How to read the American City« begonnen hatte.[163] Seine Lesarten sind näher an David Burnes Film »True Stories« und Roadmovies dran als Rem Koolhaas. Clay bemüht einen mikroskopischen Blick hinter die Fassade des urbanen Alltages der randlosen amerikanischen Stadt, mit einem speziellen Augenmerk auf die »Niemandsländer« und deren (sub-)kulturellen Besetzung. Topologische Invarianten der Deformationen deuten kontextuell auf Verweise, verborgene Zusammenhänge, Spuren, Löcher etc. hin; es sind mikrokontextuelle, mikrolokale Artefakte mit globalem »Gedächtnis«/Verweisen. Clay hatte 1973 für die Lesart dieser »anderen« Stadt begonnen, das »Wordgame« – in Referenz an die Sprachspieltheorie von Wittgenstein/Searle/Austin – zu kultivieren.[164] Topologien müssen benannt werden, um erkannt zu werden und vice versa. Gerade das generisch Allgemeine läuft Gefahr, namenlos zu bleiben: »Fixes, Epitome Districts, Fronts, Strips, Beats, Stacks, Sinks, Turf, Vantages« sind die Überschriften in »How to read the American City«. »For each specific place-name, there had to be a generic name available for description and for trading purpose: VACANT LOT number four in the TEMPORARY HOUSING DEVELOPEMENT adjacent to THE RUINS at the end of THE BEACH, 1,2miles beyond THE EDGE OF TOWN. Those five generic descriptiors, capitalized in the last sentence, are part of the man-made currency sampled in this book«.[165] Ein Wortspiel beinhaltet aber nicht nur die Generierung von Bedeutung und die Namensgebung, sondern auch die Austauschbarkeit, der Handel und Wandel von Namen, Bedeutungen und Funktionen in der Schnelllebigkeit der generischen Stadt. Diesen Aspekt betont Clay im Epilog von »Real Places«:[166]

»Thus, out there in the huge complex we call Earth, all transactions remain rooted at some point in identifiable places, even as their prices and ownership flicker around the world in electronic markets, new physical situations with names, numbers, and values are created around the clock. Each change of address is assembled into yet another data bank where it undergoes generic transformation. (ein Verweis von Clay auf Informationarchitektur von Planern, J. H.) At one time or another, by many hands, each may be recorded as taxable parcel, a construction site or an ABONDONED AREA. Tomorrow it may or may not be a CONVENIENT LOCATION, or within a newly designated ANNEXATION AREA. The next U.S. Census may find it in a CHANGING NEIGHBOURHOOD. It could gradually become a TWILIGHT ZONE, located in a GHOST TOWN within EARSHOT of noisy abutters, intruding into a neighbour's VIEW. Across every treshold we carry goods and matter that will end up, in one form or another in a DUMP, DROP ZONE, FLEA MARKED or DOWNWIND. Places we term beyond-the-pale will be rediscovered and marketed as CENTRIFYING NEIGHBOURHOODS, or perhaps qualify as GROWTH AREAS. Few elements of THE SCENE wil be wholly unmanaged; and all will be documented«.[167] (Hervorhebung durch G. Clay)

In eine ähnliche Richtung einer Observierung des Gewöhnlichen – vielleicht etwas konservativer – weisen Peirce F. Lewis »Axioms for Reading the Landscape«.[168] Er klassifiziert Landschaft unter Gesichtspunkten von: Leim-für-Kultur und kulturellem Wandel, Konvergenz, Diffusion, Geschmack, Common-Things (Gemeinsamkeiten und Gewöhnliches), Historisches und geschichtliche Nachlässigkeiten, Mechanisches und Technologisches, Geographie und Umwelt. Auf die Frage nach solchen Kategorien antworte eine Landschaft nie »klar«, sondern obskur. Fragen an Urban-Landscape seien »nie-so-simple-Fragen«. Eine der interessanten Aspekte solcher Fragestellungen sei aber, dass Landschaft immer auch »Zeuge« sei und Beweismaterial liefere für gleichzeitig Beobachtung und Handlung.[169] Grady Clays und Peirce Lewis' Blick erzeugen »Drift-Karten« eines »nomadischen und kritischen Blicks«,[170] wie Christine Buci-Glucksmann in Verweis auf das ›dérive‹[171] der Internationalen Situationisten dies nennt; eine spielerischen Psychogeographie der Städte.

»Anders als utopische Karten spielen die Drift-Karten mit den Grenzen des Blicks. Sie sind Zeugnisse eines Schweifens, eines Zusammentreffens oder eines Verschwindens, da sie versuchen, das Reale oder das Bild aufzuschieben, um ein Ereignis hervorzurufen oder zu bezeugen«.[172] Drift-Karten enthalten einen Verweis auf urbane Feldtopologie, auf die wir im dritten Teil dieser Arbeit zu sprechen kommen werden. Robert Venturi wiederum sieht »generic« als »ordinary in questionmarks and with a twist. They are somewhat silhouettes […]«.[173] In einer Topologie als urbaner Lesart geht es um das Ergründen solcher topologischer »Twist«-Orientierungen: um Entwurf. Edward W. Soja in »Postmodern Geographies«[174] und Rem Koolhaas kultivieren, ähnlich wie Grady Clay, das methodische Vehikel des Benennens und Um-Nennens.[175] Die Translokationen, und Deterritorialisierungen von verbalen und gebauten Artefakten sind typische Merkmale der glatten Transformationen der urbanen Topologien einer polykontextuellen randlosen Stadt. Anthony Vidler – mit einem Verweis auf Marcel Duchamp – spricht in der sich dabei ergebenden Un-Sicherheit von einem »Shifting Ground«: »The result is nothing stable, nor anything preconceived; it exists as a complex artifact marked by the traces of the procedures that generated it. Neither city nor country, building nor nature, it is a landscape in itself; what was once architecture has been entirely subsumed into a continuous surface inside which habitation cannot be predicted. Duchamp, it might be remembered spoke of ›geographic landscapism‹ but also of ›geological landscapism«.[176] Die lokale urbane generische Landschaft ist unmittelbar mit dem Benutzer-Verhalten verbunden. Insofern ist sie kontextualistisch, als jeder Nutzer seine eignen Spuren von ›externen‹ Interpretationen hinterlässt (siehe Exposition Kontext). Die Sozialgeographie bedient sich dabei u. a. der Hägerstrand-Mappings; in den Worten von Anthony Giddens: »Hägerstrand/Time-Space mapping of the ›generic‹ landscape as a »usefull topological device«.[177] Torston Hägerstrand hatte 1953 diese topologische Zeit-Raum-Kartographierung entwickelt, um regional-generische

Innovations-Diffusion zu untersuchen. Am Beispiel der Ausbreitung des Telefons, der lokalen und globalen Telefongespräche in Südschweden, kartographierte er eine Innovations-Diffusion vom Globalen ins Lokale.[178]

Urban Landscape – Topological Landscape – SCAPE© Generic City und Generic Landscape gehören zusammen oder sind im Sinne des Denkens von randloser Stadt im eigentlichen Sinne Synonyme. Jede zweite Natur wird zur urbanen Natur; im Zusammenspiel mit Artefakten nach Victor Gruen zur Stadtlandschaft.[179] Victor Gruen war ein Exchanger-Builder des New Deal. Sein Architekturbüro war spezialisiert auf Einkaufszentren. Gruen unterscheidet 1955 die Stadtlandschaft/cityscape in »technoscape, transportationscape, suburbscape und sub-cityscape«. Rem Koolhaas hat 40 Jahre später Gruens pluralistische Stadtlandschafts-Lesart wieder aufgenommen und geöffnet. Er setzt voraus, dass eine spezifische Klassifikation heute nicht mehr möglich sei und spricht nur noch von einem einzigen prädominanten Scape©:[180]
»city – to begin to read differences – to begin to make an inventory – to begin to make it specific – to begin to identify a provocation in large scale. An urban project is not about designing a new city; it's about the interacting of people«.[181]
Die verschiedenen Teilraumtopologien der Stadt als Urban-Landscape nennt Victor Gruen Sub-Citycapes: »And there is subcityscape – a category covering probably more acreage than all the others combined, a collection of the worst elements of cityscape, technoscape, and transportationscape – the ›red and green light‹ district of our major cities – the degrading facade of suburbia, the shamefull introduction to our cities, the scourge of metropolis. Subcityscape consists of elements which clinge like teeches to all our roads, accopagning them far to where there was, once upon a time, something called landscape; subcityscape – consiting of gas stations, shanks, shanties, car lots, posters, bilboards, roadsidestands, rubbish, dirt, and trash. Subcityscape fills up the areas between cities and suburbs, between cities and towns, between cities and other cities. Subcityscape spread their tentacles in all directions, overgrow regions, states and country. Subcityscape is the reason why city planning, before it has even had a chance to become effective in our times, is already obsolete and why it has to be replaced by regional planning«.[182] Wie später Grady Clay im lokalen und Rem Koolhaas im globalen Kontext integriert Gruen alltägliche Szenarien, die Niemandsländer und Übergangszonen – Liane Lefaivre wird dies später »Dirty Realism« nennen. In Gruens Urban-Landscape findet immer ein Übergang oder sogar eine Oszillation von einer lokalen zu einer globalen Handlung respektive Perspektive statt. Für das Konzept der randlosen Stadt gilt dieser Übergang als konstitutiv. Rem Koolhaas hingegen macht diesen »Shift« in der Maßstäblichkeit zum Titel und zur Thematik seines Buches »S, M, L, XL«.
Er diagnostiziert als Folge der Globalisierung eine radikale Veränderung der Architektur:

»Globalization:

- astronomically expands the realm of possibility, for better or worse;
- exponentially depletes the architectural imagination;
- exponentially enriches the architectural imagination;
- scrambles the chronology of individual architects ›careers‹, extends and/or shrinks shelf life;
- causes, as in earlier collisions of formerly pure cultures, epidemics;
- radically modifies architectural discourse, now an uneasy relationship between regional unknowing and international knowing.

Globalization destabilizes and redefines both the way architecture is produced and that which architecture produces. Architecture is no longer a patient transaction between known quantities that share cultures, no longer the manipulation of established possibilities, no longer a possible judgment in rational terms of investment and return, no longer something experienced in person – by the public or critics. Globalization lends virtually to real buildings, keeps them indigestible, forever fresh«.[183] Architektur im Kontext der randlosen Stadt kann die topologischen Transformationsabbildungen als Shifter verwenden, die nicht mehr metrisch vermessbar sind.

»If there is to be a ›new urbanism‹ it will not be based on the twin fantasies of order and omnipotence; it will be the staging of uncertainty; it will no longer be concerned with the arrangement of more or less permanent objects but with the irrigation of territories with potential; it will no longer aim for stable configurations but for the creation of enabling fields that accomodate processes that refuse to be crystallized into definitive form; it will no longer be about meticulous definition, the imposition of limits, but about expanding notions, denying boundaries, not about separating and identifying entities, but about discovering unnameable hybrids; it will no longer be obsessed with the city but with the manipulation of infrastructure for endless intensification and diversification, shortcuts and redistributions – the reinvention of psychological space«,[184] fordert Rem Koolhaas. Diese topologische Dichte respektive topologische Entropie der Überlagerung, der Zersplitterung und der A-Zentrik ist in der randlosen Stadt sowohl Repräsentation als auch Produkt von Transformationsprozessen – von Mappings. Koolhaas propagiert die Ablösung eines Denkens cartesischer Ordnung bezüglich der Generic City; global, regional und als generische Stadtlandschaft. Die Begriffe Ordnung, Allmächtigkeit etc. müssen substituiert werden durch inszenierte Ungewissheit, Diversifikation, Intensivierung und Hybridisierung. Folgt man dem in einem Konzept der randlosen Stadt und lässt es auch für den Übergang vom Globalen zum Lokalen gelten – was das topologisch Generische ausmacht – stellt sich die Frage nach Invarianten und Merkmalen, die an Stelle der alten Ordnungssysteme treten.

Topologien der randloser Stadt

»If the Urbs become Orbs, and if the zone becomes the entire City, then the megalopolis is whitout outside, and therefore whitout inside. [...] The old ›outsides‹ – the provinces, Africa, Asia – are included now, mixed up in different ways with western natives. Everything is foreign, yet nothing is foreign.«[185]
Jean-Francois Lyotard

randlose Stadt	Topologie
Mega-City	die Überdeckung
Peripherie	die Kompaktheit
Megalopolis	die Summentopologie
Edge-City	die Produkttopologie
Global Cities	die Filterkonvergenz
Urban Landscape	glatte, differenzielle Karten
Bandstadt	die Quotiententopologie
Exchanger City	das Deformationsretrakt

Die generische Landschaft der randlosen Stadt umfasst, wie in der Exposition dargestellt wurde, eine breite Denk- und Diskurstradition, von der Megalopolis bis zur Edge-City. Lyotards obiges Zitat formuliert die Unausweichlichkeit, das Ausgeliefertsein der Urbs – im Orbit der Städte. Generic City, wie Koolhaas sie formuliert, kann über die Zuordnung der Diskurstraditionen zu topologischen Invarianten jenseits euklidischer, metrischer Vermessung differenziert werden. Die randlose generische Stadt arbeitet immer mit diesen Invarianten.

Megalopolis: Summentopologie Die Megalopolis diente als ein Beispiel für die Herleitung des Terminus randlose Stadt in der Exposition. Sie steht für die endlose Stadt Extra Muros, aber vor allem seit den 50er Jahren für das Zusammenwachsen städtischer Regionen zu Megalopolen mit »super-metropolem Charakter.« Merkmale sind politisch autonome Polynuclei als gemeinsame Basis mit gemeinsamen historischen Traditionen oder Identifikationen – Dockingstations oder im Sinne topologischer Surgery: topologisch homöomorphe Punktierungen. Die Megalopole als Summe oder gerade durch diese Summe ist wirtschaftlich autark. Megalopolis ist ein typisches Konstrukt einer Summentopologie. Zwei oder mehrere urbane topologische Räume werden aneinandergeheftet. Als erstes wird dabei der »Ort« der Intervention markiert, benannt respektive ergibt sich im realen Kontext zwangsweise. Der »Ort« der topologischen Intervention bildet eine Punktierung, die mit einer zu beiden topologischen Summanden homöomorphen topologischen Struktur versehen wird. Die Schnittkanten sind dann ein sorgfältiges topologisches Dehnen der Punktierung, ohne dass eine

Unstetigkeit auftritt. Auch die Schnittkante wird dann mit der topologischen Struktur versehen – ein Kragen entsteht, der bei der Megalopole mit den gemeinsamen peripheren Agglomerationen der Nuclei übereinstimmt. Die Summentopologie wird entlang der Kragen zusammengeklebt/zusammengenäht (diese Termini werden von Topologen so gewählt). Die Idee, die dahintersteht, ist, dass, wenn ich Topologie addieren will, vollständige Übereinstimmung der topologischen Struktur lokal am Interventionsort herrschen muss. Die zusammenwachsenden Agglomerationen sind so also summentopologiekonstituierend, völlig unabhängig von den alten historischen Zentren der Megalopole.

Mega-City: Überdeckung und Zusammenhang Die Topographie der Mega-City, nicht nur als randlose Stadt, sondern auch als konstant wachsende Stadt, basiert auf dem Prinzip der Radialstadt mit einem historischen Gründungskern in seinem Zentrum. Die Stadtökonomin Saskia Sassen nennt diese städtische Form ›primate urban systems‹, heute vor allem noch vorkommend in den weniger entwickelten Ländern; das sind Städtesysteme, in denen eine einzige Stadt typischerweise die Hauptstadt, die absolute Vorrangstellung einnimmt.[186] Die Mega-Stadt selbst sieht sich als Ableitung – als Differentiation – ihrer »Bigness«: Rem Koolhaas schreibt: »Bigness no longer needs the city: it competes the city; it represents the city, it preempts the city; or better still; it is the city. [...] Bigness, through its very independance of context, is the one architecture that can survive, even exploit, the new global condition of the tabula rasa: it does not take its inspiration from givens too often squeezed for the last drop of meaning; it gravitates opportunistically to locations of maximum infrastructural promise; it is, finally; its own raison d'etre«.[187] Das Problem für die Mega-City ist, dass sie vollkommen auf ihr Zentrum fixiert ist, auch wenn dieses nur noch ein Bruchteil der Ausdehnung einnimmt.

Topologisch kann man Mega-City zum Beispiel über Zusammenhang und Überdeckungseigenschaften fassen; wobei hier ein nicht ungefährlicher Apriorismus auftaucht. Eine Mega-City als randlose Stadt gedacht, wäre immer zusammenhängend und überdeckt.

Lars Lerup hat am Beispiel von Houston den Versuch unternommen, neue, oder/und ergänzende Wahrnehmungskriterien für die Topologie einer Mega-City zu suchen.[188] Er substituiert den »passéiste dream« der geschichtlichen City mit dem »Megashape«. Seine neuen Kriterien sind »Stim« (von »Stimme, Stimmung und Stimulation) und »Dross« (Schlacke/wertloses »Zeugs«). Mit einer Neubenennung von Horizonten («Canopy«: dem Baldachin und Vordach, dem Himmelszelt) und Oberflächen der metropolen »Synomorphie« (Gleichbedeutung von Formen) wird versucht, eine Verschmelzung des urbanen Feldes zum »Stimdross«, der »Stimulationsschlacke« zu erzeugen. Lars Lerup als Europäer bezeichnet Houston als »different planet«, wo der Raum im europäischen Sinne nicht existiere. Er wählt als einen temporären »äußeren« Beobachtungspunkt

den Blick aus einem Hochhausfenster, als Trick fast auch schon wieder eine »passéiste« Romantik der klassischen Stadt: ein Blick auf »Sienna«. Ein Territorium der Mega-City wird geprägt durch das »Innen-Sein-Müssen«. Das Territorium als Ganzes ist »unbestimmbar«, wenn, dann definiert es sich über die Erinnerung an das so genannte historische Zentrum, das sich reziprok wiederum genau mit dieser Identifikationsfunktion legitimiert. Im Territorium der Mega-City ist immer noch und immer auch ein Stück Gründungsmythos enthalten, der unauslöschlich ist: Der Spiegel der Symbolik der Innenstadt und der Spiegel der Geschichte. Beide sind für das ökonomische Überleben belanglos geworden und zu Ikonen verkommen. Man kann im Sinne C. G. Jungs von einem kollektiven territorialen Gedächtnis der Stadt sprechen. Dieses ist jedoch zweigeteilt: Einerseits die tatsächlichen Spuren eines historischen Gedächtnisses, andererseits eine kollektive Abmachung, ein Pakt, der im Sinne einer Behauptung ein kollektives Gedächtnis produziert und kommuniziert. Auf der Basis dieses doppelten Gedächtnisses ist das Spiel mit der Idee einer/der Traditionen in der unüberblickbaren Mega-Stadt überhaupt noch möglich. Genau aufgrund dieses Großstadttraumes ist Walter Benjamin auch nach mehr als einem halben Jahrhundert der meistzitierte Mega-City-Autor und dies im literarischen Zeitalter der Cyber-Cities.[189] Die Mega-City ist ein topologischer Schwamm. In einer höchst effektiven und nicht zu bremsenden Synergie vereint sie die polyvalenten urbanen Territorien zu einem kollektiven Imaginären der Stadt. Das Territorium der Mega-City kann nicht dem imaginären Spiegelstadium (siehe Kapitel »Grenzen und Oberflächen« und das Triadische bei Jacques Lacan) entfliehen. Löst sich das eine auf, erscheint endlos ein nächstes. Die Mega-City bleibt als Sysiphos der urbanen Neurose verfallen. Insofern transformiert die Überdeckung als vereinnahmendes urbanes Kriterium den Großstadttraum in ein affirmatives Trauma, aus dem die Mega-City ihre kulturelle Substanz schöpft. Diese kulturelle Substanz einer randlosen Stadt muss dann global betrachtet werden: Die kulturelle Überdeckung als Siegeszug einer Gleichförmigkeit, einer Uniformität, wird im francophonen Sprachraum »Marchinalisation« genannt.[190] Man findet über den gesamten Erdball verteilt die gleichen Produktenamen, Ladenketten und Medienkonzerne. Das Verfügen über die Labels der jeweiligen Trends stellt tatsächlich eine der Formen der Erfüllung des großstädtischen Traumes dar. Über das Substitut des »Labels« gelingt die Markierung der unterschiedlichen urbanen Territorien der Mega-City.
Eine Überdeckungseigenschaft ist noch nicht mit einer topologischen Konsequenz verknüpft. In den Definitionen von Topologie über offene Mengen und der Kompaktheit haben wir gesehen, dass es in erster Linie die Frage zu klären gibt, ob überhaupt eine Überdeckung existiert respektive existieren kann. Kann eine Überdeckung existieren, wird auch eine als »existent« angenommen, auch wenn sie noch nicht »benennbar« ist. Insofern treffen wir auf das interessante Phänomen einer namenlosen Überdeckung. Dies bedeutet nicht, dass sie kein Thema

beinhaltet, keinen »Sinn« hat. Er ist nur noch nicht genannt. Und trotzdem ist er – der Sinn – und sie – die Überdeckung – kontext-konstituierend. Namenlosigkeit könnte man auch als »Anonymität« bezeichnen. Eine anonyme Überdeckung wäre somit gewissermaßen maskiert.[191] Die Demaskierung erfolgt durch den prozessualen Akt der architektonischen Intervention. Diese trifft eine »Unterscheidung« und eine »Benennung«, die in diesem Falle immer ein »Re-Naming«, eine Wiederbenennung ist.[192]

Die randlose Stadt ist überdeckt. Es wird immerfort/immer-von-Neuem eine Überdeckung gefunden werden, um eine Topologie über die offenen Mengen zu gewährleisten. Dieser Mechanismus ist ein generisches Element urbaner Selbstorganisation. Damit setzen wir uns naiv der Idee einer endlosen Stadt aus. Die damit verbundene Hilflosigkeit, ausgelöst durch mangelnde Werkzeuge der Lesart und der Erfassbarkeit, widerspiegelt die aktuelle Situation der traditionellen Stadtplanung mit dieser »Größe«.

Was hat dies für Konsequenzen?

Die Überdeckung hat in der Theorie der Topologie den Begriff der Nachbarschaft, definiert durch einen »lokalen, genügend kleinen Abstand«, der Epsilon-Umgebung, abgelöst durch einen Umgebungsbegriff, der über die Überdeckung gewährleistet ist. Auch dieser gilt in erster Linie noch als lokale Eigenschaft der Lage, als intrinsische Eigenschaft. »Lokalität« ist aber nicht mehr metrisch an eine Größe gebunden, sondern entscheidet sich an der Position des Beobachters. Für die randlose Stadt ist diese Aussage von einiger Brisanz. Eine Überdeckung als Konstrukt erkennt das überdeckte – in diesem Fall die randlose Stadt – als »Artefakt« an.[193]

Aus der Negierung der Umrandung, der Grenze und einem Umdenken in bezug auf Lokalität ergibt sich ein anderes Verhältnis des Gegensatzpaares »Zentrum/Peripherie«. Diese Begriffe können nicht mehr metrisch eingegrenzt werden. Es finden, geographisch und semantisch betrachtet, überlokale Zuordnungen statt.

Der noch sehr vage topologische Begriff der Überdeckung hat ausgereicht, um zu zeigen, dass Grundbegriffe wie Nachbarschaft, Umgebung, Stadtrand, Zentrum, Peripherie eine grundsätzlich andere Bedeutung erhalten, wenn sie von einem nicht-metrischen Umgebungsbegriff aus betrachtet werden. Dieses Infragestellen ohne Verwerfen erlaubt, das Potenzial schon vorhandener Studien zu diesen Themen zu nutzten, aber reformuliert einzusetzen. Wie schon angedeutet, sind für eine Handlungsfähigkeit eine ganze Menge weiterer Kriterien notwendig: Es kann nicht immer »alles« dazugehören. Und trotzdem wurde im Rahmen dieser Arbeit bewusst mit dieser Hypothese der Randlosigkeit begonnen, ging eine städteplanerische Argumentation bis jetzt immer zuerst von einer Anzahl von Ausschließungen – Ausklammerungen –, die in ihrer deterministischen Reduktion oft schon das Planungsdebakel vorprogrammiert hatten, aus. Mit einer vollständigen Überdeckung, fast als Apriorismus, zu beginnen, signalisiert in diesem Sinne den angedeuteten Wechsel des Beobachtungspunktes.

Das chirurgische Operieren von Topologie stellt ein wichtiges Werkzeug für die Analogie zur architektonischen Praxis vor: das Schneiden. Topologien sind sehr oft nur deutbar, wenn man Schnitte durch sie legt. Schnitte bilden eine Art räumlicher »Fallen« und sind, wie wir gesehen haben, gleichzeitig auch die Grundlage für die Produktion der Topologien. Das Erkennen der Anzahl Henkel einer Topologie aus einer intrinsischen Perspektive heraus, in der wir meist auch im urbanen Kontext stecken, geschieht zum Beispiel durch Schnitte. Man legt so viele Schnitte wie nötig durch einen Raum, bis dass er auseinanderfällt. Dann kennt man den Genus der Topologie .

Auch Invarianten wie Zusammenhang und Wegzusammenhang können über Schnitte erkundet werden. Man stellt sich dabei Wege als Pfade von Schnittlegungen vor, ein Vorgehen, das in der Architektur heute bei 3D-Visualisierungen sehr aktuell ist.

Die Topologen haben für sich als abgerundetere Form einer Zugehörigkeitsargumentation in erster Linie den Terminus der »Kompaktheit« – die argumentative Verknüpfung von: Überdeckung, Trennungseigenschaft und Abzählbarkeit/Endlichkeit/Nicht-Endlichkeit – gewählt, dem wir uns im Folgenden zuwenden.

Peripherie: Kompaktheit Die Peripherie und die randlose Stadt scheinen vordergründig im Widerspruch zu stehen, assoziert man mit ihr, der Peripherie, doch normalerweise gerade eine Randregion der historischen Stadt («extra muros»).[194] Das hier gewählte Konzept gibt nun diesen zentristischen Fixpunkt auf. Die Begriffe sollten deshalb sorgfältig betrachtet werden. Etymologisch kann man das Präfix »peri« als »über-, jenseits von, um etwas herum« deuten.[195] »-pherie« ist der »Bezug«, der »Zusammenhang«, das Gebaren, die Haltung.[196] »Peripherie« kann also auch »jenseits des Zusammenhanges, jenseits des Gebarens« bedeuten. Die Peripherie ist so (auf diese Weise) eine topologische Gestalt, im Gegensatz zum Perimeter, der in geometrischer Eindeutigkeit den Umfang, die äußere Grenze einer zweidimensionalen Figur meint und damit eine metrisierte Topologie formuliert.[197] Umgeben als Überdecken interpretiert und mit den Trennungsmechanismen eines Grenzgebietes in Verbindung gebracht, erlaubt die Peripherie das Integrieren des topologischen Terminus der Kompaktheit.

Die suburbane Peripherie ist der Aktionsraum der heutigen Stadt. Die Peripherie ist Ort einer Geometrie der Dynamik – der Veränderungen, von Abbau – meist Schwerindustrie- und Aufbau – meist Dienstleistungszentren. Peripherie ist der Ort der ungenauen, unvollständigen Karten. Peripherie ist provisorischer Raum, das, was einmal ein Rand war. Seine Entwicklung zu einer eigenständigen »Stadt« ist Folge einer demographischen Entwicklung der Nachkriegszeit. Wählt man als Beobachtungspunkt die Peripherie selbst, finden wir uns in einem urbanen Gebiet ohne klar definierte Grenze und ohne klar definiertes Zentrum wieder. Damit ist sie geometrisch und topographisch schwer fassbar. Eine typologisch morphologische Determinierung im Sinne der Schule von Venedig bricht in sich zusammen. Es fehlen ihr dazu die historische Sedimentierung ihrer Elemente und ein Aspekt, den man aus der Perspektive der europäischen Stadt die »urbane Dichte« nennt. Diese ist als genauso sentimental zu bezeichnen wie der Traum vom vergangenen historischen Zentrum einer Stadt. Die Peripherie hat ihre eigene Dichte entwickelt, eine topologische Kompaktheit, die es zu akzeptieren gilt. Lyotard: »Zone means ›belt‹ in Greek it is neither Country nor City, but an entirely different place not mentioned on the register of places. […] Beyond the modern outskirts, new ›residental zones‹ (a perfect oxymon, if one cannot reside in the zone) infiltrate the neighbouring fields, forests, and hills. They are phantom regions, inhabited and deserted. Their tentacles are interlaced from one town to the next, forming an interstitial tissue between old urban organs. We call this process conurbation«.[198]

Die Peripherie der randlosen Stadt wird, losgelöst von einer Metrik, von »Kompaktheit« geprägt. Wie in der mathematischen Beschreibung erläutert wurde, setzt sich dieser Begriff, den man als eine von verschiedenen Formen einer Substitution des Umgebungsbegriffes sehen kann, aus den Elementen Mächtigkeit, Überdeckung, Trennungsaxiomen, insbesondere T2, (siehe oben) zusammen. Kompaktheit besitzt globale und lokale Eigenschaften. Die »Lokalisierung« geschieht über die Verfeinerung der Überdeckung. Dies ist für den peripheren Kontext einer randlosen Stadt von Interesse. Die Verfeinerung geschieht in folgender hierarchischen Reihe: quasikompakt, kompakt, lokalkompakt, parakompakt, metakompakt. Die Bedingungen werden immer strenger. Man sollte sich aber bewusst sein, dass eine »grobe« (im Gegensatz zu »fein«) (Quasi-)Kompaktheit viel allgemeiner gilt, auch wenn sie vordergründig »schwächer« ist. Dies gilt selbstverständlich auch für die schwachen und starken Trennungsaxiome. Der Terminus des »Schwachen« ist bewusst gewählt, um zu einer Analogie mit dem »Schwachen Denken«[199] des italienischen Philosophen der Hermeneutik Gianni Vattimo hinzuführen.[200] Kompaktheit gebiert innere Grenzen: Interessanterweise sind es in der randlosen Stadt nicht mehr die Zentren, die »Grenzen ziehen«, sondern die Peripherien. Diese werden unweigerlich wieder besetzt. Für die Peripherie nennt Christoph Luchsinger diese auf Grenzen liegenden Zonen, zum Beispiel Gewerbegebiete, »parataktische Räume«.[201] Mit »taktisch« meint er die Strategie dieser Besetzung, sich nach beiden Seiten der Grenzen zu orientieren und von dieser Doppelstrategie zu profitieren. Topologisch gesprochen müsste man in diesem Fall eher von parakompakten Räumen sprechen. Es zeigt sich, dass gerade die Interaktion von Überdeckung und Trennung für eine komplexe kontextuelle Raumbildung ein grundlegendes Kriterium ist. Niklas Luhmann fordert genau diese Dualität als Basis für jede Form von Erkenntnis: »Unterscheidung« und »Bezeichnung«, ein Paar, dem wir noch öfter begegnen werden.[202] »Mit dieser Begriffsfassung, die das spezifische des Erkennens im Unterscheiden und im dadurch ermöglichten/erzwungenen Bezeichnen sieht, ist zugleich festgelegt, wie die Abkoppelung von der Umwelt (Topographie/Objekt, J. H.) und damit die Geschlossenheit erkennender Systeme (Subjekte, J. H.) verstanden werden muss«.[203]

In der dadurch produzierten Lokalisierung – dem auf das Lokale niederschlagende Erkennen – gelingt es, die peripher eminenten Leerräume und Reständerräume in einer kontextuellen Überdeckung nicht-metrisch zu überbrücken und zu integrieren (nach Luhmann in das System). Um wieder auf Gianni Vattimo zurückzukommen, plädiere ich nun für ein »schwaches« Erkennen in der Peripherie. Vattimo fordert eine Depotenzierung der Wahrnehmung und Repräsentation einer Metropole, aus einer Perspektive eines Zentrums – das er als verloren bezeichnet – her.[204] Liest man »Zentrum« nicht als örtliche Mitte, sondern als ideelles Zentrum – als Subjekt, deckt sich dies mit einer anderswo von ihm gemachten Aussage nach einer De-Potenzierung des Subjektes, zuhanden eines deterritorialisierten, dezentrierten »schwachen Denkens«.[205] »In the metropolis one is always everywhere and nowhere at the same time, because there is no movement towards the center«.[206] Die Dezentralisierung und auf Heidegger verweisend, De-Territorialisierung,[207] ist ein Schlüsselthema Vattimos hermeneutischer, d. h. »interpretativer« kultureller Denkweise. Für dieses Phänomen aktualisiert er die Bedeutung von »Nihilismus«: »Nihilismus bedeutet hier das, was es für Nietzsche bedeutet in dem Vermerk, der am Anfang der alten Auflage des ›Willens zur Macht‹ steht: die Situation, in der der Mensch aus dem Zentrum ins X rollt. Aber Nihilismus in diesem Sinne ist auch identisch mit dem, was Heidegger definiert hat: Der Prozess, in dem letzten Endes mit dem Sein selbst ›nichts‹ (mehr) ›ist‹.[208] Der Mensch ›ist‹ also in der Peripherie, insofern als das Zentrum sowieso unerreichbar – unerfüllbar – war. [209]

Vattimo empfindet solche Auflösungstendenzen,[210] die ja auch unserer alltäglichen Erfahrung entsprechen, als durchaus positiv und konstruiert daraus den Rahmen dessen, was er als »Ontologie des Verfalls« bezeichnet,[211] alle anderen Bedingungen der Ewigkeit und Beständigkeit seien ein »platonischer Betrug«.[212] Die Verschiebung aus dem Zentrum – auch als Derridas verschobene Différance – erzeugt eine Form der Differenz, die Vattimos Werk auszeichnet. Wolfgang Welsch kommentiert das ›schwache Denken‹ wie folgt: »In zweierlei Sinn stellt dieses ›schwache Denken‹ ein Denken der Differenz dar. Erstens sofern es ein anderes Denken als die Tradition erprobt. Es widersetzt sich der Diffusion des Sinns nicht, sondern ist bereit, ihr zu folgen. Zweitens führt Vattimo Heideggers Gedanken der ontologischen Differenz weiter. Dieser Gedanke besagt, dass das Sein sich wesenhaft entzieht und dass daher jede Suche nach dem letzten Grund der Dynamik des Seins selbst widerspricht. Statt dessen kommt es auf ein anderes, auf ein der Grundlosigkeit fähiges Denken an«.[213] Für dieses, der Grundlosigkeit fähige Denken braucht es einen anderen Umgang mit »Ge-Stell«-en, in Anlehnung an Vattimos Heidegger-Interpretation.[214] Man muss sich zusammen mit Jean-Francois Lyotard auch ernsthaft fragen, ob für eine randlose Stadt eine ontologische Fundierung des Seins Heideggers als »Hausen« sich nicht eher in einen Abgrund als ein Grund wandelt; die Stadt hat sich in der Zwischenzeit – der Dauer – des »Hausens« schon weiter »verschoben«.[215] Im Kontext der Peripherie kann man dies aus einer Verschiebung etablierten Differenz als eine topologische Trajektorie, die Zusammenhänge nachweist und bezeichnet, betrachten. In der Topologie führt dies zum Jordan-Kurven-Theorem. Die Quintessenz dieses Theorems erzeugt aber eine zusätzliche neue Differenz, die des Innen und Außens. Es ist dies aber nicht mehr das paradoxerzeugende Spiegelbild des »Innen« auf das »Außen« der Lacanschen-Spiegelterritorien der Peripherie (siehe Kapitel »Grenzen und Oberflächen – Bordismus und Homologie«). Es ist dies eine dynamische Differenz der inneren Zusammenhänge in einer Interaktion zum äußeren peripheren Kontext. Das Jordan-Kurven-Theorem definiert die Territorien als wahre Subjekte neu – als Topologien.

Subjekte im Sinne von Manfred Riedel sind: »Von allen Bestimmungen, die das Leben des Lebendigen in der Vielfalt seiner Erscheinungen konstituieren, hebt Hegel an den verschiedensten Stellen seines Werkes drei Momente immer wieder hervor: Das Leben ist Subjektivität, es hat zu seiner Selbsterhaltung eine von ihm unterschiedene, äußerliche Natur zur Voraussetzung, und es ist Prozess, aus der Gattung hervorgehende und in sich zurückkehrende (topologisch ›wegzusammenhängende‹, J. H.) Bewegung«.[216] Topologie wird dadurch Vermittlung – Mediatisierung.

Edge City: Produkttopologie Edge City beschreibt ein urbanes Phänomen der 80er/90er Jahre des 20. Jahrhunderts. Obwohl verschiedene andere Namen dafür erfunden wurden, sei hier »Edge City« bevorzugt.[217] In die städtebauliche Diskussion eingebracht wurde er durch das gleichnamige Buch von Joel Garreau,[218] der darin sowohl die Wahl des Namens begründete[219] als auch eine klare Fünf-Punkte-Umschreibung seiner Definition einer Edge City lieferte:
»That is why I have adopted the following five-part definition of Edge City that is all above else meant to be functional.
Edge City is any place that:

- Has five million square feet or more of leasable office space – the workplace of the information age. Five million square feet is more than downtown Memphis. The Edge City called Galleria area west of Houston – crowned by the sixty storey Transco Tower, the tallest building in the world outside an old downtown – is bigger than downtown Minneapolis.
- Has 600 000 square feet or more of leasable retail space. That is the equivalent of a fair-sized mall. The mall, remember, probably has at least three nationally famous departement stores, and eighty to a hundred shops and boutiques full of merchandise that used to be available only on the finest boulevards of Euro-

pe. Even in the Hayday, there were not many downtowns with that boast.
- Has more Jobs than bedrooms. When the workday starts, people head toward this place, not away from it. Like all urban places, the population increases at 9 a. m.
- Is perceived by the population as one place – It is a regional end destination for mixed use – not a starting point – That »has it all« from jobs, to shopping, to entertainment.
- Was nothing like »city« as recently a thirty years ago. Then, it was just bedrooms, if not ow pastures. This incarnation is brand new«.[220]

»Edge City« verbindet demnach charakteristische Merkmale von Suburb, Megalopolis und der britischen New Town. Edge City ist Sammelbegriff für einen zu großen, zu weit außerhalb von historischen Großstädten liegenden (Vor-)Ort, der aus Selbstzweck eine eigene autarke Wirtschaft, meist im Dienstleistungsbereich, aufgebaut hat. Im Gegensatz zu Mega-City, Peripherie und Megalopolis definiert sich eine Edge City nicht mehr über die historische Stadt. Im Gegenteil, jeder Verweis auf sie wird tunlichst vermieden. Andererseits werden die neuen Gebäudetypologien mit alten Namen versehen. Das Shopping Center heißt dann »Galerie«, die Stadtverwaltung »City Center«, der Innenhof eines Dienstleistungs- oder Einkaufsgebäudes »Marktplatz« oder »Piazza«. Was sind dies für Gebäudetypen? Das Einkaufszentrum,[221] das Dienstleistungsbürogebäude, bevorzugt mit Atrium,[222] der Firmenhauptsitz-Bürowolkenkratzer, das Einfamilieneigenheim (auf all diesen Besitztümern liegt eine Hypothek). Es fehlen in dieser Auflistung aber noch jene Funktionen, welche die Edge Cities überhaupt für ihre Bewohner erst attraktiv machen: Freizeitmöglichkeiten, Sportzentrum, Kinozentrum, Schulen, Gemeindezentrum, soziale Einrichtungen, Kirchen. Zum großen Erstaunen der europäischen Stadtplaner gelingt in den US-amerikanischen Edge Cities das künstliche Zusammenführen der Bereiche Arbeit und Freizeit. Einer der Gründe liegt darin, dass eine Edge City ein reines Produkt ökonomischer Überlegungen ist. Ein zweiter Grund ist eine kollektive Vereinbarung in Bezug auf den Lebensstil: Edge City ist die Inkarnation der ultimativen Stadt des kleinbürgerlichen Mittelstandes. Das Leben wird bestimmt durch dessen Träume und dessen Realität. Trotzdem gilt immer: Die Ökonomie war zuerst da.

Man kann verschiedene Arten von Edge Cities unterscheiden:

- Gewachsene Suburbs, die plötzlich wirtschaftliche Autarkie und Wachstum erlangt haben.
- Kleine regionale Megalopolen: das Zusammenwachsen von Gemeinden in wirtschaftlichen Boom-Regionen (Synergie von Bildung, Bedarf, Leitunternehmen etc., z. B. Silicon Valley).
- Künstlich geplante Edge Cities; spekulativ, konservativ angelegt: An Verkehr

und Infrastruktur-Knotenpunkten etc. – Nachfolger von Levittown.
- Edge Cities, die »dazwischen« aus dem Boden schießen: logistische Knotenpunkte.

Als Paradigmen könnte man nennen: Dezentralität und Mobilität. Die sich daraus ergebenden Gesetze hat Joel Garreau am Schluss seines Buches aufgelistet.[223] Aus europäischer Sicht könnte man diese mit einem zynischen oder ironischen Auge lesen, aber, sie sind ernst gemeint: Wir finden uns einer Klassifikation gegenüber, die auf den Parametern: Verkehrsaufkommen, Verkehrsfrequenz, zeitlicher Distanz, Parkplatzgröße und Infrastrukturzugriffszeit, Steuersätzen und Grundstückspreisen beruht. Kein Wort mehr von urbaner räumlicher Dichte und metrischer Distanz. Die Kriterien der Edge City liegen außerhalb der Metrik.
Insofern existiert auch keine Karte der Edge City. Sie wird ersetzt durch den Wegweiser der Autobahnabfahrt und die Firmenankündigungsschilder in der Größenordnung potemkinscher Häuser. Diese verweisenden Zeichen sind auch dringend nötig. Die großen Gebäudeabstände und Distanzen produzieren eine Unübersichtlichkeit, die auch nicht mit historischen Wegzeichen, Monumenten überbrückt werden kann. Man bewegt sich in einem labyrinthischen Zwischenraum, Joel Garreau nennt deshalb Edge Cities auch ein »triumphierendes Dazwischen«.[224] Dafür entdeckt man unmöglich einen Anfang oder ein Ende. Bebauung und politische Grenzen von Gemeinden haben sich vollständig verschoben. Die neue Stadt »is Living on the Edge«.[225] Edge City ist Traum einer »Architektur des kleinbürgerlichen Subjektes« jenseits des Objektes. In kritischen Momenten kollidiert dieser Traum brutal mit dem monetären Objekt der Edge City respektive entfällt in einer Substitution durch »wahre Subjekte« (Deleuze). Filmisch wurde das Gewaltpotenzial dieses labilen Gleichgewichtes brilliant im Filmklassiker von David Lynch »Blue Velvet« umgesetzt: Der »körperliche« Horror eines abgschnittenen menschlichen Ohres, voller Ameisen im perfekt geschnittenen Vorgartenrasen liegend: »I have met the Enemy, And He is Us«.[226]
Edge Cities sind »neue Räume«. Diese Räume entstehen aus der Synergie von verschiedenen Infrastrukturfaktoren, topographischen Vorteilen und ökonomischen Entscheidungen. Es handelt sich um Produkttopologien. Wie schon erwähnt wird die Produkttopologie über das kartesische Produkt der Trägermenge erzeugt. Joel Garreau hat im Anhang seines Buches die einzelnen Faktoren dieser Produkte, die Gesetze einer Edge City aufgelistet (siehe oben). Betrachtet man das Auftauchen einer neuen Stadt aus einem früheren Niemandsland, kann man diese Faktoren eigentliche Genesis-Charactere nennen. Der Unterschied zur Summentopologie zeigt sich dabei in den formbestimmenden Konsequenzen. Die Faktoren produzieren neue Topologien, in sich homöomorph. Edge City ist die Idealstadt urbaner Homöomorphie: stetig, rissloss, homo-

gen: ideal. Edge Cities werden künstlich statisch, deterministisch, planbar gehalten, es sind noch 19. Jahrhundert-Städte, Gartenstädte mit Shopping Mall und Bürogebäuden an Straßenkreuzungen. Im Gegensatz zu gewachsenen Grossstädten, die ihre Komplexität und Vielschichtigkeit aufgrund ihres historischen Wachstums erreicht haben, verhält sich eine künstliche, neue Edge City anders. In deren Zusammenspiel von verschiedenen Funktionen ergibt sich nicht eine Heterogenität, sondern angestrebt wird eine Homogenität, das heißt, aus den verschiedenen Funktionen werden über eine Produkttopologie einzelne, einzigartige Räume kreiert. Diese Produkttopologien in sich sind konsistent. Eine Edge City hat deshalb eine erstaunlich niedrige Anzahl von verschiedenen Räumen, die sich in sich durchdringen. Es wäre aber verfehlt nur von einer einzelnen singulären Edge City zu sprechen. Eine solche wäre, trotz aller wirtschaftlichen Autarkie nie überlebensfähig. Bei der Durchfahrt weiß der Besucher nie, ist er nun schon in einer neuen oder noch in der alten Stadt. Die Grenzen verschwimmen in ihrer physischen Wahrnehmung. Joel Garreau spricht kohärenterweise deshalb von einem »Feld von Edge Cities«.[227]

Man stelle sich vor, Edge Cities der randlosen Stadt seien eine Fläche, aus der, als Löcher (sprich weiße Flecken, sprich Terra Incognita) die alten Stadtgebiete, ausgestanzt wurden, in der Größe ihrer Ausdehnung, wie sie bis Ende der 70er Jahre dieses Jahrhunderts bestanden. Edge Cities sind Städte ohne »die Stadt«. Es präsentiert sich die Fiktion einer Stadt mit Genus Null, auf ein Zentrum zusammenziehbar, so zerstreut sich eine Edge City auch darstellen mag. Für die alte historische Stadt aber repräsentiert die Edge City »das Andere«, wie es Lacan und Sartre beschreiben: als ein unerreichbar Reales.[228]

Global City: Konvergenzen, Filterbasen Eine »Urbane Topologie« der randlosen Stadt wurde auch durch die »internationalen Situationisten« um den Belgier Guy Debord entworfen. Debord entnahm die Auseinandersetzung mit topologischen Werkzeugen seinerseits wiederum den Arbeiten des Stadtsoziologen Henri Lefèbvre. Debord entwickelte, wie Victor Burgin zusammenfasst, das Szenario eines einheitlichen, unbegrenzten Raumes der ökonomischen Produktion »which is no longer bounded by external societies«, the abstract space of the market which had to destroy the autonomy and quality of places, and he commented: »This society which eliminates geographical distance reproduces distance internally as spectacular separation«.[229]

Wir finden diesen Gedanken weiterentwickelt in den sozioökonomischen Arbeiten der US-amerikanischen Soziologin Saskia Sassen über die »Global City« wieder. Der Name »Global City« entstammt ihrem gleichnamigen Buch.[230] Der Denkansatz geht nicht von einer globalen Dezentralisierung und Peripherisierung aus. Sie behauptet, dass es gerade durch die Globalisierung zu einer Vergrösserung der Macht in einzelnen, wenigen globalen Zentren gekommen sei und dass sich dieser Trend weiter verstärke.[231] Global City ist eine innere topologische

Eigenschaft der randlosen Stadt und soll in einer ersten topologischen Annäherung mit Konvergenz und Filterbasen bezeichnet werden. Saskia Sassen führt konsequent Überlegungen weiter, die der schon zitierte französische Stadt- und Polit-Geograph Jean Gottmann zwischen den 50er und 70er Jahren unter dem Aspekt Megalopois ausgearbeitet hat[232] (siehe oben). Eine der oben beschriebenen Hauptthesen von Sassen hat Gottmann unter dem Aspekt der »Transactional City« vorweggenommen.[233] Die Topographie der Global Cities wird dadurch bestimmt, dass sie sich nicht mehr an die geographischen Grenzen des Nationalstaates halten. Sie entwickeln sich unter Zuhilfenahme der neuen Informationstechnologien – der Telematik – zu transnationalen Städtesystemen.[234] Der topographische Raum wird dabei weitgehend neutralisiert.[235] Es zeigen sich Tendenzen, dass Global Cities im Verbund beginnen, Funktionen eines einzelnen zentralen zusammenhängenden Orts auszuformen.[236]

Sassen beschreibt anhand der Weltökonomie, wie sich einerseits die Kanäle des Geldflusses vollständig globalisiert haben. Die Entscheidungszentren dieser globalen ökonomischen Stadt konzentrieren sich jedoch auch wieder verstärkt auf einzelne Geldumschlagsplätze und deren Backoffices: London, New York, Tokyo. Unsere gesamte Umwelt andererseits reagiert bezüglich der Entwicklung von Informationsinfrastruktur, Dienstleistungen und Migration antizyklisch.

»Hierin ist eine neue Logik zur Agglomeration am Werk und eine wesentliche Bedingung für die erneute Zentralität von Städten in den hochentwickelten Ökonomien zu erkennen. Die Informationstechnologien, von denen vielfach geglaubt wird, sie neutralisierten die Entfernungen, tragen in Wirklichkeit zur räumlichen Konzentration bei. Sie ermöglichen die geographische Streuung und gleichzeitig die Integration zahlreicher Unternehmungen. Die besonderen Bedingungen, unter denen diese Technologien verfügbar sind, trugen dazu bei, dass sich die fortgeschrittensten Benutzer in den höchstentwickeltsten Telekommunikationszentren konzentrieren«.[237] Im Rahmen der vorliegenden Arbeit bedeutet dies, dass gerade weil die »Backoffices« der Edge Cities durch neue Formen der Mobilität – ökonomisch, logistisch, telekommunikativ – möglich geworden sind, die Adresse in den Zentren der Macht gehalten werden kann. »In der räumlichen Organisation lassen sich in den meisten Global Cities und ihren Regionen drei Muster unterscheiden. Neben der zunehmenden Arbeitsplatzdichte im traditionellen Stadtzentrum, die mit dem Wachstum in führenden Sektoren und ihren Zulieferindustrien verbunden ist, sehen wir die Herausbildung dichter Knoten in einer weitergefassten Region. Stadtzentrum und die regionalen Knoten bilden gemeinsam die Basis für die Globalstadtfunktionen [...] Freilich ist dieses ökonomische Subsystem nicht nur in der Stadt selbst, sondern auch in vielfältigen strategischen Knoten in der Region im Umkreis dieser Städte installiert.«[238] »Insofern diese verschiedenen Knoten durch das artikuliert sind, was ich ›Cyber-Routen‹ oder ›digitale Autobahnen‹ nenne, stellen sie das neue geographische Korrelat des am weitesten fortgeschrittenen Typus des

›Zentrums‹ dar. Was aus diesem neuen Raster/Gitter digitaler Autobahnen herausfällt, wird peripherisiert. […] Der Maßstab spielt hier ebenfalls eine Rolle: Während die urbanen Regionen Nodalpunkte eines riesigen transnationalen Wirtschaftssystems werden, verändert sich das Maß, so dass das Zentrum nun viel weiter gefasst wird. Die Neuen-Technologien führen diese Streuung über eine weit ausgedehnte ›Zentralregion‹ ein, und sie machen es möglich, diese weit ausgedehnte Region als ›Zentrum‹ zu strukturieren. In der größeren transnationalen Perspektive gesehen, handelt es sich hier um weit ausgedehnte Zentralregionen. Wir beobachten eine Reorganisation der Raum-Zeit-Organisation der Ökonomie«.[239] Außerhalb des hier beschriebenen Verhältnisses Edge City zu Global City/tendieren Städte, »die als strategische Standorte in der globalen Wirtschaft fungieren, dazu, sich aus ihren regionalen Bezügen herauszulösen«.[240] Für Sassen ist diese Ballung ein neuer Typ von Zentralraum.

Das Herauskristallisieren von Global Cities kann man nicht als gottgegebenes Resultat eines beliebigen Globalisierungsprozesses betrachten. Beides, der Versuch Wirtschaftswachstum, Kapitalakkumulation durch die Mobilität des Geldes[241] global zu kontrollieren und die Zentralisierung der daraus folgenden Machtanhäufung des mobilen Kapitals muss als Fähigkeit zuerst produziert werden, es sind artifizielle soziale und ökonomische Konstrukte.[242]

Sassen verwendet in ihrer obigen Analogie zu den Cybernetzen den Begriff der Graphentheorie, die gerne auch Netzwerktopologie genannt wird: diskrete Mathematik, Netzwerktopologie und Graphentheorie sprengen den Rahmen dieser Arbeit jedoch, seien deshalb hier nur angedeutet. Es ist eindeutig feststellbar, dass die Global Cities in Bezug auf die Ökonomie und die Migration eine Anziehungskraft ausüben – also auch »Mega-City-Phänomene« beinhalten. Das Geschehen konvergiert auf sie, die Städte, zu. Aus der Sichtweise eines Konzeptes der randlosen Stadt kann dies Schwierigkeiten bereiten. Die randlose Stadt stellt ja gerade die Existenz einer Stadt als Punkt und damit auch eines Konvergenzpunktes in Frage. Wie geht die Topologie damit um? Ein topologischer Raum ist grundsätzlich als nicht-metrisch zu betrachten. Die algebraische Logik verlangt nun aber, dass gewisse Eigenschaften einer Konvergenz vorhanden sind. Es ist in der Mathematik unwahrscheinlich, dass alle Reihen, Folgen und Serien in die Unendlichkeit abdriften.

Nochmals: »Anschaulich bedeutet die Existenz eines Konvergenzpunktes, dass man in jeder ›Umgebung‹ des Punktes stets fast alle Mitglieder findet, d. h. höchstens endlich viele liegen außerhalb«.[243] Aber gerade die Umgebung ist ja nicht mehr metrisch gefasst, sie ist »überdeckt«; in der Topologie gilt nun, dass an die Stelle der Folge die Filterbasis tritt, an die Stelle des Konvergenzpunktes der Häufungspunkt, die Konvergenztheorie wird auf den Vergleich zweier Mengen zurückgeführt (siehe oben). Es wurde schon gesagt, dass: »Die Filterbasis konvergiert in gewissem Sinne innerhalb einer Abfolge von sich immer feiner überlappenden Umgebungsmengen des Limespunktes. Damit ist die Metrik umgangen und trotzdem kann der Konvergenz eine Art von ›Richtung‹ gegeben werden.« (Zitat aus Oben: Topologische Begriffe: Konvergenz) Diese de-territoriale Sichtweise einer Konvergenz evoziert den hier vertretenen »Trick« des »Third-Term«. Die interkontextuelle Dichte von Topographie und Territorium der Globalen Stadt. Das Dritte als Topologie – als Vermittlung – ist eine Ansammlung, ein Feld von Häufungspunkten. Dies führt zu einer gewissen Relativierung der Absolutheit der Präsenz der Global Cities. Der Philosoph Paul Ricoeur betrachtet die Möglichkeit einer Konvergenz als einen Vorteil gegenüber operationellen Oppositionen eines Entweder-Oder. Er nennt dies eine »postponed Synthesis« – die verspätete Aufhebung.[245] Diese Verzögerung ermöglicht über das Dritte der Konvergenz »eine Flucht vor dem ursprünglichen Subjekt«.[246] Um Missverständnissen vorzubeugen, ist hier ein kurzer terminologischer Exkurs angebracht. Das englische »limit« bedeutet zuerst einmal Begrenzung. Über dessen Stamm zum »limes«, dem Begrenzungswall, finden wir ein Synonym im »limes« der Mathematik, dem Konvergenzpunkt. Für eine Folge respektive Filterbasis, die konvergiert, stellt der Konvergenzpunkt respektive die Häufungspunkte auch eine ultimative, aber trotzdem verzögerte Begrenzung dar. Für das Verständnis von Paul Ricoeur, Bernard Tschumi (Architecture and Limits I)[247] und Philip Sollers[248] ist diese doppelte Sichtweise wichtig. In einer Analogie kann man aber auch von einem »hinausgezögerten Anderen« sprechen: Ohne einen Bezugspunkt zur philosophischen Geschichte des »Anderen« – insbesondere Hegel, Heidegger, Sartre – greift Saskia Sassen den Begriff als kulturelle Dimension auf:

»Weite Bestandteile der städtischen Wirtschaft werden daher in kulturellen Begriffen reformuliert, als ›Räume des durchmischten Anderen‹ oder: das ›Andere‹ als Kultur. Mein Ziel ist dagegen, das Feld der Ökonomie neu zu umreißen und dabei die Diskontinuität zwischen dem, was gemeinhin als Kultur zählt, zu berücksichtigen: Das Zentrum als Wirtschaft und das Andere als Kultur. Damit kann die Wirtschaft als Vielfalt unterschiedlicher Ökonomien mit jeweils eigenständigen Organisationskulturen reformuliert werden […]. Wie wäre der Raum wieder in die Wirtschaftstheorie einzuführen? Und wie könnten wir eine neue Erzählung der ökonomischen Globalisierung konstruieren, die sämtliche räumlichen, wirtschaftlichen und kulturellen Bestandteile der globalen, städtisch verfassten Ökonomie berücksichtigt, anstatt sie auszugrenzen? Diskontinuitäten sind, so meine These, ein integraler Bestandteil, eine Komponente des Wirtschaftssystems. […] Der Raum des ›gemischten Anderen‹, wie ihn die Unternehmenskultur schafft, wird in der großen Erzählung der Ökonomie als entwerteter Raum, als sinnlich wahrnehmbarer Niedergang und als Last thematisiert […]. Es fragt sich, ob das oben entwickelte Argument, wonach das Raster den Raum neutralisiert und dadurch im Raum ein Wertsystem zur Geltung bringt oder zu erzeugen bestrebt ist, auch auf die kulturelle Globalisierung zutrifft. Zwar gilt es der globalen Kultur ebensowenig wie dem Raster, das ›andere‹ vollständig zu neutralisieren, doch wird das einverleibte ›Andere‹ durch die Einverleibung durchaus verändert. Aus meiner Arbeit über die städtische Ökonomie ergibt sich hier die interessante Frage, ob all die ›anderen‹, [...] an einem bestimmten Punkt genügend Gewicht aufbringen, um das Zentrum zu verändern. [...] Am deutlichsten können wir dies am städtischen Raum sehen, wo eine Vielfalt von anderen Arbeitskulturen, kulturellen Umfeldern und kulturell geprägten Körpern ein bebautes Terrain bevölkert, deren Ursprung sichtlich in einer anderen Kultur liegt: derjenigen hinter dem Raster [...] Eine zweite Entwicklung – ich möchte sie als Bewertungsdynamik bezeichnen – bewirkte eine drastische Zunahme des Abstandes zwischen den abgewerteten und den aufgewerteten Wirtschaftssektoren. Dies führt auf der einen Seite zu einem überbewerteten Zentrum und auf der anderen zu einer drastischen Entwertung dessen, was sich außerhalb des Zentrums befindet und als ›Kultur‹ definiert wird. Dieser wachsende Abstand kommt in meinem Bild vom ›Zentrum‹ als Wirtschaft und vom ›Anderen‹ als Kultur zum Ausdruck«.[249] Wachsender Abstand, verzögerte Segregation und verzögerte Konvergenz vermischen sich in der »Intertextualität«[250] des Global City Kontextes. Die Konvergenzverzögerung wird Vermittlung, aber, das muss man sich aus Saskia Sassens Definition einer globalen Stadt bewusst sein: eine monetäre Vermittlung,[251] ein Ansatz, den der Philosoph Christoph Türke formuliert hat: »Gelungene Kommunikation und gelungener Warenaustausch sind eins – sowohl Erzeuger des Geistes der Gesellschaft, des Wirtschaftswachstums, als auch Ziel des Erzeugten: Der Kommuniktionsprozess intendiert nichts als die Expansion seiner selbst, erstrebt nichts, als dass überall ›das Gesagte verstanden wird‹, »was immer auch sein Inhalt sei, und hätte diesen Zustand, das universale Gespräch, im universalen Warentausch erreicht. [...] Die kommunikative Erklärung der Welt ist ebenso wie die Hegelsche ein Echo auf die vermittelnde Bewegung des Kapitals«.[252]

»Das ›Zentrum‹ und das ›Andere‹ finden in der Stadt das strategische Terrain für ihre Unternehmungen«,[253] so Saskia Sassen.

Exchanger Cities: Deformationsretrakte Im Zusammenhang mit Globalisierung, Kommunikationstechnologien und ökonomischer Mobilität wird vergessen, dass dies nicht zu einer Verringerung der physischen Mobilität der Beteiligten führt, sondern einen enormen Kraftakt der temporären und atemporären Migration respektive Mobilität verlangt. Dabei spielen die Knotenpunkte der Exchanger respektive Exchanger-Cities eine immer entscheidendere Rolle. Jean Gottmann schreibt: »Decentralization and specialization still carry, as a corollary, an increase in the need of meetings and of places adequately equipped for them in terms of facilities and ancillary services. We shall, therefore, not be surprised at the scale and density of large skylines in the main transactional centers [...]«[254] Einerseits sind damit neue Bahnhöfe und Flughäfen gemeint, die mit urbanen Funktionen der Finanzindustrie – Hotels und Kongresszentren – und Unterhaltungsindustrie versehen werden: randlose Städte im Knoten, andererseits trotz der damit verbundenen Umweltproblemen auch ausgebaute Autobahnkreuze. Charakteristisch ist, dass sich der Ausbau eines Knotens zum ›Transactional Center‹ nur lohnt, wenn er schon von einem erzwungenen Wechsel des Mobilitätsmediums profitieren kann. Das Umsteigen – Rem Koolhaas nennt dies »Transferia«[255] – wird zum wirtschaftskulturellen Ereignis. Exchanger sind und werden Ereignisräume, »Event-Spaces« in Bernhard Tschumis Sinne (siehe »Singularitätstheorie«).

Exchanger sind typischerweise hybride Gebäude.[256] Die urbane Landschaft um sie herum müsste man hingegen mit dem biologischen Attribut der parasitären Gebäude versehen, ohne dies abwertend zu meinen: Im Unterschied zu regionalen Subzentren oder Edge Cities ist das Umfeld eines Exchanger in keiner Weise autark. Er besitzt keine Wohnbevölkerung, ist vollständig abhängig vom Mono-Nukleus des hybriden Exchanger Gebäudes und dessen Anbindung an die Global Cities. Er lebt vom Umsteigerstrom und der Mobilität der Angestellten, die in ihm arbeiten. Edge City, Exchanger City und Global City sind symbiotisch verknüpfte Knotenpunkte im topologischen Netzwerk der Global Cities. Da sich die enormen Infrastrukturkosten für alle drei Typen nur privilegierte Orte, Firmen und Bevölkerungsteile leisten können, unterstützen sie wiederum die neue knotenorientierte Zentralität innerhalb der ökonomischen Globalisierungstendenzen. Sassen schreibt: »Zusätzlich verschärfen wird sich diese räumliche Polarisierung durch die Entwicklung einer Hochgeschwindigkeits-Transportinfrastruktur und Kommunikationskorridore, die tendenziell nur zwischen den für die hochentwickelte Wirtschaft wesentlichen Hauptzentren eingerichtet werden«.[257] Die Bedeutung der Bewegung in der Struktur der Städte ist der Schlüssel zum Verständnis für die Art und Weise, in der wir die Städte benutzen und konsumieren. Die Bedeutung der Exchanger City, unabhängig von der Metropole, der sie dient, und ihrer Kondensation der Funktionen, liegt daher in ihren Verbindungen zu urbanen Netzwerken, deren Teilraum sie darstellt.

Topologisch kann man die Exchanger auch als Deformationsretrakte (siehe nächstes Kapitel Homotopie), das Zusammenziehen von topologischen Räumen auf einen Punkt oder einen Unterraum unter Beibehaltung der topologischen Eigenschaften, beschreiben. Im Kapitel »Ereignisse: Topologische Singularitätstheorie« wird man erkennen, dass solche Punkte auch kritische Punkte eines Vektorfeldes werden können. Die begründete Diagnose, unsere Umwelt als randlose Stadt zu lesen, hat Konsequenzen für Architektur. Randlose Stadt ist unüberschaubar, einerseits durch ihre Ausdehnung, andererseits auch durch die Unübersichtlichkeit ihrer Dichte. Wir werden den Exchanger Cities im Zusammenhang mit Mark Augés Nicht-Orten und ›Non-Place Urbane Field‹ im Kapitel »Karte und Vektorfeldtopologie« noch einmal Aufmerksamkeit widmen.

Bandstädte, Quotiententopologie Das Konzept der Bandstadt besitzt große architekturgeschichtliche – grösstenteils sozialutopische – Tradition, von Soria y Mata bis Leonidov. Heute hat sich die Bandstadt entlang von Hauptverkehrssträngen und Infrastrukturverdichtungen anonymisiert und verselbstständigt. Zum Teil ist sie zu einer Form von Binnenlandmegalopolis à la Gottmann geworden. In unserem Zusammenhang will ich Bandstadt wenig im Sinne von topologischem Wegzusammenhang beschreiben. Diese Reduktion ist zu banal und vernachlässigt die internen Komponenten des Bandes. Vergleicht man Bandstadt jedoch mit Quotiententopologie, erhält diese einen eigenen Stellenwert, und was mir bezüglich eines nicht-metrischen Charakters der randlosen Stadt wichtig erscheint: »Bandstadt« bezieht sich nicht auf ein formales Band, sondern auf eine multifunktionale »Streifung«.

In der obigen Liste der Analogie zwischen den Komponenten der randlosen Stadt und deren topologischer Ausformung kommen mit der Summentopologie, der Produkttopologie und der Quotiententopologie drei weitere algebraische Formen der Produktion von Topologie vor. Auch diese generieren neue Räume. Man kann sich eine Quotiententopologie vereinfacht als eine Generierung eines »gestreiften« Raumes vorstellen: einer Streifen-Topologie. Man verteilt gewissermaßen Funktionen, Eigenschaften, u. U. generische Eigenschaften gleichmässig über einen Raum, indem man zwei Topologien durcheinander teilt. Man könnte sich dazu vorstellen, dass die eine der beiden einen schon vorhandenen Kontext darstellt und die zweite, die neue Topologie bildet, die an dieser Stelle auch strukturell wirksam werden soll. Es ist nahe liegend, Rem Koolhaas' Entwurf für Melun-Sénart bei Paris und sein Wettbewerbsprojekt für den Parc de la Villette oder Bernard Tschumis Projekt für den Flughafen von Osaka, als urbane Quotiententopologie zu lesen respektive betrachtet man die vollständigen Entwürfe, dann sind es sogar gleichzeitig mehrere davon. Eine Quotiententopologie ist etwas anderes als eine Überlagerung zweier Topologien. Es sind funktionelle Quotienten, die eine »Urbane Topologie« formieren. Architektonisches Entwerfen heißt auch aus der Perspektive einer topologischen Lesart nicht glattes stetiges Abbilden. Entwerfen bedeutet topologischer Wandel, Emergenz, Entwurf und Produktion von Topologie.

Generic Culture: Roadmovies, Tanz, Bühnenbilder Die Topologie der randlosen Stadt ist Bühne für Transformation und vice versa. Kulturelle Produktion ist generische Transformation urbanen Raumes. Eine kulturelle Anwendung, die erwiesenermaßen mit topologischen Elementen der Raumtransformation arbeitet, ist die Tanztechnik und Tanznotation von Rudolf von Laban und deren aktuelle Verfeinerungen, Anwendungen und Entwicklungen durch William Forsythe, Pina Bausch und Joachim Schlömer.[258] Der Tänzer wird dabei gewissermaßen in einem topologischen Vektorraum verortet.[259] Von dieser Lokalität des Körpers aus vollzieht sich eine Transformation auf Bewegungen der übrigen Tänzer und deren Topologie respektive der übergeordneten Choreographie des gesamten Bühnenraumes. Der Topologe René Thom erweitert diese getanzte Vektorraumtopologie zu einem durch die Tänzer und den Tanz generierten »generative field of the overall fluid«.[260] Der Tanzwissenschaftler Laurence Louppe äußert sich zu der Verbindung von Architektur und der Laban-Notation in einem Gespräch mit dem Urbanisten Paul Virilio: »Ich möchte hinzufügen, dass Laban die Bewegung des Körpers als eine Art Partitur begriff, dessen wesentliches Ordnungsprinzip er in der ›Aktion‹ sah, das heißt, in der Verlagerung des Gewichts: diese Gewichtsverlagerung organisiert eine innere Kartographie, ja eine Geographie, in der die Raum-Zeit-Beziehungen bereits einen architektonischen Raum einschliessen. Wenn er (Laban, J. H.) Aktions- bzw. ›Spurformen‹ spricht, bedeutet dies die Konstruktion des Raumes mittels des eigenen Gewichts, durch die Gewichtsverlagerung. Auch das ist eine Geographie«.[261]

Louppe gibt hier einen Ansatz zu einer Integration und Erweiterung des Tektonikelementes – von »Gewicht« und »Konstruktion« – in der Tradition der Architektur. Aus einem traditionell statischen Element kann auf diese Weise – über den Umweg über Topologie und Tanz – eine dynamische architektonische Tektonik der Aktion werden. Merce Cunningham und verschiedene seiner Schüler erarbeiten in der »Zwischenwelt« von Notation, Computernotation, Choreographie und computer simulierter Choreographie Weiterentwicklungen dieser interdisziplinären Verknüpfungen. Merce Cunningham hatte schon früh zusammen mit John Cage und zum Teil mit Robert Rauschenberg Tanz aus seiner klassischen illustrierenden Tradition herausgerissen und als realen, körperlichen Raum in einer Einheit von Bühnenraum, Bühnenbild, Musik und Tänzern umgesetzt.

Der Regisseur, Autor und Bühnenbildner – er nennt sich Scenograph – Robert Wilson erarbeitet sehr abstrakte szenische Räume – topologische Räume der Inszenierung, die den traditionellen Bühnenraum, den Aktionsraum der Schauspieler und der »Erzählstruktur« transformieren.[262] Robert Wilson benutzt die bühnentechnischen Elemente gezielt als strukturelle Shifter, um die traditionellen Muster von Wirklichkeit, Bühnenwahrnehmung, Subjekten und Bühnensymbolik aufzuheben, in die Schwebe zu bringen. Differenz, Paradoxen, Knoten spielen topologisch dabei eine übergeordnete Rolle. Der Architekt Bernard Tschumi würde in diesem Zusammenhang von einer Topologie des »Shock« sprechen. (Siehe Kapitel über Singularitätstheorie). »Auch der Raum wird bei Wilson umdefiniert. Wie die Zeit zerfällt, so konstituiert der Raum keine Einheit, er wird segmentiert. In scheinbar vollständiger Unabhängigkeit voneinander finden Ereignisse auf verschiedenen Ebenen des Bühnenraumes statt, der gleichsam in Streifen (Streifentopologie/Quotiententopologie, J. H.) zerlegt wird. Requisiten und Deplatzierungen stellen unaufhörlich in Frage, ob ein Raum innen oder außen, Stadt oder Land, groß oder klein sei«.[263]

Das filmische Genre »Roadmovie« ist die »Verkörperung« schlechthin der bis jetzt in dieser Arbeit angesprochenen topologischer Kartographierung kontextueller »Irritationen« in der Architektur der randlosen Stadt.[264]
Bewegung, Spurensuche, flüchtiges Mapping von Impressionen, Trash, kleine alltägliche Geschichten, Träume und Realität, endloser »randloser« Raum und lokale Handlungen und so fort. Für die Urbanität in Nordeuropa sei dabei speziell auf die frühen Road Movies von Wim Wenders hingewiesen: Alice in den Städten (1973), Falsche Bewegung (1975), Im Laufe der Zeit (1977). Roadmovies beginnen im alltäglich Trivialen, im Generischen und mutieren über ein rekursives Aufschaukeln der Handlung und der Szenerie zum Pathologischen. In Europa ist ein starker Einfluss des Nachkriegs-»nouveau realisme« und des Autorenfilms zu finden. Die dadurch repräsentierte Form des alltäglichen Realismus stand zusammen mit neuen Tendenzen der Literatur[265] Pate für eine Standortbestimmung der Architektur der 80er Jahre: »Dirty Realism in der Architektur« von Liane Lefaivre.[266] Neben dem Recording und Notieren einer alltäglichen Ästhetik formiert sich im Roadmovie eine Überlagerung durch die psychologische Topologie der Akteure, eine topologische »Verortung« einer dynamischen Psyche in der Tradition von Kurt Lewin und Jacques Lacan.[267] Diese Überlagerung wurde in »Lost Highway« (1998) von David Lynch zu einem eigenen erzählerischen Bestandteil; die rekursive, nichtorientierte Verschlaufung und Verknotung von Raum und Zeit, mit dem Vorhandensein von filmischen, topologischen »Löchern« des Nichtseins bestimmen dieses Roadmovie.
Zum Thema der randlosen Stadt mit den kleinen alltäglichen überspitzten, psychologisierten Inszenierungen der einzelnen Persönlichkeiten der Bewohner in den US-amerikanischen Vororten gehört auch der Film »True Stories« (1986) des Musikers und Architekten David Byrne.

Typologie und Abbildung

Topologie in der Mathematik sieht ihren Zweck vor allem in der Klassifikation von möglichen, abstrakten Räumen – topologischen Räumen. In der Tradition der Naturwissenschaften des 19. Jahrhunderts ist sie in dieser Hinsicht sehr stur und klassisch/klassizistisch organisiert. Den Beginn einer systematischen Klassifikation der Topologie kann man im »Erlanger Programm« (1872) von Felix Klein sehen.[268] Die Klassifikation ist dabei einerseits Kommunikationscode, man weiß dann leichter über welche Topologie man überhaupt spricht, andererseits auch das wissenschaftliche Gerüst und Ziel, das man möglichst vollständig erforschen will; ein Ziel, das zu erreichen in den letzten Jahren immer unwahrscheinlicher zu werden droht. Es tauchen immer mehr »offene« Klassen auf, von denen bewiesen sei, dass sie nicht vollständig klassifizierbar sein werden.

Die typologische Klassifikation der Architektur fand schon früher statt, auch gemäß dem selbigen Wunsch einer Systematisierung und Verwissenschaftlichung der Architektur. Ihren Höhepunkt fand die akademische Wissenschaft der Typologisierung von Architektur im Frankreich des 18. und 19. Jahrhunderts.[269]
Es sind darin verschiedene Motive zu finden:

- die Formulierung eines neoplatonischen Ideals – des Ideal-Typs – in der Architektur durch Antoine Quatremère de Quincy (1755–1848): »Encyclopédie méthodique d'architecture«, Paris 1788;
- die Fundierung und Legitimation der Architektur in der Natur und der Naturwissenschaft mit der Rückbesinnung auf Archetypen durch Marc-Antoine Laugier: »Essais sur l'architecture«, Paris 1753;
- die methodische Praxiskapazität des Typs als Modell durch die klare Formulierung von neoklassizistischen Regeln und Elementen durch J. N. L. Durand (1760–1834): »Précis des lecons d'architecture données à l'école Polytechnique« (Paris 1802–05);
- die Bindung der Architektur an Typ, Form und Funktion durch Jacques Francois Blondel (1705–1777): »Cours d'architecture« (Paris 1771–1777);
- Typ als künstlerischer »Charakter« der Architektur, der semantischen Erkennbarkeit, durch Etienne Louis Boullée (1728–1799): »Architecture: Essais sur l'art«;
- die Interaktion von Lage, Gestalt und Anordnung der Gebäude durch Francesco Milizia: Prinzipi di architettura civile, Mailand 1832.[270]

Durch die Langzeitwirkung dieser Formulierungen entwickelte sich nach Alan Colquhoun eine an den architektonischen Typ gebundene, ästhetische Doktrin, sowohl auf der künstlerischen als auch auf der sozialutopischen Ebene; eine Bindung, die von der klassischen Moderne übernommen wurde.[271]
In der zweiten Hälfte des 20. Jahrhunderts finden wir durch den Kontextualismus der Neorationalisten, der Schule von Venedig und der Schule um Colin Rowe ein Revival typologischer Betrachtungsweisen in der Architektur. Es wird dabei die Typologie der »anonymen Architektur«, der »architettura minore« entdeckt und der Repräsentationsarchitektur der französischen Typologie übergeordnet.[272] Für eine Untersuchung »urbaner Topologie« im Kontext einer randlosen Stadt wird jeder Baukörper zu einer »anonymen Architektur«. Er unterliegt Transformationen und Deformationen durch den realen Kontext der Stadt.
»What then is a type?«, fragt sich Rafael Moneo, »It can most simply be defined as a concept which describes a group of objects characterized by the same formal structure. It is neither a spatial diagram nor the average of a serial list. It is fundamentally based on the possibility of grouping objects by certain inherent similarities«.[273]

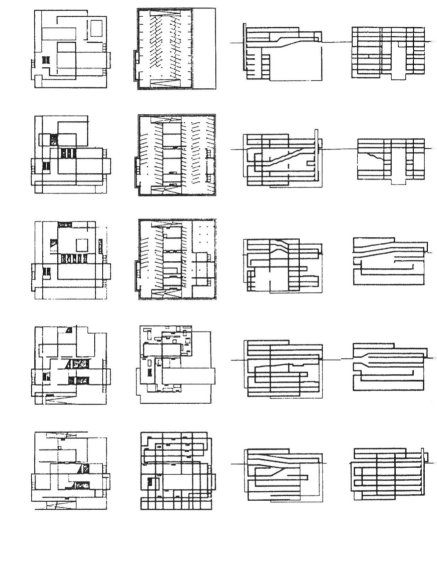

Typologie ist bei Moneo kein Klassifikationsmuster mehr und kein reines Vehikel der Analyse (wie zum Beispiel in der »Tessiner Schule« und der akademischen Tätigkeit von Aldo Rossi). Typologie und nicht nur die Morphologie wird ein Teil des urbanen Transformationsprozesses .

Aldo Rossi formuliert 1966 mit »L'architettura della città« einen klassifizierenden, enzyklopädischen Ansatz für den Bezug von Typus zu Stadt. In seiner Referenz an Francesco Milizia ist in der Idee der Interaktion der Gebäude durch Anordnung, Lage und Gestalt versteckt ein topologischer Ansatz – der Analysis Situs von Leibniz – angelegt.[274] Diese strukturelle Relation bezieht Rossi auf die Lage der Baudenkmale, der Monumente, die für ihn primär die Stadt morphologisch bestimmen: »Dabei erweisen sich die Baudenkmäler als Fixpunkte innerhalb der städtebaulichen Dynamik, die sich auch wirtschaftlichen Gesetzen nicht unterordnen, während das für die primären Elemente im allgemeinen nicht zutrifft«.[275]

Im selben Jahr wie Rossi schreibt Vittorio Gregotti sein »Il territorio dell'architettura« – teilweise teilen sich die beiden sogar die Arbeitsräume.[276] Gregotti bezieht sich in seiner Lesart weniger nur auf die historischen Innenstädte als auf das gesamte potenzielle Territorium des Architekten. Neben dem Strukturalismus nennt Gregotti vor allem die Phänomenologie von Maurice Merleau-Ponty als maßgeblichen Einfluss. Dieser phänomenologische Ansatz erlaubt ihm, den Typologie-Begriff flexibler als Rossi zu handhaben. Der Typ ist für ihn ein Teil einer urbanen Geographie, die sich bewegt und transformiert und mit ihr auch die territoriale Typologie.[277] Der Typ besitzt in diesem Territorium dabei weniger einen funktionalen als einen phänomenologisch-semantischen Charakter.[278] Aus den Konstellationen und phänomenologischen Konfigurationen erschließt sich der »geographische Support« der Architektur.[279] Merleau-Ponty stellt diesem topologischen Raum den euklidischen Raum der Repräsentationen gegenüber. Man gehe von Umrisslinien zu Umgebungen, von geometrischen Formen zu Konstellationen und Artikulationen;[280] einer »Architektur der Konfigurationen«.[281] In Gregottis Umgang mit der Stadt und dem Territorium entdeckt man eine in topologischem Sinne qualitative Betrachtung der typologischen Transformationsabbildungen und derer potenziellen Invarianten, jenseits von Standard, Norm und Serie, im Gegensatz zum quantitativen, standardisierten Denken von Typen der klassischen Moderne.[282]

Zwei Prämissen für einen typologischen Ansatz im architektonischen Entwurf sind heute im Kontext der randlosen Stadt nicht mehr vorhanden:

- Es besteht in der anonymen Architektur der Großstädte, der randlosen Städte, keine typologische Homogenität der Nachbarschaftsbeziehung mehr. Urbane Morphologie ist nicht mehr an das Aufsummieren von Typen zu binden.
- Es besteht keine Bindung von Typ, Form und klassisch-modernem Funktionsbegriff mehr.

In Konsequenz muss Typologie sich stärker an topologischen Invarianten der Stadt orientieren und gewinnt dadurch eine Flexibilität zurück, wie sie heute auch von der Funktionsseite der Architektur abverlangt wird. Christoph Luchsinger: »Der Zwang nach kontextueller Einbindung und die Forderung nach ›voller Flexibilität‹ verlangen dem architektonisch-städtebaulichen Projekt wesentlich mehr Offenheit ab als bisher. Es muss in der Lage sein, heterogene Einbindungskriterien und variable Szenarien absorbieren zu können. Funktionale Beweglichkeit ist umso wichtiger geworden, als sich die Grenzen zwischen den verschiedenen menschlichen Tätigkeiten mehr und mehr vermischen: Wohnung und Arbeit, Arbeit und Freizeit, Freizeit und Mobilität, Mobilität und Wohnen, usw. Auch dieser Prozess ist in seinen potenziellen Folgen langfristig nicht absehbar, jedoch für die Herausbildung der räumlichen Infrastruktur auf allen Maßstabsebenen absolut entscheidend«.[283]

Typologische Konzepte mit topologischen – konfigurativen – Elementen finden wir in der Architekturgeschichte vor allem bei Milizia und Blondel.

Hanno-Walter Kruft fasst Milizias Position einer heterogenen Stadt und deren Lage und Gestalt zusammen: »Milizia gliedert seine Theorie […] nach den Vitruvianischen Kategorien firmitas, utilitas, venustas, die bei ihm jedoch in umgekehrter Abfolge als belleza, commodità und solidità erscheinen. […] Unter der Kategorie ›commodità‹ ist vor allem Milizias urbanistisches Konzept beachtenswert. Er stellt alle Probleme von Gebäude-Typologie unter eine urbanistische Fragestellung. In der Renaissance-Tradition hält er an regelmäßigen geometrischen Figuren für die Anlage neuer Städte fest, doch im Innern einer Stadt fordert er Abwechslung, Kontraste, sogar Unordnung. Er spricht sich sehr dezidiert gegen die Uniformität eines Stadtbildes aus. Der Gesamteindruck einer Stadt müsse sich in eine Unendlichkeit schöner Details gliedern, die alle untereinander verschieden (Differenzen – Derrida, J. H.) seien und ständige Überraschung (Singularitäten, J. H.) beinhalten sollten«.[284] Letzter Satz könnte in anderer Sprache auch in Rem Koolhaas' Manifest der Generic City auftauchen. Heute hat sich vor allem aber die Erkenntnis durchgesetzt, dass dieser Gesamteindruck im Sinne Milizias gar nicht zu vermeiden ist – nicht im Kontext der randlosen Stadt. Und fast im Sinne Milizias Konfiguration konstatiert Bernard Tschumi: »Ich glaube, dass die Topologie – ein sehr altes Wort – sehr fruchtbar ist, da sie eben von räumlichen Konfigurationen handelt. Kurz, ich interessiere mich für Topologie weit mehr als für Typologie«.[285]

Bei Jacques Francois Blondel (1749) sollte die Funktion den »Abdruck« der Type (im typographischen Sinne) tragen und so die generelle Form des Gebäudes bestimmen.[286] In seinem Cours d'Architecture (1771) listet er die verschiedenen Variationen für ein architektonisches Repertoire auf und qualifiziert deren funktionalen Charakter: Theater, Tanzhallen, Festhallen, Ratshäuser, Friedhöfe, Schulen, Spitäler, Hotels, Bibliotheken, Akademien, Fabriken, Brunnenhäuser, Schwimmbäder, Markthallen, Schlachthöfe, Gefängnisse usw. Diese Bindung von

Form und Funktion bleibt in der klassischen Moderne erhalten. Durch den neu erwachten Kontextualismus der 60er Jahre erwachsen aber Zweifel an der Allgemeindeutigkeit dieser Dualität.

Aldo Rossi schreibt 1966: »Meine Polemik gegen den naiven Funktionalismus bedeutet aber nicht, dass ich den Begriff der Funktion in seinem eigentlichen algebraischen Sinn ablehne. Denn in dieser algebraischen Bedeutung impliziert der Begriff, dass Werte als Funktionen anderer Werte verstanden werden und dass zwischen Funktion und Form komplexere Beziehungen als die lineare Beziehung von Ursache und Wirkung bestehen, die der Wirklichkeit widerspricht«.[288]

Auch Aymonino ist stärker an den funktionalen Komponenten der Typologie interessiert und betrachtet Typologie mehr als Instrument denn als Kategorisierung. Er unterscheidet den ersten Level der »formalen unabhängigen Typologie« der Klassifikation zum Erkennen von Differenzen und den zweiten Level der »funktionalen angewandten Typologie«, die er zum Verständnis der Resilienz der Typen unter den urbanen Transformationen verwendet.[289]

Die Rossi-Schule erweitert den Funktionsbegriff um die so genannte »zweite Funktion« der Semantik von Umberto Eco und Roland Barthes.[290] Vittorio Gregotti fügt dem die Phänomenologie an. Man spricht danach allgemein von einem »erweiterten Funktionsbegriff« in der Architektur. Heute, nochmals 20 Jahre später, sind Funktion und Typ austauschbar: Büros in Wohnhäusern, Lofts in Fabriken, Kirchen in Gewerbehäusern, Schulen in Bürohäusern etc., Funktion und Typ sind getrennt. Die randlose Stadt ist typologisch heterogen und multifunktional. Typen werden zu topologischen Rohräumen; und müssen noch »gekocht« (als Verweis auf Lévi-Strauss' »Das Rohe und das Gekochte«) – d. h. in unserem Zusammenhang kontextuell transformiert und deformiert – werden.[291]

In der sich aus der Rohheit ergebenden abstrakten Reduktion des Typus spricht Rem Koolhaas im Verweisen auf kommerzielle US-amerikanische Bautradition vom »Typical Plan«: »It is zero-degree architecture, architecture stripped of all traces of uniqueness and specifity. [...] The ambition of Typical Plan is to create new territories for the smooth unfolding of new processes, in this case, ideal accommodation for business. [...] Business can invade any architecture. [...] Typical Plan is minimalism for the masses [...] that transcendends the practical to emerge in a rarified existential domain of pure objectivity. [...] indeterminancy: to be typical, it must be sufficiently undefined. [...] Typical Plan is democratic«.[292] André Bideau nennt dies direkt eine De-Typologisierung einer nicht mehr funktionsgebundener »neutraler« Architektur als einem »robusten« Produkt.[293] Bideau weist auch auf den Zusammenhang zwischen der Typologiediskussion und der Frage nach der Autonomie der Architektur hin, wie sie jüngst auch von K. M. Hays[294] aufgegriffen wurde: »Dieselbe Frage (nach der Rolle des Architekten innerhalb der Konsumgesellschaft [...] – beruflich und ethisch) stand am Ausgangspunkt der Typologiediskussion der Siebzigerjahre (Tendenza/Architettura Autonomo, J. H.): Der Typus fand (wieder) Eingang ins architektonische Bewusstsein, als ein kultureller Widerstand gegen den Bauwirtschaftsfunktionalismus erwachte […] Dank den in der Typologie abgelagerten Spuren von Gebrauch und Wiederholung war eine ›robuste‹ Architektur in der Lage, auf die Herausforderungen ihres jeweiligen Umfeldes selektiv und entwerferisch zu reagieren – sei dies durch morphologische Figuration, sei dies durch Applizieren von Bildern und Zeichen. […] Während die Gebäudehülle ihren Dialog mit der Umgebung einfriert, meidet der Innenraum strukturelle Festlegung und wird zum Ort mit Ereignischarakter. […] Augenfällig ist die formale Homogenisierung von Architekturen, die sich einst durch klare typologische Eigenheiten voneinander unterschieden haben. […] Komplexe Sachverhalte werden durch die Tektonik minimalistischer Oberflächen und stummer Räume entmaterialisiert.«[295]

Die ideale typologische Form à la Quatremère de Quincy ist bei Koolhaas unsichtbar geworden. Bautypologien entziehen sich vollständig den Nutzungsfunktionen – einer Bindung, die in den 70er Jahren noch von Niklaus Pevsner in »A History of Building Types« als Doktrin behandelt wurde.[296] Die Nutzungen ihrerseits sind instabil geworden. Firmen ändern Namen und Inhalte stündlich, Berufsbezeichnungen verschwinden und neue tauchen auf, Ausbildungsinhalte passen sich an oder nicht: Funktion ist zu einem dynamischen System unserer Kultur geworden und stellt keinen gesellschaftlichen oder urbanen Fixpunkt mehr dar.

Insofern ist das Festhalten von Architekten wie Winy Maas oder Ben van Berkel (beides OMA-Schüler) an einer urbanen Definition über »Infrastruktur« völlig unverständlich und als antiquierte Referenz an den CIAM veraltet.

Topologische lösen die typologischen Qualitäten Schritt für Schritt ab, was die großmaßstäblichen Projekte von Rem Koolhaas für Zeebrugge, Karlsruhe und Paris eindrücklich zeigen. Eine topologische Re-Invention von urbanem Typ findet statt.[297] Typen werden durch topologische Transformationen räumlich neu entworfen. Micha Bandini beschreibt dies, indem er G. C. Argan zitiert:

»G. C. Argan proceeds to demonstrate that typology is not merely a system of classification but rather a creative process.[298] […] he states that the usual means of classifying typology is according to the following hierarchical categories: first, the urban scale, with its configurations of buildings; second, the building scale, with its large constructed elements; third, the detail scale and its decorative parts.«[299]

Im Sinne solcher stetiger Transformationen ist dieses Vorgehen in der randlosen Stadt kontextuell wirksam; sowohl historisch-atopisch als auch visionär-utopisch. Das Berücksichtigen der inhärenten Polykontextualität ist eine erwünschte Akzeptanz der in den »neuen« Typen und Topoi enthaltenen Polysemie: Ambiguität, wie sie schon Umberto Eco in »Opera Aperta« forderte.[300]

Die Typologie der topologischen Transformationsabbildungen im urbanen Kontext der randlosen Stadt orientiert sich an der topologischen Qualität von Filmen, Werbespots, Kurzgeschichten, Tanzchoreographien und der digitalen Netzkultur: Sie ist widersprüchlich, nicht-orientierbar, differenzierend. Die topologische Typologie wird zu einem »object trouvé et transformé« im Sinne von Marcel Duchamps.

Generische topologische Karten: Mapping »[…] all the maps you have are of no use, all this work of discovery and surveying; you have to start off at random, like the first men on earth; you risk dying of hunger a few miles from the richest stores […]«. Michael Butor: Degrée[302]

Das Werkzeug der Abbildung ist traditionell das Mittel des Architekten, Urbanisten oder Geographen zur Repräsentation ihrer Analysen und Entwürfe. Zum klassischen Plan der Architektur hat sich über die Sozial- und Stadtgeographie heute wieder ein verstärktes Interesse an »Karten« und »Kartographierungen« gesellt.[303] In einer »urbanen Topologie« gilt es, die Werkzeuge aus der Mathematik, der Geographie, der Planung und hier im speziellen der Architektur zuhanden von Applikationen zu verknüpfen. Architekten untersuchen Vorgehensweisen für Kartographierungen, Abbildungen, Transformationen und Deformationen. Damit werden auf unterschiedlichste Weisen urbane Phänomene topologisch visualisiert, eine Visualisierung, die über einen rein repräsentativen Charakter hinausgeht. Da sie Gegenstände beinhaltet, die in herkömmlichem Sinne »zu groß« oder zu komplex sind, wird aus den Transformationsabbildungen ein eigentliches emergentes Erscheinen, das selbst schon wesentlichen Anteil am Entwurf hat. Der Topologe »entwirft« wie ein Architekt »Raum« .
Die im ersten Teil dieses Kapitels angesprochene kontextuelle Differenzierungstheorie auf der Basis von Jacques Derridas Différance, die sich daraus ableitende Paradoxie und die Unübersichtlichkeit der randlosen Stadt haben gemeinsam, dass sie im unmittelbaren Moment der Wahrnehmung in gewissem Sinne »unsichtbar« sind. Bei Derrida durch die temporale Verschiebung, die für einen Moment Unentscheidbarkeit überdeckt, bei der randlosen Stadt durch das endlose, unüberschaubare Ausmaß. Beide Phänomene kommen in der Topologie vor. Sie behilft sich in der Wahl ihrer Werkzeuge: den Transformationsabbildungen, die translokal visualisieren. Die Abbildungen, auf Englisch »Maps/Mappings«, machen Kontext sichtbar. Dies geschieht nicht automatisch. Man muss die Transformationsabbildungen aktiv untersuchen. Wichtigster Faktor für die Topologen sind dabei die schon beschriebenen Invarianten. Wir beschränken uns hier auf einfache nichtnumerische Invarianten. Stetigkeit, Wegzusammenhang, Kompaktheit, Umgebung und Überdeckung, aber auch Punktierung, Löcher, Henkel sind topologische Invarianten, die als Begriffe schon von vornherein eine große architektonische Assoziationsfähigkeit ausstrahlen. Genaugenommen bilden sie Kriterien, die in jedem Entwurfsprozess eine archetypische Rolle spielen. Sie sind stillschweigend darin enthalten. Die »Urbane Topologie« bietet die Möglichkeit

einer Reflexion über ihr erweitertes Potenzial bezüglich Bedeutung, Handlung und Wirkung. Einmal mehr muss man dabei auf die nicht-euklidischen, nicht-metrischen Eigenschaften dieser Invarianten hinweisen, die für Kontexte, die schwer numerisch fassbar sind, wichtig werden.

Kartographische Methoden des Mappings – des Abbildens – finden ihre Tradition in der militärischen Aufklärung und in der Geographie. Eines der wichtigsten vor allem auch räumlichen Kartographierungsmedien bildet seit jeher aber das menschliche Gehirn. In der antiken und mittelalterlichen Erzählkunst, die großteils ohne Schrift auskam, bildete die Mnematik, die kognitiven Karten der Erzählung, eine Raumtradition der Orientierung innerhalb von z. T. auch überdurchschnittlich langen Epen, Gedichten und Erzählungen. Der Erzähler durchschritt mental gebaute »Räume«, in denen er Fragmente der Erzählung wiederfand.[304] Der Architekturtheoretiker Stanford Anderson spricht deshalb auch von »Erinnern durch Architektur«.[305] Er folgert aus einer Analyse von mittelalterlichen Klöstern eine Form der topologischen Invarianz von Typen, die durch »Mnemo-Technik« erhalten wird und bleibt.[306]

Wir finden in Derridas Konzept der Différance eine Motivation für den Topos des mnemonischen Raumes. Der Moment des »Aufschubs« in der Wahrnehmung der Produktion von Differenz schlägt auf das Gedächtnis zurück und »verräumlicht« – siehe oben. Gleichzeitig findet ein Verschieben, eine Dezentrierung des Kontextes statt.[307] Diese Bewegung vollzieht auch das Erkenntnisdreieck von Wirklichkeit, Subjekt und Repräsentation. Es ist demzufolge kein Wunder, dass Daniel Libeskind im Kommentar zu seiner Installation an der Architekturbiennale Venedig 1985: »Three Lessons in Architecture« das Standardwerk von Francis A. Yates zur Kunst des Erinnerns zitiert.[308] Die Idee der Mnemonik bestand darin, einen eigentlichen Mnemo-Palace – einen Gedächtnis-Palast zu bauen.[309] Ein architektonisches Memory-Artefakt. Die Mnemo-Stadt, als polykontextuelle Erweiterung des mnematischen Konzeptes, finden wir wieder im in Architekturkreisen sehr beliebten Buch von Italo Calvino: »le Città invisibile.«[310] Obwohl in Architekurentwurfsklassen und Seminaren immer gerne einzelne »Städte« je nach Belieben daraus ausgewählt werden, wird in einer eingehenderen Hermeneutik klar, dass es sich bei Italo Calvinos Roman um die Summe verschiedenster Betrachtungsweisen einer einzigen, ein und derselben Stadt handelt: einer großen urbanen mnematischen Karte. »The City of the Collective Memory« von Christine M. Boyer bildet eine entsprechende wissenschaftliche Umsetzung bezüglich unserer Städte bis in die zweite Hälfte des 20. Jahrhunderts hinein.[311]

Rem Koolhaas schreibt zur Mnemo-City: »Statt spezifischer Erinnerungen sind die von der generischen Stadt hervorgerufenen Gedankenverknüpfungen allgemeine Erinnerungen, Erinnerungen an Erinnerungen: wenn nicht alle Erinnerungen zur selben Zeit, dann zumindest ein abstraktes, symbolisches Erinnern, ein endloses (topologisches, J. H.) Déjà vu, generisches Erinnern«.[312]

Mnematik und Kartographie spielen beide mit »dem Vorgefundenen«, dem

Gefundenen und dem »als ob Vorgefundenen«, dem Simulakrum der Notation.[313] Es ist deshalb nicht verwunderlich, dass zeitgenössische Kunst immer wieder und oft mit Mitteln des Mappings arbeitet.[314] »Überall und zu allen Zeiten diente die Kunst [...] als Zufluchtsort für jene existentiellen Kartographien, die sich in der Annahme gewisser Brüche im ›existentialisierenden‹ Sinne begründeten«, schreibt Felix Guattari.[315]

Ein Aktualisierung von Mnematik durch kulturelle Kartographie entfernt sich nach Slavoj Zizek von einem historisch-nostalgischen Erinnern. »Wir versetzen uns nicht in den Geist der Vergangenheit«.[316] In einer Analogie zwischen Lacan und Kierkegaard deutet er auf eine »Erfahrung unserer Gleichzeitigkeit« als Wiederholung hin und entwickelt »Modalitäten der Wiederholung« auf der Basis von Lacans topologischer Triade des »Imaginären, Symbolischen und Realen«. »Im ästhetischen Stadium (in Analogie zu Lacans Imaginärem, vgl. Kap. »Homotopie«, J. H.) wird die Unmöglichkeit der Wiederholung erfahren: in Gestalt der Sackgassen des Imaginären, auf die das Subjekt trifft, wenn es den Versuch unternimmt, die Fülle vergangener Freuden wiederaufleben zu lassen. [...] Mit anderen Worten, es ist ein selbstbezügliches Paradoxon: Der ideale Punkt zwischen Hoffnung und Erinnerung ist genau und ausschließlich in dem Modus der Hoffnung und der Erinnerung gegenwärtig. [...] Die prägnanteste Bestimmung des Status der Wiederholung [...] ist natürlich deren Reflexion in sich: Insofern die Wiederholung nicht möglich ist, ist es möglich, gerade die Erfahrung dieser Unmöglichkeit zu wiederholen, d. h. das Scheitern des Versuchs, das Objekt zu erreichen«.[317] Eine Topologie der Kartographie, der Transformationsabbildungen bewegt sich in diesem von Zizek beschriebenen Spannungsfeld.

Auf der Basis der erläuterten Verbindung zur Differenztheorie ergeben sich dabei zwei Bewegungen: Einerseits bedingt durch Differenz und Mnematik ein »Finden« von komplexer Vergangenheit – eine Form der Verzögerung/Delay des Mappings, andererseits aber ein, wie es Virilio formuliert, dem Militär entliehenes »taktisches, strategisches« und auch spekulatives Mapping in die Zukunft hinein.[318] Letzteres bedingt bis zu einem gewissen Grade ersteres, besitzt aber auch autonome Komponenten. Für die Architektur kann man diese Interaktion im weitesten Sinne »Entwurf« nennen.

Ein Wegzusammenhang wird definiert über seine Zusammenziehbarkeit auf einen Punkt – einem Deformationsretrakt (siehe unten). In kulturellem Kontext bedeutet dies ein Zusammenziehen eines Pfades auf einen Gedächtnispunkt. Pfade und Memotechniken sind, wie auch der Landschaftsarchitekt und Historiker John Brinckerhoff Jackson in »Roads belong in the Landscape« nachweist, unwiderruflich in einem kollektiven Gedächtnis verankert.[319] Wege und Pfade strukturieren kulturelles Leben und sind vergleichbar mit der Funktion von Marcel Mauss' »Gabe«, Claude Lévi-Strauss' »Mythen« oder Victor Turners »Rituale« als anthropologischer Invarianten. Dasselbe gilt unserer Meinung nach im Kontext einer randlosen Stadt. Jackson beginnt seine Studie bei den Pfaden vorcolumbianischer Indianer – Dorfpfaden, Pfaden ins Farmland, Pfade in die Außenwelt, Kriegspfade, über die Pilgerwege Mittel- und Südeuropas zu den Metaphorisierungen im Diskurs von Wegnetzplanungen heutiger Tage: Kreuzungen, Sackgassen, Umwege, Wege der Vereinigung, Kollisionskurse etc.[320] Kulturelle Überlieferung und inszenierte Metaphorisierung der Wegzusammenhänge formieren »Urbane Topologien«.

Der Autor Paul Auster lässt in seiner Kurzgeschichte »City of Glass« den Hauptakteur versuchen, einen Weg durch Manhatten zu rekonstruieren.[321] Dieser Weg – immer der »selbe« Weg – bekommt bei jedem Versuch der Rekonstruktion eine neue Ausformung, er ist deformiert. In sprichwörtlich topologischem Sinn liegt der Kern von Austers Geschichte in der Frage, ob diese Wege einen vollständigen, stetigen, glatten Zusammenhang besitzen und ob diese jeweils die »selben« sind. In der Position der intrinsischen Beobachtung finden wir darin Bernard Tschumis Aspekt des »Labyrinthischen« als Teilfunktion des Paradoxen der Architektur.[322]

Die Tradition der Architektur hat bis vor kurzem einen Umgang mit topologischen Invarianten, wie wir ihn bei Paul Auster finden, nicht berücksichtigt. Eine Auseinandersetzung mit Topologie war immer objektbezogen. Jakob Tschernikow, Theo van Doesburg, Frederick Kiesler, Peter Eisenman, William Alsop, und Ben van Berkel, um Beispiele aus diesem Jahrhundert zu nennen, haben die »Topologie als Gegenstand«, als singuläres Objekt umzusetzen versucht. Bei Kiesler (Endless House Project, 1947–1960), Eisenman (House X, 1975–78) und van Berkel (Möbius House, 1999) geht es dabei um Versuche einer direkten architektonischen Umsetzung des Möbiusbandes in einen architektonischen Entwurf. Ich nenne diese Versuche »Frozen Topology« – eingefrorene Topologie. Robin Evans hat anhand von Eisenmans Versuch die Problematik beschrieben: »In the description of House X!a (1980) Eisenman introduced topological geometry. Topology is the mathematical study of non-metric surfaces and spaces, that is the investigation of pliable forms within which measured distances are of no account. He (Eisenman) knows this and indicates as much, yet the project is composed of the familiar metric elements in the familiar orthogonal format. […] The blind totality of the transformation; the plasticity of the topological surface; the inconceivable in-betweenish dimensionality of the fractal, if brought directly into play, would threaten the most stable and fundamental features of architecture as it is now practiced. Rectilinearity, measurment, space might all stretch or collapse beyond recognition under their pressure, or they might behave thus if Eisenman's gang of mathematical disruptors were allowed affect anything drastically. But no – They appear to have been kept in check. To such an extent have they been kept in check that it is, at first, hard to identify even faint traces of their influence, or to discard their metaphorical shadows in his compositions of rectilinear frameworks and rectangular planes whose articulations are determined by whole-number subdivisions […], and which for the most part remain undisturbed and undeformed«.³²³ Das große Problem in einer gebauten Umsetzung stellt die damit verbundene Metrisierung und Euklidisierung eines an sich nicht-metrischen, nicht-euklidischen Raumbegriffes dar.

In eine ähnliche Richtung zielt Arjen Oostermans Kritik am Möbiushaus von Ben van Berkel. Im Gegensatz zu van Berkels konzeptueller Intention der Geschwindigkeit und der Bewegung als Manifestationen im Entwurf entwickelt sich vor allem, auch bedingt durch die Schwere der Beton-Materialisierung, etwas überinstrumentiert »Unheimisches« (Ostermann), mit Design als Selbstzweck: »Architektur als Ornament«.³²⁴ Man sollte dieser Kritik aber entgegenhalten, dass avantgardistisches prototypisches Bauen solche Überhöhungen zur Vermittlung seiner Aussagen braucht und immer schon gebraucht hat. Avantgarde legitimiert sich bis zu einem gewissen Grad auch als didaktische Architektur. Im Falle einer Integration von Topologie in die Architektur scheint mir eine Haltung der »Architecture Parlante« aber etwas unglücklich. Sie wird dem Potenzial der Materie wenig gerecht. Eine »Topologie des Gegenstandes« ist nur möglich, wenn sie versucht, phänomenologische, semantische und kontextuelle Qualitäten von Objekten in die Methodologie des Enwerfens zu integrieren.³²⁵ Eine gebaute Topologie als symbolische Form sieht sich mit den heterogenen kontextuellen Denktraditionen von Cassirer, Simmel und Bourdieu konfrontiert, die gemeinsam nach einer gesellschaftlichen Verankerung der symbolischen Formen fragen.³²⁶ Ist Topologie Versinnbildlichung ihrer selbst oder bietet sie Werkzeuge für hermeneutische Analyse im urbanen Kontext und für einen handlungsorientierten Entwurf?

Im letzteren Fall bietet die Topologie Hand zur Formulierung und Formierung der Bedingungen (engl. »constraints«) für die Deformation des topologischen Raumes.

Eine solche Deformation durch Constraints finden wir z. B. in der Architektur von Daniel Libeskind. Seine kontextuellen topologischen Randbedingungen sind definiert respektive formiert durch eine Topologie des Mythos:³²⁷ Dem Mythos des Ortes, der jüdisch-christlichen Denktradition, des Raumes, der Architekturtradition. Die Komplexität des Werkes von Libeskind, deren Deformationen, ergeben sich durch eine rekursive Anwendung. Die Topologien der Mythen fallen auf sich selbst zurück. In einer Analogie zur Kybernetik kann man so von einem Mythos des Mythos, einer »second order«-Topologie sprechen. Libeskind kartographiert (engl. »mapping«) im Sinne von topologischen Transformationsabbildungen diese Mythen in minutiösen Mappings und Mapping-Modellen; er deformiert durch diese Randbedingungen das architektonische Projekt. Der topologische Raum der Architektur wird durch Bedingungen in seinem urbanen Kontext verankert. Um den Mechanismen der Umsetzungen auf den Grund zu gehen, lohnt es sich, am Beispiel von Daniel Libeskind auf eine seiner frühen Arbeiten zurückzugreifen: Die »Drei Lektionen in Architektur« für die Architekturbiennale in Venedig 1985 vereinigten eine Lese-Maschine, eine Gedächtnismaschine und eine Schreibmaschine.[328] Libeskind verweist damit auf die mittelalterliche Tradition eines architektonischen Konzeptes der »Machina mundi« und auf den zur Architektur gehörenden Maschinenbegriff bei Vitruv.[329] Vitruv hatte »seine« Maschinen im zehnten und letzten Buch seiner »Zehn Bücher über Architektur« in Wasserschöpfmaschinen, Zeitmessmaschinen und Verteidigungs- respektive Angriffsmaschinen unterteilt. Die Unterteilung macht deutlich, dass diese Maschinen nicht nur Transformationen stofflicher Art vollführen sollen, sondern dass diese Architekturen einen umfassenderen Kontextbegriff beinhalten. Vilém Flusser weist im Katalog der Metropolis-Ausstellung von 1992 auf eine interessante etymologische Verwandtschaft zwischen »List, Macht, Magie und Maschine« hin. Er schreibt:

»Dem Begriff ›List‹ ist auf dem Umweg über das Lateinische und das Griechische am besten beizukommen. Es gibt das lateinische ›ars‹, das auch etwas ›Gelenkiges‹ meint, wobei zum Beispiel an das Handgelenk zu denken ist. Ein mit dem Substantiv ›ars‹ verwandtes Verb ist ›artikulieren‹, ›deutlich aussprechen‹, aber auch übertragen ›die Hand drehen‹ und ›wenden‹. Vor allem übersetzt man ›ars‹ mit ›Kunst‹, aber man sollte dabei die Bedeutung ›Wendigkeit« nicht vergessen. Das griechische Äquivalent zu ars ist ›techné‹. Und ›techné‹ lässt sich auf ›mechané‹ im Sinne von Wendigkeit im Bearbeiten beziehen. Also auch ›mechané techné‹. Der Ursprung von ›mechané‹ ist das uralte ›magh‹, das wir im Deutschen ›Macht‹ und ›mögen‹ wiedererkennen. Der ganze Kontext wird deutlich, wenn von Odysseus, dem Planer des Trojanischen Pferdes, gesagt wird, er sei ›polymechanos‹, was ihn als Erfinder bezeichnet und mit ›der Listenreiche‹ übersetzt wird. Apparate sind listige Vorrichtungen. Es sind Maschinen, sie funktionieren mechanisch, es sind machinationen, kurz: sie sind technisch. Um es deutsch zu sagen: Apparate sind künstlich«.[330] Wir verwenden im Zusammenhang mit einer urbanen Topologie den Maschinenbegriff bezüglich eines Ineinandergreifens kontextueller Randbedingungen und deren topologische Transformation auf einen architektonischen Entwurf. Die Maschinerie formiert Form, Körper, Territorium und Landschaft.

»Die Maschine wird als Maschine zur Erschaffung des Gesichts (sprich »Form«, J. H.) bezeichnet, weil sie für die gesellschaftliche Produktion des Gesichts zuständig ist, weil sie den ganzen Körper, seine Umgebung und seine Objekte mit einem Gesicht ausstattet und weil sie alle Welten und Umwelten zu Landschaft macht. Die Deterritorialisierung des Körpers führt zu einer Reterritorialisierung auf dem Gesicht; die Decodierung des Körpers führt zu einer Übercodierung durch das Gesicht; der Zerfall der körperlichen Koordinaten oder der Umwelten führt zur Schaffung von Landschaft,«[331] schreiben dazu Gilles Deleuze und Felix Guattari in »Mille Plateaux«. Erinnern wir uns an Libeskinds drei Maschinen: eine Lese-Maschine, eine Gedächtnismaschine und eine Schreibmaschine. Arthur C. Danto beschreibt Erkenntnisfähigkeit als Trinität von Wirklichkeit/Realität, Subjekten und Repräsentationen, und er zeigt, wie wir dieses Dreieck auch in der

Sprachphilosophie von Wittgenstein finden: Welt, Subjekte und Sätze.[332] Solche Dreiecke durchziehen die Geschichte der Erkennnistheorie in verschiedenster Formulierung. Sie decken sich mit Libeskinds Maschinen. Thematisch an das Thema dieser Arbeit angepasst kann man formulieren:

Der Architekt als topologischer »Mechanos«:

Raum-Maschinerie	(Wirklichkeit)
Virtualisierungsmaschinerie	(Subjekt)
Abbildungsmaschinerie	(Repräsentation)

Die Maschine ist die Topologie des Verzahnens, des Ineinandergreifens der topologischen Invarianten Stetigkeit, Kompaktheit, Zusammenhang, Genus, Orientierbarkeit etc. »Space is the Machine (for) a configurational theory of architecture«, wie es der Architekturtheoretiker Bill Hillier fomuliert.[333] Der Architekt Oswald Mathias Ungers hat für sein eigenes kontextuelles Entwerfen im urbanen Kontext ein entsprechendes Erkenntnis-Dreieck gefunden und spricht in seinem Buch »Morphologie. City Metaphors« von der faktischen Realität – dem Objekt, der konzeptionelle Realität – der Analogie, der begrifflichen Realität – der Idee, gezeigt als Plan, als Bild und als Begriff.[334] Für eine kontextuelle Applikation entscheidend sind jedoch nicht nur diese drei Eckpunkte, sondern die jeweiligen Verbindungen dazwischen, Relationen, die Strukturen verknüpfen.[335] Der Sprachphilosoph Roman Jacobson hat für diese Übertragungen den Terminus »shifter« geprägt.[336] Der französische Semiotiker Roland Barthes hat ihn in die kulturelle Praxis der »Système de la Mode« übernommen.[337] Barthes bezeichnet die Vermittlungsaktion der Shifter als in topologischem Sinne eine Transformationstätigkeit. Die Invarianten müssen dabei erhalten bleiben, außer, es entstehe ein neuer Mode-Entwurf: ein »topological change«:
»Shifter, die Übertragung von Strukturen: Damit haben wir für ein und dasselbe Objekt, [...] drei unterschiedliche Strukturen – eine technologische, eine ikonische und eine verbale. Diese drei Strukturen haben nicht den gleichen Verteilungsbereich. [...] In unserer Gesellschaft beruht die Verbreitung der Mode zum grossen Teil auf einer Transformationstätigkeit, einem Übergang von der technologischen Struktur zur ikono-graphischen und verbalen. Da es sich um Strukturen handelt, muss dieser Übergang freilich ein diskontinuierlicher sein: um die reale Kleidung in ›Darstellung‹ zu transformieren, bedarf es bestimmter Operationen, die man drei Shifter (Verschieber) nennen könnte, weil sie dazu dienen, eine Struktur in eine andere zu transponieren – also, wenn man will, von einem Code zum anderen überzugehen.[338] [...] Da wir es mit drei Strukturen zu tun haben, brauchen wir drei Arten von Shifter: Vom Realen zum Bild, vom Realen zur Sprache [...] und vom Bild zur Sprache. Für die erste Übertragung von der technologischen in die ikonische Kleidung ist der wichtigste Shifter der Schnitt-

musterbogen, dessen (schematische) Zeichnung die einzelnen Fabrikationsschritte des Kleidungsstücks analytisch wiedergibt. […] Bei der zweiten Übertragung von der technischen in die geschriebene Kleidung ist der grundlegende shifter das, was man Nähvorschrift oder Nähprogramm nennen könnte. […] Als Shifter bildet sie eine Übergangssprache auf halbem Weg zwischen Werden und Sein, Entstehung und Form, Technik und Bedeutung des Kleidungstücks. […] Bleibt noch eine dritte Übertragung, die es erlaubt, von der ikonischen zur gesprochenen Struktur, von der Darstellung der Kleidung zu ihrer Beschreibung überzugehen. […] die Zeitschrift. So bleiben die drei Strukturen, die über wohldefinierte Übersetzungsoperatoren verfügen, vollkommen unterschieden«.[339] Eine methodologische Strukturanalogie zwischen Mode, Textilien und Topologie ist nicht an den Haaren herbeigezogen. Der Mathematiker Ian Stuart hat eine solche unter dem Titel »The Topological Dress Maker« populärwissenschaftlich formuliert.[340]

In einem großmaßstäblicheren kulturellen Kontext, einer randlosen Stadt, ist es schwirig, am Bild des deformierten topologischen Körpers festzuhalten. Über den Begriff der Shifter haben wir uns einem aber allgemeineren topologischen Konzept der Transformationsabbildungen, die einen Polykontext formieren, angenähert, wie sie im nächsten Kapitel über Homotopie in den Mittelpunkt rücken.

URBANE TOPOLGIE: GENERISCHE DIFFÉRANCE – TYPOLOGIE/TOPOLOGIE

Kommentierte Zusammenfassung

Topologische Invarianten Die in diesem ersten Kapitel vorgestellten grundlegenden Prinzipien der Topologie sind eng mit Phänomenen der Umgebung respektive Nachbarschaft, also mit Kontext, verknüpft. Die Raumvorstellung in der Topologie bezieht sich, reduziert betrachtet, auf eine Doppelung von Menge und Struktur. Wenn in einer Menge ein System von Teilmengen mit bestimmten Eigenschaften – also mindestens einer inneren Verknüpfungseigenschaft – sprich Struktur, ausgezeichnet wird, wird ihr eine topologische Struktur aufgeprägt. Topologischer Raum als einem Raum mit Eigenschaft ist ein soziales Konstrukt; eine zweite Natur. Edward W. Soja hat sozialen Raum zweiter Natur in »Postmodern Geographies« folgendermaßen umschrieben:
»1. Spatiality is a substantiated and recognizable social product, part of a »second nature« which incorperates as it is socializes and transforms both physical and psychological spaces. 2. As a social product, spatiality is simultaeously the medium and outcome, presupposition and embodiment, of social action and relationship. 3. The spatio-temporal structuring of social life defines how social action and relationship (including class relations) are materially constituted, made concrete. 4. The constitution/concretization process is problematic, filled with contradiction and struggle (admidst much that is recursive and routinized). 5. Contradicitons arise primarely from the duality of produced space as both outcome/embodiment/product and medium/presupposition/producer of social activity. 6. Concrete spatiality – actual human geography – is thus a competitive arena for stuggels over social production and reproduction, for social practices aimes either at the maintenance and reinforcement pf existing spatiality or at significant restructuring and/or radical transformation. 7. The temporality of social life, from routines and events of day-to-day activity to the longer-run making of history (évenement and durée, to use the language of (Braudel), is routed in spatial contingency in much the same way as the spaciality of social life is rooted in temporal/historical contingency.«[341]
Dieser topologische Raum einer zweiten Natur kann über Differenzierung rezipiert werden. Jacques Derridas Différance bietet eine topologische Form einer Differenztheorie, die in ihrer Iteration als Aufschub und Verschub topologischen

Raum aufspannt. Jacques Derrida beschreibt einen solchen topologischen – von ihm vorgeometrisch genannten – Raum im Zusammenhang mit Husserls »Ursprung der Geometrie« als eine »Welt von Dingen in einem nichtexakten Raum und einer nichtexakten Zeit«, die mit einer »Körperlichkeit« versehen sei, die »Raumgestalten, Bewegungsgestalten« und »Wandlungen der Deformation« haben müsse.[342]

Stetigkeit und Bijektivität Die Grundlage topologischer Äquivalenz, sprich Homöomorphismus, bildet die Stetigkeit zusammen mit der Bijektivität, der Abbildungsumkehrbarkeit. Stetigkeit bedeutet Risslosigkeit in respektive nach einer topologischen Transformation. Risslosigkeit taucht zuerst als lokales Phänomen auf. Risse andererseits deuten auf einen topologischen Wandel auch auf globaler Ebene hin. In der Normaldebatte der Architektur wird kontextuelle Stetigkeit, im Sinne von Ergebnissen kontinuierlicher topologischer Transformation, sehr wohlwollend betrachtet, Risse hingegen machen dann traditionell misstrauisch. Sie unterbrechen Umgebungsprinzipien, und es ist lokal kaum auszumachen, was die Gründe dafür sind. Die Äußerung von Rissen in einem soziokulturellen Kontext ist oft nur indirekt realräumlich erkennbar. Man sollte unterscheiden zwischen Rissen als topologischer Pathologie und Rissen, die durch Fehllesen eines topologischen Wandels auftreten, wo also ein Denken von Varianz und nicht Invarianz ansetzen sollte. Meiner Meinung nach sind Risse stärker an autoritäre Verunmöglichung, Unterbrechung oder Vernachlässigung kommunikativen Handelns geknüpft.

Zusammenhang Dass Topologien zusammenhängend sind, ist an sich nicht zwingend. Ein Beispiel sind nationale Enklaven. Die politische Realität zeigt die alltäglichen Probleme, die damit verbunden sind. Zusammenhang vereinfacht vieles und vor allem im generischen Fall sind Zusammenhang und Wegzusammenhang bezüglich Transformationen wichtige topologische Invarianten. Homelands des ehemaligen südafrikanischen Apartheid-Regimes sind typische Beispiele von Nicht-Zusammenhang. Solche Topologien besitzen spezifische Pathologien.
Zusammenhang und Wegzusammenhang werden im Kontext der randlosen Stadt gerne mit den Phänomenen Mobilität und Zirkulation verbunden; amerikanische exurbane Situationen, die nur aus auto-determinierten Netzwerktopologien von Highways/Autobahnen, Parkplätzen, Shopingmalls, Recreationcentern, Büros und Standardeinfamilienhäusern bestehen. Die »Löcher« zwischen diesen Zusammenhängen werden topologisch durch die Fundamentalgruppe (siehe Kapitel »Homologie« und »Homotopie«) und den topologischen Genus gefasst. Neben diesen sprichwörtlich realen Wegen spielen aber auch narrative topologische Zusammenhänge (z. B. Paul Auster, Robbe Grillet) oder phänomenologische Zusammenhänge in die »Urbane Topologie« hinein.

Umgebung, Trennung und Überdeckung Die mengentheoretischen Umgebungs- und Trennungsaxiome der Topologie sind unserer intuitiven Auffassung von kontextueller Nachbarschaft am nächsten. Ihre Wirkung ist jedoch primär eine lokale. Für die globalen Eigenschaften der randlosen Stadt schließt man vom Lokalen aufs Globale durch die Überdeckungseigenschaften. Um sich Überdeckung naiv veranschaulichen zu können, sollte man sich zum Beispiel ein mit Holzschindeln verkleidetets alpines Haus vorstellen. Man könnte nun fragen, ob es möglich sei, ein beliebiges Haus oder auch eine randlose Stadt mit beliebig geformten Holzschindeln vollständig zu überdecken, dann wäre eine topologische Überdeckungseigenschaft gewährleistet. Ein zweites Bespiel wären Fischschuppen, mit denen man versucht, einen Fisch oder auch einen urbanen Kontext vollständig zu bedecken. Man sollte bei diesem Gedankenexperiment die nicht-metrische topologische Verformbarkeit der Schindeln respektive Schuppen berücksichtigen und dass diese mit »Eigenschaften« versehen sind. In generischen Fällen ist jede randlose Stadt, jeder Kontext überdeckbar respektive er bleibt auch durch eine Transformation oder Deformation überdeckt.

Eine randlose Stadt mit topologischer Überdeckung wird gemeinhin eine Mega-City genannt. Sie besitzt kein Zentrum mehr und besticht durch ihre Gleichförmigkeit; sie scheint »indifferent«, ein Begriff, der in jüngeren Architekturdebatten häufig in affirmativem Sinne auftaucht. Dies im Sinne einer Gegenbewegung zum aus Sicht der Indifferenz-Verfechter überstrapazierten Differenz-Begriff in der Architektur der 80/90er Jahre. Indem man die Mega-City jedoch nach generischen topologischen Invarianten untersucht, wird die vermeintliche Gleichförmigkeit strukturiert und generiert interne topologischen Charakteristika: Invarianten und Differenzen.

Konvergenz Umgebung, Nachbarschaft und Annäherung sind grundlegende kontextuelle Eigenschaften. Annäherung – also Konvergenz – in einem nichtmetrischen topologischen Raum ist nicht selbstverständlich. In einem ins Extreme gedachten Fall könnte sich der Punkt, dem man sich annähern will, wie in einem Alptraum immer weiter entfernen. Deshalb ist die topologische Eigenschaft der Konvergenz elementar. Im nicht-metrischen Fall tritt die Mächtigkeit der Menge an Stelle der Anzahl der Elemente, die als mathematische »Folge« konvergieren könnten. Die Idee eines Konvergenzpunktes wird durch den Häufungspunkt ersetzt, in dessen Umgebung stets fast alle Mitglieder der konvergierenden »Folge« liegen und nur endlich viele außerhalb. Die »Folge« wird im nicht-metrischen Fall ihrerseits durch die Filterbasis ersetzt bis hin zu immer feiner überlappenden Umgebungsmengen des Häufungspunktes. Auch ohne eine Metrik kann so einer Konvergenz, einer Annäherung, eine Form von Richtung gegeben werden, die unter einer topologischen Abbildung invariant bleibt. Wenn eine Filterbasis gegen einen Häufungspunkt konvergiert, konvergiert auch die zugehörige Bild-Filterbasis gegen ein Bild des Häufungspunktes.

Topologische Konvergenz ist zentral bezüglich Saskia Sassens Konzept der Global Cities, die man als ökonomische Häufungspunkte innerhalb eines globalisierten Freihandels lesen kann. Die randlose Stadt schließt solche Häufungspunkte der monetären Annäherung und Konzentration mit ein. Sassen betont, dass gerade die territoriale Streuung der wirtschaftlichen Unternehmungen das Wachstum von zentralisierten Funktionen und Abläufen fördere.[343] Sassen zeigt auch, dass sich diese Global Cities als »strategische Zentren« in ihrer Physiognomie immer mehr angleichen, New York, London, Tokyo, die Mechanismen sind global invariant; Global Cities sind gegenseitige topologische Abbildungen/Deformationen/Transformationen der Global Cities aufeinander. Konvergenz findet trotzdem immer innerhalb einer Topologie statt, ist Gegenstand ihrer Invarianz oder Varianz und kein extrinsisches Phänomen. Sassen insistiert darauf, dass Ökonomie keine apriorische Natürlichkeit ist, sondern ein menschliches Artefakt, ein intrinsisches Konstrukt, darstellt.

Der Aspekt der topologischen Konvergenz scheint wichtig, als auch mit dem Konzept der randlosen Stadt allgemeine Phänomene der Konvergenz, der Annäherung, der Häufung vorkommen können müssen, ohne dass diese an das historische Stadtzentrum gebunden sind.

Konvergenz wird gelesen als Möglichkeit einer intrinsischen Annäherung an »Etwas«, an einen Punkt, an eine Markierung etc. und dadurch auch einem Ermöglichen dieser Punkte.

Kompaktheit Topologische Kompaktheit vereint die Überdeckungseigenschaft mit der Konvergenz. Die verschiedenen Formen von Kompaktheit beziehen sich auf deren Übertragbarkeit auf Unterräume, im weitesten Sinne also auf das Schließen vom Lokalen aufs Globale und vice versa. Sie definieren auch den Grad der Rigidität der Kompaktheit unter topologischer Transformation. Kompaktheit formuliert eine kontextuelle Option: eine Kontingenz. Kompakte topologische Räume können, aber müssen nicht unter Beibehaltung der Überdeckungseigenschaften Häufungspunkte enthalten. Kompaktheit ermöglicht eine aktuelle Reformulierung von Gottmanns Term der Megalopolis. War in seiner ursprünglichen Bedeutung damit ein Verschmelzen von historisch gewachsenen Städten mitsamt ihren Stadtzentren gemeint, scheint es, als dass gerade letzteres heute stärker zu einer kontingenten Option wird. Autarke Regionen können verschmelzen mit einer kontinuierlichen Überdeckung und erst danach, in einem strategischen Sinne ihre megalopole Option auf Konvergenzen wahrnehmen. Dies ergäbe eine topologisch kompakte Megalopolis.

Henkel, Löcher, Genus, Fundamentalgruppe Topologien, berandete und unberandete, können Henkel oder Löcher besitzen. Die einfachste Veranschaulichung bildet der Torus oder sein Äquivalent, die Kugel, versehen mit einem Henkel. Erkannt werden kann die Anzahl dieser Henkel, indem »substantielle rekursive

Schnitte«[344] gelegt werden können, ohne dass die Topologie auseinanderfällt, also ihren Zusammenhang verliert. Formal entsprechen diese Bogenschnitte Kurvenfunktionen in der Oberfläche, welche die numerische Invariante der Fundamentalgruppe bilden. Die Anzahl Henkel über die Fundamentalgruppe formuliert, wird Genus der Topologie genannt.

Sehen randlose Städte eher wie ein Doughnut, eine Brezel oder ein Emmentaler Käse aus? In einer kontextuellen Anwendung sollte man immer vom Vorhandenseins von Henkeln ausgehen. Eine Stadt ist zu komplex, um auf die Ebenmäßigkeit einer Kugeloberfläche reduziert zu werden. Man kann behaupten, dass man die wahre Größe des Genus einer urbanen Topologie nicht wissen oder vorraussehen kann, gewisse Bereiche des Urbanen sind immer unüberblickbar. Henkel sind aus der intrinsischen Perspektive ein globales Phänomen, deshalb ist das Legen von rekursiven Schnitten als Werkzeug der Analyse und kontextuellen Intervention so wertvoll. Die Schnitte werden zu Scouts des Lokalen, um globale Eigenschaften der urbanen Topologie zu erkunden.

Orientierbarkeit und Paradoxe Orientierung ist sicherlich die spektakulärste der einfachen topologischen Invarianten. Topologie wird in naiven Anwendungen oft missbräuchlich auf diese eine Eigenschaft – in Form des beranderten Möbiusbandes oder der unberanderten Kleinflasche – reduziert. Das »Möbius-Prinzip« der Nichtorientierbarkeit wird in der angewandt-topologischen Literatur mit Paradoxie gleichgesetzt. In jedem urbanen Kontexten wimmelt es von Paradoxa, sie sind gewissermaßen konstitutiv für urbane Kultur. Auch hier ergeben sich aber Probleme von Akzeptanz und Äußerung von Paradoxa als Nichtorientierbarkeit. Henkel/Genus und Orientierbarkeit treten oft gemeinsam als Phänomen auf. Irgendein Henkel der Topologie einer randlosen Stadt ist immer »getwisted«. Es ist dann in der Summe der Henkel zu untersuchen, ob die Topologie insgesamt, also global orientierbar ist oder nicht. Man bräuchte ein zweites Paradox, um ersteres global aufzuheben, lokal bliebe es erhalten. Solche Haltung widerspricht oft der Planungpraxis, die Paradoxa lokal aufheben will, etwas, was ohne Rissstellen kaum möglich ist. Dieses Hinzufügen eines weiteren getwisteten Henkels kann auch durch architektonische Intervention motiviert sein. Architektur besitzt/besetzt dadurch eine neue kontextuelle Rolle. Es scheint wichtig, darauf hinzuweisen, dass je nach Dimensionalität respektive Kodimensionalität/Nichtorientierbarkeit mit Selbstdurchdringungen der urbanen Topologie verbunden ist.

In seiner kontextuellen Konsequenz ist im Umgang mit der Komplexität von Paradoxa respektive Nichtorientierbarkeit zum Beispiel auf das Jüdische Museum von Daniel Libeskind hinzuweisen. Paradoxa in der randlosen Stadt sind generisch, allgegenwärtig und »normal«.

Operationen Topologien können nicht nur homöomorph transformiert werden, mit Topologien kann operiert werden: Summentopologie, Produkttopologie, Quotiententopologie.

Auf diese Weise können Topologien »architektonisch« neu entworfen werden. Solche Operationen bedeuten topologischen Wandel. Damit solche topologischen Operationen (engl. Surgery) gelingen, müssen partizipierende Räume mindestens am »Ort« des Eingriffes, also lokal, gewisse gemeinsame Eigenschaften besitzen, oder es müssen mit topologischen Tricks solche konstruiert werden. Die Sorgfalt, mit der Topologen ihre Räume für Operationen vorbereiten, sollten jeden Denkmalpfleger und jeden Planer vor Ehrfurcht erstarren lassen. Es handelt sich um äußerst bewusste Handlungen. Immer wieder steht dabei der Erhalt von Stetigkeit und Kompaktheit im Vordergrund solcher kontextueller Operationen. Trotzdem ist das Ergebnis der Intervention »etwas Neues«. Topologische Operationen werden für den architektonischen Entwurf im virtuellen 3D/4D (4D im Sinne von animierter Entwurfsrepräsentation) von fundamentaler Wichtigkeit. Komplexe topologische Räume und Konfigurationen können nur so entworfen und visualisiert werden. Operationen sind Interventionen und generieren topologischen Wandel. Angewandte topologische Operationen beginnen mit lokalen Vorbereitungen, führen aber schlussendlich hin zu urbanen »Large-Scale Phenomena«.

Die Topologie der randlosen Stadt, die in diesem Kapitel an den Beispielen Mega City, Megalopolis, Peripherie, Edge-City, Global City und Exchanger City eingeführt wurde, ist unvollständig. Man könnte dies über Netzstadt (Netzwerktopologie), Zwischenstadt (Homotopie), Bandstädte (Quotiententopologie) etc. noch sehr weit treiben. Eine solche Klassifizierung würde aber der Intention dieser Arbeit nicht gerecht. Das ins Spiel bringen der Topologie mit ihren Invarianten und Werkzeugen soll gerade helfen, die randlose Stadt einer determinierenden Klassifikation zu entziehen und sie trotzdem über erweiterte Lesarten kontextuell wirksam werden zu lassen. Die randlose Stadt ist eine gleichzeitige Überlagerung aller traditionellen urbanen Klassifikationsmuster. Der dadurch erzeugten oder besser vorhandenen Komplexität der topolgischen Entropie kann man nicht mehr mit einer inszenierten Huldigung des Einfachen und Banalen reduktionistisch entgegentreten. Die Interaktionen dieser Entropie bilden das, was man aus topologischer Sicht eine »generische Stadt« nennen könnte.

Generische Topologie – generischer Kontext – generische Stadt Die topologischen Invarianten formulieren zusammen generische Eigenschaften von Topologie – im Gegensatz zu pathologischen Ausnahmen und Einzelfällen. Sie treten gleichzeitig auf, ein Faktum, das zu einer Komplexität führt, die auf den ersten Blick schwer zu dekodieren ist. Gemeinsam ist diesen topologischen Eigenschaften, dass sie eng an den Übergang vom Lokalen zum Globalen und vice versa geknüpft sind. Anthony Giddens verortet das soziologisch Generische in einer Regionalisierung (lokal), die in »Zeit eingebettet« sei.[345] Er bezieht sich dabei auf die Zeit/Raum-Geographie in Hägerstrands Zeit-Kartographierung von Innovationsdiffusion (global-lokal).[346] Giddens kritisiert mit dieser Zeit/Raum-Abhängigkeit auch eine starre Zuordnung von Mikrosoziologie (lokal) zu Akteuren und Makrosoziologie (global) zu Institutionen. Moderne Sozialgeographie sucht heute Micro-Macro-Links zu formulieren. In einer modernen Auffassung über Micro-Macro-Links, die den Level eines interparadigmatischen Diskurses erreichen will, tritt anstelle des Konflikts über Reduktion und Reduktionismus eine Suche nach bijektiven Verknüpfungen.[347] Knorr-Cetina sieht dies in zwei Entwicklungen; einerseits dem Übergang vom Erfassen normativer Ordnung hin zu kognitiver Ordnung, andererseits die Ablehnung von einseitigem Kollektivismus respektive gleichermaßen Individualismus und die Akzeptanz von methodologischem Situationismus (einer Analysis Situs als urbaner Topologie, J. H.).[348] Grady Clay untersucht im urbanen Kontext gezielt solche Situationen einer »generischen Landschaft« aus mikrokontextuellen Realorten (»Realplaces«).[349] Clays Übergang zum Globalen, zum topologischen Zusammenhang der urbanen Landschaft führt über ein dem »derivé« der internationalen Situationisten ähnliches »Driften« im urbanen Raum.

Offenheit (ohne Randpunkte), Stetigkeit, Bijektivität, Zusammenhang, Wegzusammenhang, Überdeckung, Filterbasis, Kompaktheit; diese Attribute sind eine Alltäglichkeit in großstädtischer »architettura minore«/anonymer Architektur – sie sind generisch – aber sie sind teilweise sehr schwierig zu konstruieren bezüglich Monumenten respektive »Architettura Majore«. Die Invarianten müssen im sozialen Raum rekonstruiert, gefunden und benannt werden – je nach kontextueller Situation/Konfiguration, sprich kontextueller Topologie.

Rem Koolhaas benutzt im Gegensatz zu Giddens und Clay das Generische, um in einer Top-Down-Sichtweise urbane Globalisierung zu beschreiben. Wie bei Giddens und Clay betont er die radikale Abkehr von einer Glorifizierung und Idealisierung der historischen Zentren der Städte, die er in ihren letzten Zuckungen wähnt. An ihre Stelle treten zum Beispiel Transiträume – Exchanger Buildings, Transactional Centers – und Aspekte von Virtualisierung des öffentlichen und privaten Raumes. Dieser Kontext der Generic City verändere sowohl die Produktion von Architektur als auch die Form von Architektur.

Giddens, Clay und Koolhaas behandeln mit ihren »Generic Cities« einen urbanen Raum, wie er in der urbanen Debatte der 70er Jahre noch als »Niemandsland« benannt wurde.

Neu zu Unterscheidendes kann nur differenziert und erkannt werden, wenn es auch markiert und benannt wird; Sprachakt/Sprachspiel-Theorie und Indikationskalkül (siehe hier Kapitel »Grenzen und Oberflächen – Bordismus und Homologie«) stehen dazu Pate. Diese topologische Kartographierung der randlosen Stadt bewirkt eine thematische Wiedereroberung von radikalen und extremen, aber typisch urbanen Phänomenen der randlosen Stadt. Die Topologie der randlosen Stadt ist nicht pathologisch, sondern als Lebenswelt (auch in einem phänomenologischen Sinne) generisch. Koolhaas entdeckt in urbaner topologischer Deformation eine iterierende subversive Geste der generischen Stadt und vergleicht solche mit Kurt Schwitters' Merzbau.[350]

Rem Koolhaas' Position, aber auch diejenige Grady Clays (im Sinn von »back to the Levi-Towners«) und Victor Gruens, formulieren amerikanische New Deal Mentalität der 50er Jahre. Insofern ist deren Topologie auch noch eine reduzierte mengentheoretische 50's-Topologie und noch nicht dynamisches System. Kombiniert wird dies mit einer radikalen, z. T. auf den Surrealismus zurückgehenden, z. T. auf Poststrukturalismus bezugnehmenden Hybridisierung, Verunsicherung, Dezentralisierung, wobei man sehen muss, dass diese Attribute auch in den 50's schon in ähnlicher Weise galten, aber die Technologien noch auf einem anderen Stand waren.

Die Auseinandersetzung mit Topologie, Stadt und Architektur zeigt, dass Komplexität auch in alltäglichen generischen Kontexten möglich und selbstverständlich ist. Das Maß der Komplexität einer Topologie und einer topologischen Transformation nennt man die »topologische Entropie«. Die mathematische Literatur betont, dass topologische Entropie insbesondere »nicht von der Metrik abhängt«.[351] Das lokale und das global Generische der urbanen Topologie und deren Entropie erzeugen eine unübersichtliche Kontingenz: »Space of multiple Opportunities« (Michael Speaks).[352] Architektonische Intervention in diesem Kontext wiederum wirkt als Kontingenzreduktion in deren Umwelt; sie formt ein temporales Modell einer momentanen kontextuellen Kontingenz.

Hat man die ersten topologischen Werkzeuge und Eigenschaften vor Augen und vergleicht sie wie oben mit Koolhaas und Grady Clay, bemerkt man, dass beide noch vergleichsweise harmlose Manifeste verfasst haben. Man könnte noch sehr viel weiter gehen, ich denke da vor allem an einen affirmativen Umgang mit Henkeln und Orientierungen, und trotzdem noch im Bereich der simplesten topologischen Invarianten bleiben. Dieses Weiterdenken scheint notwendig. Wenn man feststellt, dass sich die gängigen Stadtmetaphern Exopolis, Exurbia, Edge City, aber auch Koolhaas' Generic City sehr einfach mit dem 1957er Modell von Gottmanns Megalopolis vergleichen lassen, topologisch in jeder Hinsicht, stellt man fest, dass die Denkweise noch auf dem Wirtschaftswachstums des Nachkriegs-New-Deal basiert, dem materialistischen Modell einer fordistischen Moderne. Es scheint etwas ketzerisch zu sagen, dass dies trotz derer provokativen deskriptiven Radikalität auch noch für Koolhaas oder auch Sassen gilt: Generic City ist aus topologischer Sicht noch bei weitem nicht zu Ende gedacht. Die postfordistische Dienstleistungsstadt hat sich heute von der puren physischen Materialität (unter Miteinschluss derselbigen) gelöst. Dieser Übergang respektive diese Transformation führt über zum nächsten Kapitel der topologischen Abbildungsräume – der Homotopie.

Urbane Topologie, Typologie und Morphologie »Urbane Topologie« der randlosen Stadt verlangt nach einem topologischen Umgang mit Typologie und Morphologie. Wird Topologie einseitig auf algebraische Topologie reduziert, wird sie zu einem statischen Klassifikationswerkzeug. Die architektonische Typologie ist ähnlich gefährdet. Beide besitzen historische und kontextuelle situationistische Wurzeln: »Analysis Situs« als die Leibnizsche Vorgängerlehre moderner Topologie behandelte die Lage und Gestalt von Körpern im Raum. Die architektonische Typologie in der Tradition von Milizia, Cuvier und Blondel verknüpfte Fragen nach Interaktion von Lage, Gestalt und Anordnung der Gebäude, beinhaltet topologische Elemente jenseits einseitiger Klassifikationsmuster. Cuvier betrachtet alle beteiligten Organe eines Kontextes als Organe in gegenseitiger »Korrelation«: Jede Veränderung eines Organs führt zu gesetzmäßigen Veränderung aller übrigen Organe«.[353]

Die Ordnungsstrukturen werden ergänzt bis ersetzt durch Transformationsstrukturen, die nach Milizia im Innern der Stadt Abwechslung, Kontrast und Unordnung erlauben. Obwohl auch Rossi Milizia zitiert, ist es Vittorio Gregotti in »Il territorio dell'architettura«, der typologische Transformation im Sinne Milizias für seinen phänomenologischen Kontextualismus konsequent anwendet und entwickelt. Rem Koolhaas geht in der Loslösung der architektonischen Typologie von einem mikrokontextuellen Klassifikationsmuster am weitesten und trotzdem; Typologie löst sich in Zukunft noch stärker von Metrik, Maßstäblichkeit und Rationalitätsmustern und interagiert verstärkt mit den dynamischen Aspekten urbaner Morphologie als Lehre der Form- und Gestaltveränderungen.[354] Topologie liefert Werkzeuge für solche kontextuelle Transformationen.

Typologie in der Architektur haftet immer noch das starre Erbe einer idealistischen Suche nach einem »Archetypus« an. Sie ist eng an eine stilisierte ideale Geometrie der Archetypen gebunden. »Genius loci« – das Binden des idealen Typ an den idealen Ort – und Archetyp sind »monokontexturale Konzepte der Architektur« mit latentem formalem »Letztbegründungsanspruch« (absolute, utopische Wahrheit). Die Klassische Moderne band Typologie zudem in Blondels Tradition rigoros an den Begriff der Nutzungsfunktionen. Rem Koolhaas spricht deshalb, um diesem mehrfach kodierten eurozentrischen Erbe zu entfliehen, strategisch von »Non-Type«.[355] Die Aussichtslosigkeit der Suche nach Ursprung respektive Archetypus ist zentrales Thema von Edmund Husserls »Krisis der europäischen Wissenschaften und die transzendentale Phänomenologie«[356] und Jacques Derridas Reinterpretation der darin enthaltenen Beilagen III »Der Ursprung der Geometrie«.[357] Das Artefakt eines Ursprungs entspringt einer »nicht zu tilgenden Nachträglichkeit«.[358] Die Idee einer Ursprünglichkeit kann erst rückwirkend auf der Basis von Erfahrung rekonstruiert werden. Diese Rekonstruktion ihrerseits fügt dem Ursprung wieder neues Wissen zu, so dass er sich immerfort verändert und anreichert. So findet eine Form der Verspätung und Umkehrung statt, »welche den Ursprung aus dem Folgen lässt, was noch aus ihm folgen soll«.[359] Für Derrida sind die Sprache und die Schrift Ausgangspunkte der Wiederholungen und Aktualisierungen in den modernen Wissenschaften. Jacques Derrida nennt dieses Verfahren, das als Wiederholung immer auch verändert, verschiebt und somit ursprünglichen Sinn verhindert, in »Signatur, Ereignis, Kontext«: Iteration.[360] Iteration ist als transformierende Aktualisierung in gewissem Sinne auch topologische Transformation.

Typologie muss auf iterativer hermeneutischer Basis neu gedacht werden: eine topologische Typologie/Morphologie. Es kann sein – und dies sei hier Forderung – dass das Erbe der begrifflichen Determinierung von Typ zu dominant ist, man gezwungen ist, den Begriff ruhen zu lassen und im Sinne einer Rückeroberung räumlicher Komponenten allgemein Topologie an Stelle von Typologie treten zu lassen. Die Topologie bietet mit ihren raumformierenden Eigenschaften, Invarianten und operativen Werkzeugen Mittel, um einer solchen Substitution methodologisch gerecht zu werden.

Folgerung und Interaktion

In diesem ersten Kapitel wurden drei thematische Schwerpunkte mit den Grundelementen der Topologie in Beziehung gesetzt: Différance, Generic City und architektonische Typologie. Alle drei sind Bestandteil von in ihrer jeweiligen Tradition spezifischen Kontextbetrachtungen. Die Gegenüberstellung mit Topologie zeigt, dass sie in zum Teil unerwartetem Ausmaß Gemeinsamkeiten besitzen; sie führen gewissermaßen (in topologischem Sinne) ineinander über. Der Versuch gängige Begriffe des städtebaulichen Diskurses – von Edge-City bis zu Megalopolis – mit gewissen topologischen Invarianten zu konfrontieren, hat gezeigt, dass im Konzept der randlosen Stadt verschiedene Modelle enthalten sein können; bis hin zur ausgesprochen neo-zentralistischen und skeptizistischen These von Saskia Sassens Global City. Diese Zuordnungen sind jedoch in dieser Form etwas zu singulär. Ein konsequentes Denken einer »Urbanen Topologie« der randlosen Stadt muss von einer Gleichzeitigkeit und Überlagerung dieser generischen Invarianten, einer hohen Komplexität der topologischen Entropie, ausgehen. Die randlose Stadt ist genauso eine »Edge City«, wie sie Exchanger ist. Différance, in unserem Zusammenhang betrachtet, stellt sich als eine topologisch deformierte Differenz dar. Différance generiert dadurch Räumlichkeit. Nimmt man Derrida in seinem hermeneutischen Dazwischenschreiben von »différanciellem« Raum ernst (und es spricht wenig dagegen, dies zu tun), dann weist er mit diesem Werkzeug auch auf durchaus generische Differenz hin. Sie wird dabei nicht als Ausnahme verstanden, sondern allgegenwärtig in der sprach-schriflichen kulturellen Tradition – zumindest der eurozentrischen – vorhanden. Insofern ist Topologie in Kontext unausweichlich. Sie spannt sich als Aktion im kontextuellen Lesen generisch auf. Die Positionen von Rem Koolhaas, der für Globalität steht, und Grady Clay, der Regionalität vertritt, sind aus dieser Sicht nichts als eine logische Konsequenz. Die Topologie stellt sich in dieser Anwendung als Verfahren in komplexer Deformation zur Verfügung. Auch sie muss nicht künstlich in Kontext importiert werden, sondern ist generisch vorhanden. Die Topologie ersetzt als Verfahren und Klassifikationsmuster die konservativen und statischen Typologieauffassungen, integriert jedoch die angesprochenen dynamisch-kontextuellen Theorien von Typologie im Sinne von z. B. Milizia.

Diesem ersten Kapitel wurde die Metapher »Bild« vorangestellt. Es entstammt hier der topologischen Tätigkeit des Abbildens. Zwei Räume können (wie schon erwähnt) topologisch nur verglichen werden, indem man versucht, sie als Abbildung ineinander überzuführen. Jeder Kontext als Bauplatz der randlosen Stadt ist schon abgebildet, deformiert, transformiert, kartographiert – um nochmals auf diese topologischen Synonyme hinzuweisen. Vilém Flusser bezeichnet Entwurf als Tätigkeit des Werfens von formierender Information, ein Werfen einer Topologie auf eine andere.[361] Topologische Abbildung wird im Entwurf »Raum-Bild-ende« kontextuelle Intervention unter nicht-metrischen topologischen Kriterien. Dies bedeutet, dass die durch die topologischen Transformationen sich ergebenden räumlichen Konfigurationen, Konstellationen, Stellungen (als strukturalistischem »Sinn«) etc. auch translokal über einen traditionell lokalen Kontext hinweg interagieren. Anthony Giddens definiert Kontextualismus über Interaktionen. Kontextualismus sei eine in der Raum-Zeit situierte Art der Interaktion, die eine Konstellation der Interaktion, der anwesenden Akteure und Kommunikation zwischen diesen involviere.[362] Dies zeigt auch, dass nicht jede Topologie der Konstellationen im Kontext der randlosen Stadt materiell manifestant sein kann. Soziale Räume respektive sozio-kulturelle Räume äußern sich vielfältig, fragmentarisch, heterogen und widersprüchlich. Solche topologischen Konstellationen sind geprägt von pluralisierten Paradigmen und Rationalitätsformen.[363] In diesem Spiel der Konfigurationen als Suche und Konstruktion von »Sinn und Bedeutung« befindet man sich in bester strukturalistischer Tradition, andererseits ist festzustellen, dass auch genau dies immer schon Ziel jeglicher Form von Kontextualismus war und ist (siehe Exposition). Edward W. Soja[364] und Homi Bhabha[365] nennen, indem sie sowohl auf Popper wie auf Lacan und Levèbvre verweisen, den vermittelnden Raum solcher Interaktionen kultureller Hybridität »Third Space«.

»Im Zeitalter des Flugverkehrs und der Telekommunikation wurde Heterogenes so abstandslos, dass es allenthalben aufeinandertrifft und die Gleichzeitigkeit des Ungleichzeitigen zur neuen Natur wurde. Real ist eine Gesamtsituation der Simultaneität und Interpretation differenter Konzepte und Ansprüche entstanden«,[366] schreibt Wolfgang Welsch.

Im Konzept der globalen translokalen Transformationsabbildungen ist latent ein Aspekt der Virtualisierung von Raum enthalten. Es ist auch durch das topologische Wechselspiel zwischen intrinsischer und extrinsischer Wahrnehmung respektive Erfahrung bedingt. Virtualisierung entsteht durch die »schiere Größe« der randlosen Stadt, ihrer unübersichtlichen globalen Ausdehnung, in jedem solchen urbanen Kontext und wird durch den Übergang in eine urbane Informationsgesellschaft verstärkt. Virtualisierung wird zu einem Bestandteil topologischer Transformationen des urbanen Kontextes. Diese Entwicklungen bewirken auch Wahrnehmungsdeformationen; die Grenzen und Übergänge zwischen Realem und Virtuellem verschwimmen – werden oder sind unsichtbar. Brian Massumi schreibt in »Sensing the Virtual, building the Insensible«: »Topology: […] Forms figure less as self-enclosures than as open co-dependencies of a shared deformational field. The continuity of that field of variation is inseparable from the forms populating it. […] A still standing form then is a sign: of the passing of a process. The sign does not in the first instance signify anything. […] Topology has exerted a fascination on certain contemporary architects because it renders form dynamic. […] Approached topologically the architects raw material is no longer form, but deformation. The brackets swing open. Form falls to one side, still standing only at the end. Far from directing it, form emerges from the process, derivative of a movement that exceeds it. The formal origin is swept into transition«.[367]

Die Dynamisierung des architektonischen Kontextes und des – von Massumi angesprochenen – architektonischen Rohmaterials durch Transformation des Raumbildenden verlangt von Architekten, Architektur und soziokulturellem Kontext eine Akzeptanz von Deformation und Transformation als »raumbildende Kategorie und ästhetische Kategorie«.

Topologische Transformationen dienen einem Vergleichen, einem Herausschälen von Invarianzen oder Differenzen, aber sie dienen nicht einer Angleichung. Angleichung steht im Mittelpunkt historisierender konservativer Kontextualismen. Urbane Topologie der randlosen Stadt bedeutet interventionsbezogene Interpretation, die sich dem paradoxen, in topologischem Sinne nichtorientierbaren Charakter des hermeneutischen Zirkels bewusst ist. Die Idee des Vergleichs als topologische Transformation einerseits, aber auch Synonym topologischer Abbildung andererseits gibt der urbanen Hermeneutik neuen Wert. Diese topologischen Vergleiche sind zum Teil subtil, zum Teil spektakulär und dramatisch. Solche Vergleiche sind nicht homogenisierend, sondern differenzierend und auf der Basis dieses ersten Kapitels in einem offenen Sinne kontextuell.

Die in diesem ersten Kapitel besprochenen topologischen Invarianten bleiben auch für die nächsten Kapitel gültig und aktiv. Es soll damit ein komplexes Spiel des Verwebens von kontextuellen Kriterien, Information und kontextueller Methodologie beginnen. Topologische Invarianten sind in ihrem nicht-metrischen Charakter nahe an der in der Einführung und der Kontext-Exposition formulierten Erweiterung und Forderung nach A-zentrik, Pluralismen und Heterogenität. Was man in diesem Kapitel erkennen kann, ist, dass der Kontext von

Stadt nicht topologisch rekonstruiert werden muss: Meiner Meinung nach »ist« er schon topologisch. Die Invarianten dieses ersten Kapitels von Offenheit, Stetigkeit, Kompaktheit, Zusammenhang bis hin zu Orientierung, behandeln als zentralen Kern den Übergang vom Lokalen zum Globalen. Solche topologischen Kriterien sind völlig verschieden von numerischen Interpolationen, mit denen gewohnt vom Lokalen aufs Globale (das Globale sei einfach numerisch »größer«) geschlossen wird – und vor allem: Sie besitzen eine räumliche Struktur. Damit ist für verschiedene Phänomene eine gemeinsame Struktur vorhanden, die sie vergleichbar, interagierbar, aber auch konstruierbar/baubar macht. Surgery-Operationen, Produkt- und Quotiententopologie etc. sind Operatoren für eine Architektur von Topologie. Die Sorgfalt, mit der Henkel »angeleimt« werden, ist zutiefst kontextuell im Versuch, lokale Risslosigkeit zu erhalten. Typologie/Morphologie bedeutet in den meisten Fällen typologische Interpolation. Dies hat zur Folge, dass spezifische urbane Differenzen nur als Ausnahmen in die Theorie integriert werden können, siehe dazu Rossis Vehikel des »Monumentes« als Legitimationsform eines Sonderfalles. In der vorliegenden Arbeit wird deshalb Morphologie/Topologie als topologische Stadtgestalt vorgeschlagen. Topologienahe Ansätze typologischer Analyse können dabei nach Bedarf, speziell lokal, vollständig in dieses Konzept integriert werden.

Die virtuelle Stadt und »Urbane Topologie« Architektonische Praxis springt zwischen Medien. CAAD hat sich als Werkzeug durchgesetzt; auch Logistik, Kalkulation ist computerisiert. Input und Output in diese Systeme, in Analyse und baulicher Umsetzung bilden die Schnittstelle zur realen Umwelt. »Urbane Topologie« spielt an dieser Schwelle eine spezifische Rolle als Interface. Generische Eigenschaften der randlosen Stadt werden dazu nach topologischen generischen Eigenschaften durchforstet und befragt. Das dabei entstehende topologische Mapping von Invarianten ist auf den virtuellen Raum digitaler architektonischer Werkzeuge »abbildbar«. Eine solche Abbildung ist im Selbstverständnis der Topologie immer auch eine Transformation. Der leere, endlose Weißraum der Bildschirme wird mit räumlichen topologischen Kontextinvarianten und -Differenzen gefüllt. Der »Scanscape« wird dadurch für das simultane, flexible Wechselspiel von globalen und lokalen respektive virtuellen und realen nicht-metrischen Kontextdata sensibilisiert. Erst dadurch wird Großmaßstäblichkeit der randlosen Stadt analytisch, entwerferisch und projektierend handhabbar. In diesem Wechselspiel entsteht auf räumlicher Ebene etwas, das man eng mit Derridas Dazwischenschreiben der Différance in einen Kontext und dem damit verbundenen gleichzeitigen raumzeitlichen Aufspannen desselben vergleichen kann. Dies bewirkt eine eigentliche Denkumkehr bezüglich der Selektion von kontextuellen Daten und deren transformierenden Import-Export bezüglich der verwendeten Werkzeuge. Es ist ein Schritt weiter, weg vom reinen deskriptiven Aufzählen und Sammeln von lokalen und globalen generischen Daten hin zu topologisch differenzierenden Invarianten und Varianten. Ich denke, dass genau an diesem Punkt bis jetzt auch eine methodologische Lücke für die Architektur bestand. Die gewonnene topologische Information respektive deren Räume, können dank ihrer topologischen Charakteristika der Nichtmetrik den in den Expositionen beschriebenen Kriterien nach A-Zentrik, Heterogenität und Pluralismus/Polykontextualismus gerecht werden. Dies, ohne durch solch eine Öffnung, wie bei anderen Modellen der Fall, dadurch unpräzise, beliebig oder diffus zu erscheinen. Topologische Invarianten sind eindeutig in ihren Aussagen und Eigenschaften.

1 Felix Hausdorff, Grundzüge der Mengenlehre, Leipzig 1914, Berlin 1935, hier aus: B. A. Rosenfeld: A History of non-Euclidian Geometry, New York 1988, S. 306 **2** Fritz Reinhardt; Heinrich Soeder (hg.), dtv-Atlas zur Mathematik Bd. 1+2, München 1974/77, S. 51; Eine Topologie kann auch über die Umgebung definiert werden (U-Topologie). Siehe dazu z. B: Fritz Reinhardt; Heinrich Soeder (hg.), dtv-Atlas zur Mathematik Bd. 1+2, München 1974/77, S. 215, oder V. Mangold Knopp, Höhere Mathematik, Nr. 4, Stuttgart 1990, S. 295 Weitere Definitionen können über die Abgeschlossenen Mengen: A-Topologie: V. Mangold Knopp, Höhere Mathematik, Nr. 4, Stuttgart 1990, S. 293 Hülle: H-Topologie: V. Mangold Knopp, Höhere Mathematik, Nr. 4, Stuttgart 1990, S. 294 Kern-K-Topolgie: V. Mangold Knopp, Höhere Mathematik, Nr. 4, Stuttgart 1990, S. 294 geführt werden. **3** Fritz Reinhardt; Heinrich Soeder (hg.), dtv-Atlas zur Mathematik Bd. 1+2, München 1974/77, S. 211 **4** Vgl. Klaus Jänich, Topologie, Berlin, Heidelberg, New York 1980/1987/1990 **5** Vgl. Fritz Reinhardt; Heinrich Soeder (hg.), dtv-Atlas zur Mathematik Bd. 1+2, München 1974/77, S. 207 **6** a. a. O., S. 23 **7** Vgl. Klaus Jänich, Topologie, Berlin, Heidelberg, New York 1980/1987/1990, S. 9, oder Fritz Reinhardt; Heinrich Soeder (hg.), dtv-Atlas zur Mathematik Bd. 1+2, München 1974/77, S. 51/S. 217, oder: Boto v. Querenburg, Mengentheoretische Topologie, Heidelberg, Berlin, New York 1973, S. 7 **8** Diese Frage stellt auch Jan Freund, »Der Topologiebegriff in der Mathematik«, in: Topologie Workshop. Ein Ansatz zur Entwicklung alternativer Strukturen, Stuttgart Thübingen 1994, S. 30 **9** Vgl. u. A. Fritz Reinhardt; Heinrich Soeder (hg.), dtv-Atlas zur Mathematik Bd. 1+2, München 1974/77, S. 23 **10** J. H.: Damit behaupte ich noch nicht, dass die Metrik eine topologische Invariante sei. Diese Bemerkung nur als Absicherung **11** Vgl. Jan Freund, »Der Topologiebegriff in der Mathematik«, in: Topologie Workshop. Ein Ansatz zur Entwicklung alternativer Strukturen, Stuttgart Thübingen 1994, S. 30 **12** Vgl. Fritz Reinhardt; Heinrich Soeder (hg.), dtv-Atlas zur Mathematik Bd. 1+2, München 1974/77, S. 209 **13** Vgl. Hubert L. Dreyfus; PaulRabinow, Michel Foucault. Jenseits von Hermeneutik und Strukturalismus, Frankfurt a. M. 1987 (Orig. 1994), S. 16/17 »Es gibt zwei Arten von Strukturalismus: den atomistischen Strukturalismus, in dem die Elemente ohne Berücksichtigung ihrer Rolle in einem größeren Ganzen vollkommen beschrieben werden […], und den holistischen oder diachronistischen Strukturalismus, bei dem ein mögliches Element ohne Berücksichtigungdes Systemes de Elemente, ein wirkliches Element hingegen durch das Gesammtsystem der Differenzen, dessen Teil es ist, definiert wird.« S. 78/79: »Archeologie hat somit nichts mit dem atomistischen Strukturalismus gemainsam; ihre Elemente sind das Produkt eines Feldes von Beziehungen. Komplizierter ist ihr Verhältnis zum holistischen Strukturalismus. An diese subtilere und einflussreichere Sorte von Strukturalismus, in der das, was als mögliches Element gilt, eine Funktion des Systems ist, denkt Foucault, wenn er bemerkt, Ziel des Strukturalismus sei die Definition von rekurrenten Elementen mit ihren Oppositionsformen und ihren Kriterie der Individualisierung; sie erlaubt auch die Herstellung von Konstruktionsgesetzen, von Äquivalenzen und Transformationsregeln.« **14** Vgl. Michel Foucault, Archäologie des Wissens, Frankfurt a. M. 1973, S. 272ff.: »Unter Episteme versteht man […] die Gesamtheit der Beziehungen, die in einer gegebenen Zeit die diskursiven Praktiken vereinigen können , durch die die epistemologischen Figuren, wissenschaften und vielleicht formalisierten Systeme ermöglicht werden. […] Die Episteme ist keine Form von Erkenntnis und kein Typ von Rationalität, die, indem sie die verschiedensten Wissenschaften durchdringt, die souveräne Einheit eines Subjekts, eines Geistes oder eines Zeitalters manifestierte; es ist die Gesamtheit der Beziehungen, die man in einer gegebenen Zeit innerhalb der Wissenschaften entdecken kann, wenn man sie auf der Ebene der diskursiven Regelmäßigkeiten analysiert.« (Hier aus Hubert L. Dreyfus; Paul Rabinow, Michel Foucault. Jenseits von Hermeneutik und Strukturalismus, Frankfurt a. M. 1987 (1994), S. 42/43 **15** Vgl. Fritz Reinhardt; Heinrich Soeder (hg.), dtv-Atlas zur Mathematik Bd. 1+2, München 1974/77, S. 33: »Dies gewährleisten die linkstotalen, rechtseindeutigen Relationen.« **16** Vgl. a. a. O., S. 33/34/209 **17** a. a. O., S. 51/209 **18** Klaus Jänich, Topologie, Berlin, Heidelberg, New York 1980/1987/1990, S. 14/212 **19** Vgl. Fritz Reinhardt; Heinrich Soeder (hg.), dtv-Atlas zur Mathematik Bd. 1+2, München 1974/77, S. 225 **20** Vgl. a. a. O., S. 225 **21** Vgl. a. a. O., S. 33 **22** Margaret M. Fleck, »The Topology of Boundaries«, Artificial Intelligence 80 (1996) 1–27, S. 2 **23** Man braucht hier den Begriff der Epsilon-Umgebung als ideele kleinst mögliche Umgebung. Oft ist es sogar von Vorteil, von der Epsilon-Kugel zu sprechen. Vgl. auch: Fritz Reinhardt; Heinrich Soeder (hg.), dtv-Atlas zur Mathematik Bd. 1+2, München 1974/77, S. 51/209/217/219 **24** Vgl. Fritz Reinhardt; Heinrich Soeder (hg.), dtv-Atlas zur Mathematik Bd. 1+2, München 1974/77, S. 217 **25** Vgl. a. a. O., S. 219 **26** Vgl. a. a. O., S. 51 **27** a. a. O., S. 51 **28** Vgl. Peter Eisenhardt; Dan Kurth; Horst Stiehl, »Emergenz: Die Entstehung von radikal neuem«, Arch+ 119/120 Dez. 1993, S. 96 »[…] Topologische bedeutet das, dass diejenigen topologischen Invarianten nicht erhalten bleiben, die die Stetigkeit eines Homöomorphismus gewährleisten.« **29** Fritz Reinhardt; Heinrich Soeder (hg.), dtv-Atlas zur Mathematik Bd. 1+2, München 1974/77, S. 25: Disjunkt: »Ist der Durchschnitt von A und B nicht gleich der Leeren Menge, so nennt man A und B disjunkt.« **30** Nicolas Bourbaki, Elements of Mathematics: General Topology, Berlin Heidelberg New York 1989, Orig. topologie générale 1971, S. 107 **31** Fritz Reinhardt; Heinrich Soeder (hg.), dtv-Atlas zur Mathematik Bd. 1+2, München 1974/77 S. 213 **32** Margaret M. Fleck, »The Topology of Boundaries«, Artificial Intelligence 80 (1996), S. 1–27 hier: S. 3 **33** Vgl. Fritz Reinhardt; Heinrich Soeder (hg.), dtv-Atlas zur Mathematik Bd. 1+2, München 1974/77, S. 223 »Def. 4: Ein top. Raum heißt lokalwegzusammenhängend, wenn jede Umgebung jedes Punktes eine zusammenhängende Umgebung besitzt. […] Überträgt man Def. 4 auf den Wegzusammenhang, so erhält man sog. lokalwegzusammenhängende Räume. Ihre Bedeutung liegt darin, dass in ihnen Wegkomponenten und Komponenten übereinstimmen, so dass ein zugleich zusammenhängender und lokalwegzusammenhängender Raum wegzusammenhängend ist.« **34** Vgl. Fritz Reinhardt; Heinrich Soeder (hg.), dtv-Atlas zur Mathematik Bd. 1+2, München 1974/77, S. 215 **35** Vgl. a. a. O., S. 214 **36** Vgl. S. G. Hoggar, Mathematics for Computer Graphics, Cambridge/UK 1992, S. 236ff. und: Tapio Takala, »A Taxonomy on Geomery and Topological Models«, in: W. T. Hewitt; G. Gnatz; D. A. Duce (ed.), »Focus on Computergraphics« Serie: Eurographics, Berlin, Heideberg, New York 1992 S. 149ff.; V. Mangold Knopp, Höhere Mathematik, Nr. 4, Stuttgart 1990, S. 275ff. (ausführlich) **37** Vgl. Nicolas Bourbaki, Elements of Mathematics, General Topology, Berlin, Heidelberg, New York, Orig. topologie générale 1971, S. 17 **38** Nicht formale Schreibweise auf der Basis von: Nicolas Bourbaki, Elements of Mathematics, General Topology, Berlin, Heidelberg, New York 1989, Orig. topologie générale 1971, S. 19; Klaus Jänich, Topologie, Berlin, Heidelberg, New York 1980/1987/1990, S. 8; Fritz Reinhardt; Heinrich Soeder (hg.), dtv-Atlas zur Mathematik Bd. 1+2, München 1974/77, S. 215 **39** Vgl. Klaus Jänich, Topologie, Berlin, Heidelberg, New York 1980/1987/1990, S. 19 **40** Vgl. Fritz Reinhardt; Heinrich Soeder (hg.), dtv-Atlas zur Mathematik Bd. 1+2, München 1974/77, S. 227/229, Die beste graphische Darstellung der Trennungsaxiome habe ich gefunden in: Boto v. Querenburg, Mengentheoretische Topologie, Heidelberg, Berlin, New York, 1973, S. 63 **41** Vgl. a. a. O. **42** Nach dem Satz von Heiné-Borel. **43** Nichtformale Schreibweise nach: V. Mangold Knopp, Höhere Mathematik, Nr. 4, Stuttgart 1990, S. 354 **44** Vgl. Fritz Reinhardt; Heinrich Soeder (hg.), dtv-Atlas zur Mathematik Bd. 1+2, München 1974/77, S. 227/229 **45** Vgl. S. G. Hoggar, Mathematics for Computer Graphics, Cambridge University Press 1992, S. 274 **46** Alan Sokal, Jean Bricmont,

Eleganter Unsinn. Wie Denker der Postmoderne die Wissenschaften missbrauchen, München 1999, Orig 1997/98, S. 40 **47** Kompaktheit ist nicht einfach zu beschreiben. Im Folgenden handelt es sich um den Versuch einer Komprimierung von Eräuterungen folgender Lehrbücher: Klaus Jänich, Topologie, Berlin, Heidelberg, New York 1980/1987/1990, S. 21 und Fritz Reinhardt;Heinrich Soeder (hg.), dtv-Atlas zur Mathematik Bd. 1+2, München 1974/77, S. 229; Boto v. Querenburg, Mengentheoretische Topologie, Heidelberg, Berlin, New York 1973, S. 3, 79, 83ff.; S. G. Hoggar, Mathematics for Computer Graphics, Cambridge/UK 1992, S. 274; V. Mangold Knopp, Höhere Mathematik, Nr. 4, Stuttgart 1990, S. 354 **48** t2-Raum = Hausdorff-Raum für den das Hausdorfsche Trennungaxiom gilt: Vgl. Fritz Reinhardt; Heinrich Soeder (Hrsgs), dtv-Atlas zur Mathematik Bd. 1+2, München 1974/77, S. 227/229 **49** Vgl. Fritz Reinhardt; Heinrich Soeder (hg.), dtv-Atlas zur Mathematik Bd. 1+2, München 1974/77, S. 229 **50** Vgl. a. a. O., S. 229 **51** Vgl. V. Mangold Knopp, Höhere Mathematik, Nr. 4, Stuttgart 1990, S. 366 **52** Vgl. Fritz Reinhardt; Heinrich Soeder (hg.), dtv-Atlas zur Mathematik Bd. 1+2, München 1974/77, S. 229 und V. Mangold Knopp, Höhere Mathematik, Nr. 4, Stuttgart 1990, S. 365 **53** Vgl. Lynn Arthur Steen; J. Arthur Seebach Jr, Counterexamples in Topology, New York 1970/1978, S. 22/23 **54** Lynn Arthur Steen; J. Arthur Seebach Jr, Counterexamples in Topology, New York 1970/1978, S. 22/23 **55** Nicolas Bourbaki, Elements of Mathematics, General Topology, Berlin, Heidelberg, New York1989, Orig. topologie générale 1971, S. 94 **56** Fritz Reinhardt; Heinrich Soeder (hg.), dtv-Atlas zur Mathematik Bd. 1+2, München 1974/77, S. 51 Man unterscheidet deshalb zwischen Limespunkt und Häufungspunkt, Def. Häufungspunkt, S. 211, S. 12, B. v. Querenburg, »Ein Punkt [...] heißt Häufungspunkt einer Folge [...], wenn in jeder Umgebung von [...] (des Punktes) unendlich viele Folgenglieder liegen«. Mit anderen Worten, auch der Konvergenzpunkt muss in dieser Umgebung liegen, ist aber nicht identisch mit dem Häufungspunkt. Dies wäre erst bei einer Cauchy-Folge der Fall. siehe v. Querenburg S. 13 **57** Fritz Reinhardt; Heinrich Soeder (hg.), dtv-Atlas zur Mathematik Bd. 1+2, München 1974/77, S. 51 **58** Vgl. Klaus Jänich, Topologie, Berlin, Heidelberg, New York 1980/1987/1990, S. 20 **59** Fritz Reinhardt; Heinrich Soeder (hg.), dtv-Atlas zur Mathematik Bd. 1+2, München 1974/77, S. 225 **60** nach: Boto von Querenburg, Mengentheoretische Topologie, Heidelberg 1973, S. 55; Klaus Jänich, Topologie, Berlin, Heidelberg, New York 1980/1987/1990, S. 206 Klaus Jänich unterscheidet anscheinend nicht zwischen Elementarfilterbasis und Filterbasis. B. v. Querenburg beschreibt den Unterschied der beiden: Eine Teilmenge Fo von Filter F heißt Filterbasis für F, wenn jedes Element aus dem Filter F ein Element aus der Filterbasis Fo enthält., S. 56 **61** nach: V. Mangold Knopp, Höhere Mathematik, Nr. 4, Stuttgart 1990, S. 332ff. **62** nach: Fritz Reinhardt; Heinrich Soeder (hg.), dtv-Atlas zur Mathematik Bd. 1+2, München 1974/77, S. 225 **63** nach: V. Mangold Knopp, Höhere Mathematik, Nr. 4, Stuttgart 1990, S. 346 »In einem beliebigen topologischen Raum X wird ein Punkte x als Häufungspunkt xn bezeichnet, wenn er ein Berührungspunkt jedes Endstückes der Folge ist. Die Endstücke der Folge xn bilden eine Basis des zur Folge gehörigen Elementarfilters. Da dieser Filter aus den Obermengen der Basismengen besteht, so ist der Punkt x genau dann ein Häufungspunkt der Folge (xn), wenn er ein Berührungspunkt aller Mengen des zugehörigen Elementarfilters ist. In diesem Fall bezeichnet man x auch als Häufungspunkt des zu xn gehörigen Elemntarfilters. [...] Ist F ein Filter auf einem topologischen Raum X so wird ein Punkt x element X als Häufungspunkt von F bezeichnet, wenn er ein Berührungspunkt jeder in F enthaltenen Menge ist.« **64** Die einfachste, ausführlichste und poetischste Beschreibung der Summentopologie gibt: Jeffrey R. Weeks, The Shape of Space. How to Visualize Surfaces and Three-Dimensional Manifolds. New York und Basel 1985, S. 67ff. **65** Vgl. Tammo Tom Dieck, Topologie, Berlin, New York, 1991, S. 366ff. Eigenschaften der Summentopolgie. **66**

Vgl. V. Mangold Knopp, Höhere Mathematik, Nr. 4, Stuttgart 1990, S. 316 **67** Vgl. Fritz Reinhardt; Heinrich Soeder (hg.), dtv-Atlas zur Mathematik Bd. 1+2, München 1974/77, S. 221, siehe auch Klaus Jänich, Topologie, Springer Lehrbuch, 1990, S. 36ff.; Tammo Tom Dieck, Topologie, Berlin, New York, 1991, S. 375ff. **68** Jeffrey R. Weeks, The Shape of Space. How to Visualize Surfaces and Three-Dimensional Manifolds, New York1985, S. 47–66 **69** V. Mangold Knopp, Höhere Mathematik, Nr. 4, Stuttgart 1990, S. 310 **70** Jeffrey R. Weeks, The Shape of Space. How to Visualize Surfaces and Three-Dimensional Manifolds, New York 1985 **71** Das wissenschaftliche Standardwerk ist dazu sicherlich: John Stillwell, Geometry of Surfaces, New York 1992. Zur Einführung ist obwohl etwas veraltet auf deutsch zu Empfehlen V. G. Boltjanski; V. H. Efremovic, Anschauliche kombinatorische Topologie, Braunschweig 1986, Orig. Moskau 1982. Zur Einführung auf Englisch zwingen: Jeffrey R. Weeks, The Shape of Space. How to Visualize Surfaces and Three-Dimensional Manifolds. New York Basel 1985 und J. Scott Carter, How Surfaces Intesect In Space. An Introduction To Topology, Singapore London 1993 **72** Vgl. Klaus Jänich; Theodor Bröcker, Einführung in die Differentialtopologie, Berlin, Heidelberg, New York 1973, S. 1: »Eine Mannigfaltigkeit ist ein topologischer Raum, der »lokal so aussieht« wie der Rn, der euklidische Raum [...] mit der üblichen Topologie. Solche Räume entstehen [...] im allgemeinen als Lösungsmannigfaltigkeiten nicht linearer Gleichungssysteme [...]« **73** Vgl. J. Scott Carter, How Surfaces Intesect In Space. An Introduction To Topology, Singapore London 1993, S. 46 **74** Jean Dieudonné, A History of Algebraic and Differential Topology 1900–1960, Boston, Basel 1989, S. 19ff. **75** a. a. O., S. 20 **76** Fritz Reinhardt; Heinrich Soeder (hg.), dtv-Atlas zur Mathematik Bd. 1+2, München 1974/77, S. 235: Jordan-Kurven: Eine Punktmenge des R2 oder R3, die ein topologisches Bild der Späre s1 ist, heißt Jordan Kurve. Es handelt sich um den einfachsten Fall einer geschlossenen Kurve, denn es sind keine Überschneidungen (Verzweigungspunkte) möglich. Man spricht daher auch von einer einfach-geschlossenen Kurve. Eine wichtige Eigenschaft der Jordan Kurve im R2 besteht darin, dass sie die nicht auf der Kurve gelegenen Punkte des R2 in zwei disjunkte Gebiete zerlegt, in das »Innere« und das »Äußere« der Kurve, deren Rand die Kurve ist. **77** a. a. O., S. 247 **78** Edwin E. Abbott, Flatland. A Romance of many Dimensions by A Square. London, Harmondworth, Dover 1952 **79** Jeffrey R. Weeks, The Shape of Space. How to Visualize Surfaces and Three-Dimensional Manifolds. New York und Basel 1985 Für eine ausführliche formale mathematische Formulierung der Orientierbarkeit von Mannigfaltigkeiten verweise ich auf: T. Tom Dieck, Topologie, Berlin 1991, S. 84ff. »eine Orientierung [...] ist eine Aquivalenzklasse von gleichorientierten Basen. Wir geben die Orientierung durch einen Repräsenaten an, also durch eine geordnete Basis. S. 85: Sei M eine differenzierbare Mannigfaltigkeit mit Rand. Ein differenzierbarer Atlas heißt orientierend, wenn zwei Karten orientiert verbunden sind. [...] Gibt es einen orientierenden Atlas, so wird M orientierbar genannt. Eine Orientierung von M wird festgelegt, indem ein orientierender Atlas ausgewählt wird. Die dazugehörenden Karten mögen positiv bezüglich der Orientierung heißen.« S. 286: »Satz Eine glatte n-Mannigfaltigkeit M ist genau dann orientierbar, wenn ihr Tangentalbündel orietierbar ist. Die Orientierung von M und TM entsprechen sich umkehrbar eindeutig.« **80** Vgl. J. Scott Carter, How Surfaces Intesect In Space. An Introduction To Topology, Singapore London1993, S. 10 J. H. frei nach Carter: Substantielle Kurvenbögen: »substantial arcs« sind Kurvenbögen die zwei Randpunkte von zwei nichtzusammenhängenden Berandungen verbindet. Die Schnittlinie folgt dem Kurvenbogen. Für eine formale math. Beschreibung: John Stillwell, Classical Topology and Combinatorial Group Theory, New York 1983/1990, S. 30 **81** Die Herleitung des Genus über Schnitte führen u. a.: V. G. Boltjanski/V. H. Efremovic, Anschauliche kombinatorische Topologie, Braunschweig 1986, S. 60–73 **82** Vgl. Jacques Lacan, Das

Seminar. Buch 20: Encore 1972–73, Weinheim/Berlin 1986, Orig. 1975, S. 13 **83** Vgl. Alan Sokal; Jean Bricmont, Eleganter Unsinn. Wie die Denker der Postmoderne die Wissenschaft missbrauchen, München 1999, Orig. 1997/98 **84** Vgl. Ian Hacking, Was heisst ›soziale Konstruktion‹? Zur Konjunktur einer Kampfvokabel in den Wissenschaften, Frankfurt a. M. 1999, S. 11ff. **85** Karl R. Popper, Die offene Gesellschaft und ihre Feinde, Bern 1957, Thübingen 1992, Orig. 1945 **86** Umberto Eco, Das offene Kunstwerk, Frankfurt a. M. 1977, Orig. 1962 **87** Gregory Bateson, Ökologie des Geistes, Frankfurt a. M. 1985/1996, Orig. 1972 **88** Niklas Luhmann, Soziale Systeme, Grundsriss einer allgemeinen Theorie, Frankfurt a. M. 1984, 1996 **89** Vgl. Helmut Seiffert; Gerhard Radnitzky (hg.), Handlexikon zur Wissenschaftstheorie, München 1989/1994, S. 333 **90** Jean Baudrillard, »Kool Killer oder der Aufstand der Zeichen«, in: K. Barck; P. Gente; H. Paris; S. Richter (Hgs.), Aisthesis, Leipzig 1990, S. 218 **91** Wolfgang Welsch, Vernunft. Die zeitgenössische Vernunftkritik und das Konzept der transversalen Vernunft, Frankfurt a. M. 1996, S. 262; Jacques Derrida, Die Différence, in: Ders. Randgänge der Philosophie, Wien, 1988, S. 34 **92** Armin Nassehi, »Différend, Différence und Distinction. Zur Differenz der Differenzen bei Lyotard, Derrida und in der Formenlogik«, in: H. de Berg; M. Prangel (hg.) Differenzen, Systemtheorie zwischen Dekonstruktion und Konstruktivismus, Basel/Thübingen 1995, S. 46 **93** Vgl. Jacques Derrida, »Die Struktur, das Zeichen und das Spiel im Diskurs der Wissenschaften vom Menschen«, in: Ders. Die Schrift und die Differenz, Frankfurt a. M. 1972, S. 422ff. **94** Vgl. Richard Rorty, Eine Kultur ohne Zentrum, Vier philosophische Essays, Stuttgart 1993, Orig. 1991; Vgl. Jacques Derrida, »Die Struktur, das Zeichen und das Spiel im Diskurs der Wissenschaften vom Menschen«, in: Ders. Die Schrift und die Differenz, Frankfurt a. M. 1972, S. 422ff. **95** Wolfgang Welsch, Vernunft. Die zeitgenössische Vernunftkritik und das Konzept der transversalen Vernunft, Frankfurt a. M. 1996, S. 263 **96** Jacques Derrida, Die Stimme und das Phänomen. Ein Essay über das Problem des Zeichens in der Philosophie Husserls, Frankfurt a. M., S. 119 **97** Gilles Deleuze, Woran erkennt man den Strukturalismus, Berlin 1992, Orig. 1973, S. 29 **98** Vgl. Stefan Mussil, »Wahrheit und Methode«, in: H. de Berg; M. Prangel (hg.) Differenzen, Systemtheorie zwischen Dekonstruktion und Konstruktivismus, Basel/Tübingen 1995, S. 68 **99** Vgl. Peter Pechtel; Franz-Peter Burkard (hg.), Metzler Philosophie Lexikon. Begriffe und Definitionen, Stuttgart, Weimar 1996, S. 105 **100** Jacques Derrida, »Semiologie und Grammatologie«, in: P. Engelmann (hg.) Positionen, Wien 1986, hier aus: P. Engelmann (Hrsg.) Postmoderne und Dekonstruktion, Stuttgart 1990. S. 153; siehe auch: Karin Wenz, Raum, Raumsprache und Sprachräume. Zur Textsemiotik der Raumbeschreibung, Tübingen 1997, S. 135ff.: Der Philosophische Raum Derridas; Schrift als Verräumlichung. **101** Vgl. Joachim Huber, »Open Work«, Dipl. Wahlfacharbeit GTA-ETHZ 1992; Joachim Huber, »Van Stuhl tot Stad«, Dipl. Wahlfacharbeit über J. B. Bakema ETHZ 1992 **102** Karlheinz Lüdeking, »Zwischen den Linien. Vermutungen zum aktuellen Frontverlauf im aktuellen Bilderstreit«, in: Gottfried Böhm, Was ist ein Bild? München 1994, S. 362–364 **103** Vgl. Peter Prechtl; Franz-Peter Burkard (hg.), Metzler Philosophie Lexikon. Begriffe und Definitionen, Stuttgart, Weimar 1996 **104** Vgl. Gottfried Böhm, Was ist ein Bild? München 1994, S. 14 **105** Vilém Flusser, »Abbild-Vorbild«, in: Christiaan L. Hart Nibbrig, Was heisst »Darstellen«?, Frankfurt a. M. 1994, S. 34–48 **106** a. a. O., S. 46 **107** Vgl. a. a. O., S. 47 **108** Vgl. Robert Musil, Der Mann ohne Eigenschaften, Hamburg 1952, S. 16ff. **109** Vgl. Arthur C. Danto, Die Verklärung des Gewöhnlichen. Eine Philosophie der Kunst, Frankfurt a. M. 1984/1991, Orig. 1981, S. 252ff. **110** Gottfried Böhm, Was ist ein Bild? München 1994, S. 28/29 **111** Vgl. Arthur C. Danto, Die Verklärung des Gewöhnlichen. Eine Philosophie der Kunst, Frankfurt a. M. 1984/1991, Orig. 1981, S. 256 **112** Arie de Ruijter, Claude Lévi-Strauss, Frankfurt a. M. 1991, S. 76 **113** Jacques Derrida, Dissémination, Wien 1995, Orig. 1972 **114** Pierangelo Maset, »Ästehtische Bildung der Differenz, Kunst und Pädagogik im technischen Zeitalter«, Stuttgart, 1995, darin. 120ff.: Ästhetische Bildung der Differenz: S. 129, aus J. Derrida, Randgänge der Philosophie, Wien 1988, S. 44 **115** Gilles Deleuze, Woran erkennt man den Strukturalismus, Berlin 1992, Orig. 1973, S. 15 **116** Vgl. Ferdiand de Saussure, Grundlagen der allgemeinen Sprachwissenschaft, Berlin 1967, S. 113 **117** Claude Lévi-Strauss, Das wilde Denken, Frankfurt a. M. 1968/1989, Orig. 1962, S. 33 **118** a. a. O., S. 50 **119** Vgl. Kurt Gödel, »Über formal unentscheidbare Sätze der Principia Mathematica und verwandter Systeme.« I. Monathshefte für Mathematik und Physik, 38 (1931), S. 173–198; Alfred North Whitehead; Bertrand Russell, Principia Mathematica, Frankfurt a. M. 1994, Orig. 1925/1964, Vorwort von Kurt Gödel, darin S. X Klassen von Paradoxien **120** Vgl. Peter Pechtel; Franz-Peter Burkard (hg.), Metzler Philosophie Lexikon. Begriffe und Definitionen, Stuttgart, Weimar 1996, S. 539 **121** Vgl. Armin Nassehi, »Différend, Différence und Distinction. Zur Differenz der Differenzen bei Lyotard, Derrida und in der Formenlogik«, in: H. de Berg; M. Prangel (hg.) Differenzen. Systemtheorie zwischen Dekonstruktion und Konstruktivismus, Basel/Tübingen 1995, S. 46 **122** Vgl. Stefan Mussil, »Wahrheit und Methode«, in: H. de Berg; M. Prangel (hg.) Differenzen. Systemtheorie zwischen Dekonstruktion und Konstruktivismus, Basel/Tübingen 1995, S. 69 **123** Armin Nassehi, »Différend, Différence und Distinction. Zur Differenz der Differenzen bei Lyotard, Derrida und in der Formenlogik«, in: H. de Berg; M. Prangel (hg.) Differenzen. Systemtheorie zwischen Dekonstruktion und Konstruktivismus, Basel/Tübingen 1995, S. 48 **124** Vgl. Stephen Jay Gould, »Die Axte der Asymmetrie. Im grossen Spiel der Möglichkeiten gibt es keine Garantien - weshalb es schwierig ist, vernünftige Prognosen zu stellen.« Serie: Die Gegenwart der Zukunft. Süddeutsche Zeitung Nr. 9930 April 1/2. Mai 1999, Feuilleton Beilage, S. 1 **125** Stefan Mussil, »Wahrheit und Methode«, in: H. de Berg; M. Prangel (hg.) Differenzen. Systemtheorie zwischen Dekonstruktion und Konstruktivismus, Basel/Thübingen 1995, S. 71 **126** Vgl. Arie de Ruijter, Claude Lévi-Strauss, Frankfurt a. M. 1991, S. 88 **127** Claudio Baraldi; Giancarlo Corsi, Elena Esposito, GLU. Glossar zu Niklas Luhmanns Theorie sozialer Systeme, Frankfurt a. M. 1997, S. 133 **128** a. a. O., S. 135 **129** Armin Nassehi, »Différend, Différence und Distinction. Zur Differenz der Differenzen bei Lyotard, Derrida und in der Formenlogik«, in: H. de Berg; M. Prangel (hg.) Differenzen, Systemtheorie zwischen Dekonstruktion und Konstruktivismus, Basel/Tübingen 1995, S. 54 **130** Rodolphe Gasché, »Über chiastische Umkehrbarkeit«, in: Anslem Haverkamp (Hrsg.) Die paradoxe Metapher, Frankfurt. a. M. 1998, S. 440/441/442 **131** Vgl. Jacques Derrida, Dissemination, Wien 1995, S. 143, (Übersetzung verändert durch Haverkamp) **132** Rodolphe Gasché, »Über chiastische Umkehrbarkeit«, in: Anslem Haverkamp (hg.) Die paradoxe Metapher, Frankfurt a. M. 1998, S. 444–448 **133** Vgl. Douglas R. Hofstadter, Gödel, Escher, Bach. Ein endlos geflochtenes Band, Stuttgart 1985, Orig. New York 1979 **134** Vgl. Dieter Hombach, Die Drift der Erkenntnis. Zur Theorie selbstmodifizierter Systeme bei Gödel, Hegel und Freud. München 1991 **135** Douglas R. Hofstetter, Metamacicum: Fragen nach der Essenz von Geist und Struktur, Stuttgart 1991. Orig., S. 3. **136** Malcolm Bowie, Lacan, Göttingen 1994/1997, Orig. 1991, S. 181 **137** Vgl. Gilles Deleuze, Logik des Sinns, Frankfurt a. M. 1993, Orig. 1969 **138** Slavoj Zizek, Liebe dein Symptom wie dich selbst, Berlin 1991 S. 91: »[...] die durchbrochene Grenze zwischen vitaler und juridischer Sphäre in Kafkas Prozess beschreibt Zizek mit Hilfe des Möbiusbandes.« **139** Vgl. Slavoj Zizek, Grimassen des Realen. Jacques Lacan und die Monströsität des Aktes, Köln 1993, S. 106 **140** Victor Burgin, »Geometry and Abjection«, in: John Fletcher; Andrew Benjamin, Abjection, Melancholia and Love. The Work of Julia Kristeva, London/New York 1990, S. 104, mit Verweis auf G. Bachelard, The Poetics of Space **141** Bernard Tschumi, »The Architectural Paradox«, in: Ders. Architecture and Disjunction, Cambridge/MA, 1994, Orig. 1975, S. 51 **142** Vgl. Salvador Dali, »Die glänzenden Ideen der paranoisch-kritischen Methoden stellen Platon und besonders die Sonne in den Schatten«, Orig: in »Cahiers d'art«, 15. Jg. 1940. Nr. 1–2, S. 241, hier aus: Rem Koolhaas, Delirious New York. A Retroactive Manifesto for Manhatten, New York 1978/1994, S. 241; Salvador Dali, La femme visible, Edition Surrealiste, Paris 1930 **143** Rem Koolhaas, Delirious New York. A Retroactive Manifesto for Manhatten, New York 1978/1994, S. 235–241 **144** Lebbeus Woods, »Twenty Tactics of a New Practice«, in: Ders. Radical Reconstruction, Princeton New York 1997, S. 28 **145** Rem Koolhaas, »What Ever happened to Urbanism«, in: Ders. S, M, L, XL, Rotterdam, New York, 1995, S. 963 **146** Robert Musil: Der Mann ohne Eigenschaften, Reinbek bei Hamburg, 1987, S. 32, hier in: Karin Willhelm, »Die Stadt ohne Eigenschaften – wider die Propaganda einer globalen Amnesie«, in: G. Breuer, Neue Stadträume, Basel Frankfurt a. M. 1998 S. 203–224 **147** Rem Koolhaas, »Generic City«, in: Ders. S, M, L, XL, Rotterdam, New York 1995, (dt. Mit falscher Titelübersetzung in Lettre International, Frühjahr 1997, Stadt ohne Eigenschaften) hier aus: Lettre International, Frühjahr 1997, S. 30–36 **148** Vgl. Jane Jacobs, »Tod und Leben großer amerikanischer Städte«, Bauwelt Fundamente 4, Braunschweig 1963/1993, Orig. 1961 **149** Rem Koolhaas, »Generic City«, in: Ders. S, M, L, XL, Rotterdam, New York 1995, hier aus: Lettre International, Frühjahr 1997, S. 30 **150** Karin Willhem, »Die Stadt ohne Eigenschaften – wider die Propaganda einer globalen Amnesie«, in: G. Breuer, Neue Stadträume, Basel Frankfurt a. M. 1998, S. 203–224 **151** Rem Koolhaas, »Generic City«, in: Ders. S, M, L, XL, Rotterdam, New York 1995, hier aus: Lettre International, Frühjahr 1997, S. 32 **152** »Rem Koolhaas, Tempo 160«, in: Archithese 1/90 Dirty Realism, S. 39ff. **153** Rem Koolhaas, »Generic City«, in: Ders. S, M, L, XL, Rotterdam, New York 1995, hier aus: Lettre International, Frühjahr 1997, S. 30–36 **154** Rem Koolhaas, »Generic City«, in: Ders. S, M, L, XL, Rotterdam, New York 1995, hier aus: Lettre International, Frühjahr 1997, S. 30–36 **155** a. a. O., S. 30–36 **156** a. a. O., S. 32ff. **157** a. a. O., S. 32ff. **158** a. a. O., S. 30–36 **159** Hans-Dieter Gondek; Bernhard Waldenfels, Einsätze des Denkens Zur Philosophie Jacques Derridas, Frankfurt a. M. 1997 **160** Jean Cousin, »Architecture et Topology«, Habitat Vol. 12, No. 2 1968, S. 13–18, engl: Ders., »Topological Organization of Architectural Space«, AD Architectural Design Vol. 15 1970, S. 491–493 **161** Antonio Gramsci, »Zur Philosophie und Geschichte der Kultur«, in Ralf Konersamann (hg.), Kulturphilosophie, Leipzig 1996, aus A. Gramsci, Gefängnishefte. Kritische Ausgabe, Hamburg 1994, S. 1375–1384 Orig. 1932/1933 **162** Grady Clay, Real Places. An Unconventional Guide to America's Generic Landscape, Chicago 1994 **163** Grady Clay, How to read the American City, University of Chicago Press, Chicago 1973/ 1980 **164** a. a. O., S. 17–22 **165** Grady Clay, Real Places. An Unconventional Guide to America's Generic Landscape, Chicago 1994, darin Epilogue: Stand and Be Counted, S. 267 **166** a. a. O., S. 266ff. **167** a. a. O., S. 268 **168** Peirce F. Lewis, »Axioms for Reading the Landscape. Some Guides to the American Scene«, in: D. W. Meinig, J. B. Jackson (eds.), The Interpretation of the Ordinary Landscape, Oxford/UK. 1979, Orig. 1976, S. 13–28 **169** Vgl. a. a. O., S. 26 **170** Vgl. Christine Buci-Glucksmann: Der kartographische Blick der Kunst, Berlin 1997, rig. 1996, S. 154. Buci-Glucksmann bezieht sich dabei auf die Nomadismus Konzepte von Deleuze/Guattari wie auch auf Paul Virilio. **171** Vgl. Guy Debord, Der Beginn einer Epoche. Texte der Situationisten, Hamburg 1995, S. 64 **172** Christine Buci-Glucksmann: Der kartographische Blick der Kunst, Berlin 1997, Orig. 1996, S. 182 **173** Robert Venturi, Denis Scott Brown, »Interview with Robert Maxwell«, in: Andreas Papadakis, Pop Architecture. A Sophisicated Interpretation of Popular Culture, AD Profile 98, London 1992, S. 14 **174** Edward W. Soja: Postmodern Geographies; The Reasseration of Space in Critical Social Theory, London/Los Angeles 1989 **175** Rem Koolhaas, City of Exaberated Difference©, (COED) in Werk, Bauen&Wohnen 11/1997, S. 24–34 **176** Anthony Vidler, The Architectural Uncanny, Cambridge/MA, 1994, S. 130 mit Bezug auf: Marcel Duchamp: Writings of Marcel Duchamps, M. Sanouillet, E. Peterson (eds.) New York 1989, S. 79 **177** Anthony Giddens: Regionalisation as Generic, in: Ders. Time, Space and Regionalisation, in: D. Gregory, J. Urry (eds.), Social Relations and Spatial Structures, London 1985, S. 281 **178** Vgl. Torsten Hägerstrand, Innovation Diffusion as a Spatial Process, Chicago, 1967/1973 Orig. 1953. **179** Victor Gruen, »Cityscape and Landscape«, Art&Architecture 19, Sept. 1955, S. 35–37 **180** Anna Klingmann, »Scape©«, SIA, Nr. 13, 1. 4. 1999, S. 274–280, auch mit Bezug auf: Ulrich Königs-Schaft, Die Landschaft als Zukunftsmodell der Stadt, Aufsatz, Köln 1998 **181** Rem Koolhas, Lecture Spring 1990 AA London, Architectural Association School of Architecture. Mitschrift von J. Huber. **182** Victor Gruen, »Cityscape and Landscape«, in: Arts and Architecture, Sept 1955, S. 18–19, 36–37 **183** Rem Koolhaas, »Globalization«, in: Ders: S, M, L, XL: Rotterdam New York 1995, S. 367 **184** Rem Koolhaas, »What Ever happened to Urbanism«, in: Ders. S, M, L, XL: Rotterdam, New York 1995, S. 969 **185** Jean-Francois Lyotard, »The City Must be Entered by Way of its Outskirts«, in ANY 12/1996, S. 41ff., Orig. »Moralités Postmoderne« Paris 1993, S. 42 **186** Vgl. Saskia Sassen, Metropolen des Weltmarktes, Die neue Rolle der Global Cities, Frankfurt a. M. 1996, Orig. Cities in a World Economy, Pine Forge Press, Thousand Oaks, ca. 1994, S. 26 **187** Rem Koolhaas, »Bigness« in: Ders. S, M, L, XL, New York, Rotterdam 1995, S. 515 **188** Vgl. Lars Lerup, »New Babylons. STIM&DROSS, Rethinking the Metropolis«, in Assemblage 25, MIT 1995, S. 83–101 **189** Siehe zu Walter Benjamin und Cybercity: Christine M. Boyer, Cybercities. Visual Perception ind the Age of Electronic Communication, Princeton/New York 1996 **190** Diesen Hinweis verdanke ich Jürg Graser. **191** Vgl. Michel Foucault, »Der maskierte Philosoph«, Interview mit der Zeitung LeMonde 6. 4. 1980, hier: K. Barck; P. Gente; H. Paris (hg.), Aisthesis, Leipzig 1991, S. 5–13 **192** Vgl. Niklas Luhmann, Erkenntnis als Konstruktion, Bern 1988, S. 14 **193** Eine der einfachen Möglichkeiten zur Topologisierung einer Menge geschieht durch das Ermöglichen einer Überdeckung mit Hilfe des Hinzufügens eines Elementes. Jedes neue Element »außerhalb«, resp. besser, als Fundelement wird durch diese Topologisierung überdeckt und Teil der Topologie, resp. in diesem Fall, der randlosen Stadt. **194** Jean Gottmann, »Megalopolis or the urbanization of the northeastern Seabord.« in: Economic Geography, July 1957, Vol. 33, No. 3, S. 196 **195** Websters, S. 1070: Peri: a prefix meaning »about, arround, beyond« -pherie: bearing/Ertragen, Haltung, Gebaren, Zusammenhang, Bezug **196** Websters: S. 1070/1072 **197** Websters: Perimeter, S. 1071, 1. the circumference, border, or the outer boundary of a two-dimensional figure. 2. the length of such a boundary. 3. am instrument for determining the extent anddefects of the visual field. **198** Jean-Francois Lyotard, »The City Must be Entered by Way of its Outskirts«, in: ANY 12/ 1996, S. 41ff., Orig. in »Moralités Postmoderne« Paris 1993, S. 41/42 **199** Vgl. Gianni Vattimo; Pier Aldo Rovatti, Il pensiero debolo, Mailand 1983 **200** Vgl. Gianni Vattimo, Das Ende der Moderne, Stuttgart 1990. z.B. S. 54 »das schwache Subjekt«: Aber um der Technik, ihren Hervorbringungen, ihren Gesetzen der Welt, die sie erschafft, die Großartigkeit des Metaphysischen ontos on abzuerkennen, ist ein Subjekt unerlässlich, dass sich seinerseits nicht mehr als starkes Subjekt denkt. Die Krise des Humanismus […] lässt sich wahrscheinlich mit einer »Abmagerungskur des Subjekts« lösen, die es befähigt, den Appell des Seins zu vernehmen, der sich nicht mehr im endgültigen Ton des »Grundes« oder des Denkens oder des absoluten Geistes manifestiert, sondern seine Anwesenheit-Abwesenheit auflöst in den Netzen einer Gesellschaft, die sich immer mehr in einen höchst sensiblen Kommunikationsmechanismus verwandelt.«;

Siehe auch: Wolfangang Welsch, Vernunft, Frankfurt a. M. 1996, S. 194–206 **201** Max Bosshard; Christoph Luchsinger, »Nicht Stadt-Nicht Land«, Werk, Bauen+Wonen Nr. 5/1990, S. 26–35 **202** Vgl. Niklas Luhmann, Erkenntnis als Konstruktion, Bern 1988, S. 14 **203** a. a. O., S. 15. **204** Vgl. Gianni Vattimo, »Metropolis and Hermeneutics: An Interview«, in: Georges Teyssot (ed.) Word Cities and the Future of the Metropolis,Triennale XVII, Milano1988, S. 268: »[…] we continually go on talking about the »historical« centers. Everything that had anything to do with ordinating the space from the points of view of perspective and hierarchy – center/outskirts, monuments and axial arrangements – was tied up with a central view which continues today to become more and more difficult to realize. On the other hand the representation crisis is tied in with the developement of the metropolis. I belive, that the hypothesis that abstract art is the result of the metropolis experiance – has already been formulated. […] we can refer to a radically Heideggerian thesis which can confirm the close connection that exists between the metropolitan experiance, the representation crisis and the end of metaphysics. This means that this crisis cannot be described solely in such narrative terms as loss and alienation. The element introduced by Heidgger's reflection is the unfullfillment of a central view and of a hierarchy. And this also concerns the polis, to the extend to which it is connected to all of this. […] Therefore, saying that the end of the central representation is a constitutive experiance of the metropolis and is also the end of metaphysics is actually defending the metropolitan experiance […] After all, it is no coincidence that the metropolis experiance is also a power dissolution experiance, the dissolution of a strong and centralized center of power.« **205** Vgl. a. a. O., S. 271: The important thing is that Heidegger – in his The Epoch of the World Image – demonstrates, in ontological term, that the metaphysical tradition of representation is the tradition of a »violent« thought, and that the metaphysical categories should be therefore »weakened« or de-potentized; siehe auch Wolfgang Welsch, Vernunft, Frankfurt a. M. 1996 darin Kap: VII Gianni Vattimo oder »Schwaches Denken« – Vernunft ohne Gewalt, S. 194ff. **206** a. a. O., S. 272 **207** a. a. O., S. 270: Vattimo verweist auf eine sorgfältige Lesart von Martin Heideggers »Die Kunst und der Raum«, 1969 **208** Gianni Vattimo, Das Ende der Moderne, Stuttgart 1990, S. 23, diesen Gedanken erläutert Vattimo auf den Seiten 126/127 ausführlicher. **209** Gianni Vattimo, Metropolis and Hermeneutics: An Interview, in: Georges Teyssot (ed) Word Cities and the Future of the Metropolis, Triennale XVII, Milano 1988 S. 268: »[…] we can refer to a radically Heideggerian thesis which can confirm the close connection that exists between the metropolitan experiance, the representation crisis and the end of metaphysics. This means that this crisis cannot be described solely in such narrative terms as loss and alienation. The element introduced by Heidgger's reflection is the unfullfillment of a central view and of a hierarchy. And this also concerns the polis, to the extend to which it is connected to all of this.« **210** Hans Michael Baumgartner, Endliche Vernunft. Zur Verständigung der Philosophie über sich selbst. Bonn 1991, S. 178: »Unverkennbar gibt es in der Geschichte des europäischen Denkens einen dem Verlauf nach fast stetigen, der Sache nach aber einschneidenden Wandel des Verständnisses von Vernunft und dies trotz der Konstanz ihrer Bedeutung als Kriterium von Erkenntnis. Dieser Wandel besteht allgemein gesprochen, in einem Prozess fortschreitender »Desubstantialisierung«, Depotenzierung, Funktionalisierung; man könnte auch sagen, in einem Prozess der Mediatisierung (=Vermittlung, J. H.): Die Vernunft wandelt sich von einem obersten, das Wesen des Menschen charakterisierenden Erkenntnisvermögen mit eigenen, sei es objektiven, sei es transzendentalen, »Inhalt« zu einem Mittler, zu einem Instrument der Bearbeitung vorgegebener Erkenntnis, und sie wird schließlich zu einem selber geschichtlichen Bedingungsgefüge für Prozeduren möglicher Kommunikation.« **211** Vgl. Gianni

Vattimo, Jenseits vom Subjekt, Graz 1986, S. 10 **212** Vgl. a. a. O. S. 17: »Immer mehr erscheint mir das, was man als platonischen Betrug bezeichnen könnte, nämlich die Ausstattung des Seins mit den Attributen Ewigkeit und Beständigkeit, als die wichtigste Mystifikation der Ideologie.« S. 21 »Die Art und Weise, in der die historische Menschheit der spätmodernen Welt ihre menschlichen Dimension erproben und erleben kann, […] liegt […] in der Entwicklung der positiven Möglichkeiten einer Verfallenden, das heißt diffuseren und weniger intensiven Werterfahrung.« **213** Wolfgang Welsch, Vernunft. Die zeitgenössische Vernunftkritik und das Konzept der transversalen Venunft,Frankfurt a. M. 1996, S. 200 **214** Vgl. Gianni Vattimo, Das Ende der Moderne, Stuttgart1990, S. 31/53 **215** Vgl. Jean-Francois Lyotard, »The City must be entered ny Way of its Outskirts«, ANY 12, S. 42: »Philosophy demanded to know what it is to dwell. The city, meanwhile, attempted its own answers to the question, making and unmaking its plans, coming and going between history and its concept, and retracing the border between the outside and the inside. In the same way, philosophy built up and demolished its system, tried to give foundation to them, reasoned endemic nihilism, deployed it, and occulted it.« Lyotard bezieht sich natürlich auf Martin Heideggers »Bauen, Wohnen, Denken« (Vorträge und Aufsätze, Pfullingen 1954). Ich habe bewusst das »to dwell« von Lyotard nicht als Wohnen übersetzt. In der Amerikanischen Standardübersetzung, (in: Martin Heidegger, Poetry, Language, Thought, New York 1971) wird ausführlich auf dieses Übersetzungsproblem hingewiesen: to dwell ist nicht nur »wohnen« bei Heidegger. **216** Manfred Riedel, Für eine Zweite Philosophie, Frankfurt a. M. 1988 S. 98 **217** Joel Garreau, Edge City. Life on the New Frontier, New York 1991 S. 5: »The litany includes: urban villages, technoburbs, suburban downtowns, suburban activity centers, major diversified centers, urban ores, galactic citiy, pepperoni-pizza cities, a city of realm, superburbia, disurb, service cities, perimeter cities, and even peripheral centers, […] tomorrowland«; Nicht alle diese Begriffe bedeuten wirklich dasselbe und werden trotzdem oft wie wild durcheinandergemischt. Ich ergänze noch: exopolis, technopolis, silicon cities, non-place-urban-field, slurb, parallel City, im deutschsprachigen Sprachraum: periurbaner Raum, Stadt-Land-Zone, Stadt-Region, usw. **218** a. a. O. hervorragende Bibliographie am Schluss des Buches zu finden. **219** a. a. O. S. XXI: »That is why ther is so much ›edge‹ in Edge City. It is a psychologigcal location – state of mind – even more thana physical place. – This whole world is the cutting edge- of how cities are being created worldwide. – Thies upheavel is occurring physically on the edge of the urban landscape – The rules tha covern its creation involve a seaarch for edge for advantage And right now at least, Edge city puts people on edge, It can give them the creeps.« **220** a. a. O. S. 6/7 **221** Vgl. Margaret Craford, »The World is a Shopping Mall« in Michael Sorkin (ed.), Variations on a Theme Park, New York, 1992, S. 3–30 **222** Vgl. Robert Fishman, »Die befreite Megalopois: Amerikas neue Stadt«, Arch+ 109/110, Dez 1991, S. 82. Fishman beschreibt darin die Entwicklung des Bürogebäude typus hin zu einem Atriumtyp in den 80er Jahren. Siehe dazu auch Arch+ 136,März/April 1997 »Your Office Is Where You Are« **223** Joel Garreau, Edge City, Life on the New Frontier, New York 1991, Kapitel 12, The Laws, Kapitel 13, S. 443/463 **224** a. a. O. Introduction S. XXI **225** Steve Tylor; Joe Perry; Mark Hudson, Aerosmith. Get a Grip, Nr. 5: Living on the Edge **226** Joel Garreau, Edge City. Life on the New Frontier, New York 1991, Introduction S. XXI **227** a. a. O. S. 11 **228** Vgl. Jacques Lacan, Die vier Grundbegriffe der Psychoanalyse, Berlin 1987, Orig. Paris 1973, darin Das Feld des Anderen und Zurück auf die Übertragung. S. 213ff.; Jean-Paul Sartre, Das Sein und das Nichts, Versuch einer phänomenologischen Ontologie. Hamburg 1993, Orig. Paris 1943. Darin, Dritter Teil Das Für-Andere, S. 405ff. **229** Victor Burgin, »Geometry and Abjection«, in: John Fletcher; Andrew Benjamin, Abjection, Melancholia and Love. The Work of Julia Kristeva, London/New York 1990, S. 109 **230** Saskia Sassen, The Global City: New York, London, Tokyo, Princeton New York 1991 **231** Vgl. a. a. O., S. 324: »A central thesis organizing these discussion is that increased globalization along with continued concentration in economic control has given major cities a key role in the management and control of such a global network.« **232** Zu meinem großen Erstaunen taucht trotz der Nähe des Denkansatzes in keiner Publikation von Saskia Sassen weder als Referenz noch als Bibliographie oder im Index ein Hinweis auf die Arbeiten von Jean Gottmann auf. **233** Jean Gottmann, Robert Harper, Since Megalopolis, The urban Writings of Jean Gottmann, Baltimore, London, 1990, darin S. 184ff. Part Five: The Transactional City **234** Vgl. Saskia Sassen, Metropolen des Weltmarktes. Die neue Rolle der Global Cities, Frankfurt a. M. 1996, Orig. 1994, S. 26 **235** Vgl. a. a. O., S. 17 **236** Vgl. a. a. O., S. 71 »dass die Global Cities nicht nur […] die Funktionen eines zentralen Orts erfüllen, sondern systematisch auf verschiedene Weise miteinander zusammenhängen. […]« **237** a. a. O., S. 161 **238** Saskia Sassen Global City – Hierarchie, Masstab, Zentrum, in: Hitz, Keil, Lehrer, Ronneberger, Schmid, Wolff (hg.): Capitales Fatales, Zürich 1995, S. 51 **239** a. a. O., S. 52 **240** Saskia Sassen, Metropolen des Weltmarktes, Die neue Rolle der Global Cities, Frankfurt a. M. 1996, Orig. Cities in a World Economy, Thousand Oaks Ca. 1994, S. 74 **241** Vgl. Saskia Sassen, »Wirtschaft und Kultur in der Globalen Stadt«, in: Bernd Meurer (Hrsg) Die Zukunft des Raumes, Frankfurt, New York 1994, S. 75: »die Globalisierung brachte eine neue Ballungslogik hervor, eine neue Dynamik des Raums im Spannungsfeld zwischen Streuung und Zentralisation, der durch die Datenverarbeitung bewirkte Neutralisierung der Entfernungen entspricht ein neuer Typus von Zentralraum.« **242** Vgl. Saskia Sassen, The Global City. New York, London, Tokyo, Princeton, New York 1991, S. 33/34: »In sum, central to my analysis of the mobility of capital is an ealboration that takes it beyond the notion of geographic capability. I seek to incoporate two aditional elements. One is that the increased mobility of capital brings about the forms of locational concentration, which are as much a part of this mobility as is the geogaphical dispersal. Furthermore, insofar, as these new forms of agglomoration are assosiated with new forms of geographical dispersal, they do not simply represent a persistence of older forms of agglomeration, but respond to a new economic logic. This would mean, that the question of why agglomeration persists in the face of of global telecommunications capability is, in fact, the wrong question. This is not the persistence of old forms, but the occurence of new forms, precisely fed by the globalization and dispersal of economic activity that such telecommunication capbility makes feasible. The question should rather be at what point the cost of this agglomeration will become so high that there will be strong inducements to develop forms of agglomeration of centralize functions that are not geographically determined. […] The second element i seek to incorporate into the analysis of capital mobility has to do with the transformations of the capital/labor relation that such mobility entails. Hence, beyond a changed geography of economic activity, there is a constitution of new relations among the varios components of a particular location. Each type of location contains a specific form of these newly constituted relatIons. […] given such conditions, the dispersal of economical activity brings about new requirements for centralized management and control.« **243** Saskia Sassen, Metropolen des Weltmarktes, Die neue Rolle der Global Cities, Frankfurt a. M. 1996, Orig. Cities in a World Economy, Pine Forge Press, Thousand Oaks, Ca. 1994, S. 102: »Auf globaler Ebene erklärt sich die Bedeutung der für die Weltwirtschaft wichtigen Städte in erster Linie aus der Tatsache, dass sich die Dienstleistungsanbieter, die die Fähigkeit zu globaler Kontrolle produzieren, dort konzentrieren. Diese Fähigkeit ist unabdingbar, wenn die geographische Streuung der Wirtschaftstätigkeit […]

weiterhin mit der Konzentration von Eigentum und Gewinnaneignung einhergehen soll.« siehe auch Saskia Sassen, The Global City, New York, London, Tokyo, Princeton University Press, 1991 S. 325 **244** Fritz Reinhardt;Heinrich Soeder (hg.), dtv-Atlas zur Mathematik Bd. 1+2, München 1974/77, S. 51 **245** Vgl. Don Ihde, Hermeneutic Phenomenology, The Philosophy of Paul Ricoeur, Evaston US 1971, S. 13: »At one extremelies the demand of philosophy itself for unity – this is its rationality, but hidden in this demand is a possible dogmatism, the temptation to a philosophical hybris. If one philosophy is true, then all others must be false. [...] Ricoeur whishes to find a third way between theses two extremes in the form of a limited idea. A philosophic hope is in a effect the postponing of a synthesis by purposely limiting philosophy itself«, auch S. 16ff. **246** Bernhard Waldenfels, Phänomenologie in Frankreich, Frankfurt a. M. 1987, darin: Kap. Paul Ricoeur, S. 265–324, hier S. 308: »Wenn sich Freuds Theorie jedoch als eine Archäologie des Subjekts erweist, so ist sie es gerade in ihren eigenen Augen; denn sie selber verwirft geradezu die Frage nach einem ursprüngliche Subjekt. Aufgabe der Philosophie ist es nun zu schauen, ob diese »Flucht vor dem Ursprünglichen« [...] als eine Peripetieder Reflexion« zu verstehen und zu rechtfertigen ist«. **247** Bernard Tschumi, »Architecture and Limits«, in ArtForum 19, No. 4 (Dez 1980) S. 36ff. **248** Philippe Sollers, Writing and the Experience of Limits, New York, 1983, orig. Editions du Seuil, 1968 **249** Saskia Sassen, »Wirtschaft und Kultur in der Globalen Stadt«, in: Bernd Meurer (Hrsg.) Die Zukunft des Raumes, Frankfurt, New York 1994, S. 72 **250** Vgl. Kate Nesbitt (ed.), Theorizing A New Agenda for Architecture. An Anthology of Architectural Theory 1965-1995. Princeton/New York 1996, S. 163: Fußnote 1: »This Idea is borrowed from Roland Barthes and Julia Kristeva: »intertextuality« is a web or network of relations between the components of a sign, or between an individual work and the works which precede or surround it on which it relies for meaning.« **251** Vgl. Saskia Sassen, The Global City. New York, London, Tokyo, Princeton /New York, 1991, S. 83/84 **252** Christoph Türke: Gott als Vermittlung, Kritik des Didaktik-Kultes, Lüneburg 1994 S. 122 **253** Saskia Sassen, Metropolen des Weltmarktes. Die neue Rolle der Global Cities, Frankfurt a. M. 1996, S. 167 **254** Jean Gottmann, »Urban Settlements and Telecommunications«, in: Ekistics, Sept/Oct 1983, p. 411–416, hier aus: Jean Gottmann; Robert Harper, Since Megalopolis. The urban Writings of Jean Gottmann, Baltimore, London, 1990, S. 200 **255** Rem Koolhaas, »Transferia«, Arch+ 119/120, Dez. 1993, S. 62: »Transferia sind (wörtlich übersetzt) Umsteigeplätze, wo man auf effizienteste Weise sein Auto (sicher) abstellen und die Reise mit dem Zug, Metro oder Bus fortsetzen kann. Um die Attraktivität und den Gebrauch zu erhöhen, werden sie mit einer Reihe von Serviceelementen ergänzt« **256** Vgl. Joseph Fenton, Hybrid Buildings, Pamphlet Architecture No. 11, Princeton, New York 1985 **257** Saskia Sassen, Metropolen des Weltmarktes. Die neue Rolle der Global Cities, Frankfurt a. M. 1996, Orig. 1994, S. 62 **258** Vgl. Rudolf von Laban, Die Kunst der Bewegung, Wilhelmshaven 1996. Orig. 1950; Rudolf von Laban, Kinetografie-Lanan-Notation. Einführung in die Grundbegriffe der Bewegungs-und Tanzschrift, Wilhelmshaven,1955/1995 **259** Vgl. N. Bourbaki, Topological Vector Spaces, Berlin Heidelberg New York 1987, Orig. 1980 **260** Laurance Louppe (ed.), Traces of Dance, Paris, New York 1994 Orig 1991. darin: Gespräch zwischen L. Louppe; D. Dobbels und Paul Virilio. **261** a. a. O. **262** Vgl. Merce Cunningham, Hand Drawn Spaces, in SIGGRAPH 1998, **263** Bill T. Jones; Paul Kaiser; Shelley Eshkar, »Gostcatching hier« in: Susan Kozel: »Ghostcatching. More perspectives on capture motion«, Archis 4/1999, S. 70ff. **264** Vgl. Collaboration Robert Willson, Kunstzeitschrift Parkett, No. 16, Zürich May 1988 **265** Hans-Thies Lehmann, »Robert Wilson, Scenograph«, in: Collaboration Robert Willson, Kunstzeitschrift Parkett, No. 16, Zürich May 1988, S. 33/34 **266** Vgl. Mark Williams, Road Movie – The

Complete Guide to Cinema on Wheels, London 1982 **267** Vgl. Bill Buford, »Dirty Realism, New Writing from America«, Granta 8, 1983 **268** Liane Lefaivre, »Dirty Realism in der Architektur. Den Stein steinern machen«, Archithese Nr. 1, 1990, S. 15–21 **269** Vgl. Kurt Lewin, Feldtheorie, C.-F. Gaumann (Hg.) Werkausgabe Band 4, Stuttgart 1982; Jacques Lacan, Die vier Grundbegriffe der Psychoanalyse, Seminare 11, Weinheim/Berlin, 1988. Orig. 1973 **270** Felix Klein, Das Erlanger Programm. Vergleichende Betrachtungen über neuere geometrische Forschungen, Leipzig 1974, hier aus: Herbert Mertens, Moderne Sprache Mathematik. Eine Geschichte des Streits um die Grundlagen der Disziplin und des Subjekts formaler Systeme, Frankfurt a. M. 1990, S. 60 **271** Vgl. Anthony Vidler, »The Idea of Type: The Transformation of the Academic Ideal, 1750–1830«, in: M. K. Hays (ed.) Oppositions Reader, Cambridge/MA, 1998, S. 439–459 **272** Zur historischen Stellung von Milizias urbanistischer Theorie vgl. Mario Zocca, Francesco Milizia e l'urbanistica del Settecento, Rom 1956, S. 220–238 **273** Alan Colquhoun, Typology and Design Method (1967), in Ders. Essays in Architectural Critisism, MIT Press, Cambridge/MA, 1981/1995, S. 43 **274** Diese Differenzierung haben die postmodernen Neoklassizisten um Michael Graves und Robert Stern nie begriffen. **275** Rafael Moneo, »On Typology«, Oppositions 13, Summer 1978 **276** Aldo Rossi, Die Architektur der Stadt Skizze zu einer grundlegenden Theorie des Urbanen, Bauwelt Fundamente, Düsseldorf 1973,Orig. 1966, S. 26/37 **277** a. a. O., S. 86 **278** Vittorio Gregotti, Il territorio dell'architettura, Milano 1966/1993 **279** Vgl. a. a. O. S. 151, **280** Vgl. a. a. O., S. 154 **281** Vgl. a. a. O., S. 149 **282** Vgl. Maurice Merleau-Ponty, Das Sichtbare und das Unsichtbare, München 1986, S. 273 **283** a. a. O., S. 288 **284** Vgl. Erwin Gutkind, »Typisierung und Individualisierung als künstlerisches Problem«, Bauwelt Jg. 9 Heft 38, 1918, S. 3–6 **285** Christoph Luchsinger, »Urbanität, Funktionalität; Wirklichkeit oder Simulakrum? Fragmentierung des Raumes«, Werk, Bauen&Wohnen 12/1999, S. 44–49 **286** Hanno-Walter Kruft, Geschichte der Architekturtheorie, München 1995, S. 229/S. 230 **287** Bernhard Tschumi: »Die Aktvierung des Raumes,« Arch+ 119/120/12–93, S. 70/71 **288** Anthony Vidler, »The Idea of Type: The Transformation of the Academic Ideal, 1750–1830«, in M. K. Hays (ed.) Oppositions Reader, Cambridge/MA 1998, S. 443 **289** Aldo Rossi, Die Architektur der Stadt. Skizze zu einer grundlegenden Theorie des Urbanen, Bauwelt Fundamente, Düsseldorf 1973, Orig 1966, S. 10 **290** Vgl. Micha Bandini, »Typology as a Form of Convention«, AA Files 6, May 1984, S. 73–82 **291** Vgl. Umberto Eco, Einführung in die Semiotik, München 1972, Orig. 1968, darin S. 293ff.: Funktion und Zeichen/Architektur und Kommunikation, speziell S. 316 **292** Vgl. Claude Levi-Strauss, Mythologica I, Das Rohe und das Gekochte, 1976. Originalsausgabe: Mythologiques I, Le cru et le cuit., Librairie Plon, Paris 1964 **293** Rem Koolhaas, »Typical Plan«, in: Ders. S, M, L, XL, Rotterdam, New York 1995, S. 335ff. **294** André Bideau, »De-Typologisierung/Editorial«, Werk, Bauen&Wohnen 3/2000, S. 8+9 **295** K. Michael Hays, »Smooth Architecture and the De-differentiation of Practice«, Global Village, Perspektiven der Architektur. Bauhaus-Kolloquium 1999, Abstracts, S. 29–30 **296** André Bideau, »De-Typologisierung /Editorial«, Werk, Bauen&Wohnen 3/2000, S. 8+9, siehe auch: Christoph Luchsinger, »Urbanität, Funktionalität; Wirklichkeit oder Simulakrum? Fragmentierung des Raumes«, Werk, Bauen&Wohnen 12/1999, S. 44 **297** Niklaus Pevsner, A History of Building Types, London 1976 **298** Formulierung von Stan Allen in einem Gespräch mit dem Autor in Bezug zur jüngeren Arbeit von Rem Koolhaas. **299** G. C. Argan, Sul concetto di tipiologia architettonica, in: Ders. Progetto e Destino, Milano 1965, S. 65–81 **300** Micha Bandini, »Typology as a Form of Convention«, AA Files 6, May 1984, S. 75 **301** Vgl. Umberto Eco, Das offene Kunstwerk, 1977, englische Version, The open Work: Hutchinson Radius 1989, Titel der Originalausgabe: Opera Aperta, Casa Ed. Valebtino Bompiani, Mailand 1962, 1967 **302** Robert Smithson, »Mapscape or Cartographic Sites«, in: Paolo Bianchi; Sabine Folie, Atlas Mapping, Wien, 1997 **303** Vgl. Pierre Pinon, »Urban Cartography between the Informal and the Visible«, in: George Teyssot, World Cities and the Future of the Metropolis, Trienale XVII, Milano 1988, S. 114–118; Paolo Bianchi,; Sabine Folie, Atlas Mapping. Künstler als Kartografen, Kartografie als Kultur, Wien 1997; Makoto Sei Watanabe, Urban Mapping, Architektur und Bau Forum, 6/1998, S. 131–137; Judith Barry, Mappings: A Chronology of Remote Sensing, Zone 6: Incorperations, 1992, S. 570ff.; Christine Buci-Glucksmann, Der kartographische Blick in der Kunst, Berlin1997 **304** Vgl. Frances A. Yates, Gedächtnis und Erinnern, Mnematik von Aristoteles bis Shakespeare, Akademie Verlag 1994, Orig: The Art Of Memory, Routledge London 1966 **305** Stanford Anderson, »Erinnern in der Architektur & Memory in Architekture«, DAIDALOS Nr. 58, Dez. 1995, S. 22–37 **306** a. a. O., S. 28–29 **307** Vgl. Jacques Derrida, »Die Struktur, das Zeichen und das Spiel im Diskurs der Wissenschaften vom Menschen«, in: Ders., Die Schrift und die Differenz, Frankfurt a. M. 1972 **308** Vgl. Daniel Libeskind, Radix-Matrix, Architekturen und Schriften, München New York 1994, S. 38 **309** Vgl. Jonathan D. Spence, The Memory-Palace of Matteo Ricci, London Boston1993/1995 **310** Italo Calvino, Die unsichtbaren Städte, München Wien, 1984, Orig. 1972 **311** Christine M. Boyer, The City of Collective Memory. Its Historical Imagery and Architectural Entertainments, Cambridge/MA, 1994 **312** Rem Koolhaas, »Generic City« S, M, L, XL, Rotterdam, New York, 1995, hier aus: Lettre International Frühjahr 1997, S. 38 **313** Vgl. Alison & Peter Smithson, »The ›As Found‹ and the Found«, in: David Robbins, The Independent Group: Postwar Britain and the Aesthethics of Plenty, Cambridge/MA, London/UK 1990, S. 200ff. **314** Vgl. Paolo Bianchi; Sabine Folie, Atlas Mapping. Künstler als Kartografen, Kartografie als Kultur, Wien 1997; Christine Buci-Glucksmann, Der kartographische Blick in der Kunst, Berlin1997 **315** Felix Guattari, Die drei Ökologien, Wien 1994, Orig. 1989, S. 41 **316** Slavoj Zizek, Grimassen des Realen. Jacques Lacan oder die Monströsität des Aktes, Köln 1993, S. 78–79 **317** a. a. O. **318** Vgl. Paul Virilio The Overexposed City, in Sanford Kwinter, Michael Feher (eds.), Zone 1/2, New York, 1986, Orig. »l'espace critique«, Paris 1984, S. 30 **319** John Brinckerhoff Jackson: »Roads belong in the Landscape«, in: Ders. A Sense of Place, A Sense of Time, New Haven, London 1994, S. 201 **320** Vgl. a. a. O., S. 205 **321** Paul Auster, City of Glass, New York 1985, S. 84, in: Ders., The New York Trilogy, London 1990, S. 1–157 **322** Bernard Tschumi, The Architectural Paradox, in Ders. Architecture and Disjunction, MIT Press, Cambridge/MA, 1994, Orig. 1975, S. 27–52 **323** Robin Evans, »Not be used for wrapping purposes. Peter Eisenman: Fin d'Ou T Hou S«, AA Files Nr. 10, London, S. 68–75, hier: S. 70 **324** Vgl. Arjen Oosterman, Möbius House. Images make the man. Archis Nr. 4 April 1999, S. 64–65 **325** »Topologie als Gegenstand« verweist auf das Buch: Rolf-Peter Baacke; Uta Brandes; Michael Erlhoff, Design als Gegenstand. Der Neue Glanz der Dinge, Berlin 1984, das eine solche Erweiterung der Funktion von Objekten im 80er Jahre Design exemplarisch wiedergibt. **326** Vgl. Ernst Cassirer, Philosophie der symbolischen Formen, Darmstadt, 1953/1964/1997; Georg Simmel, Über räumliche Projektionen socialer Formen, in Ders. Gesamttausgabe Frankfurt a. M. 1995, Bd. 1.; Pierre Bourdieu, Zur Soziologie der symbolischen Formen, Frankfurt a. M. 1970/1997 **327** In einer polemisierten Architekturdebatte der 80/90er Jahre in Europa und speziell Berlin, die stark auf Ismen basierte, wurde meiner Meinung diese Deutung des Werkes von Daniel Libeskind übersehen und doch scheint sie mir grundlegend für sein Werk. **328** Vgl. Daniel Libeskind, Radix-Matrix. Architekturen und Schriften. München, New York 1994 **329** Joachim Ritter (Hrsg), Historisches Wörterbuch der Philosophie, Basel/Stuttgart, 1971, S. 501: Architektonik, architektonisch. ›Architektonik‹ (A.) gilt bei Aristoteles als Kunst der Bearbeitung des

Stoffes zur Herstellung einer brauchbaren Sache (1.). Der die Sache Gebrauchende müsse sich mehr auf ihre Form verstehen, der sie Herstellende als »Architekt« mehr mit der Eigentümlichkeit des Stoffes vertraut sein. Die sich im Mittelalter ausbildende Konzeption der Machina mundi legte es nahe, von Gott als dem Architekten der Welt zu sprechen. Die Zuspitzung der Bedeutung auf die Kunst des Hausbaues scheint dadurch veranlasst worden zu sein, dass das Haus als repräsentativ für das Sich-Einrichten des Menschen in der Welt und den herstellenden und gebrauchenden Umgang mit den Dingen aufgefasst wurde. Bei Vitruv werden als erforderliche Tugenden des Architekten geometrische, rhetorische arithmetische und philosophsche Kenntnisse ebenso gefordert wie Bewandertsein in der Musik. Die A umfasst hier drei Teile: Bauen, Herstellen von Uhren und Herstellen von Maschinen. **330** Vilém Flusser: »Transapperatische Bilder«, in Katalog Metropolis, Berlin 1991, S. 51 **331** Gilles Deleuze, Felix Guattari, Mille Plateaux/Tausend Plateaus, Berlin 1992. Orig 1980, S. 248 **332** Vgl. Arthur C. Danto, Wege zur Welt. Grundbegriffe der Philosophie, München 1999 Orig. 1989, S. 58ff. **333** Bill Hillier, Space is the machine. A configurational Theory of architecture, Cambridge/UK, 1996 **334** Vgl. Oswald Mathias Ungers, Morpologie. City Metaphors Köln 1982, S. 15 **335** Arthur C. Danto, Wege zur Welt. Grundbegriffe der Philosophie, München 1999 Orig. 1989, S. 58ff. **336** Vgl. Roman Jacobson, ›Les embrayeurs, les catégories verbales et le verbe russe‹, in Essais de linguistique génerale, Paris 1963; dt. ›Verschieber, Verbkategorien und das russische Verb‹ in: Form und Sinn. Sprachwissenschaftliche Betrachtungen: München 1974, S. 35–54 **337** Roland Barthes, Die Sprache der Mode, 1985, Originalausgabe: Système de la mode. Editiondu Seuil, 1967, S. 15ff. **338** a. a. O., S. 15ff.: FN 9: Jakobson behält den Namen Shifter für die vermittelnden Elemente zwischen Code und Botschaft vor (›Les embrayeurs, les catégories verbales et le verbe russe‹, in Essais de linguistique génerale, Paris 1963; dt. ›Verschieber, Verbkategorien und das russische Verb‹ in: Form und Sinn. Sprachwissenschaftliche Betrachtungen: München 1974, S. 35–54), FN 11: Man könnte die Katalogskleidung für einen Shifter halten, da sie dazu dient, vermittelt über die Sprache, einen realen Kauf einzuleiten. In der Tat folgt die Katalogkleidung völlig den Normen der Modebeschreibung: Es geht weniger darum, ein Kleidungsstück wiederzugeben, sondern den Eindruck zu erwecken, es sei modisch. (Dieselbe Problematik finden wir bei Architekturfotografien. J. H.) **339** a. a. O., S. 16 **340** Ian Stewart, »The Topological Dressmaker«, Scientific American, Bd. 269, July 1993 S. 93–96 **341** Edward W. Soja, Postmodern Geographies: The Reasseration of Space in Critical Social Theory, London New York 1989/1994, S. 129 **342** Jacques Derrida, Husserls Weg in der Geschichte am Leitfaden der Geometrie, München 1987, S. 163/164 **343** Saskia Sassen, »Eine neue Geographie von Zentrum und Rand«, in: Ders. Metropolen des Weltmarkts: die neue Rolle der Global Cities, Frankfurt a. M. 1996, Orig. 1994, S. 161 **344** J. Scott Carter, How Surfaces Intersect In Space, An Introduction To Topology, Series on Knots and Everything, Vol 2. World Scientific, Singapore, New Jersey, London, Hongkong, 1993, S. 11, 16, 38, 40 **345** Anthony Giddens, Time, Space and Regionalisation, in: Derek Gregory, John Urry, Social Relations and Spatial Structures. London 1985, S. 265–295 **346** vgl. Torsten Hägerstrand, Innovation Diffusion as a Spatial Process, University of Chicago Press, 1967/1973 Orig. 1953 **347** Jeffrey C. Alexander, Berhard Giesen, From Reduction to Linkage: The Long View of the Micro-Macro Debate, in Jeffrey C. Alexander, The Micro-macro Link, Berkey and Los Angeles 1987, S. 1–44 **348** Vgl. Karin D. Knorr-Cetina, »Introduction: The micro-sociological challange of macro-sociology: towards a reconstruction of social theory and methodology«, in: Ders.; A. V. Cicourel, Advances in Social Theory and Methodology. Toward an Integration of Micro- and Macro-Sociologies, Boston, London 1981, S. 1/2 **349** Grady Clay, Real Places. An Unconventional Guide to

America's Generic Landscape, Chicago 1994 **350** Rem Koolhaas, Generic City, in S, M, L, XL: Rotterdam New York 1995, dt. Mit falscher Titelübersetzung in Lettre International, Frühjahr 1997, »Stadt ohne Eigenschaften«, S. 32 **351** I. N. Bronstein; K. A. Semendjajew; G. Musiol; H. Mühlig, Taschenbuch der Mathematik, Frankfurt a. M. 1995, S. 682 **352** Michael Speaks, »Big Soft Orange: Managerial Avantgardism«, Bauhaus-Universität Weimar, Bauhaus Kolloqium 1999, Vortragsmitschrift J. Huber **353** Aus: Christoph Feltkeller, Der architektonische Raum: eine Fiktion. Annäherung an eine funktionale Betrachtung, Braunschweig/Wiesbaden, 1989, S. 153, FN: 121 Verweis auf: Anthony Vidler, »The Idea of Type: the Transformation of the Academic Ideal, 1750–1830«, Oppositions No. 8, New York 1977, S. 95–115 **354** Duden Bd. 5, Das Fremdwörterbuch, Mannheim, Wien, Zürich 1990 S. 515 **355** Vgl. Rem Koolhaas, »Typical Plan«, in: Ders. S, M, L, XL, Rotterdam, New York 1995, S. 335ff. **356** Vgl. Edmund Husserl, Die Krisis der europäischen Wissenschaften und die transzendentale Phänomenologie, Husserliania VI, Den Haag 1954 **357** Jacques Derrida, Husserls Weg in der Geschichte am Leitfaden der Geometrie, München 1987 **358** Uwe Dreisholtkamp, Jacques Derrida, München 1999, S. 49 **359** a. a. O., S. 42 **360** Jacques Derrida, »Signatur, Ereignis, Kontext«, in: Ders. Randgänge der Philosophie, Wien, 1988, S. 298 **361** Vgl. Vilém Flusser, »Abbild-Vorbild«, in: Christiaan L. Hart Nibbrig, Was heisst »Darstellen«?, Frankfurt a. M. 1994 und: Vilém Flusser, Vom Subjekt zum Projekt, Mannheim, 1994 **362** Vgl. Anthony Giddens, The Constitution of Society, p. 373–377, hier aus: Edward W. Soja, Postmodern Geographies: the reasseration of space in critical social theory, London, New York 1989/1994, S. 147 **363** Vgl. Wolfgang Welsch, Vernunft. Die zeitgenössische Vernunftkritik und das Konzept der transversalen Vernunft, Frankfurt a. M. 1996, S. 194 **364** Vgl. Edward W. Soja, Thirdspace. Journey to Los Angeles and other Real-and-Imagined Places, Malden/MA, Oxford/UK 1996 **365** Homi Bhabha, The Third Space. Interview with Homi Bhabha, in: Jonathan Rutherford, Identity: Community, Culture, Difference, London 1990, S. 207–221 hier 211 **366** Vgl. Wolfgang Welsch, Unsere postmoderne Moderne, Weinheim 1988, S. 4 **367** Brian Massumi, »Sensing the Virtual, Building the Insensible«, in: Stephen Perella, Hypersurface Architecture, AD Profile No. 133, vol. 68, 5/6, London 1998, S. 16

ABBILDUNGSRAUM – HOMOTOPIE

Die vergleichende Transformationsabbildung von einer Topologie auf die andere formuliert einen eigenen topologischen Raum »zwischen« den Topologien. Da es verschiedenste Wege gibt, eine Topologie mit einer anderen zu vergleichen, sie aufeinander abzubilden, muss man diese verschiedenen Wege als eigene topologische »Abbildungsräume« wiederum untereinander vergleichen können. Dies nennt man in der mathematischen/algebraischen Topologie eine »Homotopie«. Die so genannten Homotopiegruppen werden vor allem für den Nachweis einer Nicht-Äquivalenz gebraucht, der häufig sehr viel schwieriger zu erlangen ist als der Nachweis von Äquivalenz. Man untersucht dazu die Phase zwischen zwei Abbildungszuständen. Eine solche Phase ist auch zeitlich eine Phase, ein Intervall, womit der entscheidende Schritt von einer statischen zu einer dynamischen Betrachtungsweise gemacht wäre. Homotopie beschreibt die Topologie zwischen Vorbild/Urbild und Abbild als einen vermittelnden Kommunikationsraum. In einem urbanen Kontext bestimmt der Umgang mit »Codes« über eine erfolgreiche Kommunikation. In der zeitgenössischen randlosen Stadt sind Codes fortwährenden Veränderungen, Transformationen ausgesetzt. Diese homotopen Code-Deformierungen sind Produkt einer urbanen »technischen Differenz«, wie sie Paul Virilio in »L'espace critique« thematisiert, und die eine Grundbedingung für die großmaßstäblichen Bedingungen der randlosen Stadt darstellt; eine technische Differenz durch Beschleunigung der Mobilität und neuen Technologien, dem »dritten Intervall« Virilios. Homotopie bedeutet faktisch eine Urbildlosigkeit in der randlosen Stadt.

In der Architektur besteht seit den 60er Jahren eine Tradition im Umgang mit homotoper, urbildloser Architektur: Pop-Art, Pop-Architektur und Pop-Kontextualismus. Es sind dabei drei Phasen zu unterscheiden: Alison & Peter Smithsons »As Found«-Kontextualismus, und Venturi/Scott Browns »Learning from Las Vegas« Phase – d. h. Ente/Duck versus Decorated Shed in den 60er und 70er Jahren. Die zweite Phase des »Dirty Realism« Pop-Kontextualismus, wie ihn Liane Lefaivre beschreibt: Pop der urbanen Resträume und des Alltagskontexts. Schwellenräume und Übergangsräume, wie sie der Anthropologe Victor Turner mit den liminalen und liminoiden Phänomenen und kulturellen Ritualen untersucht. Die dritte Phase ist die des beschleunigten technologischen large-scale Pop-Kontextualismus. Pop bedeutet nicht nur semantische Codierung und Decodierung des urbanen Kommunikationsraumes. Pop bedeutet auch die Auseinandersetzung mir dem radikalen Verlust der Urbilder und dem Umgang mit Simulakra, wie sie Baudrillard und Deleuze behandeln. Aus der Sicht der Homotopie ist »Transversalität« in den topologischen Faserbündeln eine Bedingung für Simulation – der »Rekonstruktion« eines »fiktiven« simulierten (Ur-) Bildes – einer simulierten Substitution. Jeder urbane Kontext ist in diesem Sinne ein Simulacrum mit der darunter liegenden technischen Differenz. Simulation als Topologie bekommt eine räumlich kontextuelle Ausdehnung und eine artifizielle Deformierung respektive Verfremdung. Wir werden uns fragen müssen, was dies für den architektonischen Kontext bedeutet. Aktualität gewinnt diese Frage durch die Tatsache oder Fähigkeit, dass Kommunikationsräumlichkeiten im technischen (dritten) Intervall zwischen Virtualität und Realität – als flotierende Zeichen im Sinne Derridas – umherschwirren, als »Context of No Context« (George Trow). Da sich diese Ambiguität/Mehrdeutigkeit der »Zeichen/Codes« auf alle kontextuellen urbanen Sinne beziehen, gewinnt hier der architektonisch-städtebauliche Funktionsbegriff eine erweiterte Bedeutung – Eco hat dies noch »zweite Funktion« genannt, heute müsste man von der n-ten Funktion sprechen (»n« nicht als Unendlichkeitsmetapher, sondern vielmehr als Unbezifferbarkeit oder Unbenennbarkeit). Der Pop-Kontext wird so ein multimedialer »ReMix« der Sinne, der »Multi-Senses«.

TOPOLOGISCHE BEGRIFFE DER HOMOTOPIE

Abbildungsraum und Funktoren

Abbildungsraum Es gibt verschiedenste Wege, einen topologischen Raum auf den anderen stetig abzubilden. Die Menge aller möglichen Abbildungen, aller möglichen topologischen Deformationen, definiert selbst eine Topologie, den »Abbildungsraum,« der für die Homotopietheorie wichtig ist.[1] »In der Topologie wird mit stetigen Abbildungen gearbeitet. Die Fülle stetiger Abbildungen ist jedoch meist für die Geometrie unwichtig. Viele geometrische, topologische Fragen können als die Frage nach stetigen Abbildungen mit geeigneten Eigenschaften formuliert werden. Die gewünschten Eigenschaften sind oft so robust, dass sie durch kleine Änderungen der Abbildung nicht zerstört werden: sie sind resilient. Das bringt die analytische Idee der Approximation und die geometrische Idee der Deformation ins Spiel. Die Idee der Deformation wird durch den Begriff der Homotopie präzisiert«[2], schreibt Dieck. Die Topologie des Abbildungsraumes gehorcht denselben Regeln bezüglich Invarianten wie herkömmliche Topologien. Abstrahiert man »Abbildung« respektive »Deformation« als Weg zwischen Räumen, als Loop, dann vergleicht die Homotopie diese Wege. Sind diese untereinander homöomorph, dann gelten die Wege als homotop.[3]

Funktoren Häufig werden Invarianten nicht nur für topologische Räume, sondern auch für stetige Abbildungen zwischen diesen Invarianten definiert: Die Invarianten werden dann Funktoren.[4]
Dieck: »Die funktoriellen Invarianten sind für die Topologie unerlässlich, und der durch sie gegebene methodische Rahmen ist überaus erfolgreich. Das hat seine guten Gründe: Die meisten mathematischen Objekte werden durch einen hierarchischen Prozess aufgebaut. [...] Es ist deshalb nötig zu wissen, wie sich Invarianten bei diesen Prozessen verändern – und das wird durch die funktorielle Natur gefördert oder erleichtert. So versucht man etwa, einen Raum X dadurch zu verstehen, dass man andere Räume nach X abbildet [...] oder X in andere Räume abbildet (Kohomologie). Insgesamt entsteht ein Informationsgeflecht, in welchem ein Raum durch seine Stellung zu vielen weiteren Räumen in seiner Individualität beschrieben wird«.[5] Funktoren sind sowohl an die topologischen Ausgangsräume als auch an die Vielzahl möglicher Morphismen gebunden.

Streng genommen beziehen sie sich deshalb auf ganze Kategorien von Objekten mit den jeweilig dazugehörigen Morphismen.[6] Jänich unterstreicht die Bedeutung der Funktoren so: »[…] aber typisch (ist) die Überlegenheit des funktoriellen Standpunktes in allen Fragen, die mit Abbildungen zu tun haben. Aber selbst, wenn man nur das Interesse an den geometrischen Objekten selbst ins Auge fasst, so hätte auch da die ältere Auffassung von der algebraischen Topo-

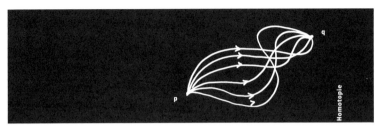

logie nicht weiter gedeihen können, denn die Erkenntnisse über Räume und Abbildungen hängen so stark wechselseitig voneinander ab, dass jede einseitig auf die Räume konzentrierte Entwicklung in eine Sackgasse führen muss.[7] Ein Funktor, der nicht nur Objekt, Kategorie und Morphismus berücksichtigt, sondern auch noch schon vorhandene Funktoren, wird Hyperfunktor genannt.[8] Eine Homotopietheorie als Ganzes besteht nach Tammo Tom Dieck »aus einer Sequenz […] von Funktoren […] und einer Sequenz […] von natürlichen Transformationen.«[9]

Deformationsretrakt Ein Unterraum eines topologischen Raumes heißt Deformationsretrakt, wenn es eine »Retraktion«[10] genannte stetige Abbildung des Raumes auf den Unterraum gibt.[11] Ist das Deformationsretrakt ein einpunktiger

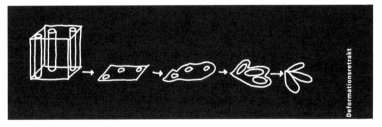

Unterraum, spricht man vom topologischen Raum als »zusammenziehbar«[12] respektive »kollabierbar«.[13] Er ist dann homotopie-äquivalent zum einpunktigen Unterraum. Das Deformationsretrakt mit dem damit verbundenen Konzept ist für die Theorie der Fundamentalgruppe in der Topologie respektive der Klassifikation des Genus wichtig. Die Fundamentalgruppe wird in dieser Arbeit nur angedeutet – ausführlicher im nächsten Kapitel über Homologie, da es sich um eine der einfachsten numerischen Invarianten handelt.

Faserraum und Transversalität

Faserbündel Was geschieht, wenn nun der topologische Ausgangsraum, quasi das Urbild, nicht mehr vorhanden ist, sondern nur noch der homotope Abbildungsraum und der Zielraum der Abbildung?[14] Der Abbildungsraum mit all seinen möglichen homotopen Deformationen wird bei dieser Betrachtungsweise zum Faserraum über dem Zielraum respektive nun Basisraum genannt. Topologisch ist ein Faserbündel durch zwei verschiedene Punktmengen, den Basisraum und den Gesamtraum, manchmal auch Totalraum oder Bündelraum genannt, sowie eine Regel charakterisiert, die Projektionsabbildung (des Bündels) genannt wird und die einen Punkt im Basisraum mit allen Punkten im Gesamtraum verknüpft. Für jedes Element des Basisraumes ist das Inverse der Projektionsabbildung eine Faser.[15] Intuitiv kann man vom Faserbündel als einer Vereinigung der Fasern sprechen, durch den Basisraum parametrisiert und durch die Topologie des Gesamtraums »zusammengeleimt«.[16] Ein Bündelmorphismus respektive das Faserbündel ist dann grob umschrieben eine fasernerhaltende Abbildung.[17] Herbert J. Bernstein und Anthony V. Phillips haben die Theorie der Fasern und Faserbündel sehr trivial so beschrieben: »Beim Weinglas, das in der offenen Handfläche gedreht wird, entsprechen die Punkte im Basisraum den möglichen Orientierungen des Glases und der Hand. [...] Um die Verknüpfung zwischen den Punkten im Gesamtraum und denen im Basisraum zu verdeutlichen, zeichnet man den Gesamtraum oft so, als läge er senkrecht ›über‹ der Basis. Dann befindet sich jeder Punkt des Gesamtraumes senkrecht über demjenigen Basispunkt, mit dem er durch die Projektionsabbildung verknüpft ist. Alle Punkte des Gesamtraums, die über einem bestimmten Basispunkt liegen, bilden eine Faser. Die Definition eines Faserbündels verlangt nun, dass die Fasern über

zwei beliebigen Punkten topologisch gleichwertig sind, das heißt, die topologische Struktur der Fasern darf sich nicht ändern, wenn man von einem Basispunkt zu einem anderen übergeht. Manchmal bilden die Fasern über den Basispunkten Geraden. Der Gesamtraum sieht dann aus, wie ein Bündel von Fasern – daher die Bezeichnung Faserbündel. Da alle Fasern eines solchen Bündels topologisch äquivalent sind, kann man sie als Kopien einer einzigen Faser, der idealen Faser [...] betrachten«.[18]

Die einfachste Form eines Faserraums bildet die direkte Produkt-Topologie zweier topologischer Räume. Ein Beispiel eines solchen Faserraumes ist das Möbius-Band.[19] Die wichtigsten Faserräume sind aber die Tangentialraumbündel von topologischen Räumen, wie sie Whitney für die Differenzialtopologie definiert hat.[20] Alle Räume mit Verbindungen sind ebenfalls spezielle Fälle von Faserräumen.[21] Diese »Konnexionen«, als Verbindungen »zwischen« Fasern über Räumen, spielen in der Physik in Form von Wechselwirkungen, sprich Kräften, eine große Rolle als Anwendung von Topologie; als Beispiel ist die Yang-Mills-Theorie zu nennen. Dieses Vorgehen bei »Verbindungen« ist typisch für die Denkweise in der Topologie. Eine Verbindung in einer Topologie ist bei fehlender Metrik nicht einfach »da«. Sie muss hochgehoben (ein typischer Trick der Überlagerungstheorie[22]) werden in die Fasern eines Projektionsraumes, eines Bündelraumes, und die Verbindung findet dann zwischen den Fasern statt. Dieser »Umweg« ersetzt gewissermaßen eine Metrik.

Überlagerung Eine lokal triviale Faserung heisst Überlagerung, wenn ihre Fasern alle diskret sind.[23] Die Überlagerungen formen über dem Basisraum eine Art Blätterteig. Die Mächtigkeit der Faser als Überlagerung nennt man auch »Blätterzahl«.[24] Die Anzahl der Blätter entspricht dann der Anzahl der Überlagerungen.[25] Die Überlagerungen müssen aber nicht gleichmäßig und homogen sein; sie können sich z. B. auch verzweigen, wie bei den allgemeineren Überlagerungen der Riemannschen Flächen.[26] »Die Überlagerungen haben eine gewisse Tendenz ›einfacher‹ zu sein als der überlagerte Raum,« schreibt Jänich, »so gibt es zum Beispiel zu jeder nichtorientierbaren Mannigfaltigkeit […] eine orientierbare zweiblättrige Überlagerung (Orientierungsüberlagerung) und das ist das Vehikel, um gewisse Aussagen, deren Beweis ›gutwillig‹ zunächst nur für orientierbare Mannigfaltigkeiten funktioniert, doch auch um nichtorientierbare zu verifizieren. […] In einer Reihe von Anwendungen entfaltet dieses Vereinfachungsverfahren seine volle Kraft erst, wenn man bis zur universellen Überlagerung hinaufsteigt, […][27] In der Überlagerungstheorie gibt es einen allgegenwärtigen technischen Handgriff, mit dem alles gemacht, konstruiert und bewiesen wird: Das Hochheben von Wegen«.[28] In Überlagerungen sind Hochhebungen im Allgemeinen eindeutig.

Für jede Faserung hat also auch jede homotope Abbildung eine Hochhebung.[29] Man wählt zu einem Anfangs- und Endpunkt einen Weg, bildet ihn ab, hebt dann hoch und setzt den Endpunkt.[30] Auch das Hochheben von Homotopien ist möglich: Es ist dann nicht nur ein einzelner Weg gegeben, sondern eine Homotopie und dementsprechend anstelle eines einzelnen Anfangspunktes eine ganze stetige Anfangsabbildung.[31] Die Charakteristika von Überlagerungen ergeben sich aus deren Hochhebeverhalten und den Hochhebeeigenschaften.[32]

Transversalität Transversalität ist ein wichtiger Bestandteil der qualitativen Theorie generischer Eigenschaften von topologischen Abbildungen, Mannigfaltigkeiten und Vektorfeldern, wie sie von René Thom[33], Steven Smale, Ralph Abraham[34], Vladimir Arnold und anderen seit den 50er Jahren entwickelt wurde. Sie ergibt sich aus der Topologie von Räumen aus Schnitten von Vektorbündeln.[35] Im Prinzip untersucht die Transversalitätstheorie, ob zwei Funktionen, die sich schneiden, dies »richtig« tun, also »Quer-Schnitte« sind. Dies ist nicht so einfach, wie es scheint; es geht um die Nullstellengebilde im Nullschnitt.[36] In der Topologie der transversalen Abbildungen und Schnitte dürfen keine pathologischen Nullstellengebilde vorkommen.[37] Im Nullschnitt sollte die schneidende Funktion nicht gleichzeitig Teil des Tangentialraumes werden. Eine Frage, die sich in der Differenzialtopologie oft stellt – und hier greifen wir etwas vor – ist, ob die inverse Abbildung einer glatten Untermannigfaltigkeit selbst auch eine Untermannigfaltigkeit derselben Obermannigfaltigkeit darstellt.[38]

Es seien zwei glatte (diffeomorphe, d. h. differenzierbar und homöomorph) Mannigfaltigkeiten gegeben und eine Abbildung/»Map«, die die eine in die andere überführt. Eine »Map« nennt man »transverse« über einer glatten Untermannigfaltigkeit an einem Punkt, der zur inversen Funktion der »Map« gehört, falls der Tangentialraum der Mannigfaltigkeit die Summe des Tangentialraumes der Untermannigfaltigkeit addiert mit den Tangentialräumen der Abbildungsfunktion und der Ausgangsmannigfaltigkeit.[39] Thom erweiterte diese Idee der transversen Abbildungen zum sog. Thom-Transversalitäts-Theorem[40], das den Übergang von einer lokalen transversalen Abbildung hin zu einer globalen Transversalität beschreibt.[41]

Schon in Thoms ursprünglichem Papier assoziierte dieser Transversalität mit der Theorie von Fasern und Faserbündel. Dies ist einfach nachzuvollziehen, da Tangentialbündel den wichtigsten Fall von Vektorbündeln darstellen und diese wiederum einen Faserraum bilden.[42] Der Abbildungszylinder mit seinen Vektorfasern wird nun »Thom-Raum«[43] der Faserung genannt und er beschreibt das Schließen von Kompaktheit auf Lokalkompaktheit des Basisraumes eines Faserbündels. Transversalitätssatz für Schnitte (R. Thom): Gegeben sei eine Funktion, eine differenzierbare Abbildung differenzierbarer Mannigfaltigkeiten und ein differenzierbarer Schnitt der Funktion. Es gibt beliebig nahe zu diesem Schnitt der Abbildungsfunktion einen zu einer differenzierbaren Untermannigfaltigkeit transversalen neuen Schnitt.[44] Analog dazu gibt es einen Transversalitätssatz für Abbildungen. Sei eine Abbildungsfunktion differenzierbar und sei eine Untermannigfaltigkeit der Zielmannigfaltigkeit der Abbildung gegeben, dann gibt es beliebig nahe zur Funktion eine zur Untermannigfaltigkeit transversale neue Abbildung.[45] Der Schnitt von zwei Untermannigfaltigkeiten ist wieder eine Untermannigfaltigkeit.[46]

Nach Dieck: »Die Menge der transversen Abbildungen ist offen und dicht in der Menge aller glatten Abbildungen [...] Transversalität beschreibt die allgemeine

Lage. Dieses Phänomen lässt sich durch die folgenden Aussagen umreißen: Jede Abbildung lässt sich durch beliebig kleine Änderungen in eine transversale deformieren. Und: Eine transverse Abbildung bleibt bei allen genügend kleinen Änderungen transvers«.[47] Es liegt nahe, dass Transversalität auch über Tangentialräume[48] oder Normalenbündel[49] definiert werden kann. Man sollte sich vorstellen, dass die Transversalität zweier Unterräume auch vom Einbettungsraum abhängt. Wenn die Dimensionen zweier Untermannigfaltigkeiten sich nicht zur Dimension des Einbettungraumes aufsummieren, dann könnten sie sich nur transversal schneiden, indem sie sich gar nicht schneiden würden.[50] Als Topologe sucht man Abbildungen zwischen Abbildungen mit guten Eigenschaften (differenzierbar, transversal) gut zu approximieren, weil nahe beieinander liegende Abbildungen homotop sind. Sind also zwei Funktionen genügend nahe Approximationen einer gegebenen Abbildung, welche transversal zu einer Untermannigfaltigkeit der Zielmannigfaltigkeit liegt, so sind beide homotop zur gegebenen Abbildung durch differenzierbare Homotopien.[51] Transversalität ist eine Bezeichnung von Regularität.[52] In der Homotopie ist Transversalität einerseits Teil der homotopen Abbildungsräume, aber wichtiger ist sie andererseits bezüglich der Schnitte und Verbindungen in Faserräumen respektive Faserbündeln. Transversale Abbildungen in Faserräumen verbinden Fasern und Faserbündel. Eine der wichtigsten Anwendungen solcher Verbindungen stammt aus der Eichfeldtheorie der Physik. Bernstein/Phillips fassen dies wie folgt zusammen: »Bereits in den zwanziger Jahren führte Hermann Weyl das Konzept eines Eichfeldes ein, aber erst 1954 begannen Physiker Eich(feld)theorien zu entwickeln, wie sie heute in der Diskussion sind. Damals wandten C. N. Yang und Robert L. Mills, die am Brookhaven Laboratory arbeiteten, das Konzept der Eichfelder auf die Kernkräfte an und entwickelten die erste Eichtheorie [...] die erkennen ließ, dass die Eichfelder einen Spezialfall von noch abstrakteren Strukturen darstellen, die in der Mathematik unter dem Namen Konnexionen oder Verbindungen in Faserbündeln bekannt waren.[53] [...] Die Eichfelder der Quantentheorie lassen sich als ein Konnexion in einem Faserbündel auffassen, dessen Basis die vierdimensionale Raum-Zeit ist. Jede Faser besteht aus einem Satz von inneren Symmetrietransformationen. Diese Transformationen spiegeln das Verhalten von Teilchen wieder, die unter dem Einfluss des Eichfeldes miteinander wechselwirken. In den Eichtheorien für die elektromagnetischen, die schwache sowie die starke Wechselwirkung hat man inzwischen solche Wechselwirkungen konstruiert. Die Eichtheorien bildeten die Grundlage, um die drei Grundkräfte in einer vereinheitlichten Theorie zu beschreiben«.[54] Die Yang-Mills-Theorie ist insofern auch Bestandteil der Superstring- und Supermembran-Theorie. Eine Verbindung – eine Art »String« –, deren Kurvatur den Bedingungen der Yang-Mills-Gleichungen genügt, wird auch »Instantons« genannt.[55] Bei Yang-Mills ist die Kurvatur der Konnexion von der Stärke der (starken oder schwachen) Wechselwirkungen (sprich Interaktionen) abhängig, also von der »Kraft« des Gauge-Feldes (einem mit einer Aktion versehenen Orbitraum), die auf die Konnexion wirkt, und sie wird durch einen Torsions-Tensor ausgedrückt.[56]

Da Transversalität so wichtig für topologische Stabilität ist, bedeutet dies physisch, dass transversale Abbildungen »beobachtbar« sind respektive reziprok; nur transversale Abbildungen sind beobachtbar. Deshalb kann man allgemein formulieren, dass fast alle topologischen Abbildungen transversal sind.[57]

GEISTESWISSENSCHAFTLICHER KONTEXT: PAUL VIRILIO

›L'espace critique‹ und Drittes Intervall

Homotopie bedeutet eine topologische Untersuchung von Abbildungsräumen oder generell von Übermittlungsräumen, Vermittlungsräumen oder Kommunikationsräumen. Homotopie untersucht die Kommunikation, ob verbal, bildlich, gestisch/räumlich an sich, ohne Referenz zu Ur- oder Abbild. Das fehlende Urbild ist auch Bestandteil der topologischen Faserbündeltheorie, die wir unter dem kulturtheoretischen Aspekt des Simulakra betrachten werden. Die Vermittlungsentität, die Kommunikation machbar macht, ist der »Code«. Kommunikative Abbildungstheorie muss sich mit Code und Codifizierung in Sprache, Bild und Alltag, also im urbanen Kontext auseinandersetzen. Es stellt sich dabei die Frage, ob nicht jeder Code als Artefakt schon gewissermaßen eine »technische Differenz« formuliert, obwohl wir hier diesen Begriff im Zusammenhang mit Paul Virilios Techno-Kultur-Theorie verwenden.

Inwiefern verhält sich eine schon bestehende Theorie der Codes topologisch und vice versa? Das Entscheidende der Deutung von Virilio ist ja gerade, dass sich heute die Codes technisch bedingt stark und kontinuierlich verändern und dabei verschiedene Kodifizierungsgeschwindigkeiten entwickeln, also verschieden beschleunigte Meta-Codes. Die Botschaften selbst verändern sich hingegen kaum und sind völlig unbedeutend, dies in Ergänzung zu McLuhans Aussage, die Medien seien die Botschaft. Man sollte im Zusammenhang mit der Homotopie-Theorie heute sagen: Die Medien sind homotope Codes/Meta-Codes.

Code und Kommunikation Codes sind Funktoren, also homotope Invarianten. Wie diese beziehen sie sich auf ganze Gruppen und Klassen von Abbildungstransformationen. Für die Semiotik, die auch kulturelle Prozesse als Kommunikationsprozesse untersucht, gilt wie für die Homotopie der Topologie, dass die Dialektik von System und Prozess zur Aufstellung einer Dialektik von Code und Botschaft führt.[58] Code entspricht den Funktoren, Botschaft entspricht der homotopen Abbildung. Umberto Eco macht den »Vorschlag des Kommunikationsmodelles eines ›offenen‹ Prozesses, wo die Botschaft je nach Code variiert, wo die Codes je nach Ideologien und Umständen ins Feld geführt werden, und wo das ganze Zeichensystem sich ständig umstrukturiert auf der Grundlage der

Decodierungserfahrung, die der Prozess als Semiose in Progress begründet. […] Es ist nutzlos an die Stabilität der Strukturen und die Objektivität der signifikanten Reihen, auf die sie hinauslaufen, zu glauben, wenn wir in dem Augenblick, in dem wir diese Serien definieren, im Prozess sind und eine Phase des Prozesses als endgültig bestimmen«[59]. »Was ist Kommunikation?« fragt Vilém Flusser: »Die menschliche Kommunikation ist ein künstlicher Vorgang. Sie beruht auf Kunstgriffen, auf Erfindungen, auf Werkzeugen und Instrumenten, nämlich auf zu Codes geordneten Symbolen. […] Nach Erlernen eines Codes neigen wir dazu, seine Künstlichkeit zu vergessen […] Die Codes werden zu einer Art zweiter Natur, und die codifizierte Welt, in der wir leben – die Welt der bedeutenden Phänomene […] lässt uns die Welt der ›ersten Natur‹ (die bedeutende Welt) vergessen«.[60] Für Umberto Eco ist der Code »ein System von rein syntaktischen Regeln. Er legt Vereinbarkeiten und Unvereinbarkeiten, Differenzen fest, wählt gewisse Symbole als zugehörig aus und schließt andere aus. Als zweites ist der Code aber auch ein System, das semantische Regeln aufstellt. Er wählt diskontinuierliche, diskrete, aus dem Kontinuum der möglichen Tatsachen herausgeschnittene Situationen aus und bestimmt diese zu Einheiten, die für die Zwecke der interessierenden Kommunikation relevant sind«.[61] »Der Code im engeren Sinne stellt die Regeln für die Korrelation von Ausdruckselementen zu Inhaltselementen auf, […] Ein Code liegt nur dann vor, wenn es eine konventionalisierte und sozialisierte Korrespondenz gibt, wobei es unwichtig ist, mit welcher zwingenden Kraft, in welchem Umfang und für welchen Zeitraum sie gilt. […] Ein Code liegt auch dann vor, wenn er ungenau und schwach ist (sich also rasch ändern kann), […] wenn er vorläufig ist, […] und wenn er widersprüchlich ist. […] Ungenauigkeit, Schwachheit, Unvollständigkeit, Vorläufigkeit und Widersprüchlichkeit des Codes haben keinen Einfluss auf die Definition eines Zeichens als Zeichen; sie können höchstens zu mehrdeutigen Signifikanten führen und die Kommunikation erschweren«.[62] Systemtheoretisch sind die Codes »Unterscheidungen, mit denen ein System seine eigenen Operationen beobachtet«.[63] »Es ist dies eine Frage nach dem Körper und dem Zeichen, eben unter dem Gesichtspunkt der Code-Botschaft-Relation. Der Code führt mit seinen Ordnungskriterien Kommunikationsmöglichkeiten ein; der Code stellt ein Wahrscheinlichkeitssystem dar, das über die Gleichwahrscheinlichkeit des Ausgangssystems gelegt wird, um dieses kommunikativ zu beherrschen«.[64] Nach solchen Ueberlagerungen gilt es in der kontextuellen Analyse zu suchen. Es ist auf jeden Fall nicht die statische Information, die diese Ordnungselemente erforderlich macht, sondern ihre Übertragbarkeit. Jede Botschaft stellt den Code in Frage.[65] Jede homotope Abbildung fragt neu nach den funktoriellen Invarianten. Der Begriff der topologischen Polivalenz erschüttert die cartesianischen, zweidimensionalen Achsen des Vertikalen und des Horizontalen, der Selektion und der Kombination.[66] Vilém Flusser wendet Codes wie Paul Virilio auf multimediale Technobilder an, die Symbole von »Begriffen« seien, im Gegensatz zu früheren

Symbolen von Vor-Bildern respektive Objekten. »Das ist der Grund wieso [...] der Begriff ›Technobild‹ eingeführt und provisorisch definiert wurde: er soll als Ansatz zum Aufrollen der gegenwärtigen Krise als einen Zusammenbruch der früher vorherrschenden eindimensionalen Codes und als Aufkommen neuartiger zweidimensionaler (und dadurch mit zusätzlichen Dimensionen versehener) Codes ansieht«.[67] Betrachtet man Codes im Zusammenhang mit Homotopie, sollte man sie ganz von Fragen nach Metrik oder Dimensionalität lösen. Codes würden dann topologische Codes. Im Zusammenhang mit dem letzten Kapitel dieser Arbeit, der Topologie des Flüssigen, kann man an dieser Stelle vorgreifend festhalten, dass gerade dieser Zusammenbruch der Dimensionalität, speziell auch der Strata der Codes zu einer »neuen Verflüssigung« der Codes führt, wie man sie in Flussers »Technobildern« oder Virilios technischer Differenz des Dritten Intervalls wiederfindet. Bei Derrida kulminiert diese Auflösung als Substitution der abwesenden Struktur (man bemerke den Bezug zu Ecos »Struttura assente«) durch die Idee des ›Spiels‹. Umberto Eco beschreibt diesen Punkt bei Derrida so: »Was jede Untersuchung über die Struktur der Kommunikation aufdeckt, ist also keine zugrunde liegende Struktur, sondern die Abwesenheit der Struktur, das Feld des ständigen ›Spiels‹ [...] . Wenn am Ursprung der Kommunikation und folglich jedes kulturellen Phänomens ein ursprüngliches ›Spiel‹ steht, dann kann dieses Spiel nicht unter Zuhilfenahme der Kategorien der strukturalistischen Semiotik definiert werden. Der Begriff des Code selbst z. B. bricht dann zusammen. Das bedeutet, dass es an der Wurzel jeder möglichen Kommunikation keinen Code gibt, sondern die Abwesenheit von Code«.[68] Eco übernimmt die Zentrumslosigkeit respektive Abwesenheit von finaler Hermeneutik von Derrida. Dieter Mersch fasst Ecos Position zusammen: »Die Semiotik bedeutet dann die Theorie sowohl der Ordnung der Codes, wie ihres Vollzugs. Die Codes dienen als hypothetische Modelle (wie auch Architektur und Topologie, J. H.), die zugleich ›perspektivisch, partiell und von den Umständen abhängig‹ (Kontext, J. H./hermeneutisch/interpretierbar, J. H./ES 418) gedacht werden. [...] Die Semiose ist dann wesentlich Praxis [...] und sie ist Form, die immer wieder neu gesetzt werden kann. [...]«. Jenseits von Saussure verzichtet Eco damit auf die Rekonstruktion einer invarianten Ordnung und besteht auf einer Pluralität möglicher Formen; und jenseits von Peirce schneidet Eco die regulative Idee eines »finalen Interpretanten« ab und behauptet die Kontingenz der Semiose. »Weder gibt es einen letzten Code [...] noch den Fortschritt der Semiose in Richtung gelingender Wahrheit. [...]. Statt dessen findet sich, wo der Pragmatismus stetiges Wachstum gewahrt, allenfalls eine Entdeckung von Andersheit, und wo der Strukturalismus einen ›Code‹ erkennt, ein Labyrinth. [...] (Die Struktur ermöglicht) die Chance der Erfindung einer unendlichen Vielfalt von Neuem und bislang nie Gekanntem. [...] Ein Code ist nicht nur eine Regel, die schließt, sondern auch eine Regel, die öffnet. Er sagt nicht nur ›du musst‹, sondern er sagt auch ›du kannst‹ oder, ›es wäre auch möglich, jenes zu tun‹. Wenn er eine Matrix ist, ist er eine Matrix, die unendliche Vorkommnisse möglich macht, von denen einige noch nicht einmal vorhersehbar sind. [...] Es ist möglich, an eine offene Matrix zu denken, an eine unbegrenzte Regel«.[69] Rem Koolhaas' Punkt 6.8 in seinem Manifest Generic City, in dem eine Vergötterung des Multiple Choice konstatiert wird, betrifft auch eine Welt der Kodierungen und Meta-Kodierungen.

Gilles Deleuze und Charles S. Peirce Als urbane Theorie von Bildräumen im Sinne von autarken Vermittlungsräumen werden diese Räume als Codierungen erst durch Rückgriff auf die Theorie von Chales S. Peirce sinnvoll. Gilles Deleuze fasst den Peirceschen Ansatz in »Das Zeit-Bild« zusammen:

»Den Ausgangspunkt bildet für Peirce das Bild, das Phänomen oder dasjenige, was erscheint. Dabei hielt er es für richtig, das Bild in drei Arten einzuteilen: die Erstheit (etwas, was ausschließlich auf sich selbst verweist: Qualität oder Vermögen, reine Möglichkeit; so wie beispielsweise das Rot, das man in der Proposition ›Du hast nicht dein rotes Kleid angezogen‹ oder ›Du bist ganz in Rot‹ findet); die Zweitheit (etwas, was nur aufgrund einer anderen Sache auf sich verweist: Existenz/Aktion/Reaktion, Anstrengung/Widerstand); die Drittheit (etwas, was nur auf sich verweist, indem es eine Sache zu einer anderen in Beziehung setzt: die Relation, das Gesetz, das Notwendige). Man beachte, dass die drei Bildarten nicht nur Ordinalklassen/die erste, die zweite, die dritte), sondern auch Kardinalklassen bilden: es gibt zwei in der zweiten, so dass es eine Erstheit in der Zweitheit gibt, und es gibt drei in der ditten. Wenn die dritte die Vollendung markiert, dann deswegen, weil man sie nicht aus Dyaden zusammensetzen kann, sondern weil die Kombinationen der Triaden unter sich und mit den anderen Modi beliebige Vielheiten ergeben können. Dies will besagen, dass das Zeichen bei Peirce als etwas erscheint, was diese drei Bildarten kombiniert. [...] Aus der Kombination der drei Bildmodi und der drei Zeichenaspekte gewinnt Peirce neun Zeichenelemente und zehn korrespondierende Zeichen (denn nicht alle Kombinationen der Elemente sind logisch möglich. [...] Und die Wahrnehmung wird im Bewegungsbild nicht einen ersten Bildtypus konstituieren, ohne sich in den anderen Bildtypen [...] fortzusetzen: Aktionswahrnehmung, Affektwahrnehmung, Relationswahrnehmung etc. Das Wahrnehmungsbild muss demnach als Nullpunkt innerhalb der Ableitung betrachtet werden, die das Bewegungsbild vollzieht: vor der Peirceschen Erstheit muss eine ›Nullheit‹ angesetzt werden. [...] Das Wahrnehmungsbild empfing die Bewegung auf einer Seite, aber es ist das Affektbild, welches das Intervall besetzt (Erstheit), das Aktionsbild, welches die Bewegung an die andere Seite weitergibt (Zeitheit), und das Relationsbild, welches die Gesamtheit der Bewegung mit all ihren Intervallmerkmalen wiederherstellt (Drittheit, mit der die Ableitung abgeschlossen wird).[70] [...] Zwischen dem Wahrnehmungsbild und den anderen Bildern gibt es keine Vermittlungsinstanz, da sich ja die Wahrnehmung von sich aus inden anderen Bildern fortsetzt. [...] Aus diesem Grund haben wir es schließlich mit

sechs sensuellen Bildtypen zu tun – nicht etwa nur mit drei. Es handelt sich dabei um das Wahrnehmungsbild, das Affektbild, das Treibbild (Vermittlungsinstanz zwischen Affektion und Aktion), das Aktionsbild, das Reflexionsbild (Vermittlungsinstanz zwischen Aktion und Relation) und das Relationsbild«.[71]
Diese Permutationen bilden zusammen eine komplexe Topologie der Bildwahrnehmung. Die darunter liegende Triade bildetet die theoretische Basis für Jaques Lacans und Henri Lefèbvres triadischen Systemen der Psychologie und der Soziologie. Im Zusammenhang mit der vorliegenden Arbeit wird diese als Raum gedeutet. Die räumlichen Codes der Topologie sind heterogen, es handelt sich um ein raumbildliches Code-Mixing. Paul Virilio wiederum hat sie auf technische Codes übertragen und dynamisiert.

Paul Virilio: technischer Code als technische Differenz Paul Virilio knüpft die Theorie der Simulakra weniger an eine Bildtheorie an denn an den technischen Fortschritt als konstituierend für eine kulturelle »technische Differenz«. Homotopie bezieht sich dann nicht auf Kommunikation, Botschaft und Code, sondern vielmehr auf »Action«/Handlung: Virilio schält in seinem Werk die Autonomie des homotopen »Übergangsraumes« konsequent heraus. Dieser topologische Aktionsraum wird von Virilio verschieden benannt: Als Raum der strategischen Beschleunigung nennt er ihn als Echtzeit-Raum: Dromosphäre, Drittes Intervall, als urbanen Raum: Kritischer Raum etc. Speziell der Körper ist nach Virilio den Aktionen ausgesetzt, ausgeliefert. Er wird beschleunigt, belichtet/überbelichtet, illusioniert. »Wirkliches« und Bildhaftes werden visuell vertauschbar, so dass wir auf den Betrachter zurückverwiesen werden, der hier und jetzt physisch präsent ist: das einzig Beständige in dieser Illusionswelt. Sein Körper wird zum Zeugen, zum einzigen Stabilitätsmoment inmitten einer virtuellen Umgebung.[72] Körper sind als Wesen eine Art Trajekts. Eine Trajektorie ist eine homotope Funktion im Orbit einer Topologie (siehe Kapitel »Topologie des Flüssigen und topologische Stabilität«). Trajektivität besitzt bei Virilio die Mehrfachbedeutung von: Vektor, Geschoss und ballistischer Flugbahn. »Immer geht es um Objektivität und Subjektivität, aber nie um Trajektivität. In der anthropologischen Diskussion um Nomadentum und Sesshaftigkeit wird erklärt, wie die Stadt als wichtigste politische Form der Geschichte entstanden ist; aber es fehlt jegliches Verständnis für das Vektorielle unserer auf der Erde hin- und herziehenden Gattung. Zwischen Subjektivem und Objektivem bleibt offenbar kein Platz für das ›Trajektive‹, nämlich dafür, dass eine Bewegung von hier nach dort stattfindet, eine Bewegung vom einen zum anderen, ohne die wir die verschiedenen Ordnungen der Wahrnehmung der Welt niemals wirklich verstehen werden.[73] [...] Im Ausgang des 20. Jahrhunderts ist plötzlich ein indirekter Horizont (an anderer Stelle von Virilio ›negativer Horizont‹ genannt,[74] J. H.) aufgetaucht, der aus dem Erscheinen eines ›dritten Intervalls‹[75] resultiert. Wir kennen bereits das Raum- und das Zeit-Intervall (als negative beziehungsweise positive Größe); hinzu tritt nun das

Licht-Intervall (als 0-Größe). Unerwartet eröffnet sich damit eine letzte Perspektive, bei der die ›Echtzeit-Tiefe‹ wichtiger wird als die räumliche Tiefe der wirklichen Territorien. Das indirekte Licht der Signale wird künftig die sinnliche Welt der Erfahrung taghell beleuchten und die optische Tiefe unseres Planeten in einem Moment auf nichts zusammendrängen. [...] Durch die Geschwindigkeit der Verkehrs- und Übertragungsströme verändert sich jedoch heute nicht nur die Migrations- und Bevölkerungsstruktur bestimmter Weltregionen grundlegend, sondern auch die ›Tiefenschärfe‹ unserer Wahrnehmung und damit die optische Dichte der menschlichen Umwelt. [...] Die Stadt bildete sich einst um das ›Tor‹ und den Hafen; die Meta-Stadt der Zukunft wird sich ums ›Fenster‹ und ums Tele-Terminal organisieren, das heißt um den Bildschirm und die Sendezeiten. Keine Verzögerung und keine räumliche Tiefe. Die Wirklichkeit der Dinge liegt nicht mehr in ihrem Volumen; sie verbirgt sich in der Flächigkeit der Figuren. Maßstab des Wirklichen ist nicht mehr die natürliche Größe, sondern deren Reduktion auf Bildschirmformat. Wird das Intervall so minimal, ›infra-mince‹, dass es nur noch Interface, Schnittstelle ist, dann werden es auch die wahrgenommenen Gegenstände; sie verlieren ihr Gewicht und ihre Dichte«.[76]

Dieses Interface beschreibt Virilio in »l'espace critique« als homotopen und homologen (siehe nächstes Kapitel: Homologie) Zwischenraum zwischen zwei Milieus: »Every surface is an interface between two milieus in which a constant activity prevails, taking the form of an exchange between two substances placed in contact with one another. [...] This new scientific definition illustrates how contamination is at work in the concept of surface: the surface-boundary becomes an osmotic membrane, a blotter. Even if this last etymology is more rigorous than preceding ones, it nonetheless points to a change affecting the notion of limitation. The limitation of space becomes commutation, a radical separation, mandatory passageways, a transit of constant activity, nonstop exchanges, a transference between two milieus, two substances. What used to be substances boundary line, its ›terminal‹, now becomes an access route concealed in the most imperceptible entity. From this moment on, the appearance of surface hides a secret transparency; a thickness, a volume without volume, an imperceptible quantity«.[77] Solide Substanz existiert nicht mehr; stattdessen eröffnet sich eine unendliche Ausdehnung in der simulierten Perspektive der »liminösen« Emission der technischen Apparate. Der konstruierte Raum taucht als Teil einer elektronischen Topologie auf, die eine neue Praxis der urbanen Kartographierung formiert.[78] Eine »seltsame Topologie« formiert sich als Schattenzone – als Homotopie – zwischen verdächtigen telematischen Bildern.[79] Dimensionalitäten werden unseparierbar von der Transmissionsgeschwindigkeit[80] in einem topologischen »Tactical Mapping System«.[81]

Jean Baudrillard und Simulakra

Faserbündeltheorie kann man nicht nur in einem mathematisch topologischen Sinne, sondern auch sozio-kulturell als Urbildlosigkeit oder Abwesenheit eines semiotischen »Senders« bezeichnen.[82] Umberto Eco bezeichnet diesen Umstand der Urbildlosigkeit als »semiotische Guerilla« und führt damit vom Umgang mit Codes hin zur Theorie der Simulakra:[83] »Wenn die Umstände der Kommunikation als Teil des Kontextes dazu beitragen, die Codes zu bestimmen, mittels derer die Decodierung der Botschaft durchgeführt wird, dann kann uns die Semiotik lehren, dass man statt die Botschaft zu verändern oder die Sendequellen zu kontrollieren einen Kommunikationsprozess dadurch verändern kann, dass man auf die Umstände einwirkt, in denen die Botschaft empfangen wird. [...] Da wo es unmöglich erscheint, die Modalitäten des Senders und die Form der Botschaft zu verändern, bleibt es möglich, als eine ideale semiotische Guerilla, die Umstände zu verändern, in deren Licht die Empfänger die Lektüre-Codes auswählen werden«.[84] Wolfgang Welsch fasst Jean Baudrillards Theorie der Simulakra als Folge einer »Agonie des Realen«[85] wie folgt zusammen: »Wenn für die strukturalistische Sicht distinkte Opposition grundlegend wäre, so hat Baudrillard dargelegt, dass sich Differenzen heute zunehmend aufheben und dass es so zu einer gigantischen Implosion allen Sinns, zu einem Übergang in universelle Indifferenz kommt.[86] [...] Unsere Kultur ist zu einer gigantischen Maschinerie der Vergleichgültigung der durch sie produzierten Differenzen geworden. [...] In ›Agonie des Realen‹ hat Baudrillard den Prozess der Indifferenzbildung am Verhältnis der Realität zu ihren Gegeninstanzen erläutert. Das Reale – so seine These – existiert nicht mehr, weil es von seinen Kontrasten wie Beschreibung, Deutung, Abbildung nicht mehr unterschieden werden kann. In der Informationsgesellschaft, wo Wirklichkeit und Information erzeugt werden, ist es nicht nur immer schwieriger, sondern zunehmend unmöglich und sinnlos geworden, zwischen Realität und Simulakrum noch zu unterscheiden. Die beiden affizieren und durchdringen einander und konstellieren eine Situation universeller Simulation.[87] [...] Das Möbius Band – eine allgegenwärtige emblematische Figur unserer Zeit – verleiht dieser Prozessform anschaulichen Ausdruck.[88] Unmerklich gerät man heute zwischen einst klaren Gegensätzen auf die andere Seite,[89] [...] In Anknüpfung an letzte Kapitel beinhaltet Simulakra also auch die Paradoxie der Differenz, aber unterstützt durch deren gleichzeitigen Andeutung – sprich Simulation – eine Aufhebung. Die Konversion des Denkens ist dadurch möglich, dass dasselbe auf die Differenz bezogen wird – wie es das Projekt der idealistischen Philosophie gewesen ist – und der Differenz vorgelagert wird. Nur so wird die Differenz selbst gedacht, wenn sie nicht aus der Identität abgeleitet und diese a priori auf die Differenz bezogen wird; – die Folge dieser Operation ist, dass das idealistische Urbild aufgehoben wird.« Versucht Jacques Derrida die Autorität der Arche mit einer Temporalisierungsstrategie zu zerrütten, um die

Différance freizusetzen, so ersetzt Gilles Deleuze in der Umkehrung eines Platonismus mit der gleichen Intention das Urbild durch das Trugbild, das Simulakrum: »Umkehrung des Platonismus meint hier: das Primat eines Originals gegenüber dem Abbild, eines Urbilds gegenüber dem Bild, anfechten«.[90] Der ästhetische Zug im Denken Deleuzes wird hier besonders deutlich, denn die Ersetzung des Urbilds durch das Simulakrum erwirkt ein Flotieren der Simulakren, eine grundsätzliche Ununterscheidbarkeit von Original und Kopie. Da er die Dezentrierung als Vervielfachung versteht, stehen die Simulakren bei Deleuze als Zeichen für eine nicht-hierarchische, nomadische Verteilungsform.[91] Die Identität wird dabei von Innen ins Wanken gebracht mit ihrem eigenen Mittel, nämlich der Ähnlichkeit des Trugbilds mit dem Urbild:

»In der Umkehr des Platonismus ist es die Ähnlichkeit, die von der verinnerlichten Differenz, und ist es die Identität, die vom Differenten als erster Macht ausgesagt wird. Es ist das Wesen des Selben und des Ähnlichen, nur mehr simulierte zu sein, das heißt das Funktionieren des Trugbildes auszudrücken. Es gibt keine mögliche Selektion mehr. Das hierarchielose Werk besteht aus verdichteten Koexistenzen, aus simulierten Ereignissen. Aber auch das moderne Leben selbst besteht wesentlich aus Trugbildern, und die Philosophie »[...] entwickelt sich [...] in den Städten und auf den Straßen, einschließlich dessen, was an Künstlichstem in ihnen steckt«.[92] Entgegen zahlreichen kulturkritischen Äußerungen gegen die Künstlichkeit der modernen Welt wendet Deleuze das Simulakrum affirmativ an, weil er in ihm die entscheidende Möglichkeit zur Freisetzung des Differenten sieht: »Das Trugbild ist jenes System, in dem sich das Differente mittels der Differenz selbst auf das Differente bezieht«.[93] Die Unterscheidung in Abbild und Urbild dient bei Platon dazu, ein selektives Kriterium zu konstituieren, mit dem die Abbilder und Trugbilder von den Urbildern geschieden werden können, damit werden aber – so Deleuze – die Differenzen unterworfen, da das Urbild nur durch die Setzung der Identität desselben definiert werden kann und das Abbild durch eine innere Ähnlichkeit mit ihm. Doch das Trugbild bricht aus dieser Ordnung aus. In Wirklichkeit ist das Urbild durch seine Setzung selbst ein Trugbild, denn leere Bilder verweisen grundsätzlich immer auf andere Bilder. Sie erscheinen, verschwinden und produzieren in ihren Wiederholungen, Differenzen: Die Wiederholung ist die Macht der Differenz, eine Macht, die mit jeder Wiederholung neue Differenzen entlockt.[94]

Simulation wird durch die technische Differenz der neuen Medien und Möglichkeiten der Mobilität weiter beschleunigt. Gottfried Böhm: »Die elektronischen Simulationstechniken steigern, wie der Begriff der Simulation unmissverständlich zeigt, die Darstellung des perfekten ›Als-Ob‹ so sehr, dass dem Bewusstsein der Postmoderne tendenziell die Differenz zwischen Bild und Realität selbst zu schwinden schien, Factum und Fictum konvergieren. Die Bilderfeindlichkeit der Medienindustrie ist ungebrochen, nicht weil sie Bilder verböte oder verhindere, im Gegenteil: weil sie eine Bilderflut in Gang setzt, deren Grundtendenz auf Suggestion zielt, auf bildlichen Realitätsersatz, zu dessen Kriterien seit jeher gehörte, die Grenzen der eigenen Bildlichkeit zu verschleiern«.[95] Jean Baudrillard braucht für diese Verschleierung die Metapher des Bildschirms: »Zweifellos war die Stadt vor dem Straßensystem da, aber von jetzt an ist es so, als ob sich die Stadt um dieses Adernnetz herumgebaut hätte. Auch die amerikanische Realität war vor dem Bildschirm da, und doch will sie einem heute, so wie sie ist, vormachen, dass sie nur für den Bildschirm lebt, dass sie nur die Brechung eines riesigen Bildschirms ist, nicht wie ein Spiegel platonischer Schatten, sondern in dem Sinn, dass alles wie vom Licht des Bildschirms getragen und von einem Heiligenschein umkränzt erscheint. In seinem Strömen und seiner Beweglichkeit ist der Bildschirm und seine Brechung eine Fundamentalbestimmung der alltäglichen Ereignisse. Die Mischung aus Kinetischem und Kinematographischem ergibt eine geistige Konfiguration, die sich von unserer Wahrnehmung der Welt erheblich unterscheidet. Denn diese Vorrangigkeit von Mobilität und Bildschirm über die Realität wird in Europa, wo die Dinge meist die statische Form des Territoriums und die greifbare der Substanzen beibehalten, kaum je in demselben Maße anzutreffen sein«.[96]

Intermundien und Topologie des ›sozialen Raumes‹

»Intermundien«: leere Räume zwischen den Welten. Epikur prägt den griechischen Terminus zur Bezeichnung der leeren Räume, in denen unendlich viele Atomzusammenballungen als Welten entstehen und vergehen.[97]

Der französische Soziologe Henri Lefèbvre hat 1974 ein Buch mit dem Titel: »La production de l'espace« veröffentlicht, dem die hier gebrauchte Interpretation des ›sozialen Raumes‹ entnommen wurde.[98] Lefèbvre wird herangezogen, weil er sich in seinen Werken immer wieder auf Beispiele der Architektur, der Stadt und der Topologie bezogen hat. Der soziale Raum von Lefèbvre besteht aus folgender triadischer Matrix : a) dem natürlichen Raum als wahrgenommenem Raum der ›räumlichen Praxis‹. Zu ihm gehört beispielsweise die gebaute Architektur.[99] b) dem absoluten Raum als mentalem imaginärem Raum der ›Repräsentation von Raum‹. c) dem symbolischen, abstrakten Raum als gelebtem Raum des ›repräsentierenden Raumes‹.[100] Dieser Raum hat eine vermittelnde Funktion zwischen a und c inne, er »verkörpert einen komplexen Symbolismus, manchmal kodiert, manchmal nicht, verbunden mit dem geheimen oder dem Underground des sozialen Lebens sowie auch mit der Kunst«.[101]
Henri Lefèbvre erklärt an anderer Stelle, dass er Sozialen Raum als eine Topologie betrachte.[102] Auf Basis der mathematischen Definition der Topologie liest er nichtmaterialisierte Räume topologisch. Ersetzt man in der mathematischen

Definition der Topologie ›Punktmenge‹ mit den philosophischen ›Topoi‹, deckt sich diese Definition im Kern mit der Tradition der philosophischen Topik.[103] Im Springen von Lefèbvres absolutem Raum des Imagos zum Gelebten des ›repräsentierenden‹ Raumes findet eine ›Verräumlichung – Realbildwerdung‹ der Topologie des Sozialen statt. Der ›repräsentierende Raum‹ bestimmt somit weitgehend den architektonischen Kontext. Soziale Räume durchdringen und/oder überlagern sich. Sie sind keine Objekte mit sich gegenseitig einschränkenden Grenzen, die aufgrund ihrer Kontur oder Trägheit kollidieren.[104] Soziale Räume sind bei Lefèbvre in erster Linie Handlungsräume.[105]

Topologien, die den sozialen Raum berücksichtigen, liefert die Architektur z. B. in Hermann Hertzbergers Hierarchie der öffentlichen Räume,[106] Serge Chermayeffs Dialektik der Doppelbereiche oder Louis Kahns dienenden/bedienten Räumen.[107] Eine mögliche Umsetzung von letzterem stellt das Centre Pompidou von Piano/Rogers dar. Auf die topologische Handlung des nach außen gestülpten Innenraums respektive des Innenlebens des Gebäudes muss nicht mehr verwiesen werden. Gleichsam sind damit aber auch Nutzungsfunktionen nach außen gestülpt worden. Die Arena des Inneren beginnt schon auf der abfallenden Plattform, der Arena des Spektakels von ›Alltag‹ und ›Fest‹ vor dem Gebäude.[108] Im Inneren formuliert die Leere der Räume zwischen den aufgehängten Plattformen einen ›Nicht-Ort‹, einen A-Topos der Einsamkeit, wie dies Marc Augé heute nennen würde (siehe 5. Kapitel Vektorfeldtopologie).[109] Die topologische Transformation der sozialen Räume im Sinne des Centre Pompidou in ein architektonisches Projekt begann schon mit dem ›Fun-Palace‹ Projekt (1964) von Cedric Price, das mit Attributen der Pop-Art versucht hatte, sozio-kulturelle Eigenschaften à la Lefèbvre zu visualisieren. Heute, in den 90er Jahren, hat sich dasselbe gesellschaftliche Spektakel soweit mediatisiert und entmaterialisiert, dass Renzo Piano die alten Fiat-Werkhallen von Linghotto/Turin mit einem Pompidou/Fun-Palace-Programm so kolonialisieren konnte, dass die Topologie der sozialen Räume in der Transformation der Umnutzung aufgegangen ist.

›Repräsentierende Räume‹ im Sinne von Lefèbvre erleben im Moment einen Paradigmawechsel durch Digitalisierung. Das virtuelle elektronische Bild durchdringt mehr und mehr den ›repräsentierenden Raum‹. Die Manipulation der Bildräume durch digitale Image-Processing-Techniken, Musikvideo, Sampling, Computergames, Multi User Domains (Mud), Animation, das Internet usw. unterzieht Repräsentation einer stetigen Dislokation. Für das naive Verständnis dieser Topologie ist die Gleichsetzung einer stetigen Deformation und einer topologischen Abbildung – einer Projektion – interessant. Sie ermöglicht die These, Topologien sozialer Räume seien in einer Deformation auf die Topologie der Oberfläche zu projizieren. Henri Lefèbvre hatte diese Entwicklung theoretisch vorausgesehen, aber noch als Paradox bezeichnet: »That would indeed be somewhat paradoxical if, as I have been suggesting, the notions of ›design‹, of reading/writing as practice, and of the ›signifier/signified‹ relationship projected onto things in the shape of the ›form-function‹ one are all directed, whether consciously or no, towards the dissolving of conflicts into a general transparency, into a one-dimensional present – and onto as it were ›pure‹ surface.«[110]

Ian Bordon bezeichnet Lefèbvres triadisches Konzept als eine »Maschine der Möglichkeiten«: »So what is this space, if not the space of mono-scales, drawings and professionals? Space, Henri Lefèbvre postulates, is a historical production, at once medium and outcome of social being. It is not a theatre or background setting, but simulaneously mental and material such that social realtions have no real existance exept in and through space. People make places and places make people. Space is a social re(production) and, accordingly, Lefèbvre postulates that each epoch produces its own understanding of space and experiences it acordingly. Thus ›natural‹ or physical space (a preexisting natural phenomenon) gives way to ›absolute‹ space (fragments of natural space rendered sacred), then ›historical‹ space (the space of feudalism), ›abstract‹ space (space as commodity, homogenized and fragmented – the space of capitalism), and finally ›differential‹ space«.[111]

Der differenzielle Raum ist Part einer Differentialtopologie (siehe 5. Kapitel) von Sozialem Raum, der hybride Karten und Atlanten kultureller Produktion erzeugt. »(Differential space) [...] is yet to come, a more mixed, inter-penetrative space that will – or should – supersede the more rigid fragmentations of abstract space, in which differences would be respected rather than burried under a homogeneity. Differential space is thus the [...]›space of differences‹. This is perhaps more pertinent than any other question in cities today – how do we create spaces of hybridity, which at once encourage, tolerate and celebrate the difference between us all, while simultaneously allowing both old and new forms of cultural production. [...] And if we look to Lefèbvre again, it is instructive to find that this differential space is born of a triadic formulation, of spacial practices (the production and reproduction of material life), representations of space (space as consciously codified and conceived) and spaces of representation (lived space, expriranced as symbols and images). It is this which cities must seek to adress: the constant and simultaneous production and not just its buildings and spaces, not just the plans and maps of the territory, not just street-level experianses, but of all three together«.[112] Letzeres ich charakteristisch für alle Formen triadischer Systeme. Lefèbvre agiert hier in einer hegelschen dialektischen Tradition. Symbolisch repräsentierende Räume als Dritte treten triadisch schon in Charles S. Peirces Sematik indirekt als »vermittelnde« Codes auf. In Husserls Phänomenologie taucht etwa gleichzeitig zu Peirce ein »Drittes« als »Hyle« auf, als reduzierter Bewusstseinsstrom mit der schon vorhandenen affirmativen Qualität der Flexibilität, wie wir sie heute in Gianni Vattimos »schwachem Denken« finden.

Die Produktion von Raum fußt bei Lefèbvre auf der Forderung nach einem »Recht auf Stadt«.[113] Das Recht auf Stadt beinhaltet ein »Recht auf urbanes

Leben, auf eine klar verständliche Stadt, Verspieltheit und Plätzen des Aufeinandertreffens und Austausches«.[114] Recht auf Stadt bedeute ein Nichtausgeschlossensein von räumlicher und politischer Entscheidungsgewalt einerseits und einem Recht auf Differenzierung bezüglich Lebensstil (Klassen, Ethnien, Subkulturen, Generationen) andererseits. Das Recht auf die Stadt äußert sich dann in einer Produktion von Raum, vor allem einer Produktion von öffenlichem Raum.[115] In Zusammenhang mit Lefèbvre wird naheliegenderweise auf Jacques Lacans triadisches Konzept des Realen, Imaginären und Symbolischen verwiesen. Lefèbvre hat »Production de l'espace« (1974) außerdem zwei Jahre nach Poppers »Objektive Erkenntnis« (1972) veröffentlicht, in der dieser seine 3-Welten-Theorie ausbreitet. Es sind also verschiedenste Einflüsse in der »Produktion von Raum« wiederzufinden. Die Kombination Lefèbvre, Lacan und zum Teil Popper (bei Soja) ist in jüngerer Zeit in verschiedenen Publikationen über Stadtgeographie, Stadtsoziologie und über die Produktion von Raum in komplexem urbanen Kontext aufgetaucht, u. a. bei Dereck Gregory »Lefèbvre, Lacan and the Production of Space«[116], Steve Pile »The Body of the City«[117], David Harvey »The Urban Experiance«[118]. Der Urbanist und Geograph Edward W. Soja hat in seinem Bucht »Thirdspace, Journeys to Los Angeles and other Real-and-Imagined Places« eine aktuelle Anwendung dieser räumlichen Interaktion versucht.[119]

Das triadische 3-Welten-Modell Karl Poppers In seinem Buch »Objektive Erkenntnis; Ein evolutionärer Entwurf«[120] beschreibt Karl R. Popper eine pluralistische Philosophie von drei Welten. Karl Poppers These teilt alle Entitäten in drei Klassen ein. Die drei Sorten von Entitäten werden in drei verschiedenen Welten angesiedelt, Welten als Räume, was besagen soll, dass sie grundverschiedene Eigenschaften besitzen – durch Welten getrennt sind – wie wir sagen. Insofern kann man auch direkt von einem wissenschaftstheoretischen Raumbegriff sprechen: Räume als Konstrukte zur Klassifikation der Beziehung Mensch-Umwelt und weniger Raum des absoluten ›Daseins‹.
»Die Welt 1 ist die physikalische Welt oder die Welt der physikalischen Zustände; die Welt 2 ist die geistige Welt, die Welt unserer psychischen Erlebnisse (Wünsche, Hoffnungen, Gedanken [...]) (der Bewusstseinszustände [Schäfer 1988, 141]), die Welt 3 ist die Welt der Intelligibilia oder der Ideen im objektiven Sinne; (der Kulturprodukte [Schäfer 1988, 141]); es ist die Welt der möglichen Gegenstände des Denkens; die Welt der Theorien an sich und ihrer logischen Beziehungen; die Welt der gültigen Argumente an sich und der ungültigen Argumente an sich, die Welt der Problemsituationen an sich«.[121]
Popper betont, dass er seine These der drei Welten nicht als Teil eines existenzialphilosophischen Diskurses/Tradition des ›Leib-Seele-Dualismus‹[122] sieht, sondern diese in einer Wissenschaftstheorie gründet/fundiert, die eine ›Mensch-Umwelt-Beziehung‹ beschreibt.[123] Er beruft sich dabei auf Platons Welt der Formen und Ideen als einer Welt der höheren Wirklichkeit.[124] Aber Poppers Welt 3

ist keine göttliche, unveränderliche mehr. Sie ist von Menschen gemacht, und sie verändert sich u. a. evolutionär und ist autonom. Dieses Moment einer dynamischen Veränderung der Welt 3 hat er von Hegels Gedanken einer Geschichte des objektiven Geistes[125] und dessen Vorstellung der Objektivierung des Bewusstseins übernommen.[126] Karl Popper bezeichnet die Entitäten der Welt 3 als ›Gegenstände‹, man könnte sie sicherlich auch ›Artefakte‹ nennen. Einleuchtend wird die Handhabung der Welt 3 am Beispiel der Sprache: »Sofern sie aus physischen Handlungen oder physischen Symbolen besteht, gehört sie zur Welt 1. Sofern sie einen subjektiven oder psychischen Zustand ausdrückt oder das Erfassen oder Verstehen der Sprache eine Änderung unserer subjektiven Verfassung mit sich bringt, gehört sie zur Welt 2. Und sofern die Sprache Information enthält, irgend etwas sagt oder feststellt oder beschreibt oder irgendeine Bedeutung oder sinnvolle Nachricht mit sich führt, aus der eine andere folgen oder mit der eine andere Übereinstimmen oder im Widerspruch stehen kann, insofern gehört sie zur Welt 3. Theorien und Behauptungen oder Aussagen sind die wichtigsten sprachlichen Gegenstände der Welt 3. […] Die Stoiker machten zum ersten Mal die wichtige Unterscheidung zwischen dem zur Welt 3 gehörenden objektiven logischen Gehalt des Gesagten und den Gegenständen, über die gesprochen wird. Diese Gegenstände können ihrerseits jeder der drei Welten angehören: Man kann über die physikalische Welt sprechen, man kann zweitens über subjektive psychische Erlebnisse sprechen (wozu auch das Begreifen einer Theorie gehört), und drittens kann man über den Gehalt gewisser Theorien sprechen, etwa über gewisse arithmetische Behauptungen und beispielsweise ihre Wahrheit oder Falschheit«.[127]

Im Gegensatz zum Drei-Welten-Modell vom Popper-Schüler Imre Lakatos, der nur die theoretischen, abstrakten Modelle von Ideen zur Welt 3 zählt,[128] integriert Karl Popper auch die ›objektiven‹ Manifestationen – Erzeugnisse, Äußerungen – von Theorien, Modellen, Ideen und Behauptungen – also physische Artefakte – in seine Welt 3. Um beim Beispiel der Sprache zu bleiben, erläutert er dies an Büchern und Bibliotheken, denen er beide einen Platz in der Welt 3 einräumt.[129] Das bedeutet nichts anderes, als dass auch in unserem Falle die Architektur[130], die Topologie und die Topologie der Architektur im Sinne Poppers einen Teil der Welt 3 manifestieren könne.[131]

Das triadische Modell von Jacques Lacan Von den triadischen Modellen hat, schon durch seine zeitliche Vorreiterrolle, das Modell von Jacques Lacan sich als eine Art übergreifende Terminologie herauskristallisiert, die auch von anderen wissenschaftlichen Sparten aufgenommen wurde. Es lohnt sich deshalb, kurz näher darauf einzugehen. Vorauszuschicken ist hier, dass wir mit Jacques Lacan an dieser Stelle keinen Psychologismus in diese Arbeit einführen wollen, sondern dass es dabei um einen weiteren Beitrag zur Diskussion der »Mensch-Umwelt«- und der »Objekt-Umwelt«-Beziehung gehen soll.

Jacques Lacans Modell steht unter dem Einfluss von Elementen seines Lehrers Paul Ricoeur[132], des jungen/frühen Jean-Paul Sartre und der Idee der »Vermittlung« bei Hegel. Paul Ricoeur formulierte aus einer freudianischen Position heraus erste Aspekte eines dritten Begriffes, der aber auch auf Hegel zurückgeht. Ich verweise an dieser Stelle auf die hervorragende Dissertation von Don Ihde über Ricoeur: »Hermeneutic Phenomenology, The Philosophy of Paul Riceur«. Lacans Terminologie ist stark vom frühen Sartre beeinflusst: »Das Imaginäre; Phänomenologische Psychologie der Einbildungskraft«[133] und »Das Sein und das Nichts; Versuch einer phänomenologischen Ontologie«[134]. Während ersteres einen Begriff analog zu Poppers Welt 2 bei Lacan liefert: das Imaginäre, folgt aus letzterem der für das Spätwerk von Lacan wichtige Begriff des ›Anderen‹ in Relation zu Lacans Realem.

Das Reale – das Imaginäre – das Symbolische: sind die drei topologischen Räume, anhand derer Lacan die Mensch-Umwelt-Beziehung erläutert. Lacan versinnbildlicht sie als Topologie anhand eines borromäischen Knotens (»Lacan-Borros«). Sehr vereinfacht ausgedrückt – aber das soll an dieser Stelle reichen – basieren ihre Interaktionen auf folgenden Mechanismen: Das Reale kann an sich nicht wahrgenommen werden, sondern nur über den Körper (hier folgt er Sartre). Der Körper hingegen kann erst durch den ersten Blick des Kleinkindes in einen Spiegel als Ganzes als solcher erkannt werden. Dieses Spiegelstadium des Subjektes, das eher einen Moment darstellt, führt aber auch zum endgültigen Bruch mit dem Realen, das nur noch indirekt wahrgenommen werden kann. Auch das Imaginäre ist fortan nur noch Spiegel vom Realen und nicht mehr autonomes Subjekt. Es braucht die Vermittlung des Dritten, des Symbolischen, das die Verbindung zum Realen herstellen soll. Aber wie bei Popper die Welt 3 stellt das Reale für das Symbolische ein unerreichbares »Anderes« dar (siehe Sartre, oben), mit dem man wiederum nur über das Imaginäre kommunizieren kann. Das Symbolische räumt in dieser Bewegung das Feld für ein »neues/wahres« oder besser wahreres Subjekt‹ auf dem Weg zur Rückgewinnung des Realen. Auch Jacques Derrida und Gilles Deleuze haben diese Bewegung des Subjektes über ein Drittes aufgenommen. Der Lacan-Schüler Slavoi Zizek hat Massenmedien und Populärkultur in direkten Zusammenhang zum Spiel und Umweg des Imaginären Lacans gebracht. Pop als unausweichliches Spiel der Drittheiten.[135] Es entwickelt sich in Interaktion eine Art Netzwerk von triadischen topologischen Räumen als einer kulturellen Lesart. Diese triadischen Modelle agieren als homotope Räume, es geht direkt um die Überführung, Transformation und Abbildung der einen in die anderen. Dass man dies als Abbildungsräumlichkeiten der topologischen Homotopie interpretiert, gewinnt in der Auseinandersetzung mit Virtualität, den virtuellen Räumen an Bedeutung. Einerseits wird die Eigenständigkeit des Symbolischen akzeptiert, andererseits finden wir eine Unerreichbarkeit des Realen wieder – auch eines Realen im Virtuellen. Zugegebenermassen beinhaltet dies einen gewissen konstruktivistischen Aspekt.

KONTEXT ARCHITEKTUR: VENTURI & SCOTT BROWN

Pop basiert auf einem Kulturbegriff, der nach Antonio Gramsci (1891–1937) aus einer »spontanen Philosophie des Alltags«, dem Alltagsverstand, der Alltagskultur schöpft.[136] Gramsci wurde in dieser Weise schon im letzten Kapitel bei Grady Clays trivial-lokalem urbanem »Generic Landscape« zitiert. Clay verfolgt ohne Zeifel, wie auch Rem Koolhaas, einen Pop-Ansatz. Schon in einer Pop-Vorläufer-Künstlervereinigung im Großbritannien der unmittelbaren Nachkriegszeit – der Independent Group –, spielte aus diesem Kulturverständnis heraus die Interaktion von Kunst, Architektur, Fotografie, Publikation und Installation eine dominante Rolle.[137] Unter den beteiligten Architekten waren dabei auch Alison und Peter Smithson. Ich verweise hier auf den Exkurs über Reyner Banham, die Smithsons und deren Bezug zum topologischen Denken der Connectivity. Neben den Merkmalen Translokation und Verfremdung entwickelte sich aus dem Umgang mit dem alltäglichen Quellenmaterial und Kontext ein weiterer wichtiger Pop-Code: pluralistisch und heterogen. Die Smithson-Schülerin Denis Scott Brown konstatiert: »Formal analysis as design research: […] A second reason for looking to pop culture is to find formal vocabularies for today which are more relevant to people's diverse needs and more tolerant of the untidinesses of urban life than the ›rationalist‹, Cartesian formal orders of latter-day Modern architecture. […] Sensitivity to needs is a first reason for going to the existing city. Once there, the first lesson for architects is the pluralism of needs. […] The city can be seen as the built artifacts of a set of subcultures«.[138] In der US-amerikanischen Form des Pop- Kontextualismus war die Thematik nicht mehr durch die kriegszerstörten Städte, wie in England, sondern die Vervorstädterung, die Suburbs, Levitown etc. bestimmt. Denis Scott Browns Arbeit mit Pop-Kontextualismus mündete in Zusammenarbeit mit Robert Venturi und Charles Izenour bekannlich im Meilenstein »Learning from Las Vegas«.[139]

Pop Architektur

Die Pop-Erfahrung der Peripherisierung hin zu einer randlosen Stadt kommt mit 30–40 Jahren Verspätung zurück nach Europa. »Suburban space, being automobile space, is not defined by enclosing walls and floors and is therefore difficult to portray graphically using systems devised for the description of buildings. In fact, space is not the most important constitutent of suburban form. Communication across space is more important, and it requires a symbolic and a time element in its descriptive systems which are only slowely being devised. (heute sind diese Beschreibungssysteme weiter entwickelt als die möglichen Anwendungsformen, J. H.) [...] New analytic technique must use film and video tape to convey the dynamism of sign architecture and the sequential experience of vast landscapes; [...][140] Als Vehikel der Architektur wirken Film und Video dabei als Bild- und Raum-Maschine. Topologische Homotopie ist als Medium der Abbildungs- und Transformationspfade in hohem Maße »filmisch«. Ein Film als gestalterisches Artefakt liegt zwischen dem Urbild einer oftmals artifiziellen Realität und dem Betrachter. Die Transformationspfade der Raum-Maschine können sich topologisch verflechten und verknoten.[141]

Das topologische Knoten und Durchdringungen, Schnitte, mit dem Medium des Filmes geschickt darzustellen sind, demonstriert J. Scott Carter in »How Surfaces Intersect In Space«.[142]

Das Medium des Films oder Videos wird dabei nicht gebraucht, um topologische Knoten, Verknüpfungen, herzustellen, sondern in erster Linie, um sie sichtbar zu machen. In einer Applikation von Homotopie auf einen Pop-Kontext der randlosen Stadt geht es vor allem um dieses am Schnitttisch getätigte Herausschälen von homotopischen Transformationsphänomenen, ähnlich den urbanen Differenzen im letzten Kapitel. Homotopie in einem filmischen Sinne ist deshalb ein äußerst realistisches, realitätsnahes Medium. Denis Scott Brown verweist nicht von ungefähr auf einen Regisseur des italienischen Neorealismus im Vergleich zu Pop-Architektur und dem sich daraus entwickelnden Neo-Brutalismus: »Planners and urban designers should be leading the way since this vision is so impertinent to design in the city, but it is the moviemakers – for example Michelangelo Antonioni in ›La Notte‹ and ›Red Desert‹ and more effectively in ›Blow-Up‹ – who have investigated the architectural implications of the local scene. TV Commercialmakers and billboard designers have stolen a long march on architects in the important aera of the mixed use of words, symbols and forms to reinforce each other for high-speed communication with a moving public. [...]«[143] Im Pop-Kontextualismus der 80er/90er Jahre – dem Dirty Realism nach Liane Lefaivre – spielt der Film und das Filmische wieder eine ähnlich wichtige Rolle, z. B. in Wim Wenders' »Himmel über Berlin«.

Der Versuch des endlosen Zooms von Blow Up in den Park hinein erzeugt eine topologische Maßstabslosigkeit urbaner Bilder. Das architektonische »homoto-

pe« Filmen in der randlosen Stadt ist gleichzeitig Beobachtung und Produkt. Diese Standortverschiebung der Observation nennt die Systemtheoretikerin Elena Esposito eine »Fiktion als Horizont«: »Die grundlegende Unterscheidung der ›Realitätsverdoppelung‹ ist nicht mehr die Opposition von Realem und Idealem als zwei Parallelrealitäten, sondern die Opposition von realer und fiktionaler Realität. Dabei bildet die Fiktion einen ganz und gar autonomen Realitätsbereich auf einer anderen als der Ebene der realen Dinge und zu ihr unkompatibel. [...] Aufgrund dieser Veränderungen wandelt sich der Weltbegriff und geht zu dem über, was heute Beobachtung zweiter Ordnung genannt wird. Beobachter zweiter Ordnung beschränken sich nicht darauf, die Objekte als unabhängige Gegebenheiten zu beobachten, sondern beobachten auch die Art und Weise, wie andere Beobachter ihre Beobachter beobachten. Ihre Welt schließt also nicht nur die Gegebenheiten ein, sondern auch die Art und Weise, wie diese Gegebenheiten bestimmt werden, und die Umstände, unter denen das passiert: Sie schließt also auch die Möglichkeiten ein. [...] Dabei geht es nicht nur um [...] das, was Luhmann den ›Aggregatsbegriff‹ einer Welt als universitas rerum nennt. Vielmehr wird das Mögliche zu einem Horizont des Realen (vergleiche zu oben und Virilios ›Negativer Horizont‹, J. H.), zu einer Projektion von Alternativen, ausgehend von dem, was jeweils aktuell ist, zu einem ›Korrelatbegriff‹, der primär von den Beobachtungsumständen anhängig ist [...] .«[144] Solche Projektionen von Alternativen kann man als Mappings, als Kartographierungen auch Pop-Art-Mannigfaltigkeiten nennen.[145]

»Laut Duchamp führt uns die Abweichung (in der Beobachtung, wie im Surrealismus oder in der Pop-Art, J. H.) in Richtung einer ganz anderen Topologie, derjenigen eines ›Hindurchsehens‹, der Ströme, des Hauchdünnen (Inframince) und der ›Sprachspiele‹ die die neue Leichtigkeit des Virtuellen vorwegnehmen.«,[146] schreibt Christine Buci-Glucksmann.

Funktoren als Entwurfswerkzeug In einem kulturellen Environment existieren mannigfaltige Möglichkeiten der Karthographierung kontextueller physischer und phänomenologischer Fundobjekte. Pop kann einen solchen Versuch darstellen. Die Homotopie versucht, diese verschiedenen Arten der Abbildungstransformationen, der kontextuellen Projektionen untereinander zu vergleichen. Da eine unübersichtliche Vielzahl von sehr ähnlichen, u. U. topologisch äquivalenten Abbildungen vorkommt, wird versucht, diese in Kategorien zu fassen, unter Gemeinsamkeiten zusammenzufassen und diese dann auf topologische Äquivalenz hin zu untersuchen. Nochmals: »Häufig werden Invarianten nicht nur für Räume, sondern auch für stetige Abbildungen zwischen ihnen definiert: Die Invarianten werden Funktoren. [...] Insgesamt entsteht ein Informationsgeflecht, in welchem ein Raum durch seine Stellung zu vielen weiteren Räumen in seiner Individualität beschrieben wird [...]«.[147] Die Funktoren definieren so eine Form der Eigenschaften und der Phänomenologie des »Dazwischens«. Im Kon-

text einer urbanen Topologie decken sich diese Eigenschaften des »Dazwischens« mit dem erweiterten Funktionsbegriff der Architektur – Funktoren der Architektur. Diese Deutung ermöglicht den Funktionsbegriff in die für eine zeitgemäße Applikation in der randlosen Stadt notwendige Dynamik und Flexibilität unter Beibehaltung spezifischer topologischer Invarianz. In der Funktionalität des »Dazwischens« liegen kommunikationstheoretische Ansätze. In obigem Zitat von Denis Scott Brown liegt ein Hinweis, dass in der randlosen Stadt der Kommunikationsraum wichtiger als der Realraum sei. Homotopie ist als »Dazwischen« immer eine Form von Kommunikation – in deren verschiedensten Ausformungen.[148] Dabei werden im Gegensatz zum Ur-Pop der 60er Jahre die semantischen Qualitäten à la Eco, Barthes und Greimas heute durch die telematischen Kommunikationen der neuen Medien erweitert und aktualisiert. Paul Virilio schreibt in »L'espace critique«: »Solid substance no longer exists; instead, a limitless expanse is revealed in the false perspective of the apparatuses ›luminous‹ emission. Constructed space now occurs within an electronic topology, where the framing of the point of view and the scanlines of numerical images give new form of the practice of urban mapping«.[149]

Die homotope Abbildung ist:

- Kommunikationsmedium
- Focus-Device und Frame/Ausschnitt
- Bildoberfläche
- Botschaftsträger
- Werkzeug

Innerhalb dieser topologischen Transformation gelten für die Funktoren des urbanen Kontextes dieselben Kriterien für Invarianz wie in den allgemeinen topologischen Räumen: Stetigkeit, Zusammenhang, Kompaktheit, Henkel, Löcher, Orientierung etc.
Urbane Kommunikation, urbane nicht-euklidische Projektionen sind heterogen in ihrer kulturellen Ausformung. Dabei spielt das Verweben, Durchdringen und Überschneiden – im Sinne von Bernard Tschumis »Disjunction« – von Subkulturen und Massenkulturen eine wichtige emergente Rolle. Architektur ist in diesem Prozess ein Medium der kritischen Notation, des Mappings der Ereignisse und Abläufe. Tschumi: »Die verschiedenen Ansätze der Notation richten sich gegen ein Festhalten an Domänen, die [...] unentbehrlich sind, will man an den Randzonen der Architektur arbeiten. Obwohl weder mathematische noch logische Notation die ganze Komplexität des Phänomens Architektur übertragen kann, ist der Prozess der Architekturnotation doch verbunden mit der Erneuerung der Architektur und der sie begleitenden Kulturauffassungen. [...] Das Projekt ist nie fertig, die Grenzen sind nicht definitiv.«[150]

Oberflächen Homotope urbane Abbildungen dominieren die randlose Stadt. Topologische Abbildungen sind kulturelle Informationsträger, die sich in Oberflächen materialisieren. Vilém Flusser spricht diesbezüglich direkt von einer Pop-Stadt: »Es gibt selbstverständlich auch Versuche [...] etwa von Manhattan zu behaupten, es sei eine ›Pop‹-Stadt, so wie Florenz eine Renaissancestadt oder Salzburg eine Barockstadt genannt wird. [...] vielmehr handelt es sich um die revolutionäre Tatsache, dass die Oberflächen der Häuserfassaden und Sockel, der Konserven und Zeitschriften, der Plakate und Fernsehschirme, Träger jener Informationen wurden, die uns programmieren. Was Manhattan zu einer Pop-Stadt macht, ist nicht so sehr sein Stil, sondern die Tatsache, dass es eine Stadt ist, deren Oberfläche in so außerordentlichem Maß dem Aussenden von amphitheatralisch rundgefunkten Informationen dient. Diese Behauptung ist selbstredend eine Verteidigung der hier unterbreiteten These, wonach es sich bei unserer Krise im wesentlichen um eine Umcodierung von Texten in Technobilder handelt, und dass das all dieser explosiven Buntheit und verwirrenden Vielgestaltigkeit der uns umgebenden Welt Gemeinsame die Tatsache ist, dass gegenwärtig Flächen (und zwar ganz neuartige Flächen) und nicht mehr Zeilen jene Botschaften tragen, dank derer wir die Welt erleben, erkennen und werten.«[151] Flussers Gleichsetzung von Oberflächen der Artefakte Architektur und textilen Socken mit ihrem topologischem Potenzial des »Herausstülpens« von Innen nach Außen ist ein Hinweis auf maßstabsübergreifende kontextuelle Kriterien von Urbanität. Eine solche Metapher des Textils finden wir auch in Gottfried Sempers textiler Architektur. »Die für die Architektur konstituierende Wand wird auf einen textilen, kunstgewerblichen Ursprung (Matte, Teppich) zurückgeführt. Semper verweist auf die etymologische Verwandtschaft von Wand und Gewand[152] [...] die Bekleidung erhebt den architektonischen Typus durch Transformation des Materials, die von Semper als Stoffwechsel bezeichnet wird, zum Symbol«.[153] »Semper liebt Beispiele, in denen sich eine Textilform in eine Kunstform verwandelt«.[154] Damit wird Oberfläche zu einem topologischen Phänomen der Homotopie, die den Basisraum der Architektur überdeckt. Im heutigen urbanen Kontext muss man Sempers Denkweise insofern erweitern, als sich bauphysikalische und technologische Entwicklungen ergeben, die eine Tiefe und eine Tiefenwirkung der Toplogie der Oberfläche zulassen. Materialisiert stellt sich die Frage nach einer Manifestation der »Dicke« einer Homotopie.

Überlagerungen und Fasern In der Konsequenz eines Pop-Kontextualismus der topologischen Homotopie ist der Verlust des Urbildes charakteristisch. Dies gilt insbesondere für den von Virilio beschriebenen urbanen telematischen Raum. In der durchdringenden Heterogenität der medialen Projektionen ist ein Dekodieren von möglichen Urbildern unmöglich. Für die Architektur entscheidend werden dadurch die Projektionsflächen, die Räume auf oder in denen homotope Transformationen ankommen: Die Oberfläche.

»Für Johns, Rauschenberg, Klein, Vialat, Buren und viele andere ist das optische Modell der Kunst nur dann noch gangbar, wenn es in Richtung eines haptischen Modells verschoben wird, das auf den Tastsinn setzt, um eine reine Oberfläche hervorzurufen. Ob als reale Haut, die jeden Eindruck registriert, als Stoff-Haut aller Markierungen und Streifen, als von ihrem Rahmen befreite Leinwand-Haut, als Seide-Haut aller Siebdrucke oder als Bildschirm-Haut aller Flachdruckprogramme, immer ist die Haut das flatbed eines entgrenzten Malerischen, das Sinnbild einer Nahübertragung, die von jeder ästhetischen Aura und Ferne entbindet. Gleichsam Hülle sinnlicher Mannigfaltigkeiten filtert die reale mythische Haut den Austausch und schafft einen Hintergrund, der den Blick in die Tiefe verstellt und ihn auf eine rhythmische und epidermische Sinnlichkeit umleitet, die mal nach dem Prinzip der Wiederholung (Warhol), mal nach dem Prinzip des Zufalls (Rauschenberg) verfährt. Ein mikro-monadologisches Sinnliches, das es erlaubt, den Raum einer euklidischen Ästhetik zu verlassen und eine archaische Oberflächen-Ebene wiederzufinden, die von der optischen Sichtbarkeit und ihrer kognitiven Distanznahme allererst verdrängt wurde«,[155] schreibt Christine Buci-Glucksmann bezüglich der Oberflächen als Haut von Kartographierung. Im Gegensatz zur für sich isolierten Homotopie, die die reinen Interaktionen zwischen den Räumen untersucht, spricht man im Falle eines Fehlens des Urbildes, aber Vorhandenseins einer Projektionsfläche von »Fasern«.[156] Die funktoriellen Abbildungen über einer Oberfläche als Basisraum und »zusammengeleimt« durch dessen Topologie kann man zu »Faserbündeln« zusammenfassen.[157] Die Wirkungsweise solcher Faserbündel im urbanen Kontext finden wir, wiederum nach Virilio: »On the terminal's screen, a span of time becomes both the surface and the support of inscription; time literally or, rather, cinematically surfaces. [...] the dimensions of space become inseparable from their speed of transmission«.[158]

Die architektonische Oberfläche des urbanen Kontextes gewinnt aus dieser Sicht betrachtet eine erweiterte Bedeutung. Sie ist nicht mehr nur Fassade, »Face«, Gesicht, eines Gebäudes, sondern auch »Faser«. In der von Virilio beschriebenen »Einschreibung«, einem von Jacques Derrida übernommenen Begriff, liegt eine doppelte kontextuelle Bedeutung:

– Das Einschreiben von Fasern und Faserbündeln in Räume bestimmt die Kontextkonfigurationen durch eine Informationsverdichtung.
– Basisraumtopologie, Überdeckung und Faserbündel generieren komprimierte Kontextinformation: Pop als eine topologisch überdeckte Oberfläche.
– In der angewandten Topologie formieren sich die Faserbündel-Räume als »Gauge-Raum«. Ein Gauge-Raum ist eine Aktionsraum, ein Handlungraum, in dem sich Prozesse abspielen können.

Was bedeutet dies in der Anwendung? Homotopie und Faserräume vereinen in ihrer Theorie der Transformationsabbildungen Handlungstheorie und Kommuniktionstheorie im Kontext der randlosen Stadt. Eine wesentliche Erweiterung der Theorie des kommunikativen Handlens von Jürgen Habermas ist dabei die translokale maßstabsunabhängige topologische Wirkung der Einschreibung.[159] »On the other hand, with the screen interface (computers, televisions, teleconferencing) the surface of inscription – until now a devoid of depth – comes into existance as ›distance‹, as a depth of field of a new representation, a visibility without direct confrontation, without a face-à-face, in which the old vis-à-vis of streets and avenues is effaced and disappears. [...] it follows that the longest distance no longer cuts off perception; that is, even the most vast geophysical expanse contracts and becomes concentrated. In the interface of the screen, everything is already there to be seen in the immediacy of instantaous transmission«.[160] Das Einschreiben der Transformationen in Oberflächen des Kontextes einer urbanen Topologie bedeutet eine architektonische ReKonfiguration – einem ReMix der randlosen Stadt.

Morphing and Rendering: Vom Sozialen Raum zur Topologie der Oberflächen
Eine sensible architektonische Umsetzung der Projektion von sozialem Raum im Sinne von Henri Lefèbvre auf die »Topologie der Oberfläche« finden wir in Toyo Itos »Tower of Winds«, (Yokohama/1995) und seinem »Egg of the Winds« (Tokyo/1991), die auf ihrer Haut ein Responsive-Environment entstehen lassen – »Topologie der Oberfläche« als Sensorium des Sozialen Raumes. Toyo Ito: »[...] it was an attempt to convert the environment into information«.[161] Beide Projekte behandeln das kinetische, dynamische Element von Repräsentation und Projektion. In derselben Linie befindet sich Dominique Perraults realisierte, sich wandelnde Fassade der Libriary de France, Herzog & deMeurons Olivetti-Bank Projekt, mit der Anzeige der Börsenkurse auf der Fassade und Greg Lynns Projekt für Wien, das die Fassadenschicht auf die vorbeifahrenden Autos der Autobahn reagieren lässt. Solche Projekte werden in Zukunft durch Entwicklungen von interagierenden, »intelligenten Baustoffen« in der urbanen Architektur an Bedeutung gewinnen.

Eine Interaktion der beiden Topologien »sozialer Raum« und Oberfläche muss nicht zwingend spektakuläre dynamische Ausformungen besitzen. Wir haben schon auf das Verhältnis von Minimal Art zur Topologie der Oberfläche hingewiesen. Auch reduzierte Materialisierungen gehorchen den Deformationen durch den sozialen Raum, durch ihren vorformenden Charakter, ihre Präsenz und ihre Phänomenologie.

Der schwarze Körper des Kulturzentrums Onyx von Myrto Vitart etwa erhält seine entwerferischen Kontrollaspekte durch die Veränderung der Distanz des Betrachters. Rosalind Krauss schreibt dazu in Bezug zu den Oberflächen der Künstlerin Agnes Martin und denjenigen Mies van der Rohes: »There are sequen-

ces of illusions of textures that change as viewing distance changes« […] . First there is the close-to reading, in which one is engangend in the work's facture and drawing, in the details of its materiality in all their sparse precision: The irregular weave of the linen, the thickness and uniformity of the gesso, the touch in the application of the pencilled lines. (The) ›moving back‹ from the matrix of the grids is a crucial second »moment«, in the viewing of the work. For here is where the ambiguities of illusion take over from the earlier materiality of a surface […] and it is at this place that the paintings go atmospheric. »I don't mean ›atmosphere‹ in the spatially illusionistic sense […] rather it is a non-radiating, impermeable […] mist. It feels like, rather looks like atmosphere […] .Then, as you step back further, the painting closes down entirely, becoming completely opaque«.[162] »The opaqueness of the third ›moment‹, produced by a fully distant, more objective vantage of the work, brackets the atmospheric interval of the middle-distance view, closing it from behind, so to speak. Wall-like and impenetrable, this view now disperses the earlier ›atmosphere‹. And this final result, as Linville again writes on Martin, is ›to make her paintings impermeable, immovable as stone«.[163]

Der Architekturkritiker Robin Evans schrieb anhand von Peter Eisenmans orthogonalem House XIa über die Rolle des Beobachters bezüglich einer Architektur, die durch topologische Transformationen generiert wurde: »Einen Moment der Dynamik hin zur Biegsamkeit, muss sich der Betrachter selbst vorstellen; eine Implikation eines fiktionalen Momentes; eine morphologische Fiktion; ein gefrorener Moment«.[164]

Umso mehr architektonische Entwürfe ihre erste Oberfläche einerseits als »gemorphte« Zwischenstufe von topologischen Deformationen und/oder als »renderings« erhalten, desto wichtiger werden solche phänomenologischen Aspekte im Prozess der Architektur. Die Computerwerkzeuge greifen der Realität von Materialisierungen vor, bestimmen aber auch die Qualität der Umsetzung der Topologien von sozialem Raum, Oberfläche und Form. Eine »dritte Natur« der Architektur scheint aufzutauchen, in der ein »drittes« virtuelles Projekt einer Realisierung voransteht und sich von der Abhängigkeit einer Umsetzung zu lösen beginnt. Topologie im architektonischen Entwurf geschieht in einem Zusammenspiel der »Topologien der Räume und Oberflächen« mit der »Topologie der Sozialen Räume« im Sinne von Henri Lefèbvre. Das indirekte Denken , das die Topologie evoziert, schält dabei Kriterien heraus, die jenseits der cartesianischen Metrik liegen. Architekturentwurf findet sich dadurch als »kritisches« Forschungsmedium von gelebtem und phänomenologischem Raum wieder:

– Die Topologie des sozialen Raumes deformiert einerseits die Topologie der architektonischen Oberfläche mit und generiert andererseits das Spannungsverhältnis von Form, Kontext und Oberfläche.

- Die Topologie stellt die formrelevanten und formgenerierenden Rauminvarianten zur Verfügung.
- Die Regeln der Transformationen werden zu einem Teil des Entwurfsprozesses.
- Die architektonische Form wird ein »Rekord« – eine Buchführung der Spuren, die eine Abfolge von topologischen Deformationen/Transformationen/Abbildungen auf einem Projekt hinterlassen.

Der französische Philosoph und Psychoanalytiker Jacques Lacan hat, analog in einer Verarbeitung von Hegel, Merleau-Ponty und Sartre, eine Unterteilung der Welt in »Reales, Imaginäres und Symbolisches« vorgeschlagen.[165] Lefèbvres Denken von Topologie ist aus der mengentheoretischen Topologie der »Boromäischen Ringe« Jacques Lacans entliehen. Diese beiden Bezugssysteme – Lefèbvre und Lacan – kann man als Ausgangspunkt für eine Applikation der Topologie auf die »reale Stadt« benutzen. Lacan entwickelte eine Funktion des symbolischen Dritten, das Lefèbvres Sozialem Raum als Vermittlungsraum entspricht, neben dem Realem (Natürlicher Raum) und dem Imaginären (Absoluten Raum) des Subjekts. Das Imaginäre ist Spiegelbild des Reellen. Es braucht das Symbolische, verschoben vom Imaginären weg, das durch die Verschiebung in der Struktur den Platz frei gibt im leeren Feld für ein wahres Subjekt jenseits des Spiegelbildes. Steve Pile: »[...] the mirror remains the inescapable architecture (»archetexture«) of abstract space and, by extension, social space. The importance of the mirror is not limited to discussions of ›space‹; as for Lacan, the mirror constitutes subjectivity in the encounter with the body. Even while the body produces Space, this encounter installs an irrecoerable split (Freud) or gap (Lacan) in subjectivity. That is, for both Lefèbvre and Lacan, the mirror substracts, extracts and absarcts the subject via the eyes, enforcing boundaries between the subject and its others. The double/d space of the mirror cannot, however, produce one result: while repetition produces the same, differentiation endlessly produces difference; difference which is executed along all the determinantes of the field of vision (=synthesis, after Lefèbvre, J. H.), from the material and dualistic qualities of the mirror, to the third spaces beyond the mirror. The mirror, then, mobilises a sense of space as fixed and fluid: fixed by repetition, made fluid by difference.«[166]
Sowohl Pile als auch der Geograph Derek Gregory sehen in der Verschiebung über den quasi-Umweg des Imaginären eine Produktion von Raum im Sinne Lefèbvres, ein Aufspannen, das dem aufgespannten Feld von Derridas verräumlichter Différance sehr ähnlich sieht.[167] Die »Produktion von Raum« formierte die konzeptionelle Basis der Psychogeographie der Künstlergruppe »Internationale Situationisten«.

Dirty Realism und Pop-Kultur

»Two procedures confront each other here: one is material, made up of physical elements, precisely situated walls, thresholds and levels; the other is immaterial, its repräsentations, images and messages possessing neither locale nor stability, since they exist only as vectors of a momentary and instantaneous expression, with all the misinterpretations and manipulation of meanings that this implies. The first procedure, which is architectonic and urbanistic, organizes and constructs geographic and political space in a durable fashion. The second procedure heedlessly structures and destructures space-time, the continuum of society. [...] And all of this exists as though architectonics were merely a subsidiary technology surpassed by other technologies which permit sidereal projections and accelerated displacement. Thus, questions are rised concerning the nature of architectural performance, the telluric function of constructed dwellings and the relationship between a particular conception of technology and the earth. The way in which the city has developed as a conservatory for ancient technologies has already contributed to the increase in architecture by projecting it into all different directions.« Paul Virilio[172]

Kontext, Kultur und Verfremdung Architektonische Interpretationen von Homotopie sind heute im Zeitalter der elektronischen Medien und Netzwerke im Sinne der Erweiterung eines »Projective Cast« à la Robin Evans hin zu kontextueller Topologie von äußerstem Interesse.[168] Zusätzlich formieren sie jedoch auch eine mnematische Räumlichkeit unserer Epoche und damit des architektonischen Kontextes. Homotopie in der Topologie heisst das Untersuchen der Transformations-Medien und der Medien der kontextuellen Konfigurationen: Transformation an sich. Als Metapher für diesen Vorgang wurde für dieses Kapitel aus der Kunst- und Architekturgeschichte der Begriff des »Pop« entlehnt.

Pop symbolisiert dabei nicht einen Stil, sondern steht für eine Vorgehensweise im Zusammenhang mit kontextuellem Material und kulturellem Raum. In Bezug auf unser Alltagstraining der Sehweisen ist es nicht mehr möglich, Pop zu umgehen. Wir haben Pop verinnerlicht und entwickeln Pop-Medien, Pop-Mechanismen, Pop-Technologien und Pop-Kultur kontinuierlich weiter. Der sich dabei ergebende »Pop-Kontextualismus« wird für den Umgang mit der randlosen Stadt zu einer Selbstverständlichkeit werden.

Unsere Stadt- und Landschafts-Wahrnehmung ist kulturgeschichtlich gebunden und verändert sich in dem Maße, wie sich unsere Umwelt entwickelt. Die Konditionierung urbaner Wahrnehmung und Sehgewohnheiten geschieht über Kunst- und Medien-Erfahrung der Akteure. Als Akteur produzieren wir Adaptionen dieser Bilder in unseren Urlaubsfotos und Urlaubsvideos, als Konsumenten erkennen wir sie in Kunstwerken, Werbung und Filmen wieder. Die sich dabei vollziehende Verschiebung von Fiktion und Realität kann man Pop nennen.[169]

Eines der wichtigsten Werkzeuge des Pop ist die Translokation, die Verschiebung und Verfremdung des Quellenmaterials. Der Begriff der »Verfremdung«, wie wir ihn heute in der Kunst-und Architekturrezeption verwenden, entstammt ursprünglich der Literaturtheorie. Lian Lefaivre schreibt dazu im Zusammenhang mit Pop-Kontextualismus:

»Auf welche Weise übt ein literarisches Werk Kritik? Man könnte argumentieren: Durch das, was der formalistische Literaturwissenschaftler Viktor Sklovsky in seiner [...] Studie[170] (›Die Kunst als Verfahren‹) von 1917 (1916, J. H.) als das Instrument der ›ostranenje‹ bezeichnet, was meist mit »Entfamiliarisierung« bezeichnet wird, seltener als ›Verfremdung‹ (im englischen Original ›strangemaking‹). Dieser Begriff meint den Vorgang, bei dem vertraute Dinge auf eine Weise neu angeordnet werden, dass ein besonderer Wahrnehmungsaufwand erforderlich ist, damit sie erkannt werden können. ›Verfremdung‹ drückt aus, dass man ›die Dinge so erfährt, wie man sie wahrnimmt, nicht so, wie man sie schon gekannt hat.‹ Verfremdung macht den Stein steinern.

Die Idee ist sehr einfach und geht auf Aristoteles zurück. Für ihn war ›xenikon‹ (vom Griechischen xenos, Fremder) ein Mittel, den eigenen Äußerungen ein gewisses Maß an ›Würde‹ zu verleihen.[171]

Am Vorgang der Verfremdung ist demzufolge charakteristisch, dass das Urbild, der Urraum, der Urkontext verloren gegangen ist. Der Gegenstand der Transformation ist »entfamiliiert« – verfremdet. Virilio hat im Eingangszitat dieses Abschnittes auf die Polyvalenz im Umgang mit medientechnologischen Projektionen und Architektur hingewiesen. Wir sind umgeben von einer Flut von verfremdeten Projektionen und Transformationen ohne die Möglichkeit, noch Urbilder zuordnen zu können. Der Vergleich dieser Vorgänge und deren Ergebnisse untereinander bedeutet topologische Homotopie.

Ein schönes Beispiel aus der Kunst- und Architekturgeschichte bildet dazu Canalettos Visualisierung von Venedig: Aldo Rossi schreibt dazu in einem Bezug zur neorationalistischen »Tendenza«: »Die ›Tendenza‹ konstruiert und erklärt sich in diesen Bezügen; hier erscheint Beschreibung vermischt mit Deformation, Erfindung mit Erkenntnis, mit der die beste Erfahrung der modernen Kunst verbunden ist und die sich hier in einem gemeinsamen Willen zum Stil löst.

Canalettos Venedig-Ansicht im Museum von Parma scheint mir der beste Schlüssel zum Verständnis der Welt der venedischen Architektur in der Zeit der Aufklärung und ihrer genannten Eigenart. In diesem Bild werden die Rialto-Brücke des palladianischen Entwurfes, die Basilica und der Palazzo Ciericati nebeneinander gestellt und beschrieben, wie wenn der Maler eine von ihm wahrgenommene Stadtkonfiguration darstellte. Die drei palladianischen Baudenkmäler, von denen eines Entwurf ist, bilden dergestalt ein analoges Venedig, das aus sicheren, mit der Geschichte der Architektur und der Stadt verbundenen Elementen besteht. [...] Das analoge Venedig, das daraus entsteht, ist wirklich und notwendig. Wir wohnen einem logisch-formalen Verfahren bei, einem spekulativen

Nachdenken über die Baudenkmäler und über die städtische Eigenart, das in der Geschichte der Kunst und im Denken befremdet. Eine ›Collage‹ palladianischer Architekturen, die eine neue Stadt ergeben, und, sich verbindend, sich selbst neu bilden. Das Wichtigste aber an diesem Bild: die theoretische Konstruktion, die Hypothese einer Theorie des architektonischen Entwerfens, in der die Elemente vorausbestimmt, formal definiert sind, der authentische, nicht erwartete, originale Sinn der Untersuchung ist.«[173] Diese in ihrem Wesen sehr topologische Sichtweise architektonischer Konfiguration hat der Schweizer Städtebautheoretiker André Corboz enzyklopädisch wissenschaftlich gefasst; in einer Topologie von Canalettos Venedig, die die perspektivischen Veschiebung der Positionen und Konfigurationen diagrammatisiert.[174] In Canalettos Venedig-Bildern betrachtet man eine Form von Realität (siehe Rossi), die uns über eine Illusion vermittelt wird; ein virtuelles Venedig, das echter wirkt als das Original. Dieser Umgang mit Translokation und Verfremdung in Bezug auf ein Vorgefundenes und ein »so-als-ob-Vorgefundenes« (»As Found« and the »Found«) war für Alison und Peter Smithson einer der Ursprünge des Pop-Kontextualismus (siehe Exposition ›Kontext‹).

Im Unterschied zu Rossis Hervorhebung von Canalettos Baudenkmälern behandeln die Pop-Artisten und Pop-Architekten Alltagskultur. »We should remember , for instance, that the word »pop« was originally coined by Lawrance Alloway and was used to refer not to collages, prints, and later paintings produced by Hamilton and Paolozzi, but rather to the raw material for both these artists work – the ads, comics, posters, packages, etc. – the scraps and traces of americana which had been smuggeled into the country by GI's, enterprising stationers, and John McHale – scraps and traces which spoke of yet another more affluent, more attractive populare culture whick had in the early fifties, yet to be propery established in Great Britain. The term »pop«, then, is itself riddeles with ambiguity. It stands poised somewhere between the IG's present and some imagined future, between the artistic aspirations and the experiance of cultural deprivation in Britain in the early fifties. And the early work of the IG (Independent Group) presentations and exhibitions […] – were motivated by a common pledge not only to analyze critically the fabric of everyday life and mass-produced imagery«.[175] In der Repräsentation von Alltagskultur war und ist nur noch ein heterogener Bildausschnitt möglich. Pop hat die »gegenständliche« Abbildung unserer Zeit grundlegend verändert, hat (sich) eine eigentliche eigene Topologie erzeugt. Pop steht für eine Symbiose, Schnittstelle und Interaktion von »Low-, High- und Mass-Culture«: zwischen globalem Kontext und lokalem Fundort. Pop stellt eines der effizientesten ›urban-mapping-Procedures‹ zur Verfügung und dies auf jeder technologischen Ebene der Repräsentation und Projektion.

»Since the beginning of the 20th century, the depth of field of classical perspective has been renewed by the depth of time of advanced technology. […] the screen abruptly became place – the crossroads of mass-media […]. The emergence of form and volume intended to exist as long as their physical material would allow, has been replaced by images whose only duration is one of retinal persistance. [...] infographic techniques will investigate, in their turn, a revision of reality and its representation. This process can also been seen in the ›Tactical Mapping System‹, a videodisc created by the United States Defence Agency for Advanced Research Projects«,[176] schreibt Paul Virilio dazu. Pop-Topologie kann gelesen werden als Translokation von Ereignis-Räumen. Man nähert sich damit in der Erweiterung durch virtuelle und mediatisierte Räume immer stärker dem vom Architekturtheoretiker Jeffrey Kipnis gewählten Terminus des »Graphic Space« als Handlungsraum von Architektur.[177]

»Fasrige Pops« sind dann raumbildende nichtfigurale Projektionen mit verlorenem Urbild.[178] Die Translokation wird Teil des Kontextes und des Werkes selbst. Im Gegensatz zu den Zeichen und Ikonen der 60er-Jahre-Popart können Popiphäre Fasern aber interaktiv rückkoppeln. Die Zeichen der urbanen Kommunikationsmittel und deren Ausdrucksformen generieren also eine Form von »responsiv environment«. Zur Enttäuschung der kybernetischen Euphoriker befindet sich dieses Environment, diese neue Umwelt, aber außer Kontrolle. Die intrinsische Perspektive der Topologie produziert eine lokale Kontrolle jenseitig der globalen Überblickbarkeit. Die Einhüllung durch einen vermittelten, einen mediatisierten Kontext in einer urbanen Topologie beschreibt William Gibson als »den Punkt, an welchem alle Medien zusammenfließen und uns umgeben. Mit Cyberspace, wie ich ihn beschreibe, kann man sich wörtlich in Media einhüllen und nicht mehr wahrnehmen, was wirklich um einen herum vorgeht«.[179] Unser gesamter Kontext wird gleichzeitig Vermitteltes und Vermittelndes. Liest man dies als eine in gewissem Sinne dialektische Hegel'sche Verschränkung, greift das Marshall McLuhans »The Media is The Message« auf. Insofern verflüchtigt sich nicht die Topographie des Urbanen, sondern dessen Topologie: Die flüchtige Topologie als eine Vermittlung – als Mediatisierung der randlosen Stadt:

»[...] The forms of the pop landscape are as relevant to us now as were the forms of antique Rome to Beaux-Art, Cubism and Machine Architecture to the early Moderns, [...] The Pop Landscape differs from the earlier (contextual, J. H.) models in that it is also the place where we build; it is our context. And it is one of the few contemporary sources of data on the symbolic and communicative aspects of architecture, since it was untouched by the modern movement's purist reduction of architecture to space and structure only«[180], schreibt Denis Scott Brown.

Transversale Verbindungsräume der randlosen Stadt Pop knüpft Verbindungen, Überraschungsmomente und den visuellen Reiz als erweiterte urbane Funktionalität, eine Visualisierung der Verknotungen von Oberflächen und Transformationsbündeln. Umberto Eco: »Wir müssen uns allerdings fragen, ob das, was wir mit Kommunikation meinen, nicht einfach Reizung ist. Ein Reiz ist ein Komplex von sensorischen Ereignissen, die eine bestimmte Reaktion hervorrufen. Der Reiz kann direkt sein […] oder indirekt sein. […] Das heißt, das, was mir den Gebrauch von Architektur erlaubt […] sind nicht nur die möglichen Funktionen, sondern vor allem die damit verbundenen Bedeutungen, die mich für den funktionalen Gebrauch disponieren. Auch wenn es sich um Formen von trompe d'oeil handelt, bin ich für den Gebrauch disponiert, auch wenn die Funktion gar nicht möglich ist.«[181] Eco entwickelt einen erweiterten Funktionsbegriff der Reizung als Konnotation. Ein urbaner Reiz im Polykontext ist selbst mehrfach konnotiert. Urbane Topologie hat zum Ziel, Verbindungen zum »Bauen« neu zu definieren, räumlich zu definieren, zu ermöglichen, d. h. das Verbindungs- und Verknüpfungspotenzial eines Kontextes – dessen Kontingenz – zu erhöhen. In der randlosen Stadt wird so jedes Bauen, jede Architektur zu einer pluralistischen »Verdichtung«. Marshall McLuhan hat erkannt, dass Kontextlesarten Mehrfachverknüpfungen von Informationen enthalten müssen, um als »Raum« erkannt zu werden: »Im menschlichen Nervensystem findet sich nichts Angeborenes, was uns direkte Informationen über den Raum gibt. Es gibt keinen speziellen Raumrezeptor. Bildprojektionen in eine räumliche Welt sind das Ergebnis sorgfältiger Fokussierung und bestimmter äußerst subtiler Hinweise und als solche ein erlerntes Phänomen. Weiterhin scheint es, dass keiner der vielen Hinweise, die wir benutzen, um uns im Raum zu verorten, allein ausreichend ist. Jeder einzelne Hinweis ist abhängig von den Wirkungen bestimmter Überlagerungstypen, die uns, wenn wir von einem Hinweis allein abhingen, ein unvollständiges Bild liefern würden. Erst das Zusammenspiel vieler Hinweise gibt uns eine klare und gut strukturierte Welt.«[182]

Orbits sind Pfade in Faserräumen über einer Topologie, es sind Verbindungen zwischen Fasern. Ordnet man diesen Pfaden Kräften zu, spricht man in der Physik dabei von Konnexionen. Wir assoziieren mit Orbit normalerweise die Umlaufbahnen von Satelliten, Raumfähren etc. um die Erde. Die Analogie wird durch eine Reinterpretation im Sinne einer urbanen Topologie nicht widersinnig. Durch den nicht-metrischen, nicht-euklidischen Charakter der Topologie »Erde« spielt es keine Rolle, ob ein Orbit im Weltall oder im translokal/lokalen Kontext der randlosen Stadt liegt. Wir vermeiden aber bewusst nicht den »schwebenden« Charakter, der diesen Verbindungen zwischen Fasern innewohnt. Orbits über Topologien von Architektur und Stadt formieren die Grundlagen, innerhalb derer sich eine neue Leichtigkeit des Instabilen zu entfalten beginnt. Der Architekturtheoretiker John Rajchman definiert neben der klassisch-modernen Leichtigkeit, die meist optisch und geometrisch ist und aus dem Kontext gelöst erscheint, eine weitere Leichtigkeit, die mit dem Zeitalter der Mikroelektronik aufkommt und den Nullpunkt der Schwerkraft anvisiert. Diese bevorzugt den regionalen Kontext, die Nähe und einen Raum, der eher haptisch als optisch ist.[183] Diese von Knoten der Resonanz geprägte Leichtigkeit verweist auf die kartographischen Städte der Netze und Rhizome, in denen die Volumen schweben.

Pop als kontextueller Verbindungsraum von Repräsentationen konkretisiert seine Leichtigkeit nach Wolfgang Welschs Vattimo-Interpretation als ein »schwaches Denken und Spiel der Erscheinungen«:[184] »Es gibt keine Befreiung jenseits der Erscheinungen in einem vermeintlichen Reich des eigentlichen Seins; es gibt jedoch eine Freiheit der Mobilität zwischen den ›Erscheinungen‹«.[185] »Die Erscheinungen werden fortan nicht mehr als das illusionäre Gegenbild eines eigentlichen Seins betrachtet, sondern als die einzige Wirklichkeit anerkannt.«[186] Vattimos Erkenntnistheorie der schwachen Erscheinungen als Wirklichkeiten sind dynamisch und a-zentrisch. In dieser Fähigkeit der Translokation im Sinne einer Pop-Kontextualität steckt Mediatisierung. Hans Michael Baumgartner schreibt: »Dieser Wandel (der Vernunft, als Kriterium für Erkenntnis, J. H.) besteht […] in einem Prozess fortschreitender ›Desubstantialisierung‹, Depotenzierung, Funktionalisierung; man könnte auch sagen, in einem Prozess der Mediatisierung: die Vernunft wandelt sich von einem obersten, das Wesen des Menschen charakterisierenden Erkenntnisvermögen mit eigenem, sei es objektivem, sei es transzendentalem Inhalt, zu einem Instrument der Bearbeitung vorgegebener Erkenntnis, und sie wird schließlich zu einem selber geschichtlichen Bedingungsgefüge für Prozeduren möglicher Kommunikation«.[187]

Der Japanische Architekt Toyo Ito benutzt für eine Umsetzung solcher mediatisierter Verbindungsräume – Homotopie, Fasern und Orbits – in seinen Projekten den Mikroprozessor, um »einen Raum« zu erzeugen, »der schwebt und wirbelt«. Eine Aufgabe der Architektur bestehe darin, »die unfassbaren Phänomene einzuhüllen«.[188]

Die Diagnose von Paul Virilio bezüglich kultureller Verknüpfungen – Orbits und Konnexionen – berücksichtigt zusätzlich den Aspekt der Geschwindigkeit. Der Pop-Kontext von heute besitzt eine erhöhte Beschleunigung, verglichen mit dem Nachkriegs- und 60er-Jahre-Pop. Entscheidend für Virilio ist dabei die Verknüpfungsgeschwindigkeit der Telematik: Er nennt diese als Ergänzung zu Zeitintervall und Raumintervall »das dritte Intervall«[189] als eine »makroskopische Logik der Techniken der Echtzeit dieser plötzlichen ›teleoptischen Kommutation‹, die das bisher durch und durch ›topische‹ Wesen der menschlichen Stadt ergänzt und vollendet. […] Somit sind sowohl die Stadtplaner als auch die Politiker hin- und hergerissen zwischen den fortwährenden […] Notwendigkeiten der Organisation und Planung des Realraums und den damit verbundenen grundlegenden Problemen […] sowie andererseits den neueren Notwendigkeiten der Echtzeitordnung der Unmittelbarkeit und Allgegenwart mit ihren Zugangsprotokollen, ihrer komprimierten Datenübertragung, ihren Viren, den chronographischen Zwängen, die sich aus der netzartigen Struktur und dem Verbundsystem der Netze ergeben. Das topische und architektonische Intervall unterliegt den Gesetzen der Langzeit, das teletopische Intervall […] denen der kurzen, sehr kurzen, eigentlich nicht mehr existierenden Zeit«.[190]

Betrachtet man Homotopie als Verbindung zwischen topologischen Räumen, sind Orbits und Konnexionen Verbindungen zweiter Ordnung; sie verbinden Verbindungen. Im Gegensatz zu Beobachtungen zweiter Ordnung (siehe Niklas Luhmanns »Theorie sozialer Systeme«) in der Systemtheorie und Kybernetik zweiter Ordnung (Maturana/Varela) sind diese Verbindungen aber nicht nur rekursiv, sondern transversal:[191] Sie liegen quer. In der Topologie entwickelte sich die Transversalitätstheorie von Abbildungsräumen durch René Thom[192], Steven Smale, Ralph Abraham[193] und Vladimir Arnold. »Die Menge der transversen Abbildungen ist offen und dicht in der Menge aller glatten Abbildungen« [...] Transversalität beschreibt die allgemeine Lage. Dieses Phänomen lässt sich durch die folgenden Aussagen umreissen: 1) Jede Abbildung lässt sich durch beliebig kleine Änderungen in eine transversale deformieren 2) Eine transverse Abbildung bleibt bei allen genügend kleinen Änderungen transvers«.[194]

Diese zwei Aussagen spielen eine wichtige Rolle bei der Einbettung respektive Immersion von Abbildungsräumen in Topologien. Solche Immersionen von Abbildungen setzen wir hier mit Pop-Kontextualismus gleich. Auf diese Weise wäre Wolfgang Welschs Theorie der transversalen Vernunft über eine solche Analogie zur Topologie zu erweitern, und wie er es ursprünglich im Sinne hatte, offen, dynamisch und pluralistisch zu entwickeln. Mit einer so erweiterten kulturellen Transversalität eröffnet sich ein Interpretationsspektrum aktueller Diskurse über plurale Vernunft- und Erkenntnisprozesse. Die Fähigkeit der Überlagerung, Einbettung und Deformation von Transversalität erzeugt durch sie eine latente Subversion; eine architektonische Subversion der Querbezüge. Im »dérive« der Situationisten kann man eine solche erkennen, aber auch in den Architekturschriften von Georges Bataille, wie sie von Denis Hollier[195] und Bernard Tschumi[196] rezipiert werden. Sehr viel weniger konzeptionell verfolgt Kenneth Frampton eine ähnliche Ansicht bezüglich der kulturellen Rolle von Kontext, Oberflächen und Kritik. Als »Thesen zu einer Architektur des Widerstands« werden kontextuelle Oberflächenqualitäten der Architektur um eine erweiterte Funktionalität, einen topologischen Funktor des Tastsinns – inklusive Klang, Geruch und Textur – ergänzt. »Der kritische Regionalismus strebt also danach, unsere normative visuelle Erfahrung zu vervollständigen, indem er den Bereich des menschlichen Tastsinns anspricht. Er versucht den Privilegien des Sichtbaren gegenzusteuern, und wirkt damit der westlichen Tendenz entgegen, die Umwelt ausschließlich perspektivisch wahrzunehmen. [...] Die selbst auferlegte Beschränkung aufs Sichtbare bringt das mit sich, was Heidegger einen ›Verlust von Nähe‹ genannt hat. Um diesem Verlust entgegenzuwirken, stellt der Tastsinn gegen das Szenographische und gegen die Verschleierung der Oberfläche die Realität«.[197]

Pop-Kontextualismus ist ein transversaler urbaner Verbindungsraum zweiter Ordnung.

Urbaner Fasern-Pop: ReMix-Schnitt und Crossover Das mächtigste topologische Werkzeug im Umgang mit Homotopie im Kontext der randlosen Stadt ist »das Schneiden«. Paul Virilio: »Today it is a time which is structured according to an imperceptible fragmentation of a technological time span in which cutting – a momentary interruption – replaces lasting disappearances, and in which the ›program grid‹ replaces the grid of wire fences, just as in the past the railway replaced the ephemeris«.[198] Der ReMix der DJ-Kultur ist genauso ein »Schnitt« wie der Schnitt im Video-Clip, das Wechseln der Verbindung mit dem Handy, das Zappen durch die TV-Stationen oder das Surfen im Internet oder die gebaute Montage der Pop-Architektur. Schnitte und Querschnitte ermöglichen die Kommunikation und Manifestation der immateriellen Medien einer randlosen Stadt. Jeder Schnitt ist auch ein Querschnitt, eine topologische Transversalität, die Urbilder suggeriert, ob real, virtuell oder als urbane »Phantasmen«.[199] »[…] it follows that the longest distance no longer cuts off perception; that is, even the most vast geophysical expanse contracts and becomes concentrated. In the interface of the screen, everything is already there to be seen in the immediacy of instantaneous transmission.«[200]

Ein urbaner Schnitt ist eine homotope Schnittstelle: ein kontextuelles Interface zwischen der Pop-Realworld der Hyperkultur und der phänomenologisch erweiterten Funktionalität des Virtuellen in der globalen randlosen Stadt. Topologischer »Schnitt« als Freilegung von Architektur wird urbanes Interface:[201] Interface-Architektur. Kritisches Freilegen von Architektur als eine urbane »Archäologie« betrachtet, wird uns im nächsten Kapitel im Zusammenhang mit Michel Foucault noch beschäftigen. Diese Schnittstelle ist »kritisch«, wie der Titel von Paul Virilios in diesem Kapitel mehrfach zitierten Aufsatz über den »espace critique« einen kritischen urbanen Raum beschreibt. Sinnigerweise ist dieser Aufsatz im Englischen mit »Overexposed City« – der »überbelichteten Stadt« respektive der »übermäßig ausgesetzten, exponierten Stadt« – übersetzt.

»Innen und Außen verwischen sich durch Mobilität und Fassaden werden zu polyvalenten Wänden (Polyvalente Wände sind nach Mike Davies Informations- und Bildträger. Sie bilden das Interface eines kommunizierenden Gebäudes, J. H.), an denen das Innere als vermeintlich Äußeres und vice versa vorgeführt wird.«[202]

Schnitte brechen die intuitive Vorstellung – das Gefühl – des Inside versus Outside im Kontext einer Topologie der randlosen Stadt auf. Inside/Outside sind vage geworden im kritischen Raum.[203]

Die Bedeutung von Pop, Transformationsabbildungen, Translokation zum Kontext der randlosen Stadt hat sich seit »Learning from Las Vegas« oder dem »Dirty Realism« nochmals weiterentwickelt. Pop hat sich von einem in den 50/60er Jahren elitären Kunstgebaren zu einer subversiven und gleichzeitig kommerziellen Massenkultur gewandelt. Pop ist generisch, alltäglich geworden durch die neuen Kommunikationsmedien: Internet, Handy, Satelliten-TV, GPS etc. und Pop hat

sich dynamisiert: Was zählt, ist das bewegte Bild, der bewegte Raum, das nomadisierende mobile Individuum mit dem gemeinsamen Ziel: Kommunikation. »Pop ist vielmehr die gemeinsame visuelle, musikalische (und zunehmend literarische) Sprache, mittels derer Angehörige der technologisierten urbanen Kultur in den Ländern der westlichen Einflussspähre auf höchst direkte, lebendige und ausdrucksvolle Weise miteinander kommunizieren können,«[204] kommentiert der Architekturkritiker Reyner Banham schon 1963. Charakteristisch ist dabei eine naive, unvoreingenommene Technologieaneignung und deren »Missbrauch« für kreative kulturelle Belange: »Ein Gegenlesen der Gebrauchsanweisung«[205] wie der DJ-Cultur-Forscher Ulf Poschardt sie in Bezug zu HipHop-Plattenspieler nennt, was man aber auch auf die noch junge Computerkultur anwenden kann. »Pop [...] hat jungen Menschen, Künstlern und Intellektuellen, aber auch jedermann, Mut zur selbstbewussten Aneignung von Technologie gemacht«.[206] Die Bandbreite dieser Technologie wächst kontinuierlich; von der E-Gitarre zum DJ-Plattenspieler, Sampler, Handy, Video, zum Multimedia-Computer. »In seinem kulturwissenschaftlichen Zukunftsessay ›The third Wave‹ aus dem Jahre 1980 spricht der amerikanische Journalist Alvin Toffler von einer neuen Generation von Techno-Rebellen, die nicht seelenlose Anwälte eines menschenverachtenden Fortschritts sind, sondern Agenten einer emanzipatorisch engagierten technischen Intelligenz«.[207] Pop-Kultur trifft man dort in der randlosen Stadt, »wo es hart, schnell, laut, hektisch und gemein zugeht«[208]. Der Kultautor William Gibson nennt diese Technorebellen ›Lo Tecs‹: Er lässt seinen Protagonisten Johnny Mnemonic sagen: »Wenn sie dich für primitiv halten, werde technisch; wenn sie dich für technisch halten, werde primitiv«.[209]
Jean Baudrillard hat auf den Teilaspekt »Graffiti« des urbanen Hyper-Pop und auf die Konsequenzen für die Stadtwahrnehmung hingewiesen und die Topologie derer Oberflächen beschrieben: »Die Stadt, das Urbane, ist zugleich ein neutralisierter, homogenisierter Zeit-Raum, ein Zeit-Raum der Indifferenz und zunehmender Absonderung von Stadt-Ghettos, Aussonderungen als Stadtviertel, Rassen und bestimmter Altersklassen: zerstückelter Raum distinktiver Zeichen. [...] Es gibt, nach dem Bild des ökonomischen Systems selbst, eine horizontale und vertikale Expansion der Stadt. Dazu kommt aber noch eine dritte Dimension der politischen Ökonomie, die Dimension der Besetzung, Vernetzung und Abtragung aller Sozialität durch die Zeichen. Gegen diese Dimension vermögen weder Architekten noch Urbanismus etwas, gehen sie doch selbst aus dieser Wendung hervor, die die allgemeine Ökonomie der Systeme genommen hat. Sie sind deren operationelle Semiologie, das politische Instrument jener Operationalisierung der Stadt vermittels Zeichen. [...] Die Matrix des Urbanen ist nicht mehr die der Realisierung einer Kraft (Arbeitskraft), sondern die der Realisierung einer Differenz (der Operation des Zeichens) [...]«.[210] Die Zeichen sind nicht mehr nur zeichnerischer ornamentaler Natur: Vielmehr betreffen sie nun alle Sinne: Ton, Bild, Taktilität, Geruch bilden eine neue Topologie der urbanen Semantik. Paolo Bian-

chi spricht bezüglich des selbstverständlichen Zappings zwischen verschiedenen Pop-Medien von »Crossover«.[211] Crossover wird zu einer eigentlichen urbanen Funktion der randlosen Stadt: Crossover ist Kontextualismus. Der Begriff Crossover ist aus der Musiktheorie entlehnt und beinhaltet auch das kulturelle, ethnische, nicht nur mediale Interagieren, Schneiden und Reformulieren: Moderne Klassik verbunden mit neuem Jazz, weißer Rockmusik von schwarzen Musikern gespielt, eurasischen Musikern, die afrikanische und asiatische Stile verbinden etc. Der Kulturphilosoph Beat Wyss analysiert dies wie folgt: »Der freie Wettbewerb um das Glück schafft neben beträchtlichem Reichtum jene Form der Armut, die den Nährboden der Subkulturen bildet, die wiederum – über die Verteilungsnetze von Pop – in der Hoffnung leben, an den Reichtum angeschlossen zu werden. [...] Pop ist das Versprechen auf Teilhabe am Konsum aller, die nach Glück streben. Diese macchiavellistische Dynamik macht das Unwiderstehliche an der kulturellen Bewegung aus. Die Warenästhetik von Pop integriert alle Formen der Ethno-Kultur. Der Slang der Rapper aus der Bronx, das Karaoke aus Tokyo, die Sowjet-Nostalgie russischer Punks sind Schattierungen einer globalisierten urbanen Großstadtkultur. Mit Pop ist der Graben geschlossen zwischen erster, zweiter und dritter Welt. Die dritte Welt lebt in den Slums der ersten, und in der zweiten herrscht eine neue Oberschicht mit dem Pop-Verhalten der ersten, die wiederum für Anregungen aus zweiter und dritter Welt offen ist«.[212] Pop-Hyper-Kontextualismus wird auf diese Weise »Urbanisierte Folklore«.[213]
Nach Wyss ist generische Pop-Kultur nicht mehr lokalisierbar. Sie ist global verstreut – disseminiert ohne Zentrum oder Begrenzung. Sie bildet selbst einen eigenen, autarken, globalen topologischen Vermittlungsraum.

Topologische Akteure: Architekten als DJ's Randlose Stadt wird »anders« – poppiger – betrachtet und behandelt: Es entwickelt sich verändertes urbanes Userverhalten: MixMedia, ungezwungen, ungeplant, kleinzellige »Modus2«-Projekte.[214] In der Wissenschaft würde man von Interdisziplinarität sprechen, in der randlosen Stadt hingegen von HipHop, House, Techno-Kultur, einer subkulturellen urbanen Kompetenz. Die Stadt wird bespielt; als Fläche, als Oberfläche, als Spielfläche, als urbane topologische Oberfläche. Pop-Kontext ist »Cyberspace als Realworld«:[215] »Im Cyberspace erkennen wir eine Rückkehr zum pensée sauvage (»Wildem Denken« à la Lévi-Strauss, J. H.), zum ›konkreten‹, ›sinnlichen‹ Denken: ein Essay im Cyberspace konfrontiert Fragment von Musik und anderer Sounds, Texte, Bilder Videoclips etc. und es ist diese Konfrontation ›konkreter‹ Elemente, die abstrakte Bedeutung produziert. [...] Sind wir hier nicht bei Eisensteins Traum einer ›intellektuellen‹ Montage [...]? Ist nicht der Hypertext eine neue Praktik der Montage?«[216] Aber sie ist eine Montage, eine HyperCollage mit »aussergewöhnlicher urbaner Lyrik«[217], die die Popularität der kulturkritischen Haltung dieser Artefakte erzeugt. Pop »erzielt die Einheit von Warenproduktion und Kultur durch Verzicht auf einen ästhetischen Erziehungsanspruch. Pop ist die

kreative Bestätigung von allem, was unter den Bedingungen der industriellen Produktion der Fall ist (v. a. bei den schnelllebigen technischen Netz-und Computermedien, J. H.)«.[218]
In der DJ-Kultur der Pop-Kultur des »Digital Underground« ersetzt der Mix und der ReMix die Collage und Montage. DJs, VJs (Visual DJs), MCs (Master of Ceremony) etc. sind die entwerferischen Akteure in diesem homotopen Szenario. Die topologische Transformationsabbildungen als Homotopie oder als Faserraum über einem topologischen Kontext werden virtuell oder real manifest in den neuen Produkten dieser Pop-Hyperkultur. An dieser Stelle lohnt es sich, Marshall McLuhans berühmtestes Schlagwort zu zitieren: »In einer Kultur wie der unseren, die es schon lange gewohnt ist, alle Dinge, um sie unter Kontrolle zu bekommen, aufzusplitten und zu teilen, wirkt es fast schockartig, wenn man daran erinnert wird, dass das Medium die Botschaft (die wir obig durch homotope Codes ersetzt haben, J. H.) ist. Das soll nur heißen, dass die persönlichen und sozialen Auswirkungen jedes Mediums – das heißt jede Ausweitung unserer eigenen Person – sich aus dem neuen Maßstab ergeben, der durch jede Ausweitung unserer eigenen Person oder durch jede neue Technik eingeführt wird«.[219] Heute muss man ergänzen, dass zusätzlich der Mix und der dynamische fortwährende ReMix der Medien und Botschaften, deren Topologie zur urbanen Message gehört: Sampling, Mix, Remix, Performance, als Architektur: Schnitte legen, Übergänge, Brüche, Trennen und Zusammenfügen! Dieser Pop ist vielschichtig, heterogen, a-zentrisch, er ist topologisch weil er vom Lokalen auf das Globale zielt.[220] Er ist nach McLuhan ein heißes Medium: »Es gibt ein Grundprinzip, nach dem sich ein »heißes« Medium, wie etwa das Radio, von einem »kühlen«, wie es das Telefon ist, oder ein »heißes«, wie etwa der Film, von einem kühlen, wie dem Fernsehen, unterscheidet. Ein »heißes« Medium ist eines, das nur einen der Sinne allein erweitert, und zwar bis etwas »detailreich« ist. Detailreichtum ist der Zustand, viele Daten oder Einzelheiten aufzuweisen«.[221]
Jeder Rap, jede Remix, jeder Clup-Mix ist ein urbanes topologisches Mapping. Die Akteure sind die »neuen« Stadtschreiber, die Chronisten der randlosen Stadt.
Paul Virilio, immer am Erforschen der Beschleunigungsphänomene solcher Entwicklungen, fragt sehr Pop-musikalisch: »Warum wird die Rolle der öffentlichen Rhythmik eigentlich so unterschätzt? Auf einem begrenzten Planeten, der allmählich einen einzigen ›großen Boden‹ bildet, fehlt die allgemeine Empörung über die Dromosphäre, weil das Wesen des Trajekts, das Unterwegssein, vergessen wird«.[222]
Pop-Hyperkultur ist eine topologische Mappingkultur. Sie ist homotop und fasrig, bildet neue urbane Oberflächen, die der Architekt als Topologe transformieren und deformieren muss. ReMix ist topologische Surgery. McLuhan: »Im Zeitalter der Elektrizität wird die ganze Menschheit zu unserer eigenen Haut«.[223]
Nachdem über Jahrzehnte die Technologien und Methoden dieser Scene nur Insidern bekannt war, ist sie heute jedem global verfügbar. Die Sampling-, Mix-

und Multimedia-Software wird vom Internet heruntergezogen. Neben den teuren so genannten professionellen Programmen spielen dabei die kleinen gratis Sharewareprogramme mit fast gleicher Qualität eine immer grössere Rolle. Pop ist ›lo tec‹ (Low Tec). Da das Quellenmaterial manchmal selbst schon mehrfach verarbeitet wurde, muss man von der Komplexität einer 2ndOrder Topologie ausgehen: 2ndOrderFibres, 2ndOrderHomotopie; architektonisch betrachtet eine projizierte ReKontexualisierung. Der Kontext, in dem man sich als Indiuduum wiederfindet, ist dementsprechend ein »Dazwischen«, ein »Between« eine Transidentität.[224] Man springt/zappt zwischen der Fasern der neuen Urbanität der randlosen Stadt. und orientiert sich an den Oberflächen: »Surface Topology«.

Paul Virilio in »Ordnungen der Wahrnehmung«: »So wird bald eine Ära der Trugbilder anbrechen. Die Stadt, die einen Ort im Raum hatte, also einen topischen Charakter besaß, dieser Stadt, in der sich die freien und gleichen Bürger auf dem öffentlichen Platz versammelten, wird bald ein teleoptischer Ballungsraum folgen, in dem das öffentliche Bild in Echtzeit den städtischen öffentlichen Raum der Respublica ablösen wird. [...] Denn ›Wirkliches‹ und Bildhaftes werden visuell vertauschbar, so dass wir auf den Betrachter zurückverwiesen werden, der hier und jetzt physisch präsent ist: das einzig Beständige in dieser Illusionswelt. Sein Körper wird zum Zeugen, zum einzigen Stabilitätsmoment inmitten einer virtuellen Umgebung«.[225]

Jean Baudrillard sieht diese Voraussage von Virilio über Simulakra schon eingelöst; in »Amerika« beschreibt er: »Im Grunde sind die Vereinigten Staaten mit ihrem Raum, ihrem technologischen Raffinement, ihrem brutalen guten Gewissen einschließlich der Räume, die sie der Simulation öffnen, die einzige aktuelle primitive Gesellschaft [...]. Amerika ist weder Traum noch Realiät, es ist Hyperrealität. Eine Hyperrealität, weil eine Utopie, die von Anfang an als schon verwirklicht gelebt wurde. Alles ist hier wirklich und pragmatisch, alles lässt einen traumwandeln. Die absolute Wahrheit kann möglicherweise nur einem Europäer aufgehen, da nur er hier das perfekte Simulakrum der Immanenz und der materiellen Umschrift aller Werte entdeckt. Die Amerikaner haben kein Verständnis für Simulation. Sie sind ihre perfekte Konfiguration, aber sie haben keine Sprache dafür, da sie selbst das Modell sind. [...] Amerika ist ein gigantisches Hologramm, die Gesamtinformation ist in jedem Teilstück enthalten [...]. Sex, Strand und Berge. Sex und Strand, Strand und Berge. Berge und Sex. Einige Begriffe. Begriffe und Sex. Just a life. Alles ist wieder eingefangen in der Simulation. [...] Die Amerikaner glauben an die Tatsachen (faits), aber nicht an die Künstlichkeit (facicité). Sie wissen nicht, dass die Tatsachen künstlich (faktisch) sind, wie es ihr Name besagt. In ihrem Glauben, in ihrer totalen Gläubigkeit an alles, was geschieht und was man sehen kann, in ihrer Geringschätzung von allem, was man Erscheinung oder Spiel der Erscheinung nennen könnte, in ihrer pragmatischen Sichtweise der Dinge täuscht kein Gesicht, kein Verhalten und kein wissenschaftlicher Prozess, nichts täuscht, nichts ist ambivalent (und das ist im

Grunde wahr: nichts täuscht, es gibt keine Lüge, es gibt nur Simulation, die eben nichts anderes ist als diese Künstlichkeit (Faktizität der Tatsache); in diesem Sinne und hinsichtlich ihrer Religion der vollendeten Tatsachen, ihrer Naivität der Deduktionen, ihrer Verkennung des bösartigen Genies der Dinge sind die Amerikaner eine wirklich utopische Gesellschaft. [...] Neu ist in Amerika der Schock der untersten Stufe (der primitiven und wilden) und der dritten Art (des absoluten Simulakrums). Es gibt keine zweite Stufe. Für uns, die wir immer die zweite Stufe, das Reflexive, die Verdoppelung und das schlechte Gewissen bevorzugt haben, ist das nur schwer verständlich«.[226] Baudrillard spricht hier ein Phänomen an, das nahtlos ins nächste Kapitel über Homologie und Begrenzungen überleitet, das Problem einer rein intrinsischen Betrachtungsweise ohne Möglichkeit einer kritischen Distanz eines »Außen« oder »Anderen«. Bis zu einem gewissen Grade gehört dies zum Phänomen Simulakra genauso wie dessen Urbildlosigkeit, weil dadurch auch jede Rekonstruktionsversuche unterbunden werden. 15 Jahre nach »Amerika« kann man sicherlich konstatieren, dass das, was ursprünglich rein deskriptiv gemeint war, heute auch zu einer Metapher für globale Simulakra geworden ist.

URBANE TOPOLOGIE: POP, DISNEY UND RE-MIX IN DER STADT

Kommentierte Zusammenfassung

Das erste Kapitel behandelte topologische Räume in einem Vorher-Nachher-Vergleich und den mit dieser Frage verknüpften Invarianten. Homotopie macht aus der Phase zwischen Vorher und Nachher eine eigene, autonome, autarke Topologie: ein Drittes – respektive einen »Dritten-Raum« – und damit eine eigene Form von Differenz. Homotopie fordert zu einem doppelten Denken von topologischen Invarianten und Räumen heraus. Einerseits die Topologien der Urbilder und Abbilder mit ihren charakteristischen Invarianten, andererseits die homotopen funktoriellen Invarianten des Dazwischen. Es gibt für jede topologische Transformation Unmengen von Möglichkeiten verschiedener Wege, die zum selben topologischen Zielraum führen. Von dieser Fülle stetiger Abbildungen sind jedoch nie alle wichtig. Im Vordergrund stehen die Abbildungen mit geeigneten Eigenschaften – in unserem Zusammenhang architektonische Funktionen (auf Basis eines erweiterten Funktionsbegriffes). Diese Eigenschaften besitzen eine solche Robustheit, dass sie durch kleine Perpetuationen, Störungen oder kleine Änderungen der stetigen Abbildung nicht zerstört werden: Sie sind resilient. Topologische Deformation und analytische Approximation treffen sich dadurch in der Homotopie.[227]
Homotopie untersucht Intervalle und Sequenzen, besitzt dadurch eine »Zeitkomponente respektive zeitähnliche Komponente, eine Art topologische nichtmetrische »Zeit-Art«. Homotopie ist in diesen Sequenzen gewissermaßen filmisch: Gilles Deleuze – »ZeitBild« und »BewegungsBild«.

Funktionen, Eigenschaften und Funktoren Die topologischen Invarianten, die man für den topologischen Vergleich von Abbildungen definiert, behandeln solche Eigenschaften und Funktionen; sie werden Funktoren genannt. Funktoren sind sowohl abhängig von den topologischen Ausgangsräumen als auch von der Vielzahl der Morphismen. Sie beziehen sich deshalb oft auf ganze Kategorien von Objekten und den dazugehörigen Morphismen. Funktoren sind die topologischen Invarianten der Abbildungsräume und es sind dieselben Kriterien für Invarianz wie im letzten Kapitel: Stetigkeit, Zusammenhang, Überdeckung, Konvergenz, Kompaktheit, Orientierung etc.

Zusätzlich taucht als neues topologisches Thema die Knotentheorie auf. Ihre Behandlung sprengt den hier vorhandenen Rahmen. Nur soviel: Knotentheorie fragt nach Form der Knoten in Abbildungen und nach Verknüpfungen der Abbildungsfunktionen untereinander. Die meisten der Invarianten der Knotentheorie sind numerische Invarianten, als mit der Anzahl der Überkreuzungen, der Windungen, der Symmetrie etc. gearbeitet wird. Knotentheorie ist eine der interdisziplinärsten Sparten der Topologie, hat selbst einen riesigen Schub durch die statistische Mechanik (Jones-Polynominal) erhalten und mischt heute an vorderster Front in der kosmologischen String-Theorie mit. Es soll hier für Vertiefung auf die Spezialliteratur verwiesen werden, speziell auf Dale Rolfsens Klassiker »Knots and Links«,[228] sowie auf die inspirierenden Publikationen von Lou Kauffman. Im Kontexte der randlosen Stadt können topologische Transformationsabbildungen also in sich verknotet sein oder sich mit anderen verknüpfen. Eine der Grundfragen der Knotentheorie bleibt dabei immer deren Klassifikation und ob Knoten wirklich Knoten sind oder ob sie sich durch geeignete stetige Deformation lösen lassen. Urbane Topologie in der Architektur untersucht, wie sich Homotopie als eine Art »Intermundium«, einem dynamischen »leeren Raum« zwischen möglichen topologischen Welten, manifestiert.

Funktoren und der erweiterte Funktionsbegriff in der Architektur Der Funktionsbegriff in der Architektur der Moderne ist geprägt durch die »Charta von Athen«. Diese schrieb einerseits rigoros Funktionen fest (damit war und ist der Begriff nicht mehr flexibel genug für postfordistische Veränderungen, vor allem bezüglich Funktionen neuer Medien), andererseits wurden diese gleichzeitig räumlich getrennt. Wolfgang Welsch kritisiert daran, dass man die Funktionen festschreibe, »ohne mit gleicher Intensität auf Variationsmöglichkeiten zu achten«.[229] Neben der architektonischen Funktion in Form der Nutzungsfunktion hat sich durch die Arbeiten von Eco, Barthes und Greimas der Begriff einer »zweiten Funktion« anfangs der 70er Jahre eingebürgert; zweite Funktion als semantische Funktion der Architektur. »Architektur ist real und symbolisch wirksam. Während die Bauten real Lebensräume einrichten und Handlungsmöglichkeiten vorgeben, prägen sie auf der symbolischen Ebene unsere Vorstellungen von Urbanität, Zusammenleben und Gesellschaft«,[230] so nochmals Welsch. Der Diskurs über diese Erweiterung hat zu weiteren Formen und heute schließlich zu einer sehr offenen Auffassung von architektonischer Funktion geführt. Christoph Feldtkeller klassifiziert eine, in seinen Worten, »Abhebung der Form von der funktionalen Wirklichkeit«:[231]

- Funktion jenseits des Rationalismus und die Rolle des Subjekts.
- Funktion jenseits des Funktionalismus und die Rolle des ästhetisch-semiotischen Entwurfsmomente
- Funktion von Gebäuden im Nutzungszusammenhang: Abschirmungen.

Der Funktionsbegriff ist heterogen geworden und er wird kontextuell transformiert. Homotope Funktoren und architektonische Funktionen besitzen nicht nur denselben etymologischen Stamm. Funktionen sind analog den Funktoren »Transformationsräume mit Eigenschaften« und sind in die topologische Homotopie integrierbar. Wenn im Zusammenhang mit diesem Kapitel von Abbildungsräumen der Homotopie die Rede war, schließt dies funktionalen Diskurs mit ein. Als urbanen Vermittlungsraum im Sinne einer architektonischen Funktion kann man auch Henri Lefèbvres Konzept des triadischen »Sozialen Raums«, bestehend aus ›natürlichem Raum‹, ›absoluten Raum‹ und ›symbolischem Raum‹, sehen. Diese Räumlichkeiten interagieren insofern funktoriell, als sie als Maschinerie der Raumproduktion triadisch vom einen Raum in den anderen überführen. Ein solches Denken macht Funktion über Feldtkellers Klassifikationsansatz hinaus fließend und topologisch-homotop transformierbar. Funktoren sind aber im Gegensatz zum klassischen Funktionsbegriff – und dies gilt bedingt auch für die semantische Funktion – dynamisch. Die veränderte Auffassung bezüglich architektonischer Typologie, wie im letzten Kapitel besprochen, steht in direktem Bezug zum Verlust der traditionellen Funktion als Konstante; Koolhaas spricht genau deshalb vom A-typical Plan und vom Non-Type. Typologische Funktionen sollten sich wenn, dann auf homotope Übergangsräume beziehen.

Codes Sowohl der homotope Abbildungsraum als auch dessen Funktoren können nur indirekt wahrgenommen werden, da sie ja in ihrer Natur »dazwischen liegen«. In unserer realen Umwelt brauchen und verwenden wir Codes als Vermittlungsinstanz homotoper topologischer Räume. Die systemtheoretische Lesart von Codes als »Unterscheidungen, mit denen ein System seine eigenen Operationen beobachtet«[233], unterstützt eine Analogie von Codes und Funktoren als einer Form von Differenz zweiter Ordnung, einer Differenz der Transformationsräume. Die Gleichsetzung von Homotopie und Code ermöglicht es, semiotische und kommunikationstheoretische Aspekte in eine Kontexttheorie topologischer Abbildungsräume zu integrieren (während es im letzten Kapitel eher phänomenologische waren, z. B. Husserl/Derrida). Im Gegensatz zu einer Zeichentheorie/Semiotik oder einer Literaturtheorie/Semantik arbeitet Homotopie aber räumlich und deshalb wesentlich näher an Architektur. Semiotik bedeutet nach Eco sowohl die Ordnungsrelation der Codes – in der Topologie entspräche dies der räumlichen Klassifikation der homotopen Morphismen – als auch ihr Vollzug, analog der topologischen Praxis von Transformationen.[234] Die Codes dienen wie Topologie und Architektur als hypothetisches Modell, in einem nachmetaphysisch-hermeneutischen Sinn »zugleich perspektivisch, partiell und von den Umständen abhängig – in einem Wort »historisch« – gedacht zu werden«.[235] Eco spricht auch von Codes als einem Wahrscheinlichkeitssystem.[236] Codes sind nach Flusser zudem wesentlich eine zweite Natur.[237] Die Semiose ist nicht als geschlossenes Regelwerk fassbar, sondern durch ihre fortdauernde kulturelle Aktualisierung kontingent, pluralistisch, vorläufig und offen:

»Die Semiose ist dann wesentlich Praxis [...] und sie ist Form, die immer wieder neu gesetzt werden kann. [...] Jenseits von Saussure verzichtet Eco damit auf die Rekonstruktion einer invarianten Ordnung und besteht auf einer Pluralität möglicher Formen; und jenseits von Peirce schneidet Eco die regulative Idee eines ›finalen Interpretanten‹ ab und behauptet die Kontingenz der Semiose. Weder gibt es einen letzten Code [...] noch den Fortschritt der Semiose in Richtung gelingender Wahrheit. [...]. Statt dessen findet sich, wo der Pragmatismus stetiges Wachstum gewahrt, allenfalls eine Entdeckung von Andersheit, und wo der Strukturalismus einen (einzigen, J. H.) ›Code‹ erkennt, ein Labyrinth.[238] [...] (Die Struktur ermöglicht) die Chance der Erfindung einer unendlichen Vielfalt von Neuem und bislang nie Gekanntem«.[239]

Pop-Codes, Pop-Kultur, Technobilder Wichtigste Form kultureller Abbildungsräume der letzten Jahrzehnte ist Pop. Codes besitzen eine kulturelle Artikulation in Form von Pop. Pop als Code, als Homotopie, wird in kontextueller Architektur relevant. Pop äußert sich nicht immer nur plakativ, wie in den Clichés der Pop-Art, sondern durchaus subtil, in Oberflächen, Zeichen, Spuren, Formen und Räumen: ›Pop is everywhere‹. Pop ist, auf Basis Sklovskys »Kunst als Verfahren«[240] und der russischen Formalisten, eine methodische Praxis der Transformation, Verfremdung und Translokation. Zusammen mit den Einflüssen von Duchamps Konzept des »objét trouvé et transformé« entwickelte sich in der Architektur im Umfeld von Alison und Peter Smithson ein »As Found«-Kontextualismus, später Colin Rowes Ansatz der Collage City, mit der Implementation von Collage und Bricolage. Die urbane »Pop-Landschaft« (Denis Scott Brown) der randlosen Stadt wird unter dem Einfluss der neuen Medien einem rigorosen Wandel unterworfen. Die Codes – als technische Differenzen zweiter Ordnung – können sich diesem Einfluss am allerwenigsten entziehen. Sie werden an vorderster Front manipuliert und transformiert. Vilém Flusser beschreibt diese neuen Codes der »Technobilder«, wie schon Banham 1963[241] als grundsätzlich mehrdimensional und dynamisiert.[242] Für den urbanen Kontext der randlosen Stadt hat Paul Virilio mit »L'espace critique« (1984) einen paradigmatischen Text geliefert, dem auch der Begriff der »urbanen Topologie« im Licht einer Krise von Dimensionalität und Geometrie als Titel dieser Arbeit entnommen wurde.[243] Homotopie auf Virilio appliziert, beschreibt einen kritischen Raum der Übergänge, der technischen Differenzen und technologischen Codierungen. Virilios Text ist eine Anleitung für Reformulierungen und Lesarten urbaner Codes. »L'espace critique« diagnostiziert in erster Linie eine radikale Entmaterialisierung der Architektur und deren Räume. Die klassische Materie und Form von Architektur werde in der »überbelichteten Stadt« – so der Titel der englischen Übersetzung – ersetzt durch eine Lesart von Stadt als »Tactical Mapping System«, einer urbanen Topologie als Homotopie von Übergangsräumen: »Today it is more than likely that the basis of so called urbanism is composed/decomposed by these very systems of transfer, transit, and transmission, the transportation and transmigration networks whose immaterial configurations renew urban organization and the building of monuments«.[244] Sichtbar werden diese Transformationen in den »Einschreibungen in Oberflächen«[245] als urbane Interfaces. Der »kritische Raum« ist eine Topologie der Raum-Zeitlichkeit von »momentaner Diffusion«, »Raum-Zeit-Kompression« (als indirektem Verweis Virilios auf David Harvey), Geschwindigkeit, Beschleunigung und Mobilität. Die Einschreibung wird nach Virilio durch die neuen »infographischen Techniken«[246] der Massenmedien ermöglicht. Zentraler Punkt in »L'espace critique« ist, dass im urbanen Kontext Dimensionalität, und Distanz zusammenbrechen. Die Transformationen diffundieren translokal und sie behandeln den Raum nicht mehr holistisch, sondern agieren mit »Zufälligkeiten, heterogenen Räumen, Teilen und Bruchstücken«[247] als »autonome Micro-Narratives«.[248] Virilio diagnostiziert in diesem urbanen »Graphic Space« – nach Kipnis – ein Interagieren von Aspekten translokaler Globalisierung und von Virtualisierung. Eine Konsequenz von Virilios »L'espace critique« ist, die dynamischen, animierten Bildräume neuer Medien anlog der Zeichen in der Pop-Architektur in eine Kontextbetrachtung der Stadt zu integrieren. Die Oberflächen der Stadt spielen als Interfaces, Bildschirme, Orte der Spurensicherung und der Spurenproduktion, dem Hinterlassen von Spuren als Nachbilder/Afterimages, eine zentrale konzeptionelle Rolle. Oberflächen operieren wie fotografische Platten. Die fotosensibilität wird heute durch digitale Bildsensibilität ersetzt und sie verlagert sich stärker in den animierten Bereich. Neue Entwicklung in der fotovoltaik, von Bildschirmtechnologien und Projektionstechnologien verändern die Idee von Oberfläche im räumlichen Kontext grundlegend. Oberfläche wird ein dynamisches Element der urbanen Konfiguration. Jede Oberfläche bildet einen Schnitt durch einen homotopen urbanen Abbildungsraum. Diese Schnitte besitzen Ähnlichkeiten zur Idee des Schnittes in Film und Video, bleiben aber auch in ihrer architektonischen Tradition verhaftet. Homotopie in einer urbanen Topologie funktioniert filmisch und multimedial. Solche Oberflächen als fotosensible topologische »Schnitte« bewirken ein Freilegen von architektonischen Objekten und werden urbanes Interface. Freigelegt werden dadurch auch kontextuelle Mehrfachkodierungen, »Code-Mixing« und Hyper-Codes.[249] Diese haben heute eine wahrnemungstheoretische und -praktische Eigenständigkeit erreicht und werden durch den »trainierten« Bewohner der randlosen Stadt als »real« akzeptiert.

»Gemeinsam ist diesen neuen medialen Apparaten ihr Bestreben, zeitliche und räumliche Distanzen zu minimieren oder zu löschen: alles in Nah- und Nächstverhältnisse zu überführen. Was parallel die vehiculären Maschinen – von der Eisenbahn bis zur Rakete – für die beschleunigte Bewegung von Körpern im Raum bewirken, leisten die medialen Maschinen für den am Ende bis zur Lichtgeschwindigkeit beschleunigten Transport von ›Information‹,[250] schreibt Grossklaus.

Faserraumtopologie: Urbildlosigkeit und Simulakra In dieser Virtualisierung des Abbildungsraumes deutet sich eine Entfremdung vom Urbild an. Vilém Flusser bezeichnet es für die Codes der Technobilder als charakteristisch, dass sie sich nicht mehr auf »ihre Zeichen«, Vor-Bilder oder Urbilder, sondern auf konstruierte Begrifflichkeiten beziehen.[251] Götz Grossklaus sieht darin eine Entwicklung »der schrittweisen Lösung der technischen Bilder von der Nachahmung und Wiederholung der ›Natur‹ in Richtung auf Erzeugung und Simulation ganz eigenständiger, von einem ›naturalen‹ Vorbild unabhängiger Bild-Welten [...] (im) erweiterten Kontext der kulturellen Emanzipation von der ›Natur‹. [...] Wenn alles dazu tendiert, gleich-zeitig und gleich-nah zu sein, kommt es zu ungeheuren Verdichtungen auf der Gegenwarts-Fläche: wir erleben diese Verdichtungen zeitlich und räumlich als verwirrende Weitung und Schrumpfung der Gegenwart gleichermaßen.«[252]

In der Topologie bezeichnet die Faserbündeltheorie solche urbildlosen Abbildungen. Der Abbildungsraum über dem topologischen Zielraum, dem neuen Basisraum, wird als Faserraum bezeichnet. Das Inverse der homotopen Projektionsabbildung ist eine Faser über dem Basisraum. Die Vereinigung der Fasern, die durch den Basisraum parametrisiert sind und durch die Topologie des Gesamtraumes – der Summe von Faserraum und Basisraum – »zusammengeleimt« wird, bildet ein Faserbündel. Bündelmorphismen bezeichnen im Weiteren fasererhaltende Abbildungen. Eine lokal triviale Faserung aus diskreten Fasern nennt man Überlagerung. Überlagerungen bilden über dem Basisraum einen »Blätterteig«, dessen Mächtigkeit die Blätterzahl angibt. Die Überlagerungen sind in der Topologie für die Hochhebungsverfahren von homotopen Wegen in den Faserraum wichtig. Solche transversalen Wege bilden als »Konnexionen« topologische Verbindungen über dem Basisraum. Die hochgehobenen Pfade in Überlagerungen werden auch Orbits genannt. Sie formieren »Orte« der Vektorfeldtopologie, wie sie im Kapitel »Topologische Stabilität und Topologie des Flüssigen« behandelt wird.

Oben beschriebene »Schnitte« durch homotope Abbildungen im urbanen Raum sind als transversale Querschnitte durch Faserbündel solche transversalen Verbindungen im Faserraum: Die städtischen Oberflächen als kontextuelle Bildräume ohne Urbild. Es sind dies Schnitte jenseits einer euklidischen Ästhetik.

Das Abbild ohne Urbild, ohne »Sender«, wird in Folge Baudrillards als »Simulakra« bezeichnet. Umberto Eco hat selbiges Phänomen noch als »semiotische Guerilla« bezeichnet. Die Einseitigkeit der Untersuchung von Abbildungen als Faserräume können als Dezentrierung eines topologischen Transformationsprozesses gedeutet werden. Baudrillard sieht in dieser dezentralen Abwesenheit des Urbildes – des Realen – und der Sinnlosigkeit einer Frage nach demjenigen ein Zeichen einer Möbiusband-ähnlichen Indifferenz, während Deleuze darin eher eine verinnerlichte Differenz des Flotierens der Simulakra in ihren Wiederholungen liest, einem Zeichen für eine nicht-hierarchische, nomadische Verteilungsform.²⁵³ »Graphic Space« wird in neueren Diskursen oft mit Indifferenz in Verbindung gebracht. Dies ist jedoch eher eine Konterreaktion auf übertriebene kulturelle Differenztheorien sprachtheoretischer Natur als eine mit Vorsicht zu geniessende Behauptung absoluter Indifferenz. Pop mit fehlendem Urbild habe ich in Anlehnung an den nichtfiguralen Pop, als »Faserige-Pops« respektive New Pop, als raumbildende nichtfigurale Projektionen mit verlorenem Urbild im Kontext urbaner Topologien bezeichnet. Simulakra und multiple Code-Substitutionen werden zu normalen generischen Phänomenen. Ihre Häufung ist auf die beschleunigte Gleichzeitigkeit von Globalisierung und Virtualisierung der Abbildungsräume zurückzuführen. Sie führen zum Ende des topischen Charakters der randlosen Städte.

Baudrillard beschreibt in »Amerika« die Allgegenwart urbaner Simulakra. Seit dieser Diagnose und der Entwicklung respektive Verbreitung global vernetzter Massenmedien, speziell des World Wide Web/Internet kann man von einer globalen Verbreitung von kulturellen Simulakra im urbanen Kontext sprechen. Simulakra sind in ihrer Urbildlosigkeit tatsächlich eher von globaler Gleichförmigkeit bis hin zu Gleichschaltung geprägt als von lokaler Spezifik. Architektur, ob »International Stile« oder postmoderne Ästhetik, ist besonders anfällig, sich von lokalen Kontextualismen als möglichen Urbildreservoirs zu lösen. Dieser Gefahr setzt Kenneth Frampton seine Beschreibung eines kritischen Regionalismus gegenüber.²⁵⁴ Framptons Konzept versucht, »Sinne« und Sinnlichkeit in umfassenderer Weise in einen architektonischen Raumdiskurs als Funktionen zu reintegrieren.

- Das Einschreiben von Fasern und Faserbündeln in Räume bestimmt die Kontextkonfigurationen durch eine Informationsverdichtung.
- Basisraumtopologie, Überdeckung und Faserbündel generieren komprimierte Kontextinformation: Pop als eine topologisch überdeckte Oberfläche.
- In der angewandten Topologie formieren sich die Faserbündel-Räume als »Gauge-Raum«. Ein Gauge-Raum ist eine Aktionsraum, ein Handlungsraum, in dem sich Prozesse abspielen können.

Transversalität Transversalität ist eine der wichtigsten generischen Eigenschaften der Topologie, speziell der Differenzialtopologie, zur Gewährleistung von Regularität, Normalität, damit Topologie, wie Jänich/Bröcker formulieren, »kein Wust von Pathologien ist«.²⁵⁵

Sie beschreibt transversale »Schnitte« und Abbildungen die schneiden. Ein wichtiger Aspekt dabei ist die übereinstimmende Kodimensionalität der untersuchten Unterräume. Ein Querschnitt durch ein Faserbündel und eine Faser sind zum Beispiel solche Unterräume.

Transversalität gewährleistet oder fordert, dass ein Schnittpunkt nur ein Punkt

ist und sich die schneidende Funktion von diesem Punkt aus für einen gewissen Funktionsweg nicht mit der zu schneidenden Faser vereinigt, also ein Teil derer Tangentialraumes wird, und erst dann – wenn überhaupt – trivial ausgedrückt, »die Seite wechselt«. Ein »echter« Schnitt soll »quer« liegen. Ein Querschnitt aber kann in nichtpathologischen Fällen nicht gleichzeitig Tangente oder sogar Teil des Tangentialraumes sein. Jede Abbildung, jeder Schnitt kann durch eine genügend kleine Perpetuation, homotope Erschütterung, Verschiebung zu einer transversalen Abbildung respektive einem transversalen Schnitt werden.
Transversalität ist in der Faserbündeltopologie für die Beschreibung von Verbindungen, sprich ›Konnexionen‹ von Bedeutung. Konnexionen werden als transversale Schnitte durch Faserbündel beschrieben. Sie liegen in der Überlagerung des Basisraumes.

Transversale Kultur und transversale Vernunft Verbindungen werden topologisch über transversale Schnitte gefasst und bedeuten nicht eine Verschmelzung der Unterräume. Dies gilt elementar auch für kulturelle Räume: Verbindungen sind »Schnitte«/Querschnitte und nicht Verschmelzungen. Dies ermöglicht die Aufrechterhaltung von Eigenständigkeit und Identität der Unterräume, die transversal verbunden werden. Transversalität unterstützt also Heterogenität, Vielfalt und Paradigmenpluralismus und setzt sich ab von vereinheitlichenden, homogenisierenden Konzepten. Es ist deshalb möglich und angebracht, den transversalen Verbindungen Eigenschaften oder Bedingungen (Constraints) zuzuschreiben. In der Physik der Yang-Mills-Theorie wird eine solche topologische Zuordnung zur Beschreibung der starken (und schwachen) Wechselwirkungen gemacht. Topologische Verbindungen können so als »Kraft« oder auch »Aktion« beschrieben werden. Wolfgang Welschs Konzept der transversalen Kultur und transversalen Vernunft verinnerlicht diese Strategie. Der Begriff der Transversalität bringt für ihn ein »zentrales Desiderat gegenwärtigen Denkens zum Ausdruck: Heterogenität und Verflechtung, Pluralität und Übergang zusammendenken zu können [...] Transversale Vernunft ist, von den Rationalitäten aus gesehen, nötig, um zwischen deren diversen Formen Austausch und Konkurrenz, Kommunikation und Korrektur, Anerkennung und Gerechtigkeit zu ermöglichen«.[257] Transversale Vernunft ist für Welsch eine Vernunft der Übergänge, »und ›transversal‹ bezeichnet eben einen solchen Operationsmodus der Übergänge, bezieht sich auf die Erstellung querlaufender Verbindungen zwischen unterschiedlichen Komplexen«.[257]
Übergänge sind auch ein Merkmal von Kontingenz kultureller Durchlässigkeit. Welsch wendet das Konzept der Transversalität für die Beschreibung transkultureller Tendenzen von »Städten der Zukunft« an: »Unsere Kulturen haben de facto längst nicht mehr die Form der Homogenität und Separiertheit. Sie haben vielmehr eine neuartige Form angenommen, die ich als transkulturell bezeichne, weil sie durch die traditionellen Kulturgrenzen wie selbstverständlich hindurch-

geht«.[258] Transkulturalität gebiete uns, »von der alten Vorliebe für saubere Trennung, Welteinteilung und unilineare Analyse abzurücken und zu Denkweisen des Gewebes, der Verflechtung und der Vernetzung überzugehen. So lassen sich die verschiedenen Rationalitäten nicht, wie die Moderne hoffte, als sie Ausdifferenzierung einräumte und betrieb, wasserdicht gegeneinander abgrenzen, sondern sie weisen bis in ihren Kern hinein Verflechtungen auf«.[259] Eine entscheidende Rolle spielt dabei auch die transversale und transkulturelle Formierung der Architekten.[260] Welschs Denkansatz wird untermauert und forciert durch die Tendenzen der zeitgenössischen Pop-Kultur. Subkulturen oder heute präziser Zwischenkulturen stellen sich nicht mehr ausserhalb von Gesellschaft, sondern sind im Sinne transversaler Unterräume mit diversen Übergängen und Verbindungen versehen, die sie extensiv miteinander kommunizieren lassen. Diese transversalen Kommunikationsräume sind analog einer Kybernetik zweiter Ordnung rekursiv und selbstgenerierend – sie bilden autopoietische Schlaufen: »responsive environments«.

Folgerung und Interaktion

Urbane Homotopie liefert für einen architektonischen Kontextbegriff der randlosen Stadt wirksame Werkzeuge in Form von Funktoren, Faserbündeltheorie und Transversalität. Der komplexe Raum der Stadt kann damit in seiner Heterogenität, Simulakrität und Kommunikationsräumlichkeit beschrieben werden. Homotopie ist ein Vehikel der Wegführungen, Kommunikationswege als Raum, Verknüpfungen, Übergänge, Querverbindungen, Schwellen usw. in Abbildungs- und Transformationsräumen. Sie beschreibt eine Logik von möglichen Wegen, deren Kontingenz und deren Hermeneutik. Urbane Homotopie bedeutet vollzogener Paradigmenpluralismus als einer Wissenschaft von verschiedenen Wegen und Welten. Homotopie steht in der Architektur der Idee von Permanenz opponent gegenüber. Homotopie ist als »l'espace critique« diejenige Komponente des urbanen Kontextes der randlosen Stadt, welche die Theorie und Praxis eines architektonischen Kontextualismus in den letzten Jahren im toten Winkel überholt hat. Homotopie in Zusammenhang mit Architektur ist grundsätzlich neu. Sie besitzt immense Bedeutung im Zusammenhang mit interdisziplinärer architektonischer Bildbearbeitung, CAAD, Animation und Re-Mixed-Media. Man kann auf Basis dieser Herleitungen soweit gehen und VR/CAAD generell als ein Pop-Medium von homotopen Transformationen bezeichnen. Pop fungiert in diesem Kapitel als Metapher für eine noch junge Tradition des Umgangs mit Abbildungsräumen. ›New-Pop‹ ist die Gesamtheit digital produzierter urbaner Kultur: Musik, Video, TV-Werbung, Großbildschirme, Lichtsteuerung, aber auch die Ökonomie neuer Technologien respektive neuer Medien. Homotopien entziehen sich elitärer Ästhetik und Hochkultur. Sie wird heute zwar mit immer kürzerer Halbwertszeit von der Massenkultur simuliert, einem Moment, in dem sie sich verflüchtigt und nur noch als Urbildlosigkeit einer Spur vorhanden ist. Solche Spuren werden durch New-Pop gelegt. Begreift man in der Interaktion des ersten und des zweiten Kapitels, dass Übergangsräume mit Henkeln und Möbius-Twists versehen sein können, realisiert man, weshalb solche Übergangssituationen, obwohl sie generisch sind, paradoxes Potenzial enthalten. Aus diesem Grunde sind sie – wie von Scott Brown schon früh vorgeschlagen, prädestiniert für Video-Film-Kartographierungen. Paradoxien, also topologische Nicht-Orientierbarkeit wird im homotopen Raum zu einem Sich-Orientieren an den Paradoxa, die »auffallen« – sie werden zu Markierungen im Abbildungsraum – ohne dadurch pathologisch zu sein/zu scheinen. Orientierung bedeutet in diesem Zusammenhang auch ein Sich-Orientieren-Können in den Übergangsräumen zwischen virtuellen und realen Elementen des Kontextes der randlosen Stadt. Diese Form der homotopen Orientierung als einerseits topologischer Orientierung (Twist), gedoppelt mit Markierungsqualitäten, findet in allen drei Räumen und deren Übergängen innerhalb der triadisch-vermittelnden Konzepte von Lefèbvre/Lacan/Popper, aber auch Virilios technischer Differenz des »dritten Intervalls« statt. Man kann die Rolle dieses dritten als eigenständiger Räumlichkeit nicht hoch genug einschätzen. Technische Differenz ist eine homotoper Raum der topologischen Codes und Meta-Codes – den Funktoren – respektive vice versa: Die topologischen Codierungen im Kontext der randlosen Stadt formieren die technische Differenz als drittem Intervall. Das dritte als Differenz – von Edward W. Soja ›Third Space‹ genannt – liegt zwischen der generierenden Différance Derridas und den homologen Begrenzungsdifferenzen des nächsten Kapitels. Homotopie beschreibt das Übertragen von Différance auf den Raum der Abbildungstransformationen. Das dritte Intervall ist eine »Differenz« jenseits binärer Opposition. New Pop in der Urbanen Topologie wird sich aus dem Berufsbild der Architektur heraus mit Abbildungstransformation auseinandersetzen. Die Codes des New Pop der Zwischenkulturen setzten im triadischen Spiel die Orientierungsmaschinerie und die »Produktion von Raum« in Gang. Dass sich dies im Übergang von virtuellen und realen Elementen des Kontextes abspielt – versehen mit einem eigener Räumlichkeit –, ist neu in einer Sichtweise über topologische Homotopie. Homotopie ist Teil des »Thirdenings« à la Lacan/Lefèbvre: Urbildlosigkeit und Faserbündeltheorie beinhalten, wie bei Lacan, den »verzweifelten« Versuch der Rekonstruktion des Realen. Urbane Topologie in der Praxis ist Bestandteil dieses immerwährenden Rekonstruktionsvorganges. Man könnte genau dies »Architektur« nennen. Re-Konstruktion beinhaltet in diesem Zusammenhang eine neue Sichtweise auf architektonische Tektonik, speziell bezüglich derer Interpretation im VR-Raum. Homologe Architektur wird dadurch schon unabhängig von »Digitalisierung« virtuel. VR-Kontext insbesondere ist dieser Hilflosigkeit ausgesetzt – nur wird dies in der absoluten

Künstlichkeit der digitalen Räume affirmativ uminterpretiert. Das voraussehbare Scheitern der originalgetreuen Rekonstruktion führt zu einer vorgesehenen Pre-Deformation und Veränderung des VR-Kontextes, einer Prekonstruktion. Er kann und wird nie deckungsgleich mit dem Realen, dem »Bildraum« sein; dafür erscheint »Neues«. In dieser Akzeptanz von Deformiertem – wie in der Pop-Kultur – muss topologisches entwerferisches Denken ansetzen. Homotopie schlägt deshalb einen Bogen zum letzten Kapitel über »Liquid Architecture«; Marcos Novaks Konzept der reinen VR-Architektur und derer Kriterien bezüglich tektonischer Stabilität.

Interessant ist ja, dass sich im triadischen Modell von Lefèbvre und Lacan das Reale respektive der natürliche Raum der räumlichen Praxis nur durch eine vermittelte Rekonstruktion übersymbolisch repräsentierenden Raum und den imaginärer Raum des Subjekts erfahrbar gemacht werden kann. In diesem triadischen ›Spiel‹ einer faktischen topologischen Urbildlosigkeit spielen Faserbündel, als über dem repräsentierenden Zielraum ›stehende‹ Abbildungsräume, und ihrer transversalen Verbindungen – sinnkonstituierende codierende und decodierende Konnexionen – eine entscheidende Rolle. Diese Räume sind die neuen öffentlichen Räume der »Urbanen Topologie«. Wichtig ist, diese Übergangsräume nicht mehr nur semantisch zu deuten wie bei Eco oder Venturi & Scott Brown, sondern als topologische Räume. So können sie auch in die Raum-Maschine à la Lefèbvre eingreifen. Andernfalls verbleiben sie bei »möblierenden Elementen«, einer der wenigen Schwächen von »Learning from Las Vegas«. Homotopie überlagert das, was in den klassischen Kontextmodellen öffentlicher Raum darstellte. Wenn im letzten Kapitel »Scanscape« das Interface zwischen Realraum und VR-Werkzeug architektonischer Praxis der Generic City darstellten, ist es nun »Morphscape« und »Renderscape«. Renderscape ergibt auf diese Weise eine eigene urbane »Landschaft«. Im Sinne Virilios ist ein solcher Rendervorgang aber nie abgeschlossen; unsere Kultur lebt in einem fortwährenden und beschleunigten homotopen Renderprozess im Kontext der randlosen Stadt.

1 Tammo Tom Dieck, Topologie, Berlin, New York, 1991, S. 158; Tammo Tom Dieck, Klaus Heiner Kamps, Dieter Puppe, Homotopietheorie, Berlin Heidelberg New York 1970, S. 86ff. **2** a. a. O., S. 91 **3** Ian Stewart, Concepts of Modern Mathematics, Harmondworth GB 1981/1997, S. 192 **4** Vgl. Tammo Tom Dieck, Topologie, Berlin, New York, 1991, S. 90 **5** a. a. O., S. 90 **6** Vgl. Klaus Jänich, Topologie, Berlin, Heidelberg, New York 1980/1987/1990, S. 80; Fritz Reinhardt; Heinrich Soeder, dtv-Atlas zur Mathematik, Band 1+2, München 1974 (Band 1), 1977 (Band 2), S. 249; Allan J. Sieradski, An Introduction to Topology and Homotopy, Boston 1992, S. 296 **7** Vgl. Klaus Jänich, Topologie, Berlin, Heidelberg, New York 1980/1987/1990, S. 85 **8** Vgl. Alex Heller, »Homotopy Theories«, Mem. o. t. American Math. Soc. Nr. 383, Vol. 71, Jan. 1988, S. 11 **9** Tammo Tom Dieck, Topologie, Berlin, New York 1991, S. 304 **10** Vgl. Allan J. Sieradski, An Introduction to Topology and Homotopy, Boston 1992, S. 276 **11** Vgl. Fritz Reinhardt; Heinrich Soeder, dtv-Atlas zur Mathematik, Band 1+2, München 1974 (Band 1), 1977 (Band 2), S. 239 **12** Vgl. Klaus Jänich, Topologie, Berlin, Heidelberg, New York 1980/1987/1990, S. 71 **13** Vgl. John Stillwell, Classical Topology and the Combinatorial Group Theorie, New York 1980/93, S. 121 **14** Vgl. Klaus Jänich, Topologie, Berlin, Heidelberg, New York 1980/1987/1990, S. 145 **15** Vgl. Tammo Tom Dieck; Klaus Heiner Kamps, Dieter Puppe, Homotopietheorie, Berlin, Heidelberg, New York 1970, S. 95 **16** Vgl. Dale Huesemoller, Fibre Bundles, New York 1966/1994, S. 11; Norman Steenrod, The Topology of Fibre Bundles, Princeton, New York, 1951 **17** Vgl. a. a. O., S. 14 **18** Herbert J. Bernstein; Anthony P. Phillips, »Faserbündel – der mathematische Schlüssel zur Quantenphysik«, Spektrum der Wissenschaft: Sept. 1981, S. 94/95 **19** Vgl. B. A. Rosenfeld, A History of Non-Euclidian Geometry, New York 1988, S. 312, 321, 323, 418 **20** Vgl. a. a. O., S. 312, 321, 323, 418 **21** Vgl. a. a. O., S. 312, 321, 323, 418 **22** Vgl. Klaus Jänich, Topologie, Berlin, Heidelberg, New York 1980/1987/1990, S. 150 **23** Vgl. a. a. O., S. 145; Tammo Tom Dieck, Topologie, Berlin, New York, 1991, S. 121 **24** Vgl. Klaus Jänich, Topologie, Berlin, Heidelberg, New York 1980/1987/1990, S. 148 **25** Vgl. Tammo Tom Dieck, Topologie, Berlin, New York, 1991, S. 121 **26** Vgl. Klaus Jänich, Topologie, Berlin, Heidelberg, New York 1980/1987/1990, S. 148 **27** a. a. O., S. 177 **28** Klaus Jänich, Topologie, Berlin, Heidelberg, New York 1980/1987/1990, S. 150 **29** Vgl. Tammo Tom Dieck, Topologie, Berlin, New York, 1991, S. 125 **30** Vgl. Klaus Jänich, Topologie, Berlin, Heidelberg, New York 1980/1987/1990, S. 157 **31** Vgl. a. a. O., S. 153 **32** Vgl. Klaus Jänich, Topologie, Berlin, Heidelberg, New York 1980/1987/1990, S. 155/156 **33** René Thom, Quelques propriétes globales des variétés différentiables, Comm. Math. Helv. 28 (1954), S. 17–86 **34** Ralph Abraham, Transverslity in Manifolds of mappings, Bull. Amer. Math. Soc. 69 (1963) S. 470–474; Ralph Abraham, Joel Robbin, Transversal Mappings and Flows, New York, Amsterdam 1967 **35** Vgl. a. a. O. **36** Vgl. Klaus Jänich, Topologie, Berlin, Heidelberg, New York 1980/1987/1990, S. 155 **37** Vgl. a. a. O., S. 155 **38** Vgl. Jean Dieudonné, A History of Algebraic and Differential Topology 1900–1960, Boston, Basel 1989, S. 556 **39** Vgl. a. a. O., S. 557 **40** Vgl. René Thom, Quelques propriétés globales des variétés différentiables, Comment Math. Helv., 28 (1954), S. 17–86 S. 22–26: Transversality Theorem **41** Vgl. Jean Dieudonné, A History of Algebraic and Differential Topology 1900–1960, Birkhäuser Boston, Basel, 1989, S. 557 **42** Vgl. a. a. O., S. 280 **43** Vgl. a. a. O., S. 557 **44** Def. ohne formale Sprache, nach: Klaus Jänich, Topologie, Springer Lehrbuch, Heidelberg 1980, 1987, 1990, S. 157 **45** Vgl. a. a. O., S. 158 **46** Vgl. Victor Guillemin, Alan Pollack, Differential Topology, Prentience-Hall, Englewood Cliffs 1974, S. 30 **47** Tammo Tom Dieck, Topologie, Berlin, New York, 1991, S. 82 **48** Vgl. S. K. Donaldson, P. B. Kronheimer, The Geometry of Four-Manifolds, Clarendon Press Oxford, 1990, S. 143; Morris W. Hirsch, Differential Topology, New York, Heidelberg, Berlin, 1976, S. 74ff. **49** Vgl. Michael H. Freedman/Frank Quinn, Topology of 4-Manifolds, Princeton University Press,

New Jersey 1990, S. 151 **50** Vgl. Victor Guillemin, Alan Pollack, Differential Topology, Prentience-Hall, Englewood Cliffs 1974, S. 30 **51** Def. ohne formale Sprache, nach: Klaus Jänich, Topologie, Springer Lehrbuch, Heidelberg 1980, 1987, 1990, S. 159 **52** Vgl. Victor Guillemin; Alan Pollack, Differential Topology, Englewood Cliffs 1974, S. 27 **53** Herbert J. Bernstein; Anthony V. Phillips, »Faserbündel – der mathematische Schlüssel zur Quantenphysik«: Spektrum der Wissenschaft, Sept. 1981, S. 89 **54** a. a. O., S. 105 **55** Vgl. Ronald J. Stern, »Instantons and the Topology of 4-Manifolds«, The Mathematical Intelligencer Vol. 5, No.3 1983 New York., S. 39–44. **56** Vgl. Albert S. Schwarz, Topology for Physicists, Berlin Heidelberg New York 1994, S. 272 **57** Victor Guillemin; Alan Pollack, Differential Topology, Englewood Cliffs 1974, S. 68 **58** Vgl. Umberto Eco, Einführung in die Semiotik, München 1972, Orig. 1968, S. 38. **59** Umberto Eco, Das offene Kunstwerk, Frankfurt a. M. 1977, Orig. 1962/1967, S. 437 **60** Vilém Flusser: Kommunikologie, Schriften Bd. 4, Mannheim 1996, S. 9/10 **61** Umberto Eco, Einführung in die Semiotik, München 1972, Orig. 1968, S. 58 **62** Umberto Eco, Zeichen. Einführung in einen Begriff und seine Geschichte, Frankfurt a. M. 1977, Orig. 1973, S. 170/171 **63** Claudio Baraldi; Giancarlo Corsi, Elena Esposito. GLU. Glossar zu Niklas Luhmann, Frankfurt a. M. 1997, S. 36 **64** S. 58 **65** Vgl. Umberto Eco, Das offene Kunstwerk, Frankfurt a. M. 1977, Orig. 1962/1967 **66** Vgl. Umberto Eco, Einführung in die Semiotik, München 1972, Orig. 1968, S. 382 **67** Vilém Flusser, Kommunikologie, Schriften Bd. 4, Mannheim 1996, S. 174 **68** Umberto Eco, Einführung in die Semiotik, München 1972, Orig. 1968, S. 410 **69** Umberto Eco, Semiotik und Philosophie der Sprache, München 1985, Orig. 1984, S. 275 ff **70** Gilles Deleuze, Das Zeit-Bild. Kino 2, Frankfurt a. M. 1991/1997, Orig. 1985, S. 47 **71** a. a. O., S. 50 **72** Vgl. Paul Virilio, »Ordnungen der Wahrnehmung«, Werk Bauen&Wohnen, Nr.7/8, 1995, S. 18–21, S. 18 **73** Vgl. a. a. O., S. 20 **74** Paul Virilio, Der negative Horizont. Bewegung/Geschwindigkeit Beschleunigung, München, Wien 1989, Orig. 1984 **75** Paul Virilio, »Das dritte Intervall«, in: Ders. Fluchtgeschwindigkeit, Frankfurt a. M. 1999, Orig. 1995, S. 19–36 **76** Paul Virilio, »Ordnungen der Wahrnehmung«, Werk Bauen&Wohnen, Nr. 7/8, 1995, S. 18–21, S. 18 **77** Paul Virilio »The Overexposed City«, in: Sanford Kwinter; Michael Feher (eds.), Zone 1/2, New York 1986, Orig. 1984, S. 15–31, hier S. 20ff. **78** Vgl. a. a. O., S. 381–390 **79** Vgl. a. a. O., S. 381–390 **80** Vgl. a. a. O., S. 381–390 **81** Vgl. a. a. O., S. 381–390 **82** Diesen Hinweis verdanke ich Jörg Gleiter. **83** Vgl. Jean Baudrillard, Agonie des Realen, Berlin 1978, Orig. 1977/78, S. 6: Begriffe: simulation: (frz) : die Vortäuschung, die Verstellung, die Heuchelei, die Täuschung, die Vorspiegelung, der Vorwand, der Schein, die Vorschiebung; Simulakrum: das Trugbild, das Blendwerk, die Fassade der Schein **84** Umberto Eco, Einführung in die Semiotik, München 1972, Orig. 1968 S. 441 **85** Jean Baudrillard, Agonie des Realen, Berlin 1978, Orig. 1977/78 **86** Wolfgang Welsch, Unsere postmoderne Moderne, Weinheim, 1988, S. 149/150 verweis auf: Jean Baudrillard, Der symbolische Tausch und der Tod, München 1982, Orig. 1976 **87** Wolfgang Welsch, Unsere postmoderne Moderne, Weinheim, 1988, S. 149/150 Verweis auf: Jean Baudrillard, Agonie des Realen, Berlin 1978, Orig. 1977/78 **88** a. a. O., S. 29/32 **89** Wolfgang Welsch, Unsere postmoderne Moderne, Weinheim, 1988, S. 149/150 **90** Gilles Deleuze, Differenz und Wiederholung, München 1992, Orig. 1968/1989, S. 95 **91** Deleuze verweist hier auf Pierre Klossowski, siehe: Gilles Deleuze, »Pierre Klossowski oder die Sprache des Körpers«, in: Pierre Klossowski, Georges Battaille, Sprache des Körpers, Berlin 1979, S. 39 **92** Gilles Deleuze, Logik des Sinns, Frankfurt a. M. 1993, Orig. 1969, S. 321/324 **93** Gilles Deleuze, Differenz und Wiederholung, München 1992, Orig. 1968/1989, S. 346 **94** Vgl. Pierangelo Maset, Ästehtische Bildung der Differenz, Kunst und Pädagogik im technischen Zeitalter, Stuttgart, 1995, S. 152 **95** Gottfried Böhm, Was ist ein Bild? München 1994, S. 35 **96** Jean Baudrillard, Amerika, München 1995, Orig. 1986,

S. 79/80 **97** Peter Pechtel; Franz-Peter Burkhard, Metzler Philosophie Lexikon. Begriffe und Definitionen. Stuttgart, Weimar 1996 **98** Henri Lefèbvre, The Production of Space, Oxford/UK, Cambridge/USA, 1991, Orig. 1974, S. 68ff. **99** a. a. O., S. 169ff. **100** Steve Pile, The Body of the City, London 1996, S. 153–155; siehe auch: Derek Gregory, »Lefèbvre, Lacan and the Production of Space«, in: G. B. Benko; U. Strohmayer (eds.), Geography, History and Social Sciences, Dordrecht NL 1995, S. 15–44; Derek Gregory, »Lacan and Geography: The Production of Space Revisited«, in: G. B. Benko; U. Strohmayer (eds), Space and Social Theory. Interpreting Modernity and Postmodernity, Malden/USA, Oxford/UK 1997, S.203–231; David Harvey, The Urban Experiance, Baltimore 1985/1989, darin: Lefèbvre, Lacan, Bourdieu, S. 261 ff **101** Henri Lefèbvre, The Production of Space, Oxford UK, Cambridge USA, 1991, Orig. 1974, S. 33 **102** Vgl. Henri Lefèbvre, Die Revolution der Städte, München 1972, Orig. 1970, S. 112: »Mit der Einführung der Topologie (analytischer Überlegungen über Topoi im geistigen und sozialen Raum) bleibt der philosophische Umfang der Konzepte erhalten, die Folgen einer philosophierenden (spekulativen) Einstellung jedoch werden unterbunden.« **103** Vgl. Aristoteles, Topik, (Organon V), hier in: Ders. Meiner Verlag Hamburg 1992 **104** Vgl. Henri Lefèbvre, The Production of Space, Oxford UK, Cambridge USA, 1991, Orig. 1974, S. 86 **105** Vgl. a. a. O., S. 33/191 **106** Vgl. Hermann Hertzberger, Het openbare rijk, Delft 1984 **107** Vgl. Alexander Tzonis; Liane Lefaivre, Architektur in Europa seit 1968, Frankfurt a. M. 1992, Orig. London 1992, S. 15, Diesen Hinweis verdanke ich Angelika Schnell/Arch+. **108** Tzonis/Lefaivre verweisen auf den Bezug zu Henri Lefèbvre's »La Vie Quotidienne dans le monde moderne«, Paris 1968, dt: Das Alltagsleben in der modenen Welt, Frankfurt a. M. 1972, aber es besteht auch ein direkter Bezug zu dessen Nacheiferern, den Internationalen Situationisten: Guy Deborg, La societeé du spectacle, Gallimard 1967 **109** Marc Auge, Orte und Nicht-Orte: Vorüberlegungen zu einer Ethnologie der Einsamkeit, Frankfurt a. M. 1994 **110** Henri Lefèbvre, The Production of Space, Oxford/UK, Cambridge/US 1991, Orig. 1974, S. 145 **111** Iain Borden, »Machines of Possibilities: City Life with Henri Lefèbvre«, Archis Nr. 1 Jan. 2000, S. 62–68, hier: S. 64 **112** a.a.O. **113** Leonie Sandrock, »The Right to the City and the Right to Difference«, in: Ders. »Cities of (In)difference and the challang for Planning«, ORL-Institut ETHZ, DISP 140, 1/2000, S. 7–15, hier: S. 11/12 **114** Henri Lefèbvre; (E. Kofman; E. Lebas, eds.), Writing on Cities, London 1996, hier aus: Leonie Sandrock, »The Right to the City and the Right to Difference«, in: Ders. »Cities of (In)difference and the challang for Planning«, ORL-Institut ETHZ, DISP 140, 1/2000, S. 7–15, hier: S. 11 **115** Leonie Sandrock, »Cities of (In)difference and the challang for Planning«, ORL-Institut ETHZ, DISP 140, 1/2000, S. 7–15 **116** Derek Gregory, »Lefèbvre, Lacan and the Production of Space«, in: G. B. Benko; U. Strohmayer (eds.), Geography, History and Social Sciences, Dordrecht NL 1995, S. 15–44; Derek Gregory, »Lacan and Geography: The Production of Space Revisited«, in: G. B. Benko; U. Strohmayer (eds.), Space and Social Theory. Interpreting Modernity and Postmodernity, Malden/USA, Oxford/UK 1997, S. 203–231 **117** Steve Pile, The Body of the City, London 1996 **118** David Harvey, The Urban Experiance, Baltimore 1985/1989, darin: Lefèbvre, Lacan, Bourdieu, S. 261ff. **119** Edward W. Soja, Thirdspace, Journeys to Los Angeles and Other real-and-imagined Places, Malden/MA 1996 **120** Karl R. Popper, Objektive Erkenntnis; Ein evolutionärer Entwurf, Hamburg, 1973/1984, hier Paperback 1993, Orig. Objective Knowledge, Oxford 1972 **121** a. a. O., S. 160 **122** Vgl. a. a. O., S. 158 **123** Vgl. Lothar Schäfer, Karl R. Popper, München 1988/1996, S. 141/156 **124** Vgl. Karl R. Popper, Objektive Erkenntnis; Ein evolutionärer Entwurf, Hamburg 1973/1984, hier Paperback 1993, Orig. 1972, S. 159: Fußnote 1 **125** Vgl. a. a. O., S. 129 **126** Vgl. Lothar Schäfer, Karl R. Popper, München, Beck, 1988/1996, S. 145 **127** Karl R. Popper,

Objektive Erkenntnis; Ein evolutionärer Entwurf, Hamburg, 1973/1984, hier Paperback 1993, Orig. 1972, S. 163 **128** Imre Lakatos, Proofs and Refutations, The Logic of Mathematical Discovery, Cambridge 1976, hier: Ian Hacking, Einführung in die Philosophie der Naturwissenschaften, Studttgart 1996, Orig. Cambridge 1983, S. 209 **129** Vgl. Karl R. Popper, Objektive Erkenntnis; Ein evolutionärer Entwurf, Hamburg1973/1984, hier Paperback 1993, Orig. 1972, S. 118 **130** Vgl. Michael Benedikt (ed), Cyberspace: First Steps, Cambridge MA, 1991, S. 4, Introduction. **131** Im Weiteren wird der Begriff ›Welt 3‹ explizit auf Karl R. Popper verweisen. **132** Don Ihde, Hermeneutic Phenomenology, The Philosophy of Paul Ricour, Evanson 1971, Introduction by Paul Ricoeur, Third Term: S. 15, 16, 62, 159, 168 **133** Jean-Paul Sartre, Das Imaginäre, Phänomenologische Psychologie der Einbildungskraft, Rowohlt, Reinbek bei Hamburg, 1970/1994, Orig. 1940/1986, Gallimard **134** Jean-Paul Sartre, Das Sein und das Nichts; Versuch einer phänomenologischen Ontologie, Reinbek bei Hamburg, 1952/1995, Orig. 1943. **135** Vgl. Slavoj Zizek, Mehr-Geniessen. Lacan und die Populärkultur, Wien 1992 **136** Vgl. Antonio Gramsci, Gefängsnishefte, Kritische Ausgabe, Bd. 6, S. 1375–1384, Hamburg 1994, Orig. 1932/1933, hier aus: R. Konersmann (hg.), Kulturphilosophie, Leipzig 1996, S. 68–78 **137** Vgl. David Robbins, The Independent Group: Postwar Britain and the Aestethics of Plenty, Cambridge/MA, London/UK, 1990 **138** Denis Scott Brown, »Learning from Pop«, Casabella, Dez. 1971, Nr. 359-360, S. 15-23 hier aus: Robert Venturi, Denis Scott Brown, View from the Campidoglio, New York 1984, S. 26–27 **139** Robert Venturi, Denis Scott Brown, Charles Izenour, Learning from Las Vegas/Lernen von Las Vegas, Zur Ikonographie und Architektursymbolik der Geschäftsstadt, Braunschweig/Wiesbaden, 1979, Orig. 1972 **140** Denis Scott Brown, »Learning from Pop, Casabella«, Dez. 1971, Nr. 359-360, S. 15-23 hier aus: Robert Venuri, Dennis Scott Brown, View from the Campidoglio, New York Harper and Row, 1984, S. 28 **141** Dale Rolfsen: Knots and Links, Berkley 1976 **142** Vgl. J. Scott Carter, How Surfaces Intersect In Space. An Introduction To Topology, Series on Knots and Everything, Vol 2. Singapore, London, 1993 **143** Denis Scott Brown, »On Pop Art, Permissivness, and Planning«, AIP Journal May 1969, S. 184–186 **144** Elena Esposito, »Geheimnis in Raum, Geheimnis in Zeit«, in: Dagmar Reichert, Räumliches Denken, Vdf, ETH Zürich 1996, S. 311 **145** Vgl. Christine Buci-Glucksmann: Der kartographische Blick der Kunst, Berlin 1997, Orig. 1996, S. 118 **146** a. a. O., S. 203/209 **147** Tammo Tom Dieck, Topologie, Berlin, New York, 1991, S. 90 **148** John Berger, Sehen, das Bild der Welt in der Bilderwelt, Reinbek bei Hamburg, 1974/84, Orig. 1972 **149** Paul Virilio, »The Overexposed City«, in Sanford Kwinter; Michael Feher (eds.), Zone 1/2, New York, 1986, S. 15–31 , Orig. »l'éspace critique«, Paris 1984, S. 18 **150** Bernard Tschumi, »Zu einer Theorie der Disjunktion in der Architektur«, Archithese 2-1989, S. 39–40 **151** Vilém Flusser, Kommunikologie, Mannheim 1996, S. 173 **152** Gottfried Semper, Die vier Elemente der Baukunst, Ein Beitrag zur vergleichenden Baukunde, Braunschweig 1851, S. 57ff., hier aus: Hanno-Walter Kruft, Geschichte der Architekturtheorie, München 1985/1995, S. 357 **153** Hanno-Walter Kruft, Geschichte der Architekturtheorie, München 1985/1995, S. 360 **154** Georg German, Einführung in die Geschichte der Architekturtheorie, Darmstadt, 1993, S. 262 **155** Christine Buci-Glucksmann: Der kartographische Blick der Kunst, Berlin 1997, Orig. 1996, S. 118 **156** Vgl. Norman Steenrod, The Topology of Fibre Bundles, Princeton, New York 1951 **157** Vgl. Dale Huesemoller, Fibre Bundles, New York 1966/1994, S. 11 **158** Paul Virilio »The Overexposed City«, in Sanford Kwinter; Michael Feher (eds.), Zone 1/2, New York, 1986, S. 15–31 , Orig. »l'éspace critique«, Paris 1984, S. 19 **159** Vgl. Jürgen Habermas, Theorie des kommunikativen Handelns, Frankfurt a. M. 1981/1995 **160** Paul Virilio »The Overexposed City«, in Sanford Kwinter; Michael Feher (eds.), Zone 1/2, New York, 1986, S. 15–31,

Orig. »l'éspace critique«, Paris 1984, S. 17/21 **161** Toyo Ito, »A Garden of Microchips: The Architectural Image of the Microelectronic Age«, in: JA Library 2, summer 1993, S. 11–13 **162** Rosalind Krauss, »Minimalism: The Grid, The /Claud/ and the Detail«, in: Detlef Mertins (ed.) The Presence of Mies, Princeton 1994, S. 133 ff, FN: Kasha Linville, »Agnes Martin: An Appreciation«, Artforum 9 (June 1971) S. 72 **163** a. a. O. **164** Robin Evans, »Not to be used for wrapping purposes«, AA-Files Nr 10, S. 68–74 (Übersetzung J. Huber) **165** Vgl. Jacques Lacan, Buch XI. Die Vier Grundbegriffe der Psychoanalyse, Weinheim, Berlin 1996, Orig. 1963/64; Gute Einführung in Lacan: Malcolm Bowie, Lacan, Göttingen 1994/1997, Orig. 1991 **166** Steve Pile: The Body and the City, Psychoanalysis, Space and Subjectivity, Routledge, London 1996, S. 161 **167** Vgl. Derek Gregory, »Lefèbvre, Lacan and the Production of Space«, in: G. B. Benko; U. Strohmayer (eds.), Geography, History and Social Sciences, Dordrecht/NL 1995, S. 15–44; Derek Gregory, »Lacan and Geography: The Production of Space Revisited«, in: G. B. Benko; U. Strohmayer (eds.), Space and Social Theory. Interpreting Modernity and Postmodernity, Malden/USA, Oxford/UK 1997, S. 203-231; siehe dazu auch mit ausführlicher Klassifikation des sozialen Raumes: David Harvey, The Urban Experiance, Baltimore 1985/1989, darin: Lefèbvre, Lacan, Bourdieu, S. 261 ff **168** Vgl. Robin Evans, The Projective Cast. Architecture and its Three Geometries, Cambridge/MA, 1995 **169** Diese Erfahrung wurde von Autoren wie Susan Sonntag, John Berger, Roland Barthes und anderen in verschiedenen Formen diskutiert. Auf eine spezifische Referenz wird deshalb verzichtet. **170** Vgl. Viktor Sklovsky, Die Kunst als Verfahren (1916), in Texte der russischen Formalisten, 1. Bd., München 1969 **171** Vgl. Liane Lefaivre, »Dirty Realism in der Architektur. Den Stein Steinern machen«, Architese 1/90, S. 16 **172** Paul Virilio, »The Overexposed City«, in: Sanford Kwinter; Michael Feher (eds.), Zone 1/2, New York, 1986, S. 15–31, Orig. »l'éspace critique«, Paris 1984 **173** Aldo Rossi, Die venedischen Städte, ETH Zürich, Zürich Mai 1978, S. 43: Die rationale Architektur als Architektur der Tendenz **174** Vgl. André Corboz, Canaletto, Una Venzia immaginaria, Milano 1985 **175** Dick Hebdige, »In Poor Taste: Notes on Pop, in The Institute of Contemorary Art, Modern Dreams, The Rise and Fall and Rise of Pop«, Cambridge/MA 1988, S. 77–86, hier S. 80 **176** Paul Virilio, »The Overexposed City«, in: Sanford Kwinter; Michael Feher (eds.), Zone 1/2, New York, 1986, S. 15–31, Orig. »l'éspace critique«, Paris 1984 **177** Vgl. Peter Davidson; Donald L. Bates in »Architecture after Geometry«, Architectural Design Vol. 67 No. 5/6 1997, S. 6ff. Kipnis wehrt sich gegen den Begriff der »Collage«. Er glaubt, dass die graphischen künstlichen Räume der virtuellen Welt in ihrer Interaktion mit der Realität eine eigenständige Form darstellen. Ich glaube hingegen, dass über den Translokationsbegriff der Verbindungen in Faserbündeln eine Annäherung zu einem Pop-Kontext geschaffen werden kann. **178** In Anlehnung an das Konzept einer »Nichtfiguralen Pop-Art« z. B. des Künstlers Urs Lüthi. **179** William Gibson zitiert aus: Benjamin Wooley, Virtual Worlds, London 1992, S. 122 **180** Denis Scott Brown, »Learning from Pop«, Casabella, Dez. 1971, Nr. 359–360, S. 15–23 hier aus: Robert Venuri, Dennis Scott Brown, View from the Campidoglio, New York 1984, S. 28 **181** Umberto Eco, Einführung in die Semiotik, München 1972, Orig. 1968, S. 298ff. **182** Marshall McLuhan, Medien Verstehen, der McLuhan-Reader, Mannheim 1997, darin: Formen der Wahrnehmung, Orig. Through the Vanishing Point, New York 1968, S. 177 **183** Vgl. John Rajchman, »Lightness« in: Ders. Constructions Cambridge/MA 1998, S. 37ff. **184** Wolfgang Welsch, Vernunft. Die zeitgenössische Vernunftkritik und das Konzept der transversalen Vernunft, Frankfurt a. M. S. 198 **185** Gianni Vattimo, Jenseits vom Subjekt, Nitetzsche, Heidegger und die Hermeneutik. Wien, 1986, Orig. 1985 **186** Wolfgang Welsch, Vernunft. Die zeitgenössische Vernunftkritik und das Konzept der transversalen Vernunft, Frankfurt a. M. S. 199 **187** Hans

188 Michael Baumgartner, Endliche Vernunft. Zur Verständigung der Philosophie über sich selbst. Bonn 1991, S. 178 **188** Vgl. Sophie Roulet/Sophie Soulié, Toyo Ito. L'Architecture de l'éphemère, Paris 1991, S. 9 **189** Paul Virilio, »Das dritte Intervall«, in: Ders. Fluchtgeschwindigkeit, Frankfurt a. M. 1999, Orig. 1995, S. 19–36 **190** a. a. O., S. 25 **191** Vgl. Tammo Tom Dieck, Topologie, Berlin, New York 1991, S. 77ff. Transversalität **192** René Thom, »Quelques propriétes globales des variétés différentiables«, Comm. Math. Helv. 28 (1954), S. 17–86 **193** Ralph Abraham, »Transverslity in Manifolds of mappings«, Bull. Amer. Math. Soc. 69 (1963) S. 470–474; Ralph Abraham,Joel Robbin, Transversal Mappings and Flows, New York, Amsterdam 1967 **194** Tammo Tom Dieck, Topologie, Berlin, New York 1991, S. 82 **195** Vgl. Denis Hollier, Against Architecture. The Writings of Georges Bataille, Cambridge/MA 1989, Orig. 1974 **196** Vgl. Bernard Tschumi, Architecture and Disjunction, Cambridge/MA, 1994, darin: »The Architectural Paradox« (1975), »The Pleasure of Architecture« (1977) **197** Kenneth Frampton, »Kritischer Regionalismus – Thesen zu einer Architektur des Widerstands. Architekturideologie und Kulturpolitik 1966–1980«, in: Andreas Hyssen; Klaus R. Scherpe (hg.) Postmoderne. Zeichen eines kulturellen Wandels, Reinbek bei Hamburg 1986/1997, S. 170 **198** Paul Virilio, »The Overexposed City«, in: Sanford Kwinter; Michael Feher (eds.), Zone 1/2, New York, 1986, S. 15–31 , Orig. »l'éspace critique«, Paris 1984 **199** Slavoj Zizek, Mehr-Genießen. Lacan und die Populärkultur, Wien 1992. **200** Paul Virilio, »The Overexposed City«, in Sanford Kwinter; Michael Feher (eds.), Zone 1/2, New York, 1986, S. 15–31, Orig. »l'éspace critique«, Paris 1984, S. 21 **201** Vgl. William J. Mitchell, City of Bits. Leben in der Stadt des 21. Jahrhunders, Boston, Basel, Berlin 1996, Orig. 1995, S. 51ff. **202** Thomas Feuerstein, Der Künstler als Translokateur, in: Marc Mer, Thomas Feuerstein, Klaus Strickner, Translokation. Der verrückte Ort. Kunst zwischen Architektur. Wien 1994, S. 115 **203** Vgl. Edward Kasner; James R. Newman, Mathematics and the Imagination, Washington 1989, darin: Kap. VIII. Rubber-Sheet Geometry, S. 265 ff **204** Reyner Banham, »The Atavism of the Short Distance Mini-Cyclist« (1963), in: Paolo Bianchi, Art & Pop & Crossover I+II, Kunstforum Nr 134/135, 1996, Bd. I, S. 81 **205** Ulf Poschardt, »Welcome in the Realworld«, in: Paolo Bianchi, Art & Pop & Crossover I+II, Kunstforum Nr. 134/135, 1996, S. 119–131, hier: S. 122 **206** a. a. O., S. 124 **207** a. a. O., S.124 **208** a. a. O., S. 124 **209** William Gibson, »Johnny Mnemonic/Der mnemonische Johnny«, in: Ders. Cyberspace, München 1986/1994, Orig. 1981 **210** Jean Baudrillard, »KoolKiller oder der Aufstand der Zeichen«, in K. Barck, P. Gente, H. Paris, S. Richter (hrsg.), Aisthesis, Leipzig 1990, S. 214/215 **211** Paolo Bianchi, »Art & Pop & Crossover I+II«, Kunstforum Nr. 134/135, 1996 **212** Beat Wyss, Die Welt als T-Shirt, Zur Ästhetik und Geschichte der Medien, Köln 1997, S. 122 **213** Hans-Jürgen Lehnhart, »Urbanisierte Folklore, Brasiliens Popmusik im Zeichen der Globalisierung, in: Kulturindustrie. Kompaktes Wissen für den Dancefloor«, Testcard 5, Beitrage zur Popgeschichte, S. 124–135 **214** Vgl. Helga Nowotny, Es ist so. Es könnte auch anders sein, Frankfurt a. M. 1999, S. 85ff. **215** Vgl. Ulf Poschardt, »Welcome in the Realworld«, in: Paolo Bianchi, Art & Pop & Crossover I+II, Kunstforum Nr 134/135, 1996, S. 119–131 **216** Slavoj Zizek, Die Pest der Phantasmen: Die Effizienz des Phantasmatischen in den neuen Medien, Wien 1997, S. 95 **217** Tomas Valena, Beziehungen, Über den Ortsbezug in der Architektur, Berlin 1994, S. 14–21 **218** Beat Wyss, Die Welt als T-Shirt, Zur Ästhetik und Geschichte der Medien, Köln 1997, S. 124 **219** Marshall McLuhan, Magische Kanäle. Understanding Media, Dresden, Basel 1968/1994, Orig. 1964, S. 21 **220** Vgl. a. a. O., S. 21, S. 44 **221** a. a. O., S. 44 **222** Paul Virilio, »Ordnungen der Wahrnehmung«, Werk Bauen & Wohnen, Nr. 7/8, 1995, S. 20 **223** Marshall McLuhan, Magische Kanäle. Understanding Media, Dresden, Basel 1968/1994, Orig. 1964, S. 21, S. 82 **224** Paolo Bianchi, »Art & Pop & Crossover

I+II«, Kunstforum Nr 134/135, 1996 **225** Paul Virilio, »Ordnungen der Wahrnehmung«, Werk Bauen & Wohnen, Nr. 7/8, 1995, S. 20 **226** Jean Baudrillard, Amerika, München 1995, Orig. 1986, S. 121, 122, 148 **227** Tammo Tom Dieck, Topologie, Berlin New York 1991, S. 91 **228** Dale Rolfsen: Knots and Links, Berkley 1976 **229** N. D. Gilbert; T. Porter, Knots and Surfaces, Oxford/UK, New York, Tokyo, 1994 **230** Wolfgang Welsch, »Städte der Zukunft – Architekturtheoretische und kulturphilosophische Aspekte«, in: Ders., Grenzgänge der Ästhetik, Stuttgart 1996, S. 265/266 **231** a. a. O., S. 270 **232** Christoph Feldtkeller, Der architektonische Raum: eine Fiktion. Annäherung an eine funktionale Betrachtung, Braunschweig, Wiesbaden 1989 **233** Claudio Baraldi; Giancarlo Corsi; Elena Esposito, GLU. Glossar zu Niklas Luhmann, Frankfurt a. M. 1997, S. 36 **234** Dieter Mersch, Umberto Eco zur Einführung, Hamburg 1993, S. 102 **235** a. a. O., S. 102, Verweis auf: Umberto Eco, Einführung in die Semiotik, München 1972, Orig. 1968, S. 418 **236** Umberto Eco, Einführung in die Semiotik, München 1972, Orig. 1968, S. 58 **237** Vilém Flusser: Kommunikologie, Schriften Bd. 4, Mannheim 1996, S. 10 **238** Dieter Mersch, Umberto Eco zur Einführung, Hamburg 1993, S. 103 **239** a. a. O., S. 103 **240** Viktor Sklovsky, Die Kunst als Verfahren (1916), in: Texte der russischen Formalisten, 1. Bd., München 1969 **241** Reyner Banham, »The Atavism of the Short Distance Mini-Cyclist« (1963), in: Paolo Bianchi, Art & Pop & Crossover I+II, Kunstforum Nr 134/135, 1996, Bd. I, S. 81 **242** Vilém Flusser: Kommunikologie, Schriften Bd. 4, Mannheim 1996, S. 174 **243** Paul Virilio, »The Overexposed City«, in: Sanford Kwinter; Michael Feher (eds.), Zone 1/2, New York, 1986, S. 15–31 , Orig. »l'espace critique«, Paris 1984 **244** a. a. O., S. 25 **245** a. a. O., S. 17 **246** a. a. O., S. 30 **247** a. a. O., S. 29 **248** a. a. O., S. 28 **249** Götz Grossklaus, Medien-Zeit, Medien-Raum. Zum Wandel der raumzeitlichen Wahrnehmung in der Moderne. Frankfurt a. M. 1995/1997 **250** a. a. O., S. 7/8 **251** Vilém Flusser: Kommunikologie, Schriften Bd. 4, Mannheim 1996, S. 174 **252** Götz Grossklaus, Medien-Zeit, Medien-Raum. Zum Wandel der raumzeitlichen Wahrnehmung in der Moderne. Frankfurt a. M. 1995/1997, S. 7/8 **253** Deleuze verweist hier auf Pierre Klossowski, siehe Gilles Deleuze: »Pierre Klossowski oder die Sprache des Körpers«, in: Pierre Klossowski, Georges Battaille, Sprache des Körpers, Berlin 1979, S.39 **254** Kenneth Frampton, »Kritischer Regionalismus – Thesen zu einer Architektur des Widerstands«, in: A. Huyssen; K. R. Scherpe, Postmoderne, Zeichen eines kulturellen Wandels, Reinbek bei Hamburg, 1996 **255** Klaus Jänich, Theodor Bröcker, Einführung in die Differentialtopologie, Berlin, Heidelber, New York, 1973, S. 159 **256** Wolfgang Welsch, Vernunft. Die zeitgenössische Vernunftkritik und das Konzept der transversalen Vernunft, Frankfurt a. M. 1996, S. 762 **257** a. a. O., S. 762 **258** Wolfgang Welsch, »Städte der Zukunft – Architekturtheoretische und kulturphilosophische Aspekte«, in: Ders., Grenzgänge der Ästhetik,Stuttgart 1996, S. 275 **259** a. a. O., S. 280 **260** a. a. O., S. 277

GRENZEN UND OBERFLÄCHEN – BORDISMUS UND HOMOLOGIE

»Urbane Topologie« beschreibt Einbettungsräume, Grenzen, Zugänglichkeiten und Oberflächen, also ihre Homologie, großmaßstäbliche nicht-metrische Raum-Hierarchien und Machtdispositive der randlosen Stadt und deren autopoietischen architektonischen Kontext. Bordismus beschreibt die rekursive Projektion von Räumen auf ihre eigenen Begrenzungen.

Unsere urbane Kultur im Kontext einer randlosen Stadt ist heute einer nie dagewesenen Menge von inneren Grenzziehungen ausgesetzt. Die Mechanismen dieser Einbettungen werden durch topologische Homologie beschrieben.

Homologie bedeutet die topologische Einführung des »Außen«; der Schritt von rein intrinsischen Betrachtungen von Topologien zu extrinsischen Untersuchungen über Invarianz. Homologie tritt auch dem gegenüber der Topologie geäußerten Vorwurf entgegen, sie sei nur auf Homogenität, auf den einen glatten Raum bezogen. Die Homologie ermöglicht Grenzziehungen auch innerhalb der Topologie. »Homologie Theorie« ist das in-Beziehung-Setzen von Begrenzung, Raum, Dimension und Trennung.[1] Die hier relevanten topologischen Begriffe lauten: Homologie, Bordismus, Einbettung, Stratifikation.

Eine Oberfläche eines Körpers als dessen Berandung kann nur als solche wahrgenommen werden, wenn dieser Körper in einem höherdimensionalen Raum eingebettet ist. Die Topologie der Oberflächen ist eine ganz eigene Thematik innerhalb der Wissenschaft der Topologie. Es gibt in der zeitgenössischen Architektur und der Kunst Tendenzen, diese als oder über Oberflächen zu definieren und nicht über die dazwischenliegenden »Räume«. Topologisch sind aber auch Oberflächen Räume, nur mit unterschiedlicher Kodimension versehen.

Bordismus bedeutet die Abbildung eines topologischen Raumes auf seine Berandung: Homologie erhält dadurch die Form eines Selbstbeschreibungssystems.

Berandungen und Oberflächen als Selbstbeschreibungssysteme von sozio-kulturellen Topologien sind urbane Interfaces/Schnittstellen, die selbst wieder neue Grenzziehungen, Berandungen, Oberflächen, sprich topologische Räume generieren oder auslösen. In der Systemtheorie hat sich dazu der Begriff der Autopoiesis, nach H. R. Maturana/F. F. Varela ausgebildet. Eine der Bedingungen dieser Selbstreproduktion ist die Konstitution von neuen internen topologischen Grenzen. Autopoiesis ist eine »Maschine« zur Produktion von topologischen »Boundaries«. Das Konzept der randlosen Stadt bezieht sich auf deren quasi endlose topographische, metrische Ausdehnung. Trotzdem bestehen Ränder und Grenzen in dieser Stadt. Wahrscheinlich kann man bedenkenlos konstatieren, dass der heutige urbane Kontext aus einer noch nie dagewesenen Anzahl von internen topologischen Grenzen, Begrenzungen und Oberflächen besteht. Diese Konstitution interner topologischer Begrenzungen ist eines der typischen Merkmale von Autopoiesis, also der Selbstreproduktion von Systemen.

Die differenztheoretische Grundlage von Autopoiesis liefert George Spencer Browns Indikationskalkül: Differenz als Kombination von »Unterscheidung« und »Markierung/Benennung«. Eine erste Differenz wird erst möglich durch das Markieren der Unterscheidung, indem man sie ein erstes Mal überschreitet. Grenzen trennen deshalb nicht nur, sondern verbinden und generieren auch. Das Innere wird erst ermöglicht durch die temporäre Grenzüberschreitung des Markierens und die dadurch entstehende Differenz. Grenzüberschreitungen solcher Art sind zentral im Werk von Michel Foucault. Man kann versuchen, Homologie und Indikationskalkül auf Michel Foucaults »Andere Räume« interpretierend anzuwenden. Foucault fragt seinerseits zusätzlich nach dem eigentlichen Begrenzungsanlass: Disziplinierung, Überwachung, Macht. Dies ist nicht mehr nur eine geisteswissenschafliche oder kulturtheoretische Fragestellung; dies ist architektonische Auseinandersetzung mit »Stadt«. Mike Davis und Edward J. Soja haben in ihren Untersuchungen über Los Angeles diese Themen in den Mittelpunkt gestellt. Sie konstatieren eine fast mittelalterlich (»Stadtluft macht frei«) anmutende Entwicklung, dass »Sicherheit« mit einem Größtmaß an Überwachung gleichgesetzt wird, also einer Disziplinierung durch das sich in engen Grenzen Bewegen. Die Video-Überwachungs-Systeme (CCTV) im öffentlichen Raum generieren einen eigenen topologischen Raum – eine virtuelle Stadt – deren Kontext, Kontextmaterial und Akteure aber in der Realwelt liegen. In was für eine Kodimension, in was für einen topologischen Raum ist ein architektonischer Kontext eingebettet und wie produziert/projiziert er sich und seine topologische Begrenzung: Selbstreferenz (Kybernetik), Selbstbeobachtung (Überwachung) Selbstreproduktion (Autopoiesis)?

In der Architektur haben Diller & Scoffidio solche spezifischen Mechanismen zu ihren Entwurfswerkzeugen gemacht. Sie produzieren »Cross-Border Architecture« mit einem starken Bezug zum Körper- und Raumbegriff von Foucault. Der Begriff der architektonischen Oberfläche als stadträumliche Grenzziehung hat sich von der »Fassade« wegentwickelt und sich wieder dem »Face«/Gesicht, dem organischen Körper, einem Stadtkörper, einer urbanen Topologie, angenähert. Topologisch betrachtet, sind diese Oberflächen- und Grenz-Körper, wie auch Deleuze/Guattari in Mille Plateau demonstrieren, immer schon stratifiziert, also topologisch geschichtet.

TOPOLOGISCHE BEGRIFFE: OBERFLÄCHEN UND BERANDUNGEN

Dimension, Berandung und Einbettung

Dimensionstheorie In diesen Überlegungen und in der Topologie bei Berandungen, Einbettungen, Knoten und Verknüpfungen spielt der Dimensionsbegriff[2] eine wesentliche Rolle, speziell die einen Raum umgebenden oder in ihn eingebetteten Dimensionen.[3] Diese Dimensionen »neben« der untersuchten Topologie heißen »Kodimensionen«.

Sie werden bestimmt, indem man von der Dimension des Raumes die Dimension des Unterraumes oder von der Dimension der Mannigfaltigkeit die Dimension der Untermannigfaltigkeit subtrahiert.[4] Eine positive Kodimension beschreibt dementsprechend eine »kleinere« Dimension eines Unterraumes und vice versa. Eine Oberfläche hat immer Kodimension. 1. Der Rand einer Untermannigfaltigkeit hat aber gegenüber der Mannigfaltigkeit die Kodimension[5], 2. eine Einbettung bedeutet eine Abbildung eines Unterraumes in eine Kodimension-kleiner/gleich-Null-Umgebung. Eine lokale Einbettung wiederum nennt man Immersion.[6]

Die Raumwahrnehmung und Raumbeschreibung von Architektur und deren Kontext ist eng mit dem Phänomen der Dimension verbunden. Basierend auf deren Hierarchisierung unterscheiden wir Raum, Fläche, Linie und Punkt, obwohl man auch von 3-dimensionalem, 2-dimensionalem, 1-dimensionalem, 0-dimensionalem Raum sprechen könnte. Unser realweltlicher Lebensraum ist der 3-dimensionale Raum respektive die 4-dimensionale Raum-Zeit. Diese Sichtweise betrachtet Dimension als reine räumliche »Ausdehnung«. Es ist wichtig darauf hinzuweisen, dass 4-dimensionale topologische Mannigfaltigkeiten bis zu einem gewissen Grade Ausnahmen in der Dimensionalitätstheorie darstellen. Invarianten können sich in 4-D anders als gewohnt verhalten, eine Tatsache, die bis zur bahnbrechenden Arbeit von S. K. Donaldson (1983) große Schwierigkeiten bereitete.[7]

Karl Menger listet fünf Theoreme der Dimensionstheorie auf, die von besonderem Interesse seien:

– »The euclidian Space is n-dimensional
– The topological image of an n-dimensional set is n-dimensional

- Each part of an n-dimensional set is at most n-dimensional.
- A set S cannot be split into denumerable many closed summonds each of which is of smaller dimensional than S.
- Each n-dimensional set can be topologically transformed into a subset of a compact n-dimensional set«.[8]

Dimensionalität ist, wie Menger zeigt, keine quantitative Eigenschaft.[9] Sie ist eine topologische mengentheoretische Funktion.[10] Deshalb ist eine zweite Lesart von Dimension möglich, die an die Eigenschaften von Freiheitsgraden und Wahlmöglichkeiten gebunden ist. Menger nennt ein Beispiel mit vier Farben: »[...] a totality of all mixtures of four ingredients which cannot be obtained by mixing less than four of them is called four-dimensional. In fact, in this direction lies our only elementary analytical approach to the fourth dimension and higher-dimensional spaces«.[11] Eine Dimensionalität beschreibt dann die Totalität der freien Parameter, die Totalität der Wahlmöglichkeiten eines Systems: Sie ist demzufolge auch ein Maß für räumliche Komplexität und Kontingenz. Diese Sichtweise liegt auch dem Konstrukt der Phasenräume in der Theorie dynamischer Systeme und der Singularitätstheorie zugrunde (siehe Kapitel »Topologie des Flüssigen und topologische Stabilität«). Es entstehen so leicht Räume mit 10 Dimensionen und mehr, welche Zustandsveränderungen eines Systems beschreiben.

In einer Kontexttheorie kommt diese Sichtweise bei jeder Beschreibung von soziokulturellen Zusammenhängen, phänomenologischen und semantischen Eigenschaften etc. zum Tragen. Der 3-dimensionale Realraum wird dann zu einem eingebetteten Teilraum dieser Beschreibung.

Einbettung und Immersion Bei der Untersuchung von Teilräumen, die in einen höherdimensionalen Raum eingebettet sind, wird man unterscheiden müssen zwischen inneren Eigenschaften (auch Eigenschaften der Gestalt) und äußeren Eigenschaften (auch Eigenschaften der Lage).[12] Bei der Betrachtung der inneren Eigenschaften eines Teilraumes wird die jeweilige Abbildung auf diesen Teilraum eingeschränkt. Der umgebende Einbettungsraum hingegen wird der Transformation nicht unterworfen. Bei der Betrachtung der äußeren Eigenschaften wird auch der gesamte Einbettungsraum der betrachteten Abbildung unterworfen. Eigenschaften der Lage betrachten einen topologischen Raum »extrinsisch«, während die inneren Eigenschaften der Gestalt eine »intrisische« Betrachtungsweise, also »von innen heraus« verlangen.[13] In einer Analogie zum Roman »Flatland« von E. M. Abbott[14] muss man sich vorstellen, dass wir unser Universum auch nur intrinsisch wahrnehmen, andererseits wiederum in der Quantenmechanik nur extrinsische Spuren der tatsächlichen »Räume« beschreiben können. Aus der Sicht der Physik weist Otto E. Rössler auf dieses Phänomen mit Hilfe der Begriffe Endophysik, für eine Physik der inneren Beobachtung und der Exophysik, der Physik der äußeren Beobachtung hin.[15] Wie in der Topologie müssen die beobachteten Eigenschaften dabei nicht übereinstimmen, was für die Physik aber viel verhängnisvoller ist als für die Topologie. (Die Konsequenzen für die Architektur sind geradezu dramatisch!)

Bordismus Die »randlose Stadt« liefert das Quellenmaterial für eine Untersuchung urbaner topologischer Räume. Gerade »large-scale-phenomenas« situieren sich aber jenseits einer Homogenität, sie sind in ihrer Unübersichtlichkeit radikal heterogen. Diese heterogenen Unterräume sind Teil eines übergeordneten »sehr großen topologischen Raumes«. Die Topologie spricht gerne von »sufficiently large«[16] – gerade genügend groß für das untersuchte Phänomen. Obwohl Topologie und Mannigfaltigkeit, das lokal-euklidische Pendant, im Normalfall als »randlos« betrachtet werden, haben wir es in der Untersuchung von Teilräumen mit einer Auseinandersetzung von Räumen und deren Begrenzung zu tun, mit »boundary-conditions«.[17] In der Wissenschaft der Topologie befasst sich der Teilbereich der »Homologie« mit dieser Beziehung. Ihm voraus geht natürlich eine Untersuchung der Begrenzungen, der Grenzen selbst – den Bordismen.
»Die Beziehung zwischen Mannigfaltigkeiten und ihren Rändern is«, nach Tammo Tom Dieck, »für die Topologie von grundsätzlicher Bedeutung. Formalisiert wird diese Beziehung im Begriff des Bordismus. Obgleich in den ersten Arbeiten von Poincaré (1895) zur algebraischen Topologie der Bordismusbegriff implizit in der Definiton der Homologie vorkommt, wird erst mit der Arbeit von Thom (1954) die Bordismustheorie etabliert«.[18]
Man beachte, dass der Rand einer Mannigfaltigkeit über den Abbildungsbegriff gefasst wird und nicht, wie man auf den ersten Moment erwarten würde, über den Begriff der offenen und geschlossenen Mengen.
Definition: »Sei X ein topologischer Raum. Eine n-dimensionale singuläre Mannigfaltigkeit in X ist ein Paar (B, F), das aus einer kompakten n-dimensionalen Mannigfaltigkeit B und einer stetigen Abbildung F: B nach X besteht. Die singuläre Mannigfaltigkeit d (B, F): = (dB, F/dB) heißt Rand von (B, F) Ist dB = der leeren Menge, so heißt (B, F) geschlossen [...]. Man spricht von singulären Mannigfaltigkeiten, weil selbst, wenn X eine Mannigfaltigkeit ist, F im allgemeinen keine Einbettung ist, das Bild F (B) also Singularitäten hat«.[19] Der Rand einer Topologie oder einer lokal-euklidischen Mannigfaltigkeit ist demzufolge als Abbildung dieser Topologie respektive Mannigfaltigkeit durch eine Funktion auf »ihren« eigenen Rand zu verstehen. Es besteht deshalb auch ein Zusammenhang zwischen den Invarianten der Topologie und denjenigen der Berandung. Kobordismus beschreibt den homotopie-äquivalenten Bordismus einer Mannigfaltigkeit in Einheit mit ihren disjunkten Untermannigfaltigkeiten.[20] Steven Smale (1962) hat gezeigt, dass für Dimensionen höher als 5 ein Zusammenhang zwischen Bordismus und Diffeomorphismus (ein Diffeomorphismus ist ein differen-

zierbarer Homöomorphismus, siehe nächstes Kapitel über Vektorfeld Topologie, J. H.) existiert. »Dann gibt es einen Diffeomorphismus MoxI = B. Insbesondere sind Mo und M1 diffeomorph. Der Satz ist deshalb so bedeutend, weil er aus Daten der algebraischen Topologie auf die Diffeomorphie zu schliessen gestattet. Damit ist der Satz die Grundlage für jede Klassifikation differenzierbarer Mannigfaltigkeiten der Dimension größer/gleich 5. In der Dimension 5 lautet der Satz umgekehrt. (Donaldson/Kronheimer (1990)«.[21] Tammo Tom Dieck bezeichnet vor allem das Bordismus-Verhalten von orientierten Mannigfaltigkeiten als wichtig:
»Ein orientierter Bordismus [...] ist eine glatte, kompakte, orientierte [...] Mannigfaltigkeit mit orientiertem Rand zusammen mit einem orientierungstreuen Diffeomorphismus. Mit diesen Konventionen bestätigt man, dass ›orientiert bordant‹ eine Äquivalenzrelation ist. [...] Jede orientierte geschlossene Mannigfaltigkeit ist ein orientierter Rand«.[22]

Homologie und Fundamentalgruppe Während der Bordismus, Rand, Berandung und Begrenzung behandelt, beschäftigt sich die Homologie mit der Interaktion zwischen topologischen Räumen, ihrer Dimensionalität und Einbettung, und ihrem Bordismus. Homologie versucht, dieses Zusammenspiel vor allem auch numerisch, gruppentheoretisch und klassifizierend zu beschreiben und bildet dadurch eine der Grundlagen für den computergestützten, rechnerischen Umgang mit Topologie. Die Homologie hat sich historisch aus kombinatorischen Berandungsrelationen in simplexialen Komplexen, d. h. in auf Triangulationen reduzierten Räumen entwickelt.[23] Homologie bedeutet eine Art Perspektivenwechsel in der Auseinandersetzung mit Topologie. Ein topologischer Raum wird als Membran (durchaus auch als drei- oder höherdimensionale Membran) vorgestellt, die zwischen den Berandungen aufgespannt wird. Man könnte eine Zeltkonstruktion als Analogon nehmen (oder »Seifenblasen«). Diese Sichtweise ähnelt derjenigen der architektonischen Raumauffassung. In der Architektur »baut« man als Materie auch die Berandungen und »bewohnt« dann den dazwischen aufgespannten Raum. Der Raum des Bordismus wird in der Architektur »Negativraum« genannt, in der Topologie entspräche er dem intrinsischen »Raum« der Berandung.
Es besteht ein Zusammenhang zwischen dem topologischen Genus, der Anzahl Henkel einer Topologie und der Homologie, welche die Anzahl Berandungen untersucht. Schnittzahlen und Zusammenhangszahlen aus der Henkel-Dekomposition tragen so auch einen Teil zur Homologie eines Raumes bei. Die Menge der Schnittzahlen kann verwendet werden, um die Homologie eines Raumes zu bestimmen.[24] Schnittzahlen, die für jede Dimension errechnet werden, sind keine Invarianten des fraglichen untersuchten Raumes. Die Schnitte sind von der Henkel-Dekomposition des Raumes abhängig und unterschiedliche Dekompositionen ergeben unterschiedliche Schnittzahlen. Je nach Lage und Einbet-

tung im Raum ergeben sich verschiedenste Henkel-Dekompositionen.[25] Die Homologie eines Raumes wird so definiert, dass sie insensitiv zur gewählten Henkel-Dekomposition ist. Homologie kann Aussagen über Henkel-Verschiebungen machen und darüber, ob sich solche gegenseitig aufheben. Homologie versucht solche rein technischen Fragen zu unterdrücken.[26] Die Betti-Nummer ist die größte Anzahl möglicher homolog unabhängiger Berandungen, die in einer Topologie oder Mannigfaltigkeit in der entsprechenden jeweiligen Dimension auftreten kann.[27] Insofern bestimmt sie auch den maximal möglichen Genus einer Topologie und stellt eine Erweiterung der Zusammenhangszahl dar.[28]

Fundamentalgruppe Eine andere Möglichkeit des Nachweises von Henkeln und Löchern führt über die Zusammenziehbarkeit von geschlossenen Kurven (Jordan-Kurven) respektive Pfaden.[29] Vorraussetzung sind natürlich Zusammenhang respektive Wegzusammenhang des untersuchten topologischen Raumes. Bildlich muss man sich vorstellen, dass man eine Lasso-Schlinge in einen Raum legt und diese zusammenzieht. Lässt sie sich auf einen Punkt zusammenziehen, hat der Raum kein Loch. Führt die Schlinge um ein Loch herum, lässt sie sich nicht zusammenziehen und wir haben das Loch gefunden. Da natürlich eine Schlinge unglücklich auch neben einem Loch liegen kann, müssen alle möglichen Schlingen untersucht werden. In der Topologie führt dieser Ansatz zu der von Henri Poincaré entwickelten »Fundamentalgruppe«,[30] die solche Gruppen von typischen Schlingen unabhängig von ihrem Ausgangspunkt bestimmt. Eine erste Frage muss lauten, um was es sich bei einer Schlinge handelt: eine geschlossene Kurve respektive homotope Funktion. Das so genannte Jordan-Kurven-Theorem besagt, dass jede geschlossene Kurve in S2 oder der Fläche einen Raum in zwei Teile teilt, so dass es ein »Innen und ein Außen« der geschlossenen Kurve gibt.[31] Will man eine geschlossene Kurve in eine zweite geschlossene Kurve überführen, brauchen wir einen gemeinsamen Basis-Punkt der Kurven. Zudem sollten wir den Kurven eine Umlaufrichtung geben. Kann man die eine Kurve kontinuierlich, sprich stetig, in die andere überführen, werden sie als »homotop« bezeichnet. Diese Deformation der Kurve kann man als Funktion betrachten, die homöomorph sein muss. Homotopie kann in diesem Sinne das Zusammenziehen der Kurve beschreiben. Unser Ziel ist nach wie vor, Löcher in Räumen zu finden: Eine Kurve, die vom Basis-Punkt aus um ein Loch herum führt, kann nicht homöomorph in eine Kurve überführt werden, die nicht um das Loch herumführt. Diese zwei Kurven sind also nicht homotop. Anstelle der einzelnen Kurven kann man auch Homotopieklassen betrachten. Zu einer gegebenen Kurve existiert die Menge aller zu dieser Kurve gehörenden homotopischen Kurven. Diese Menge heißt: Homotopieklasse. Man muss nun mindestens eine Verknüpfung der Homotopieklassen eines Raumes definieren können, um den Axiomen für eine »Gruppe« zu genügen.[32] In dieser Gruppe sind dann alle möglichen homotopen Kurven eines topologischen Raumes enthalten, also sowohl diejenigen, die um ein Loch herum führen, als auch solche, die nicht um ein Loch herum führen, womit diese gefunden wäre. Die Gruppe heißt Fundamentalgruppe eines topologischen Raumes (man müsste noch den Basis-Punkt angeben, was man bei wegzusammenhängenden Räumen oft unterschlägt). Mit der Fundamentalgruppe ist der Genus eines Raumes – ob als Torus mit Löchern oder Kugel mit Henkeln betrachtet – in R2 und R3 eindeutig bestimmt.[33]

Hier lohnt es sich anzumerken, dass wenn man die Kurven als Funktionen sieht, eine direkte Linie über die Homotopie, der dazugehörenden Zeitkomponente und der Fundamentalgruppe hin zu dynamischen Systemen, den differenzierbaren Mannigfaltigkeiten und weiter zu Aspekten der Chaostheorie führt.

Berechenbarkeit der Homologie Die Berechenbarkeit von Homologie führt über eine Zellenzerlegung des topologischen Raumes. Früher waren dies vor allem Simplexe, also auf Triangulation aufgebaute Zerlegungen, heute die über Homotopie hergeleiteten CW-Komplexe. Boltjanski beschreibt das Verfahren anhand eines Polyeders wie folgt: »Bei einer gegebenen Zellenzerlegung eines Polyeders (kann) ein beliebiger eindimensionaler Zyklus auf dem Polyeder durch eine Deformation in das eindimensionale Gerüst verschoben werden [...] , d. h. in den Graphen, der aus den Kanten und Knotenpunkten der Zellenzerlegung besteht. Die Überlappungen, die bei der Deformation auftreten können, lassen sich glätten. Somit ist ein beliebiger eindimensionaler Zyklus homotop (und damit auch homolog) zu einem Zyklus, der aus Kanten besteht, die mit geeigneten Koeffizienten versehen sind«.[34] Neben den »Kanten« können auch Nullhomotope »Knoten« in Komplexen vorkommen. Im Falle eines simplexialen Polyeders wird dieses eine Mannigfaltigkeit mit Kodimension-2 Singularitäten (den nichtreduzierbaren Knotenpunkte).[35] Auf diese Weise entsteht ein kombinatorischer Ansatz der Homologie durch Indizes und Berandungsrelationen.[36]

Stratifikation: Schichten und Schnitte

Eine besondere, junge Richtung der Homologie bildet die Theorie stratifizierter Räume. Sie befasst sich mit Kodimensionalitäten, der Beziehung und dem Aufbau zwischen Berandung und Mannigfaltigkeit usw. Mit der Theorie stratifizierter Räume gelingt der Einbezug von fragmentierten und heterogenen Räumen in einen topologischen Diskurs. Es werden oft Räume untersucht, die keine Mannigfaltigkeiten sind, aber aus einzelnen Stücken von Mannigfaltigkeiten bestehen; diese Stücke werden Strata des Raumes genannt.[37] Beispiele sind Polyeder, Orbit-Räume vieler Gruppen-Aktionen auf Mannigfaltigkeiten und Abbildungszylinder (Faserbündel) von Abbildungsräumen zwischen Mannigfaltigkeiten (Homotopien).[38] Man sollte sich den stratifizierten Raum als einen topologischen Raum vorstellen, in dem Singularitäten – nicht reduzierbare Einzelfälle (speziell nicht weiter differenziell ableitbar) – auf verschiedenen Layers auftauchen. Die Differenz zwischen Layers bildet wiederum eine Mannigfaltigkeit und die verschiedenen Stücke dieser Mannigfaltigkeit, also die verschiedenen Differenzen zwischen den Layers, sollten in nicht zu irregulärer Weise zusammenpassen. Wir beziehen uns auf diese Layers als »reine Strata«. Jede berandete Mannigfaltigkeit ist ein stratifizierter Raum mit zwei Strata: Das untere Stratum ist der Rand und das Top-Stratum ist die gesamte Mannigfaltigkeit. Die »reine Strata« wird gebildet durch die Berandung zusammen mit dem Inneren der Mannigfaltigkeit.[39] Stetig stratifizierte Räume haben die Eigenschaft, dass die Strata Umgebungen besitzen, die Abbildungszylinder von Faserbündeln sind; eine Eigenschaft, die oft für Anwendung von Induktion in der Topologie verwandt wird.[40] Eine weitere interessante Quelle für stratifizierte Räume bilden Einbettungen. Wir kreieren künstlich ein Stratum in der ambienten Mannigfaltigkeit, nämlich die Untermannigfaltigkeit. Man kann deshalb die Einbettungstheorie als eine Untermenge der Theorie stratifizierter Räume betrachten.[41] Die stratifizierte Abbildung ist ein Morphismus, der eine reine-Strata-erhaltende Karte erzeugt.[42]

In der Theorie stratifizierter Räume vermengen sich verschiedene topologische Konzepte. Einerseits enthält sie Aspekte der Faserbündeltheorie als Teil der Homotopie, andererseits Elemente der Vektorfeldtopologie und der Singularitätstheorie. Aber genau diese verbindende Funktion ist die große Stärke der Theorie stratifizierter Räume, die dadurch eine wichtige Rolle in Fragen nach generischen Eigenschaften topologischer Stabilität spielt (siehe letztes Kapitel). Es sei an dieser Stelle nur angedeutet, dass eine großangelegte Anwendung dieser Theorie in der Kulturphilosophie existiert: »Milles Plateaux«, von Gilles Deleuze und Felix Guattari verfasst. Stratifizierung, Metrisierung, und Singularitätstheorie werden darin kulturhistorisch appliziert, mit dem ehrgeizigen Ziel eines Nachweises einer grundlegenden Deterritorialisierung unserer Kultur.

Morse-Theorie Das topologische Werkzeug, um Henkel und Löcher »zu sehen« , heißt »Morse-Theorie«[43] und wurde von Marston Morse, einem Verwandten des Erfinders des Morse-Funkcodes, entwickelt.

Hubert B. Griffiths zeigt anschaulich, wie man auf der Grundlage eines Aufsatzes von James Clark Maxwell, »On Hills and Dales« (1869) für sehr einfache »Papieroberflächen« die topologischen Invarianten entdecken kann. Man sucht die Maxima (Hills) und Minima (Dales) sowie die Sattelpunkte (intersections/crossings/saddles).[44] Das Prinzip ist, eine Fläche von Tangentialpunkten aus, durch einen Körper hindurch zu verschieben und auf dem entstehenden »Film«[45] die Henkel, Löcher, Durchdringungen und »Twists«(Orientierungswechsel) zu entdecken. In der Sprache des Architekten sind dies ganz normale Schnitte; Sequenzen von Quer- und Längsschnitten, die die Charakteristika des Baukörpers lesbar machen. In der traditionellen Architekturpraxis von lokalen Eingriffen liegen diese Schnitte oft parallel oder orthogonal. Die Morse-Theorie sieht die Schnittebenen als »Funktionen«, die man an einen Handlebody legt. Die Funktion besitzt eine niedrigere Kodimension als der Körper selbst, aber ist im Prinzip weder zwingend eine planare Fläche noch parallel verschoben noch orthodonal angeordnet. Im Gegenteil, die Form der Funktion wird so gewählt, dass sie für die jeweilige Topologie oder Mannigfaltigkeit in idealer Weise die kritischen Punkte zu treffen vermag. Man könnte die Schlüsselworte von Michel Foucault als solche Morse-Funktionen bezeichnen, die »Schnitte durch den kul-

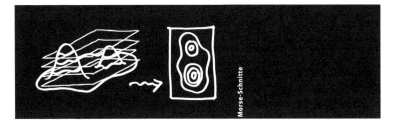

turellen Körper legen«: Morse-Funktion »Wahnsinn«, Morse-Funktion »Strafen«, Morse-Funktion »Sexualität«. Die Laborpraxis hat die Morsetheorie für ihre Zwecke adaptiert, um wie in der Topologie amorphe Körper erkennen zu können.[46] Dabei spielen heute Zufallsverteilungen der Morse-Schnitte eine immer wichtigere Rolle.[47] Es soll aber nochmals betont werden, dass nur in den einfachsten Fällen der Morse-Theorie die Schnitte planare Flächen sind. Die Komplexität des Kontextes einer randlosen Stadt bedarf heute, um die kritischen Punkte zu erfassen, auch komplexerer Morse-Schnitte durch ihren urbanen Körper. Architekten, die sich mit dem Legen solcher Schnitte als architektonische Praxis auseinandersetzen, sind zum Beispiel die New Yorker Diller+Scofidio.

GEISTESWISSENSCHAFTLICHER KONTEXT: MICHEL FOUCAULT

»The modern city and the entire territory beyond, is composed of homothetic interlocking designs, of geometrically nested structures that are all homologous«.[48] Didier Gille

»Homologie: Übereinstimmung, Typenähnlichkeit oder Analogie. Mehrere grundsätzliche Bedeutungsebenen sind zu unterscheiden: 1) In der pythagoreischen Naturphilosophie heißt Homologie die Übereinstimmung von Leben mit der Natur bis hin zur Gottähnlichkeit (bei Empedokles). 2) Bei Platon (Symposion 87b) wird Homologie mit (innerseelischer) Harmonie identifiziert. 3) Die Stoiker nannten die Übereinstimmung der Vernunft mit sich selbst und dem von ihr bestimmten Leben Homologie (= Autopoiesis der Vernunft). 4) In Evolutionstheorie, Anatomie und Morphologie ist die Homologie ein Methodenbegriff, der die Formverwandtschaft a) der Lage nach [...] b) der Kontinuität. [...] c) der spezifischen Qualität nach d) der genetischen Struktur [...] e) der in der Verhaltensforschung analoge Verhaltenstypen [...] spezifiziert. 5) Ein von J. Trier 1939 zur Beschreibung von analogen Metaphern [...] in die Sprachwissenschaft eingeführter Terminus«.[49]

Der morphologische Bezug scheint für eine kulturell topologische Analogie am fruchtbarsten zu sein: »In [...] Morphologie ist die Homologie ein Methodenbegriff, der die Formverwandtschaft a) der Lage nach [...] b) der Kontinuität. [...] c) der spezifischen Qualität nach d) der genetischen Struktur [...] e) der in der Verhaltensforschung analoge Verhaltenstypen [...] spezifiziert«.[50]

Michel Foucault: Andere Räume – Heterotopologien

Der Bruch zwischen obigem Text über Kybernetik und formaler Logik der Systemtheorie hin zu Michel Foucault scheint etwas abrupt. Bei näherer Betrachtung stellt man aber fest, dass Foucaults Umgang mit Grenzen und Grenzziehungen, mit den damit zusammenhängenden Unterscheidungen und

Bezeichnungen, aber auch mit den jeweiligen Doppelungen Unterscheidung/ Bezeichnung durchaus in der Nähe des Indikationskalküls von Spencer Brown anzusiedeln ist.[51] Es soll der Versuch gemacht werden, Foucaults Text »Andere Räume« mit Hegels »Anderem« zusammenzuführen und unter den Kriterien des Indikationskalküls der ›Laws of Form‹ topologisch zu deuten.

Heterotopologien Michel Foucaults Philosophie des Archivs, der Archäologie, der Macht und des Diskurses soll hier als ein topologisch-homologes Denken von Grenzen, Grenzüberschreitungen, Unterscheidungen und Markierungen stehen (letzteres soll im Sinne einer Foucault'schen Kartographierungspraxis betrachtet werden.). »Andere Räume« ist ein frühes Vortragstyposkript Foucaults (1967), das spät, durch die Veröffentlichung in einem Katalog der Internationalen Bauausstellung Berlin (1987), wahrgenommen wurde.[52] Der Aufsatz wurde zur beliebtesten Foucault-Schrift in Architekten- und Urbanisten-Kreisen. Durch die Zeitspanne zwischen Vortrag und Veröffentlichung ist es möglich, »Andere Räume« in einer Klammer der drei wichtigen Phasen in Foucaults Werk zu rezipieren. »Ordnung der Dinge« (Strukturalismus und Archivierung), »Archäologie des Wissens« (Archäologische Hermeneutik), »Wahnsinn und Gesellschaft«/ »Überwachen und Strafen« (Macht und Diskurs); diese drei Werkgruppen werden heute als Richtschnur für seine Schaffensphasen genommen. In »Andere Räume« sind deren Themen erst angedeutet. »Andere Räume« steht noch tief in der Tradition des Strukturalismus. Trotzdem interessieren uns die Bezüge zu Foucaults späteren Hauptthemen: Macht und Diskurs, Grenzen und Architektur. Foucault spielt mit strukturalistischen Kassifikationsmustern und assoziert diese mit urbanen architektonischen »Plätzen« – »Andere Räume« war ein Auftragswerk, auf Wunsch des Cercle D'études Architecturales entworfen. »Andere Räume« spricht über Topoi und entwickelt ansatzweise eine Topik-Theorie in Aristotelesischer Manier.[53] Zusätzlich wird, eher in einem Nebensatz, das Programm für eine Topologie – eine Heterotopologie – entworfen; ein Programm, das Foucault nie in dieser Form ausführen wird:

»Was nun die eigentlichen Heterotopien anlangt: wie kann man sie beschreiben, welchen Sinn haben sie? Man könnte eine Wissenschaft annehmen […] eine systematische Beschreibung, deren Aufgabe einer bestimmten Gesellschaft das Studium, die Analyse, die Beschreibung, die Lektüre (wie man jetzt sagt) dieser verschiedenen Räume, dieser anderen Orte wäre: gewissermaßen eine zugleich mythische und reale Bestreitung des Raumes, in dem wir leben; diese Beschreibung könnte Heterotopologie heißen«.[54]

Dass sich Foucault der Feinheit der Unterschiede von Topik-Theorie/Lehre und mathematischer Topologie bewusst war, zeigt seine topologische Formulierung einer mengentheoretischen Struktur gleich zu Beginn: »Der Strukturalismus, oder was man unter diesem ein bisschen allgemeinen Namen gruppiert, ist der Versuch, zwischen den Elementen, die in der Zeit verteilt worden sein mögen, ein

Ensemble von Relationen zu etablieren, das sie als nebeneinandergestellte, einander entgegengesetzte, ineinander enthaltene erscheinen lässt: also eine Art Konfiguration«.[55]

Diese zwei Abschnitte in »Andere Räume«, die gerne salopp als Ganzes »Heterotopologie« genannt werden, sind die zwei einzigen Verweise auf Topologie im ganzen Vortrag. Trotzdem besitzt dieser noch einige versteckte – à la Foucault: »maskierte« – topologische Bezüge. In »Die Ordnung der Dinge« benutzt Foucault den Begriff der Heterotopien hingegen leicht unterschiedlich. Sie werden als Koexistenz innerhalb eines »unmöglichen« Raumes einer großen Anzahl fragmentarischer, möglicher, aber inkommensurablen Ordnungen von Welten definiert:[56]

»Die Monströsität [...] besteht darin, dass der gemeinsame Raum des Zusammentreffens dann selbst zerstört wird. Was unmöglich ist, ist nicht die Nachbarschaft der Dinge, sondern der Platz selbst, an dem die nebeneinander antreten können. [...] Die Utopien trösten; wenn sie keinen realen Sitz haben, entfalten sie sich dennoch in einem wunderbaren und glatten Raum, sie öffnen Städte mit weiten Avenuen, wohlbepflanzten Gärten, leicht zugängliche Länder, selbst wenn ihr Zugang schimärisch ist. Die Heterotopien beunruhigen, wahrscheinlich, weil sie heimlich die Sprache unterminieren, weil sie verhindern, dass dies und das benannt wird, weil sie im Voraus die Syntax zerstören und nicht nur die, die die Sätze konstruiert, sondern die weniger manifeste, die die Wörter und Sachen (die einen vor und neben den anderen) zusammenhalten lässt«.[57]

Man könnte Heterotopien also als räumliche Verbindung eines Denkens von Heterotopologie und möglicher »anderer« Welten verstehen. Beiden – womöglich integrierte, homologe – Anwendung, ihre Praxis im Sinne Foucaults, formiert eine ›alternative‹ topologische Strategie der räumlichen Interpretation.[58]

Das »Andere«, der »Andere« – der »Andere Raum« In der architekturtheoretischen Rezeption von »Andere Räume« wird üblicherweise eine Utopie-Heterotopie-Topik-Debatte des urbanen Raumes entfaltet. Der Titel »Andere Räume« wird dabei als Bezeichnung respektive Verweis auf diese Heterotopien verstanden. Aus der Werkbetrachtung von Foucault kann man jedoch herleiten, dass das »Andere« einen durchgehenden roten Faden bildet und autarken Charakter besitzt. Es formiert nach Deleuze eine »Topologie des Anders-Denkens«.[59] Schon der erste Begriff, den Foucault in »Andere Räume« kursiv hervorhebt, also markiert, ist »Andere«: »Es gibt gleichfalls – und das wohl in jeder Kultur, in jeder Zivilisation – wirkliche Orte, wirksame Orte, die in die Einrichtung der Gesellschaft hineingezeichnet sind, sozusagen Gegenplatzierungen oder Widerlager, tatsächlich realisierte Utopien, in denen die wirklichen Plätze innerhalb der Kultur gleichzeitig repräsentiert, bestritten und gewendet sind, gewissermaßen Orte auerhalb aller Orte, wiewohl sie tatsächlich geordnet werden können. Weil diese Orte ganz »andere« sind als alle Plätze, die sie reflektieren, oder von denen sie sprechen, nenne ich sie im Gegensatz zu den Utopien die Heterotopien.«[60] Der Verweis vollzieht sich also umgekehrt. Heterotopien und Utopien verweisen ihrerseits auf das »Andere«. Die Auseinandersetzung mit dem »Anderen« geht im Diskurs der französischen Philosophie des 20. Jahrhunderts auf das durch die Phänomenologie ausgelöste Interesse an Hegel (mit den zwei ersten Übersetzungen von Alexander Kojève und Jean Hyppolite), Husserl und Heidegger zurück.

»Das Andere dient in unterschiedlichen Kontexten als Bezeichnung für das Verschiedene oder für das Unterschiedene (!), wobei die Differenz auf der Grundlage eines bereits gegebenen oder gesetzten Etwas bestimmt wird. z. B. a) bei Platon bildet das Eine die grundlegende Einheit der Wirklichkeit in Differenz zu den mannigfaltigen Erscheinungen, d. i. dem Anderen; b) als Ausdruck für eine unbestimmte Zweiheit (Plotin); c) bei Hegels dialektischer Bestimmung bildet alles was ist, immer auch ein Etwas im Verhältnis zu einem anderen (als diesem ersten Etwas). Durch dieses andere erfährt das Etwas seine Bestimmtheit – insofern kann das Andere als das Negative dieses (ersten) Etwas bezeichnet werden. Die Terminologie ›das eine‹ und ›das andere‹ dient Hegel zu einer dialektischen Begriffsentwicklung und -bestimmung. Seiner Auffassung nach lassen sich die notwendigen Strukturen der Wirklichkeit nur erkennen und explizieren, indem deren Begriffe in den für sie bedeutsamen Zusammenhängen und Differenzen bestimmt werden. Die Begriffsbestimmung i. S. der spekulativen Dialektik Hegels geht so vor, dass sie ein Etwas in seiner unhintergehbaren und notwendigen Bezogenheit auf ein Anderes betrachtet und durch den ideellen Übergang auf eine je andere Bestimmtheit erst qualitativ fixiert«.[61] »Der Andere: In Hegels Phänomenologie des Geistes kommt dem Anderen im Werden des Selbstbewusstseins eine besondere Rolle zu, da das Selbstbewusstsein sich im Akt des komplementären Anerkennens herstellt. Bei Husserl wird der Begriff sowohl für die Bezeichnung des Mit-Menschen wie für die Bezeichnung des anderen Ego verwendet. Bei Sartre nimmt der Andere die Stellung des Fremden ein.«[62]

Eine prägnante Äußerung dieser frankophonen Entwicklunglinie findet man im dritten Teil von Jean-Paul Sartres »Das Sein und das Nichts«.[63] Nicht die taxonomische Auflistung von möglichen Plätzen konstituiert die Heterotopie, sondern der psychoanalytisch und philosophisch motivierte Weg des »Anderen«. »L'enfer, c'est les autres«; Sartres Drama-Zitat in »L'enfer« kann als prominenter Wegweiser in Foucaults Werk von »Andere Räume« bis hin zu »Wahnsinn und Gesellschaft«, »Überwachen und Strafen« etc. leiten. Bernhard Waldenfels beschreibt das »Andere« bei Sartre zusammengefasst wie folgt: »Das Verhältnis zwischen mir und dem Anderen bedeutet eine innere, wechselseitige Negation, […] In der wechselseitigen Objektivation verkörpert sich die gesuchte wechselseitige Negation. Ich setze das Andere als das als Nicht-Ich. Doch diese Negation setzt bereits den anderen und damit auch die Negierung und Entfremdung meiner Selbst durch den Anderen voraus. […] Das Spiel der doppelten Negation bleibt

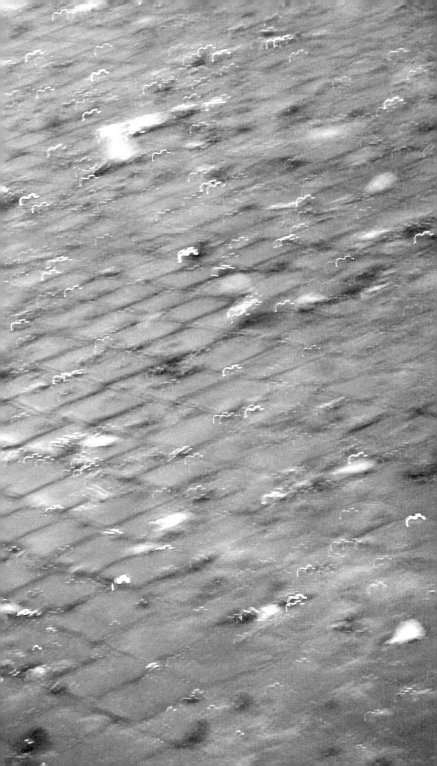

ein Vexierspiel; denn die eine Negation tendiert dazu, die Andere zu destruieren, gelänge ihr das jedoch, so würde sie sich selbst destruieren; gleichzeitig geht jeweils die Möglichkeit auf Kosten der anderen, entweder ich erfahre den Anderen als Subjekt, oder ich erkenne ihn als Objekt«.[64] Waldenfels eröffnet in dieser Beschreibung des Anderen als doppelter Negation eine direkte Analogie zu Spencer Browns »Re-Entry«, Wiedereintretens »in den Raum« – als Anderen Raum. Man weiß von Foucault, dass er in vielen Vorträgen unverstanden von Sartre-Anhängern kritisiert wurde. Man könnte sagen, dass Foucault sich insofern von Sartre aus weiterentwickelt hatte, als er existenzialistische Thesen von Sartres Phänomenologie in Grenzbereiche trieb und aus der Phänomenologie heraus in einen – nach Dreyfus/Rabinow – Diskurs »jenseits von Strukturalismus und Hermeneutik« trug.[65] Die Erweiterung Foucaults besitzt auch eine psychoanalytische Seite: Das Andere, im francophonen Diskurs ist auch das Andere Jacques Lacans.[66] Foucault verweist mit der Spiegelanalogie in »Andere Räume« direkt auf das »Spiegelstadium«[67] bei Lacan. »Das Andere« ist bei diesem eine »Heteronomie, die [...] im Menschen aufklafft«.[68]

»Und ich glaube, dass es zwischen den Utopien und diesen anderen Plätzen, den Heterotopien eine Art Misch- oder Mittelerfahrung gibt: den Spiegel. Der Spiegel ist nämlich eine Utopie, sofern er ein Ort ohne Ort ist. Im Spiegel sehe ich mich da, wo ich nicht bin: in einem unwirklichen Raum, der sich virtuell hinter der Oberfläche auftut; ich bin dort, wo ich nicht bin [...] der mich erblicken lässt, wo ich abwesend bin: Utopie des Spiegels. [...] Aber der Spiegel ist auch eine Heterotopie, insofern er wirklich existiert und insofern er mich auf den Platz zurückschickt, den ich wirklich einnehme; vom Spiegel aus entdecke ich mich abwesend auf dem Platz, wo ich bin [...] und aus der Tiefe dieses virtuellen Raumes hinter dem Glas kehre ich zurück und beginne meine Augen wieder auf mich zu richten und mich da wiederzufinden wo ich bin«.[69]

Das »Andere« ist Verkörperung, Embodyment, Einschreibung in den Körper, eine topologische Einbettung/Immersion.

Michel Foucault überträgt nun die Kontingenz dieser Deutungen auf »Plätze« der Stadt, auf Topoi und fordert, aus dieser Übertragung das oben beschriebene Programm einer Heterotopologie dieser Orte auszuarbeiten. Die Liste der Heterotopien zeigt natürlich, dass nicht nur auf das individuelle Subjekt und dessen »anderes« gedacht wird bei Foucault, sondern auch gesamtkulturell und wir dort gewöhnlich diese Räume »ausgrenzen«. Der Begriff der Aus-Grenzung ist bewusst gewählt. Foucaults Praxis des Lesens von Raum ist erstaunlich nahe dem Indikationskalkül von Spencer Brown. Auch hier die These, man müsse zuerst Grenzbereiche überschreiten, um überhaupt ein Inneres, als »Mögliche Welt respektive Universum« wahrnehmen zu können. In Foucaults Spätwerk wird diese Ausgrenzung durch die Studien über Wahnsinn und Sexualität verkörpert.

In den Worten von Heinrich Fink-Eitel: »Das Andere der diskursiven Ordnung des Gleichen war früher der Wahnsinn. Als dieses Andere hat sich nun die Macht entpuppt. Deren Kontrolleistung aber verdankt sich die Ordnung des Diskurses, die an die Stelle der wahnsinnigen Un-Ordnung des vormaligen Anderen tritt. Umgekehrt beinhaltet nun der Diskurs als vormaliger Inbegriff der Ordnung desgleichen die anarchische Unordnung bedrohlicher Ereignishaftigkeit und Materialität. [...] alles steht Kopf. Das ehemals Andere ist nun das Gleiche, und das ehemals Gleiche ist jetzt das Andere. [...] Und das Andere des Diskursiven ist nicht mehr Inbegriff von Unordnung, sondern umgekehrt von Ordnung, so wie das Gleiche nun nicht mehr Inbegriff von Ordnung, sondern umgekehrt von Anarchie ist.«[70]

Hubert Dreyfus und Paul Rabinow gehen auf diese Topik des »Andern« wie folgt ein: »Foucault beschließt ›Wahnsinn und Gesellschaft‹ mit einigen außerordentlich verdichteten Hinweisen auf Äußerungsformen einer Andersheit, die jenseits des Zugriffs von Vernunft und Wissenschaft liegt, und zugleich auf ungeklärte Weise deren Möglichkeitsbedingungen abzugeben scheint [...]. Dieser Hinweis auf eine absolute Andersheit, die der Geschichte zugrundeliegt und ihr zugleich entgeht, wirkt etwas weniger dunkel, wenn wir Foucaults spätere Aussagen über das, was er (in »Ordnung der Dinge« S. 396–404) ›das Zurückweichen und die Wiederkehr des Ursprungs‹ (als: Re-Entry einer ersten Unterscheidung als Ursprung, J. H.) nennt, hinzuziehen. Dort analysiert er jene Suche nach einer fundamentalen Erfahrung außerhalb der Geschichte als eine der wesentlichen Formen modernen Denkens. Unter deutlichem Bezug auf die frühen Arbeiten Heideggers zeigt er, dass diese philosophische Bewegung zwar für die entwickeltsten Formen modernen Denkens charakteristisch, aber dennoch zwangsläufig zum Scheitern verurteilt ist [...]. Entstellt man den Text nur ein klein wenig und setzt ›Wahnsinn‹ [...] ein, so kann man Foucaults eigene Kritik der Hermeneutik, die er als Exegese bezeichnet, auf seine Annahme, der Wahnsinn sei eine tiefe geheime Erfahrung, eine durch Rationalität und Diskurs maskierte Erfahrung dessen, was Menschsein heißt, anwenden. Foucaults Darstellung des Wahnsinns als tiefe Andersheit kommt der ›Exegese, die durch Verbote, Symbole und Bilder, durch den ganzen Apparat der Offenbarung hindurch nach dem (Wahnsinn) horcht, der immer geheim bleibt, immer jenseits seiner selber gleich.‹ (»Geburt der Klinik«, S. 15)[71]

Homi Bhabha sieht in der dadurch sich eröffnenden Hybridität eine emergente kritische Struktur für Kultur: »The importance of hybridity is not to be able to trace two original moments from wich the third emerges, rather hybridity to me is the ›third space‹ which enables other positions to emerge [...]. In this sense, according to Bhabha, there is always the possibility of subversion since the socalled dominant spaces always carry within them their own dissolution: The power of regulatory space is constantly subverted because its transparency is in fact always stained by the trace of its absent other«.[72]

Inside – Outside: Grenzen, Grenzziehungen, Grenzüberschreitungen »Es ist jetzt auch noch dasjenige für sich allein zu betrachten übrig, was das Äußere des Organischen ist, und wie an ihm der Gegensatz seines Innern und Äußern sich bestimmt; so wie zuerst das Innere des Ganzen in Beziehung auf sein Äußeres betrachtet wurde. Das Äußere für sich betrachtet ist die Gestaltung überhaupt, das System, das sich im Element des Seins gliedernden Lebens, und wesentlich zugleich das Sein des organischen Wesens für ein Anderes – gegenständliches Wesen in seinem Für-sich-sein. Dies Andere erscheint zunächst als seine äußere unorganische Natur. [...] Die beiden Seiten des organischen Ganzen – die eine das Innere, die andere das Äußere, so dass jede wieder an ihr selbst ein Inneres und Äußeres hat – nach ihrem beiderseitigen Innern verglichen, so war das Innere der erste der Begriffe, als die Unruhe der Abstraktion (= qualitatives, topologisches Kriterium, J. H.); die zweite aber hat zu dem ihrigen die ruhende Allgemeinheit, und darin auch die ruhende Bestimmtheit, die Zahl (= quantitatives Kriterium, J. H.).«
G. W. F. Hegel, Phänomenologie des Geistes, 1801[73]

Das Andere ist bei Hegel ein »Außen«,[74] bei Sartre der »Blick des Außens«.[75] Die heterotopen »anderen« Orte der Stadt werden durch Grenzziehung, Unterscheidung (Distinction) und Markierung (Indikation) vom Polykontext der randlosen Stadt getrennt: Ein Innen und Außen von Unterscheidungen entsteht. Eine Stadt repräsentiert ein immerwährendes Ausgrenzen und Eingrenzen von kulturellen, psychischen und physisch-materiellen Topoi. Sie eröffnen die Möglichkeit einer Topologie des Außens, als die man die Homologie bezeichnen könnte; und sie implizieren die Notwendigkeit einer ersten Differenz als Grenze, Marge, Boundary. Michel Foucault klassifiziert seine Homologie in sechs Formen von Heterotopien, die man topologischen Elementen gegenüberstellen kann:

- Krisen-Heterotopien (Orientierung, Paradoxe)
- Abweichungs-Heterotopien (Stetigkeit, Kompaktheit, Nachbarschaft)
- Komprimierungs-/Zusammmenlegungs-/Dichte-Heterotopien (Zusammenhang, Jordan-Kurve, Überdeckung, Deformationsretrakte)
- Zeit-Heterotopien (Orbits, Vektor-Raum-Topologie)
- Öffnungs-/Schließungs-/Zugangs-Heterotopien (Homologie)
- Illusions-/Kompensations-Heterotopien (Homotopie)

Ich werde im Weiteren nicht systematisch auf jede einzelne dieser Heterotopien eingehen. Man stellt aber fest, dass sie Analogien zum Indikationskalkül von Spencer Brown besitzen und gleichzeitig topologische Raumqualität aufweisen. Die hier vertretene These geht von einem direkten Zusammenhang zwischen dieser Klassifikation und der topologischen Homologie aus. Foucaults Heterotopien formieren Homologien, die gleichzeitig auftreten, sich durchdringen, kreu-

zen und überlagern. Sie sind topologisch »eingebettet« in eine höhere Kodimension – einen Umraum, eine Umwelt. Dabei spielt für ihn der Raum des Außen eine zentrale Rolle. In fast Heideggerscher Manier schreibt er:
»Ich möchte nun vom Raum des Außen sprechen: Der Raum in dem wir leben, durch den wir aus uns herausgezogen werden, in dem sich die Erosion unseres Lebens, unserer Zeit und unserer Geschichte abspielt, dieser Raum, der uns zernagt und auswäscht, ist selber auch ein heterogener Raum. Anders gesagt: wir leben nicht in einer Leere, innerhalb derer man Dinge und Individuen einfach situieren kann. Wir leben nicht innerhalb einer Leere, die nachträglich mit bunten Farben eingefärbt wird. Wir leben innerhalb einer Gemengenlage (sprich, einer Topologie/Mannigfaltigkeit, J. H.) von Beziehungen, die Platzierungen definieren, die nicht aufeinander zurückzuführen und nicht miteinander zu vereinen sind. Gewiss könnte man die Beschreibung dieser verschiedenen Platzierungen versuchen, indem man das sie definierende Relationenensemble aufsucht«.[76]
Gilles Deleuze erläutert in seinem Foucault-Buch diesen Ansatz:
»Wie Blanchot zu Foucault anmerkt, verweist die Einsperrung auf ein ›Außen‹, und das was eingesperrt ist, ist dieses Außen. [...] Es ist eine Frage der Methode im allgemeinen: anstatt von einer erscheinenden Äußerlichkeit zu einem Wesenskern der Innerlichkeit überzugehen, gilt es, der illusorischen Innerlichkeit abzuschwören und die Wörter und Dinge ihrer konstituierenden Äußerlichkeit zurückzugeben.
Man müsste sogar mehrere, mindestens drei korrelative Instanzen unterscheiden. Zunächst gibt es das Außen (le dehors) als ungeformtes Element der Kräfte: die kommen aus dem Außen, sie haften am Außen, das ihre Beziehungen umwälzt und ihre Diagramme hervorbringt. Und dann gibt es das Äußere (l'extérieur) als Milieu der konkreten Einrichtungen, in denen sich die Kräfteverhältnisse aktualisieren. Schließlich gibt es die Formen der Äußerlichkeit (formes d'extériorité), da sich die Aktualisierung in einer Spaltung vollzieht, einer Disjunktion zweier differenzierter und wechselseitig beeinflussender äußerlicher Formen, die die Einrichtungen unter sich aufteilen (die Einschliessungen und die Verinnerlichungen sind nur transitorische Formen an der Oberfläche dieser Formen).[77] [...] Man muss die Äußerlichkeit und das Außen unterscheiden. Die Äußerlichkeit ist noch eine Form, wie in der Archäologie des Wissens, sie besteht sogar aus zwei einander wechselseitig beeinflussenden äußerlichen Formen, da das Wissen aus diesen zwei Milieus gebildet ist, dem Licht und der Sprache, Sehen und Sprechen. Aber das Außen betrifft die Kraft: wenn die Kraft stets in Beziehung zu anderen Kräften steht, verweisen die Kräfte notwendig auf ein irreduzibles Außen, das nicht mehr eine Form besitzt, das aus unzerlegbaren Abständen besteht, über die eine Kraft eine andere beeinflusst oder von ihr beeinflusst wird. Eine Kraft überträgt stets von außen auf andere Kräfte oder erfährt von diesen eine variable Einwirkung, die nur auf diese Entfernung oder innerhalb jenes Verhältnisses existiert. Es gibt folglich ein Werden der Kräfte,

das nicht zu verwechseln ist mit der Geschichte der Formen, da es in einer anderen Dimension operiert. Ein Außen, entfernter als alle Äußerlichkeit und daher unendlich näher. [...] weil wir gesehen haben, dass die Kräfte in einem anderen Raum operieren als dem der Formen, im Raum des Außen, dort wo strenggenommen die Beziehung eine Nicht-Beziehung ist, der Ort ein Nicht-Ort und die Geschichte ein Werden [...]. Das ist es, was uns die Kräfte des Außen sagen: niemals ist es das Zusammengesetzte, das Historische und Geschichtete, das Archäologische, das sich transformiert, sondern es sind die Kraftelemente, wenn sie zu anderen Kräften, die aus dem Außen stammen, in eine Beziehung treten (Strategien)«.[78]

Man kann die Heterotopien des Außen nach Benjamin Genocchio als Counter-Sites, deutsch: als Gegen-Bauplatz oder Gegenkontext lesen:

»Noel Grey[79] points out, that as heterotopias are intended to act in general as counter-sites, then it follows that for Foucault to retain coherency in his claim, that heterotopias are ›outside‹ of, or are fundamentally different to, all other spaces but also relate to and exist ›within‹ the general social space/order, his notion of differentiation depends upon him clearly differentiating the disordered and discontinuous ›internal‹ character of these sites. In short, Foucault's argument is reliant upon a means of establishing some invisible but visibly operational difference which, disposed against the background of an elusive spatial continuum, provides a clear conception of spatially discontinuous ground«.[80]

Dieses Zitat verdeutlicht, dass das Foucaultsche ›Andere‹ als Außen respektive vice versa auch interne Bedeutung hat, sonst wäre ja das Ziehen einer Grenze oder Unterscheidung redundant. Niklas Luhmann schreibt zu diesem verbindenden Element:

»Boundaries do not only separate, they also link. [...] They function as difference between two systems and allow to make conscious within the system and to regulate what are the relations to the environment, thus allowing the complex internal conditioning of relations with the environment. Therefore the system, thanks to boundaries, is able to regulate its relation to the environment. Only when boundaries do exist, relations between system and environment can increase their complexity, their differentiation and their controlled mutability. Boundaries are permeable to causality; they only make sure that each causal process involves the entire system.

The second viewpoint brings to the fore the concept of the function of boundaries. It introduces a distinction. [...] Therefore a distinction between system/environment relations and system/system relations (or: intersystem relations) must be pointed out. [...] No system can exist whitout environment. A system exists as a difference in relation to its environment and it reflects its difference by means of boundaries. [...] The environment is the world which limits the system itself. [...], the boundaries with the environment are the prerequisite that allows the system to perceive and classify other systems in its environment. (not itself!) [...] .Boundaries have a double function for systems of sufficient complexity. They serve as a differentiation of the system, stemming from its environment and as means of production of relations to other systems in this environment«.[81]

Lars Lerup hat in seiner Kontextanalyse von Houston/Texas in dieser Form die Doppelung von intrinsischer und extrinsischer Betrachtung des urbanen Raumes – als einen »Megashape«, beschrieben:

»There seems then, to be al least two readings of any megashape: one from the inside leading to an appreciation of the algorithm of the shape (or its taxis, to borrow from classical thougt) and one from the outside, leading to an understanding of the whole – the figure (the result of the algorithm, once solved). The inside appreciation may well be the more interesting, because it suggests that a megashape may be imagined through a fragment and thus does not require completion, while the outside view requires both the more traditional perspective as well as a literal apprehension of the whole«.[82]

Hetero-Topologie, Schichtungen und Fasern Das Attribut eines »Topologen« wurde Michel Foucault von seinem Kollegen Gilles Deleuze zugeschrieben. Deleuze benutzt es, um räumliche Phänomene von Michel Foucaults Dispositiven der Macht zu beschreiben:

»Was eine Gruppe oder Familie von Aussagen ›formt‹, sind [...] die auf derselben Ebene angesiedelten Regeln des Übergangs oder der Variation, die aus der ›Familie‹ als solcher ein Milieu der Streuung und der Heterogenität machen, das Gegenteil von Homogenität. Dies ist der assoziierte oder angrenzende Raum: jede Aussage ist untrennbar verbunden mit heterogenen Aussagen, mit denen sie durch Übergangsregeln (Vektoren) verknüpft ist. Und damit ist nicht nur jede Aussage untrennbar mit einer zugleich ›knappen‹ und regelhaften Mannigfaltigkeit verbunden, sondern jede Aussage ist eine Mannigfaltigkeit und nicht eine Struktur oder ein System. Eine Topologie der Aussagen, die sich ebenso der Typologie der Präpositionen wie der Dialektik der Sätze entgegensetzt. Wir glauben, dass sich eine Aussage, eine Aussagenfamilie, eine diskursive Formation Foucault zufolge zunächst durch ihre inneren Variationslinien oder durch ein Feld von Vektoren definiert, die sich über den assoziativen Raum verteilen«.[83]

Deleuze präzisiert, dass er sich beim Mannigfaltigkeitsbegriff auf den Mathematiker und Topologen Riemann bezieht,[84] und nicht etwa auf denjenigen Kants. »Foucaults Buch (Die Ordnung der Dinge)[85] verkörpert einen sehr entscheidenden Schritt hin zu einer Theorie-Praxis der Mannigfaltigkeit«.[86]

Charakteristisch für Foucaults Philosophie ist seine »Ordnung« der Diskurs-Mannigfaltigkeiten in »Schichten«. Von diesem Ordnungsprinzip und dem Titel seines Buches »Die Archäologie des Wissens« stammt Foucaults zweites Attribut, das des philosophischen Archäologen. In unserem Zusammenhang muss man von geschichteten Feldern des »Sichtbaren und des Sagbaren« sprechen.[87] Dem

stellt Deleuze Foucaults Konzeption der »Strategien oder des Nicht-Geschichteten: Das Denken des Außen (Macht)« gegenüber.[88] Im Versuch, den Mannigfaltigkeitsbegriff mit einer Vektortopologie von »Käften« – den »Strategien« zu verbinden, erkennt man die methodische Nähe zu Lewin und Bourdieu (siehe nächstes Kapitel über Vektorfeld-Topologie, J. H.).
Foucaults drittes Attribut ist dasjenige eines »Karthographen« der kulturphilosophischen Archäologie. In unserer Untersuchung von Topologie in urban architektonischem Kontext interessiert auf der Basis der angedeuteten Begrifflichkeit, je nach Aufgabenstellung und Bauplatz, die Frage nach der Art der Schichtung, speziell der Art und Weise der Verknüpfung der einzelnen Schichten. Handelt es sich dabei um eine Transformation von Schicht zu Schicht oder um eine Differentiation respektive differenzielle Ableitung (sprich einem topologischen Diffeomorphismus, siehe nächstes Kapitel)? Transformation oder Deformation der Schichten würde auf topologische Überlagerung, auf Faserbündeln über Topologien hindeuten. Unterstützt würde diese Interpretation von der Tatsache, dass dazu das Urbild der Abbildung nicht mehr gebraucht würde. Man überlagert quasi »rückwärts«; eine Handlung, die der eines grabenden Archäologen durchaus nahe kommt. Aussagen von Ereignissen werden durch die Abfolge der Schichten gewonnen und weniger aufgrund von hypothetischen Rekonstruktionen von Urbildern. Der Begriff der Karte anderseits deutet auf eine differenzialtopologische Verknüpfung von Mannigfaltigkeiten hin. Es ist zu vermuten, dass Gilles Deleuze an letzteres gedacht hat. In unserem Zusammenhang kann man aber auch ein gleichzeitiges Auftreten von beidem annehmen: »Aussagen« schichten karthographisch und »Strategien« deformieren funktoriell.

Stratifikation Eine zentrale Frage der Untersuchung von großmaßstäblichen Unterscheidungen respektive Grenzen aus architekturtheoretischer Sicht liegt in deren räumlichen Anordnung. Foucault zeigt eine große Vorliebe für Metaphern aus Geologie, Geoseismik und Archäologie.[89] Er benutzt diese jedoch als topologische dynamische Variablen. Insofern liegen sie in der Tradition des rückbezüglichen Metaphernbegriffs zweiter Ordnung von Max Black.[90] Die Topologie hat im selben Zeitraum wie Foucaults Werkphasen auch selbst einen zentralen Begriff aus diesen Wissenschaften entliehen und für ihre Zwecke eingesetzt; den Begriff der »Strata«. Es lohnt sich also, diese zwei transdisziplinären Anwendungen kurz zu vergleichen. Sie bieten auch Möglichkeiten einer praktischen kartographischen Umsetzung des komplexen Denkens Foucaults in einem urbanen Kontext. Literatur- und gestalttheoretisch könnte man behaupten, es bestehe eine Homologie zwischen diesen zwei Metaphorisierungen – der Strata Foucaults und der topologischen Strata. Jede berandete Mannigfaltigkeit, also lokal-euklidische Topologie, ist ein stratifizierter, geschichteter Raum mit zwei Schichten: der »unteren« Schicht des Randes und der »oberen« Schicht der gesamten Mannigfaltigkeit. »Pure« Stratas sind der Rand und das Innere.[91] Ein geschichteter Raum ist ein topologischer Raum, in dem Singularitäten – auf welche wir in einem späteren Kapitel noch zu sprechen kommen werden – in verschiedenen Layers vorkommen. Zwischen diesen Schichten der Topologie ist eine Mannigfaltigkeit aufgespannt.[92] Topologische Strata sind Räume, die nicht Mannigfaltigkeiten sind, aber die aus Stückchen, Fragmenten von solchen Mannigfaltigkeiten – als Schichten, die zwischen den topologischen Schichten aufgespannt sind – zusammengesetzt sind. Diese Stücke nenntman, wie oben schon eingehender erläutert wurde, »Strata«.[93]

Eine interessante Quelle für Stratas bilden Einbettungen, wobei in der Untermannigfaltigkeit artifiziell ein Stratum kreiert wird. Die Einbettungen der Teile ist selbst auch wieder eine geschichtete Topologie. Als bildliche Analogie kann man sich einen Blätterteig in seiner Herstellungsphase vorstellen. Der ausgebackene »fertige« Teig wäre zu statisch, zu spröde. Das Charakteristikum von stratifizierten topologischen Räumen ist, dass Singularitäten, also Ereignisse, nicht nur in einer einzigen Ebene, sondern auf verschiedensten Ebenen vorkommen, und trotzdem miteinander in Ursache und Wirkung verbunden sind, wie zum Beispiel verteilte Rosinen im Blätterteig. Die Abbildungsform, der Morphismus von Stratifikationen soll Strata-erhaltend sein, im Englischen spricht man von einer »stratfied map«.[94] Ein anderer enger Zusammenhang besteht zur Theorie der Faserbündel. Was wir Stückchen von Mannigfaltigkeiten genannt haben, sind in der Topologie Abbildungs-Zylinder[95] von Faserbündeln über einem Basisraum.[96] Über diese Faserbündel tauchen Stratas auch in Orbit-Räumen von Vektorraumtopologie und dem Aktions-Raum der Gauge-Theorie auf. Samuel Weinberger fordert dazu auf zu versuchen, in unserer natürlichen Umwelt so viele topologische Schichtungen wie möglich zu entdecken. Man sollte dabei nochmals auf den explizit nicht-metrischen Ansatz dieser Schichten hinweisen.

Die Theorie der »stratified spaces« erlaubt es an dieser Stelle, vom Konzept der randlosen Stadt auf »Mille Plateaux« von Gilles Deleuze und Felix Guattari zu verweisen.[97] Mille Plateaux ist ein Buch der kontextuellen und körperlichen Transformationen in einem komplexen, zutiefst topologischen Sinne. Mit der randlosen Stadt hat es die Gleichzeitigkeit des Auftretens verschiedener Mannigfaltigkeiten gemeinsam; ihrer Deterritorialisierung und Interaktion. Die Denkweise von Mille Plateaux beruft sich auf dynamische topologische Systeme.

»Strata, Schichten, Stratifizierung: Strata sind Phänomene der Verdichtung auf dem Körper der Erde. Sie sind zugleich molekular und molar: Ansammlungen, Gerinnungen, Ablagerungen und Faltungen: Gürtel, Zangen oder Gliederungen. […] Jede Schicht oder Gliederung besteht aus codierten Milieus und geformten Substanzen. Formen und Substanzen, Codes und Milieus sind eigentlich nicht voneinander zu trennen. Sie sind abstrakte Bestandteile jeder Gliederung.

Ein Stratum enthält offensichtlich ganz unterschiedliche Formen und Substanzen und viele Codes und Milieus. Es hat also unterschiedliche Typen formaler

Organisation und zugleich unterschiedliche Modi substantieller Entwicklung, die es in Parastrata und Epistrata aufteilen, zum Beispiel die Aufteilung des organischen Stratums. Die Epistrata und Parastrata, die ein Stratum unterteilen, können selber als Strata betrachtet werden (so dass die Liste niemals ganz vollständig ist). Jedes Stratum enthält dennoch eine zusammengesetzte Einheit, eine Kompositionseinheit, trotz seiner Unterschiede in Organisation und Entwicklung. [...] Schichten haben eine große Mobilität. Jede Schicht kann einer anderen immer als Substratum dienen oder an eine andere angrenzen, unabhängig von einer Evolutionsordnung. Und vor allem gibt es zwischen zwei Schichten oder zwei Aufteilungen von Schichten Phänomene von Zwischenschichten: Transcodierungen und Übergänge zwischen Milieus, Vermischungen. Die Rhythmen beruhen auf diesen interstratischen Bewegungen, die auch Stratifizierungsvorgänge sind«.[98]

Gilles Deleuze, Felix Guattari verwenden Schichtungen als phänomenologisches Attribut jenseits von Text. In »Was ist Philosophie« formieren Strata das Bewusstseinsfeld als eine unbegrenzte Immanenzebene:

»Die Immanenzebene ist kein gedachter oder denkbarer Begriff, sondern das Bild des Denkens, das Bild das das Denken von sich gibt, was denken, vom Denken Gebrauch machen, sich im Denken orientieren [...] bedeutet [...] Das Bewusstseinsfeld oder die unbegrenzte Immanenzebene: Die Immanenzebene entnimmt dem Chaos Bestimmungen, aus denen sie ihre unendlichen Bewegungen oder ihre diagrammatischen Merkmale macht. Man kann, man muss folglich eine Mannigfaltigkeit von Ebenen annehmen. [...] Die Immanenzebene ist ein All-Sein: Sie ist nicht partiell wie ein wissenschaftlicher Zusammenhang und nicht fragmentarisch wie die Begriffe, sondern distributiv, sie ist ein ›jedes‹. Die Immanenzebene ist blättrig. [...] Die Immanenzebene sei zugleich das, was gedacht werden muss und das, was nicht gedacht werden kann. Sie wäre es, das Nicht-Gedachte im Denken. Sie ist der Sockel aller Ebenen, jeder denkbaren Ebene immanent, der es nicht gelingt, jene zu denken. Sie ist das Innerste im Denken und doch das absolute Außen. Ein noch ferneres Außen als alle äußere Welt, weil sie ein tieferes Innen als alle innere Welt ist: Das ist die Immanenz, [...] die Innigkeit als Außen, das zur erstickenden Eindringlichkeit gewordene Äußere und die Umkehrung des einen und anderen«.[99]

Die Theorie der Stratifikation zieht sich durchs gesamte Werk Foucaults, von Archiv, Archäologie, Genealogie (Machttheorie) zur Sexualität. Gilles Deleuze schreibt der Schichtung in der Topologie Foucaults besondere Bedeutung zu, wenn er erläutert:

»Die Schichten (stratas) sind historische Formationen, Positivitäten oder Empirizitäten. Sie sind ›sedimentäre Überlagerungen‹, gebildet aus Dingen und Wörtern, aus Sehen, und Sprechen, Sichtbarem und Sagbarem, Zonen der Sichtbarkeit und Feldern der Lesbarkeit, Inhalten und Ausdrücken. [...] Auch der Ausdruck besitzt eine Form und einen Inhalt: das Strafrecht zum Beispiel und die

›Deliquenz‹ als Gegenstand von Aussagen. Ebenso wird das Strafrecht als Aussageform ein Feld der Sagbarkeit (die Aussagen der Deliquenz) definiert, so definiert das Gefängnis als Inhaltsform einen Ort der Sichtbarkeit (dem ›Panoptismus‹, das heißt einen Ort, an dem man zu jeder Zeit alles sehen kann, ohne gesehen zu werden)«.[100]

Das Konzept der Topologie einer randlosen Stadt löst diese Überblickbarkeit auf, deren Totalität ist nicht mehr gegeben, trotzdem bleibt die Totalität der (Selbst)Disziplinierung vorhanden.

»Dies sind die zwei wesentlichen Aspekte: einerseits impliziert jede Schicht, jede historische Formation eine Verteilung des Sichtbaren und des Sagbaren auf sich selbst; andererseits gibt es von einer Schicht zur anderen Variation dieser Verteilungen, da die Sichtbarkeiten selbst ihre Modalität und die Aussagen ihre Ordnung wechseln. [...] Die Archäologie des Wissens wird die methodologischen Schlussfolgerungen ziehen und die verallgemeinerte Theorie beider Elemente der Schichtung (Stratifikation) entwickeln: des Sagbaren und des Sichtbaren, der diskursiven Formation und der nicht-diskursiven Formationen, der Ausdrucksformen und der Inhaltsformen. [...] Die Zonen der Sichtbarkeit sind nur negativ bezeichnet als ›nicht-diskursive Formationen‹, die in einem Raum situiert sind, der lediglich das Komplement zu einem Aussagefeld darstellt«.[101]

Der Archäologe, schreiben Dreyfus/Rabinow, könne nur die lokalen, veränderbaren Regeln – sprich Strata – ausmachen, »die zu einer bestimmten Zeit in einer bestimmten Diskursformation definieren, was als identische bedeutende Aussage gilt«.[102]

Topologisch vielleicht eindeutiger gefasst finden wir die Bedeutung der Schicht aber bei Jaques Derrida: »Die Metapher der Schicht impliziert zweierlei: Einerseits beruht das Bedeuten auf etwas anderem als es selbst, und diese Abhängigkeit wird ständig durch die Analyse Husserls bestätigt werden; andererseits bildet es ein Stratum, dessen Einheit genauestens abgegrenzt werden kann«.[103]

Er erkennt auch den nicht-euklidisch-topologischen Charakter der Schichtungen und assoziert ihn mit einem »Verweben«:

»Diese Verwebung der Sprache, dessen, was in der Sprache rein sprachlich ist, mit den anderen Fäden der Erfahrung, bildet ein Gewebe. Das Wort Verwebung verweist auf dieses metaphorische Feld: Die Schichten sind verwoben, [...] Hätte die Schicht des Logos (und der Topo-Logik, J. H.) einfach eine Grundlage, könnte man sie wegnehmen und unter ihr die darunter liegende Schicht von nicht-ausdrücklichen Vorgängen und Inhalten erscheinen lassen. Aber da diese Supra-Struktur eine wesentliche und entschiedene Rückwirkung auf die Unterschicht hat, ist sie – seit dem Beginn der Beschreibung – genötigt, mit der geologischen Metapher eine eigentlich textuelle Metapher in Verbindung zu bringen: denn Gewebe bedeutet Text. Verweben bedeutet hier textere. Das Diskursive bezieht sich auf das Nicht-Diskursive, die sprachliche Schicht mischt sich der vorsprachlichen Schicht unter, [...] einer Art von Text«.[104]

Moderne Kunst dieses Jahrhunderts hat aus dem ureigensten Medium der Malerei – der Farb-Schichtungen – die Praxis der angewandten Schichtungen bis ans Limit weiterentwickelt, eine Analyse, die ich hier im Einzelnen nicht vornehmen kann. Aber die Kunst bietet in der Interaktion mit der Theorie von Topologie und Denkern die Möglichkeit angewandter Kartographierung, wie sie für die Architektur innerhalb einer urbanen Topologie interessant wird. Christine Buci-Glucksmann deutet ansatzweise das Potenzial dieser Lesart an:
»Doch dieser geordnete Raum wird von den Zufälligkeiten der Malerei, der dichten Textur des Materials und der Anordnung des Lesbaren durchkreuzt […]. Wie in (Jasper Johns) Flag lässt sich eine durchgängige Stratifizierung der Oberflächen und ihrer unterschiedlichen Wahrnehmungsebenen erkennen: das Kartenbild, die Ablagerungen der Malerei und jenes visuelle Dispositiv, dessen Aufgabe darin besteht, Bild und bemalte Oberfläche zusammenfallen zu lassen. […] der Raum der gemalten Karte und derjenige, der durch die Ambvivalenz von Wahrheit und Fiktion in Frage gestellt wird. Denn das Dispositiv von Map mobilisiert eine Beziehung strikter Übereinstimmung mit einem präfigurierten Territorium. […] Sie ist vielmehr eine Schichtung der Welt, eine Beschichtung ihrer Oberfläche. Denn laut Johns geht der malerische Akt immer von einem fundamentalen Vorgehen aus, das darin besteht, die Erscheinungen zu vermischen, sie zu verschmieren und zu bekritzeln, kurz, scribbled appearances zu schaffen. Jede Karte, die als Vorlage dient, kann mit Wachs und Ölfarbe überdeckt, überblendet oder verformt, gefaltet oder entfaltet werden. Sie ist einzig da, um laterale Bewegungen, Verschiebungen und Durchquerungen hervorzurufen. Sie benennt die wirkliche Welt und stiftet das, was (man) ›metonymische‹ Beziehungen genannt hat, durch die sich jeder Teil einem anderen verbindet«.[105]
Die Architekten Diller+Scofidio, auf die wir in Bezug auf Urbanität, Kontext und Architektur, sprich Homologie, exemplarisch eingegangen sind, wenden Strata rekursiv, aus der gesamten bisher entwickelten Komplexität – Topologie, Spencer Brown, Foucault etc. – wieder auf den »Körper« des Hauses an: Ihre Arbeiten werden in einer Metaphorik zweiter Ordnung zu »Archaeological strata […] of the house«.[106]

Homologie und Macht: Disziplinierter Raum Das »Denken des Außen«[107] eines Anderen in einem sozialen System ist nach Foucault »Macht«. Die Heterotopologie der Grenzen, Begrenzungen und Unterscheidungen eröffnen »Neue Räume der Macht und des Diskurses«.[108] Foucault präzisiert den Begriff: »Wenn ich von Macht spreche, geht es nicht darum, eine Instanz zu markieren, die auf schicksalhafte Weise ihr engmaschiges Netz über die Individuen ausbreitet. Die Macht ist eine Beziehung, kein Ding«.[109] (topol. Constraints = topol. Randbedingungen, J. H.) »Macht ist eine ›Strategie des Nicht-Geschichteten‹: So dass das (Macht-, J. H.) Diagramm, insofern es eine Gesamtheit von Kräfteverhältnissen darstellt, kein Ort ist, sondern eher ›ein Nicht-Ort‹: ein Raum ausschließlich für Veränderungen«.[110] Macht überträgt Autorität durch ihre translokale Wirkung auf Distanz.[111] Foucaults Werkzeug respektive Technik dieser Übertragung heißt »Disziplinierung« nach Francois Dosse: »Die Herkunft der modernen Gesellschaft gründet, wie bereits Max Weber anmerkte, auf der Selbstdisziplin des Subjekts, und Foucault verfolgt deren Bedingungen in der Vervielfältigung und Ausweitung der Normierungsmächte, die den einzelnen in allen Bereichen des sozialen Systems belangen«.[112] »Subjektivität ist Produkt der Macht, sofern ›Subjektivierung‹ gleichbedeutend mit Unterwerfung ist«.[113] »Das menschliche Subjekt im Bedingungskreis der Macht – und Wissensgeschichte« – so etwa ließe sich Foucaults vollständige Problemstellung umreißen. Die theoretischen Disziplinen, mit denen sie arbeitet, sind die Genealogie, d. h. die Theorie der Machtpraktiken, und die Archäologie, die Theorie der Diskurs- und Wissensformen.[114] Foucault beschreibt drei Formen der Macht: Der erste Machttyp ist die Ausschließung und Ausgrenzung.[115] Der zweite Machttyp ist die »innere Einschließung« normativer Integration.[116] Der dritte Machttyp verbindet die Machtwirkung des ersten und des zweiten Typs, der Ausschliessung und der transformierenden Integration. Die Gefangenen im Panoptikon werden nicht nur aus dem sozialen Verkehr gezogen, ausgesondert und isoliert, sondern darüber hinaus auch disziplinierenden Massnahmen unterworfen, [...] die Disziplinartechniken dienen der Normalisierung«.[117] In »Die Maschen der Macht« fasst Foucault diese Begriffe zusammen: »Auf der einen Seite gibt es die Technologie, die ich ›Disziplin‹ nennen würde. Die Disziplin ist im Grunde der Machtmechanismus, durch den es uns gelingt, im sozialen Körper auch die winzigsten Elemente zu kontrollieren, durch die es uns gelingt, auch die sozialen Atome selbst zu erreichen, das heißt, die Individuen: Individualisierungstechniken der Macht. Wie jemanden überwachen, sein Verhalten kontrollieren, sein Betragen, seine Anlagen, wie seine Leistung steigern, seine Fähigkeiten vervielfachen; ihn dorthin stellen, wo er nützlicher ist. Das ist, meiner Meinung nach, die Disziplin.[118] [...] eine Technologie, die im Grunde auf die Individuen zielt, bis in ihre Körper, in ihr Verhalten hinein; das ist grosso modo eine Art politischer Anatomie, Anatomo-Politik, eine Anatomie, die auf die Individuen zielt, bis zur Anatomisierung. [...] eine andere ist etwas später, in der zweiten Hälfte des 18. Jahrhunderts, aufgetaucht und wurde vor allem in England entwickelt [...]: Technologien, die nicht auf die Individuen als Individuen zielten, sondern vielmehr auf die Bevölkerung. [...] Die Entdeckung der Bevölkerung ist, neben der Entdeckung des Individuums und des dressierbaren Körpers, der zweite große Kernbestand von Technologien, der zur Veränderung der politischen Verfahren im Westen führte. Diese Entdeckung grenze ich von der eben eingeführten Anatomo-Politik ab und nenne sie Bio-Politik. [...] Es gibt zwei große Revolutionen in der Technologie der Macht: die Entdeckung der Disziplin und die Entdeckung der Regulierung, die Perfektionierung einer Anatomo-Politik und die einer Bio-Politik«.[119] Disziplinierung ist nach Dreyfus/Rabinow eine »Erfahrung der Macht als Disziplinierung am Körper« und Grenzen sind körperliche Grenzen; faktische Grenzen als Endlichkeiten, die immer auch »erfahrene Grenzen« sind«.[120] Die Erfahrung impliziert eine Erinnerung oder Wiedererkennung der Erfahrung von Disziplinierungen und Grenzen. M. Christine Boyer benutzt diese Erfahrung als unterschwelliges Leitmotiv ihrer »The City of Collective Memory«. Disziplinierung wird in der zeitgenössischen Stadt zu einem der Instrumente des kollektiven Gedächtnisses und umgekehrt.[121] Dabei tritt das Individuum hinter eine »Disziplinierung von Raum« zurück. Boyer bettet dies in die Stadt als Spektakel, Theater – ein Gedanke Mumfords und Guy Debords, aber auch Victor Turners – ein. Macht durch Diskurs als urbanes Spektakel von Grenzüberschreitungen und Disziplinierungen. Architektur ist dabei sehr oft auf der Seite der Macht, Bühne und Plott des Spektakels; Architektur als eine Ästhetik der Mächtigkeit von Grenzen. Das urbane Spektakel und dessen Disziplinierung, das Überschreiten von Grenzen (cross) und die Wieder(über)querung bilden ein urbanes »Re-Entry«: Form. In Spencer Browns »Laws of Form« treten zwei interessante Momente von angedachten, aber u. U. nicht ausgeführten Handlungen auf: Im Nennen (call) und Überqueren (cross). In »City of Memory« und der räumlichen Disziplinierung von Foucault spielt diese vorausschauende Erinnerung eine »machtvolle« Rolle der angedachten Homologie. Es formiert sich dabei auch eine dynamische Grenze zwischen virtuellem und realem urbanem Kontext: »Macht hat sich nicht immer für die Macht gehalten, und das Geheimnis der großen Politiker war zu wissen, dass es die Macht nicht gibt, dass die nur ein Simulationsraum ist, wie der perspektivische Raum in der Renaissance«,[122] schreibt Baudrillard über Foucault.

George Spencer Brown: Indikationskalkül

Wir haben im ersten Kapitel Jacques Derridas Différance und im zweiten Kapitel Paul Virilios und Beat Wyss' »technische Differenz« als kulturelle Differenzierungstheorien herangezogen, um die entsprechenden topologischen Phänomene einordnen zu können. Im Umgang mit der Homologie liegt es nahe, das erkenntnistheoretische Indikationskalkül von George Spencer Brown, wie er es in seinen »Laws of Form« formuliert hat, heranzuziehen.[123] Das Indikationskalkül ermöglicht Niklas Luhmann seine Form der Integration von Autopoiesis in eine System/Umwelt-Differenz und eine dazugehörende Kommunikationstheorie. Hinter den »Laws of Form« steckt viel weniger formale Logik, als das formale Notationssystem vermuten ließe, mit der sie geschrieben wurden; die »Laws of Form« sind von einem tiefen topologischen Raumverständnis durchzogen.

Unterscheiden und Bezeichnen Die »Laws of Form« basieren auf der Differenzierung von Unterscheidung (distinction) und Bezeichnung (indication). Diese Differenzierung (als Aktion, und eben nicht als gegebene statische Differenz) beinhaltet einen operativen Aspekt, denn erst, wenn Unterscheidungen aktiv gezogen wurden, kann bezeichnet werden.[124] Operativ bedeutet injunktiv, also eine auffordernde Deutung eines Hinweises[125] und Unterscheiden bedeutet vollkommener Zusammenhang, also eine topologisch zusammenhängende Grenze. Eine derartige Lesart wird von den topologisch orientierten Bemerkungen, die sich an die Definition anschließen, sowie von den Anmerkungen zum 2. und 12 Kapitel der »Laws of Form« nahe gelegt.[126]
Zu differenzieren ist bezüglich einer »Unterscheidung« respektive ihrer Bestandteile zwischen: a) dem Raum, in dem die Unterscheidung stattfindet, b) dem Prozess der Unterscheidung und zugleich seinem Ergebnis, [...] der von der Unterscheidung erzeugten Grenze, c) dem von dieser Grenze Umschlossenen, dem Inneren, Abgegrenzten, dem markierten Zustand, d) dem ausserhalb dieser Grenze Gelegenen (dem Äußeren, nicht Abgegrenzten, dem nicht markierten Zustand).[127]

Form Form ist nach Spencer Brown die Einheit einer Außen- und einer Innenseite. Außen- und Innenseite bedeuten den Zusammenhang einer Unterscheidung, also den Raum, der durch beide Seiten einer Unterscheidung aufgespannt wird. »We take, therefore, the form of distinction for the form«.[128] »Formen werden dadurch erzeugt, dass unterschieden wird, und die Form richtet sich danach, was und wie unterschieden wurde. Entscheidend ist, dass Formen stets zwei Seiten haben und damit die bezeichnete von der unterschiedenen Seite abhängig ist«,[129] also kontextabhängig ist. Eine Unterscheidung kann erst in ihrem Kontext eine Form werden.[130] Macht man Form beobachterabhängig, wie im Sinne Luhmanns, bedeutet sie:
»1) Form ist die Einheit der ursprünglichen Differenz von beobachtetem Akt und beobachtetem Objekt. 2) Sie erzeugt als ihre Kopien einzelne Differenz-Markierungen, Unterscheidungen, Formen. 3) Ihre Struktur begründet die Möglichkeit, dass Systeme Gegenstände unterscheiden und sich auf sie beziehen können: Re-Entry.«[131]
Die Form der Form wiederum ist die Einheit der Differenzierung von Unterscheidung/Bezeichnung.

Erste Unterscheidung »Draw a distinction« ist die erste Aufforderung von Spencer Brown, »Triff eine Unterscheidung!« Die »erste« Operation als Unterscheidung ausgeführt oder imaginär lässt »ein« – nicht »das« – Universum entstehen. Andere erste Unterscheidungen ermöglichen »andere« mögliche Universen. Spencer Brown folgt hier dem pragmatischen Konzept von »possible universes«. Ein mögliches Universum ist ein topologischer Raum der ersten Unterscheidung, es entsteht, wenn ein Raum durch eine Grenze/Oberfläche zerlegt oder getrennt wird. »Wichtiger ist, dass man das Universum nicht mit dem Raum gleichsetzt […], sondern mit einer Durchtrennung oder Zerlegung des Raumes. Und diese Durchtrennung lässt wiederum nicht das Universum, sondern ein Universum entstehen. […] Spencer Brown jedenfalls legt die Kontingenzerfahrung (das Erinnern an eine erste Unterscheidung und die darauf folgenden Unterscheidungen) an den Anfang unserer Unterscheidungspraxis«.[132]

Naming, Calling Die »Laws of Form« bestehen nicht nur aus Unterscheidungen, sondern aus der Doppelung von Unterscheidung und Indikation, also Markierung oder Bezeichnung. »Descriptive Akte erfordern Namen […] als Mittel für einen Hinweis. […] Die Verwendung eines Namens erfolgt durch die Nennung eines Namens (calling of the name). Ein Name erhält seine Funktion, indem seine Nennung mit dem Wert des Inhalts, für den er Name sein soll, identifiziert wird. […] Der Wert einer wiederholten Nennung (des Namens) ist der Wert der Nennung […]. Wiedernennung ist Nennung (›to call is to recall‹): diese knappe Formulierung bereitet den später angedeuteten Begriff des Gedächtnisses vor, […] da recall zugleich Erinnern bedeutet […]. Das Vorliegen eines Beweggrundes (Motive) bildet eine Möglichkeitsbedingung für jede Unterscheidung. […] Deskriptive Akte beruhen also auf Unterscheidungen, indem a) eine Wertverschiedenheit gesehen wird, b) als Beweggrund für eine Unterscheidung dient, die c) zur Trennung von Inhalten durch eine Grenze führt, d) auf deren durch die Grenze unterschiedenen Werte jeweils mit Hilfe eines Namens hingewiesen werden kann«.[133]

Asymmetrie Der Begriff der Unterscheidung der Laws of Form ist mit einer impliziten Asymmetrie behaftet. Unterscheiden/Markieren erzeugt eine bezeichnete Seite und eine nichtbezeichnete Seite, meist Innen- und Außenseite genannt. Interessant ist bezüglich eines möglichen Universums, dass, um ein »Innen« zu erkennen, erst mit dem Schritt nach »Außen«, als der Asymmetrisierung, möglich ist. Diese Quasi-Bedingung des Außen erkennen wir in Foucaults »Anderem« Raum wieder.

Cross (Kreuzen), recross, Re-Entry (Wiedereintritt) Markieren und Benennen bedeutet ein Überqueren der Grenze der Unterscheidung. Ein unmarkierter Zustand ist ein Symbol für eine Aufforderung (call) zum Re-Entry – zur Wieder(über)querung (die markiert und unterscheidet) der Grenze.[134] Insofern ist auch eine unmarkierte Unterscheidung vorausgedacht markiert und jede Markierung wird zu einem Wiederüberschreiten der Grenze. »Wenn die Absicht besteht, eine Grenze zu überqueren, und sie dann wieder zu überqueren, so ist der Wert beider Absichten zusammengenommen der, auf den keine von beiden hinweist. […] Für jede Grenze heißt Wieder(über)queren nicht(über)queren. […]

Zunächst ist allerdings nicht klar, ob beide Seiten einen Wert haben. Erst nachdem der Wieder(über)querung (Re-Entry/Re-Cross) Hinweischarakter auf eine Seite zuerkannt wird, besteht eine Wahlmöglichkeit (auch der Erkenntnis, J. H.). Die Seite, die durch das Merkmal der ersten Unterscheidung markiert wird (bzw. ist), ist durch das Motiv der ersten Unterscheidung schon festgelegt. Auch darin zeigt sich der asymmetrische Charakter der ersten Unterscheidung«.[135] In den Laws of Form wird die Selbstreferenz, also die Rekursion von Unterscheidungen, »Re-Entry« genannt. In der Topologie finden wir diese Form im Möbiusband oder der Klein-Flasche wieder, also – in Kohärenz zur Asymmetrisierung – in nicht-orientierbaren topologischen Räumen.

Beobachter »Was hat es mit dem Re-Entry auf sich? Der Wiedereintritt ist die Form, die die Entdeckung annimmt, dass wir es bei der Konstruktion der Universen nicht mit einer endlichen Bewegung mit Anfang und Ende, sondern mit einer unendlichen Bewegung zu tun haben. Gegenüber einer endlichen Bewegung könnte man mit Blick auf Anfang und Ende selbst dann einen externen Beobachterstandpunkt beziehen, wenn das Ende der Bewegung auch das Ende des Beobachters bedeuten würde. Gegenüber einer unendlichen Beobachtung gibt es Externalität des Beobachters nur als Moment der Bewegung selbst. Der Beobachter entdeckt sich selbst als wiedereingetreten in das, was er unterscheidet, und muss auch alles, was er unterscheidet, als eine Form des Wiedereintritts begreifen. Jede Unterscheidung, jede Schließung, auch der Beobachter selbst, betrachtet als Form, ist bereits ein Wiedereintritt«.[136] Spencer Browns Bedeutung liegt darin, dass er einen differenztheoretischen Anteil am Autopoiesis-Begriff von Maturana/Varela hat, der in der Kybernetik zweiter Ordnung und von dort in Luhmanns Systemtheorie mündete.

Autopoiesis und Selbstbeschreibung Die topologische Definition der Homologie als ein Raum, der sich selbst auf seine Umrandung abbildet, findet in der Bildtheorie eine Analogie in selbstbeschreibenden »Bildern«, in der Systemtheorie in der »Autopoiesis« von Maturana und Varela.
Autopoiesis meint wörtlich: »Selbstproduktion, Selbstreproduktion«. Ein autopoietisches System bedeutet eine Einheit durch eine geschlossene Organisation – und deshalb autonomem System – von Produktionsprozessen so dass: a) die gleiche Organisation von Prozessen durch die Interaktion ihrer eigenen Produkte respektive Komponenten, erzeugt wird, b) eine topologische Begrenzung emergent auftaucht (siehe Emergenz im Kapitel Singularitätstheorie) als ein Resultat derselben konstituiven Prozesse.[137] Die Schließung des Systems muss so ausbalanciert werden, dass topologische Grenzen ermöglicht werden und formbar sind.[138]
Selbstbeschreibung und Selbsterzeugung sind unmittelbar an Prozesse gebunden. Die Organisation der Komponenten und komponenten-produzierenden Pro-

zesse bleibt topologisch invariant erhalten, trotz der Interaktion und dem Flux der Komponenten, sonst bestände ein Wandel in der Identitäts-Klasse des Systems. Was sich wandelt, ist die Struktur des Systems und ihrer Teile, zum Beispiel die topologischen Grenzen in Reaktion auf die Erschütterungen im Environment der System-Autopoiesis.[139] Topologische Grenzen als Teil der unterliegenden strukturellen Organisation eines autopoietischen Systems können sich wandeln und kompensatorisch adaptieren, um eine kreative Umgebung der Organisation der Komponenten zu erzielen. Ein offenes System führt zu »Allopoiesis«, die Organisation und die Prozesse sind nicht rekursiv organisiert – zum Beispiel in linearen oder baumartigen Strukturen. Das System ist dann nicht selbstgenerierend, sondern produziert etwas »anderes« als »sich«.[140] Homologie im urbanen Kontext bedeutet meist eine Gleichzeitigkeit von Autopoiesis und Allopoiesis, »Das Andere« – auch im Sinne Foucaults – wird immer mitproduziert. Niklas Luhmann hat die Autopoiesis kommunikationstheoretisch in seine Theorie sozialer Systeme integriert. Die Operationen eines sozialen Systems sind Kommunikationen, die sich aufgrund anderer Kommunikationen autopoietisch reproduzieren und damit die Einheit des Systems herstellen; außerhalb von sozialen Systemen gibt es nach Luhmann dementsprechend keine Kommunikationen.[141] Interessant ist, dass Luhmann eine Asymmetrisierung der Autopoiesis einführt. Sinnkonstituierende Systeme sind selbstreferenzielle Systeme, so dass jedes ihrer Elemente nur auf andere Elemente des Systems und dadurch sie wieder auf sich selbst verweisen. Sie unterbrechen die reine Selbstreferenz, »indem sie Bezugspunkte auswählen, die in der Operation vorausgesetzt werden, und eine Asymmetrie in die Zirkularität der Verweise einführen,«[142] um Tautologie zu vermeiden und Anschlussfähigkeit zu ermöglichen, zum Beispiel auch durch die Genese der topologischen Grenzen (siehe dazu oben: Indikationskalkül). »Anschlussfähigkeit ist die Bedingung der Operationsfähigkeit dieser Systeme, und deshalb bildet sie die notwendige Bedingung ihrer autopoietischen Reproduktion«.[143]

KONTEXT ARCHITEKTUR: DILLER & SCOFIDIO UND MIKE DAVIS

»The primary mechanism whereby disciplinary societies exercise power over bodies is surveillance. An architecture that facilitated visual observation was the natural outcome of the new disciplinary procedures for controling bodies. The institutionalization of visual control was made manifest in an architecture that was [...] (Foucault) no longer built to be seen (as with ostentatious palaces) or to observe the external space, but to permit an internal, articulated and detailed control – to render visible those who are inside it; in more general terms, an architecture that operates to transform individuals; to act on those it shelters, to provide a hold on their conduct, to carry the effects of power right to them, to make it possible to know them, to alter them.«[144] Robert McAnulty

Wir finden in der Architektur von Diller+Scofidio dieselben Stichworte und Kernthemen wieder wie bei Foucault. Sie wenden diese jedoch in doppeltem Sinne an: Ziel ist nicht nur eine gesellschaftliche Analyse, sondern vor allem ein Ausloten und Analysieren der Grenzbereiche und Körperlichkeiten einer Disziplin: der Architektur. Homologisch bedeutet dies eine doppelte Einbettung: Einerseits Einbettung von individuellen Körpern in die Architektur, andererseits Einbettung des Körpers der Architektur in den Körper der Gesellschaft. Diese Doppelung geht nicht ohne homologe Selbstdurchdringungen, Schnitte und Grenzüberschreitungen vonstatten: Die Architektur von Diller+Scofidio ist »Cross-Border Architecture«.[145] Sie setzt sich über die Werkzeuge Foucaults mit dem innerarchitektonischen Diskurs der Macht und demjenigen des Bauplatzes, des kulturellen Kontextes, auseinander:
 Was sind die Grenzen von Architektur, wer kontrolliert und bestimmt diese, was geschieht, wenn man sie überschreitet: Ist man dann kein »Architekt« mehr? Was ist der »Körper« der Architektur? Was ist der Körper des »Architekten«?
»[...] As Diller puts it, the architecture profession tends to perceive itself as autonomous and as a consequence ›keeps disziplinary control over itself and its borders.‹ [...] (Diller+Scofidio) like to push the borders of their work beyond the self-referential in an attempt to produce work, that is both critical and generative«.[146]

Die verschiedenen Oberflächen, Unterscheidungen, Markierungen und Schichtungen einer Thematik oder/und eines Körpers werden verwendet, um sowohl das Innen als auch das Außen in seiner gesamtkulturellen und architektonischen Einbettung zu beschreiben: als Kontextualismus. Dieser Schritt über eine Grenze von Foucault und Diller+Scofidio – eine erste Unterscheidung – nach außen, und wieder zurück als »Re-Entry«, um überhaupt erst ein Inneres erscheinen zu lassen, sichtbar zu machen, entspricht dem Indikationskalkül von George Spencer Brown. Gerade deshalb besteht aus dieser Bewegung heraus ein enger Zusammenhang zwischen den einzelnen Heterotopien, die dadurch keineswegs unzusammenhangslos, dispers, fragmentarisch sind, wie einzelne Kritiker behaupten. Man vergegenwärtige sich nochmals obige Aussage von Luhmann, dass Grenzen nicht nur trennen, sondern auch verbinden, weil sie auch die Grenzüberschreitung implizieren. Aus den Arbeiten der Architekten Elizabeth Diller und Ricardo Scofidio lassen sich folgende thematische Stichworte heraus kristallisieren:

- Körper und Grenzen: Raumkörper + Begrenzung = Space
- Disziplinierung
- Domestizierung
- Hygiene
- Power/Macht (Projekt Loophole)
- Surveillance/Überwachung (panopticon)
- Sexualität/Geschlechterrolle (Gender)
- Parasite/Para-Site

Diese Themen kann man ihrer homologen Handhabung willen mit Foucaults Programm der Heterotopologie auf der Basis der Heterotopien konfrontieren. In allerjüngsten Arbeiten verschmelzen die so thematisierten Projekte von Diller+Scofidio in »Choreographien«, direkt angewandt und umgesetzt in neuem Tanztheater. Die Choreographie ist vermutlich auch die stärkste Metapher für eine integrierte Umsetzung auch als architektonischem Projekt obiger Stichworte.

Raum, Körper und Disziplinierung

»Flesh: The outmost surface of the ›body‹ bordering all relations in ›space‹«.[147]

Diller+Scofidio kritisieren an der meisten gängigen Architektur, dass sie sich weigert zu akzeptieren, dass Raum schon »da« sei,[148] bevor der Architekt eingreift, im Glauben, selbst Räume zu produzieren.[149] »Space is nothing other, than contractual and is prescribed in advance of architecture«.[150] Sie versuchen durch architektonische Praxis Raum und Interventionsräume zu lesen, ihn zu aktivieren[151] und mit ihm zu »spielen« – auch in Spiel-theoretischem Sinne. Architektonischer Raum wird zu einem »Schlachtfeld« und Architektur selbst ein Ausdruck der verschiedensten kleineren und größeren Machtspiele und Kriege.[152] Raum ist gesetzlich, politisch, moralisch und sozial kodiert, in Referenz an Bernard Tschumi, durch Programm/Re-Programm, Beziehungen und Bedeutungen. Deshalb werden in der Arbeit von Diller+Scofidio bewusst die Situationen und Bedingungen, die der Architektur vorangehen, in einer Sequenz von disziplinierenden Normalisierungen untersucht. »A critical architecture need not rely on the erasure of familiarity. […] Perhaps a dissident architecture today could be thought of as an architecture of entrapment, charcterized by stealth. It could act on constructed bodies and space alike, deforming the rules it understands all too well«.[153] Der Ort, wo die Spuren dieser Bedingungen hinterlassen wurden, ist der Körper sowohl des Individuum als auch der Architektur.[154] Robert McAnulty hat in seinem Aufsatz »Body Troubles« über die Verbindung von Diller+Scofidio und Foucault einen interessanten Hinweis auf den frühmodernen Architekturhistoriker Geoffrey Scott gegeben. In »Architecture of Humanism« schreibt dieser: »The center of that architecture was the human body; its method, to transcribe in stone the body's favorite stated; and the moods of the spirit took visible shape along its borders, power and laughter, strength and calm«.[155] Robert McAnulty führt dazu aus: »Scott's so-called architectural ›transcription‹ can be questioned in formal terms that inquires about the body's position relative to the building. If the body is to transcribe or project itself onto the building, then it must be operating at some distance from that which it is being projected upon. This distance is formalized in Euclidian geometry (and the Cartesian Grid/System, J. H.) and perspectival models, which provide the conceptual framework for a relationship of division or alienation between the body/subject and its world/object. This dichotomy between subject and object is fundamental to a model of perception in which the body is seen as projecting its favorite interior ›states‹ onto the exterior world. The body is understood as necessarily being independent, complete and constituted prior to the world, a world that takes form only insofar as it is embodied«.[156]

Die Architekturen von Diller+Scofidio sind »Bodybuildings«.[157] (Siehe dazu auch die spannenden Arbeiten des jungen französisch-portugiesischen Diller+Scofidio-Epigonen Didier Faustino »Borderline Architecture«.)[158] Das Territorium des Körpers ist »not necessarily controlling, but in the middle of the world, operating within the ›contractual space« of the unwritten social contract‹.[159] Trotz dieser körperlichen Mitte liege er aber im Sinne Foucaults außerhalb in Opposition zu einem humanistischen Inneren.[160] Diller+Scofidio streben Deleuzsche »Körper ohne Organe« an: »Lacking fixed hierarchy of ideas/organs organized by an intentional logic of function and circulation, the projects indicate multiple directions for reformulating the body«.[161] Diese Reformulierungen führen über verkörperte non-figurale räumliche Kartographierungen der Relationen, Zwänge und soziale Definitionen.[162] Der »Body-Of-Work« von Diller+Scofidio ist ein Beginn einer homologen Karte der Körper in räumlichen (versus figuraler), einschreibenden (versus projizierenden) und sexuellen (versus animistischen) Begriffen.[163]

Schnitt-Strategien Die Architektur von Diller+Scofidio wendet Strategien der topologischen Homologie an. Das Schnittelegen formiert dabei ein zentrales Werkzeug des »Bauens«. Georges Teyssot schreibt im Vorwort zu derem Buch »Flesh«: »It is odd, to say the least, that Diller+Scofidio have reaproached for not working as professionals, for ›not building‹, when the whole body of their work-including ›projects‹, a term which itself requires a closer look – is admirably ›built‹, down to the smallest ›details‹, de-tails (in the etymological sense, i. e. dé + tailler = to cut, in French), cutting and carving in the very flesh of architecture, revealing the many incarnations and incorporations that have constituted its matter and spirit over the centuries«.[164] Das Legen von Schnitten wird zu einer metaphorischen Handlung, einer Disziplin der Architektur; ein Schneiden entlang oder transversal zu Grenzen, Randbedingungen und Schichten. Schneiden wird designmethodisch und entwerferisch als »Form« verwendet, vor und zum Bezeichnen neuer räumlicher Bedeutung.[165] »Diller+Scofidio actively engage the social practices that give form to our lives by cutting them open, laying them bare for our inspection, independant of our use. Their method is descriptive rather than prescriptive, culturally analytical rather than psychoanalytical«.[166] »However, architecture can be put into the role of interrogator. Given the technological and political re-configurations of the contemporary body, spatial conventions may be called into question by architecture. Architecture can be used as a kind of surgical instrument to operate on itself (in small increments)«.[167] Die architektonische Maschine wird nicht mehr Pläne oder Karten produzieren, sondern Schnitte. Die klassische Moderne hat den Schnitt reduktionistisch gebraucht, um den Raum im Heideggerschen Sinne auszuräumen. Die Dynamik braucht den Schnitt, um überhaupt erst sichtbar zu machen. Ein Kontext wird dadurch aber nicht reduziert, er wird im Gegenteil komplex erweitert. »Cutting means substituting an abstract quantity by a concrete value, different for each example«,[168] so Merz/Knorr Cetina.
[…] escape from escape […][169]

Löcher, Henkel, Schnitte und Surgery Berandete Topologie können »Henkel« und »Löcher« als Invarianten besitzen. Beide sind über Zusammenziehbarkeit von (Weg-) Zusammenhang zu erkennen. Ein »Torus mit Loch« (punctured torus) ist eine Kombination von beidem.[170] Eine Topologie kann »Mehrfachhenkel« besitzen, dasselbe gilt für »Löcher«. Eine Addition, das »Bohren« eines Loches fügt der Topologie jedoch immer einen zusätzlichen Rand, eine Grenze, hinzu.

Henkel und Löcher können in wildester Manier ineinander verschlungen, verflochten sein. Oft macht es den Anschein, als sei ein Henkel an einem zweiten befestigt etc. Die Kunst des Topologen besteht dann in einem sorgfältigen Entflechten, ohne »Verletzung« der Topologie, um Henkel und Löcher klar vor sich zu sehen. Man nennt dies »Handle-Moves« oder »Handle-Slides«. Diese Werkzeuge gehen auf Whitehead, Milnor und Kirby zurück. Das Standardwerk für den vierdimensionalen Raum stammt von Robion C. Kirby »The Topology of 4-Manifolds« und ist ein »Muss« für topologisch interessierte Architekten.[171]

In Referenz zu Foucault und den Arbeiten der Architekten von Diller+Scofidio sollte man auf die smarte Terminologie von Kirby hinweisen, der von »Handlebodies« spricht.[172] Die operationellen (»surgery«) Werkzeuge, die Kirby einsetzt, sind z. B. Handle Slides, (das Verschieben von Henkeln), Handle Attachment, Intersection und Handle Cancellation. Mit diesen Werkzeugen können – siehe Griffiths »Surfaces« – die komplexesten Topologien erzeugt werden. Kirby sucht hingegen Klarheit, sprich »Reduktion der Komplexität«,[173] um der Klassifikation willen: »Handle-Bodies – Dekomposition«[174] zur typologischen Klassifizierung der Architektur von »Körpern«.

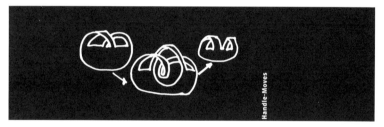

Handle-Moves

Die Komplexität wird erhöht, wenn die Henkel nicht orientierbar sind, also, wenn ein Möbiusband, eine Kleinflasche oder eine Kreuzhaube angeklebt werden. Dies kann auch zu unübersichtlichen Selbstdurchdringungen der Körper führen.[175] Solche Operationen werden deshalb auch von Topologen gerne umgangen und man zieht sich auf orientierbare Beispiele zurück.[176] In der Appli-

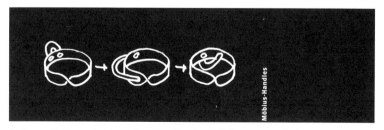

Möbius-Handles

kation auf die reale Umwelt wäre dies fatal. Selbstverständlich ist eine Kaffeetasse orientierbar, aber ist es der kulturelle Kontext, wie ihn Foucault beschreibt? Man könnte sagen, dass Foucault eine analoge Position wie Kirby einnimmt. Er sortiert – als Archäologe und Archivar – die Löcher und Henkel unserer Kultur neu. Wie auch Kirby nicht die »glatten Teile« der Mannigfaltigkeiten umrahmt und behandelt (»framed«),[177] sondern die komplexen Bereiche der Durchdringungen, Verflechtungen und Verknotungen der Henkel, rahmt auch Foucault solche Bereiche ein und überführt sie über Kartographierungen der Henkel-Verschiebungen (»Handle map«)[178] zurück ins Zentrum der Macht. Löcher/Henkel sind die »Toten Winkel« des Kontextes der randlosen Stadt, die es auszuloten gilt.

Medienarchitektur und Überwachung: Mike Davis

Bezugnehmend auf Hegels Naturphilosophie schreibt Derrida: »Auch hier handelt es sich um den Beginn der ›Mechanik‹, deren erster Teil Raum und Zeit als grundlegende Kategorien der Natur, das heißt der Idee als Äußerlichkeit, Nebeneinander, Außereinander oder Außersichsein betrachtet. Raum und Zeit sind die Grundkategorien dieser Äußerlichkeit als das unmittelbare, das heißt unbestimmte und ganz abstrakte Außereinander. [...] Unterscheidung, Bestimmung und Qualifikation ereignen sich im reinen Raum nur als Negation dieser ursprünglichen Reinheit und dieses Urzustands abstrakter Unterschiedslosigkeit, worin eigentlich die Räumlichkeit des Raumes besteht. Die reine Räumlichkeit bestimmt sich im Negieren der sie begründenden Unbestimmtheit, das heißt in der Selbstnegation. In der Selbstnegation (als Spencer Brownsche doppelter Negation, J. H.) besagt, dass diese Negation eine bestimmte Negation sein muss als Negation des Raumes durch den Raum. Diese erste Negation des Raumes ist (wieder nach Hegel, § 256, J. H.) der Punkt. [...] Der Punkt ist ein Raum, der keinen Raum einnimmt und eine Bleibe, die ausbleibt. Er entstellt die Stelle und trifft auf und an der Stelle der Stelle, ist Stellvertreter des Raumes, den er negiert und erhält. Er negiert den Raum räumlich und ist dessen erste Bestimmung. Als solche erste Bestimmung und erste Negation des Raumes geschieht die Raumwerdung des Punktes oder dessen Verräumlichung. Er negiert sich selbst, indem er sich auf sich, das heißt auf einen anderen Punkt bezieht. Die Negation der Negation (Spencer Brown, J. H.), die räumliche Negation des Punktes ist die Linie. Der Punkt negiert und bewahrt sich, dehnt sich aus und behauptet sich durch Aufhebung in der Linie, [...]. Durch diese Bewegung der Aufhebung und Negation der Negation ist die Wahrheit der Linie eine Fläche. [...] Der Raum ist also konkret geworden durch die Bewahrung des Negativen in sich. [...] Er ist Raum geworden durch Selbstvernichtung und Selbstbestimmung und durch Negieren seines reinen Ursprungs als der absoluten Unterschiedslosigkeit und Äußerlichkeit, in welchen seine Räumlichkeit gründet. Die Raumwerdung als die Vollendung des Wesens von Räumlichkeit ist eine Enträumlichung und umgekehrt (»Kehre« à la Heidegger, J. H.).«[179]

Mike Davis hat mit »City of Quartz – Ausgrabungen der Zukunft in Los Angeles« eine Aufsatzsammlung von Anwendungen, besser Feldforschungen im Sinne Foucaults auf das urbane Laboratorium Los Angeles produziert. »Ecology of Fear« (Ökologie der Angst respektive Ökologie der Verängstigung) bezeichnet eine Topologie der räumlichen Angst im Sinne Foucaults Krisenheterotopie,[180] und mit Ausgrabungen der Zukunft verweist er auf Foucaults »Archäologie des Wissens«. Im Zentrum von Davis' Denken steht die enge Verbindung von Raumgenerierung, Raumkontrolle und Raumverfügung durch politische und ökonomische Machtstrukturen. Michael Sorkin spricht im Untertitel seines Buches »Variations on a Theme Park« aus derselben Perspektive vom Ende des öffenlichen Raumes in der neuen amerikanischen Stadt.[181] Öffentlicher Raum soll kontrollierter, gezähmter urbaner Raum sein. In der Wildnis der randlosen Stadt schafft sich der machthabende Mensch neue Inseln der Sicherheit. Zweite Natur in der zweiten Natur Stadt: Zweite Natur zweiter Ordnung; eine Simulation von öffentlichem Raum. »Simulations tend to copy not their original (where that even exists) but one another«,[182] so Davis; und weiter: »Wie viele Kritiker festgestellt haben, wird der amerikanischen Stadt systematisch das Innere nach außen gekehrt – d. h. eigentlich das Äußere nach innen«.[183] Topologisch finden wir in dieser Aussage ein topologisches Möbius-Paradox wieder, aber auch die homologische Frage nach hierarchischen Einbettungsräumen. Die urbanen Artefakte der simulierten Öffentlichkeit sind:

- Festungsarchitektur der Bürokomplexe, Shopping-Malls und Gated Communities; durch bestmögliche bauliche Grenzziehungen und Segregation gekennzeichnet.
- Privatisierung der öffentlichen Außenräume sowie der neuen, künstlichen öffentlichen Innenräume.
- Vollständige delegierte Überwachung durch private Sicherheitsleute und Videoüberwachung.

Die Disziplinierung des öffentlichen Raumes respektive seiner Individuen beschreibt Davis durch ein Foucault paraphrasierendes Zitat von Christine M. Boyer: »Disziplinary Control proceeds by distributing bodies in space, allocating each individual to a cellular partition creating a functional space out of the analytical spatial arrangement. In the end this spacial matrix became both real and ideal: a hierarchical organization of cellular space and a purely ideal order that was imposed upon its forms«.[184]

Wie auch die Architekten Diller+Scofidio in ihrer Arbeit thematisieren, werden die gesellschaftlichen und räumlichen Disziplinierungen des »Körpers« – urbaner Körper, wie auch menschlicher Körper – heute immer stärker durch Feedback-Mechanismen elektronischer Medien veräußert, repräsentiert und bestimmt. Die urbane Landschaft der randlosen Stadt wird, so Davis, zum »Scanscape«:[185]

»Während die architektonische öffentliche Sphäre privatisiert wird, wird gleichzeitig auch der elektronische Raum umstrukturiert, und streng geregelte kostenpflichtige ›Informationsordnungen‹, Elite-Datenbanken und Pay-TV-Kabelprogramme nehmen Teile der unsichtbaren Agora in Besitz«.[186]
Diese Bühne der Sicherheit als Videobild wird ein eigener urbaner Kontext der randlosen Stadt.

Öffentlicher Raum als überwachter ›sicherer‹ Privatraum In Anlehnung an Mike Davis spielen Überwachungssysteme von öffentlichem und halböffentlichem Raum eine zentrale Rolle in der Raumgenerierung randloser Städte.[187] CCTV ist die englische Abkürzung für »Closed Curcuit TeleVision Systems«, die vernetzten Überwachungskameras im öffentlichen und halböffentlichen Raum. Die Innenstadtbereiche von London, Glasgow, Los Angeles oder Monaco sind großflächig abgedeckt. Diese »Closed Circuit TeleVision Systems« (CCTV) sind heute nicht mehr immer absolut geschlossene Systeme. Im Internet erscheinen immer mehr real-time Netz-Videocameras (net-cams, eye-cams, spy-cams […]). Dabei ist es nebensächlich, ob es sich um Verkehrs- oder die Bahnsteig-Überwachung einer New Yorker U-Bahn handle, Arbeitsplatzüberwachung, Kindergärten, öffentliche Plätze, Verkehrsüberwachung, Beobachtung von Vulkanen oder des Nordpols oder eine Peepshow. CCTV, »Closed Circuit TeleVision« sei als topologischer Trägerraum die Summe aller Überwachungskameras von öffentlichem Raum auf dieser Welt. Schon heute ist diese Trägermenge so groß und so unkontrollierbar, dass man sie als infinit annehmen kann. Es gibt eine für uns interessante Teilraum-Topologie: die Summe aller Video-Kameras auf dem Internet: WebCams, NetCams, SpyCams, EyeCams oder anders genannt. Die Liste an Indoor- und Outdoor-Kameras ist mittlerweilen unübersichtlich groß.[188] CCTV teilt unsere Umwelt in sogenannte sichere und unsichere Teile, sichtbare und unsichtbare Orte, überwachte und unbewachte Zonen, ein. Als Vehicle dieser Untersuchung habe ich deshalb CCTV gewählt, weil dieses Phänomen hervorragend auf Raummechanismen, Abbildungsmechanismen und Machtmechanismen im architektonischen Kontext eingeht. Nehmen wir an, man schaue durch eine Netzkamera im World Wide Web des Internet auf die Hauptstraße von Kowloon in Honkong. Das Bild erschiene auf einem Monitor oder einer Großleinwand irgendwo in einem öffentlichen oder halböffentlichen Raum der randlosen Stadt. Es sei ein bewegtes Bild, die Abbildungsfunktion verändere sich konstant, wir hätten es also nicht mit einer Abbildung im Sinne einer statischen einmaligen Projektion, also einer Karte zu tun, sondern umfassender – mit einem dynamischen System. Man lädt weitere Bilder herunter: Traffic Jam in San Diego, Brooklyn Bridge, Straßenkreuzung in Texas, eine Forschungsstation am Südpol. Auch diese werden dem realen Kontext überlagert. Man lädt weitere n-Bilder, die sich in ihrer Überlagerung immer mehr zu einer globalen Stadt ergänzen. Die ergibt Mike Davis' »Scanscape«, eine Landschaft aus Videobildern.

Das CCTV als Video-Panoptikon[189] wird zur Kleinschen-Flasche, wo Innen und Außen immerfort ineinander übergehen.[190] Das Panoptikon repräsentiert nicht nur die Idee der totalen Überwachung im Sinne des ›Big-Brother‹, sondern ebenso die Idee der Gleichzeitigkeit von Beobachtung von einem gewählten Knotenpunkt aus, aber ohne dass der Beobachter selbst gesehen wird. Dieser muss heute im Zeitalter der Telekommunikation oder um beim CCTV zu bleiben, nicht mehr zentral liegen, sondern er verschiebt seine Position fortwährend bis hin zu seiner kompletten Peripherisierung. ›Surveillance‹ kam über das Französische Wort ›surveiller‹ ins Englische.[191] Nicht nur überwachen, sondern auch überblicken, betrachten, inspizieren, bewerten, vermessen werden als Übersetzungen genannt. Sogleich muss man eine Frage laut stellen: Wer ist die handelnde Person oder Macht? Stan Allen schreibt in Sites and Stations, dass »das Utopische immer mit dem Autoritären liebäugelt« (»the utopian always flirts with the authoritarian«.)[192] Das Internet produziert eine Veröffentlichung der Macht. Im Moment funktioniert die Interaktivität des Netzes noch anarchistisch-partizipatorisch, den wie andere Multi-Media-Produkte auch, ist das Internet ein Post-Vietnamkrieg-Pop-Art-Medium.

Videoüberwachung als Video Stadt CCTV ist in seiner Summe die einzige funktionierende virtuelle Stadt im Internet und – ganz entscheidend – diese Virtualität enthält auf beiden Seiten einen Realitätsbezug, ein Interface, eine Mensch-Maschine-Schnittstelle. Die Videoaufnahme als eine Schnittstelle, die Datenumwandlung mit all ihren möglichen Manipulationen als glatte Deformation gelesen auf der einen Seite, das Senden, das Herunterladen auf der anderen Seite stellen eine Rekontextualisierung in einer neuen realen Situation dar. Im Sinne von George Spencer Brown generiert sich dabei eine Koexistenz von Selbstreferenz und Fremdreferenz.[193] CCTV bietet die Möglichkeit, innerhalb der Telepolis wieder Realraum zu integrieren.[194] Es entstehen Parallelwelten, in einer Art und Weise, wie wir dies seit der mittelalterlichen Mnematik nicht mehr erlebt haben. Das Netz ist so gesehen vor jeder Virtualität in erster Linie ein Mnemoraum.

Was macht CCTV? Man muss sich zwangsläufig mit einigen Aspekten der Video- und Filmtheorie beschäftigen, setzt man sich mit dem Auge CCTV-Systeme auseinander. Zentral ist dabei der gewählte Ausschnitt, der »Frame‹. Dieser ist entweder statisch oder über ferngesteuerte Motore schwenkbar, wodurch sich eine Kamerabewegung ergibt. Dasselbe Spiel zwischen statischer und dynamischer Bewegung gilt für den Zoom und den Ton. In der Kombination dieser drei Elemente und einer Vernetzung – dem »Closed Curcuit System« – kann einem Objekt oder einer Person gefolgt werden. Im Gegensatz zu einem Video findet das »Editing«, der Schnitt, »realtime« statt. Man steht »live« in einer Situation, einem »Environment.« Überwachungskameras produzieren Bilder, bewegte Bilder, Bildausschnitte und Tonausschnitte, gehalten von urbanen »Frames«, sprich

Berandungen.[195] Hinter diesen Frames stecken Bildräume, Abbildungsräume. Der Abbildungsraum ist in diesem Beispiel urbaner Topologie das zentrale Element. Er definiert den Kontext, den Topos der antiken Rhetorik, den zur Behandlung eines Themas geeigneten Begriff oder Gesichtspunkt und den Logos des topologischen Raumes. Eine wichtige These dieses Aufsatzes ist das Plädoyer für eine Akzeptanz dieses urbanen CCTV-Environmentes oder analoger Phänomene als Kontext einer architektonischen Intervention oder Analyse. CCTV enthält die meisten der Qualitäten, die unser heutiger Umgang mit Stadt und auch mit Architektur auszeichnen (Territoralisierung, Unterdrückung sozialer Spannungen und Differenzen, Mobilitätskontrolle, Hierarchisierung von öffentlichem Raum etc.). CCTV ist halb Realraum, halb virtueller Raum. Ganz entscheidend ist, dass das vernetzte Bild eines Environmentes nicht nur auf der Aufnahme-Seite »live« existiert, sondern technisch bedingt, leicht zeitversetzt, auch auf der Wiedergabeseite der Überwachungsmonitore; respektive dass dieses neue urbane Environment über das Internet zu irgendeinem anderen real-virtuellen Kontext dazugemischt, addiert werden kann. Bevor das Bild auf dem Computermonitor erscheint, es heruntergeladen wird, haben wir als Betrachter nur einen Rahmen und einen chiffrierten Namen vor uns: Toponomie und Topologie begegnen sich hier. Dieses Spiel im Raum ist ultimativ ein dezentriertes, Derridasches Spiel, dessen Netz sich in seiner Dynamik einer Strukturierung immerfort entzieht und in der Interaktion von Selbst- und Fremdreferenz eigene Choreographien erzeugt.[196] Die Überlagerungen der Transformationen produzieren eine Verschiebung von Gleichzeitigkeit. Der neue Kontext erhält eine Asynchronität, einen Twist. Was ich Überlagerung genannt habe, soll weniger als eine Schichtung, eher als eine Wicklung verstanden werden. Wie wir sehen werden, ist das ein erster Schritt zu einer dynamischen Betrachtungsweise. CCTV ist ein geeignetes Medium, um homologe Kontextbetrachtungen architektonisch zu transformieren. Die Zoom-Animation von Charles Eames »The Powers of Ten« ist zum Beispiel ein anderer radikaler Schritt von einer statischen zu einer dynamischen Kontextbetrachtung.[197]

Der Video-Schnitt und die Vitruv'sche Maschine CCTV ist der härteste Schnitt durch eine »Urbane Topologie« überhaupt. Er ist ein maschineller Schnitt und gleichzeitig im Sinne des Videoschnittplatzes ein unscharfer Schnitt (hart und unscharf, wie auch Leonardo da Vinci in Bezug auf Topos von der ›unscharfen Gestalt‹ sprach).[198] Dieser härteste Schnitt ist den Durchbrüchen von Hausmann in Paris gleichzusetzen, die ja gleichsam ballistisch-strategisch zur Positionierung von Artillerie in der Stadt getätigt wurden. Sich die Stadt freischießen – als urbane Theorie, die heute in den Ghettos oder in Sarajevo wieder eine traumatische Aktualität gewinnt. Jede beteiligte Kamera legt solch einen Schnitt.

Was hätte CCTV für eine architektonische Funktion beim In-die-Sicht-setzen von Weimar? Mich interessiert CCTV als eine Raumproduktions- und eine Raumvernichtungsmaschine.[199] CCTV wird also zu Architektur, aber auch zu einer Maschine: Vitruv hat »seine« Maschinen im zehnten und letzten Buch seiner »Zehn Bücher über Architektur« in Wasserschöpfmaschinen, Zeitmessmaschinen und Verteidigungs- respektive Angriffsmaschinen unterteilt. Sanford Kwinter schreibt über Rem Koolhaas: »Serious architectur must actually desire to be dangerous. [...] How actually to become dangerous?«[200] CCTV ist als architektonische Klasse sicherlich letzterem zuzuordnen. CCTV ist eine listige topologische Maschinerie, die Architektur und deren Kontext zu konstituieren vermag.

Netz-Kamera als topologischer Partizipationsraum Netzkameras besitzen nicht nur Überwachungsqualitäten, wie wir gesehen haben. Eine Komponente, die mit der Verbreitung von frei verfügbaren Video-Konferenz-Programmen Hand in Hand ging, ist die Interaktion. Der Raum der Netzkamera wird zu einem Partizipationsraum, zu einer Bühne, einer urbanen Bühne, in deren Mittelpunkt Kamera und Monitor stehen. Das der Video-Kamera ausgeliefert sein macht jeden zum Schauspieler, aber auch zum Regisseur. Gleichzeitig findet eine Fremdbeobachtung (Voyeurismus) und Selbstbeobachtung (Narzismus und Exhibitionismus) statt. Die Doppelung führt zu einer Form der medialen Schizophrenie.

Monitorstadium des Urbanen Der Monitor wird zur Metapher des Urbanen. Der Kulturtheoretiker Gerhard J. Lischka definiert in einer Analogie zum Terminus des »Spiegelstadiums« beim Psychologen Jacques Lacan den Begriff des »Monitorstadiums« als ein Synonym für eine Umwelt, die »nicht mehr primär die tatsächliche Umgebung ist, sondern die durch die Medien transformierte Umwelt als Zeichen für die Umwelt? [...] Somit befinden wir uns in der komplizierten Lage, nicht nur die Umwelt zu erkennen, sondern auch noch die Zeichen, die behaupten, die Umwelt zu sein.«[201] Lacan entwickelte eine Funktion des symbolischen Dritten neben Realem und dem Imaginären. Dieses Dritte ist Vermittlung, hin zur Entwicklung des Imaginären zu einem so genannten wahren Subjekt. Lischka weiter: »Erst, wenn aus einem Punkt, aus einem einzelnen, ein räumliches dynamisches Zusammenspiel entsteht, wird die reine Oberfläche des Monitors zum Übertragungsgerät, das unmittelbar Unvermitteltes in Vermittlung transformiert, in eine verbindende Mitte, die ein Netz von Beziehungen kreiert.«[202] – in unserem Fall ein Netz von topologischen Faserbündeln. Vermittlung wird dabei verstanden als bidirektionale Verbindung, die als Funktion verändert und transformiert.[203] Erstaunlicherweise gehen die Entwicklungen von topologischen Räumen in der Architektur mit Hilfe der »Monitore« verstärkt in eine Richtung von sensuellen und wahrnehmungssensitiven Gebäuden: Responsive Environment und responsive »User«. Diese interaktive Subversivität geht weit über die konstruierten architektonischen Body-Buildings von Diller+Scofidio hinaus. Der Monitor-, Netz- und Überwachungsraum von öffentlicher Video-Kultur ist ein nicht-euklidischer Raum, trotz dem der Videoüberwachung entnommenen Medium ist es selbst nicht mehr kontrollierbar; es ist Big-Brother, Videokunst und Performance-Art zugleich.

URBANE TOPOLOGIE: GRENZBEREICHE

Kommentierte Zusammenfassung

Homologie beschreibt das qualitative Zusammenspiel der Dimensionalitäten von Topologien, ihrer Unterräume, Einbettungen und Berandungen. Die Hierarchisierung der Dimensionalitäten ist dabei ein zentraler Faktor. Dimensionalität ist dabei kein quantitativer Faktor,[204] sondern eine topologische und mengentheoretische Funktion.[205] Neben der realräumlichen Dimensionalität ist eine zweite Lesart von Dimension möglich; sie beschreibt die Totalität der freien Parameter, der Freiheitsgrade und Wahlmöglichkeiten eines Systems, ist ein Teil der Charakteristika für räumliche Kontingenz und Komplexität.

Kodimension, Einbettung und Immersion Eine Kodimension beschreibt die zusätzlich bei einer Untersuchung involvierten oder generierten Dimensionen. Eine »kleinere« Dimension wird mit einer positiven Kodimension bezeichnet, eine »größere« Dimension mit einer negativen Kodimension. Eine Oberfläche besitzt bezüglich des umhüllten Körpers immer Kodimension 1. Die mögliche Berandung einer solchen Oberfläche Kodimension, 2. etc. Die Abbildung eines Teilraumes in eine Kodimension-kleiner/gleich-Null-Umgebung nennt man eine Einbettung;[206] eine lokale Einbettung ist eine Immersion.[207] Es werden dabei die inneren Eigenschaften der Gestalt und die äußeren Eigenschaften der Lage unterschieden.

Die Beziehung einer Topologie oder Mannigfaltigkeit zu ihren Rändern kann über eine Abbildungsfunktion beschrieben werden und wird im Begriff des Bordismus formalisiert. Der Rand einer Topologie wird in diesem Sinne als eine topologische Abbildung des »innern« der Topologie auf ihre Berandung verstanden und es besteht ein enger Zusammenhang zwischen den Invarianten der Topologie und denjenigen der Berandung. Die Funktion dieser Berandung wird im Sinne des topologischen Wegzusammenhangs oft als eingebetteter Weg beschrieben. Dadurch besteht eine enge Beziehung zwischen der Homotopie und der Homologie, welche die Interaktion von topologischem Raum, Dimension, Einbettung, Bordismus und Trennung untersucht.

Morse-Theorie Visualisierung von Homologie geschieht mit der in der Differenzialtopologie entwickelten Morse-Theorie. Es werden dabei, startend von Tangentialpunkten aus, Kodimension 1 – »Flächen« durch topologische Körper und Mannigfaltigkeiten hindurchverschoben und auf dem entstehenden »Film« die Richtungsänderung der Oberflächenentwicklung betrachtet. In der Vektorfeldtopologie und Differenzialtopologie entspräche dies der Suche nach kritischen Punkten. Die Form der Schnittfunktion respektive Schnittfläce wird so gewählt, dass sie in optimaler Weise die kritischen Punkte treffen. Auf diese Weise entsteht ein Bild der konkaven (»Maxima«) und konvexen (»Minima«) Entwicklung der Topologie und insbesondere ihrer Henkel, Löcher, Knoten, Durchdringungen und Orientierungswechsel. Dieses Schnittlegen – unter Umständen heute auch durch Zufallsverteilungen positionierte Schnitte im Sinne eines Freilegens von Rauminformation – bekommt bei sehr großen, nicht mehr lokal überschaubaren Topologien, zum Beispiel bei der Topologie einer randlosen Stadt, große Bedeutung.

Stratifikation Homologie ist eine Beschreibung der Interaktion von Raum, Dimension, Einbettung, Bordismus, Trennung. Der topologische Raum dieses kodimensionalen Zusammenspiels ist ein stratifizierter Raum.
Die Theorie stratifizierter Räume integriert fragmentierte und heterogene Räume in den topologischen Diskurs. Stücke von Räumen, die selbst keine Mannigfaltigkeiten sind, aber aus Teilen von solchen bestehen, werden Strata genannt. Ein stratifizierter Raum besteht aus Elementen, den Strata, die missverständlich oft mit Layers/Schichten bezeichnet werden, aber als Strata Teile des Raumes mit unterschiedlichen Kodimensionen, z. B. Berandung und »Inneres«, zusammenfassen. Einbettungen generieren deshalb, wie die Theorie der Faserbündel auch, stratifizierte Räume. In stratifizierten Räumen können Singularitäten – trivial gesprochen »Ereignisse« – auf verschiedenen Strata auftauchen. Der Morphismus einer stratifizierten Abbildung erzeugt eine reine-Strataerhaltende Karte.
Strata ist einer der zentralen Begriffe in »Mille Plateaux« von Deleuze/Guattari. Hat man die topologische Definition vor Augen, wird ersichtlich, wie diese in »Mille Plateaux« enthalten ist. »Milieu« als Einbettungsraum, »Code« als Morphismus der Einbettung, »Substanzen« als kodimensionale Körper und »Form« als Gestalt der Berandungen bilden stratifizierte Räume der »Organisation und Entwicklung« respektive »interstratische Bewegungen« und »Mobilität«.[208] Strata sind »abstrakte Bestandteile jeder Gliederung« und »Kompositionseinheit« und ermöglichen »Zwischenschichten« von »Transcodierungen und Übergängen zwischen Milieus.« In »Was ist Philosophie« entwickeln Deleuze/Guattari das Konzept aus »Mille Plateaux« weiter; Strata formieren »das Bewusstseinsfeld als einer unbegrenzten Immanenzebene«[209] einer Erfahrung des unmittelbar Gegebenen.

Das Konzept der Topologie einer randlosen Stadt scheint auf den ersten Blick keine Grenzen, Begrenzungen oder Berandungen zu gestatten. Topologie wird in naiver Interpretation kaum mit Konzepten der internen Differenzierung in Verbindung gebraucht. Urbanität als Lebensgefühl, Kultur und Lebensraum sind charakterisiert durch ihre vielfältigen internen Grenzziehungen, Perspektivenwechseln und Durchlässigkeiten. Das Marginale findet sich nicht mehr in der Peripherie, sondern verteilt sich heterogen über die ganze randlose Stadt. Das Konzept einer randlosen Stadt verlangt nach solchen pluralistischen internen Differenzierungen. In systemtheoretischem Sinne könnte man auch von polykontexturalen System-Umwelt Differenzen sprechen.

Indikationskalkül Als grenzformierende Differenztheorie wurde das Indikationskalkül von George Spencer Browns erkenntnistheoretischer Logik in »Laws of Form« gewählt.[210]

Die wichtigsten Termini respektive Elemente des Kalküls sind: Unterscheiden, Markieren, Überschreiten, Wiedereintreten, Form.

Typisches Element der »Laws of Form« ist die Koppelung von Unterscheidung und Markierung. Jede mit einem Motiv versehene Aktion einer Unterscheidung erzeugt eine topologisch zusammenhängende Grenze und die Markierung benennt die Asymmetrie eines markierten Inneren und eines nichtmarkierten Äußeren. Form bedeutet nach Spencer Brown die Einheit von Innenseite, Außenseite und Unterscheidung: Der Raum, der durch beide Seiten einer Unterscheidung aufgespannt wird. Unterscheiden und Markieren bedeutet ein Überqueren der erzeugten Grenze, die zugleich nach einer Wiederüberquerung – dem Re-Entry – ruft. Erst das Re-Entry macht Erkenntnis über das Innere möglich. Jede Aktion von Unterscheidung und Markierung generiert eines von vielen möglichen Universen. Ein Hinweis auf pragmatische Wurzeln Spencer Browns »Laws of Form«: Ein mögliches Universum ist ein topologischer Raum nach der ersten inneren Grenzziehung und die »Laws of Form« erzeugen nichts weiter als eine topologische Homologie.

Michel Foucault: Les espace autres/Andere Räume Zwischen Michel Foucaults Vortragstyposkript »Les espace autres/Andere Räume« (1967) und Spencer Browns Indikationskalkül sind Parallelen auszumachen. Das »Andere« bildet den zentralen Begriff, um den der Aufsatz kreist. In einem Hegelschen Sinne bezeichnet das Andere ein Äußeres eines organischen Ganzen, aber auch Lacans Anderes nach dem Spiegelstadium, als eine doppelte Negation im Sinne eines Re-Entry erzeugendes Nicht-Ich.

Eine Grenze hin zum Anderen muss überschritten werden, um das Nicht-Andere im Sinne von Sartres »Blick des Außen« wiederum als Inneres sichtbar zu machen. Die Topoi des Anderen entstehen als Heterotopoi erst durch die Benennung respektive Markierung im Überschreiten. Eine topologische Deutung von

»Andere Räume« lässt die Heterotopien, nicht wie oft behauptet, als pathologisch erscheinen, sondern als generische Orte. Das Ausloten solcher urbanen Grenzbereiche macht erst innere Eigenschaften sichtbar. Darin liegt eines der Wesen der Heterotopien als »Gegenplatzierungen und Widerlager«.

Die Heterotopien sind »Äußerungsformen von Andersheit« (Dreyfus/Rabinow). Da jede Heteropie ein eigenes Anderes formuliert, spannt jede im Sinne einer Spencer Brownschen Einheit von Innen und Außen, einen eigenen Raum – eine Form – auf. Die Summe dieser pluralen »Anderen Räume« formuliert Foucault im Sinne eines von ihm nicht erfüllten Programms als Heterotopologie; einer Konfiguration von Relationen und einer »Gemengenlage von Beziehungen, die Platzierungen definieren«: Heterotopologie wird bei Foucault ein unvollständiges Programm der Homologie als Beschreibung und Beschreitung der Heterotopoi. Foucaults Denken des Außens als Anderes in einem sozialen System äußert sich in »Macht«. Die Heterotopologie der Grenzen, Grenzbereiche und Unterscheidungen eröffnen Räume der Macht und der Macht des Diskurses. »Die Macht ist«, nach Foucault, »eine Beziehung, kein Ding«.[211] Foucault beschreibt drei topologische Räume von Macht: Der erste Machttyp ist die Ausschließung und Ausgrenzung. Der zweite Machttyp ist die »innere Einschließung« normativer Integration. Der dritte Machttyp verbindet die Machtwirkung des ersten und des zweiten Typs, der Ausschließung und der transformierenden Integration.[212] Die wirksamste Äußerungsform solcher Macht ist Disziplinierung mit ihren zwei Bedingungen der Überwachung und Bestrafung. Foucaults Homologie beschreibt eine »Urbane Geographie der dispersen Räume« mit einer geometrischen Wende der menschlichen Geographie, hin zu Geschichten und Historien sozialer Andersheit.[213]

Die New Yorker Architekten Elisabeth Diller und Ricardo Scofidio setzten Michel Foucaults Programm mit denselben Kernthemen Macht, Überwachung, Disziplinierung, Domestizierung, Hygiene und Sexualität in Architektur um. Ihr Arbeitsansatz ist stark von der freien Kunst, Theater und Tanz geprägt. Der Kontext wird aber nicht nur durch die soziale Kultur unserer Gesellschaft gebildet, sondern bei Diller+Scofidio zentral auch durch den innerdisziplinären Diskurs und die Tradition von Architektur. Vor allem innerhalb letzterem loten sie durch ihre Arbeit Grenzen, Grenzbereiche und Körpererfahrung von Architektur und deren Nutzern aus. Ihr bauliches Medium haben sie in Multimediainstallationen gefunden, die sie in verschiedensten Kontexten applizieren, in jüngster Zeit vor allem auch auf Tanzbühnen. Körper und Architektur werden Situationen von Grenzerfahrung und Grenzüberschreitung ausgesetzt. Ziel ist in der Tradition Bernard Tschumis, eine erweiterte Programmformulierung der jeweiligen architektonischen Interventionen: »reprogramming architecture«. Der Nutzer und Architekt wird auf seinen eigenen Körper zurückgeworfen: Raumerfahrung und Körpererfahrung. Grenzen werden bei Diller+Scofidio zu Oberflächen, Bildschirmen, Körpern, Häuten; sie bilden Body-Works und Bodybuildings. Das Resultat sind räumliche, non-figurale Kartographierungen urbaner Homologie. Ihr wichtigstes Werkzeug, als einem methodischen Verfahren, ist das Schnitte legen; dies im pluralen Sinne eines medizinischen Schnittes bei Operationen, dem Schnitt von Schneidern bezüglich Kleidern als zweiter oder dritter Haut, Video-Schnitten und Schnittstellen neuer Medien. Über Schnitte werden die Projekte von Diller+Scofidio detailliert. In den Projektionen und interaktiven Installationen treffen sich Elemente von homotopen Abbildungsräumen, mit deren erweitertem funktorialem Funktionsbegriff und Faserungen mit den homologen Interaktionen von Dimensionalitäten, Einbettungen und Grenzen. Dadurch arbeiten Diller+Scofidio konsequenter an der Schnittstelle zwischen virtueller und analoger Architektur als manche der softwareabhängigen, CAD-motivierten Architekten.

Folgerung und Interaktion

Michel Foucaults Homologie besitzt rekursive Elemente. »Macht« erzeugt weitere Machtdispositive. Grenzen und Begrenzungen, zum Beispiel durch Disziplinierung und Überwachung, erzeugen neue Grenzen. In den Naturwissenschaften bezeichnet man dies als Autopoiesis: »Selbstproduktion, Selbstreproduktion«. So wie Foucault betont, dass »Macht« kein Ding sei, sondern eine Beziehung/Relation, bezeichnet Autopoiese vor allem die selbstähnliche Reproduktion von Prozessen. Ein in der Diskussion oft unterschlagenes Phänomen der Autopoiese ist, dass eine interne topologische Grenze als ein Resultat desselben Produktionsprozesses emergent auftaucht und formbar wird.[214] Was in Foucaults Homologie klar wird, ist die Koppelung von Grenzen und Grenzbedingungen. Autopoiese im Kontext der randlosen Stadt ist nicht ein »natürlicher« Prozess, sondern ein komplexes, artifizielles soziales Konstrukt. Homologie beschreibt die Form von Einbettungen, Bordismus die From der Grenzen und die »Oberflächen« der Begrenzungen. Stratifikation wiederum ist die Theorie der Grenzbedingungen und Einbettungskonditionen in der »Urbanen Topologie«. Sie ergeben zusammen ein urbanes Muster der Topologie. Die Topologie der Grenzbedingungen geht weit über die »naive Topologie« materialisierter Oberflächen, Hüllen und Begrenzungen als »Grenzen« hinaus; solche wären rein topographischer Natur. Manuel De Landa unterscheidet Grenzen als extensive Begrenzungen und Grenzbedingungen als intensive Begrenzungen, die zusammen unsere raum-zeitlichen Zonen der Lebenswelt formieren.[215] Intensive Begrenzungen sind demzufolge kritische Punkte, Schwellenwerte von kritischen Punkten (siehe nächstes Kapitel): Temperatur, Druck, Spannung, Zusammenhang etc. Diese Bedingungen geben den extensiven Grenzen »Form« und »Substanz«, also auch Inhalt: »[…] all the extensive borderlines which define our space and time, from the membrane of soap bubbles to the skin of our bodies, are generated through the interplay of intensive borderlines, critical points of intensity defining the virtual forms available to a material and energetic system within a particular intensive zone«.[216]

Oberflächen, Begrenzungen und Einbettungen sind eng an Dimensionalität gebunden; eine Dimensionalität, die durch die topologischen Strata »zusammengehalten« wird. Sie beschreibt nicht quantitative räumliche Ausdehnung, sondern ist mengentheoretischer Natur. Vielmehr beschreibt sie die Anzahl möglicher freier Parameter, die Wahlmöglichkeiten, Freiheitsgrade und dadurch Eigenschaften eines topologischen Systems. De Landas Beschreibung eines homologen »Interplays« integriert diese Lesart von kontextueller Kontingenz.

Grenzbedingungen sind nach Sokal/Bricmont äußerst vielfältig: »Kann ein Grenzwert überschritten werden, und wenn ja, was passiert dann? Unter Fachleuten ist dies als Problem der ›Grenzbedingungen‹ bekannt. Auf einer rein mathematischen Ebene ist der hervorstechendste Punkt der Grenzbedingungen die große Vielfalt an Möglichkeiten: beispielsweise ›freie Grenzbedingungen‹ (nichts, was am Überschreiten hindert), ›reflektierende Grenzbedingungen‹ (spiegelnde Grenzbedingungen, wie in einem Spiegel), ›periodische Grenzbedingungen‹ (Wiedereintritt in einem anderen Teil der Mannigfaltigkeit) und ›antipodische Grenzbedingungen‹ (Wiedereintritt mit 180 Grad-Drehung).«[217]

Grenzbedingungen, dargestellt durch die Wege respektive Trajektorien der Vektorfelder, sind topologische homotope Phänomene. Homotopie und Homologie bedingen sich und interagieren bei der Beschreibung von »kritischen Räumen«. Durch Einbettung in höhere oder andere Dimensionen werden homotope topologische Funktionsräume zu homologen Grenzräumen in Topologien. Auch dies trifft auf Foucault zu: Diskurs (Kommunikation/Code) über Machtdispositionen wird eingebettet in eine Untersuchung von Grenzräumen und -Konditionen. Gleichzeitig formieren diese Marginalitäten die »sichtbare« Oberfläche von Raum »als Architektur«. Architektur ist auch immer solche Hülle, solche umhüllende: eine Grenze.

Mediatisierung von Diskurs, Disziplinierung und Überwachung Heute werden Foucaults Themen mit Aspekten der Globalisierung und Virtualisierung konfrontiert und ergänzt. Soziologen und Sozialgeographen, z. B. Giddens, Harvey, Sassen, Soja, weisen in der Debatte über Globalisierung auf die eingegrenzten regionalen Phänomene und Zonen und deren Wechselwirkung mit globalen Prozessen hin. Regionen liegen innerhalb einer randlosen Stadt, Zonen bordanter interner Grenzziehungen. Anthony Giddens gebraucht Termini aus der Homologie, speziell die Einbettung, um die dislozierenden Wechselwirkungen sozialer Beziehungen zu beschreiben: »Unter Entbettung verstehe ich das ›Heausheben‹ sozialer Beziehungen aus ortsgebundenen Interaktionszusammenhängen und ihre unbegrenzte Raum-Zeit-Spannen übergreifende Umstrukturierung. […]

Das Gegenstück zur Dislozierung ist die Rückbettung. Die Entbettungsmechanismen heben soziale Beziehungen und den Informationsaustausch aus spezifischen raum-zeitlichen Kontexten heraus, doch zur gleichen Zeit geben sie neue Gelegenheiten für ihre Wiedereingliederung [...] . Das Merkmal der Dislozierung ist unsere Verpflanzung in globalisierte Kultur und Informationsfelder, und das bedeutet, dass Vertrautheit und Ort sehr viel weniger fest verbunden sind als bisher«.[218]

Giddens betont, dass diese Phänomene respektive Erfahrungsrahmen auch im Sinne von Clifford Geertz für »Lokales Wissen« und dessen Rückfilterung gilt.[219]

Für die großmaßstäbliche Betrachtung urbaner Räume hat die moderne Sozialgeographie, speziell die »Los Angeles School of Urban Studies«[220] mit ihren Exponenten Mike Davis und Edward W. Soja, Grundlagenforschung auf der Basis von Michel Foucaults Werk geleistet. Die vergleichsweise frühe Taxonomie von Foucaults Heterotopien eignet sich auch für eine Aktualisierung und Erweiterung, um die Elemente »Virtualisierung« und »Mediatisierung« von öffentlichem und privatem Raum. Macht über öffentlichen und privaten Raum verschiebt sich in der urbanen Topologie nach Frank Webster immer mehr auf die Umsetzung von Kontrolle über Informationstransaktionen: Videoüberwachung von öffentlichen Räumen, Einkaufszentren, Arbeitsplätzen, Schulen und Kindergärten; Internetbenutzung, Geldautomaten/Bankautomaten, Kreditkarten, Mietautos, Mobiltelefone, Kabelfernseher, Global-Positioning-Systems etc.[221] Die transaktionale Information bildet die neuen Grenzbedingungen des urbanen Kontextes: Sie formiert Grenzen innerhalb einer »gläsernen« Stadt.

Mike Davis beschreibt in »Festung Los Angeles« die Kombination von Überwachungssystemen mit baulicher Segregation als Festungs- und Bunkermentalität im Sinne einer Militarisierung des öffentlichen Raumes.[222]

Das Internet mit seinen »Fenstern« in Form von Bildschirmen, Projektionen, Handys etc. ergänzt diese Genealogie der Macht mit einem neuen Element der Zugänglichkeit und partiell anarchischer Veröffentlichung. Videoüberwachung wird durch das Internet veröffentlicht. Öffentliche und private WebCams, Spy-Cams, Net-Cams sind massenhaft über das Internet einsehbar. Kontext wird dadurch disloziert und Kontextbedingungen werden translokal wirksam. Diese Verschiebung und topologische Transformation von urbaner Information und ihrer Grenzbedingungen formuliert eine neue urbane Homologie. CCTV (Closed Circuit Television), das Netzwerk öffentlicher und nichtöffentlicher Überwachungskameras, ist in seiner Summe die einzige funktionierende virtuelle Stadt im Internet und – ganz entscheidend – diese Virtualität enthält auf beiden Seiten einen Realitätsbezug, ein Interface, eine Mensch-Maschine-Schnittstelle. Die Videoaufnahme als eine Schnittstelle, die Datenumwandlung mit all ihren möglichen Manipulationen als glatte Deformation gelesen auf der einen Seite, das Senden, das Herunterladen auf der anderen Seite, stellen eine Rekontextualisierung in einer neuen realen Situation dar. Im Sinne von George Spencer Brown generiert sich dabei eine Koexistenz von Selbstreferenz und Fremdreferenz.[223] CCTV bietet die Möglichkeit, innerhalb der Telepolis wieder Realraum zu integrieren.[224] Es entstehen Parallelwelten, in einer Art und Weise, wie wir dies seit der mittelalterlichen Mnematik nicht mehr erlebt haben. Das Netz ist so gesehen vor jeder Virtualität in erster Linie ein Mnemoraum. Der überwachte Raum suggeriert eine trügerische partizipatorische Sicherheit, bietet aber auch Bühne für exhibitionistische Selbstdarstellung und Voyeurismus. Stan Allen schreibt in »Sites and Stations«, dass das Utopische immer mit dem Autoritären liebäugele.[225] Das Internet produziert eine Veröffentlichung von Macht. Im Moment funktioniert die Interaktivität des Netzes noch anarchistisch-partizipatorisch, denn wie andere Multi-Media-Produkte auch, ist das Internet ein Post-Vietnamkrieg-Pop-Art-Medium. Architektur gibt diesen Grenzbedingen neue Hüllen; auch entmaterialisierte, mediatisierte und kinetische. Eine kritische Architektur, die sich diesen Herausforderungen bewusst ist, setzt sich urbaner »Gefahr« (Mike Davis) aus, was Rem Koolhaas sehr direkt beantwortet mit: »Serious architecture must actually desire to be dangerous«.[226]

Transaktionale Information einer urbanen Topologie der randlosen Stadt ist editierbar und manipulierbar; sie ist »kreativ«. Videoinformation wird editiert auf der Basis der Filmkultur und der Videokunst einerseits und der grafischen Bildbearbeitungssoftware andererseits. Die verschiedenen Techniken dieser Verfremdung kann man auch heute noch unter der traditionellen Metapher des filmischen »Schnitts« subsummieren. Topologische Schnitte, wie sie die Morse-Theorie formuliert, bedeuten sowohl Querschnitt als auch Aus-Schnitt. Der Schnitt legt einen urbanen filmischen Cadre/Frame frei, er bildet den räumlichen Rahmen, das Parergon[227] des Sichtbaren und bezeichnet den Ort der Intervention. Die klassische Moderne dachte den Schnitt räumlich reduktionistisch, um Raum in Heideggerschem Sinne auszuräumen. Eine »Urbane Topologie« braucht Schnitt, um überhaupt erst sichtbar zu machen. Ein Kontext wird dadurch nach Merz/Knorr Cetina aber nicht reduziert, er wird im Gegenteil komplex erweitert. »Cutting means substituting an abstract quantity, by a concrete value, different for each example«.[228]

Homologe Stadtmorphologie Die im ersten Kapitel gezogene Parallele zwischen ausgewählten typologischen Konzepten der Architektur erhielt bis hierhin noch keine Erweiterung auf die Stadtmorphologie in einer Weise, dass sich eine im Rossischen Sinne Dualität von Morphologie und Typologie hätte ergeben können. Rossis Schwerpunkt in der Frage nach der Stadtgestalt lag nur auf einem der vier Aristotelischen Kriterien des »Morphe«; dem Substrat, der Materie. Stadtmorphologie ist mehr als ein Rossi-Plan der Aufsummierung und Kartographierung von Typologien. Aldo Rossi klammert kontextuelle »Ausnahmen«

als Monumente von der morphologischen Betrachtung aus. »Objekt« steht dadurch Morphologie zu statisch gegenüber. »Morphe« berücksichtigt nach Aristoteles (Metaphysik) zusätzlich zur Form des Substrats, die Frage nach der Gestalt von Wesen, Gestalt von Gattung/Geschlecht und der Gestalt des Allgemeinen, der Allgemeingültigkeit. Die Morpho-Logik ist in dieser Summe durchaus mit Topologie vergleichbar. Unter diesem Gesichtspunkt ist es möglich, »Urbane Topologie« und Stadtmorphologie zu verbinden. Homologie in der Morphologie[229] fragt nach obigen vier inneren Kriterien, deren Kontinuität oder deren Veränderungen.[230] Foucault und Diller+Scofidio sind »Körper«-orientiert – Körper im Plural – und nicht strukturorientiert. Sie arbeiten also auch mit morphologischen Fragestellungen. Ihre Morphologie ist jedoch nicht homogen und »glatt«, sondern durch die Grenzbedingungen und Begrenzungen formiert und bildet eine aktuelle Lesart von »anderer«-Stadtmorphologie. In ihr sind Homotopie und Homologie verschränkt und bilden gemeinsam den stratifizierten Raum der heterogen und im Sinne Foucaults heterotop verteilten urbanen Ereignisse (Singularitäten, siehe Kapitel »Ereignisse: Topologische Singularitätstheorie«). Stadtmorphologie, als Logik der Stadtgestalt, wird dadurch über Einbettungen von Transformationsräumen (Homotopie) und Interaktionsräumen (Homologie, Strata) beschrieben und ermöglicht großmaßstäbliche Übergänge und Projektionen vom Lokalen zum Globalen. Die Stadtmorphologie der urbanen Topologie ist mit Nicht-metrik und raum-zeitlicher Veränderung konfrontiert; sie berücksichtigt nicht nur »äußere« Form, sondern legt spezielles Augenmerk auf die innere topologische Homologie. Es findet dabei ein infiniter topologischer Wandel der Stadtmorphologie durch die sich ständig verändernden oder generierenden Grenzen und Grenzbedingungen statt. Jede architektonische Intervention bedeutet z. B. eine solche Grenzziehung. Trotz dieser Unstetigkeit und den darin enthaltenen, durch Foucault/Diller+Scofidio untersuchten Grenzbereichen handelt es sich immer noch um den Kontext einer generischen Stadt. Generische Morphologie braucht die Erweiterung um die zwei topologischen Schwerpunkte der Transversalität (Homotopie) und Stratifikation (Homologie), die, wie wir im letzten Kapitel sehen werden, topologische Stabilität garantieren.

Im ersten Kapitel diente Derridas Différance als Differenztheorie zuhanden eines differenzierenden »Aufspannens« von Räumen durch Verschiebung – sprich Transformation – der Différance in einer urbanen Topologie. Im zweiten Kapitel eröffnete sich als Transformationsraum eine Differenz des Dritten: Virilios drittes Interval, Lefèbvres symbolischer repräsentierender Raum, Lacans Symbolisches, das im Sinne Slavoj Zizeks Populärkultur dynamisch – im Übergang – »vermittelt« etc. […] Hier im dritten Kapitel formliert Spencer Browns Indikationskalkül eine Foucaultsche Differenz der Grenzbedingen von homologen Einbettungsräumen. Man sieht nun, dass diese drei Konzepte kultureller Differenz zusammenhängen, wie auch die drei mit ihnen in Verbindung gebrachten Bereiche der Topologie zusammenhängen und interagieren: Homologie und Homotopie sind immer eng miteinander verknüpft. Transformationen von Räumen, die homolog eingebettet sind, werden homotop beschreibbar. Das Einbettungsspiel zwischen Homotopie und Homologie der randlosen Stadt findet heute seinen Ausdruck in den urbanen virtuellen Realitäten, dem Kontext der architekonischen Praxis. Viele der Phänomene der Homologie zwischen Heterotopie und Heterotopologie werden erst »verköpert« durch einen Durchgang ins Virtuelle und zurück ins Reale: vom Phänomen zum Körper – Machtphänomen zu disziplinierter Köperlichkeit. In der virtuellen Realität zeigt sich ein Charakteristikum von Begrenzungen verstärkt; Grenzen werden aufgrund ihrer fehlenden physischen Materialität in virtueller Realität weniger als Oberflächen wahrgenommen, dafür tritt das Phänomen des Zugangs oder Zugriffs (»Access«) in den Vordergrund. Zugänglichkeit – sichtbar oder unsichtbar – ist äußerste Manifestierung von Machtdispositiven. (Hacker versuchen diese z. B. im Sinne von topologischen Handle-Slides zu umgehen.) Erst deren homologe Einbettung macht sie sichtbar.

1 Vgl. John Stillwell, Classical Topology and Combinatorial Group Theory, New York, 1989/1993, S. 171: […] One of the difficulties of homology theory above dimension 1 lies in its intimate relationship with foundational questions, namely, the very nature of, dimension, boundary, and seperation. **2** Vgl. Karl Menger, »What is Dimension?«, American Mathematical Monthly 50, Bd. 50, 1943, S. 2–7 **3** Vgl. C. P. Rourke; B. J. Sanderson, Introduction to Piecewise-Linear Topology, Berlin, Heidelberg, NewYork 1982, S. 97ff. **4** Vgl. Klaus Jänich; Theodor Bröcker, Einführung in die Differentialtopologie, Berlin, Heidelberg, New York 1973, S. 9ff. **5** Vgl. a. a. O., S. 9ff. **6** Allan J Sieradski, An Introduction to Topology and Homotopy, Boston 1992, S. 373 **7** Vgl. S. K. Donaldson, »An application of gauge theory to the topology of 4-maifolds«, Journal of Differential Geometry, No. 18, 1983, S. 279–315; S. K. Donaldson, P. B. Kronheimer, The Geometry of Four-Manifolds, Oxford, 1990; Daniel S. Freed; Karen K. Uhlenbeck, Instantons and Four-Manifolds, Berlin, Heidelberg, New York 1984; Michael H. Freedman; Frank Quinn, Topology of 4-Manifolds, Princeton New Jersey 1990; Robion C. Kirby, The Topology of 4-Manifolds, Lecture Notes in Mathematics 1374, Berlin Heidelberg New York 1989 **8** Karl Menger, »What is Dimension?«, American Mathematical Monthly No. 50 1943, S. 2–7 **9** Vgl. a. a. O., S. 2 **10** Vgl. a. a. O., S. 6 **11** a. a. O., S. 3 **12** Vgl. Fritz Reinhardt; Heinrich Soeder (hg.), dtv-Atlas zur Mathematik Bd. 1+2, München 1974/77, S. 213 **13** Vgl. Jeffrey R. Weeks, The Shape of Space. How to Visualize Surfaces and Three-Dimensional Manifolds, New York und Basel 1985, S. 33 **14** Edwin E. Abbott, Flatland. A Romance of many Dimensions by A Square. London, Harmondworth, Dover 195 **15** Vgl. Otto E. Rössler, Endophysik, Die Welt des inneren Beobachters, Berlin 1992, Nr. 164 S. 45–84 **16** John Hempel, 3-Manifolds, Princeton, New York 1976, S. 125 **17** »Boundary Conditions« waren Thema des Book-Workshops der Diploma Units 2+10 der Architectural Association School London, unter Raoul Bunschoten, an dem der Autor im Winter 89/90 teilgenommen hat. **18** Tammo Tom Dieck, Topologie, Berlin, New York, 1991, S. 293: **19** a. a. O., S. 293 **20** Vgl. C. P. Rourke; B. J. Sanderson, Introduction to Piecewise-Linear Topology, Berlin, Heidelberg, NewYork 1982, S. 87 **21** Tammo Tom Dieck, Topologie, Berlin, New York, 1991, S. 301 **22** a. a. O., S. 300 **23** Vgl. Tammo Tom Dieck, Topologie, Berlin, New York, 1991, S. 312 **24** Vgl. J. Scott Carter: How Surfaces Intersect in Space. An Introduction to Topology, London Singapore 1993, S. 250 **25** Vgl. a. a. O., S. 250 **26** Vgl. a. a. O., S. 250 **27** Vgl. V. G. Boltjanski; V. H. Efremovic, Anschauliche kombinatorische Topologie, Braunschweig 1986, S. 140; John Stillwell, Classical Topology and Combinatorial Group Theory, New York, 1989/1993, S. 170 **28** Vgl. John Stillwell, Classical Topology and Combinatorial Group Theory, New York, 1989/1993, S. 170 **29** Fritz Reinhardt; Heinrich Soeder (hg.), dtv-Atlas zur Mathematik Bd. 1+2, München 1974/77, S. 237 »Zu ihr gehört auf jeden Fall die Klasse (der geschlossenen Wege, J. H.), Wobei die konstante Abbildung mit dem Bildelement X0 (Anfangs und Endpunkt, J. H.) ist (konstanter Weg). Man sagt, die zu W0 gehörenden Wege seien auf X0 ›zusammenziehbar‹«. **30** Ich folge hier im weitesten Sinne der verständlichen Erklärung in: Ian Stewart: Concepts of Modern Mathematics, Harmondworth GB 1997/1981, S. 189ff. **31** Das Jordan Kurven Theorem ist trivial vorstellbar aber schwierig zu beweisen: Jordans eigener Beweis war falsch! Heute kursieren in den Lehrbüchern verschiedenste elegante und weniger elegante Beweise. **32** a. a. O., S. 100 **33** Für eine mathematisch fundierte Beschreibung der Fundamentalgruppe ist zu empfehlen: John Stillwell, Classical Topology and Combinatorial Group Theory, New York 1983, 1990 **34** V. G. Boltjanski; V. H. Efremovic, Anschauliche kombinatorische Topologie, Braunschweig 1986, S. 136 **35** Vgl. C. P. Rourke; B. J. Sanderson, Introduction to Piecewise-Linear Topology, Berlin, Heidelberg, New York, 1982, S. 97 **36** Vgl. Tammo Tom Dieck, Topologie, Berlin, New York 1991, S. 305 **37** Vgl. Bruce Hughes, »Geometric Topology of Stratified Spaces«, Electronic Research

Announcements of the American Mathematical Society, Vol. 2, Nr. 2, Oct. 1996, S. 73–81 **38** Vgl. a. a. O. **39** Vgl. Shmuel Weinberger, The Topological Classification of Stratified Spaces, Chicago, London, 1994, S. 7 **40** Vgl. Bruce Hughes, Geometric Topology of Stratified Spaces, Electronic Research Announcements of the American Mathematical Society, Vol. 2, Nr. 2, Oct. 1996, S. 73–81 **41** Vgl. Shmuel Weinberger, The Topological Classification of Stratified Spaces, Chicago, London, 1994, S. 7 **42** Vgl. a. a. O., S. 13 **43** John Milnor, Morse Theory. Based on Lecture Notes by M. Spivak, and R. Wells, Princeton New Jersey 1963 **44** Hubert B. Griffiths, Surfaces, Cambridge University Press, London, New York, 1976/1984, S. 82ff. **45** Vgl. J. Scott Carter, How Surfaces Intersect In Space. An Introduction to Topology, Series on Knots and Everything, Vol 2. Singapore, New Jersey, London, Hongkong 1993, S. 85ff., 173ff. **46** Vgl. Fred Bookstein, The Measurement of Biological Shape and Shape Change, Lecture Notes in Biomathematics 24, Berlin, Heidelberg, New York, 1978 **47** Vgl. R. E. Mills; J. Serra (hg.) Geometric Probability and Biological Structures, Berlin, Heidelberg, New York 1978 **48** Didier Gille, »Maps and Models«, in: Sanford Kwinter; Michel Feher (eds.) »City«, Zone 1/2, New York 1986, S. 228–281, hier S. 240 **49** Peter Prechtel; Franz-Peter Burkard, Metzler Philosophie Lexikon, Begriffe und Definitionen, Stuttgart, Weimar 1996 **50** a. a. O. 1996 **51** Vgl. Robert Markley, »Boundaries: Mathematics, Alienation, and the Metaphysics of Cyberspace, Configurations«, A Journal of Literature, Science and Technolgy, Baltimore 1994 Bd. 2/3:, S. 485–507 **52** Michel Foucault, »Andere Räume«, in: Felix Zwoch und Senator für Bau- und Wohnungswesen Berlin, Idee, Prozess, Ergebnis. Die Reparatur und Rekonstruktion der Stadt, Berlin/D 1987, S. 337–340 Französisch: Des éspaces autres, Vortrag am Cercle D'ètudes Architecturales, Paris 14. März 1967, Englisch: Of Other Spaces: Utopias and Heterotopias, Lotus International 48/9, 1985, S. 9–17, Diacritics 16 (1986), S. 22–27 **53** Vgl. Aristoteles, Topik (Organon V) Meiner,Philosophische Bibliothek, Hamburg 1992 **54** Michel Foucault, »Andere Räume«, in: Felix Zwoch und Senator für Bau- und Wohnungswesen Berlin, Idee, Prozess, Ergebnis. Die Reparatur und Rekonstruktion der Stadt, Berlin/D 1987, S. 338 **55** a. a. O., S. 337 **56** Vgl. Benjamin Genocchio, »Discourse, Discontinuity, Difference: The Question of »Other« Spaces«, in: Sophie Watson; Katherin Gibson, Postmodern Cities and Spaces, Oxford/UK, Cambridge/MA 1995 S. 35–46, hier S. 37 **57** Michel Foucault, Die Ordnung der Dinge, Frankfurt a. M. 1971/1995, Orig. 1966, darin Heterotopien: S. 18/20 **58** Vgl. Benjamin Genocchio, »Discourse, Discontinuity, Difference: The Question of »Other« Spaces«, in: Sophie Watson; Katherin Gibson, Postmodern Cities and Spaces, Oxford/UK, Cambridge/MA 1995 S. 35–46, hier S. 39 und Gilles Deleuze, Foucault, Frankfurt a. M. 1987/1992, Orig. 1986, S. 67 **59** Gilles Deleuze, Foucault, Frankfurt a. M. 1987/1992, Orig. 1986, S. 67 **60** Michel Foucault, »Andere Räume«, in: Felix Zwoch und Senator für Bau- und Wohnungswesen Berlin, Idee, Prozess, Ergebnis. Die Reparatur und Rekonstruktion der Stadt, Berlin/D 1987, S. 338 **61** Peter Pechtel; Franz-Peter Burkhard, Metzler Philosophie Lexikon. Begriffe und Definitionen. Stuttgart, Weimar 1996 **62** a. a. O. **63** Jean-Paul Sartre, Das Sein und das Nichts. Versuch einer phänomenologischen Ontologie, Reinbek bei Hamburg, 1952/1993/1995, Orig. 1943 **64** Bernhard Waldenfels, Phänomenologie in Frankreich, Frankfurt a. M. 1983/187, S. 88–90 **65** Vgl. Hubert L. Dreyfus, Paul Rabinow, Michel Foucault. Jenseits von Strukturalismus und Hermeneutik, Frankfurt a. M. 1997/1994, Orig. 1982 **66** Vgl. Franco Rella, The Myth of the Other: Lacan, Foucault, Deleuze, Bataille, Post Modern Position Series Vol. 7, Maisonneuve Press 1994 **67** Vgl. Jacques Lacan, Schriften I, Olten 1973, Orig. 1966 **68** Jacques Lacan, Das Drängen des Buchstabens im Unbewussten oder die Vernunft bei Freud, Schriften II, Olten 1975, Orig. 1966, S. 50 **69** Michel Foucault, Andere Räume, in: Felix Zwoch und Senator für Bau- und Wohnungswesen Berlin, Idee, Prozess, Ergebnis. Die Reparatur und Rekonstruktion der Stadt, Berlin/D 1987, S. 3 **70** Hinrich Fink-Eitel, Foucault zur Einführung, Hamburg 1989, S. 69 **71** Hubert L. Dreyfus; Paul Rabinow, Michel Foucault. Jenseits von Hermeneutik und Strukturalismus, Frankfurt a. M. 1987/1994, S. 35/36 **72** Gilian Rose, »The Interstitial Perspective: A Review Essay on Homi Bhabha's The Location of Culture«, Environment and Planning D: Society and Space 13 (1995) S. 367 **73** G. W. F. Hegel, Phänomenologie des Geistes, Stuttgart, 1987, Orig. Bamberg, Würzburg 1801, S. 206/208 **74** Vgl. a. a. O., S. 197ff. **75** Vgl. Jean-Paul Sartre, Das Sein und das Nichts. Versuch einer phänomenologischen Ontologie, Reinbek bei Hamburg, 1952/1993/1995, Orig. 1943, S. 457ff. **76** Michel Foucault, »Andere Räume«, in: Felix Zwoch und Senator für Bau- und Wohnungswesen Berlin, Idee, Prozess, Ergebnis. Die Reparatur und Rekonstruktion der Stadt, Berlin/D 1987, S. 337/338 **77** Gilles Deleuze, Foucault, Frankfurt a. M. 1987/1992, Orig. 1986, S. 64 **78** a. a. O., S. 120/121/122 **79** Noel Gray, Art Association of Australia, Conference ›Heterotopias and Other Spaces‹, 28. of Sept. 1990 **80** Benjamin Genocchio, »Discourse, Discontinuity, Difference: The Question of »Other« Spaces«, in: Sophie Watson; Katherin Gibson, Postmodern Cities and Spaces, Oxford/UK, Cambridge/MA 1995 S. 35–46, hier S. 38 **81** Niklas Luhmann, »Territorial Borders as System Boundaries«, in: R. Strassolo; G. Delli Zotti, Cooperations ans Conflict in Border Areas, Milano 1982, S. 237–244, hier S. 236 **82** Lars Lerup: »Stim&Dross«; Rethinking the Metropolis Assemblage 25, 1995, S. 82–101, hier S. 86 **83** Gilles Deleuze, Foucault, Frankfurt a. M. 1987/1992, Orig. 1986, S. 15 **84** Vgl. a. a. O,. S. 25 **85** Michel Foucault, Die Ordnung der Dinge, Frankfurt a. M. 1971/1995, Orig. 1966 **86** Gilles Deleuz, Foucault, Frankfurt a. M. 1987/1992, Orig. 1986, S. 26 **87** Vgl. a. a. O., S. 69 **88** Vgl. a. a. O., S. 99 **89** Vgl. Chris Philo, »Foucaults Geography«, Environment and Planning D: Society and Space, 1992, Vol. 10. S. 137–161 **90** Vgl. Max Black, »Die Metapher« (1954) und: »Mehr über die Metapher« (1977) in: Anselm Haverkamp (hrsg.) Theorie der Metapher, Darmstadt 1983/1996 **91** Vgl. Shmuel Weinberger, The Topological Classification of Stratified Spaces, Chicago, London, 1994, S. 7 **92** Vgl. a. a. O., S. 7 **93** Vgl. Bruce Hughes, »Geometric Topology of Stratified Spaces« Electronic Research Announcements of the American Mathematical Society, Vol. 2, Nr. 2, Oct. 1996, S. 73–81, hier S. 73 **94** Vgl. Shmuel Weinberger, The Topological Classification of Stratified Spaces, Chicago, London, 1994, S. 13 **95** Vgl. Bruce Hughes; Shmuel Weinberger, »Surgery and Stratified Spaces«, Preprint: math. GT/9807156, 27. July 1998 **96** Vgl. Bruce Hughes, »Geometric Topology of Stratified Spaces«, Electronic Research Announcements of the American Mathematical Society, Vol. 2, Nr. 2, Oct. 1996, S. 73–81 **97** Gilles Deleuze; Felix Guattari, Tausend Plateaus/Mille Plateaux, Berlin 1992, Orig. 1980. Die Theorie der »startified spaces« wurde in derselben Zeit entwickelt, in der Mille Plateaux geschrieben wurde. Obwohl Deleuze/Guattari in der Welt der Topologie sehr kompetent sind, ist es fast unmöglich, dass sie ihre eigene Arbeit dem Forschungsstand in der Topologie so deckungsgleich angepasst haben. Es ist zu vermuten, dass Ihr Denken der Schichtung aus der Differentialtopologie entnommen wurde, was auch dem strukturalistischen Gebrauch der Mannigfaltigkeiten und Differentiationen mehr entspricht. **98** a. a. O., S. 696 **99** Gilles Deleuze; Felix Guattari, Was ist Philosophie, Frankfurt a. M. 1996, Orig. 1991, S. 44/59/68 **100** Gilles Deleuze, Foucault, Frankfurt a. M. 1987/1992, Orig. 1986, S. 69 **101** Gilles Deleuze, Foucault, Frankfurt a. M. 1987/1992, Orig. 1986, S. 69/70/71 **102** Hubert. L. Dreyfus; Paul Rabinow, Michel Foucault. Jenseits von Hermeneutik und Strukturalismus, Frankfurt a. M. 1987/1994, S. 80 **103** Jacques Derrida, Randgänge der Philosophie, Wien 1988, Orig. Paris 1972, S. 161 **104** a. a. O., S. 162 **105** Christine Buci-Glucksmann: Der kartographische Blick der Kunst, Berlin 1997, Orig. 1996, S. 96 **106** Elizabeth Diller; Ricardo Scofidio, Flesh. Architectural Probes, Princeton New York 1994, S. 101 **107** Gilles Deleuze, Foucault, Frankfurt

a. M. 1987/1992, Orig. 1986, S. 99 **108** Jean Baudrillard, Oublier Foucault, München 1978/1983, Orig. 1977, S. 10 **109** Vgl. Francois Dosse, Geschichte des Strukturalismus, Bd. 2. Zeichen der Zeit: 1967–1991, Hamburg 1997, Orig. 1991, darin: S. 288ff.: Foucault und die Dekonstruktion der Geschichte, hier S. 306 **110** Gilles Deleuze, Foucault, Frankfurt a. M. 1987/1992, Orig. 1986, S. 119 **111** Vgl. John Seely Brown; Paul Duguid, »Rethinking the Border in Design, An Exploration of Central and Peripheral Relations in Practice«, S. 174ff. in: Susan Yelavich, The Edge of the Millenium, An International Critique of Architecture, Urban Planning, Product and Communication Design, New York, 1993 **112** Francois Dosse, Geschichte des Strukturalismus, Bd. 2, Zeichen der Zeit: 1967–1991, Hamburg 1997, Orig. 1991, darin: S. 288ff.: Foucault und die Dekonstruktion der Geschichte, hier S. 308 **113** Hinrich Fink-Eitel, Foucault zur Einführung, Hamburg 1989/1992, S. 78 **114** a. a. O., S. 9 **115** a. a. O., S. 72 **116** a. a. O., S. 73 **117** a. a. O., S. 77 **118** Michel Foucault: Die Maschen der Macht, in: Ders, Botschaften der Macht: Der Foucault-Reader, Jan Engelmann (hg.), Stuttgart, 1999, Orig. 1994, S. 183 **119** a. a. O., S. 184 **120** Hubert L. Dreyfus; Paul Rabinow, Michel Foucault. Jenseits von Hermeneutik und Strukturalismus, Frankfurt a. M. 1987/1994, S. 53 **121** Vgl. M. Christine Boyer, The City of Collective Memory. Its Historical Imagery and Architectural Entertainments, Cambridge/MA 1994, S. 367ff. **122** Vgl. Jean Baudrillard, Oublier Foucault, München 1978/1983, Orig. 1977, Kolofon **123** George Spencer Brown, Laws of Form, London 1969/New York 1977 **124** Vgl. Armin Nassehi, »Différend, Différence und Distinction. Zur Differenz der Differenzen bei Lyotard, Derrida und in der Formenlogik«, in: H. de Berg; M. Prangel (hg.) Differenzen, Systemtheorie zwischen Dekonstruktion und Konstruktivismus, Basel/Tübingen 1995, S. 37–60 **125** Vgl. Mathias Varga von Kibéd, Rudolf Matzka, Motive und Grundgedanken der »Gesetze der Form«, in: Dirk Baecker (hg.), Kalkül der Form, Frankfurt a. M. 1993, S. 49 **126** Vgl. a. a. O., S. 60 **127** Vgl. a. a. O., S. 58–85 **128** George Spencer Brown, Laws of Form, London 1969/New York 1977, S. 1/4 **129** Armin Nassehi, »Différend, Différence und Distinction. Zur Differenz der Differenzen bei Lyotard, Derrida und in der Formenlogik«, in: H. de Berg; M. Prangel (hg.) Differenzen, Systemtheorie zwischen Dekonstruktion und Konstruktivismus, Basel/Tübingen 1995, S. 37–60 **130** Mathias Varga von Kibéd; Rudolf Matzka, »Motive und Grundgedanken der Gesetze der Form«, in: Dirk Baecker (hg.), Kalkül der Form, Frankfurt a. M. 1993, S. 58–85 **131** Stefan Mussil, »Wahrheit und Methode«, in: H. de Berg; M. Prangel (hg.) Differenzen, Systemtheorie zwischen Dekonstruktion und Konstruktivismus, Basel/Tübingen 1995, S. 64–65 **132** Dirk Baecker, Im Tunnel, in: Ders. Kalkül der Form, Frankfurt a. M. 1993 **133** Mathias Varga von Kibéd; Rudolf Matzka, Motive und Grundgedanken der »Gesetze der Form«, in: Dirk Baecker (hg.), Kalkül der Form, Frankfurt a. M. 1993, S. 62–66 **134** Vgl. a. a. O., S. 74 **135** a. a. O., S. 67/71 **136** Dirk Baecker, »Im Tunnel«, in: Ders. Kalkül der Form, Frankfurt a. M. 1993, S. 26 **137** Vgl. Milan Zeleny, »What's Autopoiesis?«, in: Ders. Autopoiesis. A Theory of Living Organization, New York, Oxford 1981, S. 4+6 **138** Vgl. a. a. O., S. 13 **139** Vgl. a. a. O., S. 6/7 **140** Vgl. a. a. O., S. 7 **141** Vgl. Claudio Baraldi; Giancarlo Corsi; Elena Esposito, GLU. Glossar zu Niklas Luhmann, Frankfurt a. M. 1997, S. 29 **142** a. a. O., S. 21 **143** a. a. O., S. 21 **144** Robert McAnulty, »Body Troubles«, in: John Whiteman; Jeffrey Kipnis; Richard Burdett (eds.) Strategies in Architectural Thinking, Chicago Institute for Architecture and Urbanism, Cambridge/MA 1992, S. 180–197, hier S. 184 Zitiert aus: M. Foucault, Discipline and Punish, S. 172 **145** Gillian Horn, »Cross-border architecture«, Blueprint March 1996, S. 24–26 **146** a. a. O., S. 25 **147** Elizabeth Diller; Ricardo Scofidio, Flesh. Architectural Probes, Princeton, New York 1994. Titelunterschrift **148** Vgl. Gillian Horn, »Cross-border architecture«, Blueprint March 1996, S. 26 **149** Bart Lootsma, »Toward an architecture of entrapment. Recent Work of Diller+Scofidio«, Archis 8/1996, S. 50 **150** a. a. O., S. 45–53 **151** Vgl. Gillian Horn, »Cross-border architecture«, Blueprint March 1996, S. 26 **152** Vgl. Bart Lootsma, »Toward an architecture of entrapment. Recent Work of Diller+Scofidio«, Archis 8/1996, S. 45–53 **153** Elizabeth Diller; Ricardo Scofidio, Flesh. Architectural Probes, Princeton, New York 1994, S. 39 **154** Vgl. Bart Lootsma, »Toward an architecture of entrapment. Recent Work of Diller+Scofidio«, Archis 8/1996, S. 45–53 **155** Geoffey Scott, Architecture of Humanism, Glaucester 1914, S. 177: **156** Robert McAnulty, »Body Troubles«, in: John Whiteman; Jeffrey Kipnis; Richard Burdett (Eds.) Strategies in Architectural Thinking, Chicago Institute for Architecture and Urbanism, Cambridge/MA 1992, S. 182 **157** a. a. O., hier S. 191 **158** Charles-Arthur Boyer, »Didier Faustino: Borderline Architecture«, Art Press 245, April 1999, S. 50–52 **159** Gillian Horn, »Cross-border architecture«, Blueprint March 1996, S. 25 **160** Vgl. Robert McAnulty, »Body Troubles«, in: John Whiteman; Jeffrey Kipnis; Richard Burdett (Eds.) Strategies in Architectural Thinking, Chicago Institute for Architecture and Urbanism, Cambridge/MA 1992, S. 180–197 **161** a. a. O., hier S. 191 **162** Vgl. a. a. O., hier S. 193 **163** Vgl. a. a. O., hier S. 196 **164** Georges Teyssot, »The Mutant Body of Architecture«, in: Elizabeth Diller; Ricardo Scofidio, Flesh. Architectural Probes, Princeton, New York 1994, S. 8 **165** Vgl. Elizabeth Diller; Ricardo Scofidio, Flesh. Architectural Probes, Princeton, New York 1994, S. 99 **166** Robert McAnulty, »Body Troubles«, in: John Whiteman; Jeffrey Kipnis; Richard Burdett (Eds.) Strategies in Architectural Thinking, Chicago Institute for Architecture and Urbanism, Cambridge/MA 1992, S. 180–197, hier S. 193 **167** Georges Teyssot, »The Mutant Body of Architecture«, in: Elizabeth Diller; Ricardo Scofidio, Flesh. Architectural Probes, Princeton, New York 1994, S. 9 **168** Martina Merz; Karin Knorr Cetina, »Deconstruction in a Thinking Science«, Theoretical Physicists at Work, Preprint CERN-TH. 7152/94, January 1994, S. 15 **169** Gillian Horn, »Cross-border architecture«, Blueprint March 1996, S. 26 **170** Vgl. Hubert B. Griffiths, Surfaces, London, New York, 1976/1984, S. 20ff. **171** Robion C. Kirby, The Topology of 4-Manifolds, Lecture Notes in Mathematics 1374, Verlag, Berlin Heidelberg 1989 **172** a. a. O., S. 3 **173** J. Scott Carter, How Surfaces Intersect In Space. An Introduction To Topology, Series on Knots and Everything, Vol. 2. Singapore, New Jersey, London Hongkong, 1993, S. 50 **174** Robion C. Kirby, The Topology of 4-Manifolds, Lecture Notes in Mathematics 1374, Berlin Heidelberg 1989, S. 3 **175** Vgl. J. Scott Carter, How Surfaces Intersect In Space, An Introduction To Topology, Series on Knots and Everything, Vol 2. Singapore, New Jersey, London Hongkong, 1993, S. 45ff. **176** Justin Roberts, »Kirby Calculus in Manifolds with Boundary«, Preprint: Math. GT/9812086, 15. Dec 1998, Department of Mathematics, University of California, Berkley/CA. **177** Vgl. Robion C. Kirby, The Topology of 4-Manifolds, Lecture Notes in Mathematics 1374, Berlin Heidelberg 1989, S. 4 **178** a. a. O., S. 4 **179** Jacques Derrida, »Ousia und gramma«, in: Ders. Randgänge der Philosophie, Wien 1988, Orig. 1972, S. 60/61ff.: Die Paraphrase: Punkt, Linie, Fläche, hier S. 62 **180** Vgl. Mike Davis, »Beyond Blade Runner: Urban Control, The Ecology of Fear«, Mediamatic 8 #2/3, S. 102ff. **181** Vgl. Michael Sorkin (ed.), Variations on a Theme Park. The New American City and the End of Public Space, New York 1992 **182** Mike Davis, »Beyond Blade Runner: Urban Control, The Ecology of Fear«, Mediamatic 8, #2/3, S. 102ff., Orig. Open Magazine Pamphlet Series, Pamphlet #23, Open Media, New Jersey/USA, Dez. 1992 **183** Mike Davis, City of Quartz. Ausgrabungen der Zukunft von Los Angeles, Berlin, Göttingen 1994, Orig. 1990, S. 263 **184** M. Christine Boyer, CyberCities, Visual Perception in the Age of electronic Communication, Princeton, New York 1996, hier aus: Mike Davis, »Beyond Blade Runner: Urban Control, The Ecology of Fear«, Mediamatic 8 #2/3, S. 111, Orig. Open Magazine Pamphlet Series, Pamphlet #23, Open Media, New Jersey, USA, Dez. 1992 **185** Vgl. Mike Davis:

»Beyond Blade Runner: Urban Control, The Ecology of Fear«, Mediamatic 8# 2/3, S. 105, Orig. Open Magazine Pamphlet Series, Pamphlet #23, Open Media, New Jersey, USA, Dez. 1992 **186** Mike Davis, City of Quartz. Ausgrabungen der Zukunft von Los Angeles, Berlin, Göttingen 1994, Orig. 1990, S. 263 **187** Vgl. a. a. O.; Mike Davis, »Cannibal Sities: Los Angeles and the destruction of nature«, aus: Urban Revisions: Current Projects for the public realm. Los Angeles 1994; Mike Davis »Fortress Los Angeles: The militarization of urban space«, in: Sorkin (ed.) Variations on a theme Park, New York 1992; Mike Davis: »Beyond Blade Runner: Urban Control, The Ecology of Fear«, Mediamatic 8# 2/3, p. 102ff. **188** http://www.yahoo.com/computers_ and_Internet/Internet/Entertainment/Interesting_Devises_Connected_to_the_Net/Spy_Cameras **189** Der Amerikanische Soziologe Frank Webster (Theories of The Information Society, The International Library of Sociology, London Routledge, 1995) weist auf den Faktor der hohen oder sogar übertriebenen Organisation einer Gesellschaft hin; in Bezug auf Überwachung. Überwachung ist ein Teil dieser Organisation. »David Burnham has alerted us to the phenomenon of »transactional information« some years ago, and it is one special pertinence for contemporary surveillance. This is a new catergory of information that automatically documents the daily lives of almost every person (S. 51) as they pick up the phone, cash a cheque, use a credit card, by some croceries, hire a car, or even switch on a cable television set. Transactional information is that which is recorded routinely in the course of everydy activities. (S. 69) It is important not to jettison the notion of the panopticon because it insistently reminds us of the overweening ambition of the state to see everything, and of the ways in which power and the accumulation of information are intimately connected. Manuel DeLanda (1991) reflecting on military surveillance, refers to its »machine vision« manifested in things like telecommunications inteceptions and sattelite observation of forreign terrains, where the surveillance is automatic [...] Looking for such trends, he (DeLnada, J. H.) is drawn to describe it as a »Panspectron«, something »one may call the new non-optical intelligence-acquisition machine« (S. 69) Mike Davis nennt dies direkter eine Militarisierung des urbanen Raumes (In: Michael Sorkin (Hrsg), Variations on a Theme Park New York, Hill and Wang 1992 darin: Mike Davis »Fortress Los Angeles: the Militarization of Urban Space« (S. 154ff.). Im Begriff der Organisation von Kulturraum trifft sich der Begriff Überwachung und der der Architektur in seinem ureigensten. Es betrifft Architektur. Hani Rashid schreibt in: Stan Allen/Kyong Park: Sites and Stations, Architecture and Utopia in contemporary City, New York 1996: Hani Rashid: »Being and Times Square«: [...] »TV Free: Uninterrupted feeds of public access television inncluding ac hoc talk shows, self-help discussion groups, amateur video , and the latest episode of »Voyeur Vision« can be viewed at CT-TV headquarters. On the buildings exterior dozens of video camcorders are available for public use. The random comments and trivial events they record are edited and transmitted between other legitimited broadcast. [...]« (S. 122) **190** Zum Panoptikon als gesellschaftliche Metapher siehe: Michel Foucault, Überwachen und Strafen. Die Geburt des Gefängnisses, Frankfurt a. M. 1979, Orig. surweiller et punir. Naissance de la prison, Paris 1975 **191** Collins Concise Dictionary: (of Lat. sur+vigilare, see vigil+L videre) **192** Stan Allen/Kyong Park (eds.): Sites and Stations, Architecture and Utopia in contemporary City, New York 1996 **193** Vgl. George Spencer Brown: Laws of Form, London 1969, **194** Vgl. Florian Rötzer: Die Telepolis, Urbanität im digitalen Zeitalter, Bollmann 1995 **195** Vgl. Bernhard Tschumi: Architecture and Disjunctions, Cambridge/MA 1994,: »Frame; the moments of sequence. Examining architecture frame by frame, as through a film-editing machine« (S. 166) **196** Vgl. Jacques Derrida: Die Schrift und die Differenz, Frankfurt a. M. 1976, Orig. Paris 1967. Kapitel »Die Struktur, das Zeichen und das Spiel im Diskus der Wissenschaften des

Menschen.« **197** Charles and Ray Eames, Phillip und Phylis Morrison: The Powers of Ten, San Francisco Scientific American Books 1982, Bernd Meurer: Zukunft des Raumes: Kay Friedrich: »Spätestens nach dem Kulturshock der Animation The Power of Ten (Charles Eames 1968) sollte klar sein, dass in Zukunft allen Professionen, eben auch der Architektur, die Informatisierung bevorsteht.« (S. 187) **198** Diesen Hinweis verdanke ich Prof. Dr. Beat Wyss **199** Zum Maschinenbegriff in der neueren Theorie siehe u. a. auch: G. Deleuze; F. Guattari: Tausend Plateaus, Berlin 1992: (S. 239): »Theoreme der Deterritorialisierung oder Maschinensätze«, (S. 696): »Konkrete Regeln und abstrakte Maschinen«; Henning Schmidgen, Das Unbewusste der Maschinen. Konzeptionen des Psychischen bei Guattari, Deleuze und Lacan, München 1997; Paul Virilio, Die Sehmaschine, Berlin, 1989, Orig. La machine de vision, Paris 1988; Paul Virilio: Die Eroberung des Körpers, Hanser Wien 1994, Orig. l'art du moteur, Paris 1993,; Michel Foucault: Raymond Roussel, Frankfurt a. M. 1989 **200** Rem Koolhaas: Conversations with Students Architecture at Rice, Houston 1996, darin: Sanford Kwinter: »flying the bullet, or when did the future begin?« (S. 69) **201** Gerhard Johann Lischka, »Das Monitorstadium«, in Splitter, Ästhetik, Benteli Verlag Bern 1993: S. 282ff. **202** a. a. O., S. 288 **203** Die Idee des »Dritten« als »Vermittlung« in der französischen Phänomenologie und deren Ausläufer im Post-Strukturalismus geht zurück auf den enormen Einfluss der ersten franz. Hegel-Übersetzung von A. Kojève (1902–61), der dadurch Hegels spekulative Dialektik in den frankophonen Diskurs einführte **204** Vgl. Karl Menger, What is Dimension? in: American Mathematical Monthly No. 50, 1943, S. 2–7, S. 2 **205** Vgl. a. a. O., S. 6 **206** Vgl. Jean Dieudonné, A History of Algebraic and Differential Topology 1900–1960, Boston, Basel, 1989, S. 62 **207** Vgl. Allan J. Sieradski, An Introduction to Topology and Homotopy, Boston 1992, S. 373 **208** Gilles Deleuze, Mille Plateaux/Tausend Plateaus. Kapitalismus und Schizophrenie. Berlin 1992, Orig. 1980, S. 696 **209** Gilles Deleuze, Felix Guattari, Was ist Philosophie, Frankfurt a. M. 1996, Orig. 1991, S. 59 **210** George Spencer Brown, Laws of Form, London 1969/New York 1977 **211** Francois Dosse, Geschichte des Strukturalismus, Bd. 2. Zeichen der Zeit: 1967–1991, Hamburg 1997, Orig. 1991, darin: S. 288ff.: Foucault und die Dekonstruktion der Geschichte, hier S. 306 **212** Vgl. Hinrich Fink-Eitel, Foucault zur Einführung, Hamburg 1989/1992, S. 72–77 **213** Vgl. Chris Philo, »Foucaults Geography«, Environment and Planning D: Society and Space, 1992, Vol. 10. S. 137–161 **214** Vgl. Milan Zeleny, »Whats Autopoiesis?« in: Ders. Autopoiesis, A Theory of Living Organization, New York, Oxford, 1981, S. 4, 6, 13 **215** Vgl. Manuel DeLanda, »Extensive Borderlines and Intensive Borderlines«, in: Maggi Toy (ed.) Architectural Design Vol. 69, No. 7–8/1999, S. 78–79 **216** a. a. O., S. 78–79 **217** Alan Sokal; Jean Bricmont, Eleganter Unsinn. Wie die Denker der Moderne die Wissenschaft missbrauchen. München 1999, Orig. 1997, S. 284 **218** Anthony Giddens, Konsequenzen der Moderne, Frankfurt a. M. 1995/1996, Orig. 1990, S. 33/176/175 **219** Vgl. Clifford Geertz, Local Knowledge, New York 1983 **220** Vgl. Marco Cenzatti: »The Los Angeles School of Urban Studies«, Los Angeles Forum for Architecture and Urban Design, 1993; Mike Davis, »Sonne oder Noir«, in: Ders. »City of Quarz«, Ausgrabungen der Zukunft in L.A., Berlin, Göttingen 1994, Orig. London/New York 1990, S. 106 **221** Vgl. Frank Webster ,Theories of The Information Society, The International Library of Sociology, London 1995, S. 51/69ff. **222** Mike Davis, »Festung L.A.« in: Ders. »City of Quarz«, Ausgrabungen der Zukunft in L. A., Berlin, Göttingen 1994, Orig. London/New York1990, S. 257–304 **223** Vgl. George Spencer Brown: Laws of Form, London 1969, **224** Vgl. Florian Rötzer: Die Telepolis, Urbanität im digitalen Zeitalter, Bollmann Mannheim 1995 **225** Vgl. Stan Allen/Kyong Park (eds.): Sites and Stations, Architecture and Utopia in contemporary City, New York 1996 **226** Rem Koolhaas: Conversations with Students Architecture at Rice 30 Houston 1996, darin Sanford Kwinter: »flying the bullet, or when did the future begin?« (S. 69) **227** Vgl. Jacques Derrida, Die Wahrheit in der Malerei, Graz/Wien, 1992, Orig. 1978, darin: Parergon, S. 31–176 **228** Martina Merz; Karin Knorr Cetina, »Deconstruction in a ›Thinking Science‹: Theoretical Physicists at Work«, Preprint CERN-TH. 7152/94, January 1994, S. 15 **229** In der Wissenschaft wurde der Begriff Morphologie von Goethe eingeführt und bezeichnet seitdem die Wissenschaft von der Klassifikation und dem Bau von Lebewesen nach Gestaltkriterien. in: Peter Prechtel; Franz-Peter Burkard (hg.), Metzler Philosophie Lexikon, Begriffe und Definitionen, Stuttgart, Weimar 1996, S. 341 **230** a. a. O.

KARTE UND FELDTOPOLOGIE

Topologische Feldtheorie ermöglicht handlungsorientiertes differenzielles Kartographieren der randlosen Stadt und insbesondere der kritischer Punkte.

Die »Feld« Metapher in Architektur und Städtebau wird üblicherweise nicht mit Topologie assoziiert. Zu Unrecht; sie spielt in der Feldtopologie, präzieser Vektorfeldtopologie, einer Grundlage der Differenzialtopologie, eine entscheidende Rolle. In Planung, Geographie und Architektur verwendet man »Feld« gerne vereinfacht; z. B. in Assoziation zu einem sich gleichmäßig ausbreitenden Kornfeld. In Erweiterung wird dessen Parzellierung in den Feldbegriff miteinbezogen; in den USA oft in Verbindung mit der Parzellierungsmethode des Jefferson-Grids. Die zweite, oft verwendete »naive« Assoziation ist diejenige des militärischen, strategischen Schlachtfeldes. Die dritte Assoziation – die auch den bedeutendsten Anteil am Boom von Feldtheorien in diesem Jahrhundert hatte – ist das elektromagnetische Feld von Faraday und Maxwell. Letzteres steht in der Physik als Feldmodell der Newtonschen objektbezogenen Kraft- und Energieübertragung gegenüber. »Man verstand jetzt unter Feld die Gesamtheit der Werte einer physikalischen Grösse, die den Punkten des Raumes oder eines seiner Teilgebiete zugeordnet sind, ohne dass die Anwesenheit eines materiellen Substrats in diesen Punkten vorausgesetzt werden muss.«[1] Auch in diesem Fall hat sich als Bildmethapher, nicht ganz korrekt, die Vorstellung eines gleichförmigen Flusses im elektromagnetischen Feld etabliert.

In der Architektur setzte der Cornell-Contextualismus der 60er Jahre um Colin Rowe den Feldbegriff für großmaßstäbliche Figur-Grund-Untersuchungen ein. Ähnlich den »Layers« in Bildbearbeitungs- oder CAD-Software ermöglichen diese Felder ein Spiel mit Vordergrund und Hintergrund, »nach vorne stellen«, »hinten bleiben« etc. Im Konzept der Rowschen Collision-City »kollidierten« verschiedene Felder, Grids/Rasterstrukturen etc. und formierten urbane Schnittstellen.

Die Vektorfeldtopologie demgegenüber interessiert sich für das interne Verhalten des Feldes, seine Übergänge, Flussverläufe und insbesondere seine kritischen Punkte. Das Feld ist auch im Sinne von Luhmann ein »inneres« Kräfte-Feld (wie auch bei Bourdieu und Lewin); bei Foucault liegen die Kräfte aber im Außen des »Anderen«. Topologisch liegen Vektorfelder immer »auf« der Oberfläche der Mannigfaltigkeit respektive »im« Orbit (dem durch Tangentialraumbündel definierten Orbit) einer Topologie. In Vektorfeldern sind »kritische Punkte« diejenigen Punkte, deren Vektor-Magnitude durch Null geht. Die Topologie wird gebraucht, um das qualitative Interaktionspattern zwischen den kritischen Punkten zu beschreiben.[2] In einer topologischen Feldtheorie kommen vor allem differenzialtopologische Elemente vor: Diffeomorphismen, Karten, Atlanten usw. Einige dieser Themen sind in kulturtheoretischen Konzepten, wie »Kognitiven Karten« oder poststrukturalistischen Differentiationen, schon länger bewusst oder unbewusst versteckt umgesetzt und angewandt.

Als soziokulturelle Feldtheorie wird uns Pierre Bourdieus »Feld der kulturellen Produktion« interessieren. Sie besitzt interessante topologische Aspekte für Praktiken kontextueller Interpretation, insbesondere integriert Bourdieu als einer der wenigen Feldtheoretiker »kritische Punkte« (critical turning points) in seine kulturelle Lesart. Bourdieus Sozialtopologie behandelt den mehrdimensionalen Raum sozialer Handlungsfelder. Ihr Relationismus wird in Konfrontation mit Topologie um einiges verständlicher; es ist so eine Aktualisierung möglich.

Das zweite geisteswissenschaftliche Konzept, das mit topologischer Feldtheorie konfrontiert, ist Marc Augés Theorie der »Nicht-Orte«. Ergänzend behandeln wir diese unter dem Begriff des Non-Place-Urban-Field (NUF).[3] Nicht-Orte beschreiben Übergangsräume, Victor Turner würde in Anlehnung an Van Gennep von liminalen/limioiden Phänomenen und Räumen sprechen.

Der Architekt Raoul Bunschoten hat in den letzten 15 Jahren eine der radikalsten feldtheoretischen Methodologien urbaner Architektur entwickelt. Large-Scale-Phänomena/großmaßstäbliche Phänomene des urbanen Raumes werden mit Hilfe einer groß angelegten architektonischen Differenzialtopologie aus Second-Order Cybernetics, Modelltheorie, Anthropologie und der Theorie dynamischer Systeme kartographiert.

Das große Problem angewandter topologischer Feldtheorie ist »Erkennbarkeit«, erkenntnistheoretisch und phänomenologisch. Großmaßstäblichkeit »glättet« für das untrainierte Auge ein Feld wirklich zu einer homogenen »smooth« Mannigfaltigkeit. Das mächtigste topologische Werkzeug zum Erkennen kritischer Punkte heißt »Morse-Theorie«; sie legt »Schnitte« durch die Mannigfaltigkeiten und untersucht die Differenzen zwischen verschiedenen Schnitten. Dieses Verfahren ist der Architektur an sich als Entwurfswerkzeug verinnerlicht, seine Anwendung auf großmaßstäbliche urbane Feld-Kontexte kann durch diese topologische Interpretation von strategischen »kritischen« Schnitten präzisiert und aktualisiert werden.

TOPOLOGISCHE BEGRIFFE: DIFFERENZIALTOPOLOGIE

Der Mannigfaltigkeitsbegriff entstammt in seiner modernen Auffassung der Differenzialtopologie und der kombinatorischen Topologie. Er bezeichnet im dreidimensionalen Raum, vereinfacht ausgedrückt, einen lokal-euklidischen topologischen Raum – allgemeiner und in höheren Dimensionen: lokal kompakt, metrisierbar, separierbar und oft differenzierbar.[4] Präziser müssten noch, wenn man Henri Poincaré, A. N. Whitehead und O. Veblen folgt, Aspekte wie Triangulationsverhalten von Zellen (Simplexe), Homöomorphismen, Homologie und Grenzbereiche (Frontiers) berücksichtigt werden.[5]

Bröcker/Jänich: »Ein Diffeomorphismus ist eine umkehrbare differenzierbare Abbildung; ein um die Differenzierbarkeit erweiterter Homöomorphismus«.[6] Dies bildet einen Einstieg in die Differenzialtopologie und in die Welt der Mannigfaltigkeiten, der lokaleuklidischen topologischen Räume. »Eine differenzierbare Struktur auf einer topologischen Mannigfaltigkeit ist ein maximaler differenzierbarer Atlas. Eine differenzierbare Mannigfaltigkeit ist eine topologische Mannigfaltigkeit zusammen mit einer differenzierbaren Struktur.«[7] Es wird weiter definiert (aus Bröcker/Jänich, 1973): »Ist M eine n-dimensionale topologische

Mannigfaltigkeit und die Abbildung h von U nach U' ein Homöomorphismus (d. h. eine bijektive, stetige Abbildung) einer offenen Teilmenge der Mannigfaltigkeit [...] so heißt die Abbildung h eine Karte und die Teilmenge U das zugehörige Kartengebiet. Eine Menge von Karten heißt ›Atlas‹«.[8] »Denkt man sich die ganze Mannigfaltigkeit aus den Kartengebieten, die man kennt, so gut man eben offene Teilmengen des euklidischen Raumes kennt, durch Verkleben zusammengesetzt, so geben die Kartenwechsel gerade an, wie verschiedene

Kartenwechsel miteinander zu verkleben sind. Will man nun über das Topologische hinausgehend zusätzliche Eigenschaften offener euklidischer Mengen mit Hilfe eines geeigneten Atlanten auch auf Mannigfaltigkeiten erklären, so hat man darauf zu achten, dass die Definitionen von der Wahl der jeweiligen Karte im Atlas unabhängig sind, oder dass die betrachtete Eigenschaft gegen Kartenwechsel des Atlanten invariant ist. [...] Ein Atlas einer Mannigfaltigkeit heißt differenzierbar, wenn alle seine Kartenwechsel differenzierbar sind.«[9]
Die Differenzialtopologie bildet die Grundlage der Untersuchungen von kritischen Punkten, dem zweiten Schwerpunkt unserer Betrachtung von topologischen »Feldern«.

Vektorfeldtopologie

Unter einem differenzierbaren Vektorfeld auf einer differenzierbaren Mannigfaltigkeit versteht man einen differenzierbaren Schnitt des Tangentialbündels.[10] Nach Firy/Gardiner kann man diesen Schnitt als eine Auswahl eines Vektors aus dem Vektorraum verstehen.[11] Vollzieht man diese Auswahl in jedem Tangentialraum des Tangentialraumbündels, erhält man ein Vektorfeld.
Diese Definition bedarf einer Erläuterung: »Durch die Konstruktion des Tangentialraumes ist an jedem Punkt einer Mannigfaltigkeit ein Vektorraum angeheftet. Allgemein hat man in der Differenzialtopologie und in der Topologie überhaupt häufig Anlass, an jeden Punkt einer Mannigfaltigkeit oder eines topologischen Raumes einen Vektorraum anzuheften, so dass man also nicht einen einzelnen Vektorraum, sondern ein ganzes Bündel von Vektorräumen vor sich hat.«[12] »Unter einer Orientierung einer Mannigfaltigkeit versteht man eine Orientierung des Tangentialbündels.«[13] Ein Vektorfeld auf einer differenzierbaren Mannigfaltigkeit kann als Funktion auf der Mannigfaltigkeit beschrieben werden. Oft ist es sinnvoll, für jeden Tangentialraum einer Mannigfaltigkeit eine Orientierung zu wählen. Besitzen alle Tangentialräume dieselbe Orientierung, nennt man die Wahl der Orientierung konsistent. Besitzen sie nicht dieselbe Orientierung, heißen sie dementsprechend inkonsistent. Eine Mannigfaltigkeit mit konsistenter Wahl der Tangentialraumorientierung heißt orientierbar.[14] Jänich definiert Vektorfelder über den Faserbegriff: »Die Daten eines n-dimensionalen reelen Vektorraumbündels über einem topologischen Raum X bestehen aus dreierlei: i) einem topologischen Raum E genannt Totalraum. ii) einer stetigen surjektiven Abbildung, einer Projektion von E auf X. iii) einer reelen Vektorraumstruktur auf jeder ›Faser‹ der Projektion (ii). Schnitte in einem Vektorraumbündel: Eine stetige Abbildung, die jedem Punkt ein Element seiner Faser zuordnet, heißt ein Schnitt des Totalraums. In jedem Vektorraumbündel ist insbesondere die Abbildung die jedem Punkt die Null der Faser zuordnet ein Schnitt – der Null-

schnitt. Die wichtigsten n-dimensonalen reelen Vektorraumbündel sind die Tangentialbündel der n-dimensionalen differenzierbaren Mannigfaltigkeiten. Die Schnitte im Tangentialbündel sind die tangentialen Vektorfelder der Mannigfaltigkeit.«[15] Topologische Räume aus Schnitten von Vektorbündeln bilden die Basis für die »Transversalitäts-Theorie«, der auf René Thom zurückgehenden, generellen Technik, um generische Eigenschaften, wie zum Beispiel kritische Punkte, von

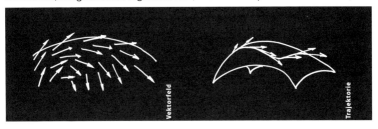

Vektorfeldern zu etablieren oder zu finden.[16] (Transversalität wurde im Kapitel »Abbildungraum Homotopie« schon angesprochen) Erich Jantsch sieht in der Ausbildung eines Feldes in kohärenten makroskopischen Medien ein Ausdruck eines räumlichen Symmetriebruchs, mit dem Pendant »Rhythmus« als zeitlichem Symmetriebruch.[17] Die topologischen Invarianten, wie sie in den ersten drei Kapiteln dieser Arbeit beschrieben wurden, gelten selbstverständlich auch für Mannigfaltigkeiten von Vektorfeldern: Stetigkeit, Kompaktheit, Zusammenhang, Genus, Knoten, Orientierung.

Fluss und Orbit Ein G-Raum ist ein Paar, bestehend aus einem topologischen Raum und einer stetigen G-Aktion (einer topologischen Transformationsgruppe) auf dem topologischen Raum. Der Orbit ist die Menge aller Punkte, zu denen Punkte des topologischen G-Raumes (sprich Gauge-Raumes) durch Gruppenelemente bei der gegebenen Aktion/Operation/Transformation geführt werden können. Eine G-Aktion entspricht in der additiven Gruppe der reelen Zahlen dem, was man einen »Fluss« nennt. Die Orbits sind dann die Bilder der Integralkurve oder Bahnlinien des Flusses. »Orbit« oder Bahn eines Punktes in einem G-Raum, das ist die Menge der Punkte, in der ein Punkt des Orbits durch die Aktion der Gruppe gebracht werden kann. Der Raum der Orbits, versehen mit der Quotiententopologie, heißt Orbitraum des G-Raumes.[18]
Existieren Inseln in einem Vektorfeld, würde ein Mathematiker behaupten, man könne diese durch ein Dipol im Zentrum der Insel ersetzen, falls der Fluss uniform konstant bleibt. »Ist ein Fluss auf einer Mannigfaltigkeit gegeben, so geht durch jeden Punkt der Mannigfaltigkeit genau ein Orbit. [...] Um eine Vorstellung vom geometrischen Mechanismus eines Flusses zu bekommen, versucht man nicht, sich die einzelnen Diffeomorphismen vorzustellen, sondern man sucht eine Übersicht über den Verlauf aller Orbits zu bekommen. Es gibt drei Typen von Orbits: Eine Flusslinie – eine Integralkurve – eines Flusses ist entwe-

der eine injektive Immersion oder eine periodische Immersion oder konstant. Im letzten Fall heißt x ein Fixpunkt des Flusses.«[19] Die Topologie eines Flusses wird zur Hauptsache durch Art und Anordnung ihrer kritischen Punkte bestimmt.[20]

Kritische Punkte

In einem kritischen Punkt eines topologischen Vektorfeldes ist die Abbildung/ Karte des Tangentialraumes einer differenzierbaren Mannigfaltigkeit gleich Null.[21] In diesen Punkten geht der Wert eines Vektors durch Null.[22] Die Topologie

Kritischer Punkt

beschreibt dann die qualitativen »interconnection patterns« zwischen den einzelnen kritischen Punkten. Satz von Whitney: Jede abgeschlossene Teilmenge einer differenzierbaren Mannigfaltigkeit ist Nullstellenmenge einer differenzierbaren Funktion.[23] Topologie ist deshalb zentral für das Verständnis von Vektorfeldern. Sie kann auch angewandt werden, um sehr große Felder in wohldefinierte, handhabbare Unterregionen – Bassins – zu separieren.[24] In jedem Vektorfeld können die kritischen Punkte isoliert werden, da es von ihnen nur eine finite Anzahl gibt.[25] Kritische Punkte formulieren topologische Invarianten der Vektorfelder.[26] Wir finden drei einfache Formen von typischen kritischen Punkten: a) einfache kritische Punkte, b) Selbstdurchdringungen, c) Minimalflächen. Bei konzentrischen Vektorfeldern werden die einfachen kritischen Punkte »Zentrum« oder »Fokus« unterschieden. Alle anderen kritischen Punkte werden aus Sektoren folgenden Typs konstruiert:

– Elliptischer Sektor mit dem kritischen Punkt »Dipol« (Firby/Gardiner Abb.).
– Parabolischer Sektor mit den kritischen Punkten »Quelle und Senke«.
– Hyperbolischer Sektor mit Kreuzungspunkten als kritischen Punkten. Ein Sattelpunkt ist z. B. ein solcher Kreuzungspunkt.[27] (engl. »Node«, »Nodalpoint«).

Die Wege, die einzelne Sektoren trennen/unterscheiden, heißen »Separatrix«. Die Anzahl der Sektoren mit deren kritischen Punkten kann in einem Index zusammengefasst werden, der für jede Mannigfaltigkeit eine wichtige numerische Invariante formuliert.[28]

Eine wichtige Folge dieses Index-Theorems ist die Tatsache, dass wenn man einem Vektorfeld einen neuen kritischen Punkt hinzufügt, woanders mindestens ein, wenn nicht mehrere neue kritische Punkte auftauchen müssen.

Der Begriff »kritischer Punkt« gehört zur Domäne der Vektorfeldtopologie. Es wurde durch Poincaré gezeigt, dass sich das Verhalten der Phasenlinien/Phasenkurven in der Nähe/Nachbarschaft von kritischen Punkten (auch Gleichgewichtspunkte genannt) auf der Phasenebene/-fläche von generischen dynamischen Systemen, mit »Focus, Node, Sattel« (für stabile Fälle von »Senken«) und »Node und Focus« (für unstabile Quellen) klassifizieren lässt.[29]

Attraktoren, Repelloren und Grenzzyklen Trajektorien von dynamischen Systemen bewegen sich analog den Vektoren eines Vektorfeldes auf kritische Punkte zu oder von solchen weg. Eine Trajektorie eines Vektorfeldes beschreibt die qualitative Entwicklung des beobachteten Systems. Dieses hat die Tendenz, sich einem Attraktorzustand zu nähern. Unter dem Attraktor versteht man eine topologische transitive anziehende Punktmenge im Vektorfeld,[30] in welche die Trajektorie, ausgehend von einem großen, jedoch begrenzten Bereich des Feldes, mündet. Er wird auch anziehender Grenz-zyklus genannt[31] und ist stabil.[32] Den Teil des Feldes, in dem alle Bahnkurven in den jeweiligen Attraktor münden,

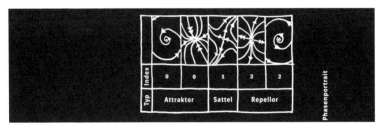

nennt man ein Attraktorenbassin.[33] Das Gegenstück zum Attraktor bildet eine abstoßende Punktmenge namens Repellor oder abstoßender Grenzzyklus genannt,[34] und ist instabil.[35] Dazwischen existieren komplizierte Sattellagen des Vektorfeldes. Wir finden die drei topologischen Grundtypen von Ruhelagen vor: Senke, Quelle, Sattel.[36] Daraus ergeben sich zum Beispiel für das 2-dimensionale Vektorfeld 5 kritische Punkte:[37]

- 2 Attraktoren, der anziehende, stabile Strudel (Focus) und der anziehende, stabile Knoten (Node).
- 1 Sattel.
- 2 Repelloren, der abstoßende, instabile Strudel und der abstoßende, instabile Knoten.
- Der Vollständigkeit halber gehören noch die 2D-Grenzzyklen, der radiale Attraktor und der radiale Repellor dazu.

- Im 3-dimensionalen Vektorfeld (resp.Vektorraum/Phasenraum) existieren 4 topologisch unterschiedliche generische Sattelverbindungen analog zu 2D, aber mit 4 Satteltypen:
- Sattel-Punkt (Index 2) zu Sattel-Punkt (Index 1).
- Sattel-Punkt (Index 2) zu Sattel-Zyklus.
- Sattel-Zyklus zu Sattel-Punkt (Index 1).
- Der äußere Beginn (outset) eines 2-D-Sattel-Zyklus schneidet das innere Ende (inset) eines zweiten 2-D-Sattel-Zyklus transversal in einer 1-dimensionalen Schnittkurve.[38]
- 2 Attraktoren (Index 0), der anziehende, stabile Strudel und der anziehende, stabile Knoten.
- 2 Repelloren (Index 3), der abstoßende, instabile Strudel und der abstoßende, instabile Knoten.
- 4 Sättel, je 2 Sattelknoten (Index 1+2) und 2 Sattelstrudel (Index 1+2).[39]

Morse-Theorie Die schon in vereinfachter Form beschriebene, auf Marston Morse zurückgehende Morse-Theorie ist das mächtigste Werkzeuge zur Untersuchung von einerseits homologen Oberflächen, andererseits Vektorfeldern und speziell dem Einfluss von kritischen Punkten[40] auf differenzierbare Mannigfaltigkeiten.[41] Kritische Punkte werden über »Querschnitte« gesucht.[42] Eines der Werkzeuge der Morse-Theorie führt über die schon angesprochene Homotopie-Theorie des Vergleichs von Abbildungsräumen. Die Morse-Theorie wird zu einem Auslegen von Funktionen (den »Schnitten«), so dass dazwischen nach kritischen Punkten gesucht werden kann, durch einen Vergleich der Transformationsräume der einen Funktion auf die andere. Wenn ich einen topologischen Raum respektive eine lokal-euklidische Mannigfaltigkeit zweimal schneide, wie kann ich wis-

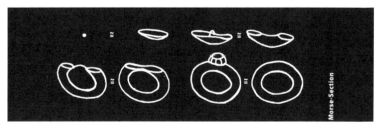

sen, ob nun zwischen den zwei Schnitten ein kritischer Punkt lag oder nicht? Das Stück der Mannigfaltigkeit, das zwischen den zwei Schnitten liegt, kann man durch Umformen auch als homotopen Abbildungsraum beschreiben (einen Cell-Complex).[43] Wenn nun das nächste angeheftete Stückchen homotopieäquivalent ist, also topologisch »gleich« bleibt, ist kein kritischer Punkt vorhanden. Kommt es zu einer topologischen Veränderung (topological change) auf der Ebene der Homotopie, dann ist dort ein kritischer Punkt (k-cell).[44] Umgekehrt sagt uns die Morse-Theorie auch, dass zwischen zwei kritischen Levels die Topologie des Querschnittes nicht wechselt.⁴⁵ Dieser ganze Vorgang erlaubt nur das Aufspüren von intrinsischen Eigenschaften. Man kann keine Aussagen über extrinsische Eigenschaften, wie Verknüpfungen und Knoten, machen.⁴⁶ Dafür stehen spezielle Verfahren zur Verfügung. Es braucht mindestens drei Schnitte in einem Feld mit zwei dazwischen liegenden Cell-Complexen von Abbildungsräumen, um einen Morse-Vergleich zu tätigen. Es stellt sich die Frage, was solche Schnitte in der alltäglichen Umwelt sein könnten.

Das Morse-Lemma beschreibt das Verhalten von Funktionen in der Umgebung von non-degenerativen kritischen Punkten, also von generischen/»normalen« kritischen Punkten. Es sagt aus, dass sich die Funktion quadratisch verhält, unabhängig ihrer Klasse, und dass die Form des quadratischen Verhaltens durch den Index⁴⁷ des kritischen Punktes gegeben ist.⁴⁸ Eine Funktion wird Morse-Funktion genannt, wenn keine ihrer kritischen Punkte oder Singularitäten degeneriert (nicht-generisch) sind.⁴⁹

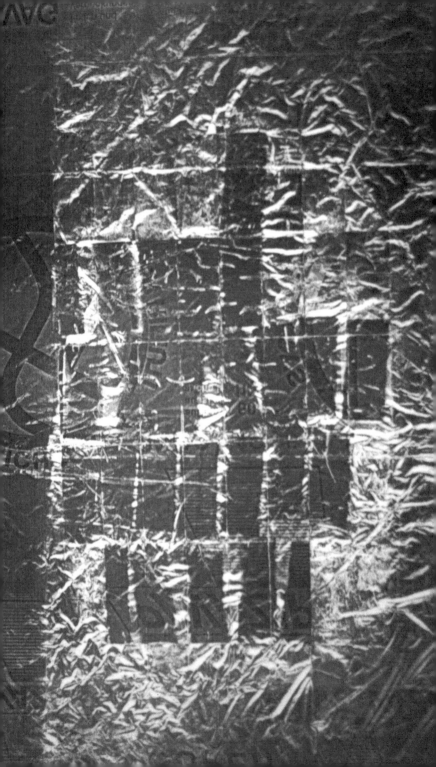

GEISTESWISSENSCHAFTLICHER KONTEXT: PIERRE BOURDIEU

Neben der paradigmatischen Unterscheidung zwischen topologischem und cartesianischem Denken in der Geometrie, den Natur- oder den Kulturwissenschaften ist die Wissenschaft des 19. und 20. Jahrhunderts durch den Paradigmenwechsel von Newtonscher Physik zur Feldphysik der Quantenmechanik und der Relativitätstheorie geprägt. Die Ursprünge der Feldtheorien liegen in der Elektromechanik von Faraday/Maxwell und der Hydromechanik von Euler.[50] Komplexe Fragestellungen genau aus diesen Bereichen von dynamischen Systemen waren im 19. Jahrhundert ihrerseits die Herausforderung für die Entwicklungen der Differenzialtopologie.

Auf elementare Weise kann man anhand der Feldtheorie in der Topologie zeitgenössische Tendenzen der architekturtheoretischen Diskussion kommentieren. Zentral scheinen dabei erstens die Auseinandersetzungen mit Methoden der Kartographierung, die die Basis der Differenzialtopologie bilden und die einen wesentlichen Einfluss auf einen »naiven« Feldbegriff des urbanen Diskurses haben, und zweitens der Untersuchungen der kritischen Punkte von Feldern.

Bei der Betrachtung des Feldbegriffes in verschiedenen kulturellen Disziplinen stößt man unweigerlich auf Mehrfachbedeutungen:

- Oft wird mit Feld die Domäne – die Beheimatung – einer Disziplin bezeichnet ohne einen Bezug zu einem feldtheoretischen Inhalt.
- In einer intuitiven umgangssprachlichen Analogie sieht man aber auch immer wieder ein Kornfeld als Analogon vor Augen. Diese Analogie hat Konsequenzen für den Planungsbegriff des »Feldes«. Das Feld verweist z. B. auf den Jefferson-Grid – den Raster der amerikanischen Gründerzeit Parzellierung. Damit wird mit »Feld« auch eine Form von neutralem cartesianischem Raster beschrieben, eine Deutung, die der Intention einer topologischen Sichtweise widerspricht.[51]
- Des Weiteren wird der elekromagnetische Feldbegriff oft als vereinfachte Metapher verwendet, als das Bild eines homogenen gleichförmigen Feldes und nicht als ein physikalisches vektortopologisches Feld, das in erster Linie durch den Verlauf der Feldlinien und seine »kritischen Punkte« formuliert wird.

– Das Feld ist in historischem Kontext auch das »Schlachtfeld«, der Austragungsort von Konflikten.

Mihai Nadin schreibt: »Im Grunde kann jede Theorie, die das mathematische Konzept von ›Feld‹ beinhaltet (skalar, vektoriel, tensoriel oder spinoral) und die auf der Erkennung der Prinzipien von Aktion/Reaktion/Interaktion gegründet ist, eine Feldtheorie genannt werden.«[52] »Feldtheoretische Anwendungen sollten hinsichtlich ihrer Anwendungsweise sorgfältig eingesetzt werden. Die kontingente Öffnung, die man sich durch sie erarbeitet, bedarf trotzdem – je nach Verwendung – weiterer Spezifikationen. Komplexe Felder können unter folgenden Gesichtspunkten studiert werden: lineare Felder, nicht-lineare Felder, zeitabhängige Felder, zeitunabhängige Felder, normierte Felder, freie Felder, attributive Felder, relationale Felder, funktionale Felder. Handlungs-Felder/Actions-Felder, prozessuale Felder, diskrete Felder, kontinuierliche/stetige Felder usw.«[53]
Für eine allgemeine Diskussion des Feldbegriffes in angewandten Sozial- und Kulturwissenschaften verweise ich auf die Spezialliteratur.[54] Gerade die Fülle der Verwendungen der Feld-Metapher bedingt an dieser Stelle eine Beschränkung, in unserem Fall auf das topologische Feld, präziser auf die Vektorfeld-Topologie. Für architektonische Kontextbetrachtungen wird dabei der Aspekt der diffenziellen Karten aus der Differenzialtopologie speziell berücksichtigt: das Feld als Karte – die Karte als Feld.

Feldtheorien: Kurt Lewin und Nachfolger

Fast alle Autoren (welche nicht Mathematiker sind), die den topologischen Feldbegriff verwenden, beziehen sich direkt oder indirekt auf den physikalischen Feldbegriff oder auf die Feldtheorie des Psychologen Kurt Lewin. Um sich architektonisch mit dem topologischen Begriff des Feldes auseinandersetzen zu können, werden hier einige der gängigen Anwendungen in den Geisteswissenschaften vorgestellt.

»Der feldtheoretische Ansatz von Kurt Lewin dagegen geht nicht von einem kognitiven Ungleichgewicht aus, sondern definiert ›Lernen‹ als kontinuierliche Ausdifferenzierung eines zunächst nur ungegliedert gegebenen ›Lebensraumes‹, d. h. der kognitiven Repräsentation der jeweiligen Umgebung des Organismus duch dessen konstruktive Interpretationsleistung.«[55]

»Anstatt das eine oder andere isolierte Element einer Situation, dessen Bedeutung ohne Berücksichtigung der Gesamtsituation nicht beurteilt werden kann, herauszugreifen, findet es die Feldtheorie in der Regel vorteilhafter, mit einer

Charakterisierung der Gesamtsituation zu beginnen.«[56] »Eine Gesamtheit gleichzeitig bestehender Tatsachen, die als gegenseitig voneinander abhängig begriffen werden, nennt man ein Feld«,[57] so Kurt Lewin. Er bezeichnet das psychologische Feld dann als »individuellen Lebensraum«, in dem sich das Individuum psychologisch auf bestimmte Punkte und Orte bezieht. Dazu bot Lewin die Topologie ohne metrische Eigenschaften ein Minimum an Voraussetzung für eine formale Ordnung und Orientierung des Lebensraumes. Der Raumbegriff, den Lewin dabei formuliert, knüpft weitgehend an Topologie als einer für Gedankenexperimente offenen Raumlehre an. Der verwendete topologische Ansatz ist dabei auf dem wissenschaftlichen Stand von Lewins eigner Studentenzeit und frühen Lehrtätigkeit und beeinflusst durch die Arbeiten von Riemann, die Lewin ein räumliches Denken von »Freiheit« eröffnete.[58] Obwohl manchmal versucht wird, Lewins Unterteilung des Lebensraum-Feldes mit Hilfe von Jordan-Kurven topologisch zu erklären, muss man gerechterweise feststellen, dass die Diagrammatik Lewins eher der damaligen Mengenlehre entnommen ist.[59]

Kurt Lewin war ein Schüler der Gestaltpsychologie von Wertheimer und Köhler, die in der Architektur später auch Kevin Lynch und Colin Rowe beeinflusst hatte. Von ihr übernimmt Lewin ein ganzheitliches raumorientiertes Denken. Nun anzunehmen, dies würde auf einen homogenen, glatten Feldbegriff Lewins hindeuten, wird ihm nicht gerecht. Lewin entwickelt ein Feld der Spannungs- und Konflikt-Konstellationen: ein Konfliktfeld.[60] Es ist dieses Moment, das Lewins Feldtheorie für Anwendungsversuche in den Sozialwissenschaften interessant macht.[61] Kurt Lewin gehört mit dem schon in der Einführung (siehe auch Kapitel »Konsequenzen, offene Probleme und Ausblick«) erwähnten Wolfgang Metzger zu zweiten Generation der Gestaltpsychologie. Beide berücksichtigen verstärkt »Kontext«, bei Lewin »Lebensraum« genannt, bei Metzger »Wirkungsraum«. Stärker als bei ihren Vorgängern ist zudem ein dynamisches Element des Wandels von Gestalt und Ganzheit berücksichtigt: topologischer Wandel jenseits von konsistenter Phänomenologie.

Die Ursprünge von Lewins Feldtheorie sind hingegen nicht in der Psychologie zu suchen. Sie entstammen der Kriegserfahrung des ersten Weltkrieges, ein Umstand, der in Feldtheorie und Lewin-Rezeption oft verschwiegen wird. Lewin schrieb unter dem Titel »Kriegslandschaft« 1917 einen ersten feldtheoretischen psychologischen Aufsatz.[62] »The sharp dividing of landscape into known and unknown, safe and unsafe, is a habit no one who has fought ever entirely loses [...] One of the legacis of the war is just this habit of simple distinction, simplification and opposition.«[63]

Übertragungen und Wirkungen von einem Feld auf ein anderes beschreibt Lewin mit einem Terminus, den er dem elektromagnetischen Feldbegriff entlehnt hat: der »Induktion«. Heute würde man zur Beschreibung von solchen Übergängen und Verbindungen wahrscheinlich auf Begriffe aus der topologischen Theorie der Faserbündel zurückgreifen, um präziser zu bleiben.

Lewin nennt seinen topologischen Raum einen »hodologischen Raum« der Pfade und Wege. Geistige »Ortsveränderungen« finden entlang von gerichteten Wegen statt. »Durch die geistige Ortsveränderung entlang eines Weges ändert sich zudem die Gesamtstruktur des geistigen Feldes in den meisten Fällen, man denke nur an die Veränderung der ›Wissensstruktur‹ durch laufende Erfahrung.«[64] Sowohl auf das Feld als auch auf die Wege wirken Kräfte in Form von Vektoren. Lewins Feldtheorie wird deshalb auch als eine Vektorpsychologie bezeichnet. Das Feld ist doppelt vorhanden. Einerseits das Feld des Lebensraumes, andererseits das Vektor-Feld der Konflikte und Spannungen. Zusätzlich besitzt Lewins Feldtheorie eine Zeitkomponente. »Es gehört zu den Errungenschaften der Gestaltpsychologie, zeitliche Situationsabläufe zu Ganzheiten (etwa Handlungsabläufe) zusammengefasst zu haben. […] Der Zeitablauf ist wie ein Fluss. Jeder Situationsquerschnitt umfasst ein Feld zu einer gegebenen Zeit, in einem unendlich kleinen Zeitablauf.«[65] Aus der zeitlichen Abfolge solcher Felder entwickelt sich eine »Zeitperspektive«, die verschiedene Vergangenheits- und Zukunftsgrade unterscheidet. In der Terminologie der Theorie dynamischer Systeme würde man von einem »Phasenraum« (siehe nächstes Kapitel, J. H.) sprechen.

Lewins »Topologie« ist eine Mischung aus Mengenlehre – bezüglich der Unterteilung des Lebensraumes, aus Topologie – bezüglich der Raumlehre und der Topologie der Wege als Projektionen, aus Vektorraumtopologie – bezüglich der wirksamen Kräfte im Feld und aus der Theorie der dynamischen Systeme – bezüglich der Zeitentwicklung des Feldes. Es wurde Lewin deshalb des Öfteren vorgeworfen, es handle sich bei seiner Theorie um eine sehr inkonsequente »Topologie«. Vom heutigen Stand der Forschung aus betrachtet, muss man diesen Vorwurf etwas relativieren. Wie wir oben gesehen haben, ist es heute möglich, auch in nicht-metrischen Topologien Vektoren zu formulieren. Das Betrachten eines Konfliktfeldes als einen Querschnitt durch eine Situation nähert sich sogar sehr präzise dem topologischen Feldbegriff als Schnitt durch Tangentialraumbündel an. Dynamische Systeme waren zudem immer schon Bestandteil der topologischen Forschung und Entwicklung. Zugegebenermaßen ist Lewin in der topologischen Terminologie zuweilen unpräzise. Aber seine Theorie war ein Forschungsbeitrag zur Psychologie und nicht zur Mathematik.

Vergleicht man Darstellungsformen und Zielsetzung der Aussage, kann man eine Parallele zu Christopher Alexanders »Notes on the Synthesis of Form« und Kevin Lynchs »Image of the City« erkennen. Beide beziehen sich vor allem in ihren Quellenverweisen immer wieder auf die Gestaltpsychologie. Auch Alexanders Diagramme sind eher der Mengenlehre als der Topologie (des damaligen Standes) entnommen. Alle drei werden aber immer wieder als Verweise in den Diskurs von angewandter Topologie aufgenommen.

Diffeomorphes Feld bei Deleuze Der Begriff des Feldes kommt in Gilles Deleuzes Poststrukturalismus in mehrfacher Hinsicht vor. Einerseits existiert ein Bezug zu der poststrukturalistischen Psychologie Jacques Lacans mit dem Konzept des »leeren Feldes«. Andererseits entwickelt Deleuze in »Logik des Sinns« einen Feldbegriff des z. T. paradoxen Ereignisses, mit dem man an das Konzept der kritischen Punkte und der Singularitäten des topologischen Feldes anschliessen kann. Wir werden im nächsten Kapitel auf Singularitätstheorie eingehen. Die methodischen Kriterien, die Deleuze anwendet, sind seine eigenen, wie er sie schon früh, 1967, in »Woran erkennt man den Strukturalismus« darlegte.[66] Die Konzeption einer »dynamischen Topologie des Lebendigen«[67] führt hin zu einem heterogenen »transzendentalen Feld«[68] der Oberflächen, der Mannigfaltigkeiten; einem Denkansatz, den Gilles Deleuze und Felix Guattari in »Mille Plateaux« ausführlich ausarbeiten.[69] Deleuze/Guattari gelangen dort zu einer differenziellen kulturellen Kartographierung: den Mannigfaltigkeiten. Topologisch erscheint »Mille Plateaux« wie eine Anwendung in eigener Sache, der Deleuzeschen Foucault-Rezeption. Gilles Deleuze, und indirekt auch Jacques Derrida, implementieren in feldtheoretische Gesichtspunkte stärker als Bourdieu die Frage nach einer Metrik und, darauf aufbauend, die Frage nach Differentiation, nach Ableitungen. Metrik steckt hinter der in »Mille Plateaux« zentralen Unterscheidung von glattem und gekerbtem Raum: glatter Raum sei nicht-metrisch, gekerbter Raum sei metrisch.

»Der glatte Raum ist genau der Raum der kleinsten Abweichung: er hat auch keine Homogenität, außer zwischen unendlich dicht beieinanderliegenden Punkten, und die Verbindung vollzieht sich unabhängig von festgelegten Wegen. Es ist der Raum des Kontakts, kleiner Kontaktvorgänge, der eher taktil oder manuell als visuell wie der gekerbte euklidische Raum ist. Der glatte Raum ist ein Feld ohne Leitungen und Kanäle. Ein Feld, ein heterogener, glatter Raum, verbindet sich mit einem besonderen Typus von Mannigfaltigkeiten, die den Raum besetzen, ohne ihn zu ›zählen‹, und die man nur erfoschen kann, indem man auf ihnen entlanggeht. [...] In aller Regel sind ein glatter Raum, ein Bereich von Vektoren, eine nicht-metrische Mannigfaltigkeit immer übersetzbar und werden zwangsläufig in etwas ›Gleichbleibendes‹ übersetzt: ein fundamentaler Vorgang, durch den man an jedem Punkt des glatten Raumes mehrfach mit einem ihn berührenden euklidischen Raum überlagert, der eine ausreichende Anzahl von Dimensionen hat, durch die man die Parallelität von zwei Vektoren wiederherstellt, indem man die Mannigfaltigkeit behandelt, als sei sie in diesen homogenen und eingekerbten Raum der Reproduktion eingetaucht, statt ihr weiter in einer ›Erforschung durch Laufen‹ zu folgen.«[70] Nach der Metrik folgt die Auseinandersetzung mit den topologischen Diffeomorphismen. Deleuze behandelt dies vor allem unter dem Gesichtspunkt der Differentiation von Strukturen:[71] »Die geometrische Interpretation der Theorie differentieller Gleichungen macht gut zwei gänzlich unterschiedliche Wirklichkeiten deutlich: Es gibt das

Feld der Richtungen und die topologischen Vorfälle, die sich in ihm ereignen können, wie zum Beispiel die Existenz auf der Ebene der singulären Punkte, die mit keiner Richtung verknüpft sind, und es gibt die integralen Kurven in der Form, die sie in der Umgebung der Singularitäten des Richtungsfeldes annehmen [...] die Existenz und die Verteilung der Singularitäten sind auf das durch die differentielle Gleichung definierte Vektorenfeld bezogene Begriffe; die Form der integralen Kurven ist relativ zu den Lösungen dieser Gleichung. Die beiden Probleme sind mit Gewissheit komplementär, da die Natur der Singularitäten des Feldes durch die Kurvenform in ihrer Umgebung definiert ist; und es ist ebenso richtig, dass das Vektorenfeld einerseits, die integralen Kurven andererseits zwei mathematische, wesentlich verschiedene Wirklichkeiten sind.«[72] »Der mathematische Ursprung des Strukturalismus muss auf der Seite der Differentialrechnung gesucht werden. [...] Den Bestimmungen der Differentialverhältnisse entsprechen Besonderheiten, Verteilungen besonderer Punkte, welche die Kurve oder die Figuren (genauer, die Funktion, J. H.) charakterisieren.«[73]

Die allgemeine Lösung einer Differenzialgleichung n-ter Ordnung ist die Menge aller Lösungsmannigfaltigkeiten, die n willkürliche Parameter (Konstanten) enthält. $y = y (x, C_1, C_2, C_3, [...] C_n)$ Bei der Ableitung gehen diese Konstanten verloren. Das heißt im Bezug zum Strukturalismus, wo man sich mit unterliegenden Strukturen auseinandersetzt, ist es unabdingbar, um zur eigentlichen Struktur zu gelangen, um diese verlorenen Konstanten zu kämpfen. In der mathematischen Praxis behilft man sich mit dem Aufstellen von weiteren Funktionen, die sich so gegenseitig vervollständigen können. In unserer architektonischen Arbeit können nur im Kontext weitere Aussagen über die Differentiation gefunden werden. Bei der n-ten Ableitung, wenn keine Konstanten mehr vorhanden sind, könnte man folgern, dass kein Quellenmaterial mehr existiert. Diese Quelle muss zurückerobert werden. Wie in der Wüste geht es um das Wasser, aber vor allem um den Fluss und die Turbulenzen. Architekten sollten das Material auf Karten, Atlanten, Notationen oder Taxonomien nach Differentiationen untersuchen, Fundobjekte solchen zuordnen. Differentiation hat auch mit »Benennen« zu tun; sie sind wie in Spencer Browns Indikationskalkül an differenzielle Unterscheidung und Bezeichnung gebunden (siehe Kapitel »Grenzen und Oberflächen – Bordismus und Homologie«). »Das wahre Subjekt ist die Struktur selbst: das Differentielle und das Besondere, die differentiellen Verhältnisse und die besonderen Punkte, die gegenseitige Bestimmung und die vollständige Bestimmung«,[74] so Deleuze. In »Logik des Sinns« von Deleuze werden die feldtheoretisch kritischen Punkte im Sinne einer Taxonomie der Pradoxa wichtig: »Darum hat [...] diese Welt des Sinns den Status des Problematischen: Die Singularitäten verteilen sich in einem im eigentlichen Sinne problematischen Feld und kommen in diesem Feld als topologische Ereignisse vor, die mit keinerlei Richtung verknüpft sind. Ein wenig wie bei den chemischen Elementen, von denen wir wissen, wo sie sind, noch bevor wir wissen, was sie sind, kennen wir auch die Existenz und die Verteilung der singulären Punkte, bevor wir ihre Natur kennen (Verengungen, Knoten, Brennpunkte, Zentren, [...]). Das erlaubt uns, [...] ›Problematisches‹ und die Unbestimmtheit, über die es verfügt, völlig objektiv zu definieren, da die Natur der ausgerichteten Singularitäten einerseits, ihre Existenz und richtungslose Verteilung andererseits von objektiv unterschiedlichen Instanzen abhängen. [...] (Es) spuken die Singularitäten und Potentiale auf der Oberfläche herum. Alles ereignet sich auf der Oberfläche in einem Kristall, das sich nur an den Rändern entwickelt.«[75] An anderer Stelle nennt Deleuze die Trajektorien zwischen den kritischen Punkten »Object=x«: Im Zusammenhang mit Vektorfeld-Topologie und Trajektorien kann man Deleuzes »Object=x« im folgenden Textausschnitt als solche topologische Trajektorie, als eine Flusslinie, lesen: »Gewiss ist in jeder Strukturordnung das Object=x (Trajektorie, J. H.) keineswegs ein Unerkennbares, ein reines Unbestimmtes; es ist vollkommen bestimmbar, selbst in seinen Verschiebungen und durch die Verschiebungsweise, die es charakterisiert. Es ist einfach nur nicht zuweisbar; das heißt, es ist nicht auf einen Platz fixierbar, als eine Gattung oder Art identifizierbar. Weil es nämlich selbst die äußerste Gattung der Struktur oder seinen totalen Platz konstituiert: es hat also nur Identität, um sich dieser Identität zu entziehen, und einen Platz, um sich im Verhältnis zu jedem Platz zu verschieben. Von daher ist das Object=x (Trajektorie, J. H.) für jede Strukturordnung der leere oder perforierte Ort, welcher es dieser Ordnung ermöglicht, sich in einem Raum, der ebenso viele Richtungen umfasst, mit den anderen zu verbinden.«[76] Die Beschäftigung mit diesem verschobenen, vermissten Objekt haben Deleuze, Foucault und Derrida der Theorie von Jacques Lacan entnommen. Man erinnere sich, dass ein kritischer Punkt in der Vektorfeldtopologie ein Passieren einer Trajektorie durch einen Nullpunkt bedeutet. Diese Analogie wurde von den Poststrukturalisten übernommen:

Deleuze: »Es scheint, dass die Struktur ein völlig paradoxes Objekt oder Element umfasst. [...]. Ein solches Objekt ist immer in den entsprechenden Serien (der Differenzen) präsent, es durchläuft sie (Trajektorie, Flusslinie, J. H.) und bewegt sich in ihnen, es hört nicht auf, mit außerordentlicher Beweglichkeit in ihnen von einer zur anderen zu zirkulieren. Man könnte sagen, es sei seine eigene Metapher und seine eigene Metonymie (Bedeutungsvertauschung). Es ist selbstbezüglich. [...] Die beiden Strukturen einer Serie sind immer different (aufgrund der Gesetze der Differenzierung). Aber dieses Objekt ist der Konvergenzpunkt der divergenten Serien als solcher. [...] es ist immer im Verhältnis zu sich selbst verschoben, es hat die Eigenschaft, nicht dort zu sein, wo man es sucht, [...] Man kann sagen, dass es ›an seinem Platz fehlt‹ (und daher nichts Reales ist). Die ganze Struktur wird von diesem ursprünglichen Dritten bewegt, das sich jedoch auch seinem eigenen Ursprung (Platz, J. H.) entzieht. Die Spiele benötigen »DAS LEERE FELD«, ohne das nichts vorangige noch funktionierte.«[77]

Foucault: »Aber darin, in dieser Dispersion, die sie auffängt und ebenso ausbreitet, ist eine essentielle Leere gebieterisch von allen Seiten angezeigt: das not-

wendige Verschwinden dessen, was sie begründet, – dasjenige dem sie ähnelt, und desjenigen, in den Augen dessen sie nichts als Ähnlichkeit ist. Dieses Sujet selbst, das gleichzeitig Subjekt ist, ist ausgelassen worden.«[78]
Die Bedeutung des toten Punktes, des Nullpunktes, ist nach Deleuze, dass in ihm Identität respektive Identifizierung[79] möglich ist.

Derridas Feld des Aufschubs Das Feld von Jacques Derrida wird durch die Verschiebungen, die Verräumlichung der Différance aufgespannt. Zentral für Derridas Hinterfragung von Ontologie und Metaphysik wird dabei die Frage nach Zentrum respektive Derridas eigener Konsequenz der A-Zentrik dieses Feldes und dessen Struktur.

»Die Unmöglichkeit der Totalisierung kann aber auch anders definiert werden: nicht länger mit Hilfe des Begriffs der Endlichkeit, als Angewiesensein auf die Empirizität, sondern mit Hilfe des Begriffs des Spiels. Wenn sich die Totalisierung alsdann als sinnlos herausstellt, so nicht, weil sich die Unendlichkeit eines Feldes nicht mit einem Blick oder einem endlichen Diskurs erfassen lässt, sondern weil die Beschaffenheit dieses Feldes – eine Sprache, und zwar eine endliche Sprache – die Totalisierung ausschließt: dieses Feld ist in der Tat das eines Spiels, das heisst unendlicher Substitutionen (sprich Diffeomorphismen, J. H.) in der Abgeschlossenheit [...] eines begrenzten Ganzen. Dieses Feld erlaubt die unendlichen Substitutionen nur deswegen, weil es endlich ist, das heißt, weil ihm im Gegensatz zum unausschöpfbaren, allzu großen Feld der klassischen Hypothese etwas fehlt: ein Zentrum, das das Spiel der Substitutionen aufhält und begründet.«[80]

Strukturalismus als Lesart und nicht als Onthologie muss nicht nach der Fundation fragen, sondern nach dem vorhandenen oder abwesenden Zentrum der Struktur. » Die Struktur oder besser gesagt, die Strukturalität der Struktur wurde (in der Geschichte des Begriffs der Struktur). [...] immer wieder neutralisiert, reduziert: und zwar durch einen Gestus, der der Struktur ein Zentrum geben und sie auf einen Punkt der Präsenz, auf einen festen Ursprung beziehen wollte.[81] Dieses sollte dafür Sorge tragen, dass das Organisationsprinzip der Struktur dasjenige in Grenzen hielt, was wir das Spiel der Struktur nennen können. Im Zentrum ist die Transformation der Elemente (die Stukturen sein können, die in einer Struktur enthalten sind) untersagt. Man hat daher immer gedacht, dass das seiner Definition nach einzige Zentrum in einer Struktur genau dasjenige ist, das der Strukturalität sich entzieht, weil es sie beherrscht. Daher lässt sich vom klassischen Gedanken der Struktur paradoxerweise sagen, dass das Zentrum sowohl innerhalb der Struktur wie auch außerhalb der Struktur liegt. Es liegt im Zentrum der Totalität und dennoch hat die Totalität ihr Zentrum anderswo, weil es ihr nicht gehört. Das Zentrum ist nicht das Zentrum«. Totalität, Wahrheit, Ursprung und Zentrum sind unausweichlich miteinander gekoppelt. Man siedelte die Präsenz im Zentrum an. »Diese zentrale Präsenz ist aber niemals sie selbst gewesen, sie ist immer schon in ihrem Substitut über sich selbst hinausgetrieben worden. Das Substitut ersetzt nichts, das ihm irgendwie präexistiert hätte. Infolgedessen musste man sich wohl eingestehen, dass es KEIN ZENTRUM gibt, dass das Zentrum in Gestalt eines Anwesenden gedacht werden kann, dass es keinen natürlichen Ort besitzt [...] sondern eine Funktion, eine Art von Nicht-Ort, worin sich ein unendlicher Austausch von Zeichen abspielt. [...] Es ist dies auch der Augenblick, in dem das [...] transzendentale Signifikat niemals absolut, außerhalb eines Systems von Differenzen präsent ist.«[82]

Non-Place-Urban-Field Non-Place-Urban-Field ist einerseits der Name einer innovativen deutschen Drum&Bass-Szene-Musikgruppe,[83] andererseits ist Non-Place-Urban-Field auch eine sehr aktuelle Kombination von Termini aus dem zeitgenössischen sozialgeographischen Diskurs des urbanen Kontextes. NUF entstammt der amerikanischen Nachkriegs-Stadtausbreitung des New Deal und entspricht dort eher dem, was man im deutschsprachigen Raum periphere »Niemandsländer« nennt. Melvin Webber hat das Non-Place-Urban-Field in seinem Aufsatz »The urban place and the non place urban realm« (1964) in solcher Weise beschrieben.[84] Robert Fishman sieht NUF als »trashiges« Synonym für »Sprawl«.[85] Non-Place-Urban-Field setzt sich zusammen aus »Nicht-Ort« und »urbanem Feld«. Der Nicht-Ort im heutigen aktuellen Diskurs bezieht sich auf ein Werk des französischen Anthropologen Marc Augé: »Orte und Nicht-Orte«. Anknüpfend an Michel de Certeaus Raum- und Ortsbegriff entwickelt Augé Gedanken über urbane Heterotopien von Michel Foucault und über Geschwindigkeits-, Mobilitäts- und Informations-Räume von Paul Virilio weiter; eine Entwicklung der technischen Differenz Paul Virilios hin zum kritischen Raum Mark Augés. Feldtopologie ist eine kritische Topologie des urbanen Raumes.

Orte und Nicht-Orte Mark Augé arbeitet nicht direkt feldbezogen, er ist auch kein Urbanist. Seine anthropologischen Themen sind Topos, Individuum und Identität in »Orten und Nicht-Orten«. Er bringt sie zusammen mit den zeitgenössischen Entwicklungen bezüglich Mobilität, Kommunikation, Arbeit und Freizeit. Der Prototyp eines Nicht-Ortes ist für ihn der Transitraum des Reisenden.
»Unsere Hypothese lautet nun, dass die Übermoderne Nicht-Orte hervorbringt, also Räume, die selbst keine anthropologischen Orte sind und, [...] die alten Orte nicht integrieren; registriert, klassifiziert. [...] Zu den »Orten der Erinnerung« erhoben, nehmen die alten Orte darin einen speziellen, festumschriebenen Platz ein. (Beat Wyss spricht dabei im Zusammenhang mit neuen Medien von »Spurlosigkeit, J. H.)[86] »Ein Nicht-Ort [...] ist ein Raum, aus welchem weder Identitäten noch Beziehungen noch Geschichte ablesbar sind.«[87] »Zu den Nicht-Orten gehören die für den beschleunigten Verkehr von Personen und Gütern erforderlichen Einrichtungen (Schnellstraßen, Autobahnkreuze, Flughäfen)

ebenso, wie die Verkehrsmittel selbst oder die großen Einkaufszentren oder die Durchgangslager, in denen man die Flüchtlinge kaserniert.[88] [...] Der Raum des Reisenden wäre also der Archetyp des Nicht-Ortes.[89] [...] So wie ein Ort durch Identität, Relation und Geschichte gekennzeichnet ist, so definiert ein Raum, der keine Identität besitzt und sich weder als relational noch als historisch bezeichnen lässt, einen Nicht-Ort.[90] [...] Wie man leicht erkennt, bezeichnen wir mit dem Ausdruck ›Nicht-Ort‹ zwei verschiedene, jedoch einander ergänzende Realitäten: Räume, die in bezug auf bestimmte Zwecke (Verkehr, Transit, Handel, Freizeit) konstituiert sind, und die Beziehung, die das Individuum zu diesen Räumen unterhält.[91] [...] In der konkreten Realität der Welt von heute überschneiden und durchdringen Orte und Räume, Orte und Nicht-Orte sich gegenseitig. Die Möglichkeit eines Nicht-Ortes ist an jedem beliebigen Ort gegeben.«[92] »Diese Räume sind also tatsächlich der Ausdruck der drei charakteristischen Phänomene unserer Übermoderne: der Beschleunigung der Geschichte (aufgrund der Beschleunigung der Informationsbereitstellung und -übermittlung), der Verkleinerung unseres Planeten (aufgrund der Beschleunigung des Personenverkehrs und der immer schneller werdenden Zirkulation der Bilder und Ideen) und der Vereinzelung der Schicksale (hervorgerufen durch die Phänomene der Entterritorialisierung).«[93]

Marc Augé weist auf spezifische topologische Merkmale der Nicht-Orte hin, ohne sie so zu benennen. Nicht-Orte unterliegen einer relationalen Dynamik, wie man sie in der Vektorfeldtopologie antrifft. Man kann sie als kritische Punkte bezeichnen.

»Dabei gilt für Nicht-Orte geradeso wie für den Ort, dass er niemals in reiner Gestalt existiert; vielmehr setzen sich darin Orte neu zusammen, Relationen werden rekonstruiert und die ›jahrtausendealten Listen‹ der ›Erfindung des Alltäglichen‹ und der ›Künste des Machens‹, die Michel de Certeau subtil analysiert hat, können sich darin einen Weg bahnen und ihre Strategien entfalten. [...] Orte und Nicht-Orte sind fliehende Pole (kritische Punkte: Repelloren, J. H.): der Ort verschwindet niemals vollständig, und der Nicht-Ort stellt sich niemals vollständig her – es sind Palimpseste, auf denen das verworrene Spiel von Identität und Relation ständig aufs neue seine Spiegelung findet.«[94]

In der Architektur spricht man in dem Zusammenhang gerne von Hybridität: Hybride Orte, hybride Funktionen und hybride Architektur. Der Architekturtheoretiker René Furrer hat große hybride Transiträume – Nicht-Orte – schon vor Rem Koolhaas als »Great Exchanger/Exchanger Buildings« bezeichnet. Koolhaas gibt ihnen »neue« Typologien. Great Exchanger sind ungeheuer dichte, lokale, kompakte und zentrale kritische-Punkte. Im Sinne eines Non-Place-Urban-Fields können diese auch hybride dezentral, global, als Micro-Macro-Übergangsräume, vorkommen, aus den kritischen Punkten ergäbe sich ein gesamtes topologisches Feld – eine topologische Landschaft.

Augé: »Gleichzeigig entwickeln sich entlang den Küsten, der Flüsse und der Verkehrswege sogenannte ›urbane Fasern‹. Das Gewebe, das sich auf diese Weise zwischen den alten Großstädten entwickelt, überwuchert traditionelle Grenzen: Kann man, soll man neue ›Zentralitäten‹ schaffen, und wenn ja, welche?«[95]

Michel de Certeau definiert Nicht-Ort, sehr viel direkter als Augé, als topologisch. Der bei ihm wichtige Begriff der Kartographie ist, wie schon erwähnt, Bestandteil der Differenzialtopologie. De Certeau verortet den Nicht-Ort auf und in den Grenzen, als topologische Grenzräume mit topologischer »Ausdehnung«. In Vektorfeldern entspräche dies auch aufgrund derer labilen Dynamik den Seperatrix-Linien, -Flächen, -Räumen (je nach Kodimension). Zudem wird die Homologie als Topologie der Grenzräume (siehe Kapitel »Grenzen und Oberflächen – Bordismus und Homologie«) relevant.

Grenzübertretungen: »Dort, wo die Karte Einschnitte macht, stellt die Erzählung Verbindungen her. Sie ist ›diegetisch‹, sagt man im Griechischen, um eine Erzählung zu bezeichnen: sie unternimmt einen Gang [...] und sie durchquert etwas [...] Der Handlungsspielraum, in den sie eintritt, besteht aus Bewegungen: er ist topologisch, das heißt mit der Verzerrung von Figuren verbunden, und nicht topisch, das heißt er definiert keine Orte. Seine Grenzen werden nur in zweideutiger Weise festgelegt. Sie spielt ein doppeltes Spiel. Sie macht das Gegenteil, von dem was sie sagt. Sie überlässt den Platz dem Fremden, den sie angeblich ausschließt. Beziehungsweise, wenn sie einen Haltepunkt markiert, so steht dieser nicht still, er folgt eher den Variationen von Begegnungen zwischen verschiedenen Programmen. Die Grenzziehungen sind transportierbare Grenzen und Transporte von Grenzen; auch sie sind metaphori.«[96]

Kritischer Nicht-Ort der Widerspenstigkeit Ein Non-Place-Urban-Field darf man keinenfalls mit »absolutem Nichts« assoziieren. Ein topologischer Durchgang durch den Nullpunkt eines kritischen Punktes ist ein dynamischer Prozess; eine Aktion, fast schon eine Verdichtung der Flusslinien im Nullpunkt. Insofern formuliert das Vorhandensein eines Nicht-Ortes die Existenz eines kulturellen kontextuellen Prozesses. Solcher Prozess ist heute unterschiedlichst codiert. Codierungen als kulturelle Phänomene sind Teil einer kulturellen Gebrauchsanleitung für Kontext.

Augé: »Doch den wirklichen Nicht-Orten der Übermoderne, an denen wir uns befinden, wenn wir über die Autobahn fahren, in einem Supermarkt einkaufen oder in einem Flughafen auf den nächsten Flug nach London oder Marseille warten, ist es eigen, dass sie auch von den Worten oder Texten definiert werden, die sie uns darbieten [...], die in Vorschriften [...] oder Informationen [...] zum Ausdruck kommen und entweder auf mehr oder minder explizite oder codifizierte Ideogramme zurückgreifen oder auf die Umgangssprache.«[97]

Peter Wichens nimmt diese Erweiterung der Begrifflichkeit von Nicht-Orten um solche Codierung auf, im Sinne von widerspenstigen kulturellen Phänomenen, thematisch situiert zwischen Ernst Bloch, Slavoj Zizek und Marc Augé:

»Ein kulturelles Phänomen ist [...] ein Phänomen, das eine gewisse Widerständigkeit oder Widerspenstigkeit besitzt, so dass es zunächst nicht mit Hilfe standardisierter Deutungs- und Orientierungsmuster eingeordnet werden kann. Ein kulturelles Phänomen macht sich als Irritation, als Störung, als Widerstand bemerkbar. Es besetzt einen Ort (resp. einen Nicht-Ort, J. H.), der zumindest in einem bestimmten Zeitraum nicht in einen spezifischen gesellschaftlich-kulturellen Kontext integriert zu werden vermag. Vor dem Hintergrund eines solchen Verständnisses von kulturellen Phänomenen dürften Phänome und Prozesse von besonderem Interesse sein, die in einer Verbindung zu einem nicht in die symbolische Ordnung integrierbaren Ort, zu einer Leerstelle, zu einem Nicht-Ort stehen, oder diesen selbst einnehmen. [...] Ein kulturelles Phänomen zeichnet sich durch Unbestimmtheit, Ambvivalenz und Paradoxalität aus. [...] Das kulturelle Phänomen nimmt einen prekären, niemals exakt zu bestimmenden Zwischenraum ein, und zwar innerhalb eines spezifischen Kontextes, über den es immer schon hinausweist, den es immer schon überschreitet. Da es nicht in diesen Kontext hineinpasst, sondern als Fremdkörper aus ihm hinausfällt, befindet sich das kulturelle Phänomen innerhalb eines spezifischen Kontextes an einem Ort, den man zugleich als Nicht-Ort bezeichnen kann. Die paradoxe Stelle, der unmögliche Ort, der das kulturelle Phänomen besetzt, verweist auf ein Ereignis, das sich auf der einen Seite innerhalb eines spezifischen Kontextes abspielt, auf der anderen Seite jedoch notwendigerweise aus diesem Kontext ausgeschlossen ist. [...] Ein kulturelles Phänomen macht somit durch seine konstitutive Widersprüchlichkeit und Paradoxalität den spezifischen Kontext sichtbar, innerhalb dessen es als Störung in Erscheinung tritt und innerhalb dessen es zeitweilig nicht eingeordnet werden kann. Indem das kulturelle Phänomen aus einem spezifischen Kontext herausfällt, bezeichnet es um so deutlicher diesen Kontext. [...] Das kulturelle Phänomen markiert somit einen Ort, der einzelnen, aber auch einzelnen Gruppen die Möglichkeit bietet, in einen [...] Kontext, in einen exklusiven Innenbereich d. h. letztlich in die Kultur einzutreten. Ein Eintritt in die Kultur erfolgt paradoxerweise durch die mit dem kulturellen Phänomen einhergehende, mehr oder weniger empfindliche Störung dieses kulturellen Kontextes. [...] Somit kann das kulturelle Phänomen als eine Schnittstelle begriffen werden, sein prekärer Ort diesseits und jenseits der Kultur, seine Ortlosigkeit, sein Nicht-Ort prädestiniert es dazu, eine Durchgangs- oder Übergangsstelle zwischen dem jeweiligen Innenbereich – der Kultur – und dem jeweiligen Außenbereich – der Nicht-Kultur – einzunehmen. Das kulturelle Phänomen fungiert gleichsam als eine Art Transitraum, über den dasjenige, das zu einem bestimmten Zeitpunkt nicht in einen spezifischen Kontext hineinpasst, in diesen Kontext eintreten und eingeschlossen werden kann.«[98] Während bei Augé und de Certeau die Akteure dem Spiel von Orten und Nicht-Orten fatalististisch ausgeliefert sind, geht Wichens in einer Derrida-nahen Haltung davon aus, dass Nicht-Orte eine Art kritischen Apriorismus darstellen, über dessen

Widerstand (resp. die Überwindung davon) erst aktiv ein Zugang zu Kontext ermöglicht wird. Nicht-Orte sind auf diese Weise heterogene kritische Kontexte, die durch die gleichzeitige Überlagerung von:

- Migration, Mobilität, Nomadismus, Translokalität, Transiträumen,
- Kommunikationsräumen Neuer Medien, Infrastrukturräumen, Virtualität,
- Globalisierung und Anything Goes; Ökonomieräumen,
- Megalopolen, Zersiedelung, randlosen Städten

topologisch formiert werden. Wolfgang Welsch bezeichnet sie als »Gleichzeitigkeit des Ungleichzeitigen«: »Im Zeitalter des Flugverkehrs und der Telekommunikation wurde Heterogenes so abstandslos, dass es allenthalben aufeinandertrifft und die Gleichzeitigkeit des Ungleichzeitigen zur neuen Natur wurde. Real ist eine Gesamtsituation der Simultaneität und Interpretation differenter Konzepte und Ansprüche entstanden.«[99] Bernd Knaller-Vlay bezeichnet diese Gleichzeitigkeit als geringstmögliche Verbindung innerhalb einer Limes-Gesellschaft des ›non-common-sence‹:[100] »Eine Reihe von Exzessen – ein Exzess an Flüchtigkeit (absoluter Ort des Transfers), ein Exzess an Masse (unermessliche Summe von fließenden Punkten) und ein Exzess an Beziehungslosigkeit (Cocooning) – führen zu einer neuen Beziehung: die Beziehung des kleinsten gemeinsamen Nenners, so minimal, dass diese ›Limes-Beziehung‹ genannt werden muss: die geringstmögliche Verbindung, welche notwendig ist, um eine Gemeinschaft zu erzeugen – eine (im quantitativen Sinne) kritische Gemeinschaft verlorener Markierungen und Bedeutungen, verlorener Identitäten und Interessen: eine Gemeinschaft reiner Simultaneität, folglich eine kritische Öffentlichkkeit.«

Context of No Context: Multimedia-Hyperfield Wenn Welsch vom »Gleichzeitigen des Ungleichzeitigen« spricht, kann man dies ergänzen durch George Trows (Medien-Kolumnist des »New Yorker«) »Context of No Context« bezüglich kultureller Transformationen durch Neue Medien:
»Art requires a context: the power of this moment, the moment of the events in the foreground, seen against the accumulation of other moments. The moment in the foreground adheres to the accumulation or rejects it briefly before joining it. How do the manipulators of television deal with this necessity?[101]
1. By the use of false love. The love engendered by familiarity. False love is the aesthetic of the hit. What is loved is a hit. What is a hit is loved. The back-and-forth of this establishes a context. It seems powerfull. […] It stops in a second. The way love can stop, but quicker. It's not love. There is a distance so great between the lovers that no contact is ever made that is not an abstract contact.
2. By the use of abandoned shells. Pepper dresses up like a cop. Pepper dresses up like a hooker. Pepper dresses up like a cop to dress up like a hooker. […]
3. By the use of ad-hoc contexts. Just for the moment. We're here together, in a

little house. It makes such good sense. But just for a moment. We´re playing ›password‹! Do you remember when we played ›password‹?"[102] [...] The Context of No-Context: The work of television is to establish false contexts and to chronicle the unrevelling of existing contexts; finally, to establish the context of no-context and to chronicle it. [...] The Context of No-Context: Soon it will be achieved. The lie of television has been that there are contexts to which television will grant an access. Since lies last, usually, no more than one generation, television will re-form around the idea that television itself is a context to which television will grant access. [...] The Context of No-Context: Television has problems with its programming, because the frame of all programs on television is television – nothing else – but, to get through the day, frames other than the frame-of-just-television have to be used.«[103]

George Trow spricht die Selbstbegründungs- und Selbstlegitimierungs-Latenz von Kommunikationsmedien an, eine Rekursivität von Nicht-Ort und No-Context, die zu Nichtkommensurabilität der neu generierten parallelen – in unserem Fall: urbanen – Universen führt. Er beschreibt eine sich im Medium ver(nicht-)ortende selbstbezügliche Virtualität. Diese Virtualität ist heute weiter diversiviziert. Das Fernsehen ist nur noch eines von verschiedenen neuen Medien, es wird insbesondere ergänzt und teilweise abgelöst durch interaktive Medien. Die Rekursivität, die Trow beschreibt, wird bei interaktiven Medien wie dem Internet verstärkt. MUD's, Chat Rooms etc. werden zu Transiträumen multipler Identitäten respektive Anonymitäten. Man realisiert, dass ein MUD – eine Multi User Domain – als Nicht-Ort par excellance gleichzeitig ein Treffpunkt mannigfaltiger Identitäten ist, die sich dort einer virtuellen »örtlichen« Intimität hingeben. Solche interaktiven virtuellen Orte formieren Cybercity als parallelen Nicht-Ort zur randlosen Stadt. Das Non-Place Urban-Field fluktuiert zwischen dem Kontext der randlosen Stadt, dessen kulturellen Phänomenen, und der Äußerung von beidem, zwischen Virtualität und Realität. Diese Komplexität formuliert ein qualitatives, topologisches Feld mit Schnittstellencharakter: Orientierung in der Orientierungslosigkeit – kritische Punkte als Fixpunkte der Orientierung. Der Architekturtheoretiker Marcos Novak definiert Nicht-Ort als »Sampling-Point-Data«. Digitales Sampling – ursprünglich in der Musik verwurzelt – wird multimediales feldgenerierendes Medium der gestalterischen Orientierung – sprich Entwurf – im Non-Place-Urban-Field.

»In a world of fields, the distinction between what is and what is not is one of degree. There can be as many sampling points where something is not as there are where something is. Sampling involves an intermediate sense of reality, something between real and integer numbers, a fractal notion of qualified truth, truth-to-a-point. An object's boundary is simply the reconstructed contour of an arbitrarily chosen value. Having captured a three dimensional array of pressure points around a tornado, we can reconstruct the pressure contour of the center of the storm just as surely as we can the leading edge. At one density setting the data from a magnetic resonance scan give the shape of one's skull, at another the shape of one's brain, paradoxically replacing the discontinuity of sampling with a new continuity across names and categories.«[104]

Force Field: Pierre Bourdieu und das Feld kultureller Produktion

Das soziale Feld Der französische Anthropologe und Soziologe Pierre Bourdieu beschreibt Soziologie als eine Art Sozialtopologie, die den sozialen Raum als einen mehrdimensionalen Raum betrachtet. »Dementsprechend lässt sich die soziale Welt in Form eines – mehrdimensionalen – Raums darstellen, dem bestimmte Unterscheidungs- bzw. Verteilungsprinzipien zugrunde liegen; und zwar die Gesamtheit der Eigenschaften (bzw. Merkmale) die innerhalb eines fraglichen sozialen Universums wirksam sind.«[105] Damit ist ein Versuch verbunden »relationale Denkformen«, einem begrifflichen Erbe Cassirers, der kulturellen Produktion abzuwenden und umzusetzen.[106] Aus dieser Relationaliät, den gestalttheoretischen Feldern von M. Wertheimer und W. Köhler und Kurt Lewins »Feldtheorie in den Sozialwissenschaften«,[107] entwickelt Pierre Bourdieu seine »Theorie einer Praxis der sozialen Felder kultureller Produktion«. Man findet Parallelen zwischen dem Feldbegriff Kurt Lewins und demjenigen Pierre Bourdieus.[108] Die verfolgte Intention beider ist es:

- »konstatierbare Vorgänge nicht als Resultat äußerer Kausalketten, sondern als konstituiert durch innere Kräfte der Handlungsträger darzustellen;
- ein Modell zu finden, das in der Lage ist, die Gesamtheit der Eigenschaften zu erfassen, die in einem bestimmten sozialen Raum wirksam sind,
- sucht er ein Modell, das es erlaubt, in jedem Moment die gesamte Geschichte des sozialen Feldes zu erfassen.«[109]

Feld als »radikale Kontextualisierung« Pierre Bourdieu bezieht den Feldbegriff nicht mehr nur auf den individuellen Lebensraum, wie Lewin, sondern erweitert ihn auf den sozialen Raum, auf soziale Handlungsfelder. »Diese Struktur ist«, so Bourdieu, »nicht unwandelbar, und auf der Topologie, die einen bestimmten Stand der sozialen Positionen beschreibt, lässt sich eine dynamische Analyse von Erhalt und Veränderung der Distributionsstruktur der wirkenden Eigenschaften und damit des sozialen Raumes aufbauen. Die ist gemeint, wenn ich den gesamten sozialen Raum als ein Feld beschreibe, das heißt zugleich als ein Kraftfeld«.[110] Bourdieus Theorie von kulturellem Feld kann man als eine »radikale Kontextualisierung« charakterisieren.[111] Den sozialen Feldern kommt eine konstitutierende Existenz von Kultur zu, sie sind Resultat wie auch Form von Aktion, Handlung und Spiel. Es handelt sich nicht um Territorium, son-

dern um ein Kräftefeld: »Das intellektuelle Kräftefeld ist mehr als nur ein simples Aggregat isolierter Kräfte, ein Nebeneinander bloß zusammengereihter Elemente. Es bildet vielmehr nach Art eines magnetischen Feldes ein System von Kraftlinien: Die in ihm wirkenden Mächte bzw. deren Wirkungsgruppen lassen sich als ebensoviele Kräfte beschreiben, die dem Feld zu einem beliebigen Zeitpunkt kraft ihrer jeweiligen Stellung, gegeneinander und miteinander, seine spezifische Struktur verleihen. Andererseits determinert die Zugehörigkeit zu diesem Feld selbst auch jede dieser Kräfte: jede verdankt nämlich der besonderen Stellung, die sie in diesem Feld einnimmt, neben Positionseigenschaften, die aus ihrer rein immanenten Beschaffenheit nicht abzuleiten sind, einen besonderen Typus, der die Art ihrer Verbindung mit dem kulturellen Kräftefeld, einem System von Themen- und Problem-Beziehungen, bestimmt«.[112] »Das Feld ist ein Ort von Kräfte- und nicht nur Sinnverhältnissen und von Kämpfen um die Veränderung dieser Verhältnisse, und folglich ein Ort des permanenten Wandels. […] Jedes Feld bildet einen potentiell offenen Spiel-Raum mit dynamischen Grenzen, die ein im Feld selbst umkämpftes Interessenobjekt darstellen. Ein Feld ist ein Spiel, das keiner erfunden hat und das viel fließender und komplexer ist als jedes denkbare Spiel. […] Eine Analyse in Feldbegriffen impliziert drei miteinander zusammenhängende, notwendige Momente: Erstens muss man die Position des Feldes im Verhältnis zum Feld der Macht analysieren. […] Zweitens muss man die objektive Struktur der Relationen zwischen den Positionen der in diesem Feld miteinander konkurierenden Akteure oder Institutionen ermitteln. Drittens muss man den Habitus der Akteure analysieren, die Dispositionssysteme […] für deren Aktualisierung ein bestimmter Lebenslauf (Trajektorie, J. H.) in einem bestimmten Feld mehr oder weniger günstige Gelegenheiten bietet. Dieses Feld der Positionen ist methodologisch nicht vom Feld der Positionen zu trennen, die man bezieht, – also von den ›Stellungnahmen‹ – verstanden als ein strukturiertes System der Praktiken und Äußerungen der Akteure. Beide Räume, der Raum der objektiven Positionen und der Raum der Stellungnahmen, müssen zusammen analysiert, und um mit Spinoza zu reden, wie ›zwei Übersetzungen desselben Satzes‹ behandelt werden. Sind beide Räume gleichgewichtig, bestimmt im übrigen das Feld der Position tendenziell das Feld der Stellungnahmen«.[113] Bourdieus Feld der kulturellen Produktion ist durch die Opposition zwischen zwei Sub-Feldern, dem topologischen Übergang vom Lokalen zum Globalen: dem lokalen Feld der eingeschränkten Produktion und dem globalen Feld der »large-scale-production« bestimmt.[114] Das Feld der »large-scale« Produktion bezieht zum Beispiel Massen- oder Populärkultur mit ein.[115] Bourdieu verwendet den Feldbegriff hauptsächlich im Zusammenhang mit diesem, seinem Lieblingsthema, der Schaffung, Produktion und Konsumtion von kulturellen Werken wie zum Beispiel Kunst und Architektur. Als sozialer Handlungstheorie bedarf es der Akteure oder Agenten. Die Invention Bourdieus ist die Verknüpfung relationaler feldtopologischer Überlegungen mit Akteuren, die mit einem aktualisierten

»Habitus« versehen sind. Mit dem Konzept des Feldes werden die Handlungen der Akteure in objektiven sozialen Relationen verankert.[116] Akteure arbeiten nicht in einem Vakuum, sondern in realen sozialen Situationen, die durch eine Anzahl objektiver sozialer Zusammenhänge regiert werden. Jede soziale Formation ist durch hierarchisch strukturierte Serien von Feldern strukturiert nach Bourdieu.[117] In der Topologie würde man von Diffeomorphismen zwischen diesen Feldern sprechen.

Habitus: Gefühl fürs Spiel »Habitus« ist das Dispositionssystem sozialer Akteure;[118] ein generatives und vereinheitlichendes Prinzip, das die intrinsischen und relationalen Merkmale einer Position in einen einheitlichen Lebensstil rückübersetzt, das heißt in das einheitliche Ensemble der von einem Akteur für sich ausgewählten Personen, Güter und Praktiken.[119] Bourdieu bezeichnet mit Habitus »ein System dauerhafter Dispositionen, strukturierter Strukturen, die geeignet sind, als strukturierende Strukturen zu wirken, mit anderen Worten: als Erzeugungs- und Strukturierungsprinzip von Praxisformen und Repräsentation«.[120] Der Habitus ist differenziert wie die Positionen, deren Produkt sie sind; aber auch differenzierend.[121] Manchmal wird Habitus mit einem »Gefühl fürs Spiel/feel for the game« beschrieben, das den Akteuren ermöglicht, in gewissen Situationen in nicht rein berechnender Weise zu agieren und zu reagieren; sie gehorchen nicht bloß unterwürfig Regeln.[122] Es handelt sich im Gegenteil um eine Menge von Dispositionen, welche Praxis und Wahrnehmung generieren. Habitus ist »transportabel«, insofern er Praxis in verschiedenen, auch unterschiedlichen Feldern zu generieren vermag.[123] Als »Theorie der Praxis«, in der sich kognitive, evaluative und motorische Schemata vereinen,[124] stellt die Habitustheorie eine »Theorie der Erzeugungsformen von Praxisformen« dar.[125] Soziale Akteure sind mit systematisch strukturierten Grundanlagen ausgestattet und sind somit gesellschaftlich »unbewusst«[126] geprägt, dies im Gegensatz zum gemäß einem freigewählten Entwurf handelnden, freien Subjekt bei Sartre.[127] Habitus ist also nicht angeboren, er ist gesellschaftlich und historisch bedingt; beruht auf individuellen und kollektiven Erfahrungen. Gemäß Markus Schwingel kann man bei Bourdieu drei Dispositionen des Habitus herausschälen: »1. Die Wahrnehmungsschemata, welche die alltägliche Wahrnehmung der sozialen Welt strukturieren. Man könnte, um sie vom nächsten Punkt abzugrenzen, vom sensuellen Aspekt der praktischen Erkenntnis sprechen, 2. die Denkschemata, zu denen a) die Alltags- ›Theorien‹ und Klassifikationsmuster zu rechnen sind, mit deren Hilfe die Akteure die soziale Welt interpretieren und kognitiv ordnen, b) ihre impliziten ethischen Normen zur Beurteilung gesellschaftlicher Handlungen, d. h. ihr ›Ethos‹, und c) ihre ästhetischen Maßstäbe zur Bewertung kultureller Objekte und Praktiken, kurz ihr ›Geschmack‹, 3. Handlungsschemata, welche die individuellen und kollektiven Praktiken der Akteure hervorbringen.«[128] Diese drei Dispositionen konstituieren zusammen den »sozialen Sinn« des Habitus, ein praktischer Sinn, der den Akteuren als Orientierungssinn im Feld respektive in den diversen topologischen Feldern dient. Um in ein Feld, z. B. ein philosophisches, semantisches, juristisches oder kulturelles Feld einzutreten, Zugang zu gewinnen, um das Spiel zu spielen, muss ein Akteur den entsprechenden spezifischen Habitus besitzen und keinen anderen.[129] »Daher ist das Verhältnis eines Schaffenden zu seinem Werk stets durch die Beziehung vermittelt, die er aufgrund seiner Stellung im intellektuellen Kräftefeld zum System der objektiven Beziehungen unterhält, welche das intellektuelle Kräftefeld bilden, und die den öffentlichen Sinn eines Werkes definiert; dieser wiederum ruft sich ihm anhand all seiner Beziehungen zu den verschiedenen Instanzen der intellektuellen Welt ins Gedächtnis. Somit stellt diese öffentliche Bedeutung ein Produkt unendlich verflochtener wechselseitiger Äußerungen (topologische Knotentheorie, J. H.) innerhalb der kulturellen Sphäre dar, bilden diese doch zugleich determinierte und determinierende Urteile über Wahrheit und Bedeutung der Werke und Autoren.«[130] Es zeigt sich in dieser Problemstellung eine Gleichzeitigkeit von sozialer Ereignistheorie, sprich kritischen Punkten, und Handlungstheorie, sprich Vektoren, Kräften, Richtungen, die Bourdieu im Feldbegriff zu vereinen versucht.

Homologie, Strategie und Trajektorie Das Verhältnis zwischen Feld, Akteur und Habitus wird durch die Positionen, Stellungnahmen und Dispositionen des individuellen Akteurs geregelt; deren »Gespür für Spiel«. Hier zeigt sich sowohl das strukturalistische Erbe Bourdieus als auch ein Versuch topologischer Verräumlichung. Die Spiel-Strategien des Akteurs sind eine Funktion der Konvergenz von Position und Stellungnahme, vermittelt durch den Habitus.[131] Die Veränderung dieser Positionen und Stellungnahmen hinterlassen eine »biographische« Spur des Habitus. Bourdieu nennt diese ganz im Sinne einer Vektorfeldtopologie »Trajektorien«, deutsch meist etwas missverständlich als Verläufe bezeichnet. In unserem Zusammenhang bleiben wir beim mathematischen Begriff. »Strategie«[132] und »Trajektorie« sind neben dem »Habitus« Schlüsselbegriffe in Bourdieus Feldtheorie der kulturellen Produktion.[133]
»Strategy may be understood as a specific orientation of practice. As a product of the habitus, strategy is not based on conscious calculation but rather results from unconscious dispositions towards practice. [...] It depends both on the position the agent occupies in the field and on what Boudieu calls the state of the ›legitimate problematic‹ – the issues or questions over which the confrontation takes place, which constitute the stakes or struggle in the field and which orient the search for solutions.«[134] Strategien sind Handlungen, die sich objektiv auf Ziele richten, die nicht unbedingt auch die subjektiv angestrebten Ziele sein müssen. Bourdieu: »Im Unterschied zu den gewöhnlichen Biographien beschreibt der Verlauf – trajectoire – die Reihe der Positionen, die ein Schriftsteller (resp. Akteur, J. H.) in aufeinanderfolgenden Zuständen des literarischen Felds nacheinander einnimmt, wobei es sich versteht, dass sich die Bedeutung

dieser aufeinanderfolgenden Positionen, die Veröffentlichungen […] etc, nur in der Struktur eines Feldes, das heißt – wieder einmal – nur relational bestimmen lässt.«[135] Diese Bewegungen – der Akteure, des Habitus, der Trajektorien – führen zum sozialen Altern des Feldes und der Akteure. Die Bewegungen der Trajektorien finden einerseits lokal in bestimmten Sektoren des Feldes statt oder global zwischen Sektoren und Feldern. Die dazwischen liegenden Übergänge und die unvermeidlichen »kritischen Punkte« der Felder und Sektoren sind Teil einer solchen Feldtheorie. Bourdieu integriert dies in seinem »Field of Cultural Production«: »There is nothing mechanical about the relationship between the field and the habitus. The place of available positions does indeed help to determine the properties expected and even demanded of possible candidates, and therefore the categories of agents they can attract and above retain; but the perception of the space of possible positions and trajectories and the apperception of the value each of them derives from its location in the space depend on these dispositions. It follows as a point of method that one cannot give a full account of the relationship obtaining at a given moment between the space of positions and the space of dispositions, and therefore, of the set of Social Trajectories (or constructed biographies),[136] unless one establishes the configuration, at the moment, and at the various critical turning-points in each career, of the space of available possibilities […] the social value attached to each of them, and also the meaning and value received for the different agents of classes of agents in terms of the socially constituted categories of perception and apperception they apply to them. […] (for example, a special study would be required in order to determine, for each relevant period, the critical points in the trajectories corresponding to each field.«[137]

Bourdieus kritische Punkte der Trajektorien sind »Turning Points«. Das durch Akteur, Habitus und Trajektor geformte kulturelle Kapital[138] jedes Akteurs wird in den kritischen Punkten umgeformt. In dieser Umformung laufen die Trajektorien der topologischen Vektorfelder durch einen »Nullpunkt«.

Bourdieu beschreibt und untersucht die Beziehungen zwischen verschiedenen Feldern und Teilfeldern über den Begriff der »Homolgie«. Er verwendet diesen nicht oder nur teilweise topologisch, sondern eher in der Tradition der Geisteswissenschaften, als »Typenähnlichkeit«, (siehe Beginn des Kapitels »Homologie«). Die Homologie oder besser das »Spiel der Homologien«.[139] Bourdieus – und hier nähert er sich der Topologie – beschreibt und weist aber auch auf Gruppen, Klassen, Oppositionen[140] und Konflikte hin.[141] Topologisch entspräche dies Grenzbereichen und Grenzbedingungen. Im Mittelpunkt von Bourdieus Arbeitsweise stehen nicht einzelne isolierte Praktiken, sondern mit dem Vehikel des »Habitus« etabliert er einen »modus operandi«, »der wesentlich die Art und Weise der Ausführung von Praktiken und weniger Praxisinhalte bestimmt.«[142] Bourdieus Methodik ist auf drei Ebenen angesiedelt: 1. die externen, objektiven Strukturen sozialer Felder innerhalb dem, was Bourdieu das Feld der Macht nennt, 2. die

Genese der internen Habitusstrukturen, die ihrerseits »Praxis« generieren, 3. gleichsam als Synthese des Aufeinandertreffens von Habitus und Feld – die wiederum externen Praxisformen. Randal Johnson weist auf Parallelen dieser Methodik zu einer »Tiefenhermeneutik« hin:[143] »In this sense, Bourdieu's model has clear affinities with ›depht hermeneutics‹, which comprise three levels of analysis: 1) socio-historical analysis, which concerns the social and historical conditions of the production, circulation and reception of symbolic forms; 2) discursive analysis, or the analysis of the structure and internal organization of symbolic forms, and 3) interpretation/reinterpretation, which involves the ›creative construction of possible meaning‹.«[144]

In dieser dialektischen Dreiteilung der Genese von kultureller Produktion fungiert der Habitus »als Vermittlung zwischen Struktur und Praxis«.[145] Das kritische Aufspannen eines kulturellen Feldes verfolgt bei Bourdieu einerseits eine Erhaltungsstrategie, andererseits eine Strategie der Häresie, der Infragestellung der etablierten Ordnung. Beides zusammen bildet die Basis kontextueller Veränderungen innerhalb der topologischen Felder.

»Wenn daher die Soziologie«, so Bourdieu, »die intellektuelle und künstlerische Produktion, die kreative Konzeption als einen Gegenstand versteht, in dem Determinismen mit einer Motivation (détermination) zusammenprallen und sich vermitteln, kann sie den Gegensatz zwischen einer immanenten Ästhetik, die es sich Vorschrift macht, das Werk als ein System zu behandeln, das seinen Sinn und seinen Grund in und aus sich selbst hat und aus der eigenen Kohärenz die Prinzipien und Normen seiner Dechiffrierung bestimmt, und einer auf die äußere Verflechtung des Werkes bezogenen Ästhetik überwinden, der es gewöhnlich nur um den Preis einer verstümmelnden Redundanz gelingt, das Werk mit den ökonomischen, sozialen und kulturellen Bedingungen seiner künstlerischen Erzeugung in Beziehung zu setzen (z. B. Architektur, J. H.). Tatsächlich wird jeder Einfluss und Zwang, den eine Instanz außerhalb des kulturellen Kräftefeldes auf dieses ausübt, stets durch die Struktur dieses Feldes gebrochen.«[146]

Von den hier besprochenen so genannten »Neuen Denkern«[147] kommt die Theorie des sozialen Feldes von Pierre Bourdieu, was die Präzision der eingesetzten Werkzeuge anbelangt (Feld, Trajektorie, kritische Punkte, Homologien, Homöomorphismen und Diffeomorphismen etc.) der Topologie am nächsten. Ohne die Topologie groß zu erwähnen, geht sie in Bourdieus System der Praxis auf. Insofern deckt sich hier Bourdieus Haltung mit derjenigen von Physikern, Molekularbiologen etc., die Topologie als Aufforderung zur Anwendung betrachten – als Praxis. Diese erfolgreiche Unsichtbarkeit der Topologie, die wir auch noch beim Architekten und Urbanisten Raoul Bunschoten antreffen werden, beruht auf dem Ziel, nicht implizit topologische Aussagen zu tätigen, sondern explizite, über die Praxis der kulturellen Produktion. Die Artefakte dieser Produktion, Literatur, Kunst, Film, Architektur etc. sind für ihn die Manifestationen des sozialen Feldes als Ganzes: »In short, it is a question of understanding works of art as a manifestation of the field as a whole, in which all the powers of the field, and all the determinisms inherent in its structure and functioning, are concentrated.«[148] Man sollte abschließend auf einen wesentlichen Praxisfaktor dieser Theorie des sozialen Feldes hinweisen; dass diese Relationen und Interaktionen alle gleichzeitig, »real-time«, stattfinden.[149]

KONTEXT ARCHITEKTUR: RAOUL BUNSCHOTEN

Architektonisches Feld: Cornell-Zone/-Field

»[…] weil wir gesehen haben, dass die Kräfte in einem anderen Raum operieren als dem der Formen, im Raum des Außen, dort wo strenggenommen die Beziehung eine Nicht-Beziehung ist, der Ort ein Nicht-Ort und die Geschichte ein Werden.«[150] Michel Foucault

Figur/Grund-Feld: Colin Rowe Der Cornell-Kontextualismus verwendet Felder, wenn durch Großmaßstäblichkeit lokale Figur-Grund-Untersuchungen nicht mehr möglich sind. Es mündet in Colin Rowes Collision-City, wo das Aufeinandertreffen urbaner Strukturen, oft Raster-Strukturen und die Resultate derer Kollision, als prägende kontextuelle Schnittstelle geortet wird. Collision-City basiert auf einem lange unveröffentlichten, aber viel zitierten Manuskript von Wayne Cooper zum Thema »The Figure Ground« (1967)[151] mit den drei sich ergänzenden konzeptionellen Ideen: Figure/Ground, Field/Zone und Hierarchie.

Das Feld werde relevant, wenn Elemente nicht mehr durch »Raum« gefasst werden könnten. Cooper bezieht sich auf den »analytischen Kubismus« mit dessen überlagerten, unvollständigen Elementen als Feldern:

»As in analytical cubism, a field is an area whose limits are defined by a variety of means – by positives or negatives, emphatic edges, etc. – so that those objects scattered within that area may be seen as having some direct relation either to the edges of the field or to the objects within that field of observation. […] It seems a simple matter of juxtaposition; a field of objects can be seen as a unit when the objects are denied by some dissimilar means of organization, or when they polarize themselves into a coherent grouping through some idiosyncrasy of form. […] If a field may be defined as either solid or void, one can now search for those devices that give internal structure to such a field. […] Variations or accidents within a relatively pure sytem become extremely important points of conflict.«[152]

Eine Schwäche des Cornell Feldbegriffs war, dass er sich zu stark auf stadtmorphologische Rasterstrukturen fixierte. Insofern waren damit typische »amerikanische« urbane Felder gemeint. Was sich topologisch aktualisieren lässt, sind die kubistische Analogie, die Überlagerungen, die Integration von Unfällen und

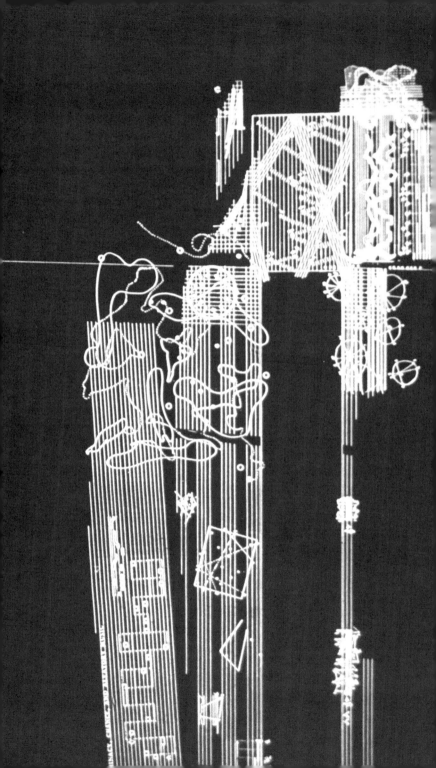

Variationen als Konfliktpunkte. Diese Aspekte sind transponierbar auf Kontexte »Neuer Medien«, wo sie sich noch stärker aus dem Realräumlichen lösen.

Qualitative Karten und diffeomorphes Feld Kartographierungs-Methoden sind immer ein zentrales Gebiet des Städtebaus gewesen. Es würde hier den Rahmen sprengen, die ganze abendländische Kartographierungstradition gebührend abzuhandeln.[153] Kartographierung ist heute mit fundamentalen Veränderungen konfrontiert:

- Paradigmenpluralismus der Kartographie in Folge von Thomas S. Kuhns[154] und Jean-Francois Lyotards Arbeiten.
- Explosion der Datenmengen und Kartenmengen durch globale Daten-Netzwerke (z. B. GIS-Datenbanken).
- Zusammenbrechen des euklidischen Kartenbildes.

Gerade durch diese Entwicklung ist sie auch wieder zu neuem Leben in der Architekturszene erwacht und wird im Zusammenhang mit Topologie interessant. In der Topologie wird eine Karte über Differentiation erzeugt. Diese Ableitung ist in gewissem Sinne eine Reduktion, aber es ist auch eine Codierung – eine kulturelle Codierung. Frederik Jameson hat Karten als Notwendigkeit für eine ästhetische Kultur bezeichnet und mit Architektur in Verbindung gebracht: »Ein unserer Situation angemessenes Modell der politischen Kultur muss [...] die Frage des Raums zu den wichtigsten Problemstellungen machen. Die Ästhetik dieser neuen (und nur hypothetisch zu fassenden) Kultur möchte ich daher vorläufig als die eines Kartographierens der Wahrnehmung und der Erkenntnis (cognitive mapping) definieren [...]. Aus Kevin Lynchs Standardwerk ›The Image of the City‹ kann man lernen, dass die entfremdete Stadt vor allem ein Raum ist, in dem die Menschen nicht mehr in der Lage sind, den eigenen Standort oder die städtische Totalität, der sie ausgeliefert sind, bewusstseinsmäßig zu verarbeiten und zu lokalisieren. [...] Die Möglichkeit einer Aufhebung der Ent-Fremdung in einer dieser Städte, wie wir sie kennen, hängt allein davon ab, ob die praktische Rückeroberung eines Gefühls für den Standort und für die Konstruktion und Rekonstruktion von Markierungspunkten gelingt: Anhaltspunkte, die im Gedächtnis bewahrt werden können und die das Subjekt mit seinen momentanen Bewegungen und Gegenbewegungen gewissermaßen ›kartogaphisch‹ aufnehmen und modifizieren kann. [...] Lynchs Modell greift allein zentrale Fragen der Repräsentation auf. [...] Hier nun ergibt sich die Notwendigkeit, eine Kartographie, die auf unser Wahrnehmungs- und unser Erkenntnisvermögen zielt, weiter zu fassen, und zwar als Koordinaten von Fakten und Daten der Lebenswelt [...] einerseits und von abstrakten Begriffen der geographischen Totalität andererseits. [...] Hier liegt bereits das beschlossen, was wie heute als Wesen der Repräsentationscodes bezeichnen würden: eine Kennzeichnung der inneren Strukturen der verschiedenen Medien, der mögliche Eingriff in einfachere mimetische Verfahren des Kartographierens und vor allem das völlig neue, fundamentale Problem der Repräsentation durch verschiedene Sprachen, […] Ist man an diesem Punkt angelangt, so wird deutlich, dass es im Grunde keine ganz genauen, keine ›wahren‹ Karten geben kann.«[155]

Im Sinne von Frederic Jameson repräsentieren Karten qualitative Prozesse von Wandel und Entwicklung des kontextuellen Feldes einer Topologie. Als feldtheoretische Konstrukte besitzt jedes Feld eine methodische Komponente; speziell in der Architektur. Dieses Vorgehen ist mehr denn je ein Kartographieren eines ›terrain vague‹: unsicher und unübersichtlich. Metahphorisch kann man von Differentiation durchaus auch von einem gerichteten Sturz sprechen, wie dies Christine Buci-Glucksmann tut:

»Ob als Sturz des Ikarus, als Sturz der Dämonen – der Sturz ist das Unvermeidliche des Weltblicks der Malerei (in unserem Zusammenhang: der Architektur, J. H.). Genau in dem Moment der Grenzüberschreitung, in dem sich gewissermaßen eine Geographie der Transgression eine nomadische Topologie abzeichnet, innerhalb derer sich die Beschreibungen zeigen und ein Wissen sichtbar machen.«[156]

Die nomadische Topologie der zu kartographierenden Felder formiert – transgressiert – sich nochmals vollkommen neu und »anders« in Verbindung mit neuen Medien und der praktischen Arbeit mit computergestützten Entwurfs- und Planungswerkzeugen.

Der Computer-Screen zeigt einen Nullpunkt der Arbeit durch die virtuelle Unendlichkeit eines großen weißen topologischen Feldes: Null-Karte, Terra Incognito. Dieses weiße Feld wird durch Data-Input, durch Mapping artifiziell gefüllt. Kenyon B. Green beschreibt dies als emergentes Phänomen in einem Kräftefeld:

»It is proposed, that further qualitative progress in the computer simulation of complex societal systems is dependent on incorporation of field-theoretical constructs embodying truly behavioral and social forces. […] The phenomena emphasized here are: slow, continous change followed by sudden, discontinuous or catastrophic jumps; incident changes in the field; hierarchical restructuring; emergence of new properties at successive hierarchical levels; and turbulence of the environmental field. […] The major phenomena stressed […] are: (1) The behaviour of the system, the figure, is a dynamic function of the field of interaction forces, the ground or environment, in which the system is immersed.«[157]

In diesem virtuellen Feld ensteht qualitative topologische Verräumlichung und Visualisierung von Data: kontextuelle Informationsarchitektur in einem virtuellen architekonischen Interaktionsfeld.

Sanford Kwinter: La Città Nuova Für die Architektur, die »Urbane Topologie« seit Mitte der 80er Jahre beginnt die feldtheoretische Debatte und Methodik mit einem Text von Sanford Kwinter von 1986. Als Grundlage seiner feldtheoretischen Analyse dienen Kwinter die italienischen Futuristen, speziell Umberto Boccioni und Sant'Elia. Kwinter beschreibt in »La Città Nuova: Modernity and Continuity« eine Herleitung der Feldtheorie in der futuristischen Architektur aus der Thermodynamik, dem Elektromagnetismus heraus, bis hin zur Relativitätstheorie. Kwinter formuliert am Ende seines Textes Thesen einer Methodik von »Procedural Maps«:[158]

»Yet even as interest shifted from the analysis of systems of signification to topographical configurations and mapping, what seemed a critical innovation too often fell back on the structuralistic bias for spatial systems to the proper exclusion of what I have been calling the ›event‹. The event belongs to a complex and abstract realm of space-time; so must the cartograohic techniques that scetch out its lines. Difference, a value whose so-called disappearence is today lamented by those insensible to its subtler yet increasingly insistent effects, becomes the new transcendental principle of the field: the differential equation (dy/dt) with which physics replaced the material point, the perceptual becoming of Boccionis force-lines, and Sant'Elias ever-differentiating field of pressures and flows. None of these configurations however would resemble maps in the traditional sense. They are rather what I will call procedural maps, made up not of ›global‹ representations, which tend to reduce entire multiplicities to static and finit schemas, but of protocols or formulas for negotiatiing local situations and their fluctuation conditions. To construct such a procedural map it is necessary, first to abandon the following two principles:

(1) the epistemological prejudice that gives priority to the visual, spatial logic of simultaneity – the ›image‹ of traditional cartography; and (2) the illusory exteriority of the subject vis-à-vis the map. Here again it is the insertion of the dimension of time into the field that establishes a relation of continuity between subject and object, figure and ground, observer and event. Time is no longer exclusivly subjective and private nor objective and absolute, but forms the seamless plane that gathers and gives consistency to both the subject- and object-effects that are in actuality by-products of the event. [...] La Città Nuova (von Sant'Elia, J. H.) may be understood [...] less as a literal, realizable program than a set of instructions, governig not only the assembly of isolated modules of [...] machinery, but also the composition in its most pragmatic and concrete form, of a universal machinic consistency. [159] »This notion of the field expresses the complete immanence of forces and events while supplanting the old concept of space identified with the cartesian substratum and ether theory. [...] The field describes a space of propagation, of effects. It contains no matter or material points, rather functions, vectors and speeds. It describes local relations of difference within fields of celerity, transmission or of careering points, in a word what Minkowsky called ›The World‹.«[160]

Stan Allen: ›Object to Field‹ Stan Allen formuliert gleich zu Beginn seiner Auseinandersetzung mit dem urbanen Feld einen Bezug zur Praxis des Architekten – der Bezug Bauplatz zur Feldforschung respektive Arbeit im Feld.

»It opens architecture to material improvisation on site. Field conditions treats constraints as oppotunity and moves away from modernist ethic – and aesthetic – of transgression. Working with and not against the site, something new is produced by registering the complexity of the given. [...] A distinct but related set of meanings begins with an intuition of a shift from object to field in recent theoretical and visual practices [...] In its most complex manifestations this concept refers to mathematical field theory – to non-linear dynamics and computer simulations of evolutionary change. [...] The infrastructural elements of the modern city, by their nature linked together in open ended networks, offer another example of field conditions in the urban context. Finally, a complete examination of the implications of field conditions in architecture would necessarily reflect the complex and dynamic behaviours of architcture's users and speculate on new methodologies to model program and space.«[161]

Stan Allen fragt dabei insbesondere nach der »Dicke« des Feldes und dessen Konsistenz im Spiel von Figur/Grund.[162]

»What is intended here, is a close attention to the production of difference at a locale scale, even while maintaining a relative indifference to the form of the whole. [...] This evokening out of value has implications for the traditional concept of figure/field. In the digital image ›background‹ information must be as densely coded as the foreground image. Blank space is not empty space; there is empty space throughout the field. If classical composition perpetuated by the introduction of a complicated play of figur against figure, with digitale technologies we now have come to terms with the implications of a field-to-field-relation. A shift of scale is involved and a necessary revision of compositorial parameters implied [...]. Field conditions and logistics of context reassert the potential of the whole, not bounded and complete (hierarchically ordered and closed), but capable of permutation: open to time and only provisionally stable. They recognise that the whole of the city is not given all at once. Consisting of multiplicities and collectivities, its parts and pieces are remnants of lost orders or fragments of never realised totalities. Architecture needs to learn to manage this complexity, which paradoxically, it can only do by giving up some measure of controle. Logistics of context proposes a provisional and experimental approach to this task.«[163]

Peter Wilson: ›Non-Cartesian Matrix‹ »Field – a matrix that can no longer be measured or ordered by Cartesian geometry. It can be accessed better using the language of computer modes and menus (cutout-format-help-copy-pattern-transfer-shift-index, and so on). Along with moments of significance, the banal, the serialized, the historical, the business zone, the redundant, the new, green fields and backlands of transport systems all flow together in this molecular cloud of occasional incident and predominant void. […] Some rules of the field: Today's accusing lines, event horizons and field patterns demand a re-invention of mapping techniques, of syntax and of terminology used to decribe the urban condition.

Elsewhere: Beyond the perceptual horizon of an event is in current defined as the infinite zone of ›elsewhere‹. In the urban field the complex overlapping influence of events is never entirely absent. What must therefore be registered is the degree of emptiness.

Event: As connection loses its significance, the principle element in the new thematic template becomes the autonomous incident, the event. These, like headlines in newspapers and television soap operas, are not singular or unique but recognized by type.

Event type: As with computer menues, the total extent and subcategories of urban events are uncraspable – for example, radio mast […] mine shaft, […] bus stop, forest, redundant factury, traffic light biotop, and so on.

Event frequency. The inverse of the degree of emptyness, to be seen in conjunction with event mix and event duration.

Scale: No longer fixed proportional ratios or hierarchies of near, middle and far, big and small. Unexpected scale jumps are the rule (micro-macro). Andrea Branzi's Hybrid Metropolis has proposed not architecture or the city but the domestic object as todays significant scale. But size itself no longer impresses; time has replaced distance as the everyday measure.

Topography: Networks of social relations and functional systems are encompassed but not rendered visible in the Eurolandschaft. Various nodes, focal points, debris and vectors of movement register as events, tips of unseen pulsating icebergs. The topography we must now try to map a scan of preexisting, unseen and possible conditions.

Movement: Corridors of movement […] are the true communal spaces today. From there trajectories of objects and events can best be measured. Following spatial configurations instigated by these vectors of movement correspond to the scans and cuts of post-media perception.

Presencing Architecture in the New Urban Field.

As a relatively infrequent event in the Eurolandschaft, the self-conscious object has the opinion of simulationg the transparency or inconsistent complexity of the field in which it lands. Conversely, the opinion exists to hold fast, to solidify, to sediment, to become a fixed island against which surrounding tidal shifts can be measured. Like water towers, stadium lights and power stations, such events are characterized by their scale, their autonomous status and their enlarged event horizon.

Stoppages: (The Bridge in Berlin, the Factory in the Ruhr district and the Technology Center on the periphery of Münster are all events cast adrift in the Eurolandschaft.) Each (architectonical object as event; J. H.) is an application of the strategy of stoppage.«[164]

Peter Wilsons Feldbegriff ist in bester AA-Tradition stark an Bernard Tschumis »Event-City« orientiert, einem Konzept, dem wir im nächsten Kapitel begegnen werden.

Albert Pope: Polynuclear Field Albert Popes Feld des urbanen Sprawl wurzelt in den Kontexttheorien der 60er Jahre. Er appliziert diese für Kernstädte formulierten Thesen auf die Großmaßstäblichkeit des texanischen Sprawl. Colin Rowes Collision-City (siehe oben) liefert Felder des »Supergrid« und Jap Bakema und Team X den Umgang mit urbaner Räumlichkeit des Core-Contexts.[165]

Der Denkansatz des »polynuclear Field« mit den topologisch-transformatorischen Attributen ist der Thermodynamik entliehen.

»The collapse of the continuous field constitutes a contextual reorganization, the effect of which is primarely spatial. The reversal of the centrifugal spatial field amounts to what Krauss identified as the ›introjection of boundaries‹[166] into the interior of the city. These new boundaries, the product of spatial implosion, are of vital importance to any analysis of contemporary urban development. They constitute an unprecedented type of urban space.[167] [...] The implosion of the hierarchical urban center and the rapid proliferation of new exurban nuclei have more recently obscured the logic of centralized polynuclear expansion. As the hierarchical center collapses under the wheight of its ›subsidiary‹ mode of developement, the idea of the city as a totality shifts from a centralized metropolitan figure to a labyrinthine field or topology of sprawl. This transformation has already been defined as the movement from a sub-urban stage where new centripetal developement overhelms the prewar metropolitan core. [...] As noted, the effect of sprawl is the result of a conflict between a residual hierarchical figure and an emerging topological field. Attemps to trace an aggregate order out of a condition of peripheral sprawl yellds the simultaneous existance of

1) linear patterns established by primary transportation areas, 2) an urban field established by a larde scale supergrid and 3) vestigial centralized pattern which has not yet collapsed under the dominance of new polynuclear construction. [...] This rift between center and field, tradition and innovation, figure and field, may be understood as a real obstacle to our present urban evolution. The inability of the center to either assert its hegemony or die off, throws the metropolis into a interminable confusion [...]. The characteristics associated with sprawl – peripheral dispersion, the discontinuous polynuclear field, the disorganized residiuum of centripetal production, the overlay of centralized and topological patterns – all contribute to a definition of weak metropolitan form. (siehe »schwaches Denken der Vernunft« bei Vattimo, J. H.) [...] The urban dialectic between the premodern urban core and the modern suburban periphery fails when the core is reorganized and its hierarchy collapses into an amorphous field of

competing urban nuclei. […] With the end of traditional urban hierarchies the citizen of a postmodern city is set spatially adrift in an amorphous polynuclear field. […] Architectural language does not transcend a transformation of the larger spatial field. If architectural and planning conventions do not respond to this transformation, then those conventions are ultimately trivialized. […] The status of the city has been presented as it is found today, stalled at the threshold of a ›superurban‹ stage. This threshold is characterized by a weak centralization and a powerfull polynuclear field. No longer bound by traditional metropolitan responsibilities, exurban nuclei are free to move toward even more exclusive positions. These positions establish a regressive, oppositional space between the exurban nuclei and their spatial residuum.«[168]

Vilém Flusser: Krümmung im Feld »Wir sollten (wenn es um die Stadt geht) topologisch statt geographisch denken lernen und die Stadt nicht als einen geographischen Ort, sondern als Krümmung in einem Feld ansehen. Das ist kein bequemes Unterfangen. Es geht um einen der berüchtigten Paradigmensprünge. […] Wenn es um eine ›neue Urbanität‹ geht, ist es nützlicher, sich ein Krümmungsbild zu machen. […] Das Bild, das wir uns gewöhnlich von der Stadt machen, sieht ungefähr so aus: […] wirtschaftlicher privater Raum, […] politisch öffentlicher Raum, […] theoretischer Raum. […] Es ist als Modell nicht mehr zu gebrauchen. Die drei Stadträume greifen jetzt wie ›Fuzzy Sets‹ ineinander. […] Der Mensch kann nicht mehr als ein Individuum, sondern muss im Gegenteil als eine dichte Streuung von Teilchen angesehen werden: Er ist kalkulierbar. Das berüchtigte ›Selbst‹ ist als ein Knoten zu sehen, in welchem sich verschiedene Felder kreuzen, etwa die vielen physikalischen Felder mit dem ökologischen, psychischen und kulturellen. Das berüchtigte ›Selbst‹ erweist sich dabei nicht als Kern, sondern als Schale […] Das neue Menschenbild als Verknotung von Beziehungen (hier folgt Flusser Lacan, J. H.) passt uns nicht in den Kram, und daher auch nicht das auf dieser Anthropologie beruhende Stadtbild. […] Wir haben uns ein Netz von zwischenmenschlichen Beziehungen vorzustellen, ein ›intersubjektives Relationsfeld‹. Die Fäden dieses Netzes sind als Kanäle zu sehen, durch welche Informationen wie Vorstellungen, Gefühle, Absichten und Erkenntnisse fließen. Diese Fäden verknoten sich provisorisch und bilden das, was wir zwischenmenschliche Subjekte nennen. Die Gesamtheit der Fäden macht die konkrete Lebenswelt aus, und die Knoten darin sind abstrakte Extrapolationen. Das erkennt man, wenn man sie entknotet. […] Dann gewinnt das neue Stadtbild Konturen. Es ist etwa so vorzustellen: Die zwischenmenschlichen Beziehungen sind an verschiedenen Orten des Netzes verschieden dicht gesponnen. Je dichter sie sind, desto konkreter sind sie. Diese dichten Stellen bilden Wellentäler im Feld, das man sich schwingend wird vorstellen müssen. An diesen dichten Stellen rücken die Knoten einander näher, sie ›aktualisieren‹ sich gegenseitig. In derartigen Wellentälern werden die in den zwischenmenschlichen

Beziehungen angelegten Möglichkeiten ›aktueller‹. Die Wellentäler wirken auf das umliegende Feld ›anziehend‹ (Attraktoren, J. H.) [...] Jede Welle ist ein Brennpunkt (Focus, J. H.) für Aktualisierung zwischenmenschlicher Virtualitäten. Solche Wellentäler sind ›Städte‹ zu nennen. [...] Auffällig ist, wenn man dieses Stadtbild betrachtet, [...] seine ›Immaterialität‹«.[169]

Raoul Bunschoten: Stadt als Prozess – Prozess als Architektur

Der Architekt und Urbanist Raoul Bunschoten hat in seinen 12 Jahren Unterricht an der AA-London und in seinem Institut »CHORA« eine »Theorie der Praxis« für die Architektur und Planung entwickelt, analog wie dies Pierre Bourdieu für die Soziologie getan hat.[170] Es ist nicht möglich, an dieser Stelle einen vollständigen Überblick über die Methodologie Raoul Bunschotens zu geben, aber in Ausschnitten soll eine Annäherung an dieses sehr komplexe Werkkonstrukt stattfinden. Ähnlich wie bei Bourdieu kann man von einem »radikalen Kontextualismus« sprechen. Während bei frühen Werken dieser Kontextualismus in skulpturalen Notationsmodellen (Spinozas Garden, Skin of the Earth etc.) umgesetzt wurde, geschieht dies heute in radikalen Planungsstrategien jenseits eines »Masterplans«. Grundlage dieser Entwicklungen ist ein für die Architektur ungewöhnliches Interesse an Praxisumsetzungen von wissenschaftstheoretischen Untersuchungen über Methode und Prozess; sie sind zentral in Bunschotens Tätigkeit als Lehrer wie auch als Architekt und Planer. Schon früh hat er deshalb immer wieder auch Kybernetiker und Topologen, zum Beispiel Gordon Pask[171] und Lou Kaufmann, für Workshops an die AA geholt. Einflüsse in Bunschotens »Manifest« (in seinen Worten) sind nicht einfach zu dekodieren, da er in Text und Vortrag kaum mit Referenzen arbeitet. Sein Basisansatz, die »Welt« der unerreichbaren ersten Natur als »Skin of the Earth« zu bezeichnen und die zweite Natur menschlicher Wahrnehmungs-, Erkenntnis- und Kulturformen als »Stadt«,[172] als zweite Haut einer »Protourban Condition« zu bezeichnen, deutet auf antroposophische Wurzeln hin, die aber eher in der Nähe des Verhältnisses von Joseph Beuys zu Rudolf Steiner als in Dornach selbst anzusiedeln sind. Dazu kommen gestalttheoretische und phänomenologische Ansätze, u. a. diejenige Maurice Merleau-Pontys, aber auch die soziologische Handlungstheorie von Talcott Parsons. Fundobjekte, Ready Made, Arte Povera und Fluxus, aber auch »Theorien des Abfalls«[173] spielen bei diesen kontextuellen Lesarten von Bunschoten eine weitere wichtige Rolle. Im Umgang mit den Gegenständen respektive den Akteuren, die mit diesen hantieren, verweist Raoul Bunschoten auf die Theorie des »Rituals« und der »Liminalitäten«, die Schwellenphasen und Schwellenzustände des Anthropologen Viktor Turner.[174] Wir finden Elemente von Gotthart Günthers mehrwertiger Logik der »Protostruktur« und der »Polykontextura-

lität«[175] sowie der »vagen« Protogeometrie von Husserl.[176] (»Proto-Pluralismus« in der pragmatischen Philosophie von William James: »Das ursprüngliche Bild vom Durcheinander der Dinge«).[177] Günther und das Indikationskalkül von George Spencer Brown bleiben die zwei einzigen Hinweise auf Niklas Luhmann; in seinem Kontextbegriff und der »Theorie der Praxis« steht Bunschoten der offenen Soziologie von Pierre Bourdieu näher. An der AA hat Bunschoten über Jahre mit dem »Second-Order«-Kybernetiker und Modelltheoretiker Sir Gordon Pask zusammengearbeitet, dieser Zeit entstammen auch die zufalls- (u. a. John Cage) und spieltheoretischen Aspekte, »game: a model of interaction«,[178] seiner Arbeit. Im Umgang mit Begriffen und Namen »spielt« moderne Metapherntheorie eine zentrale Rolle in den urbanen Feldstudien von Raoul Bunschoten. Wo Bourdieu vor allem strategische Elemente des »feel for the game« verwendet, interessieren Bunschoten vor allem die Grenzbereiche der Spieltheorie: Risiko- und Konflikt-Theorie.

Es stellt sich die Frage, wie diese vermeintlich heterogenen, fragmentarischen Theorien und Verweise zusammengebracht werden können. Bei Raoul Bunschoten kommt hier die Topologie, speziell die Vektorfeldtopologie, Differenzialtopologie und die Topologie dynamischer Systeme zum Tragen. Das Quellenmaterial für seine kontextuelle Lesart und Intervention erarbeitet er sich durch »Feldstudien/Fieldwork«. Terminologie und Arbeitsweisen sind dabei Ethnologie und Anthropologie entnommen. Bunschoten stellt »im Feld« vier Fragen:

- how to see?
- how to model/to play?
- how to tell?
- how to »build«/to act?

Die »Data«, die so über Zufallsoperationen/»random sampling« gesucht werden, sind weniger isolierte Einzeldaten, sondern immer geht es um Prozesse und Zusammenhänge. Aus profunder Kenntnis der Mechanismen von dynamischen Systemen ist es Ziel, Prozesse zu erkennen, sie zu benennen und in Gang zu bringen respektive bringen zu lassen. Dazu werden drei Mengen von Elementen gebraucht: Data, Netzwerke und physische Entitäten.[179] Die Kriterien für Bunschotens urbane Evaluation lauten:

- Erasure (Ausradieren, Entfernen, Auslöschen).
- Origination (Emergenz, die Entstehung von Neuem).
- Transformation (topologische Umformung).
- Migration (Nomadismus, Dynamische Systeme, Kommunikation, urbane Morphogenese).

Daraus werden rekursive, dynamische, kybernetische Prozesse mit topologischen Verknüpfungen »gebaut«: Felder.[180]

Feld und Kartographierung Die gesamte Tätigkeit des Architekten in Analyse und Entwurf spielt sich nach Bunschoten interaktiv zwischen Feld und Kartographierung ab. Mappings und deren Aufsummierung in Atlanten werden bei Bunschoten getreu der differenzialtopologischen Definition als Diffeomorphismen behandelt. Auch als Diagramm repräsentiert er sein E. O. T. M als einen Diffeomorphismus: »1) Registration; 2) Anchoring; 3) Icon; 4) Threads.«[181] Sorgfältige Diffeomorphismen bedeuten ein, nach Adorno, »Weitergeben der [...] Probleme«[182] an andere Felder, andere topologische Räume und Mannigfaltigkeiten. Der Vorgang des Kartographierens (»Mapping-Procedures«: R. Bunschoten) und das Kartographieren des Vorgangs (siehe: »Procedural-Mapping«: S. Kwinter) entwickeln sich über eine dialektische Interaktion: »From singularity to dynamic field«[183] – ein entscheidender Satz in Bunschotens Analyseauffassung. Die Summe der Karten – der Atlas – formt eine »Maske« des Projektes;[184] ein Terminus, den Bunschoten von John Hejduk übernommen hat. Spezielles Augenmerk gilt dem Mapping der kritischen Punkte eines Feldes. Auch hier, analog zur Vektorfeldtopologie: Jeder zusätzlich hinzugefügte kritische Punkt löst mindestens einen weiteren zusätzlichen irgendwo im Feld aus. Mappings sind deshalb kritische Handlungen. Raoul Bunschoten betrachtet im Gegensatz zu traditionellen Kartographierungen, z. B. den morphologischen Kästen, weniger Objekte als »kritische Punkte«, sondern Handlungen/Funktionen und deren »Spuren« als kritische Punkte von Diffeomorphismen. Dieses Spuren-Element im differenziellen Mapping ist wichtig. Die Spuren sind Ableitungen der Handlungen, da ihnen die »weggestrichenen Konstanten« fehlen. Die Rekonstruktion solcher »fehlender« (erasure) Termini einer kulturellen Feldfunktion, vorgefunden als eine Spur, nennt Bunschoten auch »inverted Mapping«.[185] Inverted Mapping, Emergenz über »Umkehrung« nach Althusser[186] bedeutet Rekonstruktion der Welt als Modell: eine Taschenwelt. Das Kartographieren von Mikro-Szenarios (lokal) wird in Relation zu Large-Scale Phenomena der »Metaspaces« (global) gesetzt, was topologischer Transformation gleichkommt. »A field is set for action (Handlung) that will transform it.«[187] Es Ist wichtig, auf den nichtlinearen Charakter dieser Abläufe und Methodologien zu achten. Karten können auch affirmativ im Sinne von Harold Bloom »fehlgelesen«[188] werden und erst so zu Emergenz von Entwurf führen.

Topologien der Zusammenhänge, Schwellen und Übergänge Topologische Felder sind nicht homogen. Ihre Invarianten sind kritische Punkte oder Derivative derselben; bei Bunschoten vor allem als kritische Aktionen respektive Problemstellungen und Folgen manifest. Die Topologie wird gebraucht, um das qualitative Interaktionspattern zwischen den kritischen Punkten zu beschreiben.[189]

Das Augenmerk wird dabei weniger auf die trivialen kritischen Punkte Quelle und Senke gerichtet, als vielmehr auf den Sattel; Sattel als hyperbolischen Kreuzungspunkt von Feldlinien. Bunschoten verbindet das topologische Konzept des Sattels als Invarianten mit dem anthropologischen Konzept der Liminalitäten von Victor Turner: Schwellenzuständen und Schwellenphasen.

Weitere nichttriviale kritische Punkte ergeben sich durch das Konzept der Mini-Szenarios. Mini-Szenarios sind kleine alltägliche Geschehnisse, die immer Rückschlüsse auf Umweltzusammenhänge ergeben. Bunschoten erläutert dies gerne am Beispiel eines Restaurantbesuchs: Was wird bestellt? Bei wem wird bestellt? Hat derjenige eine Berufsausbildung oder/und Arbeitsbewilligung? Was geschieht in der Küche? Woher kommen die Zutaten? Wohin fließt das Abwasser der Küche ab? Was geschieht mit dem Küchenabfall? Woher kommt die Elektrizität? usw. Solche Mini-Scenarios kann man als Analog zur Theorie der Minimalflächen in der Vektorfeldtopologie betrachten, die Übergangssituationen zwischen geometrischen Flächen, Körpern und Räumen beschreiben und die den Status von kritischen Punkten besitzen.

Bunschoten integriert auch die dritte Form topologischer kritischer Punkte: die Durchdringung und Selbstdurchdringungen von Feldern und Räumen. Sie sind Folge der, nach Bourdieu, Gleichzeitigkeit aller beteiligten und unbeteiligten sozialen und kulturellen Felder. Die Schnittpunkte als kritische Invarianten der Topologie sind ihm zufolge gesellschaftlich unvermeidlich.

Die verschiedenen Formen von topologischen, kritischen Punkten respektive ihre Sektoren werden durch Separatrixe voneinander getrennt. Bunschoten beschreibt das »Bauen« von Metaspaces als das Zusammenfügen verschiedener Sektoren mit ihren Szenarios und Strategien.[190] Zusätzlich zur Topologie der kritischen Punkte, die sehr präzise verwendet wird, integriert Raoul Bunschoten topologische Singularitätstheorie dynamischer Systeme, die wir im nächsten Kapitel noch besprechen werden, in sein methodologisches Manifest. Entscheidend ist seine Hartnäckigkeit bezüglich der Akzeptanz und Integration kritischer Punkte in der Planung. Er hat als Hauptproblem der etablierten Planungsmethodik erkannt, dass einerseits diese Faktoren nicht erkannt werden, andererseits sie sehr selten »zugelassen« sind. Kritische Punkte, Brüche, Schwellen etc. werden geglättet, eliminiert und übergangen. Bunschoten hat in der momentanen Werkphase »Abfalltheorie« und »Kontaminationen« als verlässlichste Spur von urbanen Prozessen, Topologien und »Ruptures« entdeckt. Im »Abfall« kann am wenigsten »Konflikt« versteckt werden.

Topologische Modelle: Taschenwelten Ein Hauptgrund, weshalb die Arbeit von Raoul Bunschoten in ihrer Abstraktheit lange für Architekten sehr unzugänglich schien, ist seine »außerdisziplinäre« Auffassung von Projekt und Modell. Seine Modelltheorie entstammt der Tradition der Wissenschaftsphilosophie: Durkheim, Carnap, Popper, Althusser, Feierabend, Lakatos etc. Althusser beschreibt in

»Spontane Philosophie der Wissenschaftler«, wie durch Praxis die Begriffsgruppe »Objekt/Theorie/Modell« durch »modernere« Termini ersetzt wird, bei denen es um »das in der Erfahrung unmittelbar gegebene, [...] um Modelle, sowie Validierungstechniken« gehen würde: Erfahrung/Modelle/Techniken«.[191] Modelle repräsentieren nicht nur Wirklichkeit, sondern stellen selbst eine solche dar, eine »mögliche Welt« (possible world). Sie sind selbst eine Architektur. Gleich einer Metapher verfestigt sich das Modell in der Realität – im Falle von Bunschotens »Manifest«, in der zweiten »Skin of the Earth«, den Proto Urban Conditions. Modelle sind wie jede Feldforschung, Labor- oder Atelierarbeit auch sozial bedingt. Hier folgt Bunschoten der neuesten wissenschaftsphilosophischen Forschung der STS (Social Theory of Science) Gruppe um Bruno Latour.[192] Bunschoten nennt die »mögliche Welt« seiner Modelle: »Taschenwelt«. Sie besteht aus nichtmaßstäblichen topologischen Modellen (model in no-scale) und mit, je nach Fall, einer spezifischen Metrik versehenen skalierten Mannigfaltigkeit (non-model in scale). Dazwischen liegt der »Horizont« der Taschenwelt respektive nach Husserl ein »Wissen als Horizontgewissheit«.[193] Modelle sind die Domäne des Architekten und der Architektur. Man kann konsequent jede architektonische Intervention, jedes »Gebäude«, jeden Plan als Modell bezeichnen. Diese Sichtweise auf Architektur stellt das traditionelle Berufsbild in Frage, aktualisiert es und bringt Ansätze ins Spiel, die in erstaunlichem Maße auch kompatibel für einen Kontextualisms in der virtuellen Realität der neuen Medien sind. Die Rolle des Architekten entspricht derjenigen des Akteurs bei Bourdieu, speziell was die Position und die Stellungnahmen anbelangt: »The activity of an architect is defined by the movements within this field, the attempts to formulate this desire. Architects add further distinctions to the field, enriching its dynamic propensities.[194] [...] Architecture uses the Skin of the Earth. [...] Architecture also turns the Skin of the Earth into an expression of another space – an inner world of dreams and desires. [...] Architecture is an institution engaged in speculation on these emergent configurations and orders. It recognises them, suggests mechanisms to make them instrumental, and gives them benign but real effects. At the same time, it invents scenarios for built structures and their uses. As physical objects, these models are part of the world. They also describe emergent orders, thereby naming them and influencing their use. Increased mobility of people compels many countries to change their attitudes towards immigration and thereby to a new definition of space. This brings about new tensions between the open city, with its necessarily dynamic processes, and the closed state with its desire to perpetuate its own image of itself. Central to this are the reformulations of spatial identities caused by movement and settlement of immigrants.«[195] Architektonische Intervention ist in diesem Kontext ein diplomatisches Vermitteln und Verhandeln zwischen Konflikten, Krisen und Risiken. Verhandlung und Vermittlung – das tektonische Fügen der Elemente wird zur Detaillierungspraxis des Architekten und führt zu neuen, nächsten Modellen.

Bunschotens urbanes Feld »A city expresses the actions of individuals and collectives in an environment organised by rules. It reflects the needs of individuals and collectives. It orchestrates scenarios for living collectivity. It exists as an expression of, and a backdrop to, the physical encounters that remain so important in our lives, despite the technical advances in communications. A framing device[196] for most visions of the world, a vessel for our actions and desires, the city is now home to an increasingly large proportion of the world's population. The city exists in memory, in the desire to remember, in the desire to forget, in the simultaneous construction of memory and forgetfulness [...] The dynamic nature of the city for dynamic symbols – for traces of various things in motion which endure, if only temporarily, and become recognisable as traces, while simultaneously becoming urban characteristics. The realising of symbols through the making, forming and naming of land, of mass, of space, is an essential part of city-making, the management of cities and architecture. It includes the space of one's dreams and physical encounters, of birth and death, of incessant activity and movement. It creates identity: home, the burial plot, the touchstone – those things placed almost unconsciously in one's surroundings to ensure the reconstitution of memory, the creation of both a mimetic and indicative space.«[197]

Topologie ist bei Raoul Bunschoten ein wie bei Bourdieu unsichtbares, vermittelndes Element: ein Vehikel. Topologischer »Shape«, sprich »Form« spielt in den damit untersuchten Prozessen keine Rolle. Man könnte sagen, dass das Feld bei Bunschoten an die Stelle einer auf Opposition basierenden Differenz tritt; ein fast schon Hegelscher Versuch einer Praxis der Einheit von Differenz und Identität.[198] Raoul Bunschoten entwickelt in seiner Feldtheorie einen kritischen Proto-Kontextualismus für urbane Architektur. Es steckt die Erkenntnis dahinter, dass wir heute überall auf dieser Erde, ob in Rumänien, Russland, Argentinien oder Japan als architektonischen Bauplätzen immer mehr lokale Phänomene vorfinden, die global verknüpft oder bedingt sind. Deshalb braucht Architektur und Planung nicht-metrische Kriterien für die Handhabung dieser Phänomene. Bunschotens topologischer Kontextualismus ist unmittelbar groß- und kleinmaßstäblich und springt zwischen intrinsischen und extrinsischen Betrachtungsweisen hin und her.

Hermeneutische Schnitte und chirurgische Schnitte Schnitte als bewusstes Lesen von Fundobjekten: Geht man in einer rigorosen Deutung des Indikationskalküls von Spencer Brown aus, wäre es möglich, jede Unterscheidung/Bezeichnung als einen »Schnitt« im Kontext zu bezeichnen. Was wären die Konsequenzen für eine angewandte Morse-Theorie, verbunden mit dem Homotopie-Verfahren? Es würden die Abbildungsräume zwischen z. B. drei Abbildungsräumen einer urbanen Topologie untersucht. Fände darin ein topologischer Wandel statt, läge zwischen den Schnitten ein kritischer Punkt. Diese Sichtweise unterscheidet sich von einer naiven Deutung, die Schnitte als Schnittstellen immer schon selbst als Brüche, Risse oder absolute Differenzen sieht. Schnitte sind in der Morse-Theorie für das Freilegen der kritischen Punkte verantwortlich und dienen nicht dem »In-die-Punkte-Hineinschneiden«.

URBANE TOPOLOGIE: KRITISCHE PUNKTE UND ÜBERGÄNGE

Kommentierte Zusammenfassung

Betrachtet man den angewandten Feldbegriff unter topologischen Gesichtspunkten, findet eine Schwerpunktverschiebung statt. An Stelle der Gestalt einer äußeren Gesamtheit eines Feldes, welches zwangsläufig die Tendenz Richtung Homogenität hat, tritt ein differenziertes inneres Interaktionsmuster. Die Topologie des Flusses wird dabei in erster Linie durch Art, Lage und Gestalt der kritischen Punkte des Vektorfeldes bestimmt.[199] Die Topologie ermöglicht auch eine Unterteilung von sehr großen Feldern, wie im Konzept der randlosen Stadt vorhanden, in handhabbare, wohldefinierte Unterregionen – auch Bassins oder Sektoren genannt.[200] Der Schritt hin zur Differenzialtopologie und Vektorfeldtopologie markiert einen Übergang von differenztheoretischen Sichtweisen innerhalb einer urbanen Topologie zu dynamischen Systemen und dem topologischen Verhalten kritischer Punkte.

Differenzialtopologie: Die Karte und der Atlas Die Topologie der Vektorfelder ist Bestandteil der Differenzialtopologie. Vektorfelder liegen »auf« differenzierbaren Mannigfaltigkeiten. Eine differenzierbare Mannigfaltigkeit besteht aus einer topologischen Mannigfaltigkeit – im dreidimensionalen Raum ein lokaleuklidischer Raum – versehen mit einer differenzierbaren Struktur. Eine differenzierbare Struktur ist ein maximal differenzierbarer Atlas, die Menge aller Karten mit differenzierbaren Kartenwechseln der Mannigfaltigkeit.

Auch wenn wir im ersten Kapitel schon Aspekte der Kartographierung in Analogie zum englischen Ausdruck »Map« für topologische Transformationen betrachtet haben, eröffnet erst die Differenzialtopologie einen vertieften Blick in topologische Karten. Die für beliebige Karten (geographisch, sozial, militärisch etc.) typische Abstraktion wird gerade durch den differenziellen Charakter von Karten erreicht. Jeder architektonische oder städtebauliche »Plan«, versehen mit den berufsspezifischen Codes und Standards, stellt auch eine solche abstrakte differenzialtopologische Karte dar. Mnemoräume, kognitive Karten, situationistische Kartencollagen in der Kunst, Pop-Karten etc. bilden weitere Beispiele unserer Kartenkultur.

Gilles Deleuze wendet differenzialtopologische Elemente in seiner poststrukturalistischen Theorie an. Das Differenzielle – die Karten – und das Besondere – die kritischen Punkte – formieren die Struktur als »wahres Subjekt« eines »transzendentalen Feldes«[201] auf einer »dynamischen Topologie des Lebendigen«.[202]

Vektorfeld Ein differenzierbarer Schnitt des Tangentialbündels bildet ein differenzierbares Vektorfeld.[203] Orbits sind Abbildungen der Integralkurve des Flusses in der Mannigfaltigkeit, die Intergralkurve selbst liegt ja immer tangential zur Mannigfaltigkeit. Der Raum der Orbits, versehen mit der Quotiententopologie, heißt Orbitraum des Aktionsraumes (resp. G-Raumes). Nach Erich Jantsch könnte man die Ausbildung eines Feldes als Ausdruck eines räumlichen Symmetriebruches in entsprechenden makroskopischen Medien deuten.[204] Klaus Mainzer hat diese Frage zusammenfassend für die Architektur angedacht: »Mathematisch werden Symmetrien als strukturinvariante Selbstabbildungen (Automorphismen) definiert. Ein geometrisches Beispiel für Automorphismen sind die Ähnlichkeitsabbildungen, bei denen die Form einer Figur invariant bleiben. [...] Asymmetrie ist [...] nur verständlich auf dem Hintergrund einer verborgenen Symmetrie. Wichtig ist an dieser Stelle für die Moderne nochmals hervorheben, dass ihre ›Mitte‹ und ›Symmetrie‹ nicht mit äußeren und simplen Symmetrieeigenschaften wie zum Beispiel Spiegelsymmetrie oder Axialsymmetrie zu verwechseln ist. Auch in der modernen Naturwissenschaft spielen ja die äußeren geometrischen Symmetrieeigenschaften einzelner Körper, die von der Antike herausgestellt wurden, eine eher untergeordnete Rolle. Entscheidend sind die einheitlichen, umfassenden (aber abstrakten) Symmetrieeigenschaften, die in den mathematischen Strukturen naturwissenschaftlicher Theorien zum Ausdruck kommen. Analog ist der Symmetriebegriff, der zum Beispiel in der Architektur der Moderne gemeint ist, als Eigenschaft eines einheitlichen Strukturalismus und Funktionalismus zu sehen. In diesem Sinne kommt es in der Architektur der Postmoderne zu ›Symmetriebrüchen‹. Der einheitliche Funktionalismus wird nämlich aufgebrochen.«[205]

Kritische Punkte In kritischen Punkten geht der Wert eines Vektors durch Null, das heißt, dass dort auch die Karte des Tangentialraumes einer differenzierbaren Mannigfaltigkeit gleich Null ist.[206] Die Topologie untersucht und beschreibt die qualitative Interaktion und die »interconnection patterns« zwischen den verschiedenen kritischen Punkten.
Als einfache kritische Punkte können Dipol (elliptischer Sektor), Quelle und Senke (parabolische Sektoren), Kreuzungspunkte/Sattelpunkte (hyperbolische Sektoren) unterschieden werden. Die kritischen Punkte wirken je nach Index als abstoßend als Repelloren oder anziehend als Attraktoren. Die Grenzen respektive homotopen Wege zwischen den einzelnen Sektoren nennt man Seperatrix; sie sind Teil der feldtheoretischen Homologie. Die Summe der Sektoren mit

ihren kritischen Punkten werden in einem Index, einer wichtigen numerischen Invarianten jeder Mannigfaltigkeit, zusammengefasst. Aus dem darauf basierende Indextheorem folgert man, dass durch ein Hinzufügen eines kritischen Punktes in einem Vektorfeld, an anderer Stelle desselben mindestens ein weiterer, wenn nicht mehrere kritische Punkte mitauftauchen. Diese Tatsache scheint mir in sämtlichen kulturellen und kontextuellen Anwendungen der Feldtheorie bis heute unberücksichtigt. Bezeichnet man jede architektonische Intervention in einem urbanen Kontext als Hinzufügen eines kritischen Punktes, muss man sich nach dem Verbleib der anderswo neu generierten kritischen Punkte orientieren.

Morse-Theorie 2 Morse-Theorie ist »das« erkenntnistheoretische Werkzeug der topologischen Feldtheorie. Morse-Theorie kombiniert die Suche nach kritischen Punkten mit homotoper Differenztheorie, insofern entwickelt sich dadurch eine topologische Hermeneutik von kritischen Punkten. Das Verfahren basiert auf dem Legen von mindestens drei strategischen, kritischen Schnitten durch eine Mannigfaltigkeit. Schnitte entsprechen dabei mathematisch dem Einbetten von rekursiven Funktionen in eine Mannigfaltigkeit. Das Stück Mannigfaltigkeit zwischen je zwei der drei Schnitten kann durch differenzialtopologische Umformung als homotoper Abbildungsraum beschrieben werden, man spricht dabei von einem »Cell-Complex« oder einer Zellenzerlegung. Sind nun durch den topologischen Vergleich der zwei Funktionen (sprich Schnitte) die zwei Cell-Complexe homotopieäquivalent, ist kein kritischer Punkt dazwischen vorhanden, anderenfalls schon, dann fände ein topologischer Wandel auf der Ebene der Homotopie statt. Kritische Punkte sind intrinsische Eigenschaften einer Mannigfaltigkeit und die Morse-Theorie gibt auch nur über solche Auskunft. Die Schnitte der Morse-Theorie führen zu einer lokal erwünschten Komplexitätsreduktion.

Feldtheorie: Lewin Kurt Lewins Topologie einer sozialen und psychologischen Feldtheorie basiert vornehmlich auf dem wissenschaftlichen Stand der mengentheoretischen Topologie seiner Studienzeit. Er versieht diese mengentheoretischen Relationen mit einer zeitlichen Komponente. Ein Feld ist nach Lewin eine Gesamtheit gleichzeitig bestehender Tatsachen die relational von einander abhängig sind.[207] Das Feld erfährt zudem eine Doppelung durch das individuelle Feld des Lebensraumes und des sozialen Spannungs- und Konfliktfeldes.

Bourdieu: Habitus, Trajektorien, kritische Punkte In Pierre Bourdieus Theorie der Felder kultureller Produktion erfährt Kurt Lewins Konfliktfeld eine konsequente Weiterführung. Bourdieu integriert verschiedene topologische Elemente in seine Theorie: Feld, kritische Punkte, Homologie, und Trajektorien. Habitus bezeichnet ganz im Sinne Lewins den individuellen Lebensraum des Akteurs, dessen intrinsische und relationale Merkmale; ein Erzeugungs- und Strukturierungsprinzip von Praxisformen und Repräsentationen.[208] Im Habitus ist ein »Gefühl fürs Spiel« enthalten, das den Akteuren ermöglicht, in gewissen Situationen in nicht rein berechnender, rationaler Weise zu agieren.[209] Die Spiel-Strategien des Akteurs sind eine Funktion der Konvergenz von Position und Stellungnahme, vermittelt durch den Habitus.[210] Habitus ist ein soziales Konstrukt und stellt eine »Theorie der Praxis« dar,[211] die Wahrnehmungs-, Denk-, und Handlungsschemata in sich vereint.[212] Diese drei Dispositionen formen nach Bourdieu den »sozialen Sinn« des Habitus. Veränderungen und Transformationen der Positionen, Relationen und Stellungnahmen hinterlassen eine »biographische« Spur des Habitus; in Bourdieus Sprache eine »Trajektorie«, einen topologischen Orbit. Im Raum der zugänglichen Möglichkeiten, das heißt in einem kontingenten Raum, etablieren die Trajektoren der Akteure »kritische Punkte« im Sinne einer topologischen Feldtheorie.[213] Kritische Punkte sind in Bourdieus sozialem Feld im Durchlaufen des Nullpunktes Orte der Umformung von kulturellem Kapital. Homologie bezeichnet die Beziehungen zwischen verschiedenen Feldern und Teilfeldern, Gruppen, Klassen, Oppositionen sowie Konflikten.[214]

In der Moderne taucht der Feldbegriff das erste Mal dominant bei den italienischen Futuristen auf. Sie berufen sich einerseits auf Maxwells elektromagnetisches Feld, andererseits auf Minkovskis Raum-Zeit. Das Feld beschreibt für sie einen Raum der Ausdehnungen, Entwicklungen und Wirkungen, es ist substanzlos und enthält Funktionen, Vektoren und Geschwindigkeiten. Sanford Kwinter vergleicht anhand Sant'Elias »La Città Nuova« dieses futuristische Feld mit dem, was Minkowsky »Die Welt« genannt habe, ein Gedanke, den Raoul Bunschoten aufnehmen wird.[215] Die Feldtheorie bietet nach Kwinter Thesen für eine Formulierung von »Procedural Maps«:[216] Geschwindigkeit, Bewegung, Unschärferelationen.

Für den Cornell-Kontextualismus bildet der Feldbegriff einer der Faktoren der Roweschen »Collision City«.[217] Wayne Cooper kombiniert dabei die drei sich ergänzenden konzeptuellen Ideen: Figur/Grund, Feld/Zone und Hierarchie. Feldtheorie kommt zum Tragen, wenn gestalttheoretische Figur/Grund-Untersuchungen aufgrund von Großmaßstäblichkeit nicht mehr handhabbar sind.[218] Die Elemente sind nicht mehr lokal durch »Raum« erfassbar. »Offene und geschlossene Felder«[219] kennzeichnen darin heterogene urbane Strukturen, deren Kollision und Interaktion als urbane Schnittstellen geortet werden und eine kontextdominierende und generierende Funktion übernehmen.

Architektonische Felder Vilém Flusser fordert ein Umdenken von einer geographischen Sichtweise der Städte hin zu einer »fuzzy« topologischen, die »neue Urbanität« als »Krümmung in einem Feld« sieht. Die Sektoren respektive Bassins der Vektorfelder nennt er »Wellentäler«, in denen kontextuelle und individuelle

Verdichtungen stattfinden. Wellentäler seien Städte auffallender Immaterialität.²²⁰ Stan Allen sieht im Feld eine Entwicklung weg vom Objekt: »From Object to Field«. Sie lässt die Arbeit des Architekten zu einer »Feldforschung« werden. Die »field conditions« behandeln Möglichkeitsbedingungen des Kontexts, seine Logistik und Infrastruktur, und ermöglichen »field-to-field-relations«. Letzteres ist ein Verweis auf Rowes Kollisionsfelder, in deren Zusammenhang Stan Allen nach der »Dicke des Feldes«, deren Konstistenz und Resilienz (Robustheit unter Erschütterung) fragt. Architektur muss nach Allen lernen, solche Komplexität zu managen. Felder sind lokal nur provisorisch stabil, sie sind der Permutation fähig. Das Ganze der Stadt ist nie auf einmal zugänglich. Das Feld des Kontextes mit seinen Fragmenten, Multiziplitäten und Kollektiven, seinen Einzelteilen und Überbleibseln verlorener Ordnungen berücksichtige die nie zugängliche Totalität der Stadt.²²¹

Alexander Popes zentrales Thema ist das »Polynuclear Field« – in einem sehr topologischen Sinne. Auch er kommt aus der Rowe-Tradition, erweitert diese aber um einen pluralistischen »Core«-Gedanken des Team X. Nuclei als »cores« entsprechen dann den kritischen Punkten einer Vektorfeldtopologie. Pope integriert auf Basis eines Verweises auf Rosalind Krauss »Separatixe« als »introjection of boundaries« in sein Konzept; als Hierarchisierung eines »labyrinthisches Feld« als einer »Topologie des Sprawl«. Das topologische Feld bestehe dann aus (den) linearen Patterns der/durch Infrastruktur (v. a. Verkehrswege), dem urbanen Feld des großmaßstäblichen Supergrids und den kollabierten Patterns der lokal zentralisierten Polynuclei – den urbanen kritischen Punkten. Insgesamt entwickelt sich daraus im Sinne von Gianni Vattimo eine flexible und reaktionsschnelle »schwache Form« der metropolitanen Form an der Schwelle zu einem »superurbanen Zustand«.²²²

Kritische Punkte sind per definitionem Punkte, in denen die Vektormagnitude durch Null geht. Mark Augé sieht Nicht-Orte als Räume solcher Durchgänge durch Null; Räume, aus welchen weder Identitäten noch Beziehungen noch Geschichte ablesbar sind: Transiträume der Kommunikation, des Transports, des Konsums und der Individualisierung.²²³ Nicht-Ort bezeichnet dabei einerseits einen Bezug zu den verschiedenen Zwecken, andererseits als »Räume der garantierten Einsamkeit« die Beziehung des einzelnen Individuums zu diesen Räumen. Nicht-Orte vermischen sich mit den Orten: Beide sind auch im Sinne von Feldtheorie »fliehende Pole«, zwischen denen Spannung besteht. Das Paar Ort/Nicht-Ort wird zu einem flexiblen Instrument, mit dem die sozialen und sozialräumlichen Bedeutungen eines Raumes entziffert werden können.²²⁴ Die Großstadt, nach Augé, »›schleudert‹ Waren, Informationen, Menschen und Bilder nach aussen und ›saugt‹ andererseits neue Waren, neue Informationen, neue Menschen und Bilder an«.²²⁵ Dazwischen liegen die nach Beat Wyss »spurlosen«

Nicht-Orte des Übergangs, des Transits. Sie verinnerlichen das »leere Feld« von Gilles Deleuze als »Konvergenzpunkt der divergenten Serien paradoxer Orte«[226] genauso wie Jacques Derridas nichtnatürlicher, zentrumsloser Nicht-Ort.[227] Für Michel de Certeau liegen diese strategischen Punkte innerhalb und auf topologischen Grenzräumen respektive Grenzziehungen als transportierbaren Räumen.

Der gebaute Nicht-Ort ist das Exchanger-Building, The Hub, Transactional-Center, die Transition City, die Hybrid-Buildings von Verkehrsknotenpunkten: Flughäfen, Bahnhöfe, Autobahntankstellen etc., in denen eine »Kondensation der Funktionen« – eine intrinsische Komprimierung von Urbanität – stattfindet.[228] Aerotopia, um das Beispiel des Flughafens zu nennen, ist unabhängig von der Metropole, der sie dient, und ist trotzdem Teil ihrer Verbindungen zum urbanen Netzwerk. »Great Exchanger Buildings« sind ungeheuer dichte, lokale, kompakte und kritische Punkte: Attraktoren und z. T. gleichzeitig Repelloren. Das Interaktionspattern des Feldes wird zu einer Karte des Austauschs: einem Multimedia Hyperfield. George Trow nennt diese überladenen Nicht-Orte in einem medialen Sinne: Context of No Context. Als kulturelles Phänomen, so Peter Wichens, machen sie sich als kritische Punkte der Irritation, Störung, des Widerstands bemerkbar: als Nicht-Orte der Widerspenstigkeit.[229]

Raoul Bunschoten Raoul Bunschoten hat in seiner architektonischen »Feldarbeit« ein ausgeklügeltes methodologisches Modell entwickelt. Die urbane Welt der zweiten Natur als Lebenswelt und Interventionsraum für Architektur nennt er »zweite Haut der Erde«. In ihr ist eine »vage«, pluralistische Protostruktur eingebettet; basierend auf Husserls »Protogeometrie,« James »Proto-Pluralismus« und Günthers »Protostruktur/Polykontexturalität.« Konflikte, Krisen, kritische Punkte von urbanen Feldern liefern Bunschoten die präzisen Daten für eine differenzielle Kartographierung. Über die Analyse der in spieltheoretischem »random Sampling« gefundenen »Spuren« von Prozessen und Zusammenhängen, dargestellt in Mini-Scenarios, werden modelltheoretische »Taschenwelten« (im Sinne von »possible Worlds«) konstruiert, die ein »Wissen als Horizontgewissheit« (Husserl) besitzen. Das Kartographieren von lokalen Taschenwelten wird in Relation zu Large-Scale-Phenomena der globalen »Metaspaces« gesetzt, was topologischer Transformation gleichkommt. Bernd Knaller-Vlay bezeichnet die kritische Öffentlichkeit des »Non-Place-Urban-Field« eine Limes-Gemeinschaft des »non-common-sense« der verlorenen Markierungen und Bedeutungen, verlorenen Identitäten; »die geringstmögliche Verbindung, welche notwendig ist um eine Gemeinschaft zu erzeugen«.[230] In Bunschotens topologischem Feld wird dieser Limes zum kritschen Punkt; einem latent instabilen Sattel. Im Sattel formt sich der »Liminal-Body« der Schwellenzustände und Schwellenphasen.[231] Victor Turner unterscheidet zwischen den freiwilligen, individualisierten, liminoiden Zuständen urbaner Gesellschaften und den pflichthaften liminalen Übergangsriten von Naturvölkern.[332] Liminal-Bodies sind Schwellen der Emergenz und der sozialen Kritik: »Neuerungen treten [...] überwiegend an den Nahtstellen liminaler Phasen auf, und werden dann in den zentralen Bereichen legitimiert.«[233] Raoul Bunschotens Kriterien für die Evaluation solcher kritischer Punkte eines urbanen Vektorfeldes lauten: Erasure (Ausradieren, Entfernen, Auslöschen), Origination (Emergenz, die Entstehung von Neuem), Transformation (topologische Umformung), Migration (Nomadismus, dynamische Systeme, Kommunikation, urbane Morphogenese). Die Kriterien bilden Parameter für die Modellierung eines dynamischen Systems. Die Ausformung dieses analytischen dynamischen Systems besitzt solches gestaltbildendes Potenzial, dass sie zu »Architektur« wird. Bunschoten stellt mit seiner Arbeit konsequent das veraltete Berufsbild des Architekten in Frage und transformiert dieses in die Richtung eines Ausstellungsmachers respektive »urbanen Kurators«.

Folgerung und Interaktion

Allen feldtheoretischen Ansätzen in der Architektur ist gemeinsam, dass sie vor allem auf der Basis der kontextuellen Komplexität und Großmaßstäblichkeit, die lokale cartesianische Ordnung aufgeben, um das Phänomen der randlosen Stadt angehen zu können. Naive Feldmetaphern sehen im Feld eine Alternative zum Objekt oder zu Materie. Jedes Feld jedoch braucht einen homologen Träger – einen Trägerraum – eine Mannigfaltigkeit, auf dem es sich ausdehnen kann. Erst die topologische Struktur dieser Mannigfaltigkeit macht eine Differenzierung der Felder wieder möglich. Der topologische Körper und das Feld interagieren deshalb und können sich nicht gegenseitig ausschließen. Dasselbe gilt für den Kontext der randlosen Stadt. Das Feld entwickelt sich in den Schnitten des Tangentialbündelraumes der Stadt, ist also direkt an die topologische Oberfläche der Stadtgestalt/Stadtmorphologie gebunden. Mit »Renderings« versehene, homologe Oberflächen von digitalen Objekten im virtuellen Raum kommen Mannigfaltigkeiten der Vektorfeldtopologie sehr ähnlich. Kritische Punkte als Nulldurchgänge in Vektorfeldern finden in den Orbits von Begrenzungen und deren Stratifizierungen statt. Die Zonen dieser Übergänge sind liminale/liminoide Räume. Nullpunkte sind nur über urbane »Rituale« – auch gestalterisch – überbrückbar. Rituale müssen ausgehandelt und verhandelt werden und bilden gewissermaßen Strata von »urbanem Leim«, der den Kontext der randlosen Stadt zusammenhält. Heute wird der Aspekt der Vektorfelder, der Differenzierbarkeit und der kritischen Punkte in VR und CAAD kaum berücksichtigt. Sie besitzen im Realen wenig bis kaum architektonische Tradition, was sie einer urbanen Metaphorisierung als Basis praktischer Anwendung weitgehend entzieht. Mit diesen Faktoren sollte topologisch präziser umgegangen werden. Jede Oberfläche besitzt einen mehrschichtigen Charakter, formuliert über den Raum der Tangentialbündel, des Flusses und des Orbits. Auch für CAAD sollte man sich bewusst sein, dass die kritischen Punkte im Vektorfeld der Mannigfaltigkeiten liegen. Neu, speziell bezüglich einer Interaktion zwischen Realkontext und VR-Kontext, ist insbesondere die topologische Differenzierbarkeit: Ableitungen und die sich daraus ergebenden Karten und Atlanten. Urbanes Mapping ist also keinesfalls reduktionistisch nur auf eine spezifische Aussage zugeschnitten, sondern ein Bestandteil komplexer differenzierbarer, homologer Mannigfaltigkeiten. Insbesondere weil die Vektorfelder einen dynamischen Fluss beschreiben (siehe Kapitel »Topologie des Flüssigen und topologische Stabilität«). Architekturbezogene »Mapping-Procedures« sind im angelsächsischen Kulturraum in erster Linie Notationssystem kontextanalytischen Sammelns. Was die Differentialtopologie dem hinzufügt, ist die differenzielle Zuordnung und Relationierung der »Fundobjekte«. Mapping ist, wie z. B. bei Bunschoten, auch ein Mapping der differenziellen Handlungszusammenhänge in einem zeitlichen Rahmen – einem architektonischen Habitus im Sinne Bourdieus. Man darf sich dabei keine differentielle Hierarchie vorstellen, vielmehr differenzielle Felder, Karten und Atlanten sowohl als 2-dimensionale Karten als auch als n-dimensionale topologische Kartenräume. Vektorfeldtopologie ergibt mit ihrer Idee der räumlichen differenziellen Kartographie eine neue Sicht auf die Tradition des architektonischen Mappings. Sie führt im Zusammenspiel mit der Morse-Theorie zu einem »Abtasten der Mannigfaltigkeiten« nach kritischen Punkten und bildet dadurch ein vergleichendes Wahrnehmungsvehikel. Differenzialtopologisches Mapping liefert den direktesten Beitrag zum Kartographieren in virtuellen CAAD Räumen. Die Wirksamkeit dieses Werkzeuges kann erhöht werden, wenn man analoge Lesarten im Realraumkontext entwickelt, wie dies Raoul Bunschoten für seine Arbeit getan hat. Dann wird die »Urbane Topologie« der randlosen Stadt zu einem großen topologischen Atlanten.

1 Joachim Ritter, Historisches Wörterbuch der Philosophie, Bd. 2 D–F, Basel, Stuttgart 1972, S. 924/925 **2** Vgl. R. R. Dickinson, »Interactive analysis of the topology of 4D vektor fields«, IBM J. RES. DEVELOP. Vol. 35, No. 1/2, Jan/March 1991, S. 59–66 **3** Vgl. Robert Fishman, »Die befreite Megalopolis: Amerikas neue Stadt«, Arch+109/110, Dez. 1991, S. 75/112 **4** Vgl. Jean Dieudonné, A History of Algebraic and Differential Topology 1900–1960, Boston, Basel 1989, S. 556 FN **5** Vgl. a. a. O. S. 49–50ff.; Erhard Scholz, Geschichte des Mannigfaltigkeitsbegriffs von Riemann bis Poincaré, Boston, Basel, Stuttgart, 1980, u. a. S. 343ff. **6** Theodor Bröcker; Kurt Jänich, Einführung in die Differentialtopologie, Berlin 1973, S. 7 **7** a. a. O., S. 4 **8** a. a. O., S. 2 **9** a. a. O., S. 3 **10** Vgl. a. a. O., S. 31 **11** Vgl. a. a. O., S. 87 **12** a. a. O., S. 22 **13** a. a. O., S. 38 **14** Vgl. Michael Spivak, Calculus on Manifolds, New York 1965, S. 115 **15** Vgl. Klaus Jänich, Topologie, Berlin, Heidelberg, New York 1980/1987/1990, S. 132 **16** Vgl. Ralph Abraham; Joel Robbin, Transversal Mappings and Flows, Amsterdam, New York 1967 **17** Vgl. Erich Jantsch, Die Selbstorganisation des Universums, München 1979/1992, S. 70 **18** Vgl. Klaus Jänich, Topologie, Berlin, Heidelberg, New York 1980/1987/1990, S. 210 **19** Klaus Jänich; Theodor Bröcker, Einführung in die Differentialtopologie, Berlin, Heidelberg, New York 1973, S. 77 **20** Vgl. A. E. Perry; M. S. Chong, »A description of eddying motions and flow patterns using critical-point concepts«, Ann. Rev. Fluid Mech. 1987, 19: S. 148 **21** Vgl. Marston Morse; Stewart S. Cairns, »Critical Point Theory in Global Analysis and Differential Topology«, London 1969, S. 4 **22** Vgl. R. R. Dickinson, »Interactive analysis of the topology of 4D vector fields«, IBM Journal of Research Developements Vol. 35, No. 1/2, January/March 1991, S. 59–66, hier S. 60 **23** Klaus Jänich, Topologie, Berlin, Heidelberg, New York 1980/1987/1990, S. 153 **24** Vgl. a. a. O., hier S. 59 **25** Vgl. P. A. Firby; C. F. Gardiner, Surface Topology, Ellis Horwood West Sussex/GB 1982, S. 119; Yoshihisa Shinagawa; Tosiyasu L. Kunii; Yannick L. Kergosien, »Surface Coding Based on Morse Theory«, IEEE Computer Graphics&Applications, Sept. 1991, S. 66–78, hier: S. 68 **26** Vgl. Marston Morse; Stewart S. Cairns, Critical Point Theory in Global Analysis and Differential Topology, London 1969 **27** Vgl. P. A. Firby; C. F. Gardiner, Surface Topology, Ellis Horwood West Sussex/GB 1982, S. 119; Yoshihisa Shinagawa; Tosiyasu L. Kunii; Yannick L. Kergosien, »Surface Coding Based on Morse Theory«, IEEE Computer Graphics&Applications, Sept. 1991, S. 66–78, hier S. 68 **28** Vgl. a. a. O., hier S. 68 **29** Vgl. V. I. Arnold, Catastrophe Theory, Third, Revised and Expanded Edition, Berlin, Heidelberg, New York, 1992, S. 15 **30** Vgl. Illja N. Bronstein; Konstantin A. Semendjajew; Gerhard Musiol; Heiner Mühlig, Taschenbuch der Mathematik, Frankfurt a. M. 1995, S. 661 **31** Vgl. Ralph H. Abraham; Robert Shaw, Dynamics, The Geometry of Behavior, Part Two, Santa Cruz/CA, 1984, S. 33 **32** Vgl. a. a. O., S. 33 **33** Vgl. Ib Ravn (hg.), Quarks, Chaos und schwarze Löcher. Das ABC der neuen Wissenschaften, München 1995, S. 23/13 **34** Vgl. Ralph H. Abraham, Robert Shaw, Dynamics, The Geometry of Behavior, Part Two, Santa Cruz/CA, 1984, S. 33 **35** Vgl. a. a. O., S. 33 **36** Vgl. Illja N. Bronstein; Konstantin A. Semendjajew; Gerhard Musiol; Heiner Mühlig, Taschenbuch der Mathematik, Frankfurt a. M. 1995, S. 665 **37** Vgl. Ralph H. Abraham, Robert Shaw, Dynamics, The Geometry of Behavior, Part Three, Santa Cruz/CA, 1984, S. 21 **38** Vgl. a. a. O., S. 71 **39** Vgl. Illja N. Bronstein; Konstantin A. Semendjajew; Gerhard Musiol; Heiner Mühlig, Taschenbuch der Mathematik, Frankfurt a. M. 1995, S. 671; Ralph H. Abraham; Robert Shaw, Dynamics, The Geometry of Behavior, Part Two, Santa Cruz/CA, 1984, S. 29/30 **40** Vgl. John C. Hart, »Morse Theory for Computer Graphics«, Washington State University, Technical Report EECS-97-002, Preprint, S. 233 **41** Vgl. John Milnor, Morse Theory. Based on Lecture Notes by M. Spivak and R. Wells, Princeton New Jersey 1963 **42** Vgl. John C. Hart, »Morse Theory for Computer Graphics«, Washington State University, Technical Report EECS-97-002, Preprint, S. 238 **43** Vgl. a. a. O., S. 238 **44** Vgl. R. Bott, Morse Theory and its

Application to Homotopy Theory, Lecture Notes by A. van de Ven, Bonn, 1960 **45** Yoshihisa Shinagawa; Tosiyasu L. Kunii; Yannick L. Kergosien, »Surface Coding Based on Morse Theory«, IEEE Computer Graphics&Applications, Sept. 1991, S. 66-78, hier S. 70 **46** Vgl. a. a. O., S. 69 **47** Vgl. a. a. O., S. 66-78, S. 68 Abb.; Illja N. Bronstein; Konstantin A. Semendjajew; Gerhard Musiol; Heiner Mühlig, Taschenbuch der Mathematik, Frankfurt a. M. 1995 **48** Vgl. John C. Hart; »Morse Theory for Computer Graphics«, Washington State University, Technical Report EECS-97-002, Preprint, S. 237 **49** Vgl. Yoshihisa Shinagawa; Tosiyasu L. Kunii; Yannick L. Kergosien, »Surface Coding Based on Morse Theory«, IEEE Computer Graphics&Applications, Sept. 1991, S. 66-78, hier S. 68 **50** Vgl. William Berkson, Fields of Force, The Development of a World View from Faraday to Einstein, New York 1974 **51** Auch avantgardistische Architekten wie Greg Lynn oder Stan Allen verweisen auf den Jefferson-Grid: Greg Lynn, »Form and Field«, in: C. Davidson, Anywise, New York, 1996, S. 92-99; Stan Allen, »From Object to Field«, in: P. Davidson; D. Bates (eds.), Architecture after Geometry, Architectural Design Profile No. 127, Academic Editions,Chichester/Sussex/UK, 1997, S. 24-31, Albert Pope, Ladders, Architecture at Rice, Princeton Architectural Press, New York 1996 **52** Mihai Nadin, »Can Field Theory be Applied to the Semiotics of Communication?« Communications:The European Journal of Communication, Berlin 1986, Bd. 12, Heft 3. S. 61-78 **53** a. a. O., S. 65 **54** Olaf Kretschmar, »Sozialwissenschaftliche Feldtheorien – von der Psychologie Kurt Lewins zur Soziologie Pierre Bourdieus«. in: Berliner Journal für Soziologie, Heft 4/1991; »Politisches Feld und Symbolische Macht.«, S. 567-581; Harald Mey, »Studien zur Anwendung des Feldbegriffs in den Sozialwissenschaften«, München 1965; Harald Mey: »Sozialwissenschaftliche Feldtheorie im Rückbllick – Betrachtungen angesichts der Wiederentdeckungen von ganzheitlicher Selbstorganisation und Entwicklungsdynamik gleichgewichtsferner Systeme«, in: Inst. f. Soziologie RWTH Aachen 1988, S. 101-115; Mihai Nadin, »Can Field Theory be Applied to the Semiotics of Communication?« Communications: The European Journal of Communication, Berlin 1986, Bd. 12, Heft 3, S. 61-78 **55** Peter Prechtel; Franz-Peter Burkard, Metzler Philosophie Lexikon, Stuttgart, Weimar 1996, S. 293 **56** Dorwin Cartwright (ed.), Field Theory in Social Science, Selected Papers by Kurt Lewin, University of Michigan, Harper&Bothers Publ. New York 1951, deutsch: Kurt Lewin: Feldtheorie in den Sozialwissenschaften, Ausgewählte theoretische Schriften (Dorwin Cartwright, hg.), Bern Stuttgart, 1963, S. 104 **57** Kurt Lewin: Der Begriff der Genese in Physik, Biologie und Entwicklungsgeschichte, Berlin 1922, hier aus: Harald Mey, Studien zur Anwendung des Feldbegriffs in den Sozialwissenschaften, München 1965, S. 13, Lewin zitieren hier folglich Mey, Albert Einstein. **58** Als Ausgezeichnete Einführung siehe: Harald Mey, Studien zur Anwendung des Feldbegriffs in den Sozialwissenschaften, München 1965, S. 38 **59** Vgl. a. a. O., S. 37 **60** Vgl. a. a. O., S. 15 **61** Vgl. a. a. O., von Kurt Lewin selbst: Kurt Lewin: Feldtheorie in den Sozialwissenschaften, Ausgewählte theoretische Schriften (Dorwin Cartwright, hg.), Bern Stuttgart, 1963 Orig. Dorwin Cartwright (ed.), Field Theory in Social Science, Selected Papers by Kurt Lewin, New York 1951 **62** Kurt Lewin, »Kriegslandschaft«, Zeitschrift für angewandte Psychologie, 12 (1917), S. 440-447 **63** Paul Fussell, The Great War and Modern Memory, New York, 1877, S. 79, hier aus: Stephen Kern, The Culture of Time and Space, 1880-1918, Cambridge/MA, 1983, S. 361n38 **64** Harald Mey, Studien zur Anwendung des Feldbegriffs in den Sozialwissenschaften, München 1965, S. 39 **65** a. a. O., S. 50 **66** Gilles Deleuze, Woran erkennt man den Strukturalismus?, Berlin 1993, Orig. 1967/1973 **67** Gilles Deleuze, Logik des Sinns, Frankfurt a. M. 1993, Orig. 1969, S. 135 **68** a. a. O., S. 138ff. **69** Gilles Deleuze; Félix Guattari, Mille Plateaux/Tausend Plateaus, Schizophrenie und Kapitalismus, Berlin 1992, Orig. Mille Plateaux 1980 **70** a. a. O., S. 510/512 **71** Vgl. Gilles Deleuze, Logik des Sinns, Frankfurt a.

M. 1993, Orig. 1969, S. 137 Fußnote **72** Albert Lautman, Le Problèm du Temps, Paris 1946, S. 41–42 **73** Gilles Deleuze: Woran erkennt man den Strukturalismus?, Berlin 1992, Orig., Paris 1973 S. 22 **74** a. a. O., S. 26 **75** Gilles Deleuze, Logik des Sinns, Frankfurt a. M. 1993, Orig. 1969. S. 135 **76** Gilles Deleuze: Woran erkennt man den Strukturalismus, Verlag Berlin 1992, Librairie Hachett, Paris 1973 S.51 **77** a. a. O., S. 41/43/44/45 **78** Michel Foucault, Die Ordnung der Dinge, Frankfurt a. M. 1974, Orig. 1966 S. 45 **79** Raoul Bunschoten hat mir gegenüber wiederholt auf die Wichtigkeit der Identiät im Generellen und im Nullpunkt im Speziellen hingewiesen. **80** Jacques Derrida, »Die Struktur, das Zeichen und das Spiel im Diskurs der Wissenschaft vom Menschen.« in: Ders. Die Schrift und die Differenz, Frankfurt a. M. 1976, Orig L'ecriture et la difference, Editions du seuil, Paris 1967. S. 422 **81** vgl. a. a. O. **82** a. a. O. oder Reclam Universal Bibliothek Nr. 8668 Stuttgart 1990. S. 118 **83** »NonPlace-Urban-Field« Musik-CD, Wigwam-Records 4, Nürnberg, RTD 391 20302; Mr. Liquidheart, Nonplace Urban Field (NUF), (Bernd Friedmann, Köln) Indigo Notes No. 38, Dez/Jan 1996/97, S. 10–11 **84** Melvin Webber, »The urban place and the non place urban realm«, in: M. Webber; J. Dyckmann, D. Foley; A. Guttenberg; W. Wheaton; C. Whurster (hg.), Explorations into Urban Structure, Philadelphia 1964, S. 79–153. **85** Robert Fishman, »Die befreite Megalopolis: Amerikas neue Stadt«, Arch+ 109/110, Dez. 1991, S. 75/112 **86** Marc Augé, Orte und Nicht-Orte, Vorüberlegungen zu einer Ethnologie der Einsamkeit, Frankfurt a. M. 1994, S. 44 **87** a. a. O., S. 15 **88** a. a. O., S. 44 **89** a. a. O., S. 103 **90** a. a. O., S. 92 **91** a. a. O., S. 110 **92** a. a. O., S. 125 **93** Marc Augé, »Orte und Nicht-Orte der Stadt«, in: Roland Ritter (ed.) Spaces of Solitude, HDA Dokumente zur Architektur 9, Graz 1997, S. 15 **94** Marc Augé, Orte und Nicht-Orte, Vorüberlegungen zu einer Ethnologie der Einsamkeit, Frankfurt a. M. 1994, S. 93/94 a. a. O., S. 94 **95** Marc Augé, »Orte und Nicht-Orte der Stadt«, in: Roland Ritter (ed.) Spaces of Solitude, HDA Dokumente zur Architektur 9, Graz 1997, S. 19 **96** Michel de Certeau, Kunst des Handelns, Berlin 1988, Orig. 1980 **97** Marc Augé, Orte und Nicht-Orte, Vorübelegungen zu einer Ethnologie der Einsamkeit, Frankfurt a. M. 1994, S. 112–113 **98** Peter Wichens, »Nicht-Orte. Kulturtheorie im Hinblick auf Slavoj Zizek, Ernst Bloch, und Marc Augé«, in: Claudia Rademacher; Gerhard Schweppenhäuser (hg.) Postmoderne Kultur? soziologische und philosophische Perspektiven, Opladen 1997, S. 111–140, hier S. 122/130 **99** Wolfgang Welsch, Unsere postmoderne Moderne, Weinheim 1988, S. 4 **100** Bernd Knaller-Vlay: »Limes Gemeinschaft. Eine Gemeinschaft am kritischen Punkt«, in: Roland Ritter (ed.) Spaces of Solitude, HDA Dokumente zur Architektur 9, Graz 1997, S. 52 **101** George W. S. Trow, Within the Context of No Context, New York, Boston, Toronto 1978, 1980, 1981, S. 27/51/53 **102** a. a. O., S. 27 **103** a. a. O., S. 51/53 **104** Marcos Novak: Transmitting Architecture: The Transphysical City, WWW 1999 **105** Pierre Bourdieu, Sozialer Raum und Klassen, Frankfurt a. M. 1985/1991, Orig. 1984, S. 9 **106** Vgl. Randal Johnson, »Editor's Introduction«, in: Pierre Bourdieu, The Field of Cultural Production. Essays on Art and Literature, New York 1993, S. 6 **107** Vgl. Kurt Lewin, Feldtheorie in den Sozialwissenschaften, Bern, Stuttgart 1963 **108** Vgl. Olaf Kretschmar, »Sozialwissenschaftliche Feldtheorien – von der Psychologie Kurt Lewins zur Soziologie Pierre Bourdieus«, in: Berliner Journal für Soziologie, Heft 4/1991 »Politisches Feld und Symbolische Macht.«, S. 567–581 **109** a. a. O., S. 567–581 **110** Pierre Bourdieu, Praktische Vernunft. Zur Theorie des Handelns, Frankfurt a. M. 1998, Orig. 1994, S. 49 **111** Vgl. Randal Johnson, »Editor's Introduction« in: Pierre Bourdieu, The Field of Cultural Production. Essays on Art and Literature, New York 1993, S. 9 **112** Pierre Bourdieu, Zur Soziologie der symbolischen Formen, Frankfurt a. M. 1970/1974/1997, Orig. 1966, darin III. Künstlerische Konzeption und intellektuelles Kräftefeld., S. 76 **113** Pierre Bourdieu; Loic J. D. Wacquant, Reflexive Anthropologie, Frankfurt a. M. 1996, Orig. 1992, S.

114 Randal Johnson, »Editor's Introduction«, in: Pierre Bourdieu, The Field of Cultural Production. Essays on Art and Literature, New York 1993, S. 15 **115** Vgl. a. a. O., S. 16 **116** Vgl. a. a. O., S. 2 **117** Vgl. a. a. O., S. 6 **118** Vgl. Markus Schwingel, Bourdieu zur Einführung, Hamburg 1995, S. 53 **119** Vgl. Pierre Bourdieu, Praktische Vernunft. Zur Theorie des Handelns, Frankfurt a. M. 1998, Orig. 1994, S. 21 **120** Pierre Bourdieu, Entwurf einer Theorie der Praxis, Frankfurt a. M. 1976, Orig. 1972, S. 165 **121** Vgl. Pierre Bourdieu, Praktische Vernunft. Zur Theorie des Handelns, Frankfurt a. M. 1998, Orig. 1994, S. 21 **122** Vgl. Randal Johnson, »Editor's Introduction«, in: Pierre Bourdieu, The Field of Cultural Production. Essays on Art and Literature, New York 1993, S. 5 **123** Vgl. a. a. O., S. 5 **124** Vgl. Markus Schwingel, Bourdieu zur Einführung, Hamburg 1995, S. 59 **125** Pierre Bourdieu, Entwurf einer Theorie der Praxis, Frankfurt a. M. 1976, Orig. 1972, S. 164 **126** Pierre Bourdieu, Zur Soziologie der symbolischen Formen, Frankfurt a. M. 1970/1974/1997, Orig. 1966, S. 115ff. **127** Vgl. Markus Schwingel, Bourdieu zur Einführung, Hamburg 1995, S. 55 **128** a. a. O., S. 56 **129** Vgl. Randal Johnson, »Editor's Introduction«, in: Pierre Bourdieu, The Field of Cultural Production. Essays on Art and Literature, New York 1993, S. 8 **130** Pierre Bourdieu, Zur Soziologie der symbolischen Formen, Frankfurt a. M. 1970/1974/1997, Orig. 1966, darin III. Künstlerische Konzeption und intellektuelles Kräftefeld, S. 101 **131** Vgl. a. a. O., S. 17/18 **132** Vgl. Markus Schwingel, Bourdieu zur Einführung, Hamburg 1995, S. 91 **133** Vgl. a. a. O., S. 92 **134** Randal Johnson, »Editor's Introduction«, in: Pierre Bourdieu, The Field of Cultural Production. Essays on Art and Literature, New York 1993, S. 17/18 **135** Pierre Bourdieu, Praktische Vernunft. Zur Theorie des Handelns, Frankfurt a. M. 1998, Orig. 1994, S. 72 **136** Pierre Bourdieu, The Field of Cultural Production. Essays on Art and Literature, New York 1993, S. 276: »Social trajectory or constructed biography is defined as a set of successive movements of an agent in a structured (hierarchized) space, itself subject to displacements and distortions, or, more precisely, in the structure of the distribution of the different kind of capital and the specific capital of consecration (in its different kinds). These movements, which define social ageing, are of two orders. They may be limited to one sector of the field and lie along the same axis of consecration, in which case ageing is marked by a positive, zero, or negative accumulation of specific capital; or they my imply a change of sector and the reconversion of one kind of specific capital into another […] or of specific into economic capital« **137** Pierre Bourdieu, The Field of Cultural Production. Essays on Art and Literature, New York 1993, S. 65 **138** Eine ausführliche Besprechung von Bourdieus »Kapital«-Begriff würde in dieser Arbeit den Rahmen und die Intention einer topologischen Raumanalyse sprengen. **139** Vgl. Pierre Bourdieu, The Field of Cultural Production. Essays on Art and Literature, Columbia University Press, New York 1993, S. 44 **140** Vgl. a. a. O., S. 44 **141** Vgl. Randal Johnson, »Editor's Introduction«, in: Pierre Bourdieu, The Field of Cultural Production. Essays on Art and Literature, New York 1993, S. 17 **142** Markus Schwingel, Bourdieu zur Einführung, Hamburg 1995, S. 65 **143** Randal Johnson, »Editor's Introduction«, in: Pierre Bourdieu, The Field of Cultural Production. Essays on Art and Literature, New York 1993, S. 14 **144** J. B. Thompson, Ideology and Modern Culture, Critical Social Theory in the Era of Mass Communication, Standford CA 1990 **145** Vgl. Pierre Bourdieu, Zur Soziologie der symbolischen Formen, Frankfurt a. M. 1970/1974/1997, Orig. 1966, S. 125 **146** a. a. O., darin III. Künstlerische Konzeption und intellektuelles Kräftefeld. S. 124 **147** Vgl. Jürg Altweg; Aurel Schmidt, Französische Denker der Gegenwart, München1987, S. 8 **148** Pierre Bourdieu, The Field of Cultural Production. Essays on Art and Literature, New York 1993, S. 37 **149** Vgl. Randal Johnson, »Editor's Introduction«, in: Pierre Bourdieu, The Field of Cultural Production. Essays on Art and Literature, New York 1993, S. 9 **150** Gilles

Deleuze, Foucault, Frankfurt. a. M. 1987/1992, Orig. 1986, S. 121 **151** Wayne Cooper, »The Figure Ground« (1967), in: D. B. Middleton, The Cornell Journal of Architecture, No. 2, Ithaka 1982, S. 42–53 **152** a. a. O., hier S. 44 **153** Vgl. Paolo Bianchi; Sabine Folie, Atlas Mapping, Wien 1997; George Teyssot, »World Cities and the Future of the Metropolis«, Trienale XVII, Milano 1988, Cartography, S. 114–127; Pierre Pinon, »Urban Cartography between the Informal and the Visible«, in: George Teyssot (ed.), World Cities and the Future of the Metropolis, Trienale XVII, Milano 1988, S. 114–118; Jacques Bertin, »Thematic Cartography and the Metropolis. Problems of Representation and Interpretation«, George Teyssot (ed.), World Cities and the Future of the Metropolis, Trienale XVII, Milano 1988, S. 119–121; Richard Saul Wurman, »Mapping and Cartography in Metropolitan Areas«, in: George Teyssot (ed.), World Cities and the Future of the Metropolis, Trienale XVII, Milano 1988, S. 122–127; Jody Berland, »Mapping Space: Imaging Technologies and the Planetary Body«, in: S. Aronowitz (ed.) Technoscience and Cyberculture, London, New York 1996; Makoto Sei Watanabe, »Urban Mapping«, Architektur und Bau Forum, 6/1998, S. 131–137; Denis Wood, »Die Macht der Karten«, Spektrum der Wissenschaft, Nov. 1993, S. 66–72; James Turrell, Mapping Spaces A Topological Survey of the Work by James Turrell, New York, 1987 **154** Thomas S. Kuhn, The Structure of Scientific Revolutions, Chicago 1962, 2. Auflage mit Nachwort 1969, dt. Die Struktur wissenschaftlicher Revolutionen, übers. K. Simon, Frankfurt a. M. 1967, 2. rev. und um das Postscriptum von 1969 erg. Aufl. 1976 **155** Frederik Jameson, »Was not täte: eine Ästhetik nach dem Muster der Kartographie: in: A. Huyssen, K. R. Scherpe (hg.) Postmoderne, Zeichen eines kulturellen Wandels, Reinbek bei Hamburg, 1986/1997, S. 95–100 **156** Christine Buci-Glucksmann: Der kartographische Blick der Kunst, Berlin 1997, Orig. 1996, darin, S. 14 **157** Kenyon B. Green, »Force Fields and Emergent Phenomena in soziotechnical Macrosystems: Theories ans Models«, Behavioral Science Nr. 23 1978, S. 1–14, hier S. 1/2 **158** Sanford Kwinter, »La Città Nuova: Modernity and Continuity«, in: S. Kwinter; M. Fehrer (eds.), Zone 1/2, New York 1986, S. 81–121. hier S. 113 **159** a. a. O., S. 113–115 **160** a. a. O., S. 88–89 **161** Stan Allen, »From Object to Field«, in: P. Davidson; D. Bates (eds.), Architecture after Geometry, Architectural Design Profile No. 127, Academic Editions, Chichester/Sussex/UK, 1997, S. 24–31 **162** Stan Allen, Vortrag am 7. Internationalen Bauhaus Kolloquium Weimar Juni 1996. Mitschrift J. Huber **163** Stan Allen, »From Object to Field«, in: P. Davidson; D. Bates (eds.), Architecture after Geometry, Architectural Design Profile No. 127, Academic Editions, Chichester/Sussex/UK, 1997, S. 28/29/31 **164** Peter Wilson, »Eurolandschaft«, in: R. Middleton (ed.) Architectural Association/The Idea of the City, London 1996, S. 102–104, Orig. dt. »Verstädterte Landschaft«, Aries 1995, Symposium 1993, S. 13 **165** Vgl. Alison & Peter Smithson (eds.), »Team X Primer 1953–62«, AD No. 12 dec. 1962 »The Work of Team X«, AD No. 8 aug. 1964 **166** Rosalind Krauss, »Grids«, in: October 9, Cambridge/MA summer 1979, S. 50–64 **167** Albert Pope, Ladders, Architecture at Rice, Princeton, New York 1996, S. 65 **168** Albert Pope, Ladders, Architecture at Rice, Princeton, New York 1996, S. 165/171/175176181/215 **169** Vilém Flusser, »Die Stadt als Wellental in der Bilderflut«, in: Ders. Medienkultur, Mannheim, Frankfurt a. M. 1993/1995/1997/ S. 175–178 **170** Dieser Abschnitt basiert auf Studienerfahrung des Autors bei Raoul Bunschoten, mehreren Vortragsmitschriften (London 89/90, Prag 96, Pontresina 98, Frankfurt 99), den fragmentarischen Aufsatz- und Ausstellungs-Publikationen Bunschotens und dessen Buch »Metaspaces«. **171** Vgl. Gordon Pask, »The Architectural Relevance of Cybernetics«, AD Architectural Design 9/1969, S. 494–496 **172** Vgl. Raoul Bunschoten, »CHORA Manifesto«, DAIDALOS, Urbane Strategien, Nr. 72 Juli 1999, S. 42ff. **173** Vgl. Michael Thompson, Die Theorie des Abfalls. Über die Schaffung und Vernichtung von Werten, Stuttgart 1981, Orig. 1979 **174** Vgl. Viktor Turner, Das Ritual. Struktur und

Anti-Struktur, Frakfurt a. M. 1989; Victor Turner, Das Liminale und das Liminoide in Spiel, Fluss und Ritual. Ein Essay zur vergleichenden Symbologie in Ders.: Vom Ritual zum Theater. Der Ernst des menschlichen Spiels, Frankfurt a. M. 1995 Orig. 1982 **175** Vgl. Gotthard Günther, Life as Poly-Contexturality, in ders. Beiträge zur Grundlegung einer operationsfähigen Dialektik, Hamburg, 1980, S. 283–305 **176** Vgl. Jacques Derrida, Husserls Weg in der Geschichte am Leitfaden der Geometrie, Wilhelm Fink Verlag, München 1987, Orig. Presses Universitaire de France 1962 **177** Vgl. William James, Das pluralistische Universum, Darmstadt 1994, Orig. 1909/1977, S. 17 **178** Raoul Bunschoten; Alain Ciraradia, »The Skin of the Earth«, in: Robin Middleton (Ed.) AA – The Idea of the City, London 1996, S. 197 **179** Vgl. a. a. O., S. 187 **180** Vgl. Raoul Bunschoten, Metaspaces, London 1998, Introduction S. 23 **181** Raoul Bunschoten, Vortrag, Prag, 23. Juli 1996, unveröffentlichte Mitschrift des Autors. **182** Theodor W. Adorno, Philosophische Terminologie, Band 1, Frankfurt a. M. 1973/1997 **183** Semesterthema der Diploma Unit 1 von Raoul Bunschoten an der AA-London Wintersemester 1989/90 **184** Raoul Bunschoten, Vortrag, Prag, 23. Juli 1996, unveröffentlichte Mitschrift des Autors. **185** Raoul Bunschoten; Alain Ciraradia, »The Skin of the Earth«, in: Robin Middleton (Ed.), AA – The Idea of the City, London 1996, S. 187 **186** Vgl. Louis Althusser, Philosophie und spontane Philosophie der Wissenschaftler, Berlin 185, Orig. 1967/1974, S. 131ff. **187** Raoul Bunschoten, Metaspaces, London 1998, Introduction S. 28 **188** Vgl. Harold Bloom, Eine Topographie des Fehllesens, Frankfurt a. M. 1997, Orig. 1975 **189** Vgl. R. R. Dickinson, Interactive analysis of the topology of 4D vektor fields., IBM J. Res. Develop. Vol. 35 No. 1/2, Jan/March 1991, S. 59–66 **190** Raoul Bunschoten Vortrag an der Städelschule Frankfurt vom 14. 6. 99, Mitschrift J. Huber **191** Louis Althusser, Philosophie und spontane Philosophie der Wissenschaftler, Berlin 1985, Orig. 1967/1975, S .107 **192** Vgl. Bruno Latour, Science in Action, Cambridge/MA 1986; Bruno Latour, Steve Woolgar, Laboratory Life. The Social Construction of Laboratory Facts, London 1979, als Einführung: Ian Hacking. Einführung in die Philosophie der Naturwissenschaften, Stuttgart 1996, Orig. 1983 **193** Edmund Husserl, Der Ursprung der Geometrie (1954), in Jacques Derrida, Husserls Weg in die Geschichte am Leitfaden der Geometrie, München 1987, Orig. 1962/1974, S. 227 **194** Raoul Bunschoten; Alain Ciraradia, »The Skin of the Earth«, in: Robin Middleton (Ed.) AA – The Idea of the City, London 1996, S. 187 **195** Raoul Bunschoten, Metaspaces, London 1998, Introduction + S. 6 **196** »Frame« als Bildausschnitt des Filmregisseurs. Bernard Tschumi hatte Godard und Nouvell Vague in die AA-Methodologie eingebracht. **197** Raoul Bunschoten, Metaspaces, London 1998, S. 6 **198** Diesen Hinweis verdanke ich Dr. Gerhard Schweppenhäuser. Es fehlt hier der Raum, um diesen Gedanken auszubauen. **199** Vgl. A. E. Perry; M. S. Chong, »A description of eddying motions and flow patterns using critical-point concepts«, Ann. Rev. Fluid Mech. 1987.19: S. 148 **200** Vgl. R. R. Dickinson, »Interactive analysis of the topology of 4D vector fields«, IBM Journal of Research Devclopements Vol. 35, No. 1/2, January/March 1991, S. 59–66, hier: S. 59 **201** Vgl. Gilles Deleuze, Woran erkennt man den Strukturalismus, Berlin 1993, Orig. 1967/1973 **202** Vgl. Gilles Deleuze, Logik des Sinns, Frankfurt a. M. 1993, Orig. 1969, S. 135 **203** Vgl. Theodor Bröcker, Kurt Jänich, Einführung in die Differentialtopologie, Berlin 1973, S. 31 Klaus Jänich, Topologie, Berlin, Heidelberg, New York 1980/1987/1990, S. 132 **204** Vgl. Erich Jantsch, Die Selbstorganisation des Universums, Müchen 1979, 1992, S. 70 **205** Klaus Mainzer, »Symmetrie und Symmetriebrechung. Erkenntnisprinzip, Kunstprinzip oder Naturgesetz?« in: Werner Hahn; Peter Weiberl (hg.) Evolutionäre Symmetrietheorie: Selbstorganisation und dynamische Systeme, Stuttgart 1996, S. 179–191, hier: 181/182/190 **206** Vgl. Marston Morse; Stewart S. Cairns, Critical Point Theory in Global Analysis and Differential Topology, London 1969, S. 4; R. R. Dickinson,

»Interactive analysis of the topology of 4D vector fields«, IBM Journal of Research Developements Vol. 35, No. 1/2, January/March 1991, S. 59-66, hier S. 60 **207** Kurt Lewin: Der Begriff der Genese in Physik, Biologie und Entwicklungsgeschichte, Berlin 1922, hier aus: Harald Mey, Studien zur Anwendung des Feldbegriffs in den Sozialwissenschaften, Verlag München 1965, S. 13 **208** Vgl. Pierre Bourdieu, Entwurf einer Theorie der Praxis, Frankfurt a. M. 1976, Orig. 1972, S. 165 **209** Vgl. Randal Johnson, »Editor's Introduction«, in: Pierre Bourdieu, The Field of Cultural Production. Essays on Art and Literature, New York 1993, S. 5 **210** Vgl. a. a. O., S. 17/18 **211** Vgl. Pierre Bourdieu, Entwurf einer Theorie der Praxis, Frankfurt a. M. 1976, Orig. 1972 **212** Vgl. Markus Schwingel, Bourdieu zur Einführung, Hamburg 1995, S. 56 **213** Vgl. Pierre Bourdieu, The Field of Cultural Production. Essays on Art and Literature, New York 1993, S. 65 **214** a. a. O., S. 44 **215** Sanford Kwinter, »La Città Nuova: Modernity and Continuity«, in S. Kwinter; M. Fehrer (eds), Zone 1/2, New York 1986, S. 88-89 **216** a. a. O., S. 113 **217** Vgl. Colin Rowe; Fred Koetter, Collage City, Basel, Boston, Berlin 1984/1992, Orig. 1978, darin: Collision City und die Strategie der Bricolage, S. 123-172 **218** Vgl. Wayne Cooper, »The Figure Ground« (1967), in: D. B. Middleton, The Cornell Journal of Architecture, No. 2, Ithaka 1982, S. 42-53 **219** Colin Rowe; Fred Koetter, Collage City, Basel, Boston, Berlin 1984/1992, Orig. 1978, S. 169 **220** Vilém Flusser, »Die Stadt als Wellental in der Bilderflut«, in: Ders. Medienkultur, Mannheim, Frankfurt a. M. 1993, 1995, 1997, S. 175-178 **221** Vgl. Stan Allen, »From Object to Field«, in: P. Davidson; D. Bates (eds.), Architecture after Geometry, Architectural Design Profile No. 127, Academic Editions, Chichester/Sussex/UK, 1997, S. 24-31 **222** Vgl. Albert Pope, Ladders, Architecture at Rice, Princeton , New York 1996 **223** Vgl. Marc Augé, »Orte und Nicht-Orte der Stadt«, in: Roland Ritter (Ed.) Spaces of Solitude, HDA Dokumente zur Architektur 9, Graz 1997, S. 12 **224** Vgl. a. a. O., S. 16 **225** Vgl. a. a. O., S. 12 **226** Vgl. Gilles Deleuze: Woran erkennt man den Strukturalismus, Verlag Berlin 1992, Librairie Hachett, Paris 1973 S. 41 **227** Vgl. Jacques Derrida, Die Schrift und die Differenz, Frankfurt a. M. 1976, L'ecriture et la difference, Editions du seuil, Paris 1967. hier: P. Engelmann (hg.) Postmoderne und Dekonstruktion, Stuttgart 1990, S. 118 **228** Vgl. Yorgos Simeoforidis: »Aerotopia«, in: Roland Ritter (ed.) Spaces of Solitude, HDA Dokumente zur Architektur 9, Graz 1997, S. 44 **229** Vgl. Peter Wichens, »Nicht-Orte. Kulturtheorie im Hinblick auf Slavoj Zizek, Ernst Bloch, und Marc Augé,« in: Claudia Rademacher; Gerhard Schweppenhäuser (hg.) Postmoderne Kultur? soziologische und philosophische Perspektiven, Opladen 1997, S. 111-140 **230** Bernd Knaller-Vlay: »Limes.Gemeinschaft. Eine Gemeinschaft am kritischen Punkt«. in: Roland Ritter (ed.) Spaces of Solitude, HDA Dokumente zur Architektur 9, Graz 1997, S. 52 **231** Viktor Turner, Das Ritual. Struktur und Anti-Struktur, Frankfurt a. M. 1989; Victor Turner, Das Liminale und das Liminoide in Spiel, Fluss und Ritual. Ein Essay zur vergleichenden Symbologie in Ders.: Vom Ritual zum Theater. Der Ernst des menschlichen Spiels, Frankfurt a. M. 1995 Orig. 1982 **232** Vgl. Victor Turner, »Das Liminale und das Liminoide in Spiel, Fluss und Ritual. Ein Essay zur vergleichenden Symbologie« in: Ders. Vom Ritual zum Theater. Der Ernst des menschlichen Spiels, Frankfurt a. M. 1995 Orig. 1982, S. 66/83 **233** a. a. O., S. 68/69

EREIGNISSE: TOPOLOGISCHE SINGULARITÄTSTHEORIE

Jede Raum-Zeit-Entwicklung eines urbanen Kontextes als dynamischem System wird durch die Emergenz pluraler topologischer Singularitäten bestimmt.

Ging es im letzten Kapitel um die Behandlung von Diffeomorphismen, untersucht Singularitätstheorie nicht weiter differenzierbare Punkte: »Ereignisse«.
Im Erleben von Architektur und Stadtraum kommt dem »Ereignis« zentrale, aber auch sehr unterschiedliche Bedeutung zu. Es ist einerseits enthalten in der rhetorischen Tradition von Raum und Ornament hin zur »architecture parlante« und andererseits in der Klassischen Moderne, in der Gartenarchitektur-beeinflussten »promenade architecturale«. »Ereignis« ist immanent dynamisch, entweder im Wandern des Auges oder in der Bewegung des Betrachters. In der Tradition der Architektur spricht man seit DeStjil von Zirkulation, Bewegung und Ereignis entsprechend als der vierten Dimension der Architektur; in Referenz zur vierdimensionalen Minkowski-Raum-Zeit. Luhmann bezeichnet Ereignis als »die zeitliche Qualität der Elemente sinnkonstituierender Systeme«.[1] Ereignis ist aber auch immanent partizipatorisch; es bezieht den Benutzer in den Raum mit ein und wird so zu einem »user-interface«. Lewis Mumford hat in diesem Zusammenhang von der Stadt als Manege (Zirkusmanege) gesprochen, die Situationisten nennen es »Spectacle«. Ereignisse sind nur möglich in einem kontingenten Kontext mit soziokultureller Komplexität: Kontingenz, Kontext, Komplexität und Ereignis bedingen sich gegenseitig. Nach Derrida ergibt sich daraus ein »Kontext als Erkenntniswille«.[2]
Die Erforschung nichtlinearer dynamischer Systeme – Theorien des Verhaltens – in den Naturwissenschaften aus den 60er Jahren heraus hat den Ereignisbegriff auch in den Geistes- und Kulturwissenschaften nachhaltig beinflusst. Das Ereignis wird nun verknüpft mit der Bedeutung der Singularität und deren »Entfaltung«. Singularitäten sind nichtdifferenzierbare Punkte in Mannigfaltigkeiten. Singularitäten führen in ihrer raum-zeitlichen Entwicklung zu Bifurkationen (Verzweigungen), Grenzzyklen, Falten (Katastrophen), Selbstdurchschneidungen, Minimalflächen etc. Sie tragen also zu einer Erweiterung der Kontingenz bei. Singularitäten sind Systembrüche. In der Physik sind solche z. B. Grundbedingung

für die Entstehung von Materie. Systembrüche bedeuten immer einen topologischen Wandel; sie sind emergent wirksam.

»Emergenz«, die Entstehung von radikal Neuem, besitzt eine eigene geistes- und wissenschaftsgeschichtliche Diskurstradition, die gerade auch durch die Theorie dynamischer Systeme neue Nahrung erhalten hat. Im Gegensatz zum traditionellen »naiven« Ereignis, das mit der Poesie und Flüchtigkeit des Moments spielt, sind Singularitäten dramatischer mit Unvorhersehbarkeit, Mehrdeutigkeit und Wandel verknüpft. In diesem Sinne wurden sie auch für zeitgenössische Urbanität interessant. Einerseits auf der Erkenntnisebene, der urbanen Lesart, andererseits auch bezüglich architektonischer Interventionen; Handlungs- und Sprachakt-Theorien. Führen Singularitäten, sprich Ereignisse, zu emergenten urbanen Interventionen, zu einer Emergenz als »Entwurf«, ist dies nach Jacques Derrida, Don Bates und Jeff Kipnis eine Form von »grafted Topology« – aufgepfropfter Topologie.[3] Man vergleiche »Grafting« auch mit topologischer »Surgery« der Summentopologie im ersten Kapitel.

Jacques Derrida (1987): »Markiert: provoziert, bestimmt oder umgeschrieben, befangen, [...] Übersetzung (traduction), Umschrift (transcription), Überschreitung (transcression) von einem Ort zum anderen, [...] Pfropfung (greffe), Kreuzung (hybridation)«.[4]

Für die zeitgenössische Architekturdebatte stehen Bernard Tschumis Konzept einer »Architecture of Event« und Peter Eisenmans Konzept von »Folding in Architecture« im Mittelpunkt dieses Kapitels über Singularitätstheorie.

Architekturmethodisch und kontexttheoretisch werden weniger »Form«-Überlegungen relevant, sondern die Kontextparameter dynamischer Systeme in den entsprechenden Phasenräumen als Kontakträumen. Es gibt keine singulären Singularitäten in einem Phasenraum, keine einzelnen Ereignisse in einem Kontext. Topologische Singularitäten sind immer Mehrfachereignisse. Kontext sollte unter diesem Gesichtspunkt als a-zentrischer heterogener Polykontext betrachtet werden. Phasenraumtheorie, die zentrale Bedeutung für die Theorie dynamischer Systeme besitzt, wurde in der Architektur meiner Meinung nach bis jetzt noch zu wenig bewusst berücksichtigt. Man kann aus einem Diskurs über topologische Singularitätstheorie relevante Aussagen über emergente Phasenraum-Architektur zwischen Real-Umwelt, Modellwelt, Computersimulation und Kontextintervention herauskristallisieren.

TOPOLOGISCHE BEGRIFFE: PHASENRAUM UND BIFURKATION

Singularitäten – wörtlich übersetzt »Einzelfälle« – sind nicht mehr weiter reduzierbare, besser differenzierbare Punkte auf Mannigfaltigkeiten (z. B. Lösungsmannigfaltigkeiten nicht-linearer Differenzialgleichungen) in dynamischen Systemen. Eine Singularität zeigt, an welcher Stelle der Entwicklung eines Systems unter kleiner stetiger Änderung der äußeren Bedingungen – z. B. der Kontrollparameter eines Zustandsraumes –, eine abrupte Änderung geschehen kann.[5] Gerade dieser Sprung mit der sich daraus ergebenden Unvorhersehbarkeit macht die Singularitätstheorie für die Verknüpfung von kontextueller Lesart und »topological change« wertvoll:
»Innerhalb der Mathematik studiert ein besonderer Zweig der Topologie, die sogenannte Singularitätstheorie (Falten, Cusps usw.), welche Typen von Singularitäten Funktionen generell aufweisen können. Die Singularitäten können mit Hilfe von ›Karten‹ beschrieben werden, die zeigen, wie ein Graph sich in seiner lokalen Umgebung verhält: Je komplizierter eine Singularität ist, desto komplizierter ist die Struktur aus Falten, Kanten und einfacheren Singularitäten, die sie um sich herum aufspannt. Die komplizierteren Singularitäten lagern somit die weniger komplizierten in sich ein, und die Forschung beschäftigt sich mit dem Studium von Singularitäten in großen Dimensionen, von denen viele noch nicht beschrieben sind.«[6] Ein Versuch einer Klassifikation und Beschreibung dynamischer Systeme innerhalb der vorliegenden Arbeit müsste deshalb scheitern.[7] Es soll aber auf einige wenige grundlegende Applikationsmöglichkeiten der Singularitätstheorie und den damit verbundenen topologischen Werkzeugen hingewiesen werden.
»Man kann sagen, dass die ›Katastrophen‹/Singularitäten lokale Karten von Grenzverhältnissen und damit den möglichen Übergängen – Bifurkationen – zwischen bis zu vier stabilen Zuständen, Punktattraktoren, im Phasenraum desselben Systems sind. Dies ist allerdings eine Darstellung, die die innere Topologie der Attraktoren vernachlässigt und nur ihr gegenseitiges Verhältnis betrachtet«.[8]
Was für das Projekt der »Urbanen Topologie« gilt, gilt für Singularitäten im speziellen; es stellt sich die Frage nach derer Zuordnung, Bestimmung und Benen-

nung. Singularitäten von was? V. I. Arnold weist berechtigt auf die verschiedenen Medien und Systeme hin, in denen in unserer realen Umwelt und den dazugehörigen Naturwissenschaften Singularitäten in unterschiedlichster Form vorkommen können.[9] Singularitäten »entfalten« sich über »Abbildungen«, die im mindesten qualitativ beschrieben werden sollten. Singularitätstheorie geht weit über die populäre Klassifizierung von René Thom hinaus. Für unsere Zwecke nützlich können aber die Versuche der Thomschen Schule sein, Singularitätstheorie anderweitig und interdisziplinär anzuwenden, z. B. in der Linguistik, Semantik, Soziologie und Ökonomie; also für eine qualitative Erforschung von abrupten Sprüngen, Phasenübergängen etc. bei Kontextuntersuchungen. Singularitäten/nichtreduzierbare Einzelfälle (die aber je nach Fall trotzdem instabil sein können) entstehen beim einseitigen Betrachten von Körpern, speziell durch Abbildungen von Körpern auf Flächen der Codimension 1. oder 2. im Sinne von: wenn man »etwas nicht von allen Seiten sieht.« Die Entfaltung der Wavefront/Wellenfront geschieht durch die Verschiebung des Screens, der Poincaré Fläche/Schnitt durch den oder die Körper. Insofern sind Singularitäten ein immer noch unterschätztes Gebiet des virtuellen Raumes. Das Potenzial der Singularitäten besteht in ihrer »Mehrwertigkeit«; sie öffnen ein plurales hermeneutisches Feld für Zustände und Entwicklungen.

Phasenraum

Überlegungen über Singularitäten sind eng an die Untersuchung dynamischer System gebunden. Der Schritt in dieses Feld bedeutet für die Topologie die Einführung einer zeitlichen, evolvierenden Komponente. Ein dynamisches System ist ein mathematisches Objekt zur Beschreibung der Zeitentwicklung physikalischer, biologischer und anderer real existierender Systeme, in unserem Falle dem soziokulturellen Kontext urbaner Topologie.[10] Eine differenzierbare Abbildung auf einer differenzierbaren Mannigfaltigkeit heißt dynamisches System oder Fluss auf der Mannigfaltigkeit[11] in Bezug auf eine zeitliche Entwicklung – respektive Verschiebung der Abbildung auf der Mannigfaltigkeit. Das Vektorfeld eines Flusses – respektive dynamischen Systems heißt Geschwindigkeitsfeld des Flusses.[12] Wie wir im letzten Kapitel gesehen haben, entwickelt sich ein Fluss im Orbit einer Topologie. Ist ein Fluss auf einer Mannigfaltigkeit gegeben, so geht durch jeden Punkt der Mannigfaltigkeit genau ein Orbit. Um eine Vorstellung vom geometrischen Mechanismus eines Flusses zu bekommen, versucht man nicht, sich die einzelnen Diffeomorphismen vorzustellen, sondern man sucht eine Übersicht über den Verlauf aller Orbits zu bekommen.[13] Manchmal wird begrifflich zwischen einem Orbit als geschlossener Kurve einer Flusslinie und einer Trajektorie als offener Kurve respektive Funktion einer Flusslinie unterschieden. Zwei Differenzialgleichungen heißen topologisch äquivalent, wenn es einen Homöomorphismus (eine stetige, bijektive Abbildung) gibt, der die Orbits der einen Gleichung in die Orbits der anderen unter Beibehaltung der Orientierung, aber nicht unbedingt der Parametrisierung überführt. Bei topologischer Äquivalenz gehen Ruhelagen (sprich kritische Punkte) in Ruhelagen und periodische Orbits in periodische Orbits über, wobei die Perioden nicht unbedingt übereinstimmen. Dies gilt auch für Teilmengen des Phasenraumes, z. B. den Poincaré-Schnitt (siehe unten); Schnitte von Orbits gehen unter Beibehaltung der Orientierung in Schnitte von Orbits der zweiten Gleichung über.[14] Mannigfaltigkeiten in dynamischen Systemen sind als Lösungsmannigfaltigkeiten von Differenzialgleichungen aufzufassen,[15] deshalb ist diese Aussage über topologische Äquivalenz wichtig. Den Zustandsraum, gefüllt mit Trajektorien, nennt man Phasenportrait des dynamischen Systems. Das Geschwindigkeitsfeld leitet sich vom Phasenportrait mittels Differentiation ab.[16] Umgekehrt ergibt sich durch Integration aus dem Vektorfeld die Trajektorienbahn oder Flusslinie respektive Orbit des dynamischen Systems. Trajektorien werden deshalb manchmal auch Integralkurven genannt. Eine Kurve im Zustandsraum ist eine Trajektorie oder Intergralkurve des dynamischen Systems, falls sein Geschwindigkeitsvektor mit dem Vektorfeld für jeden Punkt entlang der Kurve übereinstimmt. Die Kurve muss sich so entwickeln, dass sie an jedem Punkt tangential zum Vektorfeld liegt.[17]

Ein Phasenraum ist ein Beschreibungssystem einer kinetischen Evolution eines Systems. Dimensionen und Räumlichkeit eines Phasenraumes von einem dynamischen System decken sich nicht mit demjenigen unseres alltäglichen lokaleuklidischen Raums der Umwelt.[18] Jede Bedingung für den Zustand eines Punktes, jede veränderliche Eigenschaft eines Systems, entspricht dabei einer Dimension. So kann z. B. der Phasenraum eines drei-dimensionalen dynamischen Systems aus n Punkten 6n-dimensional sein: 3n Raumkoordinaten und 3n-Geschwindigkeits- oder Impulskoordinaten.[19] Es ist sogar möglich, dass pro Punkt noch mehr Dimensionen vorkommen. In kontrollierten Systemen haben wir für jeden Punkt nicht nur einen einzigen Geschwindigkeitsvektor, sondern eine ganze Menge von Vektoren, eine Menge, die »Indikator der erlaubten Geschwindigkeiten« heißt.[20] Bezüglich seiner Dimensionen ist solch ein Raum sehr unübersichtlich, er besitzt jedoch einige einfache Eigenschaften. Jeder Punkt in diesem Raum entspricht einem Zustand des gesamten Systems, und dessen Entwicklung lässt sich als eine einzelne, ununterbrochene Linie einzeichnen.[21]

Topologie des Phasenraumes Ein Phasenraum kann große, unüberschaubare Ausmaße besitzen. Die Entwicklung eines Systems findet meist aber nur in einem Teilbereich des Phasenraumes statt und man versucht, nur diesen zu repräsentieren. Deshalb spielt die Topologie des Phasenraumes im Übergang von lokalen zu globalen Eigenschaften eine sehr große Rolle bei der Evolution der Systeme: Stetigkeit, Zusammenhang, Genus, Orientierung etc. Die Untersuchung der Topologie von Phasenräumen gehört zur symplektischen Geometrie.[22] Dies ist auch eine der maßgebenden Kritikpunkte an der so genannten Katastrophentheorie von Thom/Zeemann; sie betrachtet Singularitäten nur lokal und kümmert sich nicht um die daraus folgenden Konsequenzen in anderen Sektoren des Phasenraums. Es war eine der großen Errungenschaften von Henri Poincaré, den Phasenraum als topologische Mannigfaltigkeit zu definieren und so ein Bindeglied zwischen Topologie und Anwendungen in Physik und Thermodynamik zu schaffen.

Zustandsraum In vielen Fällen kann man den komplizierten Phasenraum auf einen wesentlich einfacheren Raum, der oft als Zustandsraum (engl. state space) bezeichnet wird, projizieren. Dieser ist durch statische, messbare Eigenschaften des Systems (wie Druck, Temperatur usw.) – die Kontrollparameter – definiert. In dieser Form wird der Zustandsraum zur Schematisierung von Phasenübergängen in der Thermodynamik benutzt.[23] Der Zustandsraum besteht aus zwei Formen von Variablen: aus den Zustandsvariablen und den Kontrollvariablen.

Phasenportrait Betrachtet man nicht das Vektorfeld aller Punkte eines Phasen- oder Zustandsraumes, sondern durch Integration die Trajektorie der Entwicklung in deren Zusammenspiel mit den kritischen Punkten, so spricht man von einem Phasenportrait.[24] Wenn man sich an die Herleitung der Vektorfeldtopologie über den Begriff des topologischen Orbits erinnert, hier folgende Definition: Zwei beliebige Orbits haben keinen gemeinsamen Punkt oder stimmen überein, der Phasenraum zerfällt also in disjunkte Orbits. Die Zerlegung des Phasenraumes in disjunkte Orbits heißt Phasenporträt.[25]

Poincaré-Schnitt, Phasenschnitt Gerade bei komplexen nichtlinearen dynamischen Systemen ist es oft nicht möglich, den ganzen Phasenraum zu »sehen«, zu repräsentieren oder zu berechnen. Große Teile der Entwicklung des Systems bleiben »unsichtbar« und vor allem unvorhersehbar. Henri Poincaré hatte deshalb die Idee, eine Art Falle im Phasenraum aufzustellen, indem dem System ein Fixpunkt in den Weg gelegt wird.[26] Man kann einen zweidimensionalen Schnitt – einen Poincaré-Schnitt – anlegen, eine Fläche, die quer zu den Bahnen des Systems verläuft. Wenn man nun das System an einem Punkt in der Fläche beginnen lässt, kann man darin einzeichnen, wo die »Lebenslinie« des Systems die Poincaré-Fläche das nächste mal kreuzt, und während dies sich allmählich wiederholt, erhält man eine Karte, die ein Muster für das Verhalten des Systems im betreffenden System zeigt.[27] Allgemeiner formuliert ist ein Poincaré-Schnitt, auch Poincaré-Abbildung genannt, eine (n-1)-dimensionale glatte Hyperfläche, die einen zeit-periodischen Orbit transversal schneidet. Der Poincaré-Abbildung kann ein System zugeordnet werden, das erklärt ist, solange die Bildpunkte in der Hyperfläche bleiben. Den Ruhelagen dieses diskreten Systems entsprechen periodische Orbits, und der Stabilität dieser Ruhelagen entspricht die Stabilität der periodischen Orbits.[28] Das dynamische Moment wird einerseits cineastisch, andererseit auch – wie Dalrymple es nennt – als »snapshot view of a transition«[29] – als topologischer Phasenschnitt im dynamischen Feld lesbar. Diese Betrachtungsweise eines Poincaré-Schnittes macht auch klar, dass die Hyperfläche nicht zwingend orthogonal und euklidisch sein muss, auch wenn diese Annahmen aus Bequemlichkeitsgründen und Darstellungsgründen häufig so gewählt werden. In einer Analogie zu der Architektur von Hypersurfaces, wie sie von einigen Architektur-Zeitschriften gezeigt wird, möchte ich in den architektonischen Hypersurface-Diskurs dringendst das Element der Poincaré-Abbildung, oder des -Schnittes einführen respektive einbringen. Dies könnte den methodischen Richtungen eines emergentem VR-Entwurfs neue Sichtweisen und Resultate ermöglichen.

Die Betrachtung von Phasenräumen bedeutet eine Auseinandersetzung mit den Anfangsbedingungen einer Systementwicklung. Man unterscheidet deterministische und indeterministische Ansätze. Erstere gehen davon aus, dass für jedes dynamische System alle Randbedingungen und Parameter zu kennen sind. Letztere gehen von offenen Systemen aus, deren Anfangsbedingungen nicht vollständig beschreibbar sind. Die indetermistische Denkweise muss sich gerade bei Nichtgleichgewichts-Systemen mit unvollständigen Anfangsbedingungen, Noisi Data, Rauschen, Kontaminationen und Fluktuation auseinandersetzen. In einer Analogie zu sozialen Systemen scheinen indeterministische Anfangsbedingungen fast nicht zu umgehen zu sein, ohne einem rigiden Reduktionismus zu verfallen. Wir beschäftigen uns bei der Auseinandersetzung mit dem Phasenraum nicht nur mit der Frage nach einer Lesart als Modell von Repräsentation dynamischer Systeme. Es stellt sich die Frage, inwieweit man eine reale Umwelt als einen Phasenraum denken kann. In der jüngsten Architekturdebatte tun dies Greg Lynn, Winy Maas und Alejandro Zaera Polo. Die Parameter, die einen Phasenraum konstruieren, werden dabei zu Bedingungen/Constraints ihrer CAD-Werkzeuge. Dies ist ein Determinismus, den man eigentlich seit den System- und Soziotechnikern der 60er/70er Jahre hinter sich gelassen glaubte. Ihre Begründung lautet, dass zwar die Constraints determiniert sind, u. U. sogar dynamisch-kinetisch determiniert, aber die Resultate ja im Sinne der Chaos- und Katastrophen-Forschung unvorhersehbar seien. Es gibt in der Wissenschaft der dynamischen Systeme tatsächlich Versuche und Ansätze, mit indeterministischen Parametern zu arbeiten, und trotzdem bleibt meiner Meinung nach die Parameterisierung eine der großen Schwächen der Anwendung der Wissenschaft dynamischer Systeme im sozio-kulturellen Kontext. Topologie arbeitet aufgrund ihrer inhärenten und fundamentalen qualitativen Konstitution genau gegen einen solchen einengenden Determinismus.

Singularitäten von Mappings: Whitney-Theorie

Die einfachsten Singularitäten erschließt die Theory von Hassler Whitney, der mit seinem Artikel »Mappings of the Plane into the Plane« die Theorie der Singularitäten von stetigen Abbildungen begründete.[30]

Die erste Form einer Singularität erscheint an Äquatorialpunkten, wenn z. B. eine Kugeloberfläche auf eine ebene Fläche projiziert wird.

Die zweite Form erscheint bei einer Projektion einer »gefalteten« Oberfläche im Raum auf eine ebene Fläche und nennt sich »Spitze« (eng. »cusp«). Whitney bewies, dass jede Singularität einer stetigen Abbildung einer Oberfläche auf eine Fläche durch eine genügend kleine (=delta-) Perturbation/Abweichung, sich

in Falten und Spitzen aufteilt.[31] Glatte stetige Abbildungen von Oberflächen, »Karten« von Oberflächen umgeben uns in realem Kontext überall, also finden sich auch deren Singularitäten überall wieder. Es ist auch ein leichtes, den oben gebrauchten Begriff der Projektion mit demjenigen der topologischen Transformationsabbildung zu ersetzen, entsprechend die ebene Projektionsfläche mit einer allgemeinen Topologie als einer Karte, um so zu ganz allgemeinen Aussagen über Singularitäten zu gelangen.

In Anwendungen der Singularitätstheorie spielen die Parameter der »Abbildung« eine große Rolle. Man nimmt dazu an, dass der untersuchte Prozess – in einem Zustandsraum dargestellt – sich durch eine entsprechende Anzahl von Kontroll- und internen Parameter darstellen lässt. Die Ruhelagen des Prozesses formieren eine Oberfläche im Zustandsraum. Die Projektion der Ruhelagenoberfläche auf die Fläche der Kontrollparameter kann generische Singularitäten aufweisen. Singularitätstheorie kann dann die Topologie des Sprunges von einem Gleichgewichtszustand zu einem anderen unter kleiner Änderung von Kontrollparametern voraussagen. In den meisten Fällen von Anwendungen handelt es sich dabei um eine Whitney-Spitze.[32]

Beispiele Die Anzahl der Singularitäten im Vergleich zu den Whitney-Fällen, ändert sich schlagartig, wenn man generische stetige topologische Oberflächen im 3D-Raum von allen möglichen Punkten des umgebenden 3D-Raumes betrachten will. Man braucht dazu eine Klassifikation aller möglichen Arten von Punkten respektive deren Umgebungen auf der Oberfläche. Dazu legt man Tangenten respektive Tangentialflächen verschiedenen Grades an die Oberfläche. Man lernt dadurch alle vohandenen Formen von Buckeln, Einbuchtungen etc. kennen. Nun kann für jede vorkommende Klasse von Punkten untersucht werden, wie sie sich unter Abbildungstransformation verhält. Ist die Projektion generisch, kommen nur die Whitney-Singularitäten Falte und Spitze vor. Erweitert man die Betrachtung auf nichtgenerische Fälle, erhält man vierzehn verschiedene Singularitäten.[33]

Geometrische Optik: Kaustik, Wellenfronten Wellenfronten beschreiben die Ausbreitung von Störungen (Schockwellen, Licht oder einer Epidemie etc.) in einem Medium. Die Ausgangslage einer Ausdehnung kann man als Kurve oder Oberfläche beschreiben. Die Entwicklung findet nun dadurch statt, dass jeder Punkt der Ausgangslage entlang einer durch ihn gelegten Normalen um die entsprechende »Distanz« (Geschwindigkeit/Länge/Zeit) verschoben wird. Topologisch ist dieser Vorgang analog den Faserräumen über einem Basisraum. Bei der entstehenden Ausbreitung tauchen Singularitäten auf. Bei generischen stetigen Oberflächen in 3D erscheinen nur Spitze- (Cusp) und Schwalbenschwanz-Singularitäten.

Man kann durch den Schwalbenschwanz transversal parallele Ebenen legen und erhält einen »Film« der Transformation der dargestellten Kurve, der Metamorphose des Schwalbenschwanzes. Diese Darstellung entspricht der Metamorphose einer Wellenfront in 2D. Die Metamorphosen von Wellenfronten in 3D-Raum-Zeit ergeben Schwalbenschwanz, Spitze/Cusp und Selbstdurchdringungen als Singularitäten. In 4D-Raum-Zeit sind es 5 Metamorphosen der Wellenfront.

Kaustik: Die Umhüllende einer Familie von Strahlen nennt sich Kaustik. Die Kaustik bildete eine der Wurzeln der Singularitätstheorie. Ihre Begriffe und Singularitäten findet man aber in einer Reihe von anderen Anwendungen wieder. Diese Universalität ihrer Elemente macht die Singularitätstheorie heute für interdisziplinäre Forschungen wichtig. Das System der Normalen zu einer Oberfläche, topologisch u. U. Fasern, in einem 3D-Raum besitzt auch eine Kaustik. Allgemeine Kaustiken im 3D-Raum besitzen nur Standardsingularitäten der Form: Schwalbenschwanz, Pyramide (»elliptic umbilic«) und Tasche/Purse (»hyperbolic umbilic«). Diese Singularitäten sind stabil. Alle komplizierteren Singularitäten in 3D lösen sich bei kleinster Perturbation in diese Standardsingularitäten auf.[34] Bewegt sich die Kaustik selbst, macht auch sie eine Metamorphose durch, die wie bei Wellenfronten durch das Legen von transversalen Querschnitten studiert werden kann.[35]

Kontrollierte Systeme (Falten von Singularitäten) »Singularitäten der Randbedingungen von Ziel-Erreichbarkeit in kontrollierten dynamischen Systemen«.[36] »Ein kontrolliertes System im Phasenraum wird wie folgt definiert: An jedem

Punkt des Raumes haben wir nicht nur einen Geschwindigkeitsvektor (wie im herkömmlichen evolutionären System), sondern eine ganze Menge von Vektoren, die man Indikatoren der erlaubten Auswahl von Geschwindigkeiten nennt. Das Problem der Kontrolle ist nun die Wahl eines Geschwindigkeitsvektors während jedem zeitlichen Moment/Intervall, so dass ein vorgegebenes Ziel erreicht werden kann. In einem allgemeinen Fall ist es nicht möglich, das Ziel von allen Ausgangskonditionen her zu erreichen. Die Punkte innerhalb des Phasenraumes woher dies möglich ist, nennt man die ›Domäne der Erreichbarkeit‹. Die Berandung der Domäne – die Randbedingungen für eine Zielerreichbarkeit – kann nun Singularitäten besitzen, auch wenn weder das Ziel noch das Feld der Indikatoren in den verschiedensten Punkten des Phasenraumes solche aufweisen«.[37] Interessant ist nun, dass es sich um gefaltete Singularitäten (gefalteter Sattel, gefalteter Strudel, gefalteter Knoten und Kombinationen davon etc.) handelt.[38] Nicht alle derselben sind stabil.[39] Gefaltete Singularitäten kommen ziemlich häufig vor. Der Grund liegt darin, dass man oft mit normalen Singularitäten (kritischen Punkten) von Vektorfeldern und Faltungen konfrontiert ist. Dies bedeutet natürlich auch, dass innerhalb von Singularitäten Attraktoren und Repelloren vorkommen.

Bifurkationen

Ein Phasenraum als Mannigfaltigkeit besitzt ein zugehörendes Vektorfeld. Dieses Feld kann man sich vereinfacht als »Inneres« des Raumes vorstellen (siehe Abbildungen aus Penrose). Wie bei 2-dimensionalen Vektorfeldern kann man durch Integration die Trajektoren und kritischen Punkte des Vektorfeldes erhalten. Der Nullpunkt eines kritischen Punktes wird als Phase zu einer sich im Phasenraum entwickelnden Linie, ein Separatrix wird zu einer Seperatrixfläche etc. Ein Nullpunkt eines kritischen Punktes nennt V. I. Arnold Gleichgewichtszustand.[40] Es ist nicht zwingend, dass man nur Zustandsänderungen von Gleichgewichtszuständen im Phasenraum verfolgt. Man kann auch einen Punkt nahe davon oder – was das Thema der Nichtgleichgewichtsthermodynamik von Prigogine/Stengers war – fern vom Gleichgewicht verfolgen. Im Phasenraum entsprechen »Punkte« dem Zustand eines Systems und der dazugehörige Vektor beschreibt die Veränderungsgeschwindigkeit oder »Kraft« oder »Energie« des Systems, z. B. in einem Hamilton-System. Meist ist er aber doch der Zeit respektive Geschwindigkeit zugeordnet, da der Phasenraum als Repräsentations-Konzept genau für diese Veränderungen konstruiert wurde. Es wurde durch Poincaré gezeigt, dass sich das Verhalten der Phasenlinien/Phasenkurven in der Nähe/Nachbarschaft von Gleichgewichtspunkten auf der Phasenebene/-fläche von generischen dynamischen Systemen mit »Focus, Node, Sattel« (für stabile

Fälle von »Senken«) und »Node und Focus« (für unstabile Quellen) klassifizieren lässt.[41] Die Klassifikation dieser kritischen Punkte haben wir für Vektorfelder in 2D und 3D schon dargestellt. Kritische Punkte sind auch Singularitäten. Verschwindet ein (oder mehrere) kritischer Punkt findet ein topologischer Wandel statt. Er ist also im generischen Fall nicht weiter differenzierbar. Ein kritischer Punkt – als Gleichgewichtszustand – kann sich in seiner raum-zeitlichen Entwicklung im Phasenraum aber durch Bifurkation »aufgabeln«. Auch dies bedeutet topologischen Wandel – Emergenz.

Bifurkationen von Attraktoren und Grenzzyklen Bifurkation bezeichnet einen »kritischen Punkt in der Entwicklung eines physikalischen oder mathematischen Systems, von dem aus das System einem von zwei oder mehreren möglichen Wegen folgt (lat: bi: zwei + furca: Gabel). In einem physikalischen System zeigt sich Bifurkation dadurch, dass der Zustand des Systems von einer Möglichkeit zur anderen wechselt. Bifurkation bedeutet eigentlich Gabelung; diese Bedeutung weist darauf hin, dass die Zustandswechsel oft dadurch geschehen, dass der Weg des Systems durch den Phasenraum sich in zwei mögliche Bahnen gabelt. Oft ist eine der Möglichkeiten instabil und in Wirklichkeit nicht »wählbar«, in anderen Fällen besteht eine Wahlmöglichkeit zwischen zwei stabilen Wegen, wobei kleine Fluktuationen darüber entscheiden, welcher Weg gewählt wird. [...] in einem mathematischen Gleichungssystem bezeichnet Bifurkation den Umstand, dass sich für bestimmte Parameterwerte plötzlich eine andere Lösung als die bis dahin existierende zeigt«.[42]

Beispiel: Sattelknoten-Bifurkation, Hopf-Bifurkation Eine der elementarsten Bifurkationen in Familien von Phasenlinien dynamischer Systeme bildet die Sattelknoten-Bifurkation. Es handelt sich dabei um eine lokale Bifurkation nahe einer Ruhelage – dem Sattelknoten-Attraktor.

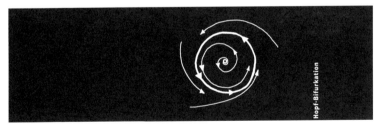

Dabei kollidiert eine stabile Ruhelage, ein Knoten-Attraktor, mit einem instabilen Sattel und beide verschwinden. Im Moment der Fusion beobachtet man eine nicht-generische Situation, falls eine stabile Ruhelage respektive ein stabiler Gleichgewichtszustand diese Metamorphose in einem realen System vollzieht, z. B. in der Ökonomie, der Ökologie oder der Chemie. Wenn das System mit einem instabilen Gleichgewichtszustand verschmilzt, dann muss es in einen

anderen Zustand springen: wenn die Parameter verändert werden, verschwinden die Gleichgewichtszustände der berücksichtigten Umgebung plötzlich.[43]
Vertraut ist uns die »Cusp-Bifurcation«, die Spitzenbifurkation, die im erweiterten Phasenraum eine Falte darstellt.[44] An diesem Beispiel sieht man auch, wie nahe Singularitätstheorie und Bifurkationstheorie liegen. Bifurkationen können auch invers vorkommen, ein Umstand, der v. a. in der trivialen Literatur häufig nicht erwähnt wird, was aber bei Prozessen in dynamischen Systemen sehr wichtig werden kann. Bifurkationen finden nicht nur in Gleichgewichtszuständen statt, sondern auch bei Grenzzyklen, Seperatrixflächen und Phasenlinien fern von Gleichgewicht. Bifurkationen und die dazugehörigen Theorien spielen in der Nichtgleichgewichts-Thermodynamik und der Auseinandersetzung mit Verlust von Stabilität eine große Rolle.[45]

Bifurkation von Attraktoren Bifurkation von Attraktoren wird manchmal schon ein »schwacher Verlust der Stabilität«[46] genannt oder eine »subtile« Bifurkation.[47] Die Hopf-Bifurkation beschreibt die Bifurkation von Ruhelagen – Attraktor oder Repellor. Im Falle eines Attraktors wird dieser durch eine Veränderung der Parameter destabilisiert und nähert sich einem stabilen Grenzzyklus an. Während dieser Annäherung taucht im kritischen Punkt eine kleine Trajektorie auf, die sich langsam dem ehemaligen Attraktor nähert, mit diesem asymptotisch verschmilzt, so dass er ein veritabler Grenzzyklus wird; analoges gilt für den Repellor. In der Bogdanov-Takens-Bifurkation entsteht ein stabiler Grenzzyklus analog der Hopf-Bifurkation aber durch Auflösung einer Separatrixschlaufe oder einem homoklinen Orbit (siehe oben). Lokale Bifurkationen können auch nahe von periodischen Orbits stattfinden.[48] Die beiden wichtigsten davon sind sicherlich die Periodenverdoppelung periodischer Orbits und Grenzzyklen sowie die Abspaltung eines Torus.[49]
Analog den Singularitäten können sich sehr komplizierte Fälle von Bifurkationen, vor allem bei höheren Dimensionen, durch die Kombinationen von Singularitäten und Bifurkationen für periodische oder nichtperiodische Fälle ergeben, wie z. B. periodisch gefaltete Bifurkationen in 2D und 3D etc.[50] Es lohnt sich an dieser Stelle, auf eine Nahtstelle zur Chaosforschung hinzuweisen. Kaskaden von Bifurkation in der Art der Hopf-Bifurkation führen zu Verlust von Stabilität und zu »Chaos«. Topologisch gedeutet bedeutet dies eine sich beschleunigende Kaskade von topologischem Wandel bis hin zur völligen Unvorhersehbarkeit zu Feigenbaum/Verhulst-Staub. In urbanem Zusammenhang würde Chaos dann nicht mehr »Form«-Diskurs, sondern eine Auseinandersetzung mit chaotischen Mustern von Wandel bedeuten.

Exkurs: René Thom: »Structural Stability and Morphogenesis«

Die Topologie dynamischer Systeme mit der dazugehörenden Singularitäts- und Bifurkations-Theorie wurde durch René Thom maßgebend entwickelt und äußerst erfolgreich über Medien propagiert.[51] Er verband in Zusammenarbeit mit dem Genetiker C. H. Waddington diese Denkweisen mit Embryologie. Berühmt geworden sind die sich aus der Zusammenarbeit ergebenden acht elementaren Singularitäten in gradienten dynamischen Systemen (für generische Metrik und Potentiale) in 4-dimensionaler Raum-Zeit:

a) Für Codimension 1
- einfaches Minimum
- Fold/Falte
- Cusp/Spitze
- Swallowtail/Schwalbenschwanz
- Butterfly/Schmetterling

b) Für Codimension 2
- Purse/Tasche (hyperbolic umbilic)
- Pyramide (elliptic umbilic)
- parabolic umbilic

Es handelt sich dabei um Wellenfront-Singularitäten.[52] Nach V. I. Arnold ist (1992) noch nicht bewiesen, ob die Anzahl in 4D für vier Parameter im Phasenraum finit ist und falls ja, wirklich die Anzahl acht besitzt. Für drei Parameter wurde 1985 durch B. A. Khesin bewiesen, dass die Anzahl Bifurkationen finit ist.[53]

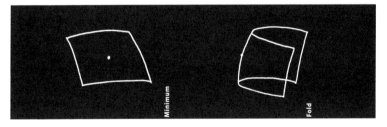

Thom fasst sein »Rezept« selbst wie folgt zusammen:
»1. Every Object, or physical form, can be represented as an attractor C of a dynamical system on a space M of internal variables. 2. Such an object is stable, and so can be recognized, only when the corresponding attractor is structurally stable. 3. All creation or destruction of forms, or morphogenesis, can be described by the disappearance of the attractors representing the initial forms, and their replacement by capture by the attracors representing the final form. This process, called catastrophe, can be described on a space P of external variables. 4.

Every structurally stable morphogenetic process is descibed by a structrally stable catastrophe, or a system of structurally stable catastrophe, on P. 5. Every natural process decomposes into structurally stable islands, the chreods. The set of chreods, and the multidimensional syntax controlling their position constitute the semantic model. 6. When the chreod C is considered as a word of this

multidimensional language, the meaning (signification) of this word is precisely that of the global topology of the associated attractor (or attractors) and f the catastrophe that it (or they) undergo. In particular, the signification of a given attractor is defined by the geometry of its domain of existance on P and the topology of the regulation catastrophes bounding that domain«.[54]

Die so genannte Singularitätstheorie von René Thom und E. C. Zeemann, wie sie unter dem Namen »Katastrophentheorie« popularisiert wurde, ist in ihrer Anwendung in den Sozialwissenschaften mit größter Sorgfalt zu genießen. Die Vorbehalte wurden ausführlich von Sussmann, Zahler und von Arnold formu-

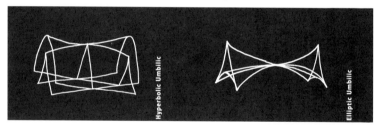

liert.[55] Die größte Gefahr liegt im unpräzisen Umgang mit den Begriffen »lokal« und »global« respektive speziell, der voreiligen Metaphorisierung des »Generischen«. Meine Kritik am Modell von Thom/Zeemann und wie es in der Architekturdebatte von Peter Eisenman und Greg Lynn publizistisch erfolgreich übernommen wurde, entwickelt sich an:

- Determinismus und Reduktionismus
- Vorhersehbarkeit versus Mehrwertigkeit
- Streichung/Vernachlässigung der Mehrwertigkeit
- Vier-Parametrisierung

Thom geht davon aus, dass man jedes naturwissenschaftliche oder soziokulturelle Phänomen unserer Umwelt mit vier Parametern beschreiben könne, in deren Zustandsraum sich dann seine acht »elementaren Katastrophen« abspielen würden. Natürlich ist es möglich, fast für alles vier Parameter zu finden. Der heutige Stand der Forschung in der Theorie komplexer Systeme oder allgemein der Systemtheorie widerspricht jedoch diesem reduktionistischen Determinismus: Meist sind sehr viel mehr Parameter im Spiel und oft können wir nicht einmal mit Bestimmtheit sagen, wie viele. Singularitäten treten in einem bestimmten Sektor eines Phasenraumes auf. Thom ignoriert den unüberschaubaren Rest

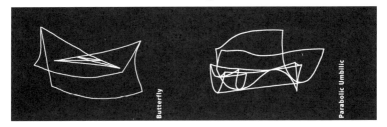

des Phasenraumes vollständig. Die dort parallel neu auftretenden Singularitäten mit ihren Konsequenzen für das System bleiben unbehandelt. Thom produziert hier eine Form der lokalen Vorhersehbarkeit einer Singularität, wo global eigentlich blanke Unvorhersehbarkeit herrscht. Thom und Zeemann interpretieren die Form der »Falte« so, dass sie unter der unmotivierten Begründung eines »Delay« der Katastrophe, also einer verzögerten Bewegung auf einer Falte, den gesamten hineingefalteten Bereich unterschlagen. Genau dieser »Raum« wäre interessant. In dieser Zone herrscht eine Mehrwertigkeit der Funktion respektive eine Art »Fuzzy-Topology«. Anstelle einer einzigen »Lösung« sind mindestens drei, wenn nicht die einer ganzen räumlichen Zone, möglich. Zudem wechseln hier Außen- und Innenseite respektive Ober- und Unterseite.

Die Wissenschaftsphilosophie René Thoms René Thom fasst die Grundgedanken der Katastrophentheorie unter der Analogie eines Ereignis-»Automaten« zusammen, einem Automaten, der aus der »Funktion« oder der Abbildung und dem »dynamischen System« zusammengebaut ist: »Der Begriff der Funktion hat einen durchaus philosophischen Ursprung. Die äußere Welt erscheint uns in der Tat als eine Mischung aus Determinismus und Indeterminismus. Immer ist es angbracht, zwischen dem zu unterscheiden, was ›von uns abhängt‹ (ta eph èmin), und dem, was ›von uns nicht abhängt‹ (ta ouk eph 'min), wie es zu Beginn […] von Epiktet heißt. […] das, was von uns abhängt, ist die Variable beziehungsweise das Argument der Funktion. Das aber, was von uns nicht abhängt, ist der starre Determinismus, der den Wert der Funktion bestimmt, sobald die Variable festgelegt worden ist«.[56] Mindestens zu Beginn verhält sich der Automat wie eine Black Box: Input und Output sind wahrnehmbar, aber man kann nicht nachvollziehen, was dazwischen geschieht. »Im Prinzip ist nur die Relation zwischen dem Ein- und Ausgang bekannt. In einem extremen Fall bestimmt der Eingang den Ausgang [...] und man findet den Begriff der Abbildung wieder. Jedoch hängt der Ausgang [...] im allgemeinen nicht nur vom Eingang [...] ab, sondern auch von der ganzen Vergangenheit des Systems. Mit dem Begriff ›Zustand des Systems‹ bezeichnet man jene Wirkung der Vergangenheit«.[57] Nach Thom »bilden die regulären Punkte des Outputs einen ›offenen Raum‹, dessen Komplement der ›abgeschlossene Raum der Katastrophen‹ (sprich: Singularitäten, J. H.) ist. Diese Punkte [...] bilden gerade die Unterlage der visuellen Formen, die durch eine Perzeption [...] wahrgenommen werden können. In dem Gegensatz Figur/Inhalt, für den die Gestalttheoretiker eine Vorliebe haben, bildet der Rand der Figur eine Katastrophenmenge (sprich: Singularitätenmenge, J. H.).«[58] René Thom sieht in der Deutung solcher »Formen« eine hermeneutische Problemstellung.[59] Im Boom der Singularitätstheorie, vor allem durch das Buch »Le Pli« von Gilles Deleuze[60] ausgelöst, wird eine andere – neo-barocke – Haltung verfolgt: Man findet in der Singularität der »Falte« eine Möglichkeit des Zusammendenkens von Subjekt und Objekt: eine Ein-Faltung.

GEISTESWISSENSCHAFTLICHER KONTEXT: GILLES DELEUZE

»Ereignis«, wie Singularitäten gewöhnlich im philosophischen – vor allem im wissenschaftstheoretischen – Sprachgebrauch übersetzt werden, beschreiben »etwas«, das im Rahmen eines »Topos« in einem bestimmten Zeitintervall stattfindet – Ereignis verbindet gewissermaßen Topologie und Zeit respektive »Raumstelle« mit Zeit-Ausschnitt oder Rahmen.[61] »Ereignis ist Klassifikator auf dem Bereich der Raum-Zeit-Stelle«[62] bzw. auf einer Lokalität einer topologischen Mannigfaltigkeit.
»Ereignis« konfrontiert mit dem psycho-physischen Leib-Seele-Dualismus René Descartes. Findet ein Ereignis in der und handelnd (nach Davidson) mit der res extensa, dem materiellen, ausgedehnten Sein, der ausgedehnten Sache oder der res cogitans, dem immateriellen, nichtausgedehnten Sein, der denkenden Sache statt, und wie kommunizieren/korrespondieren die zwei Ereignisse, wenn überhaupt? Auf dieser grundlegenden Fragestellung bauen verschiedenste dualistische und monistische Modelle auf. Dualistische Modelle implizieren Formen von metaphysischer Transzendenz, während Monismus vereinfacht mit dem Problem der Verschmelzung von Subjekt und Objekt, Materie und Geist in eine »Allheit« kämpft, innerhalb derer Ereignisse stattfinden – oder der Vernachlässigung von entweder Objekt oder Subjekt. Für die Architektur sollte man sich der durch Descartes aufgeworfenen Fragestellung präzise bewusst sein. Architekten und die Architektengemeinschaft haben die Tendenz, architektonische Objekte im Denken von Architektur zu Subjekten werden lassen zu wollen und so quasi Descartes' Dualismus intuitiv-evident zu überbrücken. Aus diesem Wunschdenken heraus kommt wahrscheinlich die jüngste Begeisterung für neo-monadistische Konzepte aus dem Umfeld von Gilles Deleuze's »Le Pli«.
Hans Heinz Holz hat auf das topologische Element im »Raum« von Descartes' res cogitans hingewiesen: »Der Körper ist dann nichts anderes als ein gestalthafter, in bestimmte, wohl aber veränderbare, Grenzen, eingeschlossener Ausschnitt aus dem unbegrenzten Raum, er ist eine Raumstelle, die durch ihre Grenze von außen definiert ist und darum innerhalb liegt. Darum nennt Descartes diese Raumstelle in Hinblick auf den Raum überhaupt den ›inneren Raum‹ (locus internus) und knüpft damit an Aristoteles an, der den Ort (topos) als ›die Grenze des

umfassenden Körpers‹« bezeichnet. [...] Locus internus ist also der innerhalb einer Begrenzung liegende Raumabschnitt. Dieser ist mit dem Körper gleicher Ausdehnung dann identisch, wenn unter Körper nichts anderes als eben die Ausdehnung eines bestimmten Raumabschnitts verstanden wird. Das ist die Auffassung des Descartes, aufgrund derer es ihm möglich wird, den Kosmos als ein topologisches System von Raumstellen zu begreifen, dessen Strukturen sich gänzlich als solche der reinen Mathematik übersetzen lassen. »Die Worte ›Ort‹ oder ›Raum‹ (locus oder spatium) bezeichnen nämlich nicht etwas von dem darin befindlichen Körper Verschiedenes, sondern nur seine Größe, Gestalt und Lage zwischen anderen Körpern. [...] Die Worte ›Ort‹ und ›Raum‹ unterscheiden sich insofern, als der Ort mehr die bestimmte Lage bezeichnet als die Größe und Gestalt; dagegen denken wir bei dem Raume mehr an letztere. [...] Descartes anerkennt daher als einzige Form der Zustandsveränderung die Ortsbewegung, [...] und diese definiert er als ›eine Tätigkeit, wodurch ein Körper aus einem Ort an einen anderen übergeht‹.[63] Das bedeutet: »Die Überführung eines Teiles der Materie oder eines Körpers aus der Nachbarschaft der Körper, die ihn unmittelbar berühren, und die als ruhend angesehen werden, in die Nachbarschaft anderer. (Princ. II, 25). Bei einem erfüllten Raum kann das nur heißen, dass ein Ding, das sich bewegt, andere Dinge aus ihrem Ort verdrängt – und so weiter, so dass im Zuge dieser Verdrängungen auch ein anderer Körper an den Platz des ersteren gedrängt wird; das muss so sein, weil es ja keine leere Stelle im Raum geben kann. Das materielle Geschehen ist eine dauernde Rekomposition und Rekonstruierung der topologischen Verhältnisse oder der Lage der Körper zueinander«.[64] Leibniz baut durchaus auf diesem »Raum« auf, wenn er das Subjekt in der Monade »einfaltet«, respektive auch, wenn er seine Topologie der Analysis Situs konstruiert.

Im 20. Jahrhundert ist das »Ereignis« ein Vehikel für einen dynamischen, nachmetaphysischen Umgang mit Erkenntnis. Insbesondere beim späten Heidegger nach der »Kehre« verlässt das Denken mit dem »Ereignis« die metaphysische Identität von Denken und Sein »und lässt sich von einem Bereich in Anspruch nehmen, der als ›Wandel des Wesens der Wahrheit‹ gekennzeichnet ist. »Als Zeitbestimmung des Ereignisses gilt weder die metaphysische noch existenzialontologische, sondern die blitzartige Überkommnis [...] Das Ereignis ereignet sich ›jäh und unversehens‹. [...] Vom unbegründbaren (singulären, J. H.) Ereignis gilt: »Es – das Ereignis – eignet«.[65] Ulrich Schwarz untersucht diese Entwicklung Heideggers zuhanden der Architektur in »Vom Ort zum Ereignis«: In »Die Kunst und der Raum« spricht Heidegger [...] Hohl- und Zwischenräume an und formuliert zumindest die Vermutung, »dass die Wahrheit als die Unverborgenheit des Seins nicht notwendig auf Verkörperung angewiesen ist.« Damit findet auch eine Korrektur der im Kunstwerkaufsatz (»Der Ursprung des Kunstwerks«) zu findenden Bestimmung statt, wonach im Kunstwerk die Wahrheit des Seienden nicht nur ins Werk gesetzt, sondern – schon fast hegelianisch – »zum Stehen« gebracht wird. Nun würde Heidegger sagen, dass die Wahrheit als Geschehen erfahrbar wird, als »Ereignis«.[66] Für eine praktische Philosophie und Anwendungen philosophischen Gedankengutes im soziokulturellen Kontext ist es meiner Meinung nach ratsam, Heideggers Fixierung auf einen Wahrheitsbegriff in der Folge von Gianni Vattimo »abzuschwächen« und eher von Erkenntnis-»Ereignissen« zu sprechen. In diese Richtung zielt auch das Konzept der Konstellation von Begrifflichkeiten bei Adorno und poststrukturalistische Ansätze, die begriffliche »Entfaltung« anstelle eines – auch noch so schwachen – Wahrheitsbegriffes setzen. Nachmetaphysische Ereignis-Theorien des 20. Jahrhunderts ziehen gewissermaßen die Konsequenzen aus den physikalischen Erkenntnissen der Quantenmechanik und der Relativitätstheorie. (Es sei hier aber nochmals darauf hingewiesen, dass der Hilbert-Raum der Quantenmechanik (nach V. I. Arnold) keine Singularitäten besitzt; er ist als Raum-Konstrukt selbst schon ein Ereignis- und Zustands-Wahrscheinlichkeitsraum.)

Gilles Deleuze und das »barocke Ereignis«

Es stellt sich in der Auseinandersetzung mit Topologie, Mannigfaltigkeiten und dynamischen Systemen die Frage nach der Substanz, nach der Beschaffenheit der konstituierenden Punktemengen respektive Punkte. Für sozio-kulturelle Systeme ist rasch klar, dass eine reine Element- oder Objekt-Zuordnung unvollständig ist. Man sucht also nach Möglichkeiten, Subjektives mit einzubeziehen. Gilles Deleuze, aber auch im nächsten Kapitel Michel Serres, haben dazu das Modell der »Monade« von Giordano Bruno und Gottfried Wilhelm Leibniz wieder aufgegriffen; monistische Ansätze findet man aber auch in Thesen des amerikanischen Neopragmatismus (z. B. D. Davidson) wieder. Die Punkte eines dynamischen Systems werden so zu Monaden, und eine Singularität ist gewissermassen eine Monade, die sich ereignet. Bei Giordano Bruno findet man auch die Metapher der Falte als »Form« der Bewegung einer Monade, einer Falte, in der das Sein eingefaltet sei (complication) und aus der sich die Einzeldinge der Welt entfalten (explication). Bei Leibniz ist die Monade gestaltlos, sonst wäre sie teilbar, aber als Singularität ist sie ja als nichtreduzierbar bestimmt. Monaden sind individuell, gestaltlos, »fensterlos«, aber dennoch in einer ständigen inneren Veränderung: »Außer dem Prinzip der Veränderung aber muss es noch etwas Besonderes in dem sich Ändernden geben, das gleichsam die Unterschiedheit und das Mannigfache der einfachen Substanzen ausmacht. [...] Dieses Besondere muss eine Vielheit in der Einheit oder im Einfachen einschließen. Denn indem sich jede natürliche Veränderung graduell vollzieht, ändert sich irgend etwas und etwas bleibt; und folglich muss es in der einfachen Substanz eine Vielzahl von Affekten und Beziehungen geben«.[67] Deleuze nennt dieses über-

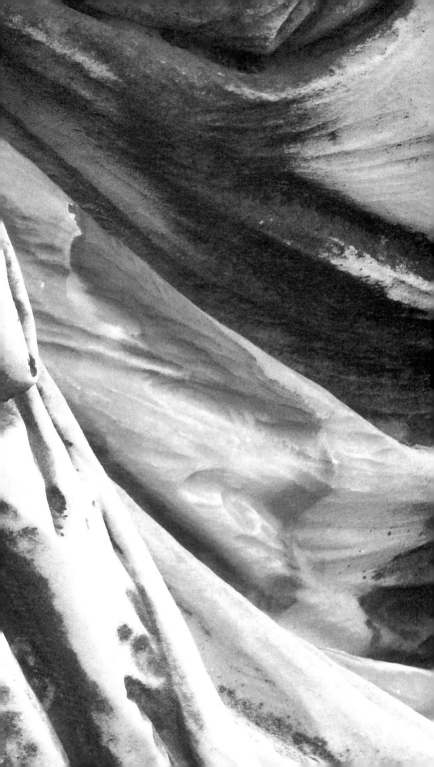

greifende Ereignis der Veränderung eine Extension: »Es gibt Extension, sobald ein Element sich so über die folgenden erstreckt, dass es ein Ganzes ist und die folgenden seine Teile. Eine solche Verknüpfung Teile-Ganzes bildet eine unendliche Reihe, die weder einen letzten Term noch einen Grenzwert hat«.[68] Die Entfaltung setzt sich gewissermaßen unendlich fort. »Das Virtuelle ist nicht mehr die chaotische Virtualität, sondern die Konsistenz gewordene Virtualität, eine Entität, die sich auf einer Immanenzebene formiert, die das Chaos schneidet. Eben das nennt man Ereignis oder den Teil dessen, der in allem, was geschieht, seiner eigenen Aktualisierung entgeht. Das Ereignis ist keineswegs der Sachverhalt, es aktualisiert sich in einem Sachverhalt, in einem Körper, im Erleben, es hat aber einen schattenhaften und verborgenen Teil, der sich in seiner Aktualisierung fortwährend hinzufügt oder abzieht: Im Gegensatz zu Sachverhalt besitzt es weder Anfang noch Ende, es hat vielmehr die unendliche Bewegung gewonnen oder bewahrt, der es Konsistenz verschafft. [...] Das Ereignis ist immateriell, unkörperlich, unlebbar: reine Reserve«.[69] Das barocke Ereignis entwickelt/entfaltet sich nicht orthogonal, sondern gekurvt oder nichtlinear flächig, textil gefaltet und modeliert: »kurvenlinear«. Deleuze gibt dem Ereignis, zusätzlich zu Leibniz, eine Form – die Falte. Die Falte respektive Falten einer Singularität sind aber mehr die Spur eines Ereignisses; die Spur einer raum-zeitlichen Entfaltung. Dieses zeitliche Moment, als Zeit des Ereignisses als auch Zeit im Ereignis ist weiteres Thema von Deleuze: »In jedem Ereignis gibt es viele heterogene und stets simultane Komponenten, da sie alle jeweils eine Zwischen-Zeit sind, die sie über Zonen der Unentscheidbarkeit und Unbestimmtheit miteinander kommunizieren lässt: Das sind Variationen, Modulationen, Intermezzi, Singularitäten einer neuen unendlichen Ordnung. Jede Ereigniskomponente aktualisiert oder verwirklicht sich in einem Augenblick, und das Ereignis entsprechend in der Zeit, die zwischen diesen Augenblicken vergeht; nichts geschieht aber in der Virtualität, deren Komponenten nur Zwischen-Zeiten sind und deren zusammengesetztes Werden ein Ereignis ist. [...] Zwischen zwei Augenblicken befindet sich nicht mehr die Zeit, vielmehr ist das Ereignis selbst eine Zwischen-Zeit: Die Zwischen-Zeit ist nicht Ewigkeit, aber auch nicht Zeit überhaupt, sie ist Werden. Die Zwischen-Zeit, das Ereignis ist stets ein toter Zeitort, wo nichts geschieht, ein unendliches Warten, das bereits unendlich vergangen ist, Warten und Reserve«.[70] »Ich glaube nicht, dass die Medien sehr berufen sind oder sehr viele Möglichkeiten haben, ein Ereignis zu erfassen. Zunächst zeigen sie sehr oft den Anfang oder das Ende, während ein – selbst kurzes, momentanes – Ereignis andauert. Und dann wollen sie etwas Spektakuläres, während ein Ereignis nicht zu trennen ist von toter Zeit. [...] Nicht die Medien können das Ereignis erfassen, sondern die Kunst kann es: zum Beispiel der Film, bei Ozu, bei Antonioni. Aber bei ihnen liegt die tote Zeit gerade nicht zwischen zwei Ereignissen, sie liegt im Ereignis selbst, sie macht seine Dichte aus«.[71] Ereignisse als Komponenten einerseits, aber auch Konstituenten von kultureller Verdichtung kommen dem Ansatz von Bernard

Tschumi sehr nahe. Könnte die Zwischen-Zeit/tote Zeit von Deleuze eher die Architektur/Stadt des Ereignisses von Bernard Tschumi repräsentieren? Während Eisenman eine gefaltete Raum-Zeit-Stelle eines sich ins Unendliche entfaltenden Ereignisses »ausschneidet« und baut respektive als Textur »formiert«?

Ereignisse im Kontext: Derrida und Luhmann Jacques Derrida bindet das Ereignis an den Kontext; einen »Kontext als Erkenntniswillen«.[72] Die Sättigung des Kontextes geschieht durch das Performative/die Umstände.[73] Handlungen in Form von Interventionen oder Äußerungen bilden die Ereignishaftigkeit der Ereignisse – eine für Derrida typische Rekursion.[74] Jacques Derrida folgt indirekt Donald Davidsons »Handlung und Ereignis«;[75] Ereignisse sind nach Davidson immer Ereignisse mit Eigenschaft,[76] und nur kraft einer Beschreibung (Schrift, Sprache, Semantik) werden Ereignisse etwas Geistiges.[77]

Derrida implementiert aus der Singularitätstheorie die Mehrwertigkeit von Ereignissen: Ereignisse sind polysemische Ereignisse, die den semantischen Horizont des Kontextes erweitern: Sie erhöhen Kontingenz.[78] Interessanterweise ist Derrida damit gar nicht so weit von Niklas Luhmann entfernt. Ereignisse erhöhen bei Luhmann die doppelte Kontingenz (Kontingenz der psychischen und Kontingenz der sozialen Systeme) sinnkonstituierender Systeme: einem System-Umwelt-Kontext. »Der Begriff der Kontingenz bestimmt ein Datum mit Bezug auf die möglichen Alternativen: er bezeichnet den Sachverhalt, dass das, was aktuell (also nicht unmöglich) ist, auch anders möglich (also nicht notwendig) ist. [...] Ein Datum ist kontingent, wenn es als Selektion aus einem Bereich der Möglichkeiten beobachtet wird, die im Hintergrund bleiben. [...] Sie können sich anders als erwartet realisieren. Kontingenz bedeutet also Enttäuschungsmöglichkeit und die Notwendigkeit, Risiken einzugehen. [...] Aufgrund dieser Voraussetzungen bedeutet doppelte Kontingenz nicht zweimal einfache Kontingenz, sondern eine spezifische Qualität von Kontingenz : Sie bedeutet, dass der Aufbau der sozialen Welt durch einen doppelten Perspektivhorizont [...] entsteht. [...] Die Welt wird sozial kontingent. Die doppelte Kontingenz ist die Grundlage für die Autokatalyse/Autopoiesis der sozialen Systeme. [...] Ein soziales System entsteht, weil es in einer Situation der doppelten Kontingenz keine Sicherheit gibt [...] Jedes Ereignis [...] ereignet sich nicht nur, sondern stellt die Differenz von Vorher und Nachher wieder her und mit ihr Verweishorizonte auf andere Möglichkeiten, als Erweiterung der Kontingenz: Nach dem Ereignis ist etwas anderes möglich als vorher, und dieser Unterschied (als Unterschied) gibt den Systemelementen trotz ihrer fehlenden Dauer eine gewisse operative Anschlussfähigkeit [...]. Der Ereignisbegriff betrifft auch das, was unter dem Begriff der Systemveränderung zu verstehen ist. Auf der operativen Ebene sind sinnkonstituierende Systeme sehr instabile Systeme, deren basale Selbstreferenz durch die ständige Zerstörung und Produktion von Elementen gekenn-

zeichnet ist. [...] Nur Strukturen sind in der Lage sich zu verändern, weil ihre Identität relativ stabil in der Zeit bleibt. [...] Die Dauer solcher Systeme fordert die eigene Instabilität als Bedingung. [...] Im Unterschied zu Objekten, die nur den eigenen Zustand aufweisen, bedarf die Identifizierung von Ereignissen der Unterscheidung zweier Zustände: des Zustands vorher und des Zustands nachher. Das gibt dem Ereignis einen pardoxen Charakter, weil es weder das Vorher noch das Nachher ist, sondern die Einheit dieser Unterscheidung. Seine Identität selbst ist eine Differenz.«[79]

Emergenz

Wissenschaftstheoretisch ist der Begriff des Ereignisses zu wenig ergiebig als Analogie zur Singularitätstheorie. »Ereignis« wird intergriert in eine globale Diskussion der Phänomene von »Emergenz«. Deleuze beschreibt dies anhand von Leibniz: »Wenn Leibniz nun sagt, dass unsere Welt die beste aller möglichen Welten ist, muss man sehen, dass das ›Beste‹ hier an die Stelle des klassischen Guten tritt und gerade das Scheitern des Guten voraussetzt. Der Gedanke von Leibniz ist, dass unsere Welt die beste ist, nicht weil sie durch das Gute beherrscht wird, sondern weil sie geeignet ist, Neues hervorzubringen und aufzunehmen«.[80] Emergenz bedeutet das überraschende evolutionäre Auftauchen von radikal diskontinuierlich Neuem, von neuen unableitbaren Qualitäten, zum Beispiel topologischen Invarianten bezüglich der wesentlichen, d. h. definierenden Strukturen komplexer dynamischer Systeme.[81] Oder im Sinne von Luhmann: »Systeme gelten in dem Sinne als emergente Erscheinungen, als sie eine selbstreferentielle Erzeugung und Erhaltung von eigenen Elementen über deren Relationierung leisten«.[82] Emergenz wird verbunden mit den Attributen:

- Emergenz als Nichtadditivität
- Emergenz als Neuheit[83]
- Emergenz als Unvorhersehbarkeit
- Emergenz als Nichtdeduktionierbarkeit
- Emergenz als Unableitbarkeit[84]
- Emergenz als Qualität
- Emergenz als »Downward-Causation«, Top-Down-Begründung[85]

In dynamischen Systemen kommt Emergenz als Emergenz von Gesetzen (Naturgesetzen, Regelhaftigkeiten, Theorien etc.) Auswirkungen/Wirkungen, Ereignissen, Einheiten und Eigenschaften vor.[86] Einige dieser Formen ergeben sich aus anderen, so dass schlussendlich vor allem Gesetze und Eigenschaften als emergent übrigbleiben.[87] Gesetzmäßigkeiten wirken vor allem in Übergangs-Theorien

(Transition-Theories), in Überführungstheorien, die Wandel erklären, oder auf Eigenschaften im Kontext eines solchen Wandels.[88] Die kontextuelle Bindung emergenter Eigenschaften betont schon Samuel Alexander (1920) in seinem klassischen Papier zur Emergenz-Theorie:[89] Konstellation und deren Eigenschaften tauchen zusammen unvorhergesehen emergent auf. Karl R. Popper knüpft an diesen Ansatz an und formuliert:

»i) Emergenz bedeutet absolute Unvorhersehbarkeit von Ereignissen, ii) Emergenz bedeutet Unvorhersehbarkeit von Eigenschaften«[90]

»(The) emergence of hierarchical levels or layers, and of an interaction between them, depends upon a fundamental indeterminism of the physical universe. Each level is open to causal influences coming from lower and from higher levels«.[91]

Als Folge eines präziseren Paradigmenbewusstseins nach Kuhns »Struktur wissenschaftlicher Revolutionen«[92] in der Wissenschaftstheorie wird heute wieder stärker eine Emergenz bezüglich des bestehenden Theoriengerüsts und weniger bezüglich absoluter Erkenntnis betrachtet. Emergent werden dann Eigenschaften komplexer Systeme genannt, die auftreten, wenn das Erklärungsarsenal, das zum Verständnis von Teilkomponenten ausreicht, bei der Analyse des Gesamtsystems wesentlich erweitert werden muss.[93] Eigenschaften sind emergent, relativ zu einer Theorie, zu einer kontextuellen Lesart. Emergenz geschieht im Übergang oder in der Interaktion zwischen Schichten; dies gilt nicht nur für dissipative entropische Modelle der Thermodynamik, sondern auch bezüglich einer topologisch-räumlichen Stratifikation. Strata werden durch Emergenz auch generiert und sind ihrerseits durch emergente Konstellationen gekennzeichnet, die auf der tieferen Ebene nicht vorkommen.[94] Strata sind ja per definitionem topologische Schichten, auf denen in unterschiedlichen Ebenen Singularitäten vorkommen und sich entfalten. Wichtig, vor allem bezüglich einer Applikation von Singularitätstheorie und Emergenz, ist die Frage nach einer Festlegung, einem »Entwurf«, der »Emergenzschwelle« und wovon diese abhängig gemacht wird.[95] Talcott Parsons hat in Zusammenhang mit strukturellem Wandel in sozialen Systemen präzise nach dem Verhalten der topologischen Invarianten, z. B. anhand der »Boundary-Maintainance/Grenzerhaltungen« gefragt. Nicht alle strukturellen Invarianten wandeln sich. Er zählt drei Problemkreise des strukturellen Wandels auf:

»1) the sources of tendancies toward change; 2) the impact of these tendancies on the affected structural components, and the possible consequences; and 3) possible generalizations about trends and patterns of change«.[96]

Während die ersten zwei unter dem Aspekt der Emergenz und der Singularitätstheorie nachvollziehbar sind, unterliegt er beim dritten Punkt dem soziotechnischen Traum von Vorhersehbarkeit, der genau das Gegenteil von Emergenz beinhaltet: Determinismus. Auseinandersetzung mit kontexuellem Wandel ist theoretisch und praktisch eine Gratwanderung. Wie ordnet man »Neues« ein, wie codiert und decodiert man, ohne wiederum einem Determinismus zu verfallen? Emergenz fordert immer auch Akzeptanz des Neuen. Emergenz bedeutet nicht mehr topologische Invarianz, Homöomorphismus, sondern Varianz; ein topologischer Wandel tritt ein, etwas in unserer Umwelt und vor allem in der gebauten Umwelt Alltägliches. Man muss diesen topologischen Wandel als kontextuell akzeptieren. In der Architektur ist dieser Wandel noch zusätzlich formgebunden. Die Wissenschaftstheoretiker Peter Eisenhardt und Kurt Dahn formulieren Emergenz von Form wie folgt: »Form ist neue Form; mit diesem Gedanken kommt der emergente Charakter aller Formerhaltung vorgängiger Formentstehung zum Ausdruck. Formerhaltung ist alte Form; was soviel heißt, dass die ursprüngliche Form als Attraktor fungiert, also die Duplikation von Objekten mit eben dieser Form bewirkt«.[97] »Was aber ist Form? Wir verstehen darunter das Ergebnis der Projektion von Strukturen auf die aktuelle, prozessuale, singuläre wechselwirkende Wirklichkeit«.[98]

Peter Eisenhardt und Kurt Dahn versuchen in verschiedenen Projekten,[99] auch in Bezug auf Architektur,[100] Emergenz nicht mehr als Varianz, sondern als topologische Invarianz theoretisch zu fassen. Sie schlagen dazu die Schaffung einer neuen Nicht-Standard-Topologie (die klassische nicht-standard Topologie formalisiert sich anders)[101] und Nicht-Standard-Dynamik[102] vor, um Nicht-Stetigkeit in Übergängen als topologische Invarianz in die Theorie der Emergenz zu integrieren: »Zur präzisen Darstellung von Emergenz als mathematischer Phasenübergang, der die Tiefenstruktur der Veränderung komplexer Systeme aufweist, braucht man eine antimorphe Abbildung in nichtstandard topologischen Räumen, wobei die Punktstruktur und Metrik fallengelassen werden müssen; die Zusammenhangstruktur ist gebrochen und die Grundidentitäten sind Monaden. Die Dynamik kann u. U. als Iteration variabler Strukturen interpretiert werden, wobei der Mengenbegriff fallengelassen wird. Dann wäre Emergenz nichtstandard-topologische Dynamik«.[103] Dieses Unterfangen ist sehr gefährlich. Nicht-Standard-Mathematik rüttelt an den Grundfesten der Logik, und die Gefahr einer Inkonsistenz ist groß, größer als ein affirmatives »laissez-faire« bezüglich »Neuem«. Umso mehr, als ich den Grund dieses großen Aufwandes nicht verstehe. Wenn man Prozesshaftigkeit und emergenten Wandel als systemeigen akzeptiert, kann man auch einen bewusst wahrgenommenen topologischen Wandel kontextuell nutzen und methodisch fassen. Nach dem Motto von L. C. Alty: »Building Blocks for Topology Change«.[104]

KONTEXT ARCHITEKTUR: TSCHUMI VERSUS EISENMAN

Der Architektur- und Wissenschaftstheoretiker Sanford Kwinter fasst in »Landschaften des Wandels« Singularitätstheorie für Architekten sehr knapp zusammen:
»[…] die Topologie (beschreibt) transformatorische Ereignisse (Deformationen), die reale Diskontinuitäten in die Evolution des Systems selbst einführen. In topologischen Mannigfaltigkeiten werden Charakteristika einer gegebenen Position nicht durch das quantitative Substratum (das Koordinatensystem) bestimmt, sondern durch die spezifischen ›Singularitäten‹ des Strömungsraumes, von dem er selbst nur ein Teil ist. Diese Singularitäten repräsentieren kritische Werte oder qualitative Merkmale, die an verschiedenen Punkten des Systems auftreten, je nachdem, in welchem Zustand das System zu einem gegebenen Zeitpunkt oder an einem gegebenen Ort gerade ist. Genau diese Variabilität und Kontingenz ist von entscheidender Bedeutung.[105] […] Was aber sind diese Singularitäten genau? Ganz allgemein bezeichnen Singularitäten Punkte in einem kontinuierlichen Prozess, […] in dem eine bloß quantitative oder lineare Entwicklung plötzlich zum Erscheinen einer bestimmten ›Qualität‹ führt (d. h. wo schließ,lich ein Diffeomorphismus auftritt und ein bestimmter Punkt sich plötzlich nicht mehr auf sich selbst projiziert).[106] […] Materie ist also in diesem Sinne nicht homogen, sondern beinhaltet eine unendliche Zahl von Singularitäten, die sich als unter bestimmten spezifischen Bedingungen entstehende Eigenschaften auffassen lassen. […] In der Topologie sind Singularitäten von Strömungen auf der Fläche zwar begrenzter und spezifischer, können aber durchaus zur Entstehung enorm komplexer und wechselhafter Verhaltensweisen führen. Diese sind bereits mehrfach auf verschiedene Weise klassifiziert worden, meist als Attraktoren und Separatoren, deren Varietäten und Kombinationen zur Entstehung spezifischer Eigenschaften und Verhaltensweisen führen: Becken, Quellen (Repulsoren) Sättel und Grenzzyklen«.[107]
Kwinter bringt die Singularitätstheorie im Weiteren mit der Theorie der Emergenz, der Entstehung von grundlegend Neuem als einer Interaktion von urbanen Brüchen/Singularitäten zusammen. Interessanterweise, und dies ist aus einer Position des Entwerfers heraus gedacht, verbindet er Emergenz zusätzlich mit

einer Theorie und Geschichte der »Praktik«: »Wir haben es […] mit fünf verschiedenen Untersuchungsbereichen zu tun: Neuheit, Objekt, Zeit, Bewegung und Ereignis […]. Architektonisches Denken und architektonische Praxis […] wäre gut beraten, sich als […] zugehörig zu betrachten […] zu dem was im neuen Sprachgebrauch gelegentlich als ›Geschichte der Praktik‹ bezeichnet wird. […] Die Architektur könnte so in ihrer ganzen Nähe und Intimität zu dem System von Kräften erkannt werden, die dem Alltagsleben des Körpers Form verleihen. […] Sie könnte die ganze Kraft ihrer Orginalität vielmehr auf den Begriff des Objekts selber richten. Damit würde das Objekt – sei es ein Gebäude, ein Gebäudekomplex oder eine ganze urbane Matrix – jetzt nicht mehr durch seine äußere Erscheinungsform definiert, sondern durch Praktiken – an denen es beteiligt ist und die in seinem Inneren stattfinden […]. Und das Gebäude bzw. das Objekt wird dadurch nicht weggezaubert oder verdrängt […] sondern neu verstanden als ein Scharnier, welches an der Schnittstelle zwischen diesen zwei Gliederungssystemen produziert wird (und selbst produziert). Darum wäre es meiner Meinung nach auch falsch, den Begriff der architektonischen Substanz auf Baumaterialien und geometrische Körper, die sie hervorbringen und eingrenzen, zu beschränken. […] ebenso muss auch jedes gewissenhafte Verständnis von Architektur ihren Charakter als illokutionäres Ereignis berücksichtigen oder die Architektur zumindest als ein Element begreifen, das untrennbar mit der Welt von Kraft, Wille, Aktion und Geschichte verbunden ist und in ständigem Austausch mit ihr steht […]. Wie ich ausgeführt habe, zeichnen sie (dynamische Systeme) sich dadurch aus, dass sie nicht allein von ihren (topologischen, J. H.) räumlichen Konfigurationsbeziehungen her verstanden werden können, sondern nur anhand der Ereignisse und Eigenschaften – Phasen- oder Zustandsübergängen, die als Ergebnis der sie durchlaufenden Energieströme und Informationsgefälle erzeugt werden. In solchen Systemen findet eine unaufhörliche Umverteilung von Werten statt, aber das spezifische Verhalten dieser ›kybernetischen‹ Umverteilung ist weder im voraus bestimmbar noch völlig zufällig und kontinuierlich. Es existieren Parameter, Schranken, Grenz- oder Katastrophenzustände, und diese sammeln sich in Becken, die Singularitäten umgeben […]. Als Mannigfaltigkeit oder fließendes Phänomen besteht die Welt nicht aus vorgegebenen, idealen Formen, sondern vielmehr aus metastabilen Gestalten, die in einem Strom ständig neu entstehender Differenzen treiben. Dabei gibt es zwei verschiedene Arten von Differenzen: einmal zufällige (unzusammenhängende) Differenzen, die emergieren und vergehen ohne Spuren zu hinterlassen, zum anderen solche, die ›singulär‹ sind und potentielle und reale Morphogenesen innerhalb und über ein System hinweg hervorbringen«.[108]

Kwinters »Architektur der Praktik«, versucht, über handlungstheoretische und phänomenologische Ansätze das Problem des Leib-Seele-Dualismus anzugehen; die anglo-amerikanische analytische Tradition um Davidsons »Handlung und Ereignis« spielt hier sicherlich hinein. Interessant für die Architektur scheint mir

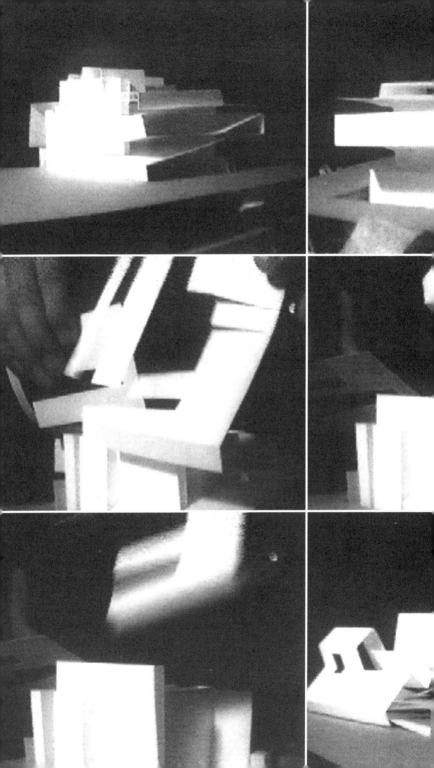

auch der letzte zitierte Abschnitt mit dem Versuch, Singularität und Ereignis differenztheoretisch zu denken. Architektur ist immer kontextuell differenzerzeugend und emergent – dies ist quasi unausweichlich.

Event City: Bernard Tschumi

Der »Architekt des Ereignisses« ist für die 80er/90er Jahre des 20. Jahrhunderts sicherlich Bernard Tschumi. Tschumi kritisiert Rem Koolhaas' Konzept der Generic City sehr direkt; es sei als ›New-Urbanism‹ geprägt von Regulierung und Repetition und vor allem suche es um jeden Preis den Konsens: Konsens-ualität versus Kontext-ualität.[109] Demgegenüber sei die Event-City eine kritische Stadt der sozialen Widersprüche, die sich mit den obsoleten Teilen von Städten respektive zukünftigen Städten auseinandersetze, der Dynamik der urbanen Konditionen.[110] Tschumi setzt sich auf der Basis solcher kritischen Haltung mit den kritischen Punkten von Städten auseinander; kritische Punkte, wie sie jeder Singularitätstheorie unterliegen. Eine Stadt sei nie homogen, sie besitze Konflikte, diagonale (transversale) Relationen.[111] Er folgt damit Alison & Peter Smithson, die schon 1967 formulierten: »we don't experiance the city as a continuous thing any more, rather as a series of events«.[112] An dieser unstabilen Peripherie der Architektur,[113] an der Architektur und Städtebau verschmelzen,[114] so Tschumi, seien die dynamischen Räume indifferent gegenüber Stil: Form-degree-Zero.[115] Eine urbane Formlosigkeit als auch Widerstand der Form, aus der sich eine Architektur oder ein Denken des Ereignisses entwickle. Architektur des Ereignisses ist eine dynamische Definition von Architektur: »it activates the notion of the in-between – a mode of spacing that gives place for architecture of events«.[116] »Architecture has always been as much about the event that takes place in a space as about the space itself. [...] Foucault [...] expanded the use of the term ›event‹ in a manner that went beyond the single action or activity: He spoke of ›events of thought‹. I would suggest, that the future of architecture today lies in the construction of such events. [...] For Foucault, an event is [...] the moment of erosion, collapse, questioning or problematisation of the very assumptions of the setting within a drama may take place [...] An event is seen here as a turning-point, not an origin or an end (as opposed to propositions such as ›form follows function‹). [...] Just as important is the spacialisation that goes with the event. To quote: »There are events in the space we construct ourselves to inhabit: heterotopia.«[117] »Event: an incident, an occurence; a particular item in a program. Events can encompass particular uses, singular functions or isolated activities. They include moments of passion, acts of love and the instant of death. [...] Events have an independant existance of their own. Rarely are they purely the consequence of their surroundings. Events have their own logic, their own momentum. [...] Adding events to the autonomous spatial sequence is a form of motivation, in the sense the Russian formalists gave to motivation, i.e. whereby the »procedure« and its devices are the very being of literature and content is a simple a posteriori justification of form«.[118]

Bernard Tschumi hat in den Mannhatten Transcritps das erste Mal einen urbanen Phasenraum einer Event-City konstruiert, ein Verfahren, das danach Grundlage für die Folies von La Villette wurde. Die Phasenraum-Parameter sind durch die 3 sich verwebenden Serien/Sequenzen gegeben: Krimi, Park, Architektur/Stadt. Der Phasenraum-Ausschnitt des Frames erlaubt ihm, die »extreme formale Manipulation der Sequenzen«:[119]

- a repetitive sequence
- a disjunctive sequence
- a distorted sequence
- a fade-in sequence
- an insertive sequence

»The Transcripts offer a different reading of architecture in which space, movement and events are ultimately independant, yet stand in an new relation to one another, so that the conventional components of architecture are broken down and rebuilt along different axes«.[120] »The Manhatten Transcripts differ from most architectural drawings insofar as these are neither real projects nor mere fantasies. They propose to transcribe an architectural interpretation of reality. To this aim, they use a particular structure indicated by photographs that either direct or ›witness‹ events (some would say ›functions‹, other would call them ›programs‹). [...] Their explicit purpose is to transcribe things normally removed from conventional architectural representation, namely the complex relationship between spaces and their use; between the set and the script; between ›type‹ and ›program‹; between objects and events. Their implicit purpose has to do with the twentieth-century city«.[121]

»The insertion of the terms event and movement was influenced by Situationists discourse and by the 68 era. Les évènements, [...] were not only events in action but also in thought. [...] Erecting a barricade (function) in a Paris street (form) is not quite equivalent to being a flaneur (function) in the same street (form). Dining/function) in the rotunda(form) is not quite equivalent to reading or swimming in it. Here all hierarchical relationships cease to exist. This unlikely combination of events and spaces was charged with subversive capabilities, for it challenged both the function and the space«.[122]

Donald Davidson hat parallel zu Foucault geistige Ereignisse (events of thought) – das bis zur res cogitans Descartes' zurückführt – als widerspenstig bezeichnet und an einen Freiheitsgedanken geknüpft, der verlange, »dass sie entkommen«. Er setzt voraus, dass die Anomalie (das Nicht-unter-ein-Gesetz-fallen) geistiger

Eigenschaften unbestreitbare Tatsache sei, also generisch wird.[123] Singularität besitzt nicht nur die Bedeutung von Ereignis, es ist auch der emergente nichtreduzierbare »Einzelfall«. Was die Generation um Tschumi erreicht hat, ist, solche Einzelfälle vom absolut Pathologischen wegzuholen und in »straight foreward« Architekturtheorie und Kontexttheorie zu integrieren. Singularitäten sind generisch/»gewöhnlich«. Einzelfälle stehen in Opposition zum »Common Sense«, zum Allgemein-Üblichen, deshalb werden sie gerne politisch übersehen, geglättet, zensiert. Es besteht ein direkter Zusammenhang zwischen Tschumis Pop-Events und den überladenen Terrains des »Dirty Realism«, wie er im Kapitel Homotopie behandelt wurde. Tschumi thematisiert aber nicht die urbanen Abbildungsräume, sondern sucht nach den emergenten topologischen Eigenschaften von Singularitäten, von Events.

Spectacle, Manege, Theater: Tschumi 2 Auch die situationistische Interpretation von urbanem Ereignis als »Spectacle« lässt eine Fragestellung nach Phasenraum auftauchen: Was ist urbane Bühne und was ist urbane Handlung? Ist das »Spectacle« ein Figur-Grund-Ereignis? Ereignis als Singularität gedacht ist sicherlich nicht nur der öffentliche Raum mit der gebauten Substanz als Szenerie, als Bühnenbild, als Manege wie bei Mumford, als Theater wie bei Christine M. Boyer.[124] »The spectacle appears at once as society itself, as a part of society and as means of unification. [...] The spectacle is not a collection of images; rather, it is a social relationship between people that is mediated by images«,[125] schreibt Guy Debord in »The Society of the Spectacle.« Auch wenn sich die Event-City jenseits von Stil als »formless« darstellt, braucht sie Vermittlung von Gestalt durch städtebaulich-entwerferische Intervention. Diese Vermittlung entspricht der Entfaltung von Singularitäten. Singularitäten sind nicht nur momentane Ereignisse, die danach wieder erlöschen, es sind emergente Ereignisentfaltungen. Urban bedeutet dies, dass Events und Emergence vor allem zur Kontingenzerhöhung, in anderem Zusammenhang würde man das thermodynamische Wort der Entropie gebrauchen – da sind. Event-City bedarf einer subtil-spektakulären Evaluierung der Prozessparameter, die dieses »Spectacle« in Gang setzen. Dieses Angebot als kontingente architekonische Intervention ist das Grundanliegen von Tschumis Methodik. Es ist kein Zufall, dass Tschumi in La Villette nicht nur eine einzige Folie/Verrücktheit/Singularität[126] gebaut hat. Singularitäten sind immer mehrwertige, kontingente Mehrfachereignisse. »In 1971, in the text ›No-Stop City‹ Archizoom decreed the end of the metropolis as a visual center, displaced by a homogeneous, isotropic und undifferentiated space modelled on the factory and the supermarcet: the city is no longer a place but a state of being, the city is everywhere and therefore nowhere«,[127] so Lieven De Cauter. Eine lokal ausgelöste oder sonst manifeste Singularität hat immer mindestens eine weitere translokale und unvorhersehbare Singularität zur Folge. Der Phasenraum wird zum Polykontext – ganz im Sinne der Situationisten.

Reprogramming the Event: Tschumi 3 Bernard Tschumis Umsetzung der kontextuellen Lesart seines Konzeptes der Event-City in Architektur führt methodisch konsequent zur Fragestellung nach dem architektonischen Programm; als einem »indirekten« Kontextualismus.

»Program: a combination of events; programm: a descriptive notice, issued beforehand, of any formal series of proceedings, as a festive celebration, a course of study etc«.[128] »If architecture is both concept and experiance, space and use, structure and superficial image (non-hierarchically), the architecture should cease to separate these categories and should merge them into unprecedent combinations of programmes and spaces. ›Crossprogramming‹, ›transprogramming‹, ›disprogramming‹ [...] these concepts stand for the displacement and mutual contamination of terms«.[129]

»Crossprogramming: Using a given spatial configuration for a program not intended for it, that is, using a church for bowling. Similar to typlogical displacement [...]. Reference: Crossdressing

Transprogramming: Combining two programs, regardless of their incompatibilities, together with their respective spatial configurations. Reference: Planetarium and rollercaster.

Disprogramming: combining two programs, whereby a required spatial configuration of program A contaminates program B and B's possible configuration«.[130]

Methodologisch muss man insgesamt von »Reprogramming« sprechen. Reprogramming formuliert die sich aktualisierende kontextuelle Grundlage für das architektonische Entwerfen.

»Can one attempt to make a contribution to architectural discourse by relentlessly stating that there is no space without event, no architecture without program.[131] [...] Architecture's inherent confrontation of space and use and the inevitable disjunction of the two terms means that architecture is constantly unstable, constantly at the verge of change [...]. The definition of architecture as simultaneously space and event brings us back to political concerns, or precisely, to the question of space as related to social practice«[132].

In einer Abwandlung von Luhmanns Programm-Begriff will ich Tschumis Programm als »nichtsemantischen Code« (von Theorie und Methodik) der Architektur bezeichnen. Rem Koolhaas' »Scenario«-Begriff entspräche dann dem semantischen Code, und »Konzept« wäre eine Teilmenge, ein Frame des Programmes, mit der Unterscheidung von theoretischem, methodischem und funktionalem Konzept. Reprogramming deutet auf die poststrukturalisistischen und post-linguistic-turn-Wurzeln von Tschumis kritischem, methodischem Denken hin. Die linguistischen »narrativen« Erzählungen werden nicht nur mit den entsprechenden intertextuellen Relationen konfrontiert, sondern mit dem kontextuellen Realraum des Bauplatzes (Site). Aus diesen Relationen von Raum, Ereignis, Bewegung[133] und Programm ergeben sich topologische räumliche Konfigurationen als Basis des architektonischen Entwurfes.[134] Singularitäten als Ereignisse bilden sich dabei aus den Selbstdurchdringungen der Handlungsstränge in Analyse und Entwurf. Die Folies in La Villette sind exemplarische Beispiele solcher Deformationen.

»Eine Architektur des Ereignisses, ist das möglich?« fragt Jacques Derrida bezüglich des La Villette-Projektes von Bernard Tschumi, »Wenn das, was uns unter diesen Umständen zustößt, nicht von außen kommt oder vielmehr, wenn uns dieses Außen in gerade das einbindet, was wir sind, gibt es dann ein Jetzt der Architektur und in welchem Sinn? [...] Und hier haben wir es mit dem Ereignis zu tun, dem was ihm durch ein Ereignis zustößt, das weder gänzlich noch einfach vom Sinn abhängend, einen Teil hätte, der mit etwas wie der Verrücktheit (Folie) verbunden ist. [...] Wie die Manhatten Transcripts gezeigt haben (aber das würde auf unterschiedliche Weise, für La Villette gelten), lässt eine narrative Montage von großer Komplexität die Erzählung im Außen explodieren. [...] Eine zur Architektur gehörende Schrift interpretiert (im Sinne von Nietzsches aktiver, produktiver, gewalttätiger, transformierender Interpretation) Ereignisse, die durch die Photographie oder die Kinematographie markiert sind. Markiert: provoziert, bestimmt oder umgeschrieben. Auf jeden Fall immer in einer Szenographie der Passage mobilisiert Übertragung (transfer), Übersetzung (traduction), Umschrift (transcription), Überschreitung (transgression) von einem Ort zum anderen, von einem Ort der Schrift zum anderen, Pfropfung (greffe), Kreuzung (hybridiation)). Weder Architektur oder Anarchitektur: Transarchitektur! Sie setzt sich mit den Ereignissen auseinander, sie bietet ihr Werk nicht Benutzern, Getreuen oder Bewohnern, Betrachtern, Ästheten oder Verbrauchern an, sie beruft sich auf das Andere, damit es seinerseits das Ereignis, Zeichen, Pfandzeichen (consigne) oder Gegenzeichen (contre-signe) erfindet: Sie ist um die Avance avanciert, die sie dem anderen macht, – und jetzt die Architektur! [...] möchte ich nur sagen, dass die zur Architektur gehörenden »Folies« Tschumis [...] geben, was statt hat, wenn zum Beispiel [...] ein Datum, ein Siegel, die Spur des anderen schliesslich auf den Körper des Steins kommt – diesmal in der Bewegung des Ver-schwindens (dis-parition). [...] Die gegliederten Teile disjungieren sich, setzen sich zusammen und gestalten sich neu. Das Dis-jungierte beim Gliedern der Teile (pièces), die mehr sind als Teile, Steine eines Steines (pièces d'un jeu), Theaterstückes (pièces de théatre), bewohnbare Zimmer (pièces habitable), zugleich Orte und Räume der Bewegung, die Ereignissen versprochenen Figuren, damit sie statt haben«.[135]

Urbaner Phasenraum im Erbe von Tschumi: Bunschoten, Mull Für die Singularitätstheorie und die Untersuchung von dynamischen Systemen spielt das Konstrukt des Phasenraumes eine dominierende Rolle. Symplektische Geometrie und Kontaktraum-Geometrie befassen sich mit der Topologie des Phasenraumes.[136] Betrachtet man popularwissenschaftliche Anwendungen bezüglich dynamischer Systeme oder Katastrophenthorie, stellt man fest, dass »naiv« und ohne

es anzusprechen, unser gesamter sozio-kultureller Lebensraum apriorisch als ein n-dimensionaler großer Phasenraum angenommen wird. Andererseits sind sämtliche quantitativen Betrachtungen von »Katastrophen«, also Singularitäten von Thom, Zeemann bis Steven Smales Paper über das Pareto-Maximum, 4-Parametrisierungen des Phasenraumes hin zu einem Zustandsraum. Wie soll man mit diesem Widerspruch umgehen? Singularitäten sind im Realraum des sozio-kulturellen Kontextes nicht von vornherein erkennbar. Um sie sichtbar zu machen, wird deshalb versucht, dynamische Systeme zu modellieren und die Emergenz von Singularitäten zu simulieren. Wir sind daher mit modelltheoretischen Fragen konfrontiert. Wie real ist ein Modell? Ist der urbane Kontext der randlosen Stadt selbst schon eine Modellierung seines eigenen Zustandes (rekursiv); und deshalb selbst schon ein n-parametriger Phasenraum? Was für eine rekursive Interaktion besteht zwischen Realkontext und Phasenraumkontext? Phasenraum bildet und formt eine Schnittstelle hin zu einer Modellierung, einem »modelo«. Ich hab den reduktionistischen Ansatz der Thom/Zeeman 4-Parametrisierung von Phasenraum oben schon kritisiert. Trotzdem ist zur Modellierung in irgendeiner Form eine »Auswahl« von Parametern notwendig; auch bei rein qualitativen topologischen Überlegungen. Phasenraum-Theorie bedeutet »Auswahl«: Auswahl der Parameter, Auswahl des Ausschnitts respektive Frames: »Chance, Choice, Decision«.[137] Um in einem komplexen, urbanen Kontext zu agieren, hat sich schon im Strukturalismus der Einsatz von surrealistischen Verfahren mit »Fundobjekten« bewährt. Im Strukturalismus besitzen die Objekte und Fundobjekte einer Struktur fundamentale Bedeutung bezüglich des relationalen Aufbaus von »Sinn und Bedeutung«. Der Strukturalismus stößt aber auch bezüglich dieser Objekte an seine Grenzen, wenn es um Dynamisierung geht. In dynamischen Systemen müssen »andere« Objekte gefunden werden. Fundobjekte müssen die Fähigkeiten besitzen, um Parameter von Phasenräumen werden zu können. 2nd Order-Fundobjekte, die Prozesse formulieren: »Fundprozesse«/ Fundprozessparameter respektive »Chance, Choice, and Deformation/Unfolding«.

Bei Robert Mull an der AA-London im Umfeld der Architektengruppe N.A.TO. (Narrative Architecture Today) wurde anfangs der 90er Jahre mit einem interessanten 2nd Order 3-Parameter Phasenraum gearbeitet. Die dazugehörigen kulturellen Prozessmetaphern lauteten:

- Drahtloses Bügeleisen (Konfliktglättung, Fernsteuerung, Mobilität),
- Box-Ring (Differenz, Konflikt, Machtspiel, Subkultur, Klassenkonflikt),
- Beach (Strandgut, Fluid-Matter-Interface, Bühne/Stage, Spass-Kultur, Natur).

Raoul Bunschoten/CHORA verwendet 4 Prozessparameter:

- Erasure (Ausradieren, Entfernen, Auslöschen/entspricht der Glättung durch das Bügeleisen),
- Origination (Emergenz, die Entstehung von Neuem),
- Transformation (topologische Umformung),
- Migration (Nomadismus, dynamische Systeme, Kommunikation, urbane Morphogenese).

Mit ihnen lasse sich laut CHORA jede dynamische Situation simulieren. Zu beachten ist dabei, dass die Prozessparameter selbst Diffeomorphismen darstellen, dass sich also auch in ihnen selbst schon Singularitäten entfalten könnten; die Singularitäten der symplektischen Geometrie. Diese Feststellung ist wichtig, weil im urbanen Entwurf nach der Modellierung/Simulation bewusst oder unbewusst eine Phasenraum-Substitution oder ein Phasenraum-Transfer erfolgt. Die Dynamik des Phasenraums im entsprechend beobachteten Phasenraum-Ausschnitt wird wieder auf einen Realraum zurückübertragen. Thom/Zeeman haben in ihren populären Anwendungen mit allen damit verbundenen Gefahren genau dies getan: Singularitäten, die man ursprünglich in der optischen-Kaustik entdeckte, wurden in verschiedendene »andere« Phasenräume übertragen: Site-Transfer. Bei diesem Transfer treten, bedingt durch die angesprochenen Diffeomorphismen, neue Schnittstellen, Konflikte und mögliche Singularitäten auf. Jede städtebauliche Intervention fordert dies heraus und diese Prozesse müssen affirmativ-kritisch integriert werden.
In der städtebaulichen Analyse kommt noch ein anderer Fall vor:
Man »findet« im urbanen Kontext der randlosen Stadt Bruchstellen, die den qualitativen Eigenschaften von Singularitäten ähneln: Nicht-Differenzierbarkeit, Mehrwertigkeit etc. Um die umfassenden Qualitäten dieser Singularitäten erforschen zu können, ist es deshalb notwendig, eine Phasenraum-Rekonstruktion zu versuchen. Phasenraum-Rekonstruktion ist eine fiktionale entwerferische städtebauliche Handlung: Urban-Design. Phasenraum-Rekonstruktion beinhaltet auch topologische Operationen/Surgery (Phasenraum-Surgery). Ist eine solches Phasenraum-Modell städtebauliche Architektur? Ist Phasenraum-Topologie Architektur? Ist Architektur eine Phasenraum-Model; symplektische Architektur? In einem weit gefassten Berufsbild, wie es sich auch in Zukunft entfalten wird, ist dies sicherlich zu bejahen, vor allem, weil sich in diesem Bereich die Interaktion von computergestützten Entwurfswerkzeugen und Realraum Kontext durchsetzt. Der Phasenraum wird so zu einem Cyberspace, wie dies Alan Wexelblatt beschreibt:
»Up to now, we have considered cyberspace to be a user-inhabited place, a space in which users navigate among, and manipulate information from whithin. However, it is also possible to imaging viewing the system from a vantage point

that appears to be outside the cyberspace, treating it as a phase space.[138] I say ›appears to be‹ because there is the view afforded to the user. In tems of semantics space theory, what happens is that the user moves along an orthogonal (or higher order) dimension. It is only the limits of our technology and physiology which require us to visualize four or more dimensions in three.[139] [...] It is important to remember, though, that a cyberspace is not a static place. Static measurments, while important, do not tell the whole story. The space, and especially the objects in the space, are changing as work is done to add, delate, and modify the system represented in the space. One way to look at this evolution is to set the objects in motion while rotating a motionless view. Starting at a specific time zero, the history of changes to objects is replayed, with each time interval [...] representing a ›frame‹ of the ›animation‹. With this technique the history of the system can be seen in the movement, appearance, and disappearance of objects. The objects move in response to their properties, [...] however we can now get a feel for how the system as a while acts over time«.[140]

Kultur als Ereignis-Interface Guy Debord und die Situationistische Internationale propagierten Pop-Culture der kontingenten, gebrochenen »Images«. Es ist unwahrscheinlich, dass diese »Image«-Räume und Kulturvorstellungen mit einer noch so ausgeklügelten Phasenraummodellierung mit komplexem Anspruch simuliert werden können. Die größte Schwäche einer solchen möglichen Modellierung würde ein latent vorhandener aufklärerischer Glaube an Vorhersehbarkeit in der urbanen Planung darstellen; trotz dem Ermöglichen, Auslösen und Zulassen von Singularitäten. Der urbane n-dimensionale Phasenraum ist zu komplex, um simuliert zu werden. In der Theorie dynamischer Systeme kamen solche Fälle schon sehr früh vor. Henri Poincaré hat sich deshalb eines Tricks bedient. Er hat, wenn die Phasenraumparameter zu komplex wurden, eine Schnittfläche durch den Raum gelegt, den Poincaré-Schnitt (siehe oben), und er hat gewartet, bis die Ereignis-Trajektorie diese Fläche schneidet. Ich denke, diese Methodik ist das mächtigste kontextuelle Werkzeug, das die Singularitätstheorie uns zur Verfügung stellt. Es ist ein Werkzeug, das in mannigfacher Gestalt schon unseren urbanen Zivilisationsraum prägt: alle Formen der bildenden Kunst sind Poincaré-Schnitte durch Kulturraum.

Je stärker Kunstformen Fundobjekte, Collagen, Sampling-Techniken, Montagen etc. in ihre Äußerungsformen intergrieren, desto stärker kann man von einem urbanen Phasenschnitt sprechen. Jeder gelegte Schnitt ist auch ein Frame im Phasenraum – die terminologische Nähe zum »Frame« der Film- und Video-Schnitttechnik ist beabsichtigt. Poincaré-Schnitte berücksichtigen und integrieren Kontaminationen/Verunreinigungen, oft Spuren »anderer« gekoppelter Einflüsse und Prozesse, die mit anderen Simulationstechniken geglättet oder eliminiert würden. Diese integrative Eigenschaft hat diese Technik in der Erforschung chaotischer Attraktoren nichtlinearer Systeme unentbehrlich gemacht.

Poincaré-Schnitte machen extrem großmaßstäbliche Prozesse lokal sichtbar. Insofern erweitern sie den lokalen Ereignishorizont.

Experimentalfilm, Autorenfilm, Videokunst bis zu den kommerziellen Video-Clips der Musikindustrie; sie haben das Schnittverhalten entwickelt und geprägt. Feststellbar ist, dass dieses Verhalten eine ähnliche Beschleunigung erfährt, wie Virilio es für Mobilität und Kommunikationstechnologien beschreibt. Wir haben schon darauf hingewiesen, dass Bernard Tschumi diese Welt in seine »Manhattan Transcripts« integriert hatte. Klaus Theweleit beschreibt diese Schnitträume von Ereignissen über die digitale Medienwelt: »Im Clip geht es um die Fähigkeit, blitzartig von einem Punkt der Welt an den anderen zu springen, die Perspektive zu wechseln, Perspektive überhaupt aufzulösen, tausend Augen zu haben, innerhalb von Sekunden von tausend Ecken sehen und fühlen zu können. Das kann der einzelne Menschenkörper an seinem traditionellen Ort nicht. Von daher ist eine ungeheure Überlegenheit dieser medialen Produkte, Ausstrahlungen gegeben, vermittelt über Bilder, Tempi, Klänge. Der Klang setzt ein, und die Zeit stoppt. […] Die Videoclips sehen so aus, als könnte man jeden Raum beliebig von der Seite, von oben, von unten hineinschieben, seien es die geografischen Räume der Erde, Innenräume, Traumräume, Räume aus Filmen, vom alten Rom bis hin zur jüngsten Touristik, alles fließt in Sekundenschnelle ineinander und ist auf keinen einzelnen Raum mehr beziehbar.

In den Neuen Medien geschieht diese Montage interaktiv; jede Website im Internet formiert ein kleines Videoclip, ein interaktives Medium; einen »Bruchschnitt« als Singularität im Phasenraum.«[141]

Urbane Falten: Eisenman

Peter Eisenman hat in einer Werkphase anfangs der 90er Jahre ausgedehnt mit Singularitäten als Faltungen experimentiert, Projekte für Tokyo, Atlanta, Frankfurt und Berlin sind Beispiele dafür. Auch Eisenman knüpft in der Kontexttheorie an den Figur-Grund-Kontextualismus der Cornell-Schule an und »faltet« diesen auf. Es fällt auf, dass Eisenman stark an der Bildmetapher der Deleuzschen Falte in Verbindung mit Thoms Singularität interessiert ist und weniger an den zugrunde liegenden Mechanismen.

»Architektur kann nicht länger in die statischen Bedingungen von Raum und Ort, hier und dort, eingebunden bleiben. In der vermittelten Welt gibt es keine Orte mehr in der Art, wie wir sie kennen. Architektur muss sich mit dem Problem des Ereignisses auseinandersetzen. [...] Aber diese Art der Ereignisstruktur gehört nicht zu einer Architektur, die den Medien entgegengesetzt ist, sondern zu einer, die von den Medien verkonsumiert wird. [...] Architektur kann jedoch eine Alternative dazu vorschlagen, eine andere Art von Ereignis, in dem die Verschiebung der statischen Umgebung nicht nur die der linearen Elektronik ist, sondern eine, die eine Interpretation der Umwelt gibt, wo die Ereignisse zwischen Objekt und Zeichen liegen. [...] Traditionelle Architekturtheorie ignoriert fast ausschließlich die Idee des Ereignisses. Sie geht von der Existenz zweier statischer Bedingungen des Objekts aus, Figur und Grund. Dies lässt Gebäude in zwei einander entgegengesetzten Erscheinunsformen entstehen. Eine ist der Kontextualismus von Figur und Grund, der von einer umkehrbaren und wechselseitigen Beziehung zwischen den soliden Hauseinheiten und dem Zwischenraum zwischen ihnen ausgeht [...]. Was benötigt wird, ist die Möglichkeit, Objekt-Figur/Grund aus einem anderen Bezugsrahmen heraus zu interpretieren. Diese neue Lesart mag andere, immer schon im städtischen Gewebe immanente oder in ihm unterdrückte, Bedingungen aufdecken [...]. Diese Bedingung der Unschärfe bietet die Möglichkeit, sowohl das Alte als auch das Neue als Ganzes gegeneinander zu verschieben. Eine Möglichkeit zur Verschiebung (displacement) kann in der Form der Falte gefunden werden [...]. Die Falte (als Zwischenposition oder dritte Figur) ist in diesem Sinne weder Figur noch Grund, sondern beinhaltet beide Aspekte. Architektur könnte dann die Falte, die prinzipiell flächig im dreidimensionalen Raum besteht, für sich interpretieren«.[142]

Peter Eisenmans Falten-Projekte und die dazugehörigen theoretischen Texte machen wenig Aussagen über den Akt der Entstehung der Singularitäten, Phasenraum, Parameter etc. Das Form-Phänomen steht über der Kontextanalyse. Insofern kann man an diesem Beispiel einen fundamentalen Unterschied zwischen US-amerikanischem Urban Design und europäischem Kontextualismus erkennen. Ersterer konstituiert Shape, letzterer untersucht Morphologie, auch in Bezug auf eine angewandte Singularitätstheorie.

Es wurde in dieser Arbeit immer wieder auf die räumliche Bedeutung von

»Schnitten« in der topologischen Decodierung von Räumlichkeit hingewiesen. Das Problem bei den Folding-Projekten von Peter Eisenman ist, dass sie im Gegensatz zu den frühen Houses I-X zwar hoch komplexe spannende Hüllen thematisieren, während die jeweiligen architektonischen Querschnitte durch die Projekte jedoch den Charme von übelster standardisierter Gewerbeparkarchitektur vermitteln.

Iconoclastische Falte: Eisenman-Barock Die Quellen für Peter Eisenmans Auseinandersetzung mit der Singularitätstheorie bilden einerseits Gilles Deleuzes Buch »Le Pli«,[143] andererseits René Thoms »Structural Stability and Morphogenesis« (siehe Exkurs). Um Eisenmans Interpretation zu verstehen, lohnt es sich, den Untertitel von Thoms Essay zu beachten: »Towards a General Theory of Models«.[144] Thoms Aufforderung zu angewandter Singularitätstheorie ist modelltheoretischer Natur, und dies überträgt Eisenman auf die Architektur. Ulrich Schwarz weist richtigerweise darauf hin, dass Eisenman den Begriff der Singularität nicht alleine der aktuellen naturwissenschaftlichen Theoriebildung entnimmt: »Der amerikanische Philosoph Charles S. Peirce benutzt den Begriff der Singularität bereits im 19. Jahrhundert für das nicht weiter ableitbare Individuelle. Wir haben es hier mit der reinen Materialität des ›Dies hier‹ zu tun, einer Materialität, die keinem Allgemeinen zuzuordnen ist, die nichts repräsentiert, die nichts als faktische Unmittelbarkeit ist. [...] Die Architektur des Ereignisses wird zu einem Erfahrungsraum«.[145]
Der architekturtheoretische Zirkel um Peter Eisenman hat für sich entschieden, dass die Auseinandersetzung mit Gilles Deleuze und speziell dessen Buch »Le Pli« ein Umgang mit Materie und Substanz bedeute.[146] Im Sinne einer Ablösung der textorientierten Architekturtheorie in der Folge von Jacques Derrida.[147] (Eine Kategorisierung, mit der man Derrida sicherlich unrecht tut, er hat »die Rückkehr zum Objekt« durch seine Arbeit in der Philosophie ja eingeleitet). Das Vorgehen ist grundsätzlich verschieden zu Bernard Tschumis »Event-of-Thought«. Peter Eisenman verwendet Singularitäten in der Architektur nicht methodisch kontextuell, sondern analogisch, insofern ist er trotz gegenteiligem Vorhaben noch zutiefst in der (textbasierten) Semiotik verwurzelt: die barocke Falte als Symbol für Singularität wird zum architektonischen Zeichen. Die barocke Falte führt analog zu Leibniz' Monade ein emergentes »autonomes«[148] Eigenleben. Wie die Gewänder der barocken Skulptur, die sich nicht mehr an den Körper schmiegen, sondern ein entfaltetes Eigenleben von Materie und Raum zu spielen beginnen, das sich vom umhüllenden Objekt völlig loslöst. Trotzdem sind diese Gewänder von kontextuellen Textilien geformt; transformiert in Marmor und reine Oberfläche. Es wird in diesem Zusammenhang gerne ein Aspekt von »Formlosigkeit« ins Spiel gebracht – hervorgebracht durch die Faltung. Falte als l'informe/Formlosigkeit/Gestaltlosigkeit: »Deleuze erklärt, dass die Kunst der Gestaltlosigkeit, ›de l'informe‹, aus zwei Dingen besteht: Textur und gefalteter Form«.[149]

Peter Eisenman und sein Haustheoretiker John Rajchman haben am Beispiel des Frankfurter Rebstockparks ihre Sicht von Singularitätstheorie erläutert: »Man könnte sagen, dass ›Le Pli‹ Deleuzes architektonisches Buch ist, denn es entwirft ein Bild von Leibniz' Philosophie als ein großes barockes Bauwerk und führt aus, dass seine Philosophie die Idee zu solchen Bauwerken formuliere«.[150] »Deleuze meint, dass die erste Bedingung für ein Ereignis bei Leibniz die Idee der Ausdehnung ist [...]. Deleuze argumentiert, dass in der Mathematik der Differentialrechnung der Begriff des Objekts sich verändert hat: Es wird nicht mehr durch eine elementare Form definiert. Er nennt diese neue Idee eines Objekt/Ereignis, ein ›Objektil‹ – die moderne Konzeption eines technologischen Objekts. [...] Es stellt [...] eine Modulation in der Zeit dar, die eine kontinuierliche Differentiation der Materie erlaubt. Diese Variation wird durch die Falte charakterisiert. [...] Deleuze stellt fest, dass die Falte/Ent-Falte heute die Konstanten einer Idee des Objekt/Ereignisses sind. [...] Anstelle eines Grundrisses gibt es eine neutrale Fläche, die aus einer sich verändernden Krümmung (Wellenfront, J. H.) und einer Falte besteht. Entlang dieser Krümmung findet die Faltung des Ereignisses statt. Für Thom ist die Ereignisstruktur des Wechsels immer schon im Objekt vorhanden, allerdings unsichtbar, nur modelliert«.[151]
Rajchman insistiert im Gegensatz zu Thom/Zeeman auf der Pluralität der Singularitäten als Falten, sowohl bei Leibniz als bei Deleuze.
»Es ist die Idee von Falten, die in endloser Folge in andere Falten übergehen, Falte um Falte, bis in die Unendlichkeit. [...]. Ein charakteristisches Prinzip in Deleuzes Philosophie ist, dass das Vielfältige vor dem Einen kommt. In diesem Sinne sind Gegebenheiten niemals Einheiten oder Totalitäten, sondern eher ›Vielfältigkeiten‹, innerhalb derer Brennpunkte der Einswerdung oder Zentren der Totalisierung existieren. Was in diesen Vielfältigkeiten zählt, sind nicht so sehr die einzelnen Bedingungen zwischen ihnen, sondern die Beziehungen zwischen ihnen oder ihren Verschiedenheiten. [...] Vielfältigkeit beinhaltet daher eine besondere Art von Komplexität – eine Komplexität durch Divergenz. [...] Deleuze spricht deshalb in ›différence et répétition‹ nicht nur von Implikation, Explikation und Replikation, sondern auch von ›Perplikation‹ – womit er ein ›Durch-und-Durchfalten‹ oder ›Kreuz-und-Quer-falten‹ bezeichnet. Eine Perplikation ist für ihn eine Art Querfalte (topologische Transversalität, J. H.), welche eine kreative Distanzierung in die Mitte der Dinge einbringt. Diese Distanz besteht im Auseinanderhalten – Deleuze nennt es ›Disparation‹ – des Raumes. [...] Perplikationen lassen uns so die diagonalen Linien entdecken, die das Gewebe durchschneiden, um es wieder zu ›falten‹. Sie sind die Zeiten der ›Großen Frage‹. Denn gerade dann, wenn eine Frage in den Raum dringt, entdeckt dieser seine freie Komplexität. [...] Bei dieser ›perplexen‹ Art der Komplikation geht es demnach nicht um die Lösung eines Widerspruches (contradiction) wie bei Venturi, sondern eher um einen ›Gegenspruch‹ (vicediction), wie es Deleuze nennt, oder das Zusammenweben von Vielfältigkeiten. Ziel ist eine Art Tiefe eines intensiven

Raumes innerhalb eines extensiven, der ihn umschließt oder einrahmt.[152]
In der architektonischen Umsetzung zeigen sich Widersprüche in Eisenmans Konzept. Der oben angesprochenen Kontingenz der Vielheiten wird kontextuell und im Entwurf ausgewichen. Die Falte wird zum »Design-Trick« – sie bekommt ikonographische Wirkung und ist nicht Teil eines morphogenetischen, methodischen Konzeptes. Insofern ist sie, wie die barocke Falte aus Marmor, eine »gefrorene« Singularität – ein Model. Eisenman lässt auch die für die Entwicklung der Phasenräume eminenten Verunreinigungen und Zufälligkeiten weg, seine Falten sind klinisch sauber. Falten im Sinne von Steven Smales Horshoe-Attractor sind extrem dicht (=generisch) und vielfältig – nur so werden sie kontextuell wirksam und stehen an der Schwelle zu einer kulturellen Instabilität. Peter Eisenman führt insofern keinen kontextuellen Diskurs, sondern einen hermetisch architekturtheoretischen. Auch dieser ist legitim für architektonische Entwicklung. Aber es ergibt sich daraus eine eindeutige »architecture parlante«: Folds/Singularitäten als illustrierende Ikonen/Symbole für eine gebaute architekturtheoretische Abhandlung.

Kontextuelle Singularitäten: Greg Lynn und Alejandro Zaera Polo Singularitätstheorie – Theorie der Falten, der Kurvenformen und Ereignisse – ist nach Greg Lynn zutiefst im Kontext verwurzelt: »In both ›Learning from Las Vegas‹ and deconstructivistic architecture, urban contexts provide rich sites of difference. These differences are presently being exploited for their ability to engender multiple lines of local connections rather than lines of conflict. These affiliations are not predictable by any contextual order, but occur by vicissitude. Here urban fabric has no value or meaning beyond the connections that are made within it. Distinct from earlier urban sensibilities that generalised broad formal codes, the collected projects develop local fine grain, complex system of intrigation. There is no general urban startegy common to these projects, only a kind of tactical mutability. These folded pliant and supple forms of urbanism are neither a difference to, nor in defiance of their contexts but exploit them by turning them within their own twisted and curvilinear logics«.[153]
»Kurvenförmige Logik« – was immer Lynn darunter verstehen mag – sei eine Folge komplexer Dynamik. Zaera Polo betont dabei Aspekte der Selbstähnlichkeit, Morphogenese und Mehrwertigkeit: »Geometries of complex dynamics: Morphogenesis, Topology and Self-Similarity: The dynamics of contemporary urban phenomena are a manifestation of emerging complex orders, rather than a result of a random process. Within the non-conservative urban paradigms that we are trying to approximate, urban development is morphogenetic process. The city is a field of permanent formal genesis rather than as a completion and conservation of a pre-existing state. [...] It is precisely the instability of the regimes of flexible accumulation that brings the variable conditions of the urban structure to the forefront, putting into crisis conservative attitudes, both from a histo-

rical and contextual viewpoint, as well as from an Utopian perspective. [...] The interaction with the territory becomes a complex problem of ›multiple attractors‹, rather than a linear, ›gravitational‹ function determined by a central point. This discontinuous organisation of urban structures develops a self-similar condition, independant from the scale in which the system is analysed. [...] Within contemporary urban structures, relationships of scale, measurment and proportion become far less significant than those of density, size and topological structure, in parallel with the replacement of the scale economics of modernity by late capitalist scope-economics. [...] Emerging urban Systems are topologies defined by relations of continuity, discontinuity, deformation, unification and density rather than metric systems. The predominance of flows, deformations and dimensional and dynamic heterogeneity within the urban structure of advanced capitalism, puts into question the static spatiality, homogeneity of magnitudes and constance of the form in time, that once characterised traditional urban structures and planning methods«.[154]

Angewandte Singularitätstheorie im urbanen Kontext zehrt von den Erfahrungen im Umgang mit Derridas Sinn-erzeugendem und -verschiebendem Ereignis des Dazwischenschreibens. Singularitätstheorie behandelt nicht Brüche als statische Fakten: Entfaltungen sind »Aufbrüche« – Aufbrechungen.

URBANE TOPOLOGIE: ENTFALTUNG UND EREIGNIS

Kommentierte Zusammenfassung

Für die Geisteswissenschaften ist die Frage nach Ereignissen ein Problem des Leib-Seele-Dualismus in Folge von Descartes. Je nach Haltung findet ein Ereignis in der res extensa oder der res cogitans statt respektive die zentrale Frage der Übermittlung (Transzendenz) oder deren Vermeidung wird erörtert. Davidson knüpft dieses Ereignen an ein Handeln.[155] Ereignisse werden dadurch auch ganz im Sinne der bisherigen Herleitungen zur ›Urbanen Topologie‹ zu «Ereignissen mit Eigenschaft«,[156] vergeistigt durch die Kraft einer Beschreibung.[157] Davidsons Ansatz ist handlungstheoretisch motiviert, dies als Ergänzung zu der vor allem in der Homotopie favorisierten Kommunikationstheorie. Michel Serres, der im nächsten Kapitel über Verflüssigung von Kontext wichtig werden wird, sieht wiederum kommunikationstheoretisch in Ereignissen einen »Sonderfall der Zeichen«, in Bewegung durch »kleine Energien von Information«.[158] Architektur kann sich beidem, Kommunikation und Handlung in einer »Urbanen Topologie« nicht entziehen.

»Die mathematische Beschreibung der Welt hänge von einem delikaten Zusammenspiel zwischen kontinuierlichen und diskreten Phänomenen ab«, beginnt V. I. Arnold sein Buch über »Katastrophentheorie«. »Singularitäten, Bifurkationen oder Katastrophen sind unterschiedliche Termini, um die Emergenz diskreter Struktur aus glatter, kontinuierlicher zu beschreiben«.[159] Singularitäten bezeichnen die Einzelfälle nicht mehr weiter differenzierbarer Punkte in Mannigfaltigkeiten. Obwohl Hassler Whitneys Arbeit »Mapping of the plane into the plane« (1955) als Grundstein moderner Singularitätstheorie auf der Basis topologischer Abbildungen argumentiert, sind die meisten Beobachtungen von Singularitäten, deren Auftauchen und Entfaltung mit der Untersuchung dynamischer Systeme verbunden. Whitney zufolge sind die Falte und die (»Cusp«-) Bifurkation die typischen Merkmale stabiler glatter Abbildungen von »Flächen«. Kompliziertere Singularitäten zerfallen entweder in diese zwei Formen oder sind aus ihnen zusammengesetzt. Gerade bei komplizierteren Singularitäten werden die Elemente Falte und Bifurkation noch durch die Kanten von Selbstdurchdringungen ergänzt.

Dynamische Systeme Werden zeitliche Entwicklungen von mathematischen, physikalischen, biologischen oder sozialen Systemen betrachtet, spricht man von einem dynamischen System. Topologisch bedeutet ein dynamisches System ein Verschieben – ein Abbilden – einer Karte auf einer Mannigfaltigkeit. Evolvierende Prozesse werden in einem Phasenraum oder Vereinfachungen desselben, wie dem Zustandsraum, dargestellt. Ereignisse sind Singularitäten auf Grenzflächen, Trägermannigfaltigkeiten respektive Einbettungsräumen. Ereignisse produzieren Entfaltungen als Ausgangslagen für homotope Entwicklungen, d. h. Entwicklungen von Abbildungsräumlichkeiten.

Phasenraum Die qualitative Theorie dynamischer Systeme ist eng an das Konzept des Phasenraumes gebunden. Poincaré definierte den Phasenraum der Mechanik als eine diffenzierbare Mannigfaltigkeit.[160] Jeder Bedingung für den Zustand eines Objektes wird eine Dimensionalität des Phasenraumes zugeordnet. Die Evolution der Veränderung ist dann als Bewegung eines Punktes im Phasenraum erkennbar. Es ist notwendig, den gesamten Phasenraum als ein geometrisches Objekt – eine differenzierbare Mannigfaltigkeit zu verstehen. Für die Untersuchung von Fragen der Stabilität – wie im nächsten Kapitel – muss der gesamte Phasenraum berücksichtigt werden und nicht nur ausgewählte Regionen oder Zustände, wie z. B. Gleichgewichtszustände. Diese globale Topologie des Phasenraumes nennt man symplektische Topologie.[161] Dimensions- und Raumbegriff im Phasenraum decken sich also nicht mit unseren Alltagserfahrungen, ein Faktor, den es bei jeder Untersuchung von Singularitäten zu berücksichtigen gilt. Eine weitere grundsätzliche Frage stellt sich bezüglich der Anfangsbedingungen der Systementwicklung. Indeterministische Anfangsbedingungen gehen von offenen Systemen aus, mit dem Denkansatz, dass es unmöglich sei, sämtliche Randbedingungen zu bestimmen; die Anzahl Parameter ist dann unbestimmt. Bei Nichtgleichgewichtssystemen, zum Beispiel der Thermodynamik, äußert sich dies dann u. U. durch Noisi Data, Kontaminationen, Fluktuationen, Rauschen etc. Man weiß heute, dass diese Unbekannten zur Entwicklung dynamischer Systeme einen eminenten Beitrag leisten. Im Phasenraum werden vor allem topologischer Wandel (Emergenz) und topologische Stabilität untersucht. Ist aufgrund seiner Ausmaße und Komplexität nicht der ganze Phasenraum überschaubar, können strategische Phasenschnitte respektive Poincaré-Schnitte gelegt werden: »Flächen« im Raum, die wie Fotoplatten jeden Durchgang der Trajektorie notieren. Mit solchen Poincaré-Schnitten wurden z. B. die ersten »seltsamen« Attraktoren visualisiert.

Zustandsraum In der Singularitätstheorie von Thom und Zeemann wird der Phasenraum zuweilen vereinfacht durch einen Zustandsraum ersetzt, der aus internen Zustandsparametern und Kontrollparametern besteht. Diese Auffassung ist sehr reduktionistisch, auf deterministische Systeme beschränkt und ist absichtlich unempfindlich gegenüber Anfangsbedingungen und Fluktuationen. Eine Singularität in einem Zustandsraum zeigt bei kleiner Änderung eines Kontrollparameters eine abrupte, unter Umständen unvorhergesehene Änderung des Systems an. Untersucht wird dabei meist die Gleichgewichtsebene des Systems. In ihr »entfalten« sich dann die »elementaren Katastrophen« à la René Thom. In der Thermodynamik, der Untersuchung von Systemen fern von Gleichgewicht und dem Übergang zu Turbulenz und Stabilitätsverlust (siehe nächstes Kapitel), wird auch mit Zustandsräumen gearbeitet.

Ein Phasenraum als einer in Poincaréschem Sinne differenzierbaren Mannigfaltigkeit ist gefüllt mit den Vektoren seines Vektorfeldes. Dieses Vektorfeld wiederum besitzt kritische Punkte respektive räumlich und kodimensional betrachtet, kritische Kurven und kritische Flächen etc. Als Nulldurchgänge markieren sie einen Gleichgewichtszustand des Systems und stellen, sofern sie diffeomorph sind, gleichzeitig auch Singularitäten dar. Ihre »Entfaltung« geschieht durch Bifurkation – einer lokalen Instabilität. Es gibt unterschiedlichste Formen solcher Bifurkationen, die Entstehung von Grenzzyklen, Hopf-Bifurkation, Abspaltung eines Torus, Periodenverdopplung, umgekehrte Bifurkation (»Murder«) usw. Kaskaden von Bifurkationen und Rückkoppelungsschleifen können zu »Chaotischen« Entwicklungen des Systems führen.[162]

Neben der Frage nach der Topologie des Phasenraumes sollte man sich immer auch nach der Art von Singularitäten fragen; was »entfaltet« sich wirklich in einem Phasenraum? Grenzen, Gleichgewichtszustände, Attraktoren (resp. deren Grenzen), Phasenraumregionen oder z. B. Stabilitätsgrenzen. Topologisch formuliert lautet dieselbe Frage: Liegen die Singularitäten in der Mannigfaltigkeit, dem Orbit, den Strata oder den Fasern?

Emergenz Mit Emergenz wird das unvorhersehbare Auftauchen von diskontinuierlich Neuem bezeichnet. Emergenz bezieht sich auf die Unvorhersehbarkeit von Ereignissen, die Emergenz von Konstellation und Eigenschaften. Emergenz steht aber geisteswissenschaftlich auch im Zusammenhang mit dem Auftauchen von neuen Paradigmen, neuen Theoriegerüsten und weniger einer absoluten Erkenntnis. Zu Emergenz gehören die Wahrnehmung, Akzeptanz und der »Entwurf« einer Emergenzschwelle.[163] Talcott Parsons spricht von einer in topologischem Sinne »Boundary-Maintainance/Grenzerhaltungen« der strukturellen Invarianten.[164] Für Eisenhardt/Kurth ist Emergenz zwischen Singularitätstheorie und Architektur mit Formfragen verbunden: Eine Form ist neue Form, die Formerhaltung hingegen ist alte Form. Form sei das Ergebnis der Projektionen von Strukturen auf die »aktuelle, prozessuale, singuläre wechselwirkende Wirklichkeit«.[165]

In der Singularitätstheorie dynamischer Systeme ist Emergenz verbunden mit einem Aspekt der Kontingenz solcher Wirklichkeit. Im Moment des Auftauchens einer Singularität respektive deren Entfaltung/Bifurkation entsteht ein kontin-

gentes Moment der Mehrwertigkeit. Die differenzielle Lösungsmannigfaltigkeit ist lokal mehrwertig. Zeemann streicht diese Mehrwertigkeit mit der Begründung lokaler Instabilität etwas voreilig weg und führt den unmotivierten Begriff eines »Delay«, einer Verzögerung ein. Gerade komplexe Singularitäten werden in ihrer Vollform spannend für eine inhaltliche Diskussion auch der »eingefalteten« Zonen.
Jacques Derrida wiederum liest Singularitäten als mehrwertig im Sinne polysemischer Ereignisse, die den semantischen Horizont des Kontexts erhöhen und so analog zu Niklas Luhmann die Kontingenz erhöhen.[166] Derrida koppelt das Ereignis an einen »Kontext als Erkenntniswillen«.[167] Dieses Performative bewirkt eine Sättigung von Kontext.[168]

In der Architekturtheorie wird speziell aus dem Umfeld von Peter Eisenman gerne eine Entwicklung weg von Derridas textorientiertem Ansatz hin zu einem material- und substanz-orientierten Ansatz, wie er ihn in »Le Pli« und zusammen mit Felix Guattari in »Was ist Philosophie« vertritt, konstruiert. Die Verschiebung findet auch von Text/Kontext hin zu Objekt/Ereignis – als »Objectil« – statt. Dies obwohl Derrida ja sein ganzes Werk als eine Wiedereroberung des Objektes sieht. Der eingefaltete Raum der Singularität besitzt in seiner Kontingenz für Gilles Deleuze Kapazitäten einer sich ereignenden Monade – einem, in der Tradition von Giordano Bruno und Leibniz, Zusammendenken von Subjekt und Objekt. Singularität im Sinne von Charles S. Peirce kombiniert mit der reinen Materialität des »Dies hier« als nicht weiter ableitbarem Individuellen. Deleuze verdichtet die Einfaltung (Complication) zu einem Zusammenweben des Vielfältigen in einer Art Tiefe eines intensiven Raumes, aus der sich die materialisierten Dinge der Welt extensiv entfalten (Explication). Deleuze hat schon in »Différance et Répétition« die »Perplication« – einem »Durch-und-Durch-Falten« respektive »Kreuz-und-Quer-Falten« eingeführt. Eine Perplication ist eine topologisch transversale Querfalte, die durch ein Auseinanderhalten Distanz schafft, einen inneren Raum zwischen Materie: innere Architektur des Objektes.

Urbaner Barock Dieser Deleuzesche Ansatz, Singularitäten einzuordnen, wird für die Architektur als barocke Falte bezeichnet (Lynn, Kipnis, Rajchman, Caché). Die barocke Falte führt ein entfaltetes, gekurvtes und emergentes Eigenleben von Materie und Raum, das sich vom umhüllenden Objekt ablöst. Dieses indeterministische Element wird in der Architektur- und Kunsttheorie (Krauss) als »l'informe«/Formlosigkeit/Gestaltlosigkeit gedeutet. Sanford Kwinter widerspricht dieser Aufforderung zur Indifferenz. »Welt« als Mannigfaltigkeit ist eine metastabile Gestalt nichtidealer Formen, die in einem Strom ständig neu entstehender Differenzen treibe, zufällige, instabile einerseits und singuläre, emergierende andererseits.[169] Singularitätstheorie mit den Attributen Neuheit, Objekt, Zeit, Bewegung und Ereignis ist nach Kwinter eine Theorie der Praktik, gerade für

Architektur, deren Objekt, ob Gebäude oder ganze urbane Matrix, nicht durch äußere Erscheinungsform definiert sei, sondern durch die beteiligten Praktiken.[170] Kwinter nähert sich so der Position von Bernard Tschumi, dessen Ereignisbegriff respektive dessen Bindung an den architektonischen Raum: Event-Space und Event-City.

Folgerung und Interaktion

»(neue) Maßeinheit der Dauer [...] ist nicht mehr wirklich die Dauer, sondern, [...] die unendliche und konstante Vertiefung des Augenblicks.«[171]
Paul Virilio, Rasender Stillstand, 1992

Es besteht ein paradigmatischer Unterschied zwischen der Architektur-Auffassung bezüglich der Singularitätstheorie der Eisenman-Schule und derjenigen Bernard Tschumis. Man könnte behaupten, zwischen Tschumi und Eisenman bestünde genau diese Divergenz: Für Tschumi ist das postsituationistische »Spectacle« als Ereignis ein Bestandteil der architektonischen res cogitans, für Eisenman ist das gebaute Ereignis der gefalteten Architektur ein Ereignis der res extensa. Tschumi weiß aus profunder Kenntnis der Topologie von der Unmöglichkeit eines iconoclastischen Bauens einzelner Singularitäten – außer man akzeptiere den damit verbundenen Formalismus einer »frozen Topology«. Tschumi definiert Architektur in situationistischem Sinne an sich als dynamischen Ereignis-Raum/Event-Space, der indifferent gegenüber Stil-Bedingungen sei, aber direkt abhängig von Fragen nach dem Programm – es gebe folglich keine Architektur ohne Programm.[172] Ein Projekt sei eine Serie von diskontinuierlichen Bewegungen (Singularitäten) in der Stadt.[173] Tschumi definiert Architektur als ein Programmieren eines kontextbezogenen topologischen Phasenraumes: S. E. M. – Space, Event, Movement.[174] Die simplektische Geometrie des Phasenraumes ist topologisch – formlos (und nicht die entstehende Architektur!). Das Programm des Phasenraumes ist im Luhmannschen Sinne dann ein »nichtsemantischer Code«. Tschumi distanziert sich damit von Koolhaas' zeichenfixiertem »Scenario«-Begriff (semantischer Code) in dessen Generic-City. »Konzept« ist dann für Tschumi ein Teilraum des Programms mit den Differenzierungen von räumlichem, theoretischem, methodischem und funktionalem Konzept.
In Verweis auf Mumford, Debord und Lefèbvre ist Tschumis urbaner Kontext eine Bühne, eine Manege, ein Spektakel oder ein Festival[175] – vielleicht am konsequentesten umgesetzt im Centre Pompidou von Piano/Rogers, aber auch in Tschumis eigenem La-Villette-Projekt. Architektonisches Programm agiert in schon vorgefundenen kontextuellen Konfigurationen mit schon vorhandenen Programmen. Programmierung des urbanen Phasenraumes ist deshalb: Cross-

programming, Transprogramming und Disprogramming.[176] Dieser Vorgang der Reformulierung und Interaktion paart Handlung und Ereignis. Die Tschumi-Schule an der AA-London nennt diesen gesamten Umgang mit architektonischem Programm methodologisch ein »Reprogramming«. Die Event-City von Tschumi ist eine Stadt der sozialen Widersprüchlichkeiten, nie homogen, konfliktreich, versehen mit dynamischen Bedingungen, die als »diagonale Relationen« – sprich topologische Transversalen – die Architektur informieren.[177] Tschumi distanziert sich mit diesem Konzept vehement von Koolhaas »Generic-City« des Normalen, Typischen, Stabilen. Generic-City sei konsens- und investororientierter »New Urbanism«, der auf Wiederholung und Regulierung basiere.[178] Die junge niederländische Architekturszene – als zweite Generation Koolhaas-Schüler – reformuliert diese Vorwürfe affirmativ zu einer »Architecture of Opportunities«. Opportunities hingegen sind wieder durchaus in einen urbanen Phasenraum einer Ereignis-Stadt zu integrieren, sofern man sie als dynamische Bedingungen sieht. Die Eisenman-Schule muss mit ihrer Auffassung von Singularitäten, die sich fast nur auf René Thoms »Structural Stability and Morphogenesis« beruft, von einer deterministischen Kontextauffassung mit bestimmten Anfangsbedingungen ausgehen, eine Haltung, die jeglichem Denken von offenen Systemen unserer Kultur widerspricht. Übrig bleibt dann ein lokales »Bild« einer Singularität als »Architektur«, einer »architecture parlante«. Urbane Topologie kann aber nicht »Building a Diagram« – ein Leitsatz von Eisenmans akademischer Lehrmethode – bedeuten. Singularitäten alleine sind einseitig lokale topologische Betrachtungen. Urbane Topologie fragt nach den zugrunde iegenden topologischen Invarianten und Bedingungen. Insofern ist eine topologische Deutung von Tschumis Event-Space als Phasenraum konsequenter und eröffnet auch ein neues Verständnis für Tschumis konzeptuelles Gebäude. Bernard Tschumi muss mit seinem Konzept des Ereignis-Raumes und der Ereignis-Stadt kontextuell von offenen Systemen ausgehen und die globale Topologie respektive die Übergänge global-lokal stehen im Zentrum der kontextuellen Arbeit. Phasenraum bedeutet indirekte Architektur – eine Topologie des indirekten Denkens – in Tschumis Worten ein »Building of Thought«.[179] Bernard Tschumi formuliert bezüglich offener Systeme mit deren bewusster Unkenntnis aller Phasenraum-Parameter, eine instabile Peripherie der architektonischen Profession.[180]

Das Konstrukt des Phasenraumes als »Messbehälter« und Beobachtungsvehikel für das Auftauchen von topologischen Singularitäten lässt an das Messproblem der Quantenmechanik erinnern. Messen führt danach zu einer relativistischen Sicht; der Beobachter im Sinne einer »Gesamtheit der Teilnehmer« (Community of Investigators, J. A. Wheeler) wird durch das »Messen«, die Beoabchtung des Phasenraumes involviert. Singularitäten existieren – analog den Partikel in der Quantenphysik – nur in Zusammenhang mit der Beobachtung des »Messvorgangs«, dessen Spuren (im Sinne von: Es hat nur dort auch eine Messung stattgefunden, wovon auch eine Spur existiert.)[181] und deren »bedeutungsvollen

Sammlung«.[182] Das Beobachten von Singularitäten, von Ereignissen, von topologischem Wandel ist ein Suchen und Wahrnehmen und Spuren und deren Entfaltung in einem Kontext.

Die Singularitätstheorie thematisiert topologischen Wandel als eine eigene Kategorie. Sie thematisiert aber auch kontextuelle Mehrwertigkeit als eingefaltete Topologie der Verdichtung im Ereignis. Abfolge von Ereignissen als Aufreihung von topologischem Wandel im Kontext ist eine Form von kontextuellem Lernen. Dies gilt sicherlich auch in der Interaktion von virtuellen und realen urbanen Räumen. Kontextuelles »Lernen« in der randlosen Stadt besteht aus der Aktualisierung und/oder Ausdifferenzierung von Ereignissen: »Kognitive Lerntheorie: [...] gehen diese Konzeptionen von der irreduzieblen Eigendynamik des Organismus bei der Verarbeitung von Umweltreizen aus. Lernen vollzieht sich für diese Theorien also nicht durch den Aufbau assoziativ generierter Verhaltensgewohnheiten, sondern durch den nur qualitativ erfassbaren Ausbau kognitiver Verarbeitungsstrategien, deren Resultat eine konstruktive Repräsentation der Wirklichkeit für den Organismus darstellt. Für Piaget besteht so der Lernprozess in der spontanen Aktualisierung von Verhaltensstrukturen, deren Ausbildung durch ein Ungleichgewicht in der interaktionistischen Beziehung zwischen den Organismen und der Umwelt veranlasst wurde. Der feldtheoretische Ansatz Kurt Lewins dagegen geht nicht von einem kognitiven Ungleichgewicht aus, sondern definiert Lernen als kontinuierliche Ausdifferenzierung eines zunächst nur ungegliedert gegebenen ›Lebensraumes‹, d. h. der kognitiven Repräsentation der jeweiligen Umgebung des Organismus durch dessen kontruktive Interpretationsleistung. Darüber hinaus bezieht Lewin nicht nur kognitive Sachverhalte, z. B. Problemlösungsstrategien, in seine Lerntheorie ein, sondern berücksichtigt auch die motivationale Dimension der Lernens, die er als ›Veränderung der Valenzen‹, also der Wert- und Zielsetzungen der Personen auffasst«.[183] Aus Ereignisorientierten Lernprozessen können sich »responsive Environments« entwickeln. Das Ereignis besitzt auf dieser Basis analog zu den triadischen Modellen, wie im Kapitel »Abbildungsraum Homotopie« besprochen, eine triadisch vermittelnde Qualität. Ereigniss ist dritter Begriff im »Sozialen Raum«, wie bei Heidegger und Tschumi oder als »Sensation« (engl.) bei Ernst Mach (Gefühlserlebnis als gelebtem Ereignis): temporal, systemverändernd und emergent. Virtuelle responsive Environment-Schnittstellen müssen sich an dem orientieren. Ereignisse bedeuten Wandel in CAAD und virtueller Realität (VR). Wandel ist autoren oder nutzerbedingt respektive in großmaßstäblichen Kontexten in vermehrtem Masse selbstgenerierend. Singularitäten entfalten sich projektiv (Whitney) und bifurkativ. Sie erscheinen abgebildet – und in diesem Sinne topologisch transformiert (siehe Kapitel »Transformationsraum Topologie«) – und führen in eine Mehrwertigkeit der Gabelung. Dies erneut zu wiederholen geschieht bezüglich der Ereignis-Architektur in virtuellen Räumen. Situationistische Psychogeographie mit dérive und détournement kommt im VR eigene Bedeutung zu. Sie reibt sich im

VR am Problem der dualistischen Transzendenz: VR und CAAD scheinen demgegenüber hermetisch und monistisch. Räume von Chat-Rooms und MUDs (Multi-User-Domains) ereichen noch keine räumlich situationistische Ereignisqualität. Unsere reale Umwelt, den Kontext der randlosen Stadt, als Phasenraum zu bezeichnen, ist aufgrund des Leib-Seele-Dualismus problematisch. Sicherlich kann aber die Räumlichkeit der virtuellen Realität als solche beschrieben werden. Um die Hermetik dieses Phasenraumes aufzubrechen, ihn zu öffnen, scheinen interagierende Mischformen von Virtuellem und Realem, mit Echtzeit-Video (Import) und Projektionen (Export) eine Möglichkeit eines »Füllens« von Raum mit Ereignis, Wandel und Mehrwertigkeit im Sinne einer Event-City à la Bernard Tschumi.

1 Clausio Baraldi; Ciancalo Corsi; Elena Esposito, GLU. Glossar zu Niklas Luhmanns Theorie sozialer Systeme, Frankfurt a. M. 1997, S. 42 **2** Jacques Derrida, »Signatur, Ereignis, Kontext«, in: Ders. Randgänge der Philosophie, Wien 1988, Orig. 1972, S. 303 **3** Vgl. Don Bates; Peter Davidson, »Architecture after Geometry«, AD Profile Nr. 127, Vol. 67 No. 5/6 May/June 1997, S. 34; Der Ansatz des »Pfropfens« taucht in der dekonstruktivistischen Architekturszene erstmals in Jacques Derridas Kommentar zu den Wettbewerben von La Villette (1987) auf. Derrida führt »Aufpfropfen« in »La double séance« (1970) in »La Dissémination« (1972) als Denkmodell für die Logik von Texten ein. Jacques Derrida, Die Zweifache Séance (1970) in: Ders. Dissemination, Graz/Wien, 1995, Orig. 1972, S. 193–323; Jeff Kipnis/Bahram Shridel haben »grafting« u. a. 1994 an der Architectural Association London didaktisch eingesetzt. Siehe aber v. a. Jonathan Culler, Dekonstruktion. Derrida und die Poststrukturalistische Literaturtheorie, Reinbek bei Hamburg, 1988, Orig. 1982, darin 3. Aufpfropfungen, S. 149–173 **4** Jacques Derrida, »Am Nullpunkt der Verrücktheit – Jetzt die Architektur«, in: W. Welsch, Wege aus der Moderne, Schlüsseltexte der Postmoderne-Diskussion, Weinheim 1988, S. 224 **5** Vgl. Ib Ravn (Hrsg), Quarks, Chaos und schwarze Löcher, Das ABC der neuen Wissenschaften, München 1995, S. 212 **6** a. a. O., S. 213 **7** Es wird auf die Speziallitaratur mit deren weiterführenden Bibliographie verwiesen: z. B. V. I. Arnold, Dynamische Systeme 1–5, Berlin, Heidelberg, New York, 1992 **8** Ib Ravn (hg.), Quarks, Chaos und schwarze Löcher, Das ABC der neuen Wissenschaften, München 1995, S. 112 **9** Vgl. V. I. Arnold, Catastrophe Theory, Third, Revised and Expanded Edition, Berlin, Heidelberg, New York, 1992 **10** Vgl. Illja N. Bronstein; Konstantin A. Semendjajew; Gerhard Musiol; Heiner Mühlig, Taschenbuch der Mathematik, Frankfurt a. M. 1995, S. 659 **11** Vgl. T. Bröcker, Kurt Jänich, Einführung in die Differenzialtopologie, Berlin 1973, S. 76 **12** Vgl. a. a. O., S. 82 **13** Vgl. a. a. O., S. 76/77 **14** Illja N. Bronstein; Konstantin A. Semendjajew; Gerhard Musiol; Heiner Mühlig, Taschenbuch der Mathematik, Frankfurt a. M. 1995, S. 673 **15** Vgl. Mathematics – Dictionaries, Dordrecht, New York, 1991 **16** Vgl. Ralph H. Abraham; Robert Shaw, Dynamics, The Geometry of Behavior, Part One, Santa Cruz/CA, 1984, S. 21 **17** Vgl. a. a. O., S. 23 **18** Vgl. Roger Penrose, The Emporers New Mind, Oxford/UK, 1989/1990, S. 334 **19** Vgl. Ilya Prigogine; IsabelleStengers, Das Paradox der Zeit, Zeit Chaos Quanten, München 1993, S. 156 **20** Vgl. V. I. Arnold, Catastrophe Theory, Third, Revised and Expanded Edition, Berlin, Heidelberg, New York, 1992, S. 53 **21** Vgl. Ib Ravn (hg.), Quarks, Chaos und schwarze Löcher, Das ABC der neuen Wissenschaften, München 1995, S. 178 **22** Vgl. V. I. Arnold, Catastrophe Theory, Third, Revised and Expanded Edition, Berlin, Heidelberg, New York, 1992, S. 89 **23** Vgl. Ib Ravn (hg.), Quarks, Chaos und schwarze Löcher, Das ABC der neuen Wissenschaften, München 1995, S. 178 **24** Vgl. Allan J. Sieradski, An Introduction to Topology and Homotopy, Boston 1992, S. 286 **25** Vgl. Illja N. Bronstein, Konstantin A. Semendjajew, Gerhard Musiol, Heiner Mühlig, Taschenbuch der Mathematik, Frankfurt a. M. 1995, S. 663 **26** Vgl. »Das Chaos meistern«, Spektrum der Wissenschaften, Nov. 1993, S. 52 **27** Vgl. Ib Ravn (hg.), Quarks, Chaos und schwarze Löcher, Das ABC der neuen Wissenschaften, München 1995, S. 181 **28** Vgl. Illja N. Bronstein; Konstantin A. Semendjajew; Gerhard Musiol; Heiner Mühlig, Taschenbuch der Mathematik, Frankfurt a. M. 1995, S. 673 **29** Linda Dalrymple Henderson, The Fourth Dimension and Non-Euclidian Geometry in Modern Art, Princeton University Press, New Jesey 1983, S. 116 **30** Hassler Whitney, »On singularities of mappings of Euclidean Space. Mappings of the Plane into the Plane«, Ann. Math., II Ser. 62 (1955) S. 374–410 **31** Vgl. V. I. Arnold, Catastrophe Theory, Third, Revised and Expanded Edition, Berlin, Heidelberg, New York 1992, S. 5 **32** Vgl. a. a. O., S. 13 **33** Vgl. a. a. O., S. 69–74 **34** Vgl. a. a. O., S. 37 **35** Vgl. a. a. O., S. 38 **36** a. a. O., S. 53 (Übersetzung, J. H.) **37** a. a. O., S. 54 **38** Vgl. a. a. O., S. 55 **39** Vgl. a. a. O., S. 58 **40** Vgl. a. a. O., S. 14 **41** Vgl. a. a. O., S. 15 **42** Ib Ravn (hg.), Quarks, Chaos und schwarze Löcher, Das ABC der neuen Wissenschaften, München 1995, S. 19/20 **43** Vgl. V. I. Arnold, Catastrophe Theory, Third, Revised and Expanded Edition, Berlin, Heidelberg, New York, 1992, S. 19 **44** Vgl. Ilja N. Bronstein; Konstantin A. Semendjajew; Gerhard Musiol; Heiner Mühlig, Taschenbuch der Mathematik, Frankfurt a. M. 1995, S. 696 **45** Vgl. Ilya Prigogine; Isabelle Stengers, Order out of Chaos, London, Glasgow, 1984/1990, Orig. 1984 **46** V. I. Arnold, Catastrophe Theory, Third, Revised and Expanded Edition, Berlin, Heidelberg, New York, 1992, S. 21 **47** Ralph H. Abraham, Robert Shaw, Dynamics, The Geometry of Behavior, Part Four, Santa Cruz/CA, 1984, S. 47 **48** Vgl. Ilja N. Bronstein; Konstantin A. Semendjajew; Gerhard Musiol; Heiner Mühlig, Taschenbuch der Mathematik, Frankfurt a. M. 1995, S. 698 **49** Vgl. a .a. O., S. 700 **50** Vgl. Ralph H. Abraham, Robert Shaw, Dynamics, The Geometry of Behavior, Part Four, Santa Cruz/CA, 1984, S. 85/95 **51** René Thom, Structural Stability and Morphogenesis. Towards a general Theory of Models, New York 1975 **52** a. a. O., S. 319 **53** Vgl. V. I. Arnold, Catastrophe Theory, Third, Revised and Expanded Edition, Berlin, Heidelberg, New York, 1992, S. IX **54** René Thom, Structural Stability and Morphogenesis, New York 1972/1989, Orig. 1972, S. 320/321 **55** Vgl. Héctor J. Sussmann; Raphael S. Zahler, »Catastrophe Theory as Applied to the Social and Biological Sciences: A Critique«, Synthese 37 (1978), S. 117–216; Vladimir I. Arnold, Catastrophe Theory, Third Revised and Expanded Edition, Berlin, Heidelberg, New York, 1984/1992 **56** René Thom: »Worüber sollte man sich wundern?«, in: K. Maurin; K. Michalski; E. Rudolph (hg.), Offene Systeme II, Stuttgart 1981, S. 44 **57** a. a. O., S. 44 **58** a. a. O., S. 50 **59** René Thom: Worüber sollte man sich wundern?, in K. Maurin, K. Michalski, E. Rudolph (hg.), Offene Systeme II, Stuttgart 1981, S.44 **60** Gilles Deleuze, Die Falte. Leibniz und der Barock, Frankfurt a. M. 1995, Orig. 1988 **61** Vgl. Webster's Encyclopedic Unabridged Dictionary of the English Language, London 1994, S. 494 **62** Jürgen Mittelstrass, Enyklopädie Philosophie und Wissenschaftstheorie, Stuttgart, Weimar, 1995 **63** Hans Heinz Holz, Descartes, Reihe Campus Einführungen, Frankfurt, New York 1994, S. 126 **64** a. a. O., S. 129/130 **65** Historisches Wörterbuch der Philosophie, Joachim Ritter (hg.), Basel/Stuttgart, Band 2, D–F, 1972 **66** Ulrich Schwarz: Vom »Ort« zum »Ereignis«, in: Werk, Bauen+Wohnen, Nr 12, Dez. 1999, S. 50–57, hier: S. 56 **67** Gottfried Wilhelm Leibniz, Monadologie, Stuttgart 1998, Orig. 1714, §12, S. 15 **68** Gilles Deleuze, Die Falte. Leibniz und der Barock, Frankfurt a. M. 1995, Orig. 1988, S. 128 **69** Gilles Deleuze, Felix Guattari, Was ist Philosophie, Frankfurt a. M. 1996, Orig. 1991, S. 182/183 **70** a. a. O., S. 184/185 **71** Gilles Deleuze, »Leibniz« (1988) in: Ders. Unterhandlungen, 1972–1990, Frankfurt a. M. 1993, Orig. 1990, S. 232 **72** Jacques Derrida, »Signatur, Ereignis, Kontext«, in: Ders. Randgänge der Philosophie, Wien, 1988, S. 303 **73** Vgl. a. a. O., S. 303 **74** Vgl. a. a. O., S. 309 **75** Donald Davidson, »Geistige Ereignisse« (1970), in: Ders. Handlung und Ereignis, Frankfurt a. M. 1990, Orig. 1980 **76** Vgl. a. a. O., S. 299 **77** Vgl. a. a. O., S. 302 **78** Jacques Derrida, »Signatur, Ereignis, Kontext«, in: Ders. Randgänge der Philosophie, Wien, 1988, S. 313 **79** Claudio Baraldi; Giancarlo Corsi; Elena Esposito, GLU. Glossar zu Niklas Luhmann, Frankfurt a. M. 1997, S. 37, 38, 42, 44, 45 **80** Gilles Deleuze, »Leibniz« (1988) in: Ders. Unterhandlungen, 1972–1990, Frankfurt a. M. 1993, Orig. 1990, S. 234 **81** Vgl. Peter Prechtel; Franz-Peter Burkard, Metzler Philosophie Lexikon, Stuttgart, Weimar, 1996, S. 121 **82** Detlef Krause, Luhmann-Lexikon, Stuttgart 1996, S. 92 **83** Vgl. Manfred Stöckler, »Emergenz. Bausteine für eine Begriffsexplikation«, Conceptus XXIV (1990), Nr. 63, S. 7–24 **84** Vgl. Reter Prechtel; Franz-Peter Burkard, Metzler Philosophie Lexikon, Stuttgart, Weimar, 1996, S. 121 **85** Vgl. Achim Stephan, »Emergence – A Systematic View on its Historical Facets«, in: Ansgar Beckermann; Hans Flohr; Jaegwon Kim (eds.) Emergence or Reduction?

Essays on the Prospect of Nonreductive Physicalism. Berlin/New York, 1992, S. 26 **86** Vgl. a. a. O., S. 27 **87** Vgl. a. a. O., S. 27 **88** Vgl. a. a. O., S. 27 **89** Samuel Alexander, Space, Time, and Deity, 2 Vols, London, Mamillan (1920) **90** Vgl. Popper/Eccles, The Self and its Brain, (Karl R. Popper, John C. Eccles, Das Ich und das Gehirn, München 1977, 1989, 1997), hier aus: Achim Stephan, »Emergence – A Systematic View on its Historical Facets«, in: Ansgar Beckermann; Hans Flohr; Jaegwon Kim (eds.) Emergence or Reduction? Essays on the Prospect of Nonreductive Physicalism. Berlin/New York, 1992, S. 34 **91** Popper/Eccles, The Self and its Brain, (Karl R. Popper, John C. Eccles, Das Ich und das Gehirn, München 1977, 1989, 1997), S. 35 **92** Vgl. Thomas S. Kuhn, The Structure of Scientific Revolutions, Chicago 1962, 2. Auflage mit Nachwort 1969, dt. Die Struktur wissenschaftlicher Revolutionen, übers. K. Simon, Frankfurt a. M. 1967, 2. rev. und um das Postscriptum von 1969 erg. Aufl. 1976 (rev. Übers. H. Vetter) **93** Vgl. Manfred Stöckler, »Emergenz. Bausteine für eine Begriffsexplikation«, Conceptus XXIV (1990), Nr. 63, S. 7–24 **94** Vgl. a. a. O. **95** Vgl. a. a. O. **96** Talcott Parsons: A Paradigm for the Analysis of Social Systems and Change, Orig. 1961, in N. J. Demerath, R. A. Peterson, System, Change and Conflict, The Free Press, New York 1967, S. 195 **97** P. Eisenhardt, D. Kurth, »Aufriss einer Theorie der Emergenz«, in: W. G. Saltzer (hg.) Zur Einheit der Naturwissenschaften in Geschichte und Gegenwart, Darmstadt 1990, S. 129–149, hier S. 145 **98** Peter Eisenardt, »Emergenz, Die Entstehung von radikal Neuem«, in: Arch+ 119/120 **99** Vgl. Peter Eisenhardt, Kurt Dahn, Horst Stiehl, »Du steigst nie zweimal in denselben Fluss, Die Grenzen der wissenschaftlichen Erkenntnis«, Reinbek bei Hamburg, 1988 **100** Vgl. Peter Eisenardt, »Emergenz, Die Entstehung von radikal Neuem«, in: Arch+ 119/120 **101** R. F. Hoskins, Standard and Nonstandard Analysis: fundamental theory, techiques and applications, Chichester, 1990. Dieter Landers/Lothar Rogge, Nichtstandard Analysis, Berlin, Heidelberg, New York, 1994 **102** Vgl. Peter Eisenhardt/Kurt Dahn: Emergenz und Dynamik, Naturphilosophische Grundlagen einer nichtstandard Topologie, Cuxhaven, 1993 **103** Peter Eisenhardt, Kurt Dahn, »Aufriss einer Theorie der Emergenz«, in: W. G. Saltzer (hg.) Zur Einheit der Naturwissenschaften in Geschichte und Gegenwart, Darmstadt 1990, S. 129–149 **104** Vgl. L. C. Alty, »Building Blocks for Topology Change« American Institute of Physics, J. Math. Phys. vpl 36 No. 7, July 1995 **105** Sanford Kwinter, »Landschaften des Wandels. Boccionis ›Stati d'animo‹ als allgemeine Modelltheorie«. Arch+ 119/120, Die Architektur des Ereignisses, Berlin, Dez. 1993, S. 98 **106** Vgl. Hassler Whitney, On singularities of mappings of Euclidean Space. Mappings of the Plane into the Plane. Ann. Math. II, Ser. 62 (1955) S. 374–410 **107** Sanford Kwinter, »Landschaften des Wandels. Boccionis ›Stati d'animo‹ als allgemeine Modelltheorie«. Arch+ 119/120, Die Architektur des Ereignisses, Berlin, Dez. 1993, S. 98 **108** Sanford Kwinter, »Das Komplexe und das Singuläre«, Arch+ 119/120, Die Architektur des Ereignisses, Berlin, Dez. 1993, S. 78, 80, 86 **109** Vgl. Bernard Tschumi, Vortrag 30. 1. 97, Basel Swiss-Bau 97, Mitschrift J. Huber **110** Vgl. a. a. O. **111** Vgl. a. a. O. **112** Alison & Peter Smithson, »Where to walk and where to ride in our bouncy new cars and our shiny new clothes« (1967), In: Ders., The Emergence of Team X out of CIAM, (Architectural Association) London 1982, S. 90 **113** Vgl. Bernard Tschumi, Vortrag 30. 1. 97, Basel Swiss-Bau 97, Mitschrift J. Huber **114** Vgl. Bernard Tschumi: »Die Aktivierung des Raumes« Arch+ 119/120, S. 70/71 **115** Bernard Tschumi, Vortrag 30. 1. 97, Basel Swiss-Bau 97, Mitschrift J. Huber **116** a. a. O. **117** Bernard Tschumi, »The Architecture of the Event«, AD P 95, Vol. 62, 1992 London, S. 25 **118** Bernard Tschumi. The Manhatten Transcripts. Theoretical Project, London 1981/1994, S. XXI/XXVI **119** a. a. O., S. 11 **120** a. a. O., S. XXI **121** a. a. O., S. 7 **122** Bernard Tschumi, Architecture and Disjunction, Cambridge/MA, 1994, S. 255 **123** Donald Davidson, »Geistige Ereignisse« (1970), in: Ders. Handlung und Ereignis,

Frankfurt a. M. 1990, Orig. 1980, S. 291 **124** Vgl. Christine M. Boyer, The City of Collective Memory. Its Historical Imaginary and Architectural Entertainments, Cambridge/MA 1994, S. 73ff./479ff.; siehe auch: Johannes Boettner, Himmlisches Babylon: zur Kultur der verstädterten Gesellschaft, de Gruyter 1989 **125** Guy Debord, The Society of the Spectacle, New York, 1994, Orig. 1967, S. 12 **126** Vgl. Jacques Derrida, »Am Nullpunkt der Verrücktheit – Jetzt die Architektur«, in: Wolfgang Welsch (hg.),Wege aus der Moderne. Schlüsseltexte der Postmoderne-Diskussion, Weinheim 1988, S. 215–232 **127** Lieven De Cauter, »The Smithsons: the independent ensemble a urban model«, in: Ders., The rise of the mobility society. From utopia to heterotopia, Archis, Nr. 2 Feb. 2000, S. 15 **128** Bernard Tschumi, The Manhatten Transcripts. Theoretical Project, London 1981/1994, S. XXV **129** Bernard Tschumi, »The Architecture of the Event«, AD P 95, Vol. 62, London 1992, S. 25 **130** Bernard Tschumi, Architecture and Disjunction, Cambridge/MA, 1994, S. 22 **131** a. a O., S. 139 **132** a. a. O., S. 19/22 **133** a. a. O., S. 162 **134** Vgl. Bernard Tschumi: »Die Aktivierung des Raumes« Arch+ 119/120, S. 12, 93 **135** Jacques Derrida, »Am Nullpunkt der Verrücktheit – Jetzt die Architektur«, in: Wolfgang Welsch (hg.), Wege aus der Moderne. Schlüsseltexte der Postmoderne-Diskussion, Weinheim 1988, S. 217, 223, 224, 230 **136** Vgl. Vladimir I. Arnold, Catastrophe Theory, Berlin, Heidelberg, New York, dritte überarbeitet Auflage, 1992 **137** Ein vom Autor aus Marcel Duchamp und John Cage an der AA London weiterentwickelte Formel. **138** Alan Wexelblatt, »Giving meaning to Place: Semantic Spaces«, in M. Bennedikt, Cyberspace, First Steps, Cambridge/MA, 1991, S. 255–271, hier: S. 268 **139** a. a. O., hier: S. 268 **140** a. a. O., S. 268 **141** Thomas Gross, Interview mit Klaus Theweleit: Flimmern, Rauschen und andere Glücksspiralen, Tages Anzeiger Zürich, DAS MAGAZIN, Nr. 34. 28. 8.–3. 9. 1991, S. 14–24, hier S. 22/23 **142** Peter Eisenman Architects, Unfolding Frankfurt, Berlin 1991, S. 9, 11, 14 **143** Gilles Deleuze, Die Falte. Leibniz und der Barock, Frankfurt a. M. 1995, Orig. 1988 **144** Vgl. René Thom, Structural Stability and Morphogenesis. Towards a general Theory of Models, New York 1975 **145** Ulrich Schwarz, »Emergenz und Morphogenese. Zum Verhältnis von aktueller Architektur und neuem naturwissenschaftlichen Denken«, in: Barbara Steiner; Stephan Schmidt-Wulffen, In Bewegung. Denkmodelle zur Veränderung von Architektur und bildender Kunst., Hamburg 1994, S. 90 **146** Vgl. »Deleuze/Guattari and Matter: A conference«. Philosophisches Seminar Universität Warwick 1997/GB, Konferenzprotokoll: http://csv.warwick.ac.uk/fac/soc/Philosophy/matter.html **147** Vgl. Stephen Perella, »Hypersurface Theory: Architecture><Curlture«, in: Ders. (ed.) Hypersurface Architecture, AD Profile No. 133, S. 11 **148** Gilles Deleuze, »Leibniz« (1988), in Ders: Unterhandlungen, 1972–1990, Frankfurt a. M. 1993, Orig. 1990, S. 231 **149** Peter Eisenman Architects, Unfolding Frankfurt, Berlin 1991, S. 24, siehe Orig. in: Gilles Deleuze, Leibniz (1988), in Ders: Unterhandlungen, 1972–1990, Frankfurt a. M. 1993, Orig. 1990, S. 231 **150** John Rajchman, »Perklikationen: über Raum und Zeit des Rebstockparkes«, in: Peter Eisenman Architects, Unfolding Frankfurt, Berlin 1991, S. 22 **151** Peter Eisenman Architects, Unfolding Frankfurt, Berlin 1991, S. 13 **152** John Rajchman, »Perklikationen: über Raum und Zeit des Rebstockparkes«, in: Peter Eisenman Architects, Unfolding Frankfurt, Berlin 1991, S.22, 29, 37, 39 **153** Greg Lynn, »Architectural Curvilinearity: The Folded, The Pliant and the Supple«. in: Ders. (ed.) Folding in Architecture, AD Profile No. 102, London 1993, S. 10 **154** Alejandro Zaera Polo, »Order out of Chaos. The Material Organization of Advanced Capitalism«, in: Jonathan Woodproffe, Dominic Papa, Ian Macburnie (eds.), The Periphery, AD Profile No. 108, S. 28/29 **155** Vgl. Donald Davidson, »Geistige Ereignisse« (1970), in: Ders. Handlung und Ereignis, Frankfurt a. M. 1990, Orig. 1980, S. 302 **156** Vgl. a. a. O., S. 299 **157** Vgl. a. a. O., S. 302 **158** Michel Serres, Hermes IV. Verteilung, Berlin 1993, Orig. 1977, S. 295 **159** V. I. Arnold,

Catastrophe Theory, Third, Revised and Expanded Edition, Berlin, Heidelberg, New York, 1992, S. XI **160** Vgl. Ralph Abraham, Jerrold E. Marsden, Foundation of Mechanics. Second Edition, Reading/MA 1978, S. XVIII **161** Vgl. a. a. O., S. XVIII; V. I. Arnold, Catastrophe Theory, Third, Revised and Expanded Edition, Berlin, Heidelberg, New York, 1992, S. 89 **162** Vgl. Ralph Abraham, Jerrold E. Marsden, Foundation of Mechanics. Second Edition, Reading, Massachusetts, 1978; Ralph H. Abraham, Robert Shaw, Dynamics, The Geometry of Behavior, Part Four, Santa Cruz/CA, 1984, Bd. 1–4 **163** Vgl. Manfred Stöckler, »Emergenz. Bausteine für eine Begriffsexplikation«, Conceptus XXIV (1990), Nr. 63, S. 7–24 **164** Vgl. Talcott Parsons: »A Paradigm for the Analysis of Social Systems and Change«, Orig. 1961, in N. J. Demerath, R. A. Peterson, System, Change and Conflict, New York 1967, S. 195 **165** Vgl. Peter Eisenardt, »Emergenz. Die Entstehung von radikal Neuem«, in: Arch+ 119/120 **166** Vgl. Jacques Derrida, »Signatur, Ereignis, Kontext«, in: Ders. Randgänge der Philosophie, Wien 1988, S. 313 **167** Vgl. a. a. O., S. 303 **168** Vgl. a. a. O., S. 303 **169** Vgl. Sanford Kwinter, »Das Komplexe und das Singuläre«, Arch+ 119/120, Die Architektur des Ereignisses, Berlin, Dez. 1993, S.86 **170** Vgl. a. a. O., S. 80 **171** Götz Grossklaus, Medien-Zeit, Medien-Raum. Zum Wandel der raumzeitlichen Wahrnehmung in der Moderne. Frankfurt a. M. 1995/1997, S. 57, aus: P. Virilio, Rasender Stillstand, München 1992, S. 74/78 **172** Vgl. Bernard Tschumi, The Architecture of the Event, AD P 95, Vol. 62, 1992 London, S. 25 **173** Bernard Tschumi, Podiumsdiskussion Swissbau Basel: Koolhaas/Tschumi: Basel, 30. 1. 97, Mitschrift des Autors **174** Bernard Tschumi, Architecture and Disjunction, MIT Press, Cambridge/MA, 1994, S. 162/163 **175** Vgl. Johannes Boettner, Himmlisches Babylon: zur Kultur der verstädterten Gesellschaft, de Gruyter 1989 **176** Vgl. Bernard Tschumi, »The Architecture of the Event«, AD P. 95, Vol. 62, 1992 London, S. 25 **177** Vgl. Bernard Tschumi, Podiumsdiskussion Swissbau Basel: Koolhaas/Tschumi: Basel, 30. 1. 97, Mitschrift des Autors **178** Vgl. a. a. O. **179** Vgl. a. a. O. **180** Vgl. a. a. O. **181** Vgl. Paul Davies, The Cosmic Blueprint, London 1987, S. 171 **182** Vgl. John A. Wheeler, »Bits, Quanta, Meaning« in: A. Giovannini; M. Marinaro; A. Rimini (eds.), Problems in Theoretical Physics (University of Salerno Press, 1984, p. 121 (hier aus: Paul Davies, The Cosmic Blueprint, London 1987, S. 174) **183** Peter Pechtel; Franz-Peter Burkard (hg.), Metzler Philosophie Lexikon, Begriffe und Definitionen, Stuttgart, Weimar 1996, S. 293

TOPOLOGISCHE STABILITÄT UND
TOPOLOGIE DES FLÜSSIGEN

Topologie des Flüssigen beschreibt den medialen Fluss von Kontext, Architektur und deren Zustandsveränderungen im heterogenen urbanen Gemisch an einer Schwelle zum Stabilitätsverlust: Alles in Flux – im Nichtgleichgewichtszustand.

Das Kapitel über Flüssigkeits-Topologie ist das einzige oder erste, dessen topologische Begrifflichkeit und Basis nicht ausschließlich der mathematischen Topologie, sondern der experimentellen Physik, der Thermodynamik und den Hydroingenieurwissenschaften entstammen. Trotzdem erscheint diese kleine Inkonsequenz berechtigt. Die Metapher des Flüssigen respektive der adäquate Umgang damit als einem Teil von Architektur kann man bis zu Vitruv zurückverfolgen, der Bewässerungssysteme und -maschinen der Architektur zuordnete. Unser heutiger Gebrauch in angewandten Sozialwissenschaften und der Kontexttheorie der Architektur hingegen besitzt eine durchaus journalistische und kommunikationswissenschaftliche Seite: »Informationsfluss«, »Datenstrom«, »Mainstream« etc. beschreiben seit langem mit der Analogie des Flusses Zustände von Kommunikationsmedien. Mit solch naiver Analogie wird mehreres gemeint: Es fließe immer neue Information nach, ob man will oder nicht, sie sei flüchtig, kurzlebig und »irgendwie« als Ganzes nicht fassbar: »Es zerrinnt einem unter den Fingern«. Flüssig bildet dabei den Gegenpool zu starr, unbeweglich, hart. In Bezug auf unsere Umwelt, den Kontext der Architektur, entstehen daraus schlagwortartige Schlüsse wie »alles ist Information«, deshalb »alles medial«, ergo ein Medium und dieses Medium ist »flüssig«. Dementsprechend sei in unserer Umwelt »alles flüssig«, in ständiger Bewegung. Im Gegensatz zur Topologie von Flüssigkeiten, besitzt die in den Kommunikationswissenschaften verwendete Form von »flüssig« das Prädikat eines »gleichförmigen, gleichmäßigen, kontinuierlichen« Fließens, ähnlich dem schon erwähnten »naiven« Feldbegriff. Wie wir sehen werden, untersucht die Topologie im Gegensatz dazu vor allem Zustandsübergänge, kritische Punkte, kritische Zustände und Schwellen zum Stabilitätsverlust von Flüssigkeiten. Dieser Unterschied ist nicht unwesentlich für das Verständnis von »flüssigem« urbanem Kontext. So plakativ die Flüssigkeits-Analogie sich im ersten Moment anhört, werden wir in diesem Kapitel auf sie weiter eingehen. Unterstützung findet eine solche Denkweise durch Entwicklungen in der Erforschung nichtlinearer Systeme der Thermodynamik; das von Ilya Prigogine und Isabelle Stengers in ihrem Buch »Order out of Chaos« (1984) propagierte »flüssige« »Christaller-Modell« für urbane Strukturen (als Planungs-Modell zwar schon veraltet) sei hier ein prototypisches Beispiel.[1] Der KI-Forschung, der rasanten Entwicklung computergestützter Bildgeneration und dem »Cyber-Space«-Diskurs sind weitere Inputs zu verdanken.

Seit Heraklit hat die Flüssigkeitsanalogie in den Geisteswissenschaften ihre Tradition zur Beschreibung der Bewegung von Materie und Sein. Die Entwicklungen im Umgang mit nichtlinearen dynamischen Systemen hat diesem Denken als Abkehr von einem rigiden Determinismus wieder Aufschwung gegeben. Einer der zeitgenössischen Protagonisten nichtlinearen Denkens ist der Franzose Michel Serres. Um dem Flüssigen als Objekt habhaft zu werden, werden Denk-»Gefäße« mit fluiden Eigenschaften produziert. Ein klassisches und unübertroffenes Modell bildet dazu Platons »Chora« aus dem Timaios, aber auch Deleuze/Guattaris »Rhizom«, Sloterdijks »Blasen« und »Schäume« oder Kellys »Schwarm«; alle selbstverständlich mit graduell unterschiedlichen Eigenschaften.

Städtebaulich/urban sind die Arbeitet von Manuel Castells und David Harvey herauszuheben. Zusammen mit McLuhans »Media is the Message« bildeten sie die theoretische Vorhut für die unübersichtliche »flüssige« Masse von Literatur über mediatisierte Kultur und die Informationsgesellschaft. Ihnen gemeinsam ist, dass das Vehikel »Stadt« – wie eine »Chora« – keinen klassischen Ortsbezug mehr zulässt. Dieser wird ersetzt durch temporale Örtlichkeiten »im Fluss«; eine urbane Eigenschaft, die in der Stadtliteratur des 20. Jahrhunderts von Joyce, Benjamin, Kafka zu Robbe-Grillet und Auster immer wieder als topologischer Topos eingesetzt wird. Castells und Harvey weisen auch berechtigt auf zunehmende Prozessualisierungs- und Destabilisierungstendenzen von urbanem Kontext, oder direkter formuliert der »Lebenswelt«/Umwelt hin. Diese soziokulturellen und sozialgeographischen Destabilisierungen des »Kontextes als Medium« markieren Zustandsänderungen und Übergangssituationen, in der Sprache der vrituellen Realität auch »Schnittstellen« genannt. Bei der Beschreibung dieser Situationen und Prozesse hakt die Flüssigkeitsdynamik und -Topologie ein. Im Unterschied zu konventionellen kontextuellen Prozessbetrachtungen, die diskret eindimensional gerichtet betrachtet werden, sind mit den Modellen der Flüssigkeitsdynamik drei oder raum-zeitlich vier dimensionale Prozessdarstellungen möglich. Als Fluss im Phasenraum sind sogar noch höherdimensionale Flüsse gleichzeitigen Interagierens möglich. Prozess wird dadurch zu einem räumlich-materiellen Phänomen.

Architektur als Medium ist auch ein solches räumlich-materialisiertes Phänomen. »Flüssige Architektur« bedeutet nicht ein naives Denken von Häusern aus »Wasser«. Vielmehr beschreibt man damit »Architektur als Medium« von Planungsprozess, Entwurf, Bauphase, Inbezugnahme, Alterung, Umnutzungen, Umbauten, Abriss, Neuplanungen etc. als eine kontinuierliche respektive diskontinuierliche kulturelle Bewegung »in Flux«, eingebettet in das Fließen des urbanen Kontexes. Die topologische Bijektivität hat für Architektur und Kontext weitreichende Konsequenzen. Werden sie flüssigkeitstopologisch gelesen, gelten die Transformationen in beide Richtungen. Die Rolle von Architektur und Kontext aus der Position eines flüssigen Mediums heraus kann nicht mehr dieselbe wie die des koventionellen starren Berufsbildes und trivialen Kontextes sein. Sie müssen aktiv reformuliert werden; verflüssigt werden. Was sind dann »Kriterien« – flüssige Kriterien – der Disziplin?

Architekten wie Greg Lynn, Alejandreo Zaera Polo, Kas Oosterhuis oder Winy Maas versuchen, diese Kriterien als Bedingungen von Kontext zu quantifizieren und über CAD respektive Animationssoftware als Informations-Architektur zu visualisieren. In einer determinierenden Vereinfachung wird der urbanen Infrastruktur in Relation zu Architektur eine überdurchschnittliche Rolle zugeteilt. Als quantifizierter Medienfluss wird für sie alles zu Infrastruktur. DataScape aber ist ein Schritt weg von qualitativen Betrachtungsweisen, zurück zu deterministischer Quantifizierung, die Kontext unter Kontrolle haben will – ein Trugschluss. Die Quantifizierung war und ist nicht Intention von Topologie in der Architektur und im urbanen Kontext. Deshalb auch die berechtigte Kritik von Sanford Kwinter.[2] Qualitative Constraints wären besser topologisch als Mannigfaltigkeiten niederer Kodimension zu beschreiben, die als Konnexionen des Faserbündelraumes auf die »Urbane Topologie« wirken können.

Dieses letzte Kapitel über »Urbane Topologie« im architektonischen Kontext der randlosen Stadt hat den Zweck, auf mögliche Sichtweisen und Handlungsweisen an Schwellen zwischen stabilen und instabilen Zuständen hinzuweisen. Punktuelles deterministisches Einfrieren der »Flüssigkeit Stadt« funktioniert in der randlosen Stadt nicht mehr. Der lokale »Eisblock« – als Architektur – wird zum Aufrechterhalten des »Freeze« eine hochdissipative Struktur, die ständige soziale und ökonomische Energiezufuhr benötigt und die trotzdem einfach umflossen, übergangen wird. Befürworter von starrem, gefrorenem Kontext der Ordnung im Gegensatz zu einem Kontext der Transformation vergessen immer wieder, dass Starrheit nicht Ewigkeit bedeutet, sonden auch Energieaufwand des Environments verlangt, also auch eine dissipative Struktur darstellt. Urbane Topologie soll eine Möglichkeit des Umganges mit Kontext als Medium von Informationsfluss und -flüssen sein.

TOPOLOGISCHE BEGRIFFE: STABILITÄT UND VERWIRBELUNG

In der Thermodynamik und der Flüssigkeitsmechanik stehen in der Forschung Fragen über Zustandsveränderungen im Grenzbereich zur Instabilität, zur Turbulenz, in einer zentralen Position. Es ist hier nicht der Ort, sich mit den physikalischen Einzelheiten dieser Thematik auseinanderzusetzen. Viele Fragen sind offen und ungelöst, Turbulenz nach wie vor nicht erklärbar. Dies hängt nicht zuletzt mit den Unzulänglichkeiten der Werkzeuge, speziell den Limiten der Navie-Stockes-Gleichungen und Limiten im Umgang mit Differenzialgleichungen höherer Ordnung zusammen. An dieser Stelle setzen die qualitativen Untersuchungen der Topologie an.

Topologische Stabilität und generische Eigenschaften

Eine Topologie, speziell die Topologie dynamischer Systeme, ist nicht automatisch stabil. Stephen Smale (einer der Begründer der Verbindung von Differenzialtopologie und Theorie dynamischer Systeme)[3] hat die Kriterien klassifizert: Sie bezeichnen die »generischen« Eigenschaften G1, G2, G3, (G4) von dynamischen Systemen und werden Morse-Smale oder Smale-Kupka (für 2-D/3-D) Theoreme genannt.[4] Peixoto hatte diesen noch zwei weitere Kriterien G4 und F hinzugefügt. In der Literatur wird manchal von den generischen Eigenschaften als »typischen Eigenschaften« gesprochen.[5] Die (a-typischen) »de-generativen« Ausnahmefälle sind viel komplizierter und unübersichtlich zahlreich, zudem kommen sie eher selten in Anwendungen vor, gerade weil sie Ausnahmen – Pathologien – darstellen.[6]

– G1: Ein dynamisches System hat die Eigenschaft G1, falls alle seine kritischen Punkte hyperbolisch respektive elementar sind,[7] das heißt, das System hat endlich viele Ruhelagen.[8]
– G2: Ein dynamisches System erfüllt die Eigenschaft G2, falls jeder seiner Grenzzyklen hyperbolisch respektive elementar ist,[9] das heißt, das System besitzt endlich viele periodische Orbits.[10]

- G3: Alle stabilen und instabilen Mannigfaltigkeiten von Ruhelagen bzw. periodischen Orbits sind transversal zueinander. Die generische Eigenschaft G3 betrifft die Transversalität der Schnittmenge (transversal zur natürlichen Stratifikation)[11] der »gebenden« und »nehmenden« Mannigfaltigkeiten von Ruhelagen, speziell der Sättel und periodischen Sättel.[12]
- G4 (Peixoto): Ein dynamisches System besitzt keine nichttriviale Wiederholung (reccurence).[13] Die Menge aller nichtwandernden Punkte besteht nur aus Ruhelagen und periodischen Orbits. G4 (allgemein).[14]
- F (Peixoto): Ein dynamisches System besitzt die Eigenschaft F, falls sie nur eine finite, also endliche, Anzahl von Grenzmengen besitzt (Erweiterung des Poincaré-Bendixon Theorems für 2-D). Eigenschaft F folgt in 2-D aus G1–G4.[15] Es existieren noch weitere generische Eigenschaften für nichtpathologische Spezialfälle, G5, G6 usw., die wir vernachlässigen.[16]

Das Verhalten eines dynamisches Systems, das diese Kriterien erfüllt, nennt man ein globales Verhalten. (Auf die generischen Eigenschaften H1–H4 der Dynamik von Hamilton-Systemen wird aus Platz- und Komplexitätsgründen nicht eingegangen.)[17] Zentral sind dabei die Bedingungen für Stratifikation und Transversalität: Transversalität haben wir im Kapitel über Homotopie eingeführt, Stratifikation im darauf folgenden über Homologie. Das Konzept der Transversalität in der Differenzialtopologie geht auf René Thom zurück und wurde insbesonders von Ralph H. Abraham bezüglich der Topologie des Flüssigen weiterentwickelt.[18] Kriterien für strukturelle Stabilität basieren auf den sich ergänzenden Ideen von Perturbation und topologischer Äquivalenz (siehe oben: top. Äquivalenz von Differenzialgleichungen). Eine Perturbation eines Vektorfeldes bedeutet die Addition eines relativ kleinen, meist nicht weiter spezifizierten (delta-kleinen) Vektorfeldes.[19] Um höheren Dimensionen gerecht zu werden, verwendet man das Konzept der Epsilon-Äquivalenz. Dies ist eine topologische Äquivalenz dynamischer Systeme, in der der deformierende Homöomorphismus den Zustandsraum (resp. Phasenraum) nur ein »klein bisschen«, ausgedrückt durch »Epsilon«, dehnt oder verschiebt. Entsprechend spricht man von einer »Delta«-Perturbation, wenn sie sehr klein, genügend klein ist.[20] Ein Vektrofeld besitzt die Eigenschaft von struktureller Stabilität, falls für ein gewähltes (genügend kleines) Epsilon alle Delta-Perturbationen Epsilon äquivalente Phasenportraits besitzen.[21] Ein strukturell stabiles System besitzt die generischen Eigenschaften G1 bis G4. Für 2-D gilt, dass auch umgekehrt G1 bis G4 strukturelle Stabilität garantieren. Für 3-D oder noch höher gilt diese Umkehrung nicht.

Topological Fluid Dynamics, Wirbel-Topologie

Was geschieht, wenn der Kontext eines dynamischen Systems in Bewegung ist, wenn er »fließt«? Die Wissenschaft der Flüssigkeitsmechanik (fluid mechanics) untersucht solche Phänomene. Das abstrakte Vektorfeld wird dabei zu einem Fluss-Feld (flow-field). Die qualitative topologische Betrachtung geht von »Orbits«, deren Verlauf und den sich dabei zeigenden kritischen Punkten aus. In der praktischen Anwendung entwickelten sich daraus auch eine Reihe von numerischen Invarianten und Parametern im Zusammenhang mit zugehörenden Differenzialgleichungen (v. a. Navier-Stockes), die wir an dieser Stelle nicht näher behandeln werden. Auch sie führen indirekt oder direkt auf grundlegende Betrachtungen über Orbits in der Flüssigkeit zurück. Dabei ist weniger ein »normaler« Zustand eines Flusses von Interesse, sondern die Übergangsstadien, die Grenzsituationen bei der Veränderung von einzelnen Parametern des Flusses. Die physikalischen Parameter, interne (Materialeigenschaften) und externe (Umwelteinflüsse) können eine große Anzahl erreichen. In der experimentellen Betrachtung versucht man, maximal 1–3 gleichzeitig zu ändern.

Für uns stellt sich dabei die Frage, wann bei diesen Übergängen eine topologische Veränderung des Flusses stattfindet. Die erste Frage stellt sich nach dem Kontext des Flusses. Ist er »offen«, entlang einer Wand, einer Oberfläche oder entlang eines Hindernisses (das z. B. den Fluss teilt), in einem anderen Medium, in einer anderen Schicht desselben Mediums etc. Innerhalb eines Kontextes kann man grob drei Zustände formulieren: a) laminarer, gleichförmiger Fluss, b) Vortex/Wirbel und Verwirbelungen, c) Turbulenz.

Die Untersuchung von Fließprozessen besitzt ein riesiges Problem der Sichtbarmachung und Darstellung. Auf der praktischen Seite soll man scheinbar homogene Flüssigkeiten dazu bringen, ihr »Inneres« und deren Veränderung zu zeigen. Auf der theoretischen Seite stellt sich die Situation, dass die Navier-Stockes-Differenzialgleichung zur Beschreibung von viscosen Flüssigkeiten in Hamilton-Systemen in komplexeren Fällen auch heute noch nur in Annäherungen – mit Tricks – behandelt werden kann. Vor allem zeigt sie ihre Grenzen bei stark dissipativen, also energieabsorbierenden Systemen der Realsituation.[22] Gerade aber im Erkennen dieser Repräsentationsgrenzen wurden in den letzten Jahren qualitative topologische Betrachtungen der Strömungsphänomene immer wichtiger.[23]

Um Wirbel sichtbar zu machen, wird in der experimentellen Praxis zu verschiedenen Einfärbungsmethoden, zu Ölen auf Oberflächen, zu Rauch oder heute immer häufiger zu Laserlicht gegriffen. Um das Gesehene in die Theorie zu integrieren, nimmt man als Analogie an, die Strömungslinien von Öl, Rauch und Farbe entsprächen in Approximation den Trajektorien von kontinuierlichen topologischen Vektorfeldern.[24] Die Muster der Strömung auf Oberflächen konstituieren ein Phasenportrait-Analogon des Reibungsvektors der Oberfläche. Zwei

Phasenportraits haben dieselbe topologische Struktur falls die Abbildung des einen in das andere wegzusammenhängend ist. Eine topologische Eigenschaft ist dann eine jede Charakteristik des Phasenportraits, die unter der wegzusammenhängenden Abbildung invariant bleibt. Die Anzahl und Typen der kritischen Punkte, die Existenz geschlossener Wege etc. sind Beispiele solch topologischer Eigenschaften. Die Menge aller topologischen Eigenschaften des Phasenportraits beschreibt dann die topologische Struktur. Ein Phasenportrait wird als strukturell stabil bezeichnet, falls es bei einer bestimmten infinitesimalen Veränderung eines Parameters – einer Perturbation – dieselbe topologische Struktur wie das Ausgangsportrait besitzt.[25]

Auf diese Weise und mit den topologischen Werkzeugen der von R. Thom und R. Abraham entwickelten Theorie der transversalen topologischen Abbildungen versucht man, die kritischen Punkte der Strömung zu finden.[26] Die Topologie eines Flusses wird zur Hauptsache durch Art und Anordnung ihrer kritischen Punkte bestimmt.[27] Dabei spielen die generischen kritischen Punkte die wesentlichere Rolle. »Degenerierte« kritische Punkte sind im Gegenteil ein Anzeichen einer Überidealisierung einer experimentellen Situation, sie kommen in der Realität praktisch nicht vor, außer in kurzzeitigen Übergängen und in Bifurkationen.[28]

Laminare Strömung Eine ideale laminare Strömung ist eine Idealsituation, wie sie die Newtonsche Mechanik immer gerne herbeisehnt oder konstruiert. Sie geht von Hindernislosigkeit und Reibungslosigkeit aus. Interessant ist für eine räumlich-dynamische Betrachtungsweise, dass für laminare Strömungen sowohl die Kontaktoberfläche als auch die Flüssigkeit in Schichten gedacht werden muss.[29]

Die Flüssigkeitsschicht direkt auf der Oberfläche wird als lokal-zweidimensional angenommen. Auf der Gegenseite geschieht dasselbe; eine laminare zweidimensionale »erste« Molekülschicht der soliden Oberfläche und dahinter der eigentliche solide Körper. Die beiden hauchdünnen Schichten von Flüssigkeit und Oberfläche bilden zusammen den eigentlichen idealisierten laminaren Raum. Die Idealsituation kommt in der Realität nicht als Normalfall, sondern allenfalls als Übergangssituation vor. An nichtidealen Oberflächen oder aufgrund anderer Parameter wie Fließgeschwindigkeit, Temperatur oder Druck kommt es trotzdem immer zu Verwirbelungen. »A state [...] is an instantaneous ›slice‹ of a history at a certain time-instant. [...] A state is not a situation, as it has a limited extent and a spatial shape. It is a very thin history.«[30]

Vortex-Wirbel In der Literatur über Strömungsprozesse wird immer wieder die Frage nach Kriterien für einen »Wirbel« gestellt.[31] »Naiv« würde man antworten, dies sei jeder dreidimensionale kritische Punkt, der einen Fokus – eine Quelle oder Senke – darstellt. Es ist nicht so einfach. Die oben beschriebene Analogie zwischen Fließstrukturen auf Oberflächen und den Trajektorien von Vektorfeldern war eine praxiserprobte Annäherung in der zweidimensionalen Ebene. Ein Fluss ist andererseits ein in extremem Ausmaße dreidimensionales (noch ohne Zeitvektor) Phänomen. Zudem springt obige Analogie vom Realraum-Experiment direkt in die Darstellung des Phasenraumes oder Zustandsraumes.

»What is a Vortex? [...] the definition of a vortex requires knowledge of the flow developement in time. If [...] a time-sequence of instantaneous streamline pat-

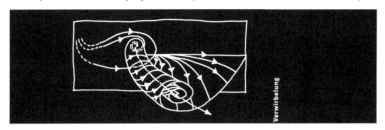

terns is used, vortices may be detected by the following procedure: All possible inertial frames are checked, to locate regions with closed streamlines. Then [...] the closed streamline regions in their respective reference frames are examined to see if their centers have moved. When the centers of such regions do not change with time, these regions represent vortices, When they move, these regions are not vortices. [...] In a steady vortex the fluid particles move on closed or spiraling streamlines (pathlines) around a common axis (vortex-line, vortex-sceleton, J. H.). From this definition one might conclude, that the property of a flow being in vortical motion could be described as a global property only, that cannot be expressed by a differential operator [...].«[32] Auch diese Annäherung scheint für einen topologischen Ansatz noch zu »phänomenologisch«.

In der Analyse von dynamischen Systemen spielt das qualitative Bild der Trajektorien, die die kritischen Punkte im Phasenraum verbinden, eine maßgebende Rolle. Man muss dazu nicht das Verhalten aller Trajektorien kennen, es reichen oft die Separatrix-Trajektorien, die einzelne Regionen unterscheiden. Im dreidimensionalen Fluss entsprächen diesen Trajektorien Separatrixflächen, die Fließoberflächen im drei-dimensionalen Fluss darstellen. Die Flächen enthalten Flusslinien, die sich aus kritischen Punkten des Phasenportraits – als Bild der Strömungslinien – entwickeln, speziell Punkte der Auftrennung (engl. Separation) oder Anbindung (engl. Attachment) der Strömung, also Kreuzungspunkte, Sattel oder Focus.[33] Es genügt also, das Flussfeld als eine singuläre Fließoberfläche – eine Separatrixfläche – darzustellen, welche ihrerseits Fließoberflächen-Singularitäten zeigen kann: Cusp, Falten etc. Eine solche sich entwickelnde Singularität kann beginnen, sich spiralförmig zu bewegen, also das zu formieren, was wir als einen Vortex-Wirbel bezeichnen.[34]

Die Entstehung von Wirbeln stellt einen Wandel der topologischen Struktur des Flusses dar. Es wurde angedeutet, dass eine der Möglichkeiten zur Genesis eines Wirbels durch die Separation des Flusses, z. B. aufgrund eines Hindernisses besteht, aber auch Oberflächenstrukturen eines ursprünglich laminaren Zustandes können dazu führen.

Das Verhalten eines Wirbels unter verschiedensten Bedingungen kann weiter untersucht werden. Einerseits mit der Fließoberflächen-Separatrix-Fläche, andererseits mit dem Vortexskelett, bestehend aus der Vortexlinie mit der unmittelbar benachbarten Vortex-»Schicht«. Durch diese »Röhrenform« des Vortex-Skelettes ist Orientierung als wichtiger topologischer Eigenschaft sowie das solenoide (eine Spulenwicklung) Element mit in die Betrachtung eingeschlossen. Das Vortex-Skelett beschreibt eine Art topologischen »genetischen code« des Wirbels und dessen Entwicklung.[35] Um die Grenzbereiche der Stabilität eines Wirbels zu verändern, werden im Experiment Parameter verändert. Topologisch bedeutet dies dann für den Wirbel oder das Wirbel-Skelet als Analogon, dass er topologisch gedehnt, komprimiert, geknotet, verbunden etc. wird.[36] Gerade letztere Auflistung wird für die Untersuchung der Fortbewegung von Wirbeln z. B. in nichtgleichförmigen Flüssen topologisch relevant.[37] Idealisierte Wirbelstürme könnte man sich als Bild vorstellen.

Topologischer Wandel kann neben Separation auch durch die Kollision von Wirbeln ausgelöst werden. Man stelle sich dazu zwei (oder mehrere) Vortex-Skelette nebeneinander vor. Die Kollision verläuft durch drei Phasen: a) Kollision und Core-Deformation/Kern-Deformation der Vortex-Röhre, b) »Brückenbildung«, markiert durch einen dramatischen Wandel der Topologie, bedingt durch kreuzweise Verbindungen von Wirbellinien, c) »Abnutzung«, während der ein unverbundener Rest des originalen Wirbelpaares durch eine Dehnung von neuformierten Brücken aufrechterhalten wird.[38]

Qualitative Wirbel-Untersuchungen in dynamischen Systemen und Stabilitätsbetrachtungen: Wirbel am Grenzbereich zur Instabilität befinden sich auch an der Schnittstelle zwischen Wirbeln und Turbulenz. Globale Instabilität bedeutet, dass sich permanent die topologische Struktur von entweder dem externen drei-dimensionalen Geschwindigkeitsvektorfeld oder dem Phasenportrait des Reibungsvektors erhöht. Lokale Instabilität bedeutet, dass es nicht zu einer permanenten Alterierung der topologischen Struktur eines der beiden Vektorfelder kommt. Demzufolge ist eine strukturelle Instabilität notwendigerweise global, während eine asymptotische Instabilität entweder lokal oder global sein kann. Diese Unterscheidung hilft, die Bedeutung der Unterscheidung in lokale und globale Separatrixlinien und -flächen zu verstehen. Asymptotische Instabilität des externen Flusses führt zu Bifurkation, Symmetriebruch und dissipativen Strukturen.[39]

Turbulenz An dieser Schnittstelle befinden sich auch die »kleinen« Verwirbelungen, im Englischen »Eddies« genannt, bei Abriss- und Anbindungspunkten, den Corner-Eddies oder an rauen und/oder unterschiedlichen Oberflächen. Eddy-Verwirbelungen können als Cluster von Vortex-Wirbeln und Cluster von Bifurkationen betrachtet werden.[40] Dieser inhärente Pluralismus, Eddies treten massenweise auf, macht ihre Einordung nicht so klar. Untersuchungen von Verwirbelungen werden oft auch im Zusammenhang mit Turbulenz betrachtet, mit Hilfe statistischer Mechanik.[41] Man kann in diesem Zusammenhang qualitativ von kleiner, lokaler Turbulenz sprechen, auch wenn global das System stabil ist.

Turbulenz ist ein räumlicher und zeitlicher Symmetriebruch des dynamischen Systems und eng mit den Begriffen der Instabilität, Unvorhersehbarkeit desselben und zum Teil mit Irreversibilität verknüpft.[42] Jeder Fluss hat unter bestimmten Bedingungen oder der Veränderung dieser Bedingungen die Tendenz, in einen Zustand der Turbulenz zu springen. In gewisser Weise ist der Übergang zur Turbulenz eine Art von »Phasenübergang« in der Strömung.[43] Die Analogie gilt nicht mathematisch, zeigt aber die Nähe von Thermodynamik und Flüssigkeitsdynamik. Der Übergang zu Turbulenz, der unvorhersehbare Wandel der topologischen Struktur, deren Aufbau und möglicher Zusammenbruch, beschäftigt beide Gebiete. Die Ursachen, auslösenden Momente etc. von Turbulenz können auch heute noch nur empirisch beschrieben werden.[44] Die Navier-Stockes-Differenzialgleichungen für viskose Flüssigkeiten haben mathematisch noch keinen Attraktor enthüllt, der sich zu einem »seltsamen« Attraktor eines turbulenten Systems wandeln könnte. Es ist der große Wunsch von Flüssigkeitsdynamikern, einen solchen über Navier-Stockes oder einer Weiterentwicklung derselben zu finden und Turbulenz beschreibbarer zu machen.[45] Wir haben in der Beschreibung des Phasenraumes und von Attraktoren gesehen, dass dabei deterministische und indeterministische Denkansätze aufeinanderprallen. Es scheint klar, dass Turbulenz maßgeblich durch Unbestimmtheiten des (Phasen-) Raumes ausgelöst wird. Es stellt sich die Frage, sowohl in der Theorie, wie in der kontextuellen experimentellen Praxis, inwiefern man alle Parameter des beobachteten Systems kennen könne. Ist eine Form von »weißem Rauschen«, Kontamination, Fluktuation etc. berücksichtigt? Man geht heute davon aus, dass dissipative Strukturen solche indeterminablen Konditionen generisch enthalten und so Tendenzen zu Turbulenz zeigen. Turbulenz kann dann überall auftreten und wir haben es mit dissipativen Nicht-Gleichgewichtsstrukturen zu tun.[46]

Turbulenz kann frei fließend, rotierend, geschichtet, mehrfachgeschichtet, oberflächengeschichtet etc. auftreten. Turbulenz tritt sowohl in sehr langsamen Strömungen, relativ zum Medium, als auch bei sehr schneller Strömung auf. Der topologische Wandel vollzieht sich in unüberschaubarer Art und Weise. In der experimentellen und computersimulierten Praxis wird dabei zum Mittel der statistischen Mechanik gegriffen.[47] Der Übergang zu Turbulenz wird oft mit dem Modell einer Kaskade von Bifurkationen beschrieben.[48] In der Flüssigkeitsdynamik kann eine weitere Änderung von Parametern auch zu inversen Bifurkationen, einer Reduktion von Turbulenz, führen.[49] Bei der Turbulenz zwischen und in Schichten von verschiedenen Medien kommt es hingegen zu einer irreversiblen Durchmischung – Mixing layers.[50]

GEISTESWISSENSCHAFTLICHER KONTEXT: MICHEL SERRES

Die Auseinandersetzung mit Flüssigkeitstopologie und Fragen nach struktureller Stabilität lässt konsequenterweise nach einem »Was« des Flüssigen respektive dessen Topologie fragen. Bezüglich einer architektonischen Einordnung scheint es angebracht, gerade aus Analogien der Dynamik, Unvorhersehbarkeit, Konsistenz etc. von einem Kommunikations-Medium zu sprechen. Dieser Kontext befindet sich mit dem Boom der so genannten neuen Medium in einem sich immerfort beschleunigenden Wandel, bestimmt immer mehr unser soziokulturelles Umfeld, und dadurch auch den architektonischen Kontext. Man kann dabei literarische Medien, technische Medien und Massenmedien unterscheiden. Sybille Krämer schreibt dazu in »Medien, Computer, Realität«: »Medien übertragen nicht einfach Botschaften, sondern entfalten eine Wirkkraft, welche die Modalitäten unseres Denkens, Wahrnehmens, Erfahrens, Erinnerns und Kommunizierens prägt. Damit aber erweitert sich die Frage nach der ›Natur‹ von Medien zur Frage nach der Medialität unseres Weltverhältnisses. [...] Medialität drückt aus, dass unser Weltverhältnis und damit all unsere Aktivitäten und Erfahrungen mit welterschließender – und nicht einfach weltkonstituierender – Funktion geprägt sind von den Unterscheidungsmöglichkeiten, die Medien eröffnen, und den Beschränkungen, die sie dabei auferlegen«.[52] Krämer weist auf Martin Seels Konzept hin, dass es »keine Intentionalität ohne Medialität« gäbe. »Überall wo wir in ein Verhältnis treten zu etwas, das uns im Wahrnehmen, Erfahren, Denken oder Vorstellen gegeben ist, sind es Medien, die dieses Gegebensein jeweils eröffnen«.[53]

Krämer stellt Marshall McLuhans Medienbegriff – »Medium is the Message«- dem Medienbegriff von Niklas Luhmann gegenüber, der definiere, dass »Medium immer nur Medium in Differenz zu einer Form« ist und diese die Botschaft forme.[54] Luhmanns systemtheoretische Perspektive geht nach Krämer aus von der Unterscheidbarkeit zwischen loser und rigider Koppelung von Elementen. Wo Elemente nur lose verknüpft sind, so dass sie faktisch unbestimmt bleiben, dafür aber potenziell empfänglich sind für Strukturierung, handelt es sich um ein Medium.[55] Dasjenige jedoch, was diese lose Verknüpfung dann zu strukturbildenden Mustern verdichtet, gilt Luhmann als Form.[56] »Die Differenz Medium/Form wird selbst zum Medium, wenn sie der Einzeichnung verschiedener Medien/Form-Differenzen dient, und Form ist die Differenz Medium/Form als Form der Beobachtung. Medium-Form-Verschachtelungen und -Hierarchien kennzeichnen die Realität autopoietischer operierender Systeme und ihrer Koppelungen«.[57] Luhmann: »Die Funktion der Massenmedien liegt [...] im Dirigieren der Selbstbeobachtung des Gesellschaftssystems – womit nicht ein spezifisches Objekt unter anderen gemeint ist, sondern eine Art, die Welt in System (nämlich Gesellschaft) und Umwelt zu spalten. Es geht um eine universale, nicht um eine objektspezifische Beobachtung. [...] Die Massenmedien realisieren in der Gesellschaft genau jene duale Struktur von Reproduktion und Information, von Fortsetzung einer immer schon angepassten Autopoiesis und kognitiver Irritationsbereitschaft. Ihre Präferenz für Information, die durch Publikation ihren Überraschungswert verliert, also ständig in Nichtinformation transformiert wird, macht deutlich, dass die Funktion der Massenmedien in der ständigen Erzeugung und Bearbeitung von Irritation besteht – und weder in der Vermehrung von Erkenntnis noch in der Sozialisation oder Erziehung in Richtung auf Konformität mit Normen«.[58] Bereits Talcott Parsons habe nach Luhmann den besonderen Beitrag der Massenmedien zu den »interchanges« der modernen Gesellschaft in der Steigerung der Freiheitsgrade der Kommunikation gesehen – analog zur Funktion des Geldes in der Wirtschaft.[59]

Radikale Hermeneutik: Interpretation in Flux In den 70er Jahren entstand eine Auffassung, Jacques Derridas Denk- und Arbeitsweise (besser: Denkmethodik) weniger als philosophischen Post-Strukturalismus (oder »Dekonstruktivismus«) zu verstehen, sondern als Beitrag zur Hermeneutik. Diese Einordnung als eine der möglichen Lesarten wird durch das Spätwerk Derridas heute immer mehr bestätigt. Die Literatur zu diesem Thema geht zurück auf ein Gadamer-Derrida-Treffen (Goethe-Institut Paris, 1981).[60] In Folge der kommentierten Protokolle (und deren Übersetzungen) dieses Treffens entstand das Schlüssel- oder Erstlings-Werk einer »Radical Hermeneutic« von John D. Caputo: »Radical Hermeneutics, Repetition, Deconstruction, and the Hermeneutic Project«.[61] Die Auseinandersetzung mit dem Aspekt des Flusses respektive Flux bei Husserl und die Rezeption desjenigen durch Heidegger, Gadamer und Derrida ist eines der Kernmotive von Caputos Arbeit. Dahinter verbirgt sich eine veränderte Auffassung der Hermeneutik, weg von einer metaphysischen Orientierung, hin zu einem Umgang mit »flüssiger«, kontingenter »Welt«. Dazu werden als Muster von Hermeneutikkonzeptionen vermehrt handwerklich-technische respektive methodologische Verstehensparadigmen im Sinne des Könnens und Beherrschens von Kunstkniffen und Techniken zugezogen.[62] Caputo schreibt dazu: »Hermeneutik bedeutet für mich im weitesten Sinn, ein Umgehen mit Flux, ein Herausschälen von Mustern in einer Welt im Rutschen«.[63] Es beinhaltet eine Destabilisierung des hermeneutischen Zirkels, eine akzeptierte Unsicherheit darin, dass das Einzelne nur durch das Ganze und umgekehrt das Ganze nur durch das Einzelne verstanden werden kann.[64] Roy Martinez beschreibt radikale Hermeneutik deshalb als den Ort, wo das Ganze schwankt. Was uns zusammenhält und versammelt, sei die Erschütterung des Flusses: »Wir« seien der Bauplatz (site) dieses Schwankens, des Bebens und wir erlitten dieses Schwanken auch.[65] Caputo entwickelt seine Gedanken aus einer Gegenüberstellung der Idee des Flusses bei Kierkegaard und Husserl;[66] dem existenziellen Fließen (Kierkegaard) auf der einen Seite und dem Erlebnisstrom von Husserl, den er »Proto-Hermeneutik« nennt, andererseits. »Mein Anfreunden mit dem Flux […] Ich meine nicht den Fluss innerhalb der Sein/Werden Opposition auf der einen Seite des Schrägstriches (slash), sondern der Fluss zwischen ihnen, der Schrägstrich selbst (»Marque Oblique«, könnte man im Sinne Virilios sagen, J. H.). Ich stelle mich auf die Seite des Fluxes nur in der Weise, wie sich Derrida auf die Seite des Schreibens stellt, weil die Unentscheidbarkeit mehr mit der Flux Seite kommuniziert, mit der unterprivilegierten Seite dieses binären Paares. Ich stelle mir deshalb einen Arch-Flux, ein Paleonym, ein Flux unter Auslöschung, unter Durchstreichung, vor«.[67] »Hermeneutik ist die letzte Form einer Philosophie des Werdens, die letzte Erwiederung der Heraklitischen Herausforderung. Für Husserl ist der Flux gleichzeitig das rohe Material der Phänomenologie und deren konstante Opposition«, so Caputo, »Flux ist weder roh noch zufällig, sondern organisiert sich in Mustern welche Erwartungen aufbauen, deren progressive Bestätigung oder Unbestätigung, Verfeinerung oder Ersetzung. Erfahrung setzt sich fort durch die Wiederholung der Patterns, welche ihre Glaubwürdigkeit aufbauen, oder durch eine Modifizierung derselben, um diese Glaubwürdigkeit zu ermöglichen. […] Husserl besitzt eine akute Bewunderung für die Kontingenz der Welt und der weltlichen Arrangements, für die Fähigkeit für konstituierende Objekte und familiäre Konfigurationen. […] Für Husserl gibt es nichts als diesen Flux, nichts Gegebenes, ohne eine Dynamik von Vor-Entlinealisierung/Urentlinearisierung, als einem Flux als Punkt der unmittelbaren Aktualität«.[68]

Caputo geht wenig bis gar nicht auf die sprachphilosophischen Aspekte der Arbeit Derridas ein, über die man mit der Idee der Bewegung und des Flux der Sprachspiele bei Wittgenstein einen weiteren Interpretationsansatz gefunden hätte. Caputo konzentriert sich auf Derridas »Philosophie der Präsenz/Daseinsphilosophie« und deren »Verflüssigung« hin zu einem Umgang mit hermeneutischer Unentschiedenheit.

»Flux: […] it would be even more acurate to call Mead a Heraclitian. Whatever Heraclitus may actually have said, it is difficult to conceive of the world as consisting entirely of flux and devoid of any entities. […] If, therefore, a world consiting exclusively of flux is inconceivable, then in a way Mead conceived of the world as the next best thing, one which there are ›entities‹, organisms, etc., which are constantly in flux. In other wolds, process is constantly going on«.[69]

Liminaler Fluss: Victor Turner Der Anthropologe und Ethnologe Victor Turner hat in seinen Untersuchungen zu kulturellen Schwellenzuständen (siehe Kap. Feld Topologie) die Metapher des Flusses zur Beschreibung von sozio-kulturellem Verhalten verwendet:

»Fluss bezeichnet die ganzheitliche Sinneswahrnehmung, die wir haben, wenn wir mit totalem Engagement handeln und ist ein Zustand, in dem nach einer inneren Logik, die kein bewusstes Eingreifen unsererseits erforderlich macht, Handlung auf Handlung folgt [...] Wir erleben diesen Zustand als ein einheitliches Fließen von einem Augenblick zum nächsten. In diesem Zustand fühlen wir, dass wir unsere Handlungen absolut unter Kontrolle haben und es keine Trennung zwischen Selbst und Umwelt, Reiz und Reaktion, Vergangenheit, Gegenwart und Zukunft gibt«.[70]

»1. Das Erleben des Verschmelzens von Handeln und Bewusstsein: Im Fluss gibt es keinen Dualismus; ein Handelnder mag sich zwar bewusst sein, was er tut, er kann sich aber nicht seines Bewusstseins bewusst sein, sonst kommt es zu einer verhaltensbedingten und kognitiven Unterbrechung des Rhythmus. Selbstbewusstsein lässt ihn stolpern. [...] 2. dieses Verschmelzen von Handeln und Bewusstsein wird durch Bündeln der Aufmerksamkeit auf ein begrenztes Reizfeld möglich. [...] Ich-Verlust ist eine weitere Fluss-Eigenschaft. Das Selbst, das normalerweise Vermittler zwischen den Handlungen zweier Personen ist, wird einfach irrelevant – der Handelnde ist im Fluss untergetaucht. 4. Ein Mensch, der sich im Zustand des Flusses befindet, hat Kontrolle über seine Handlungen und die Umwelt. Zum Zeitpunkt des Flusses mag er sich dessen nicht bewusst sein. 5. Fluss umfasst gewöhnlich kohärente, nicht widersprüchliche Handlungsanforderungen und sorgt für klare, eindeutige Rückmeldung. 6. Schließlich ist Fluss in sich selbst befriedigend, d. h. man scheint keine äußeren Ziele oder Belohnungen zu benötigen«.[71]

Michel Serres: Topologische Verflüssigung des Wissens

Der französische Mathematiker und Wissenschaftshistoriker Michel Serres ist derjenige der französischen »Neuen Denker«,[72] der Topologie, speziell eine Topologie des Flüssigen, in seiner Arbeit am konsequentesten einsetzt. Seine Motivation entspringt der Notwendigkeit, eine lineare, deterministische Denkweise in den Wissenschaften aufzubrechen. Angespornt durch Entwicklungen im Feld der nichtlinearen dynamischen Systeme, speziell in den Anwendungen durch die Thermodynamik, sieht Serres einen Drang, wissenschaftshistorisch und -theoretisch über das starre Erbe von Descartes und Newton hinauszugehen. Literatur (Zola, Balzac, Molière etc.) und Kunst (Renoir, Bonnard, Turner etc.) haben für ihn immer schon an solchen Grenzbereichen gearbeitet. Über Wissenschaftsgeschichte kann man nach Serres einen solchen Aufbruch tätigen. Eine weitere Quelle bilden für ihn dabei die vorsokratischen griechischen Philosophen: Heraklit (flüssige Welt), Zenon (Pluralität, Bewegung, Paradoxa), Sophisten (Zweifel als Tertium Datur), Anaxagoras (Welt als Gemisch und Gemenge), Epikur (Simulakra), Thales (Transporträume) etc. Wichtiger als die philosophischen Denkmuster der Vorsoratiker sind Serres dabei deren Erkenntnisse über voreuklidische Geometrie, er nennt dies vorgeometrisches Denken. Serres verbindet solche spezifischen Quellen intertextuell mit Leibniz und Lukrez. Leibniz (»meinen alten Lehrer Leibniz«),[73] über den Serres habilitierte, besitzt dabei die Sonderrolle einer unterliegenden Themenkonstante in Serres' Werk; speziell die Analysis Situs – die Leibnizsche Topologie – und die Monadologie. Man könnte insgesamt Michel Serres als eine großangelegte zeigenössische Anwendung von Leibniz auf die Kultur- und Wissenschaftstheorie des 20. Jahrhunderts sehen. Die Topologie besitzt für Serres dabei die Funktion eines ahistorischen räumlich-syntaktischen Kommunikators, der die verschiedenen Quellen zu verweben vermag.[74] Geometrie gewinne durch die Topologie ihre voreuklidische »Reinheit« (pureté) zurück.[75] Topologie ist immanent in Serres' kultureller Ökologie, weil sie die Vorstellungen von Kultur zu vermitteln hilft. Topologie stellt einen Mittlerweg zur Verfügung, um Ökologien als Beziehungsnetze zwischen verschiedenen gegebenen Konturräumen zu konzeptualisieren.[76] Topologie erläutert die formierenden Grenzen und konstruktiven Limiten, die Kultur definieren, weil eine vorgefundene Topologie als System von einschränkenden Bedingungen der Formenkontingenz fungiert.[77] Ein metaphorisches Beispiel eines solchen topologischen Körpers bildet für Serres die »Haut«. »Die Haut steht der Topologie näher als der Geometrie; sie entzieht sich dem Maß und der Metrik; die Topologie ist taktil. Die multisensorische Haut kann als der gemeine Sinn gelten. [...] Der topologische Tastsinn bereitet Flächen und ebene Mannigfaltigkeiten für einen metrischen, euklidischen und trägen Gesichtssinn vor; die Haut bedeckt, was das Auge nicht sehen will. [...] Die Haut ist eine kontingente Mannigfaltigkeit; in ihr, durch sie und mit ihr berühren die Welt und mein Körper einander, das Empfindende und das Empfundene; sie definiert deren gemeinsame Grenze. Kontingenz meint nichts anderes als gemeinsame Berührung: Welt und Körper schneiden, streicheln einander darin. Ich sage nicht gerne Milieu für den Ort, an dem mein Körper sich befindet; ich sage lieber; die Dinge vermischen sich miteinander, und ich bilde darin keine Ausnahme; ich vermische mich mit der Welt, wie sie sich mit mir vermischt. Die Haut tritt zwischen mehrere Dinge der Welt und sorgt dafür, dass sie sich vermischen. [...] Alle Mannigfaltigkeiten sind verknotet oder verknüpft durch hauchdünne oder dicke, weiche oder harte Verbindungen, durch Knoten, die der Analytiker mit Leichtigkeit oder mit Mühe löst. Das Gemisch kennzeichnet diese Situation besser als die Mitte«.[78] »Als Simulacrum, Trugbild, bezeichneten die alten Epikuräer feine Häutchen, die durch die Luft fliegen, überall ausgeschickt und überall aufgenommen werden und deren Aufgaben es ist, Zeichen und Bedeutung herzustellen. Die Bilder von Bonnard [...] erfüllen die Funktion solcher Simulakra. Gewiss täuschen sie etwas vor. Aber vor allem: von der Haut des Malers und der feinen Umhüllung der Dinge ausgehend, begegnet die Hülle des einen den Hüllen der anderen, und das Bild erfasst den kurzen Augenblick ihrer Vereinigung; Simultanes Simulacrum. [...] Die Sinnesorgane bilden Knoten, singuläre Orte, die sich wie ein Hochrelief über diese vielgestaltige Zeichnung erheben, spezialisierte Verdichtungen, Berg und Tal oder Brunnen in der Ebene. Sie bewässern die gesamte Haut mit Begehren, mit Gehör, mit Sehvermögen, mit Geruch; die Haut fließe wie Wasser, ein variabler Zusammenfluss der Sinnesqualitäten«.[79]

Die Zuordnungen, Verweise und Verbindungen, die Serres knüpft, zeichnen ihn als »Strukturalisten« aus, aber nicht aus der linguistischen oder anthropologischen Tradition, sondern aus der Mathematik[80] Strukturiert ist nicht die Sache, sondern die Menge der Elemente und der Relationen.[81] Serres kann dadurch an die »Analysis Situs« von Leibniz anknüpfen: »Um Bewegung begrifflich zu fassen, unterscheidet Leibniz Raum, Lage und Ort. (Analysis Situs, J. H.) Während der Raum als eine Ordnung des Nebeneinanderbestehens von Dingen definiert wird, deren gegenseitige Beziehung mehr oder weniger einfach ist, bestimmen die Beziehungen die jeweilige Lage des Körpers. Setzt man nun die Möglichkeit eines Wechsels von Teilen voraus, wie sie in §7 (der Monadologie, J. H.) als Bewegung thematisiert wird, so ändert sich dabei in jedem Falle die Lage der Teile. Der Ort indessen, worunter Leibniz dieselbe Beziehung unter dem Gesichtspunkt der Identität betrachtet, ändert sich nicht. Der Ort ist daher eine ideale Relation und als solche Voraussetzung, um die Bewegung als Lageänderung denkbar zu machen. [...] Was beweglich ist, muss seine Lage in Bezug auf andere Dinge ändern können und einen neuen, vom ersten unterscheidbaren Zustand erreichen können. Also muss ein bewegliches endliches Teil eines anderen sein, damit irgendeine beobachtbare Veränderung eintreten kann«.[82]

Serres entnimmt seinen Strukturbegriff dem französischen Autorenkollektiv »Bourbaki«, das im 20. Jahrhundert nach Russel als letztes versuchte, die gesamte Mathematik und die Topologie[83] aufgrund abstrakter syntaktischer Relationen zu systematisieren.[84] Durch diese syntaktische Funktion werden Serres' topologische Räume zu kulturellen Transformationsräumen.[85] Sie formulieren gewissermaßen Instruktionen. Michel Serres spricht von solchen Räumen als »tiers-instruit« – den Instruktionen, die man an einem »Dritten Ort« erhalte. Das tiers-instruit besetzt einen Zwischen-Raum; eine Schwelle oder zu kreuzende Grenze, der Raum »through which one makes a transit«.[86] Man beachte die unausgesprochene Nähe zu Spencer Browns Indikationskalkül. In Anlehnung an Leibniz Dualität von Monade und Kraft/Entelechie baut Serres eine Dualität von Topologie und Energie auf.[87]

»Das Begriffspaar Topologie-Energetik verallgemeinert den alten Erkenntnisprozess über Figuren und Bewegungen, der seine Bedeutungen der Euklidischen

Geometrie und einer summarischen Mechanik des Gleichgewichts und der Verschiebung entnahm. [...] Und ebenso sind Figuren immer in eine räumliche Mannigfaltigkeit eingebettet, und Elemente sind immer in einer Menge verteilt. Damit ist das Begriffspaar (Topologie und Energetik, J. H.) zugleich das allgemeinste und das konkreteste. [...] Dazu braucht man nur von den großen zu den sehr kleinen Energien überzugehen: Information und gewöhnliche Signaletik; und auf irgendeiner räumlichen Mannigfaltigkeit sämtliche benötigten Singularitäten zu markieren: Einheiten, Unterschiede, Verknüpfungen und so weiter. Es handelt sich um eine Generalisierung des klassischen Denkens, also um einen generalisierten Strukturalismus«.[88]

Hartmut Hecht beschreibt die dieser Herleitung zugrunde liegende Leibnizsche Kraft zusammenfassend folgendermaßen: »Betrachtet man [...] die lebendigen Kräfte eines Systems von Körpern, so müssen nach Leibniz die Kräfte, die zwischen den einzelnen Körpern wirken, von derjenigen Kraft unterschieden werden, mit der das System als ganzes nach außen wirkt. Die Gesamtkraft eines Systems ist mithin eine Bilanz aus den relativen Kräften, die die Körper untereinander ausüben, und der direktiven Kraft. Das Entscheidende dieser Ansicht lässt sich nun so formulieren, dass die direktive Kraft in die Gesamtkraft eingeht, ohne auf die relativen Kräfte reduzierbar zu sein. In genau diesem Sinne stellt sie eine Systemqualität dar, und damit ist denn auch der eigentliche Differenzpunkt zu Descartes benannt. Der Leibnizsche Kraftbegriff ermöglicht die Formulierung von Systemgesetzen, die sich nicht auf Gesetze für die einzelnen Elemente des Systems reduzieren lassen«.[89] Die Formulierung ist eine Vorwegnahme der in unserem Jahrhundert sich entwickelnden Theorie komplexer Systeme und der Synergentik, nach der »das Ganze mehr als die Summe seiner Teile« darstelle. Der Brückenschlag ist von Serres gewollt. Es gelingt ihm dadurch, seinen Favoriten Leibniz mit der nichtlinearen Dynamik der Thermodynamik zu verknüpfen.[90] Die Topologie des Wissens beginnt sich zu verflüssigen. Serres entnimmt der Thermodynamik für ihn wichtige Metaphern: Wärme, Zirkulation, Turbulenzen.[91] Aber auch diese werden in einen nichtlinearen wissenschaftshistorischen Kontext gestellt; Lukrez bildet den Ausgangspunkt einer Denkbewegung über Flüsse und Turbulenzen,[92] die immer auch auf den Autor »des Flux«[93] zurückschlägt: »I'm a whirlwind in turbulent nature«.[94] Im Flüssigen verschmelzen Autor und Text. Nichtlineare Prozesse, Instabilitäten und Unordnungen konstituieren die Primärzustände der Dinge.[95] Die Abweichung, die Störung, die Unterbrechung gehören zum System.[96] Indem Serres Heraklit folgt, wird »Wirklichkeit [...] ein ständiges Fließen und Sichverändern der Dinge. Jedes Objekt, ob belebt oder unbelebt, befindet sich in einem fortwährenden Verwandlungsprozess. Auch jene stofflichen Dinge, die auf den ersten Blick bewegungslos erscheinen, verwandeln sich, wenn man sie genauer untersucht, eben doch: eine eiserne Glocke rostet, und ein Fels unterliegt der Korrosion, ebenso wächst ein Baum und altert ein Körper. Panta rhei, alles ist in Bewegung, »man kann nicht zweimal in den gleichen Fluss steigen«.[97] In »Fünf Sinne« formuliert Serres Analogien zu Odysseus, als Seefahrer ›in flux‹, der eine interessante Beziehung zu den seltsamen Attraktoren habe, die auf seiner Route verteilt seien: »Als gäbe es eine Ordnung außerhalb der Ordnung, ein ursprüngliches oder singuläres Gleichgewicht jenseits des im Gleichgewicht befindlichen Mittelweges. Seltsame Attraktoren. [...] Als führte die Zufallsfluktuation – unerwartete Stürme oder stochastisch über die Hochsee verteilte Brandung – plötzlich zu einer zeitweilig stabilen Lokalität, einer Insel, auf der eine andere, lokale Zeit entstünde, welche die alte, gewöhnliche Zeit, die Zeit des Parcours vergäße [...]. Ich habe den Verdacht, dass Odysseus seine Rückkehr nach Ithaka hinauszögert [...] indem er am Scheideweg non volens einen anderen, als den optimalen Weg wählt und dabei andere Stabilitäten als das allgemeine Gleichgewicht entdeckt. [...] Odysseus wählt schiefe Wege«.[98] Oder um mit Paul Virilio zu sprechen: Odysseus bewegt sich in einem »espace oblique«, einem schiefen, verqueren Raum.

Der Umgang mit Quellen, Serres' Denk- und Schreibweise, entspricht dem Gegenteil von Reduktionismus. Michel Serres ist nicht einfach zu lesen, er verzichtet konsequent auf einen wissenschaftlichen Apparat. Er schreibt nicht über dynamische Systeme, seine Texte sind selbst dynamische Systeme, mit all ihren typischen Merkmalen und Paradoxa; »Ganz in sich zirkulierende Texte«,[99] gewissermaßen turbulente hermeneutische Zirkel. Etwas unerwartet ist es möglich bei Serres Parallelen einer modernen Hermeneutik im Sinne von Heidegger zu finden: »[...] Relativ neu ist dagegen der Zuzug handwerklich-technischer Verstehensparadigmen (im Sinne des Könnens und Beherrschens von Kunstkniffen und Techniken) als Muster von Hermeneutikkonzeptionen. [...] Grundmodell des Verstehens ist bei Heidegger nicht mehr ein irgendwie regelgeleitetes Ausschöpfen vorgegebenen Sinnes aus Dokumenten, sondern – im Einklang mit einem elementaren Wortsinn – der praktische, handwerklich-technische Umgang mit Zeug. Ein Sinn sich gerade nicht theoretisch – und also durch hermeneutische Kanons – vermitteln lassen soll. In solch handfestem Umgang bauen sich nach Heidegger überhaupt alle Bewandtniszugänge von Sinn erst auf [...]. Der hermeneutische Zirkel (auch Zirkel des Verstehens) ist eine in der neueren Hermeneutik vielfach verhandelte Thematik. [...] dass nämlich das Einzelne nur durch das Ganze und umgekehrt das Ganze nur durch das Einzelne verstanden werden kann [...] Und in diesem Verfahren ist der Ausgang vom Allgemeinen zur Deduktion des Einzelnen oder der Ausgang vom Einzelnen zur Induktion des Allgemeinen nur eine Frage der beliebigen Perspektivenwahl«.[100] Dabei ist aber das Ziel von Serres' »Hermes« in völliger Opposition zu demjenigen Heideggers. Serres geht es nicht um eine fundamentale Gründung mit gleichzeitiger Infragestellung derselben, sondern um eine Erhöhung der Komplexität zur Erweiterung von Kontingenzen. Kontingenz, Spontaneität und Einsicht formieren wiederum ihrerseits den Freiheitsbegriff bei Leibniz,[101] womit sich ein Kreis schließt.

Aus der Michel Serres eigenen Kombination von Geschichte, Topologie und Thermodynamik entsteht ein enzyklopädischer Ozean, der im flüssigen Wissen einen epistemischen Pluralismus zulässt; eine radikale Hermeneutik[102] einer kulturellen Topologie des Flüssigen.

Destabilisiertes Denken – Destabilisierter Kontext

Topologie des Flüssigen und zeitgenössisches Denken trifft sich im Lesen unserer Umwelt als einem labilen, destabilisierten Wesen. Wie wir im Abschnitt über die topologischen Begriffe gesehen haben, sind nicht modische Metaphern wie »Chaos, Katastrophe oder Turbulenz« zuständig für diese Schwellensituationen, sondern topologische generische Kriterien: Stabilität bedeutet: Kritische Punkte und Orbit befinden sich in Ruhelagen respektive wandern nicht, und Transversalität gekoppelt an Stratifikation ist stabil. Instabilität bedeutet infolgedessen eine Destabilisierung von Transversalität und Stratifikation; eine notabene sehr architektonische, gleichsam tektonische Aussage.

Michel Serres bedient sich in seinem Modell noch weitgehend Bezügen zur Thermodynamik und der Schwelle zur Turbulenz. In jüngeren Arbeiten von Felix Guattari oder Manuel De Landa[103] ist eine topologische Metapherkoppelung- Strata/Transversalität – jedoch schon aufgetaucht: In »Chaosmose« schreibt Guattari: »Um reduktionistische Annäherungen an Subjektivität zu vermeiden, schlagen wir eine Analyse von Komplexität vor, die mit einem vierdimensionalen ecosophischen Objekt beginnt; seine Dimensionen sind:

– materielle, energetische und semiotische Flüsse
– konkrete und abstrakte ›Machine Phyla‹ (Formgebungsströmung, Materienstrom, anorganisches Leben, J. H.)[104]
– virtuelle Universen der Werte
– finite existentielle Territorien«.[105]

»Aber die Frage ist auch eine des Bauens einer transversalen Brücke innerhalb der Totalität der ontologischen Strata [...] es sind dies die sichtbaren und aktualisierten Strata von materiellen und energetischen Flüssen, Strata des organischen Lebens und auch das vereinigte Universum von Musik, mathematischen Objekten und des Werdens von Wünschen. Diese Transversalität[106] ist niemals vorgegeben, sie muss immer wiedererobert werden durch die Pragmatik der Existenz«.[107] Deleuze/Guattari haben dies schon in ihrem Konzept des Rhizoms angewandt: »Rhizomartige Verbindungen weisen [...] im Unterschied zur Perspektive der Moderne, die auf absolute Differenz zielte – immer zugleich Verbindungen auf, und zwar punktuelle, von Fall zu Fall geknüpfte Verbindungen, die ihrerseits eher zur Komplexifikation als zur Vereinheitlichung beitragen. Die ausdifferenzierten Linien der Entwicklung koexistieren mit ›transversalen‹ Verbindungen zwischen differenzierten Linien. (=Transversalität zwischen topologischen Fasern, J. H.) [...] Denkweisen, die sich diesem rhizomartigen Beziehungstyp orientieren, vertreten daher ein ›Prinzip der Konnexionen und der Heterogenität‹ zugleich«.[108]

Die Merkmale eines Rhizoms sind: »1. und 2. Das Prinzip der Konnexion und der Heterogenität. Jeder Punkt eines Rhizoms kann (und muss) mit jedem anderen verbunden werden. 3. Das Prinzip der Mannigfaltigkeit 4. Das Prinzip des asignifikanten Bruches: gegen die übersignifikanten Einschnitte, die die Strukturen voneinander trennen oder durchziehen. 5. und 6. Das Prinzip der Kartographie und des Abziehbildes: ein Rhizom lässt sich keinem strukturalen oder generativen Modell zuordnen«.[109]

Interessant an Deleuze/Guattari ist hier, dass sie versuchen dem »Formlosen«[110] der Destabilisierung eine Form zu geben, einerseits als gewissermaßen topologische Maschine – die »Machine Phylum«[111] – als metallurgisch, alchemistische »macchina« der artefaktischen Genese – andererseits als Rhizom. Es tauchen in der Tradition der Geisteswissenschaften immer wieder solche »flüssigen« Formen als Wesen für Versinnbildlichung von dyamischen Systemen auf. Bei den Vorsokratikern ist es die »Ursuppe«, eine Gestaltmetapher, die heute z. B. als kulturelle »Minestrone« vom POP-Ästhetiker Peter Jenny methodisch eingesetzt wird, Kevin Kellys »Topologie des Schwarms«, eine Mischung aus Systemtheorie, Synergetik und Theorie komplexer Systeme, mit den Schwarmvorteilen: Anpassungsfähigkeit, Entwicklungsfähigkeit, Unverwüstlichkeit, Unbegrenztheit, Neuerung (Emergenz) und Nachteilen: Nichtoptimale Effizienz, Fehlende Steuerbarkeit, Unvorhersehbarkeit, Nichtverstehbarkeit, Indirektheit.[112] Die Blob-Theorie Debatte um den Architekten Greg Lynn gehört auch dazu. Das jüngste Beispiel im deutschsprachigen Raum ist Peter Sloterdijks Philosophie der »Spären« und »Blasen«, die im »Schaum« ihr »morphologisches Leitbild der polysphärischen Welt«[113] finden. »Im Schaum müssen sich diskrete und polyvalente Vernunftspiele ausbilden, die mit schillernder Perspektivenvielfalt zu leben lernen«.[114]

Man kommt nicht umhin festzustellen, dass diese Modelle, Formgebungen, Verformungen von Denkbewegungen eine gemeinsame Urmutter besitzen: Platons »Chora«-Begriff aus dem Timaios. »Chora«-Forschung erlebt im Moment ein Revival, vor allem durch die erstarkte angelsächsische und frankophone Frauenphilosophie (Ingraham, Kristeva,[115] Irigary,[116] Grosz,[117] Thodorou[118] etc.). Meiner Meinung nach ist Chora von den Destabilisierungs-Formmetaphern die ergiebigste, aber auch mit der breitesten Tradition[119] belastet oder überlastet: »Rhizom« weicht dem aus. Der Vorschlag hier lautet, einen aktualisierten Chora-Begriff mit den topologischen Attributen – speziell bezüglich Mannigfaltigkeit, Stratifizierung und Transversalität – von Rhizomatik zu versehen.

Der niederländische Architekt und Theoretiker Wim van den Bergh hat in seinem brillanten Editorial zu Hejduks Buch »The Lancaster/Hannover Mask«[120] hergeleitet, wie Hejduk den zweidimensionalen Kartenansatz eines urbanen »Mappings«-Vorganges über den Begriff der ›Chora‹ dynamisiert und einen dimensions- und maßstabslosen architektonischen flüssigen Raum erzeugt. In Ansätzen hat dies Jacques Derrida schon getan, in seiner Verwendung der Chora für das La-Villette-Projekt von Peter Eisenman/»Choral Works« und in »Chora« (1987): »Die Chora, die weder sinnlich noch intelligibel ist, gehört einer ›dritten‹ Gattung/einem dritten Geschlecht (Timaios, triton genos, 48e, 52a) an. [...] Chora erweist sich als fremd gegenüber dem Urbild, des intelligiblen und unveränderlichen Modells. Und dennoch, obgleich sie ›unsichtbar‹ ist, und ohne sinnlich erkennbare Form ›nimmt‹ sie am Intelligibilen in einer äußerst verfänglichen, in Wahrheit aporetischen Weise teil«.[121] »Chora« gelesen als Körper einer »Topologie des Flüssigen«.

Wolfgang Welsch: Transversale Vernunft Wolfgang Welschs Konzept der transversalen Vernunft ist versteckt topologisch. Man kann sogar behaupten, dass es erst über die Topologie verständlich wird: Sein strategisches Konstrukt der Transversalität scheint sehr direkt der Topologie entnommen und da ihm sonst meines Wissens eine eigene philosophische Begriffstradition fehlt, ist Transversalität nicht einfach einzuordnen: »[...] weil es sich um eine Vernunft handelt, die im Wesentlichen eine Vernunft der Übergänge ist – mit all ihren Konsequenzen. Übergänge bilden die zentrale Domäne dieser Vernunft. Und ›transversal‹ bezeichnet eben einen solchen Operationsmodus der Übergänge, bezieht sich auf die Erstellung querlaufender Verbindungen (hier folgt Welsch präzise der topologischen Definition, J. H.) zwischen unterschiedlichen Komplexen. [...] (Der Begriff der Transversalität) bringt ein zentrales Desiderat gegenwärtigen Denkens zum Ausdruck: Heterogenität und Verflechtung, Pluralität und Übergang zusammendenken zu können [...] Transversale Vernunft ist, von den Rationalitäten aus gesehen, nötig, um zwischen deren diversen Formen Austausch und Konkurrenz, Kommunikation und Korrektur, Anerkennung und Gerechtigkeit zu ermöglichen.[122] [...] Transversale Vernunft ist involviert, sie operiert inmitten einer Vielheit von Ansprüchen, beachtet Unterschiede, und sie findet sich zu Seitenblicken und Übergängen genötigt und sie ist zu ihnen bereit. [...] Differenz und Grenze, Unüberschaubarkeit und Veränderlichkeit, Polyperspektivität und Verknüpfung sind ihr innerlich.[123] [...] Pluralisierung ist nur die eine Seite und nur die halbe Wahrheit. [...] Dringt man in die Tiefe, so treten Verflechtungen zutage. Heterogenität war (und ist, J. H.) nur die eine Seite des Prozesses, dessen andere durch Verflechtungen gekennzeichnet ist.[124] [...] Dieses ›unordentliche‹ Design der rationalen Welt ist die unabweisbare Konsequenz der Pluralisierungsprozesse. Die herkömmlichen Suggestionen räumlicher Einteilung passen nicht mehr auf die Struktur heutiger Rationalität. [...] (In einem

Verweis von W. Welsch auf Heideggers Grund-/Abgrund-Ontologie des Seins) Non-Fundamentalismus ist zu unserer Grundsituation geworden. Es gibt keine letzten Fundamente – weder in der Dimension der Grundlage noch im Bereich der Oberfläche«.[125]

Welsch integriert Aspekte von Turners Liminalität in seiner Betonung der Übergangs- und Schwellenfunktion der Transversalität: »Vernunft operiert wesentlich

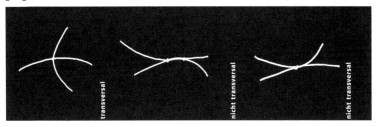

in Übergängen.[126] Zu Sprechen ist von Übergängen im Übergangslosen, von Übergängen inmitten der Diskontinuität. [...] Die Übergänge der Vernunft sind erstens Übergänge zwischen Heterogenem. Zweitens sind sie dialektischer, nichtlinearer Natur.[127] [...] Übergänge ohne Synthese: Die Übergänge heben die Diskontinuität nicht auf, sondern machen sie ausdrücklich. Sie laufen nicht auf eine letzte Synthese zu«.[128]

Transversalität ist nach Welsch kein theoretisches Konstrukt, sondern eine Praxis, auch eine Praxis der Ästhetik: »Manche künstlerischen Gestaltungen lassen

sich als Darstellungsexperimente von Pluralität und Transversalität auffassen. Dies gilt insbesondere für Hybridformen, wie sie in der gegenwärtigen Kunst und Architektur in den Vordergrund treten. [...] Von hochkarätigen Kunstwerken bis zu Beständen der Alltagsästhetik operiert man heute mit einer Verkreuzung unterschiedlicher Codes. [...] Polyregularität ohne Totalitätsregel – so könnte man diese Struktur beschreiben. Durch sie bringen solche nicht-ganzheitlichen Werke die ratio essendi der Gegenwart zur Anschauung [...]. Was solche Gestaltungen zeigen, gilt in der heutigen Wirklichkeit insgesamt. Allenthalben finden wir uns genötigt, mit Komplexionseffekten der Pluralität umzugehen, uns inmitten von Hybridbildung und Irritation zu bewegen. Dinge zu tun, von denen man zuletzt nicht weiß, was sie sind, wird zur alltäglichen Aufgabe. Wir sind auf der Suche nach Verstehensformen, die uns inmitten dieser Vielheit klar und beweglich, vielsichtig und entschieden zugleich zu sein erlauben. Wir suchen eine Vernunft der Übergänge.[129] […] Unverkennbar gibt es in der Geschichte des europäischens Denkens einen dem Verlauf nach fast stetigen, der Sache nach aber einschneidenden Wandel des Verständnisses von Vernunft und dies trotz der Konstanz ihrer Bedeutung als Kriterium von Erkenntnis. Dieser Wandel besteht allgemein gesprochen, in einem Prozess fortschreitender ›Desubstantialisierung‹, Depotenzierung, Funktionalisierung; man könnte auch sagen in einem Prozess der Mediatisierung.[130] […] Transversale Vernunft erwies sich als praxisgeeignet, sofern sie imstande ist, umsichtige Entscheidungen noch inmitten der Komplexität zu treffen«.[131]

KONTEXT ARCHITEKTUR: MARCOS NOVAK

Mediatisierte Stadt

»Kontext als Medium: Stadt ist ein Medium.«[132] Friedrich A. Kittler

»Space of Flow«[133] ist ein Begriff, den Manuel Castells in den späten 80er Jahren (des 20. Jahrhunderts) für die Beschreibung einer durch großmaßstäbliche Informationstechnologie und Informationsökonomie dominierten Stadt geprägt hat:

- Mobilitäts-Verflüssigung (Pendler, Migration, Emigration, Ferien/Freizeit)
- Kommunikations/Informations-Verflüssigung,
- Kapital-Verflüssigung/IT-Economy Networks (IT=Inf. Technology),
- Verflüssigung der Kulturen: Multikultureller-Flux/Fluid (typisch für Ballungsräume).

Stephen Graham nennt die sich daraus ergebende Stadt eine »Phantom-Stadt«: »The chaos of American urban sprawl belongs not just to the city of steel and glass, but also to the other city – the phantom city of media and information. With most resources devoted to it, it is the cyber-city which is accelerating faster than the real urban space«. (Channel 4, April 1994) »How can we imagine the real time city? What does the growing mediation of urban life by telecommunications imply for the way we view space, time, place and the ›urban‹? What becomes of urban areas when a growing range of their constituent elements become mediated via instantuas flows of voices, information, images, services, money, capital and labour power, switched over sophisticated telecommunications links between increasingly ubiquous computers? [...] This leads to a sence of opening up of urban elements to be tied intimately into global flows, rather than though intense place-based ›relational webs‹. The overall impression is of the fragmentation of the city's component parts rather than any idea of the city and an integrated, functioning whole.«[134]

Durch die reine Fragestellung nach der Phantom-Stadt deutet Graham auf eine »zweite« Verflüssigung hin, die mindestens gleich wirksam ist in einem Kontextualismus; die Fähigkeit, gewisse Dinge überhaupt wahrzunehmen, sie als Fakten zu erkennen und zu akzeptieren (siehe »Benennung« bei Spencer Brown;

Kapitel »Grenzen und Oberflächen – Bordismus und Homologie«). Es bedarf einer parallelen Verflüssigung des Wissens über unsere Kultur und den Kontext der randlosen Stadt:

- Entwicklungstheorie-Verflüssigung (Technologische Entwicklungstheorie, Informations-/Kommunikations-Entw. Theorie, Handlungsorientierte Entw. Theorie),
- Verflüssigung der Lebens-, Kultur- und politische Philosophie.

Die sich daraus ergebende Mischung, eine kaum entmischbare Mischung, bildet als flüssige Topologie das Gegenteil von linearem, urbanem Expertenwissen, und zwar eine hybride Topologie als urbanem Kontext. Stanislaw Lem hat dieser hybriden Topologie in seinem Kultroman und -film »Solaris« in Form des denkenden Meeres eine irritierende, fluktuierende Gestalt gegeben, »The sea of thought«: »Die Schwierigkeit der Kontaktaufnahme zwischen dem Menschen und dem Ozean in meinem Roma ›Solaris‹, die Widerspiegelung der Beziehungen zwischen dem Individuum und der Gesellschaft sei [...] (etwa so, dass das Individuum keine unmittelbaren informativen Kontakt mit der Vielheit knüpfen könne.)«[135] »Das Prinzip der Inkohärenz der Eigenschaften des kosmischen Phänomens, das ich in Solaris angewendet habe, als ich den quasi vernünftigen Ozean beschrieb, ist dasselbe (erkundende Eigenschaften des ›Anderen‹, J. H.) – der Ozean Solaris – ist schon eingangs monumentalisiert und zugleich monstrualisiert – selbst in seinen physischen Ausmaßen: die Rückführarbeit von Phänomenen, die Glieder seiner ›normalen Aktivität‹ sind (die Schaffung von ›Symmetrieaden‹, ›Asymmetrieaden‹, [...]) auf einen einzigen Begriff, der in der Kategorie der ›Vernunftbegabtheit‹ enthalten ist, erweist sich als unmöglich, weil uns jegliche kulturellen Sinngehalte abgehen, die man den genannten Phänomenen zuordnen könnte, und zugleich scheint die Eigenart jeder dieser Phänomene dennoch den Gedanken zu suggerieren, dass es sich um Formen einer Tätigkeit handelt, die irgendeinen Sinn hat, nur dass dieser dem Menschen unzugänglich bleiben muss«.[136] Homi Bhabha nennt diese Rückführarbeit und Hybridität einen »Third Space«: »Now the notion of hybridity comes from the two prior descriptions I've given to the genealogy of difference and the idea of translation, because if, as I was saying, the act of cultural translation (both the representation and as reproduction) denies the essentialism of a prior given original or oriinary culture then we see that all forms of culture are continually in a process of hybridity. But for me the importance of hybridity is not to be abe to trace two original moments from which the third emerges, rather hybridity to me is the ›third space‹ which enables othe positions to emerge. This third space displaces the histories that constitute it, and sets up new structures of authority, new political initiatives, which are inadequately understood through received wisdom.[137] Jonathan Rutherford: [...] but would you call this third space an identity as such?

Homi Bhabha: No, not so much identity as identification (in the psychoanalytical sense). I try to talk about hybridity through a psychoanalitical analogy, so that identification is a process of identifying with and through another object, an object of otherness, at wich point the agency of indentification – the subject – is itself always ambivalent, because the intervention of that otherness. But the importance of hybridity is that it bears the traces of those feelings and practicies which inform it, just like translation, so that hybridity puts together the traces of certain other meanings or discourses«. [138]

Die beschriebne hybride Topologie des Third Space von Mobilität, Ökonomie, Information, Raum, Kultur und Wissen kann man unmöglich unter dem Einheitsbegriff »Infrastruktur« zusammenfassen, wie dies die jungen Niederländer z. B. Winy Maas, Nox, Oesterhuis, Crimson etc. im Moment mit Vorliebe tun. Sie verfallen dem Reiz von Statistikvisualisierungen ihrer Computer-Software mit der Konsequenz eines völlig überholten soziotechnischen Denkens der frühen 70er Jahren: Lochstreifen-Urbanismus. Planung und Architektur bedeuten mehr als nur »Infrastruktur«. Unter dem Titel »Regionen, Netzwerke und Flüssigkeiten« haben Annemarie Mol und John Law multiple Topologie mit Tendenz zum Flüssigen beschrieben: »The social inhabits multiple topologies. There's one that is regional and homogeneous, which distinguishes its objects by talking of territories and setting boundaries between areas. There's another that comes in the form of networks, where similarities have to do with syntactical stability and differences reflect grammatical dissimilarity. But there are others too, and one of them is fluid. For there are social objects which exist in, draw upon and recursively form fluid spaces that are defined by liquid continuity. Sometimes fluid spaces perform sharp boundaries. But sometimes they do not – though one object gives way to another. So there are mixtures and gradients. And inside these mixtures everything informs everything else – the world doesn't collapse if some things suddenly fail to appear. [...] First then, the question of boundaries. In fluid spaces there are often, perhaps usually, no clear boundaries. Typically, the objects generated inside them – the objects that generated them – aren't well defined. Thus, even the boundary between the normal and the pathological (topologisch bedeutet dies: generisch oder nicht-generisch, J. H.) which is so important to medicine isn't given once and for all. [...] In a fluid space normality is a gradient rather than a cut-off point. [...] In an fluid space, it's not possible to determine identities nice and neatly, one and for all. Or to distinguish inside from outside, this place from somewhere else. Similarity and difference aren't like identity and non-identity. They come, as it were, in varying shades and colours. They go together. [...] So the logic of fluid objects isn't so different from Wittgenstein's notion of the family resemblance. But it isn't quite the same either. For changes in fluids are not simply permutations of elements such as noses or ears that can be assembled in a random manner, as if at the toss of a dice. They are better seen as being composed of various more or less viscous combinations.

Which means that it may or not may be possible to separate a fluid into components parts. And it may or may not be possible to mix these in with the components of another fluid. This then is the second point. A fluid world is a world of mixtures. Mixtures that can sometimes be separated. But not always, not necessarily. [...] So the fluid metaphor suggests that we are dealing with something that is viscous: with things that tend to stick together. But it also points to a possible difference – a difference between fluid and network spaces. For in a network things that go together depend on one another. If you take one away, the consequences are likely to be desatrous. But in fluid it isn't like that because there is no ›obligatory point of passage‹; no place past which everything else has to file; no panopticon, no center of translation; which means that every individual element may be superflous. [...] So this is a third point: a point that has to do with robustness. [...] In fluid spaces objects don't collapse easily. But why. Maybe there is no single strong point to be defended in order to preserve continuity. Like guerrilla armies, fluids melt back into the night. They circumvent. They infiltrate [...] It is this, or so we belive, which gives fluids and the objects composing them their ability to move. To travel everywhere. Or almost. [...] A fluid space, then isn't quite like a regional one. Difference inside a fluid space isn't necessarily marked by boundaries. It isn't always sharp. It moves. and a fluid space isn't quite like a network, either. For fluid elements inform each other. But the way they do so may continuously alter. The bonds within fluid spaces aren`t stable. Any single component – if it can be singled out – can be missed. [...] Because the three topologies (regions, networks, fluids) have intricate relations. They co-exist. [...] So fluid spaces are not better than regions or networks. They are no more attractive. Or virtuous . [...] For the social doesn't simply organize itself into a liquid form, not even in a fluid space. Fluid objects absorb all kinds of elements that could only ever have come into being within the logic of other topologies [...] Fluids aren't solid. Or stable. Or the only spatial types around. It's all contingent. [...] The study of fluids, then, will be a study of the relations, repulsions and attractions which form a flow. Repulsion which sometimes, to be sure, means that a fluid encounters its limits.«[139]

Mol und Law weisen in ihrem Text auf eine Anzahl von Eigenschaften einer »sozialen Topologie des Flüssigen« hin:

- Absorbationsfähigkeit
- Viskosität: »Things that tend to stick together«
- Performance des Flüssigen
- Vermischungen; kaum Unterscheidbarkeit von Elementen
- Umgang mit Grenzflächen und Oberflächen
- »It's all contingent«/alles ist kontingent
- normales und pathologisches
- »erstaunliche Stabilität« – Resilienz

Die verschiedenen flüssigen nicht-metrischen Topologien von Mol/Law sind – und hier sind sie sozialgeographisch konsequent – im metrischen Behältnis der territorialen Region und der Netzwerke enthalten. Italo Calvino hat dieses Ineinandergreifen von Performance/Mobilität, Netzwerken und Flüssigkeiten poetisch beschrieben: »In Smeraldina, der äquatischen Stadt, überlagern und überschneiden sich ein Netzwerk von Kanälen und ein Netzwerk von Straßen. [...] Ein Stadtplan von Smeraldina müsste, verschiedenfarbig eingetragen, alle diese Wegstrecke enthalten, die festen und die flüssigen, die offenen und die verborgenen. Schwieriger ist es auf dem Plan die Wege der Schwalben niederzulegen, die über den Dächern die Luft durchschneiden, ohne Flügelschlag unsichtbare Parabeln hinuntergleiten, ausbrechen, um eine Mücke zu verschlucken, in Spiralen dicht an eine Turmspitze wieder aufwärtsstreben, von jedem Punkt ihrer Luftwege sämtliche Punkte der Stadt beherrschen«.[140]

Aber Flüssiges kann überschwappen, auslaufen, kleckern etc. »To blur« bedeutet in der angelsächsichen Kulturtheorie den »Mix von kulturellen, kommerziellen, öffentlichen und nicht-öffentlichen Räumen«.[141] »To blur« bedeutet auf Deutsch: kleckern, klecksen, verschmieren, mit Schwerpunkt auf letztgenanntem. »Verschmieren« kann man als Strategie im Umgang mit Flüssigem im soziokulturellen Raum einsetzen, einer Strategie des gesteuerten Zufalls/Unfalls, die viel von der bildenden Kunst, dem Tachismus, dem abstrakten Impressionismus oder dem Action-Painting lernen kann. »To blur« beinhaltet einen hohen Zufallscharakter; kontrollierten Zufalls: Verschmierte Topologie steht an der Schwelle zur Destabilisierung von Medium und Eigenschaft. »To blur« heißt vor allem auch Verschmieren der Grenzen, der Seperatrixflächen der Fluids.

Fluid Topology bedeutet Anpassungsfähigkeit, Antizipation, Adabtation, Aufnahmefähigkeit und Reaktionsschnelligkeit.

René Thom: »The fluid society: Here the typical example is a cloud of Mosquitos: each idividual moves randomly unless he sees the rest of the swarm in the rest of the same half space: then he hurries to reenter the group. Thus, stability is assured in catastrophe by a barrier causing a discontinuity in behavior. In our societies this barrier is fixed and doubly realized by the conscience of the individual and by the laws and repressive organisms of the society, and so our societies are of an intermediary type: they are not rigorously fluid, for they are stratified into social classes separated by shock waves that are difficult for an individual to cross«.[142]

Destabilisierung und Turbulenz Topologie des Flüssigen hat viel mit dem Studium von Stabilität und Schwellen respektive Übergangssituationen zu Instabilität, im Allgemeinen als Turbulenz bezeichnet, zu tun. Diese Untersuchung wird einerseits durch die rein topologischen Kriterien der generischen Eigenschaften, andererseits die Turbulenz-Kriterien der Thermodynamik bestimmt. Letztere

sind physikalisch noch nicht gelöst, der genaue Moment des Auftretens von Turbulenz und die Gründe für diesen Moment sind noch nicht geklärt. Topologisch scheint diese »Abrissstelle« klarer: Der Moment, wo kritische Punkte und Orbits zu wandern beginnen und die Strata und Transversalitäten zusammenbrechen. Diese Destabilisierung betrifft alle 5 bisherigen Themenkaptitel: allgemeine Topologie, Homotopie, Homologie/Bordismus, Feldtopologie, Singularitäten. Und sie sind gleichzeitig betroffen. Verflüssigung bedeutet Gleichzeitigkeit oder maximal eine geringe Verzögerung durch die Viskosität des Flüssigen. Mit diesem Kapitel schließt sich die Klammer zum ersten Kapitel: die Frage nach generischen Eigenschaften der Topologie: unter was für Gesichtspunkten bleibt Invarianz gewährleistet. Oder anders gefragt, wann hat man mit topologischem Wandel zu rechnen. Grady Clay und Rem Koolhaas stehen beide trotz ihrer extrem artikulierten Positionen über »Generic City« auf der Seite der Untersuchung von »Fixpunkten«. Eine neue Generation von Forschern muss den Schritt wagen, auch nicht-generisches Verhalten zu untersuchen: Fluid-Topology, wenn Ruhelagen und Fixpunkte nicht mehr gewährleistet sind und die Strata und die Transversalität destabilisiert werden. Manuel De Landa hat als erster darauf hingewiesen, dass von der Kritik kaum wahrgenommen, dies ein zentrales Thema von Deleuze/Guattaris »Mille Plateaux« ist. Deterritorialisierung und Destratifizierung sind ein durchgängiger roter Faden des Buches, nur nicht direkt benannt.

»If as Langton and Kauffman think, poised systems are where complexity and variety peak (i. e. are ›crossed‹ in the most intense form by the machine phylum), then we may imagine a different set of policies (or even philosophies of everyday life). We would have to track these special zones, for example, by destratifying ourselves (that is, by pushing our ›solid‹ components a little, but only a little, toward a ›liquid‹ state). Just exactly how much to ›liquify‹ should be established through careful experimentation, since there are dangers if one goes too far (one may be swallowed up by a chaotic attractor). This is how Deleuze and Guattari put it: ›You don't reach the (machine phylum) by wildely destratifying, if you free it with too violent action, if you blow apart the strata without taking precautions, then instead of (tapping) into the phylum) you will be killed, plunged into a black hole, or even dragged toward catastrophe.‹ Staying stratified – organized, signified, subjected – is not the worst that can happen; the worst that can happen is if you throw the strata into demented or suicidal collapse, which brings them back down on us heavier than ever. This is how it should be done: lodge yourself on a stratum, experiment with opportunities it offers, find an advantageous place on it, find potential movements of deteriorialization, possible lines of flight, experiance them, produce flow conjunctions here and there, try out continuums of intensities segment by segment, have a small plot of land at all times.«[143]

De Landa warnt vor zu starker soziokultureller, alltäglicher Destratifizierung. Für ihn führe es ins blanke Chaos, ins schwarze Loch. Diese Warnung scheint übertrieben und von einem skeptischen Cartesianismus durchsetzt, der schlussendlich trotzdem reduktionistische Stabilität fordert.

Topologische Destabilisierung heißt aber »nur« wandernde Punkte/Ereignisse, wandernde Trajektorien und Destratifizierung/Brüche. Ist nicht gerade diese Dynamik schon alltäglich im zeitgenössischen urbanen Kontext der randlosen Städte? Vorliegende Arbeit bejaht das natürlich. Flüssiger Kontext ist heute schon mehr Realität denn Metapher. In gewisser Weise kann man sogar behaupten, dass dies immer eine Realität von »Stadt« war – aber meist durch zentralisierte Macht oder kanonisierte Kultur »unsichtbar« gemacht wurde.

Die zentrale Frage, die sich stellt, ist dann die der Wahrnehmung und Behandlung von destabilisierter Topologie. Ein erster Schritt ist das Einbeziehen der oben erwähnten zwei Typen von verflüssigten Medien; einerseits die urbane Faktizität, andererseits das Wissen darüber. Fluid Topology beinhaltet auch eine Verflüssigung der urbanen medialen Codes und die Destabilisierung derselben. Derrida geht soweit, dass er diese Destabilisierung und Abwesenheit von Code in einer Fortsetzung von Wittgensteins Verflüssigung durch Wortspiel, direkt als Folge strukturalistischer Kontextuntersuchung fordert: »Was jede Untersuchung über die Struktur der Kommunikation aufdeckt, ist also keine zugrunde liegende Struktur, sondern die Abwesenheit der Struktur, das Feld des ständigen ›Spiels‹ […]. Wenn am Ursprung der Kommunikation und folglich jedes kulturellen Phä-

nomens ein ursprüngliches ›Spiel‹ steht, dann kann dieses Spiel nicht unter Zuhilfenahme der Kategorien der strukturalistischen Semiotik definiert werden. Der Begriff des Code selbst z. B. bricht dann zusammen. Das bedeutet, dass es an der Wurzel jeder möglichen Kommunikation keinen Code gibt, sondern die Abwesenheit von Code«.[144]

Die situationistischen Strategien für »Stadt« und urbane Codes sind den schon beschriebenen und in denselben Jahren entstandenen von Victor Turner sehr nahe. Beide wollen Schwellenzustände einer urbanen Kultur im Umbruch beschreiben; topologische Destabilisierungen. Während sowohl Debord wie Turner in den gewohnten urbanen Denkmustern schwierig einzuordnen waren, ist über das topologische Denken einer Destabilisierung über wandernde Punkte, Vektoren und Destratifizierung eine neue, aktuelle Lesart möglich. Im dynamischen Element der Wahrnehmung deuten beide auf einen relativistischen Aspekt einer Topologie des Flüssigen im Urbanen hin. Die Perspektivwahl, Beobachterposition – respektive Beobachterbewegung – ist entscheidend für die Fähigkeit, »Flüssiges« wahrzunehmen. Was geschieht, wenn man sich als Treibgut im Fluss mittreiben lässt, mit den wandernden kritischen Punkten und Orbits, zwischen den transversalen Strata? Wenn man mit derselben Geschwindigkeit mittreibt, nimmt man die Umgebung nicht mehr als in Bewegung wahr. Braucht es, um diese zu sehen, deshalb »neue Fixpunkte« und was für eine Ausformung, Gestalt nehmen sie an? Sind es relativistische temporäre Sehhilfen, also Maschinen oder Räume und Orte? Um weiter Metaphern zu bilden: Sind es Strände wo das Treibgut zu Strandgut wird? Ist Treibgut mit Floß gleichzusetzen? In einer Topologie des Flüssigen wird der »Arkhé Tekton« wieder zum archaischen Schiffzimmermann oder/und zum Erbauer von Hafenanlagen: Liquid Architecture – er wird nur temporär angestellt und verflüssigt sich wieder.

Liquid Architecture: Marcos Novak

»Liquid Architecture« wurde von Marcos Novak 1991 in einem programmatischen Titel und Manifest zum Thema »Cyberspace« eingeführt. Im Gegensatz zum hier im letzten Kapitel vertretenen Standpunkt einer topologischen Verflüssigung eines durchaus realen soziokulturellen urbanen Kontextes geht Novak davon aus, dass Architektur als liquide Architektur nur noch im virtuellen Raum stattfinde. Realität kann durch »Konkretisierung« ersetzt werden und die wiederum ist durchaus manifestant in der virtuellen Realität.[145] »Liquid Architecture« bezeichnet bei Novak eine Benutzeroberfläche. Als Navigationshilfe dienen ihm topologische Sattel-Knoten (Nodes).[146] Die User/Benutzer der Architektur sind nach ihm selbst auch partizipierende »Architekten«.
»What is liquid architecture?«[147] »The ›reality‹ that remains seems to be the reality of fiction. This is the reality of what can be expressed, of how meaning emerges. The trajectory of thought seems to be from concrete to abstract to concrete again, but the new concreteness is not that of Truth, but embodied fiction. The difference between embodied fiction and Truth is that we are the authors of fiction. Fiction is there to serve our purposes, serious or playful, and to the extent that our purposes change as we change, its embodiment also changes. Thus,

while we reassert the body, we grant it the freedom to change at whim, to become liquid.¹⁴⁸ [...] Architecture, most fundamentally is the art of space. There are three fundamental requirements for the perception of space: reference, delimination, and modulation [...].¹⁴⁹ [...] Cyberspace is liquid, liquid cyberspace, liquid architecture, liquid cities. Liquid architecture is more than kinetic architecture, robotic architecture, an architecture of fixed parts and variable links. Liquid architecture is an architecture that breathes, pulses, leaps as one form and lands as another. [...] A liquid architecture is an architecture whose form is contingent on the interests of the beholder; it is an architecture that opens to welcome you and closes to defend you; it is an architecture without doors and hallways, where the next room is always where it needs to be and what it needs to be. It is an architecture that dances or pulsates, becomes tranquil or agitated. Liquid architecture makes liquid cities, cities that change at the shift of a value, where visitors with different backgrounds see different landmarks, where neighborhoods vary with ideas held in common, and evolve as the ideas mature or dissolve.¹⁵⁰ [...] The locus of the concept ›architecture‹ in an architecture that fluctuates is drastically shifted: Any particular appearance of the architecture is devalued, and what gains importance is in Sartres terms, ›the principle of the series.‹ For architecture it is an immense tranformation: for the first time in history the architect is called upon to design not the object but the principles by which the object is generated and varied in time. For liquid architecture requires more than just »variations on a theme«, it requires the invention of something equivalent to a »grand tradition« of architecture at each step. A work of liquid architecture is no longer a singel edifice, but a continuum of edifices, smoothely or rhythmically evolving in both space and time. [...] The dematerialized, dancing, difficult architecture of cyberspace, fluctuating, etherneal, temperamental, transmissible to all parts of the world simultaneously but only indirect tangible, may also become the most enduring architecture ever conceived [...]. A liquid architecture in cyberspace is clearly a dematerialized architecture. [...] It is an architecture that tends to music. [...] By contrast, the lifespan of architecture is decreasing rapidely. In many ways architecture has become the least durable of the arts.«¹⁵¹ »Liquid architecture, understood as principle and not just as artifact, is to structural inscription as variable is to number, or better still, as variable function is to variable. [...] Hence, liquid architecture is the tectonics of behavior, affiliated with perpetual becoming, emergence, life, artificial and otherwise [...]. Siteless, dis/embodied, with no permanent inscription, without the reassuring gravity of a jealous affiliation, we float. [...] The changes described above establish a trend in the media I have examined: each medium is being driven to the opposite extreme of its traditional understanding: architecture, haviest of the arts, is becoming liquid; music, the art of composed, as thus, so far, fixed intervals in time, the art which has so far required us to listen in stillness and silence, now invites us to navigate through a sonic landscape; and beyond even that, is being transformed into an art of time beyond sound; and cinema, like music, a medium fixed in sequence, once closest to program music, having shaken its ties to the plot and narrative structure in the works of Kubrick, Tarkovsky, and others, now becomes interactive, habitable, a world to enter that has no plot, only potentials for chance encounters«.[152]

Das Konzept, das Marcos Novak für Liquid Architecture vorschlägt, ist nicht neu. Er kombiniert Ansätze aus der Kybernetik, Philosophie und Mnematik mit den architektonischen Wurzeln bei Vitruv. Novak löst Architektur vom Bauhandwerk ab und führt sie auf ein Feld, das ursprünglich eine philosophische Deutung von Architektur war: Der logische Aufbau eines Denkgebäudes zur Ordnung/Erlangung von Erkenntnis aus Philosophie und Naturwissenschaft. Architektur wird gedeutet als »repräsentativ für das Sich-Einrichten des Menschen in der Welt«:[153] Wie Bedeutung auftauchen könne – »how meaning emerges« – ist ja eine der obigen Fragen von Novak. Insofern stellt zum Beispiel die angesprochene Theorie der transversalen Vernunft von Wolfgang Welsch eine »Architektur« dar. Die einzurichtende »Welt« wird bei Novak zum Cyberspace – zu einer virtuellen Welt. Nach Ritters historischem Wörterbuch der Philosophie gilt Architektur »bei Aristoteles als Kunst der Bearbeitung des Stoffes zur Herstellung einer brauchbaren Sache. Der die Sache Gebrauchende (der User-Architekt im Cyberspace, J. H.) müsse sich mehr auf ihre Form verstehen, der sie Herstellende als ›Architekt‹ mehr mit der Eigentümlichkeit des Stoffes (geistig-virtuelle Stofflichkeit des Wissens, J. H.) vertraut sein«.[154]

Für den virtuellen Raum hieße dies Vertrautheit mit dessen generischen Eigentümlichkeiten, wie Kopien-Koexistenz, Links, Wandelbarkeit, Mehrdimensionalität, Interaktion und Partizipation etc. Viele dieser von Novak zitierten Eigenschaften besitzen schon eine kybernetische Tradition – die unserer heutigen Macchina Mundi. »Design principles not object« verweist auf kybernetische Algorithmen; rückbezügliche, prozessorientierte Handlungsanweisungen; einer »tectonics of behavior«/Tektonik des Verhaltens. Architekur nähert sich in dieser Sichtweise sehr stark der Kybernetik an. Eine Nähe, die Kybernetiker wie Gordon Pask, Ranoulphe Glanville oder Dirk Baecker schon früh, vor dem Boom des Cyberspace sahen. Die Tektonik ist nicht nur kybernetischer, informationsbezogener Natur, sondern auch eine räumliche Architektur in der Tradition der raumorientierten mittelalterlichen Mnemotechnik – Mnematik. Mnematische Räume waren auch wie der Cyberspace Räume des Wissens – des nichtschriftlichen Wissens – gefüllt mit Figuren, Emblematik und Sprache. Mnematik macht jeden User zu seinem eigenen Autor: »we are the authors of fiction«, mit einem Potenzial für Zufallsbekanntschaften/»potential for chance encounters«.

Der im zweiten Teil von Novaks Text und den oben ausgewählten Zitaten gezogene Vergleich mit der Musik ist nicht nur ein Verweis auf Sinnlichkeit und Phänomenologie, sondern man kann dies auch als Verweis auf Vitruvs umfassenden Forderung ans Berufsbild des Architekten lesen. Wieder Ritter: »Bei Vitruv werden als erforderliche Tugenden des Architekten geometrische, rhetorische, arithmetische und philosophsche Kenntnisse ebenso gefordert wie Bewandertsein in der Musik«.[155]

TransArchitecture Den Übergang von Virtuellem zum Realen bezeichnet Novak als TransArchitecture; Vermittlung einerseits, aber auch Verdoppelung: »Im Raum der virtuellen Dimensionen ist die Architektur als TransArchitektur wiederauferstanden: als eine Architektur jenseits der Architektur, die den Übergang zwischen dem Wirklichen und dem Virtuellen in der Weise vermittelt, wie die traditionelle Architektur zwischen Wissen und Erfahrung, Menschlichkeit und Natur, Innen und Außen, öffentlich und privat, Bedürfnis und Exzess vermittelt hat [...]. TransArchitektur versucht, den Bruch zwischen dem Wissen und der architektonischen Erkundung zu überwinden. Sie bringt das in den Bestand abgeschobene Wissen wieder in den Bereich der poietischen Erfahrung. TransArchitektur, die Architektur jenseits der Architektur, ist eine Architektur aus ehemals unsichtbaren Gerüsten. Sie hat ein zweifaltiges Wesen: im Cyberspace liegt sie als liquide Architektur vor, die über die globalen Informationsnetze übertragen wird; im materiellen Raum existiert sie als unsichtbares elektronisches Double, das über unsere materielle Welt gelegt wird. Mit der Verwirklichung eines nicht an einen Ort gebundenen öffentlichen Raums durch den Informationsraum, den wir Cyberspace nennen, verkehrt sich das Verhältnis zwischen Gerüst und Gewölbe. Obwohl jetzt beide flüssig und variabel sind, ist das Gerüst nicht mehr temporär und stützend und das Gewölbe nicht mehr die Rechtfertigung des Gerüstes. Es gibt eine Verdoppelung und eine zweite Verdoppelung: erstens verdoppelt sich die TransArchitektur, um sowohl innerhalb des Informationsraums als auch innerhalb des gewohnten materiellen Raums zu existieren; zweitens wird jeder dieser Verzweigungen noch einmal in eine sichtbare und eine unsichtbare Form verdoppelt. Im Cyberspace wird die sichtbare Form der TransArchitektur in potentiell phantastischen Formen in Bewegung versetzt, während der unsichtbare Aspekt die Form einer virtuellen Topologie der Vernetzung und Interaktivität annimmt. Außerhalb des Cyberspace ist die Situation umgekehrt. Der sichtbare Aspekt der TransArchitektur ist identisch mit der Architektur, die wir normalerweise bewohnen, während der unsichtbare Aspekt eine Vielzahl an materiellen Volumina erzeugt und sie durch die Etablierung von Raumzonen aktiviert, die intelligent wahrnehmen und handeln und die uns mit anderen materiellen oder virtuellen Räumen verbinden. Wir können uns daher eine äußere und eine innere, eine sichtbare und eine unsichtbare TransArchitektur vorstellen. Verknäult wie ein Moebius-Band, koexistieren unendlich viele virtuelle Räume innerhalb jedes materiellen Raums, lagern sich unendlich viele Welten über diese eine Welt«.[156]

Transmitting Architecture »The history of invention alternates between advances of transport and advances of communication, that is to say from transmitting the subject to transmitting the sign and presence of the subject, establishing a symbiosis of vehicles and media that leads from antiquity all the way to the present. Mode after mode of expression or perception have yielded to being cast across greater and greater distances as agents of will and power. Signal, image, letter, sound, moving image, live sound, live image, sense and action, intersense and interaction, presence, interpresence, telepresence, all express our awareness of other and elsewhere, and underscore our will to interact with the sum of what we know to exist simultaneously with us, relativity's complexities notwithstanding. [...] The technologies that would allow the distribution or transmission of space and place have been unimaginable, until now. Though we learn about much of the world from the media, especially cinema and television, what they provide is only a passive image of place, lacking the inherent freedom of action that characterizes reality, and imposing a single narrative thread upon what is normally an open field of spatial opportunity. However, now that the cinematic image has become habitable and interactive, that boundary has been crossed irrevocably. Not only have we created the conditions for virtual community within a nonlocal electronic public realm, but we are now able to exercise the most radical gesture: distributing space and place, transmitting architecture. The transmission of architecture and public space alters all the familiar issues of architecture and urbanism. All at once, theory, practice, and education are confronted with questions that have no precedent of consideration within the discipline, necessitating that we turn elsewhere for guidance. Learning from software supersedes learning from Las Vegas, the Bauhaus, or Vitruvius: the discipline of replacing all constants with variables, necessary for good software engineering, leads directly to the idea of liquid architecture. Liquid architecture, in turn, leads to the re-problematization of time as an active element of architecture at the scale of the cognitive and musical, not just the historic, political, or economic event. The language and metaphors of networked, distributed computing apply even greater torque to the straining conventional definitions of architecture: not only is real time now an active concern of the architect, but the logistics of sustainable, transmissible illusion become as real as the most physical material constraints. Form follows fiction, but an economy of bits replaces the economy of sticks and stones«.[157]

Transmitting Architecture behandelt Architektur als Medium – als flüssiges Medium, andererseits ist auch Übermittlung und Verteilung (Dissemination in Derridas Begrifflichkeit) von Architektur, Raum und Ort im weitesten Sinne gemeint. Diese Übermittlung implementiert Zeitkomponenten und variable Funktionen in Architektur – verflüssigt sie dadurch. Liquid Architecture, virtuelle Architektur, deren Echtzeit-Übermitlung (Transmission) und die Interaktion

(Transzendenz) mit realem Kontext, realen Bauplätzen (TransArchitecture) gehören bei Marcos Novaks Konzept zusammen und befinden sich in konstanter gegenseitiger Bewegung, Rekonfiguration und Austausch.

Gebaute Liquid Architecture: Vitruv bis NOX Die radikale Position von Novak, die im Grunde auch das konventionelle Berufsbild des Architekten hinterfragt und neu als VR-Architekt definiert, wird schon ein paar Jahre nach dem ersten Artikel von 1991 angewandt und umgesetzt. Bauten, die eindeutig nur im Cyberspace entworfen und dort mit Hilfe modernster Animationssoftware »gebaut« wurden, bekommen Real-Space-Aufträge. Sind sie damit so weit von der architektonischen Tradition entfernt? In der klassisch-modernen Architektur war das Bauen der »Utopie« gleich tief verankert wie Marcos Novak »Fiction« in Liquid Architecture. Und es existiert eine oft unterschlagene Vitruvianische Tradition, die im Zeitalter von Nano-Technologie und Virtueller Realität wieder aktualisiert werden kann, als Teil des architektonischen Berufsbildes.
Vitruv hat in seinem Achten Buch über den Wasserbau als Architektur/Baukunst, seinem Neunten Buch über Zeitmessmaschinen als Architektur/Baukunst und vor allem dem Zehnten Buch über Zieh- und Hebemaschinen, Kriegsmaschinen, Bewässerungsmaschinen Liquid Architecture in das Weltbild der Architektur integriert.
»Thales von Milet, einer der sieben Weisen (einer der sieben Vorsokratiker), hielt das Wasser für den Grundstoff aller Dinge. [...]. Da nun sowohl Naturforscher, als Philosophen und Priester der Meinung sind, dass alles durch die Kraft des Wassers bestehe; so halte ich dafür, nachdem ich in den vorhergehenden Büchern die Theorie der Gebäude vorgetragen habe, ich müsse nun in diesem von der Merthode, wie Wasser zu entdecken sei, handeln; in gleichen von dessen Eigenschaften nach der verschiedenen Beschaffenheit der Orte, und auf welche Weise es zu leiten und zu probieren sei; denn wir befürfen desselben höchst nötig sowohl zum Leben als zum Vergnügen und täglichen Gebrauche.[158] [...] Man probiert und bewährt Wasser folgendermaßen: Ist es ein am Tag fließendes Wasser, so beobachtet man mit vieler Aufmerksamkeit, bevor man es zu leiten anfängt, die körperliche Beschaffenheit – membratura – der in der Nähe wohnenden Menschen. Vitruv integriert hier sogar soziologische Feldstudien in die Arbeit des Baumeisters. Im Zehnten Buch werden Wasserschöpfmaschinen, Wassermühle, Wasserschnecke,[159] beschrieben. Der dynamisch-kinetische Aspekt von Architektur, wie er in den Büchern 8–10 beschrieben wird, ist heute wieder in den Alltag der Architektur, zwischen CAD-Planung und CAD-Entwurf respektive Animation, High-Tec-Haustechnik, High-Tec-Baumaterialien zurückgekehrt. Neben der Metaphernähnlichkeit von Novak und Vitruv besteht noch eine zweite Parallele: In den »Zehn Büchern über die Architektur« vollzieht sich ein Perspektiven- und Paradigmenwechsel von einem »Ordnungssystem« über Baukunst hin zu einem »Transformationssystem« von Baukunst: Architektur wird zu

einer Topologie des Flüssigen. Als eines der ersten gebauten Beispiele von Liquid Architecture gilt der H2oeEXPO Waterpavillon Neeltje Jans/Zeeland von Lars Spuybroek und Kas Oosterhuis. Der Wasserpavillon ist Teil eines Erlebnisparks zum Thema Wasser und Wasseraufbereitung. In seiner ganzheitlichen Komplexität nimmt die Architektur ein Thema der 60er Jahre wieder auf, »Responsive Environment«, das erst durch die heutige Technologie in Echtzeit einsetzbar wird. Das Projekt war vor seiner Real-Raum-Realisation schon als ein reines VR-Liquid Architecture Projekt in den Medien präsent.
Typische Merkmale sind:

- Einbezug von Wasser als reales Medium, metaphorisches Medium und VR-Medium,
- CAD-Entwurf und Animation in 2-,3-, und 4- Dimensionen,
- Einbezug der Besucher: Interaktion und Responsive Environment,
- Einbezug der Sinne, Multidimensionalität von Raum: Körper-Raum-Maschine,
- Multi-Media-Verflüssigung: Verschmieren/Bluring zwischen Virtualität und Realität,
- Verflüssigung von Architektur: Berufsbild-Mutation, Kontext und Architektur als Medium.

»The symbol: The water pavillion represents water in all its manifestations. [...] We humans are simply the information elements in the system.«[160] »All five senses will be assailed: visitors can hear the splashing of water, be blinded by fog, smell the salty sea air or polluted site. The information is activated by their presence and movement via sensors and interactive programs. [...] Just as the physical form of the barocke vault was disguised by ceiling pantings, which include images of virtual architectures, this building is an environment in which building and information, water and multimedia technology, physical and virtual reality constantly intermingle. [...] The water pavillion reflects shifting paradigms. What we see here is a mutation of architecture, not its extinction«.[161] »Just suppose that one were to turn the trajectory of a convoluted reality, created by acceleration, into a track. If the body-fused-with-its-vehicle causes a certain fluid environment then this envoronment – once it has become a track – provokes the body to become a vehicle in its own right. [...] Zero Gravity: Paul Virilio on polar inertia: [...] the man-machine interface eliminates one physical carrier after the other, and thereby effectuates a constant weightlessness between the body and the place [...] When above and below become identical (as in fluids, J. H.) , this sudden reversibility restores the primary place to the body as centre of its environment«.[162]
»In H2oeEXPO bauten wir eine sehr komplexe interaktive Installation ein, die verschiedene elektronische Systeme aus Ton, Licht und Projektionen kombiniert, um das Konzept der Deformation in Bezug zur Handlung zu erweitern. In diesem

Sinne, wie oben dargestellt, sind die Form des Gebäudes und das Innere selbst nicht nur eine Installation, sondern auch interaktiv. [...] Wir schufen [...] eine Installation, die das Verhalten menschlicher Wesen mit dem Verhalten fließender Systeme verknüpfen konnte, in diesem Falle Wasser. Während das Gebäude die Menschen zu verflüssigen strebt – »Du wirst Wasser« – können diese ihrerseits das Gebäude manipulieren«.[163]

Lars Spuybroek von NOX schreibt über Liquid Architecture: »Flüssige Architektur ist nicht die Mimesis natürlicher Flüssigkeiten in der Architektur. Vor allem ist sie die Verflüssigung von allem traditionell Kristallinen und Soliden in der Architektur. Sie ist die Infizierung durch die Medien. Sie bedeutet das weiche Verschmelzen von Wand und Boden zum Beispiel, von Körper und Geometrie, von Objekt und Umgebung, von Fläche und Volumen, von Handlung und Form – natürlich wird dies Interaktion genannt, weil das Handeln immer genau zwischen Objekt und Subjekt beginnt, und dieses ›zwischen‹ ist dort, wo Oberfläche, Umwelt und Schnittfläche zusammenkommen. [...] Bei flüssiger Architektur geht es immer darum, eine Handlung mit einer anderen zu verbinden, einen Virus in das Programm einzuschleusen, Ereignisse hyperbolisch zu verbinden, so dass jedes Objekt und jedes Ereignis unvorhergesehene und unprogrammierte Wirkungen haben können. Nichts, keine Funktion, kein Objekt kann isoliert bleiben; alles wird in einen kontinuierlichen Transformationsprozess verwickelt – alles wird notwendigerweise geöffnet und läuft aus. Flüssige Architektur hat nichts mit hübschen und gefälligen oder skulpturalen Formen zu tun – weil immer das Risiko besteht, dass die Dinge überreizt werden, dass Form vom Abgrund des Formlosen verschluckt wird, dass unaussprechliche Monströsitäten des Hässlichen jenseits des Hässlichen auftauchen – und doch scheint in kulturellem Sinne der Akt der Architektur ohne dieses Risiko absolut wertlos«.[164]

Blobs, Metaballs: Greg Lynn und Zaera Polo Flüssige Topologie in der Architektur besitzt einen direkten Zusammenhang zu den technischen Möglichkeiten von Trickfilm-Animation und animierten Spezialeffekten. Obwohl der Architekt Greg Lynn auf »The Thing« (1951, starring James Arbess, remake 1982 starring Kurt Russel) verweist, gilt die Schlusszene von »Terminator 2« mit dem sich verflüssigenden Andreoiden unter Architekten als Arché-Kultszene bezüglich Verflüssigung. Die Filmsequenz wurde mit derselben 3D-Animationssoftware generiert, die danach, allgemein erhältlich, zu einem Standard in Architektur- und Filmschulen wurde. Die zugrunde liegende Technik , die Blob-Theorie, entstammt der Hochenergie-Plasmaphysik zur Beschreibung von viskosen, zähflüssigen und langsam fließenden Medien.[165]

Blobs sind monadenartige mehrschichtige, nicht zwingend symmetrisch aufgebaute Kugeln oder andere topologische Mannigfaltigkeiten.[166] Die inneren Kugeln sind die »Träger« der Kräfte, Bedingungen, Parameter, Eigenschaften, Massen, meist Constraints genannt, die äußere Hülle reagiert, deformiert sich, als umhüllende Form auf die Constraints der anderen Blobs, z. T. auch auf die eigenen.[167] Dadurch kann sich die äußere Hülle Gegebenheiten »anschmiegen«, die Form folgt als Deformation dem Spiel der Kräfte, die immer auf die inneren »Shells« zielen. Blobs sind also eine Art kleiner Phasenräume, eingebettet in grössere Phasenräume. Die äußerste Umhüllende, auch »Halo« genannt, kann mit einer anderen äußersten Umhüllenden auch verschmelzen, so dass ein scheinbar homogener Körper entsteht: eine Art Plasma. In der Filmindustrie gelingt es so, tierische[168] und menschliche Körper, aber auch Flüssigkeiten, kinetisch, also in Echtzeitbewegung zu simulieren.[169] Jeder Körperteil besteht dann aus verschieden geschichteten Blobs und ist über bestimmte Kräftehierarchien gekoppelt (inverse Kinnetik): »action at a distance« on material form.[170] Addiert man eine sehr, sehr große Zahl Blob, so dass die Anzahl unübersichtlich wird und man zu statistischer Mechanik bezüglich der Programmierung greifen muss, gelingt es über Blobs, den Eindruck von Textilien, Flüssigkeit, Haut etc. zu vermitteln. Man spricht dann von so genannten »isomorphic polysurfaces«, Meta-Balls oder Meta-Clays.[171]

Greg Lynn arbeitete und unterrichtete am Paperless-Studio der Columbia University, New York, als einer der ersten in der Architektur konsequent mit Blob-Modellierern und Animationssoftware. Er charakterisiert die drei wichtigsten Elemente solcher Entwurfsmethodik als: 1. Bewegung, 2. Parameter/Constraints, 3. Topologie.[172]

»Essentially, a blob is a surface so massive that it becomes a proto-object. It is composed of gelatinous materials with the coherence of a solid but the amorphousness of a liquid. Gelatinous organisms like fluids have no internally regulated shape, but depend on contextual constraints or containment for their form. […] The Spatiality of these blob organisms […] suggests […] (the) principles to this movement and spatially characteristic of all blobs.[173]

1. Blobs posses the ability to move through space as if space were aqueous. Blob form is determined not only by the environment but also by movement.

2. Blobs can absorb objects as if they were liquified. These incorporated objects float in a deep surface without being ingested into an interior cavity«.[174]

Greg Lynn definert Blobs ähnlich wie obige Beschreibung in »Blobs, or Why Tectonics is square and Topology is Groovy«.[175] Interessant ist sein Hinweis auf den ambvivalenten Status der Blobs bezüglich numerischer »Abzählbarkeit«. Durch ihren inneren Aufbau sind sie gleichzeitig global eine singuläre kontinuierliche Einheit und lokal eine stratifizierte komplex-relationale Multiplizität.[176]

Alfonso Hermida fasst in der Beschreibung einer Blob/Metaball-Software die Eigenschaften nochmals folgendermaßen zusammen:

»Metaballs consist of a series of subprimitives called »components«, which can have any shape (common shapes are spheres and ellipsoids). Each component has a size and an ›attractive‹ or ›repulsive‹ strength associated with it. The final shape of the metaball is computed based on the position, size, and strength of each component. [...] Metaballs are created by defining an ›isosurface‹, a surface that is defined by checking for a constant value throughout a region in 3D space. [...] (Iso means ›equal‹ or ›the same‹)«[177]

Als Beispiel für eine Isosurface kann man sich eine Person in einem Raum vorstellen, die einen kleinen Heizstab in der Hand hält. Die Hitze strahlt in alle Richtungen des Raumes, mit der maximalen Temperatur im Heizstab in der Hand und der minimalen Temperatur irgendwo an der Wand. Eine Person, die den Raum betritt, misst mit einem Thermometer die Temperatur an verschiedenen Punkten im Raum und markiert die Orte mit gleichwertiger vorher festgelegten Temperatur X-Werten, die Schwellenwert genannt werden. Die Sammlung aller Punkte, wo der Wert gleich dieser Schwelle ist, nennt man eine Isooberfläche.

»The change of temperature throughout the room is called the ›density distribution‹ or ›potential distribution‹ of the surface and the value ›X‹ is called ›threshold‹. [...] If the threshold value is a large number, the isosurface will be very small [...] ;small threshold values would mean that the surface becomes larger. [...] What happens when two ore more metaballs interact? When two metaballs interact, their denisity values are added in those places where they overlap. [...] When two or more metaballs with positive densities interact, the result is a final shape that creates the effect of ›attraction‹ between the metaballs. [...] Another case would be to consider the interaction between a positive and a negative metaball. The density value for any point where metaballs interact is calculated by adding up their densities at that point. Since one is positive and the other negative, there will be points where the density becomes so low that it will be below the threshold value. This creates the effect of repulsion: the metaball displays a ›dent‹, as if it were trying to repel the other metaball. [...] One of the most powerfull features that metaball-based objects have, is the ability to create ›flow‹.«[178]

Constraint – Context Constraints als Einflusskräfte oder Einflussflächen, -zonen, »Action at a Distance«, Verschmelzen von Mehrerem und Singulärem, diese Aspekte prädestinieren Blob-Theory für architekonischen Kontextualismus. Architekten wie Greg Lynn, Nox, Alejandro Zaera Polo parametrisieren kontextuelle Einflüsse und Eigenschaften zuhanden von Software-Constraints und lassen diese Kräfte »selbstgenerierend«, kinetisch auf architektonische Körper wirken.

»I would like to suggest a difference between urbanism and architecture. Architecture is involved in techniques of formation and stabilisation, whereas urbanism is characterised by more diffuse and transitory interactions between overlapping movements, flows, densities and intensities. Architecture's qualities are primarily those of discrete form and urban qualities are identified as gradients within fields. Architecture punctuates these gradient fields with stability. For the entire history of architecture, interests in movement have involved the arrest of dynamic forces as stacic forms through mapping. Urban fields and movements have therefore always been understood as the fixed lineaments upon which forms could be mapped. In order to work as an architect with the urban forces in their unformalized state; it is necessary to design in an environment that is not static, it is necessary that architects develop techniques that can relate gradient fields of influence within flexible yet discrete forms of organization. [...] To an architect, urban questions are often questions of large-scale forms or fabrics. In order to adress patterns of organizations on the urban scale that differentiate subtly, it is necessary that architects begin to design using dynamic simulation systems of urban forces and fields. Sites become not so much forms or contours but environments of gradient motions and forces. [...] Sites are more or less liquid mediums with aqueous charcteristics of flow and transformation in time. Although these aqueous gradients might be crystallized into form, an alternative is employed that makes a distinction between urbanistic field effects and the discrete singularities within those fields that become forms. Rather than freeing the fields, there is a useful distinction made between forces and objects, between flows and the singularities that emerge within them. These large scale motion effects can then be used to compose and shape discrete heterogeneous elements. In this way, it is possible to make a distinction between the architecturally discrete and the urbanistically continuous«.[179] »Therefore, symmetry breaking could be a sign of the incorporation of information into a system from the outside in order to unfold latent diversities. Thus contexts tends towards entropy. Contexts lack specific organization and the information that they provide tends to be general. In this regard contexts might be understood as entropic in their homogeinity and the uniform distribution of differences. Information and difference are being used here almost interchangeably, and homogeneity and disorganization, or lack of difference, is a characteristic of symmetry. Adaptive catalyst configure that information into organizations by breaking their own internal symmetry of homogeneity. Symmetry breaking should not be confused with a simple dialectically invert into exact forms, Rather, symmetry breaking from the exact to the anexact indexes the incorporation of generalized external information into dynamic, flexible, and temporally and contextually specific stability. Symmetry, and any exact form for that matter, indicates a lack of order due to a lack of intersection with large forces and environments. Deep structure and typology are just what they seem to be: suspect, reductive, empty and bankrupt. But once triggered by generalized and unpredictable external influences (it must be emphatically maintained that ›context‹ is meaningless and in and of itself it is unorganized, and ›organized context‹ requires an agent of differentiation) these ›types‹ unfolds through differentiation into highly heterogeneous yet continuous organizations. Once put into a non-linear relationship with external forces a directed indeterminacy becomes a robust system for the unfolding of unforeseen and unpredictable dynamic organizations and stabilities«.[180]

Zaera Polo ergänzt: »The dynamics of contemporary urban phenomena are the manifestation of emerging complex orders, rather than a result of a random process. Within the non-conservative urban paradigms that we are trying to aproximate, urban development is a morphogenetic process. The city as a field of permanent formal genesis rather than a completion and conservation of a pre-existing state«.[181]

Kritik am Blob-Constraint-Ansatz »Stadtplanung ist eine Disziplin, die Potentiale generiert, Möglichkeiten kreiert, Ereignisse provoziert, während Architektur traditionell die Disziplin ist, die dieses Potential ausschöpft, verbraucht, die Möglichkeiten ausbeutet und Ereignisse restringiert (wiederanbindet)«,[182] schreibt Rem Koolhaas. Softwarebestimmte Constraints bauen keine kontextuelle Kontingenz auf. Entgegen ihrer vermeintlichen Absicht sind sie meist extrem deterministisch, gerichtet und reduktionistisch; also das genaue Gegenteil eines topologischen Ansatzes, der komplexe dynamische Systeme berücksichtigen will. Greg Lynn und Alejandro Zaera Polo widersprechen sich, wie obige Zitate zeigen, hier selbst zwischen Analyse und Anwendung. Meta-Balls und Blobs sind schlussendlich wieder ein konservatives holistisches Konzept von Sozio-Technologie, das nicht mit einem pluralistischen Denken von Kontext zur Deckung gebracht werden kann. Blobs sind vorhersehbar, komplexe dynamische Systeme sind dies nicht. Symmetriebruch, wie ihn Lynn als kontextuell wichtig beschrieben hat, ist im Blob-Konzept nicht möglich.
Constraint-Methoden erfreuen sich im Moment großer Forschungsbeliebtheit. Die von Novak beschriebenen Möglichkeiten der Datenvisualisierung als »Raum« in der virtuellen Realität lassen ein erweitertes Berufsbild von Geographie und Architektur zu: Informationsgeographie und Informationsarchitektur. Die Daten-Quellen bilden Konstrukte wie das G. I. S. »Geographical Information System«, Sammlungen von möglichst »allen« empirisch, demoskopisch erfassbaren Daten dieser Erde. »DataScapes« können lokal oder global »erbaut« werden. Sie suggerieren durch ihre Datenmenge Dynamik und Indeterministik. Im Gegenteil, sie sind determiniert, statistisch manipuliert und zielen als Expertensysteme auf computibility, d. h. Berechenbarkeit und Vorhersehbarkeit. Aus der Faszination gegenüber solchen DataScapes entwickeln sich Tendenzen, »Infrastruktur« als einzigen zählenden und abzählbaren architektonischen Kontext zu betrachten. Informationsgeographie und Informationsarchitektur stehen in ihrer Entwicklung noch auf einem vergleichbaren Stand des Zeitalters der Athener Polis. Ihre Entwicklung wird zwar unheimlich beschleunigt vonstatten gehen. Vollzieht sie aber nur ein Bruchteil der Krisen und Katastrophen, welche die konventionelle Stadtplanung und die gebaute Stadt durchgemacht hat, werden sich für User und Datenarchitekten noch sehr schmerzhafte Erfahrungen ergeben.
Was ist ein grundlegender Fehler, den man heute erkennen kann? An erster Stelle sicherlich fehlendes Feedback, fehlende Rekursion. Man müsste sich als Archi-

tekt und Planer in die vollkommen unberechenbare Welten autopoietischer, zweiter oder dritter Ordnung von rekursiven Constraints begeben. Deren Parametrisierung sollte auch schon nicht linear, sondern als dynamische Prozesse geschehen. Das Feedback muss auch über die Realwelt laufen. Daten müssen im Realen zwischenwirken und erst dann wieder eingespeist werden. Blob-Constraints sind topologisch betrachtet Konnexionen in topologischen Faserbündeln. Ziel sollte sein, Blob-Constraints aus ihrer deterministischen quantitativen Parametrisierung herauszuholen und als topologische qualitative Constraints – als Fasern – nicht-euklidisch kontextuell wirksam zu machen. Teilweise arbeiten Forscher im Bereich der Artificial Intelligence schon in diese Richtung, aber der Weg wird lang.

URBANE TOPOLOGIE: VIRTUALITÄT UND STABILITÄT

Kommentierende Zusammenfassung

Untersuchung der Bewegung von Flüssigkeit beginnt mit der Idealsituation der laminaren Strömung; gleichmäßig, reibungsfrei, hindernislos. Sie integriert aber eine homologe Situation. Die Flüssigkeit ist eingebettet in einen Behälter. Die Oberfläche des Behälters und die »Oberfläche« der strömenden Flüssigkeit bilden als die zwei sich berührenden Schichten, als Kontaktoberflächen, die homologe Grenzbeziehung. Beide hauchdünnen Schichten bilden als zweidimensionale, idealisierte Körper die laminare Situation. Solche Idealsituationen kommen allenfalls in Übergangssituationen vor – im Normalfall muss mit Verwirbelungen gerechnet werden.

Experimentiersituation als Phasenraum Topologie des Flüssigen wird durch einen interessanten Versuch der Doppelung respektive Gleichsetzung von Experimentiersituation als »Realität« und dem Modell des Zustandsraumes als reduziertem Phasenraum gekennzeichnet. Obwohl jedes physikalische Experiment ein »Phasenraum ist«, nähert es sich bei Flüssigkeiten an, da die Box, in der die Flüssigkeit fließt, mit all ihren Kontrollparametern und Zustandsparametern, so tut, als wäre sie direkte Umsetzung eines theoretischen Zustandsraumes. Durch diese quasi-Deckungsgleichheit werden die Widersprüche zwischen Idealität und Realität offensichtlich. Wir finden in der Architektur eine sehr ähnliche, auf die Renaissance zurückgehende Tradition der Idealisierung von Modellen als dem »Vorbild« für Realität.

Topologie des Flüssigen Flüssigkeiten werden als dreidimensionales topologisches Vektorfeld betrachtet. Die Topologie eines Flusses wird zur Hauptsache durch Art und Anordnung ihrer kritischen Punkte bestimmt.[183] Das qualitative Bild der Trajektorien bildet Phasenportraits; dreidimensionale im Fluss und zweidimensionale an den Fließoberflächen. Letztere spielen bei Experimenten eine große Rolle, da dort mit »Tricks« das Fließverhalten am einfachsten zu visualisieren ist. Die Menge aller topologischen Eigenschaften des Phasenportraits beschreibt die topologische Struktur des Flusses. Ein Phasenportrait gilt als strukturell stabil, falls es unter infinitesimaler Veränderung eines Parameters –

einer Perturbation im Sinne Pontrjagins – dieselbe topologische Struktur wie das Ausgangsportrait besitzt.[184]

Diese Formulierung widerlegt eine Auffassung, Flüssigkeits-Analogien wie Liquid-Architecture, Fluid-Media, Fluid-Society, Liquid-Oeconomy seien als amorph, indifferent etc. zu erfassen. Innere Differenzierungen sind nur wesentlich schwieriger zu erkennen als binäre (oft externe) Oppositionen.

Das Auftreten von Wirbeln bedeutet topologischen Wandel. Die topologische Darstellung dieser Entwicklung geschieht durch die zwei Methoden der Seperatix-Fließoberflächen oder des topologischen Vortex-Scelletts/Wirbel-Skeletts, die Darstellungen können auch kombiniert werden. Die verschiedenen Regionen kritischer Punkte im dreidimensionalen Vektorfeld werden durch Seperatrixflächen getrennt. Wirbel können als Entfaltung von Singularitäten in diesen Seperatrixflächen dargestellt werden. Das Wirbel-Skelett – als »Röhre« – besteht aus der Wirbellinie und der unmittelbar benachbarten Wirbelschicht, die die topologische Orientierung und die solenoiden Eigenschaften gewährleistet. Die Röhren von Wirbel-Skeletten können topologisch transformiert werden: geknotet, verschmolzen, getrennt, komprimiert, gedehnt. Während die Seperatrixflächen-Darstellung stark aus der Topologie von Oberflächen und Singularitäts-theorie schöpft, sind die Wirbel-Skelette eng an die topologische Knotentheorie gebunden.

Für die Architektur ist interessant, dass die Seperatrix-Fließoberflächen Oberflächen der Liquid-Architecture darstellen, das Vortex-Skelett Volumen einer inneren Struktur. Beide versuchen, mit einem Minimum an Information die Komplexität eines Flusses zu repräsentieren. (In der Architektur ist z. B. Greg Lynn eher Skelett-orientiert, Parella, NOX etc. eher Flächen-orientiert.)

Turbulenz Turbulenz ist ein räumlicher und zeitlicher Symmetriebruch des dynamischen Systems. Dieser wird ausgelöst durch Instabilität der topologischen Struktur des Flusses und ist eng mit Unvorhersehbarkeit und Irreversibilität verknüpft.[185] Strukturelle Instabilität ist global, asymptotische Instabilität lokal oder global.[186] An Grenzoberflächen, Grenzschichten, Hindernissen können massenhafte Ansammlungen respektive Cluster kleiner lokaler Turbulenzen – »Large-Eddies«/Verwirbelungen – auftreten. Global kann das System dabei noch stabil sein.[187] Globale und lokale Turbulenz scheinen maßgeblich durch Unbestimmtheiten des (Phasen-) Raumes respektive der Ausgangsbedingungen ausgelöst zu werden. Diese Unbestimmtheiten sind Formen von »Noisi Data«, »weißem Rauschen«, Kontamination, Fluktuation etc.

Das Verhalten dissipativer Strukturen fern vom Gleichgewicht wird generisch durch solche indeterminablen Konditionen bestimmt und löst so Tendenzen zu Turbulenz aus.[188] Solche Strukturen könnten nach Prigogine/Stenger überall auftreten und Turbulenz, also topologische Instabilität, wäre mindestens lokal allgegenwärtig. Die auslösenden, ursächlichen Momente von Turbulenz sind bis heute nur empirisch zu beschreiben. In der Theorie haben die Navier-Stockes-Differenzialgleichungen für viskose Flüssigkeiten mathematisch noch keinen Attraktor enthüllt, der sich zu einem »seltsamen« Attraktor eines turbulenten Systems wandeln könnte.

Topologische Stabilität Die Problematik von struktureller Stabilität dynamischer Systeme wurde 1937 von Andronov-Potrjagin als Frage gestellt: Bbesteht eine topologische Ähnlichkeit zwischen dem bekannten Phasenportrait eines dynamischen Systems vor und nach einer kleinen Perturbation/Störung?[189] Perturbation und topologische Äquivalenz ergänzen sich in der Frage nach topologischer Stabilität. Eine Perturbation eines Vektorfeldes bedeutet die Addition eines relativ kleinen, meist nicht weiter spezifizierten (delta-kleinen) Vektorfeldes.[190] Wie man auch die Definition der Topologie selbst nicht mehr über eine epsilon-Umgebung führt, macht man dies heute auch nicht mehr über die delta-Perturbation bezüglich der Stabilität dynamischer Systeme. In der Topologie des Flüssigen spielen an den Grenzsituationen von Verwirbelung und Turbulenz die Singularitäten der Stabilitätsgrenzen (Arnold) eine wesentliche Rolle.[191]
Die maßgeblichsten Faktoren für topologische Stabilität sind allgemein, also nicht nur für Anwendungen wie der Topologie von Flüssigkeiten: Stratifikation (siehe Kap. »Homologie«) und Transversalität (siehe Kap. »Homotopie«).[192] Die generischen Eigenschaften sind Kriterien für die Klassifikation topologischer Stabilität in dynamischen Systemen: G1, G2, G3, G4, F.[193]
Der Versuch einer Ein-Satz-Zusammenfassung topologischer Stabilität:
Ein stabiles dynamisches System sollte abzählbare, endliche Ruhelagen (G1) und Orbits (G2) besitzen, die gemeinsam und ausschließlich die Menge aller nichtwandernden Punkte bilden (G4), transversal zu ihrer natürlichen Stratifikation liegen (G3) und eine finite Anzahl von Grenzen, also Oberflächen besitzen (F).

Michel Serres Michel Serres hat als Mathematiker und Wissenschaftstheoretiker Topologie und »Flux« als Instrumente und Denkweisen in seinen Werken verinnerlicht und dabei einen eigenen, nicht einfach zu dekodierenden Schreibstil entwickelt, sicherlich auch mit Anleihen beim französischen Nouveau Roman – der Topologie des Nouveau Roman, wie dies Bruce Morrissette nennt.[194] Im »vorgeometrischen Denken« der Vorsokratiker diagnostiziert Serres eine »Pureté« des Denkens,[195] das für ihn auch bei Leibniz respektive in dessen Folge in der Topologie wiederzufinden sei. Topologie erhält die Funktion eines ahistorischen räumlich-syntaktischen Kommunikators, der verschiedene Quellen zu verweben vermag.[196] Den zugrunde liegende Relationismus und den topologischen Strukturbegriff entnimmt Serres dem französischen Mathematikautorenkollektiv »Bourbaki«:[197] Strukturiert ist nicht die Sache, sondern die Menge der Elemente und der Relationen.[198] Durch diese syntaktische Funktion werden Serres' topologische Räume zu kulturellen Transformationsräumen, die Instruktionen –

»tiers-instruit« – als Zwischenräume, Schwellenräume oder Transiträume formulieren.[199] Den Inbegriff einer Verkörperung des topologischen »tiers-instruit« bildet die Haut. Die multisensorische monadische Haut ist für Serres Topologie.[200] Ergänzend gesellt sich in der Tradition von Anaxagoras, Heraklit und Lukrez dazu das Flüssige: flüssiges Denken, flüssiges Wissen, flüssige Episteme – ein kulturelles Denken der Instabilität oder »anderer« Stabilitäten denn des Gleichgewichts. Autor und Text fließen ineinander. »Wirklichkeit« wird zu einem ständigen Fließen, Sich-Verändern und Verwandeln der belebten und unbelebten Dinge. Daraus ergeben sich für Serres nicht Gründungen, sondern eher Komplexitäten zur Erweiterung von Kontingenz, Spontaneität und Erkenntnis. Geschichte, Thermodynamik und Topologie werden zu einer kulturellen Topologie des Flüssigen rekombiniert.

Flüssige Medien – Neue Medien Stadt ist nach Kittler ein Medium.[201] Architektur arbeitet mit Medien und ist selbst Medium. Medien sind in Fluss, ihr Quellenmaterial scheint in unserer mediatisierten Gesellschaft unerschöpflich. Die »Urbane Topologie« der randlosen Stadt ist ein jedem zugängliches, allgegenwärtiges Massenmedium. Es wird benutzt als Kontext und als Objekt, entfaltet aber eigene Wirkkraft, welche nach Krämer »die Modalitäten unseres Denkens, Wahrnehmens, Erfahrens, Erinnerns und Kommunizierens prägt«.[202] Bei Luhmann ist »Medium« in einem fast architektonischen Sinne immer nur Medium in Differenz zu einer Form, welche die Botschaft forme.[203] Faktisch unbestimmte, nur lose verknüpfte, strukturempfängliche Elemente sind Medium.[204] Werden sie zu strukturbildenden Mustern verdichtet, generiert sich »Form«.[205] Die Medien – wenn es diesen Begriff in seiner allgemeinsten Form geben sollte – haben sich im postfordistischen Zeitalter in einer Symbiose mit der globalen Ökonomie zu einer, nach Castells, Informationsökonomie in einem »fließenden Raum« komprimiert. In Fluss sind dabei jedoch nicht nur die Medien, sondern analog zu Luhmann, die Formen, bei Castells die räumlichen Organisationsformen der Informationsökonomie.[206] Solcher Raum ist losgelöst vom klassischen städtischen Ort und dessen sozialem Kontext. In dieser Verflüssigung findet sich ein »Space of Flows« wieder, dem es ermöglicht ist, Grenzbereiche zu vermitteln, die an den statischen Ort gebunden waren.[207] In der Dialektik von flüssigen Räumen/Flüssen und Orten widerspiegelt sich eine Foucaultsche Transformation der Flüsse von Macht in eine Macht der Flüsse.[208] Für Castells bildet der Raum von Flüssen die fundamentale räumliche Dimension von großmaßstäblichen Informationsverarbeitungskomplexen.[209]

Die Informations-Stadt, wie sie Castells nennt, wird zu einer Phantom-Stadt: spürbar, aber nicht habbar.[210] Mol/Law klassifizieren das Flüssige neben Regionen und Netzwerken als kontingentes Eines innerhalb der hybriden urbanen Topologien,[211] geprägt durch Anziehung und Abstoßung, Grenzbereiche, Resilienzen und Instabilitäten.[212]

Topologie des Flüssigen ist das Gegenteil von Indifferenz. Sie ermöglicht Anpassungsfähigkeit, Antizipation, Adaptation, Aufnahmefähigkeit und Reaktionsschnelligkeit. Topologie des Flüssigen ist in seiner kontingenten Hybridität auch eine »verschmierte« Topologie des »blur«, der Mischung von »kulturellen, kommerziellen, öffentlichen und nicht-öffentlichen Räumen«:[213] eine Fuzzy-Topology.[214]

Marcos Novak: Liquid Architecture Im Gegensatz zu Castells, Kittler oder Mol/Lewis, die unsere reale Umwelt mit einer flüssigen Topologie respektive einer Medialität beschreiben, situiert Marcos Novak flüssige Architektur im virtuellen Raum. Architektur ist nach Novak die Kunst des Raumes, im Realraum gleichermaßen wie im Cyberspace. Er nennt drei Kriterien für die Wahrnehmung von Raum: Referenz/Verweis, Eingrenzung und Modulation.[215] Aus diesen Kriterien formuliert der Architekt nicht direkt Form, sondern er generiert Prinzipien, durch die Architektur wahrgenommen, transformiert und variiert werden kann. Flüssige Architektur – »Liquid Architecture« – ist dematerialisiert, fluktuierend und körperlos; sie tendiert in Richtung »Musik«.[216] Novak konstatiert, dass die Lebenszeit realweltlicher Architektur immer kürzer wird, ja, die kürzeste der bildenden Künste geworden sei.[217] Im Cyberspace werde sie länger überleben, in Variationen und Kopien ihrer selbst. Sie wird selbst ein Teil des Mediums. »Siteless, dis/embodied, with no permanent inscription, without the reassuring gravity of a jealous affiliation, we float«.[218] Alle Medien tendieren zu einem Ausschlagen ins gegenteilige Extrem: Architektur als »schwerste« aller Künste wird flüssig, Kunst wird akustisch, Musik wird multimedial.[219] »Liquid Architecture« macht flüssige Städte, Städte, die sich unter Parameterverschiebung ändern und Besucher mit unterschiedlichen Hintergründen verschiedene Grenzzeichen erkennen lassen.[220] Raum und Orte werden verteilt, Architektur wird übertragen; beides zusammen führt zu einer Alterierung von Architektur und Urbanität. Marcos Novak ergänzt sein Konzept einer flüssigen Architektur im Cyberspace mit dem Vermittlungsraum einer Transarchitektur, die den Übergang zwischen Realwelt und virtueller Architektur bildet.[221] Transarchitektur ist in diesem Übergang ein Raum des Wissens und der Erfahrung – Informationsarchitektur.

Lars Spuybroek von NOX versucht Novaks Konzept in Entwurfsprojekte umzusetzen, sieht flüssige Architektur als Infizierung durch die Medien. Methodisch klassifiziert er den Umgang mit flüssiger Architektur handlungstheoretisch – analog einem Algorithmus. Diese verflüssigten Handlungsabfolgen sollen das Risiko einer Überreizung eingehen, um eine flüssige Architektur jenseits des »hübschen, gefälligen oder Skulpturalen« zu erreichen. Es scheint »in kulturellem Sinne der Akt der Architektur ohne dieses Risiko absolut wertlos«.[222]

Blob und gebaute Blobs: Constraint-Architecture Im Gegensatz zu Novaks virtueller Architektur von verflüssigtem Wissen als eigenständigem Medium benutzt Greg Lynn flüssige Topologie als Entwurfswerkzeug. Die drei wichtigsten Elemente solcher Methodik sind für ihn: Bewegung, Parameter und Topologie.[223] Der Umgang mit topologischen Elementen ist stark softwareorientiert; im Vordergrund steht dabei Animationssoftware aus der Film- und Flugzeugindustrie. Eine der Plasmaphysik entlehnte Spezialität dieser dreidimensionalen Computer-Zeichenprogramme sind »Blobs«; mehrschichtige plasmatische Kugeln, deren Hüllen auf verschiedenen Ebenen Kräfte in Form von Parametern zugeordnet werden. Blobs gehorchen den Regeln topologischer Stabilität – auch in ihrem verflüssigtem Äußeren. Sie sind nach Lynn global eine singuläre transversal verbundene, kontinuierliche Mannigfaltigkeit, und lokal eine stratifizierte komplex-relationale Multiplizität.[224] Lynn folgt in dieser Beschreibung der generischen Eigenschaft G3 für Topologien dynamischer Systeme. Lynn verschiebt im VR-Entwurfsraum seine durch Parameter/Constraints und Pfade definierten Körper kineastisch gegeneinander und ineinander, um so komplexe architektonische Körper – organische, kurvenlineare Körper – entstehen zu lassen. Der Entwurfsansatz ist immer auf das singuläre Architekturobjekt gerichtet, auch dort, wo gewisse Parameter kontextuell bedingt sind.

Greg Lynn begründet diesen latenten Determinismus mit einem aus seiner Sicht grundlegenden Unterschied zwischen Urbanismus und Architektur. Letztere sei in Techniken der Formierung und Stabilisierung involviert, während demgegenüber urbaner Kontext durch diffusere Übergangsinteraktionen von überlappenden Bewegungen, Flüssen, Verdichtungen und Intensitäten charakterisiert sei.[225] Urbane Interventionskontexte – Bauplätze – sind mehr oder weniger ein flüssiges Medium, mit »wässerigen Fließcharakteristika« und zeitlicher Transformation. Kontexte tendieren Richtung Entropie. Greg Lynn und Alejandro Zaera Polo lesen urbanen Kontext – vor allem großmaßstäbliche Phänomene – als indeterministisches dynamisches System und fordern von Architekten und der Architektur Simulationstechniken zu entwickeln, die solcher nichtstatischer Umwelt gerecht werden kann. In Simulationssoftware aber werden die kontextuellen Kräfte und Kräftefelder durch (engl.) »Constraints« deterministisch parametrisiert. Der Reduktionismus softwarebestimmter Constraints baut keine kontextuelle Kontingenz auf, auch wenn Lynn und Zaera Polo hoffen, es würden sich dabei unvorhergesehene dynamische Organisationen und Stabilitäten entfalten.[226] Ich spreche in solchen Fällen von SAD© Architecture (Softwaredependant Architectural Design).

Hinter der Faszination der Blob-Constraints steckt der Traum einer sich selbst generierenden Architektur. Als Forschungsprojekt arbeitet zum Beispiel John Frazer seit Jahren an solchen Ansätzen. Man sollte sich dabei genau überlegen, was dann die Rolle des Architekten ist. In manchen dieser Projekte wird naiv Entscheidungs respektive Entwurfsverantwortung – und der daraus resultierenden Formverantwortung – an Software delegiert. Alle an Prozessen ausgerichteten Architektur-Methodologien (auch die vorliegende Arbeit) setzen sich mit diesem Grenzbereich zwischen Kontrolle, Zufälligkeiten, Delegieren und Entscheiden auseinander und bewegen sich einmal auf der einen, einmal auf der anderen Seite davon. Technisches und entwerferisches Know-How im Umgang mit Animationssoftware, die ja unweigerlich mit irgendwelchen Daten/Parametern/Constraints gefüttert werden muss, sollte sich in Zukunft mit der Suche nach emergenten Strukturen, Adaptions- und Anpassungsfähigkeiten in der Entwurfsphase, aber auch mit Interaktionsmöglichkeiten und Generierung von responsive-Environments in gebauter Architektur auseinandersetzen. Diese Entwicklungen und Entwürfe werden nicht nur eine mediale Seite besitzen, sondern als intelligente Architektur auch eine in hohem Maße phänomenologische und ökologische.

Wolfgang Welschs Transversale Vernunft Wolfgang Welsch entwickelt sein Konzept der transversalen Vernunft als eine »praxisgeeignete« praktische Philosophie.[227] Es ist dies eine Vernunft der Schwellen und Übergänge, die Heterogenität, Verflechtung und Pluralität zusammendenkt und sich dabei den zeitgenössischen »Hybridformen in Kunst und Architektur« angleicht. Transversale Vernunft ist auf diese Weise topologisch zu denken und erschließt sich zusätzlich durch die Rolle von Transversalität bezüglich topologischer Stabilität. Welsch stellt einen einschneidenden Wandel im abendländischen Vernunftverständnis fest, das in einem Prozess der Mediatisierung eine fortschreitende »Desubstanzialisierung und Depotenzierung«, erfährt.[228] Wolfgang Welsch wertet diese Verflüssigung mit Verweis auf das »Schwache Denken« von Gianni Vattimo affirmativ. Die sich verändernden Kulturen der randlosen Stadt nehmen statt der traditionellen, homogenen und »einzelkulturellen eine neuartige, transkulturelle Verfassung an«.[229] Transkulturalität geht durch die traditionellen Kulturgrenzen wie selbstverständlich hindurch.[230] Welsch sieht in der Transversalität eine Form von Mikro-Makro Link.[231] Die kulturelle Formation von Architekten und Architektur ist so selbst transkulturell.[232] Paul Virilio bezeichnet in »L'espace critique« diesen mediatisierten urbanen Prozess als immateriell, mit nicht-lokalen und instabilen Repräsentationen, Bildern und Botschaften versehen; ein Prozess, der immerfort die Raum-Zeit strukturiere und destrukturiere.[233]

Manuel De Landa hat als einer der ersten auf die topologischen Stabilitätskriterien in »Mille Plateaux« von Deleuze/Guattari hingewiesen: »Mille Plateaux« handelt von unserer kulturellen Stabilität und Instabilität. In einer Topologie der »unkörperlichen Transformationen«[234] einer »Machine Phylum«[235] (Formgebungsströmung, Materienstrom) bildet sich ein rhizomatisches« Gefüge« von Territorium/Deterritorialisierung und Strata/Destratifizierung. Charakteristisch für »Mille Plateaux« ist die raumbildende und körperbildende Kraft dieses dynamischen Prozesses einer nichtlinearen Hermeneutik menschlicher Kultur.

»Machine Phylum« ist Metapher für eine formlose choraische Ursuppe der Menschwerdung respektive des Menschseins.[236]

»Flüssiges« steht für die meisten Autoren als ein Synonym für den Übergang vom Laminaren über Verwirbelung hin zur Turbulenz. Davon ist schlussendlich nur die Turbulenz ein Phänomen von Instabilität. Die Flüssigkeitsanalogie zeigt aber auch, dass trotz Turbulenz, also trotz Instabilität, der Kontext des Flüssigen nicht in seiner Substanz, seiner Materialität zerstört wird; Turbulenz gehört gewissermaßen als Charaktereigenschaft zum Flüssigen. Komplexitätstheorie hat gezeigt, dass dies auch für sehr viele andere Phänomene unserer Umwelt gilt.

Ian Hacking weist auf einen Aspekt der Stabilitätsdiskussion hin, der bezüglich einer Topologie des Flüssigen in Architektur wichtig erscheint.[237] Stabilität wird vor allem auch bezüglich Wissenschaft, wissenschaftlicher Erkenntnis und Praxis bewertet. Dasselbe gilt für die Architektur: Stabilität bedeutet nicht nur Vitruvs »firmitas«, sondern vor allem auch Stabilitätsfragen der Profession und ihres zeitgenössischen theoretischen und praktischen Gerüsts. In einem medialen Kontext ist dieses instabil oder an der Grenze zur Instabilität. Diese Grenze zwischen Stabilität und Instabilität ist in Bewegung, sie ist dynamisch und nach Arnold eine wichtige Grenzfläche für topologische Entfaltungen von Singularitäten,[238] also auch topologischem Wandel. Emergenz von Theorie und Stabilität von Theorie sind eng verknüpfte Fragestellungen. Stabilitätsfragen sind nach Hacking wissenschaftliche Bremspunkte; Wissenschaft setzt sich in ihr Poppers Falsifikation aus und fragt nach Kontingenz, Nominalismus und externen Erklärungen der Stabilität.[239] In einer urbanen Topologie beträfe dies den Kontext, die architektonische Intervention, also den topologischen Wandel und die Profession des »Arkhe-Thekton«. Stabilitätsbehauptungen müssen nach Hacking mit »Vorsicht und Bescheidenheit« aufgestellt werden.[240]

Der Hinweis auf Hacking ist nötig, um die Repräsentanten von Liquid Architecture korrekt einordnen zu können. Ihre Forschungsarbeit gilt auch der Instabilität und Reformulierung des zeitgenössischen architektonischen Berufsbildes.

Folgerung und Interaktion

Man darf festhalten, dass kein einziger der Architekten, die mit der Flüssigkeitsmetapher arbeiten, diese präzise einsetzt oder konsequent ausschöpft. Fluid Topology bedeutet sicherlich mehr als Blob- oder Metaball-Theorie. Anstatt sich nur auf Werkzeuge der Software-Programme zu konzentrieren, ist ein Schritt zurück zu den eigentlichen Werkzeugen flüssiger Topologie und der immer präsenten Auseinandersetzung mit dem Schwellenzustand zur Turbulenz, zur Destabilisierung angesagt.

Wirbel, Verwirbelung, Large-Eddies, Wirbel-Skelette, Seperatrixflächen, Turbulenz etc., dies sind die Parameter von flüssiger Topologie. Der Übergang zur Turbulenz wird, wie schon mehrfach wiederholt, durch die Wanderung von kritischen Punkten und Trajektorien sowie die Destabilisierung von Strata und Transversalität vollzogen. Das Auftauchen von Wirbeln, ausgelöst durch Separation des Flusses, kann durch Hindernisse, unterschiedliche Reibungsparameter von Oberflächen/Grenzflächen ausgelöst werden, ist topologisch also quasi ein homologes Phänomen. Entwurf könnte deshalb abgeleitet bedeuten, auch das gezielte, wohlbestimmte und wohlformierte Platzieren – und Entwerfen – solcher Hindernisse in Kontext und Programm von Architektur mit zu beinhalten. Ein Kontext als Medium sollte aus diesen konstitutiven Elementen interessante Schlüsse ziehen. Topologische Stabilität, Zusammenbruch der topologischen Stabilität: Im Zusammenhang mit den Entwicklungen in der Erforschung nicht-linearer dynamischer Systeme tendieren Architekten dazu zu behaupten, Architektur sei immer auf der Seite der Stabilität, der Dauerhaftigkeit, der Tektonik etc. anzutreffen. Dieses letzte Kapitel widerspricht solcher Auffassung: In diesem Jahrhundert haben sich Architektur und der gesamte Kontext der randlosen Stadt zu einem äußerst instabilen, kurzlebigen und unberechenbaren Medium entwickelt. Lebenszyklen von Gebäuden richten sich nach ökonomischen Abschreibungstabellen und Standortentwicklungen. Es ist nicht ungewöhnlich, wenn »Dauerhaftigkeit« nur noch 10–30 Jahre bedeutet, also die Hälfte oder nur ein Zehntel eines Menschenlebens. Dadurch wird Planung und »Vorhersehbarkeit« (ein gefährliches Wort) immer schwieriger. Diese »Verflüssigung« respektive der Zusammenbruch der kontextuellen und tektonischen Stabilität der Architektur kann aber auch eine Chance sein. Die Werkzeuge eines Umgangs damit sind noch wenig entwickelt. Dieses Kapitel versucht, dazu von urban-topolgischer Seite einen Ansatz beizusteuern.

Wir verfolgen eine Paradigmenverschiebung bezüglich Auffassungen architektonischer Stabilität. Zeit erhält eine erweiterte Bedeutung als dynamischer Parameter in einem Flusssystem. Realität wird immer stärker eine Repräsentation von Virtualität. Typisch dafür ist gebaute Architektur, die als Gebäude versucht, virtuelle CAD-Renderings zu imitieren. Responsive Environments werden die Materialisierung von Architektur im Realen und Virtuellen (weit über Mausklick-Interaktion hinaus) zunehmend prägen. Stabilität in responsive Environments hat mehr mit topologischer Stabilität denn mit tektonischer Stabilität zu tun. Das Missverständnis besteht in der Überbewertung des Tektonischen: Tektonik ist ein logistisches Problem und kein inhaltliches Problem der Architektur. Tektonik sollte unsichtbar, selbstverständlich sein. Städte waren immer durch ihrer Interaktion von Zerfall und Aufbau geprägt, also ihrer Veränderung und nicht ihre Dauerhaftgkeit. Dies gilt auch für Monumente. Altern heißt, sich Veränderung aussetzen, sich einem Fluss aussetzen. Dieser Fluss ist über große Zeitdauer betrachtet instabil. Tektonische Stabilität in VR ist an ein Konzept von sta-

tischer Kontrolle geknüpft. Gibt man aber die VR-Architektur als Freeware oder Open Source partizipatorisch frei ins Netz, gibt man auch diese Kontrolle auf. Kritische Punkte können zu wandern beginnen und Transversalitäten aufbrechen. VR ist eine affirmative labile Risikogesellschaft – eine randlose Stadt.
Die Generic City – wie im ersten Kapitel besprochen – erhält in diesem Kapitel über topologische Stabilitäten einen neuen Stellenwert. Rem Koolhaas' Generic City ist Teil eines Spiels von mengentheoretischer Topologie. Auch chaotische Elemente, Heterogenität bis hin zu Turbulenzen, werden darin nur als mengentheoretische Elemente – als Auflistung – berücksichtigt, aber zu wenig als topologische Eigenschaften. Generische Eigenschaften behandeln in erster Linie jedoch die topologische Stabilität von dynamischen Systemen – wie der randlosen Stadt. Für dieses dynamische System sind die Grenzen zwischen virtueller Realität und Realraumkontext fließend. Dieser Fluss besitzt insgesamt eine erhöhtes Instabilitätspotenzial. Turbulenz taucht lokal und global immer auf; ist ein Aspekt von topologischem Wandel.
Der Umgang mit Instabilitäten im virtuellen Raum ist von zwei Paradigmen geprägt. In Zusammenhang mit Internet-Ökonomie hält im Moment ein dem Medium nicht entsprechendes konservatives Stabilitäts- und Sicherheitsdenken Einzug, dessen Mechanismen auf dem Import realweltlicher Kontrollmechanismen in den virtuellen Raum beruhen. Dem steht ein Open Source, Free- und Shareware-Denken – Tauschhandel/Informationsaustausch – der traditionellen Netzgemeinde gegenüber. Diese geht weit über die Fundamentalisten der Hackerszene hinaus. Sie wird vor allem geprägt durch das Shareware-Denken der Riesenmasse von Netzbenutzern. Gerade deshalb ist sie nicht einfach von der Ökonomie zu ignorieren und zu disziplinieren. Die Architektur dieser virtuellen Welt entzieht sich ihrerseits jeglicher tektonischer Planung. Damit ist ein fundamentaler Paradigmenwechsel, wie ihn dieses Kapitel beschrieben hat, angedeutet. Dessen Konsequenzen und Entwicklung der Verflüssigung des gesamten Kontextes und einer gesamten Profession ist vollkommen unvorhersehbar.

Topologie und der ›unendliche weiße‹ Raum Obwohl ein topologisches Arbeiten in der Architektur von seiner Substanz her medienunabhängig ist, besteht ein enger Zusammenhang zwischen dem jüngsten Interesse daran und der Verbreitung von CAD in der Welt der Architekturbüros. Architekturentwurf bindet sich dabei an eine virtuelle Repräsentation von Raum. Wir befinden uns in einem Moment der »Agonie des Realen«, um mit Jean Baudrillard zu sprechen, in der Realität durch Simulation zu einer Hyperrealität transformiert wird. Auf der Bildschirmoberfläche werden »in den Spielarten des Realen künstlich wiederhergestellte Welten« entworfen, bevölkert von selbstähnlichen Zeichen in einem Verweisen auf Reales, »in dem der Sinn und der Charme, die Tiefe und Energie der Repräsentation in einer halluzinierenden Ähnlichkeit dahingeschwunden sind.« Aber zuallererst steht der Architekt vor einem Nichts: Der leere weiße Raum des

Screens, von dem die Softwarehersteller behaupten, er sei unendlich groß, steht ihm, dem Architekten, einer Schwelle gleich gegenüber. Diese Unendlichkeit ist eine Illusion, der Raum bröckelt außerhalb des Bildschirmrandes, der ein klassisches Parergon darstellt, immerfort ab und wird auf der gegenüberliegenden Seite wieder neu aufgebaut. Auch das Nichts ist demzufolge labil, temporär und künstlich. Es existiert ein Moment der Nicht-Orientierung, die der Profi mit einer sofortigen ersten Handlung überbrücken wird. Man befindet sich dabei in einer ultimativen intrinsischen Position der Abstraktion. Die erste Handlung wird ein Import einer »Idee« als Markierung, einer Spur, die einen Topos formt, sein. Ein Topos wirkt dabei in seiner etymologische Doppeldeutigkeit als »Ort«, aber auch »Gestalt«. Zur Ermöglichung der Entwicklung einer Idee bedarf es dennoch der Interaktion mit einem Kontext. Der kulturelle Kontext außerhalb des Screen stellt wiederum selbst einen zweiten »weißen Raum« dar. Es ist dies der Raum des »weißen Rauschens«, eines vollständig überladenen, sinnüberladenen urbanen Kontextes, dem Interventionsraum der gebauten Architektur. Das weiße Rauschen ist der Moment der Überlagerung aller Frequenzen, an dem die Offenheit eines Systemes durch die Deutungsunmöglichkeit zusammenbricht. Über die Abbildung/Transformation/Deformations-Kriterien der Topologie entwickelt sich eine spekulative Dialektik zwischen dem Realen und dem Virtuellen, die einen topologischen Wahrscheinlichkeitsraum formiert. Topologie übernimmt dabei die Rolle der Vermittlung, der Mediatisierung. Den Import besorgt das »Scannen«, den Export besorgt das »Modelling«. Die Zeitverschiebung dieser Dislokationen lässt die Topoi zu Erinnerungen werden. Auf dem Bildschirm generiert sich so ein mnematischer Raum. Der amerikanische Architekturtheoretiker Jeffrey Kipnis nennt eine solche sich formierende Topologie einen »Graphic Space« der Architektur.

1 Peter Pechtel; Franz-Peter Burkard (Hg.), Metzler Philosophie Lexikon, Begriffe und Definitionen, Stuttgart, Weimar 1996, Ilya Prigogine; Isabelle Stengers, Order out of Chaos. Man's new dialogue with nature. London 1984/85/1990, S. 196–203 **2** Vgl. Sanford Kwinter, »La Trahison des Clercs (und anderer moderner Mummenschanz)«, Arch+ 146, April 1999, S. 84–91 **3** Stephen Smale, »Differentiable Dynamical Systems«, Bulletin of the American Mathematical Society Bd. 73, 1967, S. 747–817 **4** Vgl. Héctor J. Sussmann; Raphael S. Zahler, »Catastrophe Theory as Applied to the Social and Biological Sciences: A Critique«, Synthese 37 (1978), S. 183ff. **5** Vgl. Ralph H. Abraham; Robert Shaw, Dynamics,The Geometry of Behavior, Part Three, Santa Cruz/CA, 1984, S. 19ff. **6** Vgl. a. a. O., S. 19ff. **7** Vgl. a. a. O., S. 23 **8** Vgl. Ilja N. Bronstein; Konstantin A. Semendjajew; Gerhard Musiol; Heiner Mühlig (hg.), Taschenbuch der Mathematik, Frankfurt a. M. 1995, S. 677/678 **9** Vgl. Ralph H. Abraham; Robert Shaw, Dynamics,The Geometry of Behavior, Part Three, Santa Cruz/CA, 1984, S. 27 **10** Vgl. Ilja N. Bronstein; Konstantin A. Semendjajew; Gerhard Musiol; Heiner Mühlig, Taschenbuch der Mathematik, Frankfurt a. M. 1995, S. 677/678 **11** Vgl. C. A. Isnard; E. Zeemann, »Some models for Catastrophe Theory in the social sciences«, in: L. Collins, The Use of Models in the Social Sciences, London, 1976, S. 97 FN: 1 **12** Vgl. Ralph H. Abraham, Robert Shaw, Dynamics,The Geometry of Behavior, Part Three, Santa Cruz/CA, 1984, S. 71 **13** Vgl. a. a. O., S. 33 **14** Vgl. Ilja N. Bronstein; Konstantin A. Semendjajew; Gerhard Musiol; Heiner Mühlig, Taschenbuch der Mathematik, Frankfurt a. M. 1995, S. 678 **15** Vgl. Ralph H. Abraham; Robert Shaw, Dynamics, The Geometry of Behavior, Part Three, Santa Cruz/CA, 1984, S. 34 **16** Vgl. Ralph H. Abraham; Jerrold E. Marsden, Foundation of Mechanics, Second Edition, Reading, Massachusetts, 1978, Orig. 1966, S. 533–534 **17** Vgl. a. a. O., S. 579–595 **18** Vgl. Ralph Abraham; Joel Robbin, Transversal Mappings and Flow, New York 1967 **19** Ralph H. Abraham; Robert Shaw, Dynamics,The Geometry of Behavior, Part Three, Santa Cruz/CA, 1984, S. 37 **20** Vgl. a. a. O., S. 38 **21** Vgl. a. a. O., S. 39 **22** Alan Stewart, Spielt Gott Roulette?, Basel, Boston, Berlin 1990, S. 182 **23** Vgl. unter anderem: U. Dallmann, »Topological Structures of Three-Dimensional Flow Separation«, Aerodynamische Versuchsanstalt Göttingen, DFVLR-AVA Bericht Nr. 221-82 A 07, April 1983; A. E. Perry; M. S. Chong, »A description of eddying motions and flow patterns using critical-point concepts«, Ann. Rev. Fluid Mech. 1987.19, S. 125–155; A. E. Perry; M. S. Chong; B. J. Cantwell, »A general classificatin of three-dimensional flow fields«, Physics of Fluids Annual, Vol 2, Nr. 5, May 1990, S. 765–777; Murray Tobak; David J. Peake, »Topology of three-dimensional separated flow«, Ann. Rev. Fluid. Mech. 1982, 14: S. 61: Legendre (1956) proposed that a pattern of streamlines immediately adjacent to a surface (in his terminology, »Wall-Streamlines«) be considered as trajectories having properties consistent with those of a continuous vector field, the principal one being that through any regular (nonsingular) point there must pass one and only one trajectory. **24** Vgl. Murray Tobak; David J. Peake, »Topology of three-dimensional separated flow«, Ann. Rev. Fluid. Mech. 1982, 14: S. 61–85 **25** Vgl. a. a. O., S. 75 **26** Vgl. Ralph Abraham; Joel Robbin, »Transversal Mappings and Flow«, New York 1967 **27** Vgl. A. E. Perry; M. S. Chong, »A description of eddying motions and flow patterns using critical-point concepts«, Ann. Rev. Fluid Mech. 1987. 19: S. 148 **28** Vgl. a. a. O., S.139 **29** Vgl. Patrick J. Hayes, »Naive Physics I: Ontology For Liquids«, in: Jerry R. Hobbs; Robert C. Moore (eds.), Formal Theories of the Commonsense World, Noorwood, New Jersey 1985, S. 71–107 **30** a. a. O., S. 71–107 **31** Vgl. A. E. Perry; M. S. Chong, »A description of eddying motions and flow patterns using critical-point concepts«, Ann. Rev. Fluid Mech. 1987.19: S. 136; U. Dallmann, »Topological Structures of Three-Dimensional Flow Separation«, Aerodynamische Versuchsanstalt Göttingen, DFVLR-AVA Bericht Nr. 221-82, A. 07, April 1983, S. 41 **32** H. J. Lugt, »The Dilemma of Defining a Vortex«, in: U. Müller; K. G. Roesner; B. Schmidt; Theoretical and Experimental Fluid Mechanics, Berlin/Heidelberg/New York, 1979 **33** Vgl. U. Dallmann, »Topological Structures of Three-Dimensional Flow Separation«, Aerodynamische Versuchsanstalt Göttingen, DFVLR-AVA Bericht Nr. 221–82 A 07, April 1983, S. 46 **34** a. a. O., S. 47 **35** Vgl. A. E. Perry; M. S. Chong, »A description of eddying motions and flow patterns using critical-point concepts«, Ann. Rev. Fluid Mech. 1987.19: S. 145 **36** Vgl. H. K. Moffatt; G. M. Zaslavsky; P. Comte; M. Tabor, »Topological Aspects of the Dynamics of Fluids and Plasmas«, Dordrecht, Boston, London, 1992 **37** Vgl. D. J. Acheson, Elementary Fluid Dynamics, Oxford, 1990/1992, S. 157–200 **38** Vgl. Fazle Hussain; Mogens V. Melander, »New Aspects of Vortex Dynamics: Helical Waves, Core Dynamics, Viscous Helicity Generation, and Interaction with Turbulance«, in. H. K. Moffatt; G. M. Zaslavsky; P. Comte; M. Tabor, »Topological Aspects of the Dynamics of Fluids and Plasmas, Dordrecht, Boston, London, 1992, S. 379 **39** Vgl. Murray Tobak; David J. Peake, »Topology of three-dimensional separated flow«, Ann. Rev. Fluid. Mech. 1982, 14: S. 76 **40** Vgl. A. E. Perry; M. S. Chong, »A description of eddying motions and flow patterns using critical-point concepts«, Ann. Rev. Fluid Mech. 1987.19: S. 148 **41** Vgl. Marcel Lesieur, Turbulence in Fluids, Dordrecht, Boston, London, 1987 (3th enlarged Ed. 1997), S. 375–408 **42** Vgl. Erich Jantsch, Die Selbstorganisation des Universums, München, Wien 1979/1992, S. 58 **43** Vgl. Alan Stewart, Spielt Gott Roulette? Basel, Boston, Berlin, 1990, S. 186 **44** Vgl. a. a. O., S. 182 **45** Philip Holmes, »On Paradigm and Method«, in: M. W. Hirsch; J. E. Marsden; M. Schub, From Topology to Computations: Proceedings of the Smalefest, , New York, 1993, S. 534–544 **46** Vgl. Ilya Prigogine; Isabelle Stenger, Order out of Chaos, London 1984/1985/1990 **47** Vgl. Marcel Lesieur, Turbulence in Fluids, Dordrecht, Boston, London, 1987 (3th enlarged Ed. 1997), S. 375–408 **48** Vgl. Ilja N. Bronstein; Konstantin A. Semendjajew; Gerhard Musiol; Heiner Mühlig, Taschenbuch der Mathematik, Frankfurt a. M. 1995, S. 702/703 **49** Vgl. Ralph H. Abraham; Robert Shaw, Dynamics,The Geometry of Behavior, Part Four, Santa Cruz/CA, 1984, S. 107–112 **50** Vgl. Marcel Lesieur, Turbulence in Fluids, Dordrecht, Boston, London, 1987 (3th enlarged Ed. 1997), S. 441 **51** Otto E. Rössler, Endophysik. Berlin 1992, S. 31 **52** Sybille Krämer, Medien, Computer, Realität. Wirklichkeitsvorstellungen und Neue Medien, Frankfurt a. M. 1998, S. 10ff., hier: S. 14/15 **53** a. a. O., S. 17 **54** Detlef Krause, Luhmann-Lexikon, Stuttgart 1996, S. 132 **55** Vgl. Sybille Krämer, Medien, Computer, Realität. Wirklichkeitsvorstellungen und Neue Medien, Frankfurt a. M. 1998, S. 76 **56** Vgl. a. a. O., S. 76 **57** Detlef Krause, Luhmann-Lexikon, Stuttgart 1996, S. 132 **58** Niklas Luhmann, Die Realität der Massenmedien, Opladen 1996, S. 173ff. **59** Vgl. Talcott Parsons, »Winston White, Commentary on: The Mass Media and the Structure of American Society«, Journal of Social Issues 16 (1960) S. 67–77 **60** Vgl. Philippe Forget (Hrsg.), Text und Interpretation, München 1984 **61** John D. Caputo, Radical Hermeneutics, Repetition, Deconstruction, and the Hermeneutic Project, Bloomington, 1987, Übers. J. H. **62** Helmut Seiffert; Gerhard Radnitzky, Handlexikon zur Wissenschaftstheorie, dtv Wissenschaft, München 1989/1994, S. 127 **63** John D. Caputo, Radical Hermeneutics, Repetition, Deconstruction, and the Hermeneutic Project, Bloomington, 1987, S. 37 **64** Helmut Seiffert; Gerhard Radnitzky, Handlexikon zur Wissenschaftstheorie, dtv Wissenschft, München 1989/1994, S. 127 **65** Vgl. Roy Martinez, The Very Idea of radical Hermeneutics, New Jersey, 1997, Übersetzung J. H. **66** Vgl. John D. Caputo, Radical Hermeneutics, Repetition, Deconstruction, and the Hermeneutic Project, Bloomington, 1987, S. 37 **67** a. a. O., S. 191 **68** a. a. O., S. 37/44/47 **69** Yen-Ling Chang, »The Problem of Emergence: Mead and Whitehead«, Kinesis Nr. 2, 1970, S. 74 **70** Mihaly Czikszentmihalyi, »Flow: Studies of Enjoyment«, University of Chicago, PHS Grant Report, 1974 **71** Victor Turner, »Das Liminale und das Liminoide in Spiel, Fluss und Ritual. Ein Essay zur vergleichenden Symbologie«, in: Ders.: Vom Ritual zum Theater. Der Ernst des menschlichen Spiels, Frankfurt a. M. 1995, Orig. 1982, S. 88–92 **72** Jürg Altweg; Aurel Schmidt, Französische Denker der Gegenwart, Zwanzig Portraits, München 1987, S. 157 f **73** a. a. O., S. 164 **74** Vgl. Michel Serres, Les Origines de la Géométrie, Paris 1993, S. 21 **75** Vgl. a. a .O., S. 21 **76** Vgl. Paul A. Harris, »The Itinerant Theorist: Nature and Knowledge/Ecology and Topology in Michel Serres«, SubStance #83, A Review of Theory and Critisism, Wisconsins University Press, Bd. 26, No. 2, 1997, S. 44 **77** Vgl. a. a. O., S. 44 **78** Michel Serres, Die fünf Sinne. Eine Philosophie der Gemenge und Gemische, Frankfurt a. M. 1998, Orig. 1985, S. 101–107 **79** a. a. O., S. 41/61 **80** Vgl. Paul A. Harris, »The Itinerant Theorist: Nature and Knowledge/Ecology and Topology in Michel Serres«, SubStance #83, A Review of Theory and Critisism, Wisconsins University Press, Bd. 26, No. 2 , 1997, S. 44; Jürg Altweg; Aurel Schmidt, Französische Denker der Gegenwart, Zwanzig Portraits, München 1987, S. 160 **81** Vgl. Jürg Altweg; Aurel Schmidt, Französische Denker der Gegenwart, Zwanzig Portraits, München 1987, S. 160 **82** Hartmut Hecht (hg.), »Nachwort«, in: G. W. Leibniz, Monadologie, Reclam Stutgartt, 1998, hier FN8, S. 72 **83** Nicolas Bourbaki, Elements of Mathematics, General Topology, Berlin, Heidelberg, New York, Verlag 1989; Nicolas Bourbaki, Elements of Mathematics, Topological Vector Spaces, Berlin, Heidelberg, New York, 1981/1987. Obwohl solche Systematisierungsversuche bis heute nie vollständig erfolgreich waren, haben sie für Frankreich dazu geführt, dass z. B. die Topologie häufiger, früher und selbstverständlicher an Schulen gelehrt wird (ähnliches gilt meines Wissens für Japan). **84** Vgl. Paul A. Harris, »The Itinerant Theorist: Nature and Knowledge/Ecology and Topology in Michel Serres«, SubStance #83, A Review of Theory and Critisism, Wisconsins University Press, Bd. 26, No. 2, 1997, S. 44 **85** Vgl. Michel Serres, Der Parasit, Frankfurt a. M. 1981/1987, Orig. 1980 Transformationsräume: S. 110–112 **86** Vgl. Paul A. Harris, »The Itinerant Theorist: Nature and Knowledge/Ecology and Topology in Michel Serres«, SubStance #83, A Review of Theory and Critisism, Wisconsins University Press, Bd. 26, No. 2 , 1997, S. 39 **87** Vgl. Michel Serres, Hermes IV, Verteilung, Berlin 1993, Orig. 1977, S. 295 **88** a. a. O., S. 295 **89** Hartmut Hecht (hg.), »Nachwort«, in: G. W. Leibniz, Monadologie, Reclam Stutgartt, 1998 S. 103/104 **90** Vgl. Maria L. Assad, »Portrait of a Nonlinear Dynamical System: The Discourse of Michel Serres.« SubStance 71/72 (XXII, S. 2/3, 1993), S. 141–151 **91** Vgl. Jürg Altweg; Aurel Schmidt, Französische Denker der Gegenwart, Zwanzig Portraits, München 1987, S. 157 **92** Vgl. Michel Serres: La Naissance de la Physique dans le Texte de Lucrèce. Fleuves et turbulence, Paris 1977 **93** Michel Serres, Les Origines de la Géométrie, Paris 1993, S. 56 **94** Michel Serres, Hermes I. Kommunikation, Berlin 1991, Orig. 1968, hier engl. Version, p. 121 **95** Vgl. Paul A. Harris, »The Itinerant Theorist: Nature and Knowledge/Ecology and Topology in Michel Serres«, SubStance #83, A Review of Theory and Critisism, Wisconsins University Press, Bd. 26, No. 2, 1997, S. 38 **96** Vgl. Jürg Altweg; Aurel Schmidt, Französische Denker der Gegenwart, Zwanzig Portraits, München 1987, S. 163 **97** Heraklit, Fragmente (12, 49a, 91, 88, 126, 62) in: Ute Seiderer (hg.) Panta rhei. Der Fluss und seine Bilder, Leipzig 1999, S. 13; Luciano DeCrescenzo, Alles fließt, sagt Heraklit, Berlin 1995; Luciano DeCrescenzo: Geschichte der griechischen Philosophie, Die Vorsokratiker, Zürich 1985, Orig. 1983, S. 85 **98** Michel Serres, Die fünf Sinne. Eine Philosophie der Gemenge und Gemische, Frankfurt a. M. 1998, Orig. 1985, S. 353–356 **99** Jürg Altweg; Aurel Schmidt, Französische Denker der Gegenwart, Zwanzig Portraits, München 1987, S. 157 **100** Helmut Seiffert; Gerard Radnitzky, Handlexikon zur Wissenschaftstheorie, München 1989, 1994, S. 127, 132, 137 **101** Vgl. Albert Heinekamp, »Gottfried Wilhelm Leibniz«, in: Norbert Hoerster (hg.), Klassiker des philosophischen Denkens, Bd. 1, München 1982, 1985, S. 315 **102** Vgl. John D. Caputo, Radical Hermeneutics, Repetition, Deconstruction and the Hermeneutic Project, Indiana University Press, Bloomington 1987; Roy Martinez, The Very Idea of radical Hermeneutics, New Jersey, 1997 **103** Manuel DeLanda, »Nonorganic Life«, in: Johnantan Crary; Sanford Kwinter, Incorporations, Zone Books, New York, 1992, S. 129–167 **104** Vgl. Gilles Deleuze; Felix Guattari, Tausend Plateaus/Mille Plateaux. Kapitalismus und Schizophrenie, Berlin, 1992, Orig. 1980, S. 567–9 **105** Vgl. Felix Guattari, »Chaosmose. The Object of Ecosophy«, in: Amerigo Marras (Ed.) ECO-TEC, New York 1999, S. 14 **106** Vgl. Jacques Valin, »Transversales«, Science/Culture Vol. 29, No. 9 (June 1991) **107** Felix Guattari, »Chaosmose. The Object of Ecosophy«, in: Amerigo Marras (Ed.) ECO-TEC, New York 1999, S. 14 **108** Wolfgang Welsch, Vernunft. Die zeitgenössische Vernunftkritik und das Konzept der transversalen Vernunft. Frankfurt a. M. 1996, S. 361 **109** Gilles Deleuze; Felix Guattari, Tausend Plateaus/Mille Plateaux. Kapitalismus und Schizophrenie, Berlin, 1992, Orig. 1980, S. 16 **110** Vgl. Yves-Alain Bois; Rosalind F. Krauss, Formless, A Users Guide, New York 1997, Orig. 1996 **111** Vgl. Gilles Deleuze; Felix Guattari, Tausend Plateaus/Mille Plateaux. Kapitalismus und Schizophrenie, Berlin, 1992, Orig. 1980, S. 565–569, siehe auch FN 89: Gilbert Simondon, Du mode s'existance des objects technique, Paris 1958, S. 42 **112** Vgl. Kevin Kelly, »Mehr ist anders. Zur Topologie des Schwarms«, Arch+ Nr. 138, Okt. 1997, S. 25–32 **113** Peter Sloterdijk, Sphären I. Blasen, Frankfurt a. M. 1998, S. 72 **114** a. a. O., S. 76 **115** Julia Kristeva, »The Semiotic Chora. Ordering the Devices«, in: Diess. Revolution in Poetic Language, New York 1984, Orig. 1974 **116** Luce Irigary, »The Mechanics of Fluids«, in: Dies. This Sex which is not One, Ithaca, New York, 1985 **117** Elizabeth Grosz, »Women, Chora, Dwelling«, in: Sophie Watson, Katherine Gibson, Postmodern cities and spaces, Cambridge/MA, 1995 **118** Maria Thodorou, »Space as Experiance: Chore/Choros«, AA Files 34, London 1997, S. 45–55 **119** Vgl. A. E. Taylor, A Commentary on Plato's Timaeus, Oxford, 1928 **120** Vgl. John Hejduk: The Lancaster/Hannover Masque, London 1992, darin: W. v. d. Bergh,« Icarus Amazement or the Matrix of the Crossed Destinies«, S. 81ff. **121** Jacques Derrida, Chora, Wien 1990, Orig. 1987, S. 11/12 **122** Wolfgang Welsch, Vernunft. Die zeitgenössische Vernunftkritik und das Konzept der transversalen Vernunft. Frankfurt a. M. 1996, S. 761/762 **123** a. a. O., S. 790 **124** a. a. O., S. 48 **125** a. a. O., S. 943 **126** a. a. O., S. 748 **127** a. a. O., S. 749 **128** a. a. O., S. 753 **129** a. a. O., S. 776/777/778 **130** a. a. O., S. 197, FN **131** a. a. O., S. 789 **132** Friedrich A. Kittler, »Die Stadt ist ein Medium«, in G. Fuchs; B. Moltmann; W. Prigge (hg.), Mythos Metropole, Frankfurt a. M. 1995, S. 228–244 **133** Manuel Castells, The informational City. Informational Technology, Economic Restrucuring and the Urban-Regional Process, Cambridge/MA, 1989 **134** Stephen Graham, »Telecommunications, Urban paradigms and the future of cities«, in: Sallie Westwood, John Williams, Imagining Cities. Scripts, Signs, Momory, London, New York, 1997, S. 31/35; a. a. O., S. 35 **135** Stanislaw Lem: Solaris, Frankfurt a. M. Band 226, 1975; Stanislaw Lem, Phantastik und Futurologie I, Frankfurt a.M. 1977/1984, Orig. 1964, Bd. 1, S. 372 **136** Stanislaw Lem, Phantastik und Futurologie 2, Frankfurt a. M. 1977/1984, Orig. 1964, Bd. 2, S. 409 **137** Homi Bhabha, »The Third Space. Interview with Homi Bhabha«, in: Jonathan Rutherford, Identity: Community,Culture, Difference, London 1990, S. 207–221 hier 211 **138** a. a. O. hier 211 **139** Annemarie Mol; John Law, »Regions, Networks and Fluids: Anaemia and Social Topolgy«, Social Studies of Science (SAGE, London) Vol. 24 (1994) S. 641–171; darin S. 659 f: A Fluid Space, hier S. 659–664 **140** Italo Calvino, Die unsichtbaren Städte, Wien 1984, Orig. 1972, S. 102–104 **141** Rolf Fehlbaum, Vitra Design Museum, »Ich bin nur sekundär kreativ«, in TA 11. 9. 1999, S. 77 **142** René Thom, Structural Stability and Morphogenesis, New York 1972/1989, Orig. 1972, S. 319 **143** Manuel DeLanda, »Nonorganic Life«, in: Jonathan Crary; Sanford Kwinter (eds.), Incorporations, Zone Books, New York, 1992, S. 129–167 (Verweis auf die entsprechenden Seitenzahlen in Mille Plateaux: engl.: S. 160/161, dt: 98/696–699) **144** Umberto Eco,

Einführung in die Semiotik, München 1972, Orig. 1968, S. 410 Verweis von Eco auf Derrida. **145** Marcos Novak, »Liquid Architectures in Cyberspace«, in: Michael Benedict (ed.), Cyberspace, first steps, Cambridge/MA, 1991, S. 227 **146** a. a. O., S. 231 **147** Marcos Novak: TransTerraFirma: After Territory, http://www.arch.carleton.ca, 1999, Liquid Architecture **148** Marcos Novak, »Liquid Architectures in Cyberspace«, in: Michael Benedict (ed.), Cyberspace, first steps, Cambridge/MA, 1991, S. 227 **149** a. a. O., S. 243 **150** Marcos Novak: TransTerraFirma: After Territory, http://www.arch.carleton.ca, 1999, Liquid Architecture **151** Marcos Novak, »Liquid Architectures in Cyberspace«, in: Michael Benedict (ed.), Cyberspace, first steps, Cambridge/MA, 1991, S. 251 **152** Marcos Novak: TransTerraFirma: After Territory, http://www.arch.carleton.ca, 1999, Liquid Architecture **153** Vgl. Joachim Ritter (hg.), Historisches Wörterbuch der Philosophie, Band 1, A–C, Basel/Stuttgart 1971, S. 501 **154** Vgl. a. a. O., S. 501 **155** Vgl. a. a. O., S. 501 **156** Marcos Novak, TransArchitecture, http://www.aud.ucla.edu/~marcos/ 9.12.1996, Übersetzung Florian Rötzer **157** Marcos Novak: Transmitting Architecture: The Transphysical City, WWW 1999 **158** Vitruv, Marcus Vitruvius Pollio, Baukunst. Zehn Bücher über die Architektur, übersetzt von August Rode, Leipzig 1796, Basel 1987/1995, S. 137/139 **159** Vgl. a. a. O., S. 260–265 **160** Kas Oosterhuis Architekten, »Liquid Architecture, Waterpavillon Neeltje Jans/Zeeland«, Archis 11/1995, S. 26–29 **161** Hans van Dijk, »Fluid, animated Barock,Waterpavillon Neeltje Jans«, Archis 11/1995, S. 18–19 **162** NOX Architekten; Maurice Nio; Lars Spuybroeck; 2 Waterpavillon Neeltje Jans: X and Y and Z – a manual, Archis 11/1995, S. 21/22/23 **163** Lars Spybroek, »Flüssige Form, SüssH2OeEXPO, Zeeland 1993-1997«, Arch+ 138, Oktober 1997, S. 70 **164** Lars Spuybroek, »Motorische Geometrie«, Arch+ Nr. 138, Okt. 1997, S. 68 **165** Vgl. Gianni G. M. Coppa; Gianluca Dellapiana; Giovanni Lapenty, »Simulation of Bounded Plasmas with the BLOB Method«, IEEE Transaction on Plasma Science, Vol 24, No. 1 Feb. 1996, S. 12–13; R. M. Clever; F. H. Busse, »Standing and Travelling oscillatory Blob Convection«, J. Fluid Mech. (1995), vol. 297, S. 255–273; G. K. Batchelor; J. M. Nitsche, »Expulsion of particles from a buoyant blob in a fluidized bed«, Journal of Fluid Mechanics, vol. 278, 1994, S. 63–81; Cristina I. Draghicescu; Mircea Draghicescu, «A Fast Algorithm for vortex Blob Interactions,« Journal of Computational Physics, 116, 1995, S. 69–78 **166** Vgl. Chadwick; J. E. Hausmann; DR, Parent R. E., «Layered Construction for deformable Animated Characters« Computer Graphics, Vol. 23 No. 3, p 243–252, ACM SIGGRAPH July 1989 **167** Vgl. D. L. Maulsby; K. A. Kittlitz; I. H. Witten, »Constraint-Solving in Interactive Graphics: A User-Friendly Approach«, in: R. A. Earnsahw, B. Wyvill (eds.) New Advances in Computer Graphics, Proceedings of CG Int. 89, Berlin, Heidelberg, New York 1989, S. 305–317; Andrew Witkin; Michael Kass, »Spacetime Constraints«, in: SIGGRAPH 88 Computer Graphics Atlanta Vol. 22, No. 4, August 1988, S. 159–169; Ronen Barzel; Alan H. Barr, »A Modelling System Based on Dynamic Constraints«, in: SIGGRAPH 88 Computer Graphics Atlanta Vol. 22,No. 4, August 1988, S. 179–188 **168** Vgl. Gavin S. P. Miller, »The Motion Dynamics of Snakes and Worms«, in SIGGRAPH 88 Computer Graphics Atlanta Vol. 22, No. 4, August 1988, S. 169–178 **169** Vgl. I. Logan; D. P. M. Willis; N. J. Avis, »Deformable Objects in Virtual Environments«, SIG Conference, Silicon Graphics Reality Centre, Theale Reading, U. K. 1. 12. 1994, Preprint. **170** Vgl. Mary B. Hesse, Forces and Fields, The Concept of Action at a Distance in the History of Physics, New York, 1961 **171** Vgl. G. Wyvill; C. McPheeters; B. Wyvill, »Datastructure of Soft Objects«, The Visual Computer, Vol. 2, Berlin, Heidelberg, New York, 1986, S. 227–234 **172** Vgl. Greg Lynn: »An Advanced Form of Movement«, in: Peter Davidson; Donald L. Bates (eds.), Architecture after Geometry, AD Profile No. 127, Vol. 67, 5/6 London 1997, S. 54 **173** Greg Lynn, »Blobs, or Why Tectonics is square and Topology is Groovy«, in ANY 14 /1996, S. 58ff. und in Berlage Papers Nr. 18 Amsterdam 1996 **174** a. a. O. **175** a. a. O. **176** Vgl. a. a. O. **177** a. a. O. **178** a. a. O. **179** Greg Lynn, »An Advanced Forme of Movement«, in: Cynthia Davidson (ed.), Anywise, New York 1996, S. 55 **180** Greg Lynn; »The Renewed Novelty of Symmetry, dt.: Das erneuerte Neue der Symmetrie«, Arch+ Nr. 128, Sept 1995, S. 48–54 **181** Alejandro Zaera Polo, »Order Out of Chaos, The Material Organization of Advanced Capitalism«, in: Jonathan Woodroffe; Dominic Papa; Ian Macburnie, The Periphery, Architectural Design Profile No. 108, London 1994, S. 24–29 **182** zitiert von: Gerrit Confurius, »Urbane Strategien«, Editorial, Daidalos, Nr. 72 Juli 1999, S. 4ff. **183** Vgl. A. E. Perry; M. S. Chong, »A description of eddying motions and flow patterns using critical-point concepts«, Ann. Rev. Fluid. Mech. 1987, 19: S. 148 **184** Vgl. Murray Tobak; David J. Peake, »Topology of three-dimensional separated flow«, Ann. Rev. Fluid. Mech. 1982, 14: S. 75 **185** Vgl. Erich Jantsch, Die Selbstorganisation des Universums, München, Wien, 1979, 1992, S. 58 **186** Vgl. Murray Tobak; David J. Peake, »Topology of three-dimensional separated flow«, Ann. Rev. Fluid. Mech. 1982, 14: S. 76 **187** Vgl. A. E. Perry; M. S. Chong, »A description of eddying motions and flow patterns using critical-point concepts«, Ann. Rev. Fluid. Mech. 1987, 19: S. 148 **188** Vgl. Ilya Prigogine; Isabelle Stenger, Order out of Chaos, London 1984/1985/1990 **189** Vgl. Ralph H. Abraham; Jerrold E. Marsden, Foundation of Mechanics, Second Edition, Reading, Massachusetts, 1978, Orig. 1966, S. XIX **190** Vgl. Ralph H. Abraham; Robert Shaw, Dynamics, The Geometry of Behavior, Part Three, Santa Cruz/CA, 1984, S. 37 **191** Vgl. V. I. Arnold, Catastrophe Theory, Third, Revised and Expanded Edition, Berlin, Heidelberg, New York, 1992, S. 53 **192** Vgl. Victor Guillemin; Alan Pollack, Differential Topology, Englewood Cliffs, New Jersey, 1974, S. 35–36 **193** Vgl. Héctor J. Sussmann; Raphael S. Zahler, »Catastrophe Theory as Applied to the Social and Biological Sciences: A Critique«, Synthese 37 (1978), S. 183ff. **194** Vgl. Bruce Morrissette, »Topology and the French Nouveau Roman«, Boundary 2, Bd. 1, 1972, S. 45–57 **195** Vgl. Michel Serres, Les Origines de la Géométrie, Paris 1993, S. 21 **196** Vgl. a. a. O. **197** Vgl. Nicolas Bourbaki, Elements of Mathematics, General Topology, Berlin, Heidelberg, New York 1989; Nicolas Bourbaki, Elements of Mathematics, Topological Vector Spaces, Berlin, Heidelberg, New York, 1981/1987 **198** Vgl. Jürg Altweg; Aurel Schmidt, Französische Denker der Gegenwart, Zwanzig Portraits, München 1987, S. 160 **199** Vgl. Michel Serres, Der Parasit, Frankfurt a. M. 1981, 1987, Orig. 1980 Transformationsräume: S. 110–112 **200** Vgl. Michel Serres, Die fünf Sinne. Eine Philosophie der Gemenge und Gemische, Frankfurt a. M. 1998, Orig. 1985, S. 104 **201** Vgl. Friedrich A. Kittler, »Die Stadt ist ein Medium«, in: G. Fuchs; B. Moltmann; W. Prigge (hg.), Mythos Metropole, Frankfurt a. M. 1995, S. 228–244 **202** Vgl. Sybille Krämer, Medien, Computer, Realität. Wirklichkeitsvorstellungen und Neue Medien, Frankfurt a. M. 1998, S. 14/15 **203** Vgl. Detlef Krause, Luhmann-Lexikon, Stuttgart 1996, S. 132 **204** Vgl. Sybille Krämer, Medien, Computer, Realität. Wirklichkeitsvorstellungen und Neue Medien, Frankfurt a. M. 1998, S. 76 **205** Vgl. a. a. O., S. 76 **206** Vgl. Manuel Castells, The informational City. Informational Technology, Economic Restrucuring and the Urban-Regional Process, Cambridge/MA, 1989, S. 169 **207** Vgl. Frank Webster, Theories of the Information Society, London, New York, 1995, S. 199 **208** Vgl. Manuel Castells, The informational City. Informational Technology, Economic Restrucuring and the Urban-Regional Process, Cambridge/MA, 1989, S. 171 **209** Vgl. a. a. O., S. 170 **210** Vgl. Stephen Graham, »Telecommunications, Urban paradigms and the future of cities, in: Sallie Westwood, John Williams, Imagining Cities. Scripts, Signs, Momory, London, New York, 1997, S. 31 **211** Vgl. Annemarie Mol, John Law, Regions, Networks and Fluids: Anaemia and Social Topolgy«, Social Studies of Science (SAGE, London) Vol. 24 (1994) S. 641–171; darin S. 659f.: A Fluid Space, hier S. 663 **212** Vgl. a. a. O., hier S. 664 **213** Vgl. Rolf Fehlbaum, Vitra Design Museum, »Ich bin nur sekundär kreativ«, in TA 11. 9. 1999, S. 77 **214** Vgl. Werner Gähler, »Fuzzy Topology«, in: Topology, Measures and Fractals, Mathematical Research, Vol. 66, Berlin 1992, S. 188–197; Werner Gähler, »The general fuzzy filter appraoch to fuzzy topology I«, in: Fuzzy Sets and Systems, 76 (1995) S. 205–224; Liu Ying-Ming, Luo Mao-Kang, »Fuzzy Topology, Advances in Fuzzy Systems – Applications and Theory «Vol. 9, World Scientific, Singapore, New Jersey, London, Hongkong, 1997 **215** Vgl. Marcos Novak, »Liquid Architectures in Cyberspace«, in: Michael Benedict (ed.), Cyberspace, first steps, Cambridge/MA, 1991, S. 243 **216** Vgl. a. a. O., S. 251 **217** Vgl. a. a. O., S. 251 **218** Marcos Novak: TransTerraFirma: After Territory, http://www.arch.carleton.ca, 1999, Liquid Architecture **219** Vgl. a. a. O. **220** Vgl. Marcos Novak, »Liquid Architectures in Cyberspace«, in: Michael Benedict (ed.), Cyberspace, first steps, Cambridge/MA, 1991, S. 251 **221** Vgl. Marcos Novak: TransTerraFirma: After Territory, http://www.arch.carleton.ca, 1999, Liquid Architecture **222** Vgl. Lars Spuybroek, »Motorische Geometrie«, Arch+ Nr. 138, Okt. 1997, S. 68 **223** Vgl. Greg Lynn: »An Advanced Form of Movement«, in: Peter Davidson; Donald L. Bates (eds.), Architecture after Geometry, AD Profile No. 127, Vol. 67, 5/6 London 1997, S. 54 **224** Vgl. Greg Lynn, »Blobs, or Why Tectonics is square and Topology is Groovy«, in ANY 14 /1996, S. 58ff. und in Berlage Papers Nr. 18 Amsterdam 1996 **225** Vgl. Greg Lynn, »An Advanced Forme of Movement«, in: Cynthia Davidson(ed.), Anywise, New York 1996, S. 55 und Ders. »An Advanced Form of Movement«, in: Peter Davidson; Donald L. Bates, Architecture after Geometry, AD Profile No. 127, Vol. 67, 5/6 London 1997 **226** Vgl. Greg Lynn; »The Renewed Novelty of Symmetry, dt.: Das erneuerte Neue der Symmetrie«, Arch+ Nr. 128, Sept. 1995, S. 48–54 **227** Vgl. Wolfgang Welsch, Vernunft. Die zeitgenössische Vernunftkritik und das Konzept der transversalen Vernunft. Frankfurt a. M., 1996, S. 789 **228** Vgl. a. a. O., S. 197 FN **229** Wolfgang Welsch, »Städte der Zukunft – Architekturtheoretische und kulturphilosophische Aspekte«, in: Ders., Grenzgänge der Ästhetik, Reclam Stuttgart,1996, S. 271 **230** Vgl. a. a. O., S. 275 **231** Vgl. a. a. O., S. 276 **232** Vgl. a. a. O., S. 277 **233** Vgl. Paul Virilio »The Overexposed City«, in: Sanford Kwinter; Michael Feher (eds.), Zone 1/2, New York, 1986, S. 15–31 , Orig. »l'espace critique«, Paris 1984 **234** Vgl. Gilles Deleuze; Felix Guattari, Tausend Plateaus/Mille Plateaux. Kapitalismus und Schizophrenie, Berlin, 1992, Orig. 1980, S. 696/697 **235** Vgl. a. a. O., S. 567–9 **236** Vgl. a. a. O., S. 565–569, siehe auch FN 89: Gilbert Simondon, Du mode s'existance des objects technique, Paris 1958, S. 42 **237** Vgl. Ian Hacking: Was heißt ›soziale Konstruktion‹? Zur Konjunktur einer Kampfvokabel in den Wissenschaften, Frankfurt a. M. 1999, Orig. 1999, S. 135–158 **238** Vgl. V. I. Arnold, Catastrophe Theory, Third, Revised and Expanded Edition, Berlin, Heidelberg, New York, 1992, S. 53 **239** Vgl. Ian Hacking: Was heißt ›soziale Konstruktion‹? Zur Konjunktur einer Kampfvokabel in den Wissenschaften, Frankfurt a. M. 1999, Orig. 1999, S. 157 **240** Vgl. a. a. O., S. 136

URBANE TOPOLOGIE: KONSEQUENZEN, OFFENE PROBLEME UND AUSBLICK

»An ›aesthetic of change‹, paradoxically, generates a feeling of security and stability because of our ability to recognize the pattern of related cycles.«[1]
Alison & Peter Smithson, Dez. 1960

»Wir können in einem Zustand des Ungleichgewichts leben. Warum haben wir bisher noch nie die Instabilität im Innern unserer Wohnungen genutzt?«
Paul Virilio (architecture principe nr. 3, april 1966)

Dies sind zwei um die 40 Jahre alte Positionen, die in ihren Konsequenzen erst heute langsam greifbar werden. Der Zustand von Instabilität hat sich aber in dieser Zeit selbst auch entwickelt und gewandelt. Man assoziert ihn heute vermehrt mit den in der Einführung vorangestellten Begriffen von Globalisierung und Virtualisierung unseres urbanen Kontextes. Der Medientheoretiker Götz Grossklaus sieht diese Instabilisierung als gleichzeitiges Verdichten und Dehnen,[2] eine Bewegung, die wir auch beim topologischen, »seltsamen« Hufeisen-Attraktor von Stephen Smale wiederfinden.
»Die Zusammenziehung der Nation zur Metropolis [...] erscheint umgekehrt als Erweiterung der Metropolis. [...] Die Tilgung räumlicher Distanzen und Zwischenräume und die Auslöschung zeitlich-geschichtlicher Intervalle – mit dem doppelten Effekt der zeiträumlichen Zusammenziehung zu prägnanten Punkten – oder der Erweiterung und Vernetzung dieser Punkte zu Zeit- und Raumfeldern. Die alten Intervalle sind in diesen Feldern oder Netzen zu kurzen Schaltwegen, superschnellen Signallaufzeiten, instanten Zugriff- und Abrufvorgängen, zu live- und real-time Prozessen in der Tat geschrumpft, bei gleichzeitiger Expansion der Netze.[3] [...] Das heißt: die schnellen elektronischen Medien saugen alles Geschehen – so entfernt es zeitlich und räumlich auch sein mag – in das enge Sichtfenster des Momentanen und Aktuellen. So sieht es zunächst aus. Umgekehrt lässt sich dieser ständigen Synchronisierungsdruck raumbildlich eben auch als ›Feld-Verdichtung‹ oder als Dehnung der Gegenwart zu einem Feld verstehen.[4] [...] Die Erzeugung virtueller Realitäten (VR) fügt unserer empirischen Wirklichkeit etwas hinzu: die Erweiterung des zeitlich-räumlichen Horizonts

ereignet sich aus der Mitte (und nicht wie Traditionell der Peripherie, J. H.) des Gegenwartsfeldes heraus«,[5] so Grossklaus.

Innerhalb der vorliegenden Arbeit fand der wichtige – quasi paradigmatische – Schritt, der ein solches Denken mit einschließt, im Übergang vom ersten zum zweiten Kapitel statt: von einem reinen Vorher/Nachher-Vergleich hin zum Einbezug eines topologischen Raumes der Abbildungsübergänge, verstanden als eigene, autarke topologische Räumlichkeiten: die Homotopie. Abbildungsübergänge – Pop-Kultur-Räume, sind darin nicht nur semantische Vehikel (wie bei Peirce und Eco), sondern Räume und deshalb architektonisch relevant. Sie besitzen und besetzen eigene Kriterien/Faktoren/Szenerien respektive Szenarien. Solche zu untersuchen eröffnete weitreichende Perspektiven für die weiteren Kapitel, insbesondere den Übergang hin zu dynamischen Systemen im Sinne von kontextuellen Situierungen: Grenzen/Oberflächen, kritische Punkte, Ereignisse, Flüsse und Stabilitäten. Alle topologischen Invarianten, Grenzen, Oberflächen, Separatrixe von Feldern etc. sind eingebettete (globale)/immersive (lokale) Homologien in höheren Kodimensionen. Insofern geht es in einem Kontext auch darum, die höherdimensionalen Räume der Einbettung zu erkennen, zu lokalisieren und zu benennen, ihnen einen architektonisch relevanten Raum zuzuweisen. »Urbane Topologie« hilft mit ihren Werkzeugen bei der Dekodierung und Re-Formierung. Felder in Orbiträumen von Oberflächen-Topologien sind zum Beispiel solche Immersionen. In der Architektur formieren sie im Sinne von Tschumis »Event« immer etwas Szenisches. Diese Eigenständigkeit der hypercodierten Übergangsräume tauchte in allen folgenden Kapiteln unter verschiedenen Gesichtspunkten wie eine Konstante immer wieder auf. Diese Bewegung hebt, bis zu einem gewissen Grad, eine mögliche Differenz zwischen virtuellen Räumen und realen Räumen auf und formiert dadurch Schnittstellen-Werkzeuge – »dazwischen« – als Interface für Räume. Solche Interface-Räume der dynamischen Übergänge nehmen im heutigen architektonischen urbanen Kontext immer mehr zu. Sie sind so verdichtet, dass sie immer schwieriger zu dekodieren sind. »Urbane Topologie« hat dazu einige raumbezogene heuristische Kriterien, Qualitäten, Szenerien und Werkzeuge beschrieben.

Randlose Architektur

Architektur der randlosen Stadt findet und entwirft Raum für diese dynamischen Übergänge. »Urbane Topologie« geht soweit, dass sie versucht, sich an den kontextuellen Kriterien des szenischen Raumes zu orientieren. »Urbane Topologie« wird so eine Art Orientierungsraum – ein Kompass des Urbanen; im Sinne von Serres' »tiers-instruit« – den Instruktionen, die man an einem »Dritten Ort« erhalte. Das tiers-instruit besetzt einen Zwischen-Raum; eine Schwelle oder eine

zu kreuzende Grenze, den Raum »through which one makes a transit«.[6]
In ihrer Konsequenz bedeutet/fordert diese Arbeit dadurch eine topologische »Funktion«, ein Programm für Architektur. Dies reicht weiter als nur ein Abdecken von »Bedingungen durch Infrastruktur«. Funktionsbegriff und Programmbegriff von Architektur verschwinden nicht einfach, sondern werden topologisch transformiert, um den sich in der Zeit wandelnden Bedingungen gerecht zu werden. »Ich würde dies einen poetischen Transfer der Situation oder eine Situation des poetischen Transfers nennen – hin zu einer poetischen Architektur, einer dramatischen Architektur, einer wörtlichen Architektur, einer radikalen Architektur – von der wir natürlich weiterhin träumen werden«,[7] in den Worten von Jean Baudrillard. Diese Aufreihung wird in Folge dieser Arbeit um »randlose Architektur« ergänzt, indem man topologisch vom Globalen aufs Lokale schließt; eine Topologie der randlosen Stadt führt, topologisch betrachtet, in ihrer Essenz schlussendlich auch hin zu einer Topologie der »randlosen Architektur«,[8] randlose Architektur einer fließenden Wirklichkeit. Künstliche Umwelt als zweite Natur, Artefakte, virtuelle Realitäten; sie bestimmen als Summe auch die Existenz einer randlosen Architektur, die u. a. Technologie wieder zu einem Thema der Architektur werden lässt. Die klassischen raumkonstituierenden Elemente der Architektur sind heute genauso in Frage gestellt wie das Denken einer Stadt »Intra Muros« für die Urbanität. Randlose Architektur ist unmittelbares Entwerfen mit den Werkzeugen der »Urbanen Topologie« im Kontext der randlosen Stadt. Ein Entwerfen und »Bauen«, das das monolytische-statische Moment der Architektur überwindet/überwunden hat. Auch hier ist es notwendig, Missverständnissen vorzugreifen. Randlose Architektur bedeutet nicht die Aufgabe der Konzepte Form, Hülle, Inhalt etc. Viel eher geht es darum, auch diese analog den vorgestellten topologischen Werkzeugen heuristisch und methodisch zu aktualisieren und Teil der topologischen Raumdifferenzierungen einer urbanen Topologie werden zu lassen.
Architektur ist Topologie – Topologie ist Architektur: »Urbane Topologie« als Forschungsarbeit und Strategie besitzt, gerade im Zusammenspiel der einzelnen Kapitelthemen, ohne dass diese wiederholt thematisiert werden müssen, Aspekte von Methodologie und Raumforschung. Beides sind elementare, wenn nicht konstituierende Faktoren jeder Architekturtheorie. »Der Aufbau einer Entwurfstheorie ist das spezifische Ziel einer Architekturschule: ihr Vorrang vor jeder anderen Untersuchung ist unbestreitbar. Die Entwurfstheorie stellt das wichtigste und grundlegende Moment jeder Architektur dar: die Entwurfstheorie müsste als Hauptsache jeder Architekturschule gelten können«, schreibt der Architekt Aldo Rossi.[9] Aber auch die Praxis der Architektur fragt mit jeder neuen Aufgabe nach Methode und Raum. Methodologie und Raumforschung haben durch die Möglichkeiten der Raumsimulation mit neuen Medien eine neue Tendenz und Autonomie erhalten. »Urbane Topologie« besitzt dabei katalytische, vermittelnde und transdisziplinäre Eigenschaften. In naher Zukunft wird topologisches Wis-

sen zum handwerklichen Rüstzeug jedes Architekten gehören. Methodologie und Raumforschung sind deshalb in den seltensten Fällen nur auf objektbezogene (»Das Haus«), hermetisch-architektonische Fragen zu reduzieren und zu isolieren. Sie sind in einen gesamtkulturellen Zusammenhang eingebettet. Die Herangehensweise, einen interdisziplinären Bezug von Topologie zu Architektur, Raumforschung und Methodologie über den urbanen Kontext der zeitgenössischen randlosen Stadt zu wählen, hat sich deshalb als sehr fruchtbar erwiesen. Die Entwicklung der weltweiten Mega-Cities und der zusammenhängenden städtischen Regionen als eine topologische randlose Stadt diagnostiziert, lässt den Verdacht eines modischen Denkens des Indifferenten und Amorphen aufkommen. Dem ist nicht so, wie die letzten sechs Kapitel versucht haben aufzuzeigen. Die randlose Stadt ist differenziert und kritisch; »Urbane Topologie« der randlosen Stadt thematisiert das qualitative Verhalten von Differenzen und kritischen Punkten. Die randlose Stadt ist »die« zweite Natur der menschlichen Lebenswelt. Im Konzept der randlosen Stadt werden die gängigen Begriffe für die verschiedenen Formen der Stadtausbreitung subsummiert (Mega-City, Megalopolis, Exurbia, Exopolis, Peripherisierung, Zwischenstadt, Randstadt/Edge City, Bandstadt, Netzstadt, Polynuclear City, Exchanger City, Global City etc.), um mit den Werkzeugen einer Urbanen Topologie auch den jeweiligen, einzelnen Spezifikationen gerecht werden zu können. Die randlose Stadt wird geprägt von konsequenter Dezentralisierung, Paradigmenpluralismen und Polykontexturen. Sie ist heterogen, komplex, vielschichtig, unvorhersehbar, dynamisch und »schwierig«. Und sie ist sehr, sehr groß – außer Kontrolle.

Topologie als katalytische Metapher von Großmaßstäblichkeit

Der urbane Kontext wird heute maßgeblich durch die zwei Themen Globalisierung und Virtualisierung bestimmt und verändert. Randlose Stadt, Globalisierung und Virtualisierung beginnen zu verschmelzen, gehen temporäre, heterogene Synthesen ein; Aspekte des einen sind immer mehr in den anderen enthalten. Die randlose Stadt produziert weltweit immer mehr und immer komplexere Information. Durch die schiere Masse ist solche »transaktionale Information«, z. B. aus dem GIS (Geographic Information System/Urban Geographic Information System, Oxford), nicht mehr überschaubar und auch mit den ausgereiftesten Mitteln moderner Statistik oder statistischer Mechanik nicht mehr rational quantitativ handhabbar, geschweige denn nutzbar. In der randlosen Stadt stößt das metrische cartesianische Weltbild an seine Grenzen. Qualitative Beschreibung und Analyse wird an dessen Stelle für architektonischen Kontext immer wichtiger: Topologie ist eine qualitative Theorie. Oswald M. Ungers sieht seinerseits den Bedarf nach einem solchen Übergang zu qualitativen Szenerien.

»Die Bedeutung des Denkens und Entwerfens in Bildern, Metaphern, Modellen, Analogien, Symbolen und Allegorien ist nichts anderes als der Übergang von rein pragmatischen Denkansätzen zu einer mehr kreativen Methode des Denkens. Es bedeutet ein Prozess des Denkens in qualitativen Werten statt in quantitativen Daten, ein Prozess, der mehr auf der Synthese als auf der Analyse basiert – nicht so verstanden, dass analytische Modelle abgelehnt werden, sondern mehr in der Richtung, dass Analyse und Synthese alternieren, so natürlich wie das Einatmen und Ausatmen, wie Goethe es ausgedrückt hat. Es ist als ein Übergang der Denkprozesse vom metrischen Raum zum visionären Raum kohärenter Systeme zu verstehen, von Konzepten gleicher Beschaffenheit zu Konzepten der Gestaltfindung. All die unterschiedlichen Methoden, die hier beschrieben worden sind, sind Teil eines morphologischen Konzeptes, das als eine Studie der Formation und Transformation zu verstehen ist, seien es Gedanken, Tatsachen, Objekte oder Bedingungen, wie sie sich selbst in sensitiven Experimenten oder Erfahrungen ausdrücken.«[10]

»Urbane Topologie« ist »tacit knowledge« – ein »stilles Wissen« – der randlosen Stadt; man nimmt die Verschiebungen im urbanen Raum kaum war, auch wenn sie zum Teil extremes Ausmass annehmen. Anselm Haverkamp nennt dieses »stille Wissen« (tacit knowledge) ein Kennzeichen impliziter Metaphorik,[11] das die Praxis jeder Theorie voraussetze.

Architekten sind Plünderer, tatsächlich spielt der Import/Export von Begriffen, Bildern, Texturen etc. für den Prozess der architektonischen Theorie und Praxis eine immense Rolle. Nach Richard Rorty in »Kontingenz, Ironie und Solidarität« existieren alltägliche Situationen der Praxis, in denen man etwas sagen will, aber dieses nicht angemessen ins Wort bringen kann. Darauf müsse man andere Mittel verwenden: Man werfe eine »Metapher« in eine Unterhaltung ein.[12] Dieser »Wurf« – obwohl eine kontrollierte Form der ersten Setzung – hat immer durchaus etwas Beliebiges, Zufälliges an sich. Trotzdem ist er nicht unpräzis; er beschreibt den Beginn eines Ent-Wurfsprozesses (Vilém Flusser)[13] und ist Start der dazugehörenden Begriffsbildung. Niklas Luhmann bezeichnet Metaphern als unvermeidliche methodische Komponente in der Begriffsbildung.[14] Die Metaphorologie der »Urbanen Topologie« ist (in Analogie zu Hans Blumenbergs »Bewegung«)[15] immer eine Praxis-Theorie-Praxis-Theorie-Bewegung und Reflexion. Die Metapher in der »Urbanen Topologie« beginnt sich nicht sogleich zu verfestigen. Im Gegenteil; als »lebendige Metapher«[16] (Ricoeur, 1970) macht sie wieder einen Schritt zurück, hinaus und fungiert quasi als »Analogie«. Diese Analogie, sowohl strukturell als auch funktional, besitzt eine lange architektonische Tradition in Methodik und Kontext, zuletzt z. B. bei Aldo Rossi. In »Architettura Analogo« bezieht Rossi sich dabei u. a. auf einen Briefwechsel zwischen Sigmund Freud und C. G. Jung:[17] »I have explained that ›logical‹ thought is what is expressed in words directed to the outside world in the form of discourse. ›Analogical‹ thought is sensed yet unreal, imagined yet silent: it is not a discourse but rather a meditation on themes of the past, an interior monologue. Logical thought is ›thingking in words‹. Analogical thought is archaic, unexpressed, and practically inexpressible in words.«

Diese temporäre, interagierende Rückkehr (eine archaische Analogie des Momentes im Sinne Rossis, J. H.) zu einer Unaussprechbarkeit der Metapher verursacht eine Verzögerung und Verlangsamung – in Paul Ricoeurs Terminus »Suspension«, die den Bruch mit den etablierten Ordnungen und den Hintergrundmetaphern des Kontextes miterzeugen kann, hin zu einer architektonisch-semantischen Innovation.[18]

Architektur und »Urbane Topologie« – wie jede Disziplin – sucht solche temporalen Verankerungen. Herbert Mehrtens nennt dies eine Verstrebung der Metapher.[19] Nach Niklas Luhmann in »Die Wissenschaft der Gesellschaft« fungiert die Metapher gleichzeitig als Startmechanismus und »anchoring effect« für Begriffsbildung und im architektonischen Sinne zu figurativer semantischer Innovation.[20] Eine Metapher ist eine Begriffsforderung im Aktionsraum eines spekulativen Diskurses.[21] An diesem Punkt kommt eine Spezifik der Beziehung Metapher-Architektur ins Spiel. Architektur ist quasi archaisch-naiv prädestiniert zur Interaktion mit Metaphern. Architektur kann Bildspender und Bildempfänger (resp. Raumspender und Raumempfänger) repräsentieren.[22] Architektur liefert die »fehlenden Mittel der Darstellung« wodurch das Inkommensurable kommensurabel zu machen wäre.[23] In kontextuellem Sinne handelt es sich dabei um Ablösungs- und Anknüpfungsfiguren, die nach Harald Bloom ein »retroping«[24] aus einem initialen »Fehllesen« heraus, darstellen.[25] Fehllesen beinhaltet ja die metaphorisch-hermeneutische Bewegung des »Etwas-als-etwas-anders-sehen.«[26] Fehllesen wird zu einer topologischen Transformation des metaphorischen Sinnes, der Bedeutungen respektive auch deren Differenzen. Die von Haverkamp betonte Verzahnung der interaktiven Metapher mit Transformation, Repräsentation und Modell fordert nachgerade den Prozess eines architektonischen Entwerfens als einem prozesshaft Wachsendem, verräumlicht Figurativem heraus.

»Text«, wie er nach dem Linguistic-Turn in der Architektur und der Architekturtheorie gebraucht wurde, stellt selbst eine Metapher dar. Die urbane Textur wird in Interaktion zu linguistischem Text-Kontext-Verhalten untersucht. Dieser Schritt beinhaltet eine gewisse Form der Transzendenz, was durchaus als eine Schwäche bezeichnet werden kann. Verbale und schriftliche, linguistische Zeichen wurden in einer 1:1 Übersetzung mit bildlichen und körperlichen urbanen Zeichen gleichgesetzt. Anselm Haverkamp weist auf eine Tendenz der Metaphernforschung hin, die er als Folge der Entwicklung und Dominanz neuer Medien in unserer Umwelt als »Visual-Turn« bezeichnet. Nicht mehr die »Geschichten« – Texte – sondern visuelle Reize stellen die Ressourcen sozialer Interaktionen.[27] Im Verstehen dieser Ressourcen muss untersucht werden, inwiefern sprachliche und textliche Begrifflichkeiten nicht oder noch unvollständig sind. Eine kritische Hermeneutik muss immer eine solche Inkonsistenz voraussetzen, insofern sich Kontexte kontinuierlich redefinieren und aktualisieren. Dies gilt auch für eine »Hermeneutik des Bildes«, wie sie Gottfried Böhm vorschlägt,[28] oder einer Hermeneutik des Raumes durch Architektur und »Urbane Topologie«. Eine solche visuelle, ästhetische Metaphern-Forschung ist noch relativ jung. Sie wird vor allem durch die Kunstgeschichte vorangetrieben. Wir finden Ansätze bei Böhm, dann Oskar Bätschmann,[29] Arthur C. Danto[30] und Nelson Goodmann.[31] Für die Architektur müsste man den Begriff des Bildes noch erweitern und von perspektivischen Bildern, dreidimensionalen Bildkörpern, Bildräumen und Raumgefügen sprechen; was, wie in dieser Arbeit versucht, in einer »Urbanen Topologie« mündet. Der Städtebautheoretiker André Corboz hat am Beispiel des Venedigs Canalettos eine der wenigen Anwendungen in diese Richtung geschaffen; eine topologisch perspektivische Hermeneutik des Stadtraumes:[32] Transformation und Translokation im damaligen Dienste eines aufgeklärten Öffnen des Raumes. Translozierte Objekte und Wahrzeichen Venedigs dienen als räumliche Metaphern für ein »verstecktes« ideales Venedig.

Man kann das architektonische Interesse an Metaphern, in Entwurf, Modell und Bauwerk im Groben auf den Nenner von »Kontext und Differenz« bringen. Nach Ricoeur: »Die Metapher [...] stellt den Prozess, der verdeckt durch Verschmelzung der Differenzen, in der Identität die semantischen Felder hervorbringt, offen durch einen Konflikt zwischen Identität und Differenz dar«.[33] Hat Umberto Eco in den 80er Jahren noch vom Begriffspaar »Rahmen und Brennpunkt« im Zusammenhang mit Metapher gesprochen, so scheint dies heute im multimedialen Zeitalter von A-Zentrik und Polykontexturalität zu eng.[34] Die Brennpunkte sind verbrannt; die Ränder aber bleiben bestehen.

Metaphern sind topologische Randbildungen. Der Plural impliziert hier eine interaktive Dynamik der metaphorischen Bewegung, einer Mehrfachbewegung, »am Rande«. Traditionelle architektonische Ränder sind zwei oder dreidimensional, sie besitzen eine Ausdehnung und begrenzen Räume. Kontextuelle Ränder hingegen können n-dimensional sein. Normalerweise nennt man in den Geisteswissenschaften Begrenzungen auch Differenzen oder Unterscheidungen. Was unter topologischen Gesichtspunkten neu hinzukommt, ist die Frage nach der Form der Differenz – einer zutiefst architektonischen Fragestellung. Die amerikanische AI-Forscherin und Topologin Margaret M. Fleck spricht bewusst von »Boundary-Conditions«, von Grenzbereichskonditionierungen.[35] Wir können aber auch jede Art von architektonischer Hülle als eine Frage nach der Form einer Grenzbereichskonditionierung bezeichnen. Aus einer kontextuellen Sicht sind zusätzlich die »Boundaries« von Interaktionen der Differenzen eminent. In der Topologie spricht man, wie wir ausführlich auch am Beispiel Michel Foucault betrachtet haben, in diesem Zusammenhang von Homologie. »Urbane Topologie« formulierte katalytische interaktionistische Metaphern, die in ihren tatsächlichen Konsequenzen noch nicht vollständig überschaubar sind.

Spatial-Turn in der Architektur

Aus entwerferischer und nicht nur analytischer Sicht sind insbesondere emergente Strukturen der Transformationen interessant. »Es ist somit Aufgabe des spekulativen Diskurses, den Ort (Topos/Topologie; J. H.) zu suchen, wo Erscheinen ›Entstehung der wachsenden Dinge‹ heisst.«[36] Topologie reicht heuristisch Hand zur architektonischen Performanz der Initialisierung von Emergenz. Die Unterscheidungen wurden topologisch spezifiziert sowohl in statischen als auch dynamischen topologischen Räumen. »Urbane Topologie« leistet dadurch einen metaphorischen Mehrwert, »more and different in kind«[37] (Davidson), bildet eine analytische und transformierende Kraft mit dem Effekt »Raum« – einem ununterbrochenen katalytischen Prozess. Ich denke, dass diese topologische Verräumli-chung ein wesentlicher Unterschied zwischen einer Kontextuntersuchung unter den Prämissen des »linguistic turn« oder denjenigen eines »visual and spatial turns« bedeuten. Für die Architektur haben die nicht-metrischen Invarianten, diese topologischen Metaphern, weitreichende Konsequenzen in der Auseinandersetzung mit den zeitgenössischen medialen Tendenzen der »large scale phenomena«, Translokationen und global-vernetzten Lokal-Phenomena, kurzum ihrem Kontext. Die politischen, ökonomischen und technologischen Entwicklungen – mit ihren kulturellen Konsequenzen –, gemeinhin unter den Slogans »Globalisierung« und »Virtualisierung« zusammengefasst – haben das reine Textmodell einer urbanen Lesart längst hinter sich gelassen. Anglo-Amerikanische Kulturtheorie propagiert deshalb seit längerem einen »cultural-turn«, die Medientheorie einen »visual-turn«. Für die Architektur und anverwandten Künsten propagiert »Urbane Topologie« demgegenüber eine verstärkte und erweiterte Auseinandersetzung mit »Raum« als ihrem ureigensten Medium.

»Urbane Topologie« kann einer Komplexität und Widersprüchlichkeit Gestalt geben, sie räumlich thematisieren; sie formuliert eine »Interface Architektur«. Trotz des analogen Ansatzes der meisten Verweise und Beispiele greift diese Arbeit in ihrer Konsequenz tief in den architektonischen Diskurs über VR/virtuelle Realität ein (ich verweise auf den Abschnitt über »white-space« des digitalen Raumes im letzten Abschnitt des Kapitels »Topologische Stabilität und Topologie des Flüssigen«). Das Herausschälen von qualitativen topologischen Eigenschaften aus einem Kontext ermöglicht den Transfer von »Raum« in die virtuelle Welt der »transaktionalen Information«. »As a social product, spatiality is simultaneously the medium and outcome, presupposition and embodiment, of social action and relationship«,[38] definiert Edward W. Soja. Die daran geknüpften topologischen Mechanismen implizieren unausweichlich eine »kritische« Lesart von Kontext und Transfer. Die »Urbane Topologie« schlägt ein Umdenken der architektonischen Entwurfsmethodologie vor, mit einer Substituierung von quantitativen Dataimporten zuhanden qualitativer topologischer Data respektive topologischer Kriterien und Eigenschaften mit allen Konsequenzen. Es handelt sich dabei um eine bijektive, also umkehrbare, topologische Abbildung der Realität in die Virtualität. Die Abbildungen aus der virtuellen Welt »hinaus« in den realen Kontext der realen Stadt wiederum äußern sich in Bildschirmen, Projektionen, responsive Environments, smart Materials, intelligenter Architektur, aber auch in Multimedia-Produkten, Fernsehen, Musikkultur, Börsenkursen etc. – kurz gesagt: »Kultur«. Interaktion, ob bewusst oder unbewusst ausgelöst, wird dabei eine immer größere Rolle spielen. Die Architektur der daran beteiligten Räume wird zusehends entmaterialisierter. Architektur wird zu Informationsarchitektur. Der Auftrag an Architektur als Profession und Medium wird die qualitative Gestaltfindung – der topologische Entwurf – dieser entmaterialisierten Räume sein. Die Konsequenz daraus ist das Denken eines »Spatial Turns« (dies in Opposition zu einem von Grafikern propagierten »Visual Turn« oder einem »GraphicScape«) im Umgang mit Kontextinformation, Kontextenergie, Kultur und randloser Stadt.

Richard Rogers hat das Centre Pompidou einst als die erste offene Struktur bezeichnet, die den »Neuen Medien« gewidmet sei: »The facade, [...] is like jazz, perfect in all its individual parts, but at the same time flexible and open«.[39] Jazz bildet dabei ein Synonym für ein Lebensgefühl, eine Abkehr von klassischer Komposition hin zu Improvisation, dem Moment der Performance, der Interaktion der Beteiligten und der musikalischen Dynamik. Jazz lebt durch Spannung und den gezielten Einsatz von Dissonanz: Man spricht von Inside-Outside-Playing. Urbaner Kontext lebt von einem anhaltenden dissonanten Vibrieren, einer Dynamik des Inside und Outside. Die daraus resultierende nichtmetrik-gebunde Komplexität der Stadt als »heißer Kultur« im Sinne von Claude Lévi-Strauss und Marshall McLuhan nennt man für die Topologie »topologische Entropie«. 30 Jahre nach dem Centre Pompidou hat wiederum Renzo Piano mit der Umnutzung der Fiat-Fabrik Linghotto in Turin genau dies getan. Linghotto ist als Organismus gewissermaßen das überspitzte 60er-Jahre-Projekt in der topologischen Interpretation der 90er Jahre. Die Topologie als Drittes wird dabei im Entwurf im Sinne von Ernst Bloch zu einem in die Zukunft gerichteten Unterbewusstsein des Kontextes.[40] Dieses utopische Element jeder zukünftigen Architektur prägt den heutigen Entwurfsprozess mit.

»Urbane Topologie« wurde unter den Gesichtspunkten der topologischen Transformation, Homotopie, Homologie, Vektorfeldtopologie, Singularitätstheorie und Topologie des Flüssigen behandelt. Für den Autor erstaunlich war die integrierende Qualität topologischer Invarianten respektive Eigenschaften für kulturtheoretische Vergleiche und Metaphorisierung. Es war möglich entscheidende, urbane Phänomene, die in der Virtualisierungs- und Globalisierung-Debatte enthalten sind, topologisch zu beschreiben: Generic City, Dirty Realism, Heterotopien, Non-Place-Urban-Field, Event City, Liquid Architecture/Liquid Scape.

Für die zeitgenössischen Geisteswissenschaften lautet eine analoge integrierende Liste der vorgekommenen Hauptexponenten: Augé, Bourdieu, Deleuze,

Derrida, Foucault, Guattari, Serres, Virilio. Das Hinzuziehen der Geisteswissenschaften hat stark zur Klärung der Bedeutung und Deutung des abstrakten, topologischen Raumes für einen realen, urbanen Kontext beigetragen. Zugegebenermaßen ist damit auch das Quellenmaterial etwas exorbitant angewachsen. Trotzdem erweist sich die durch die geisteswissenschaftlichen Positionen ergebende Triade aus Architektur, Topologie und Geisteswissenschaft als fruchtbar. Es zeigt sich darin ein Schon-Vorhanden-Sein von Topologie, Relationalität, Konfiguration und Nicht-Metrik der randlosen Stadt – und allgemeiner – der Kultur. Umgekehrt ist es auch so, dass gewisse Positionen von Denkern, wie zum Beispiel die von Michel Serres, für mich erst durch eine räumliche Situierung wie in der vorliegenden Arbeit erschließbar wurden. »Urbane Topologie« wirkt nicht separierend, sondern integrierend. Verschiedene konzeptuelle Paradigmen können darin nicht nur koexistieren, sondern auch kommensurabel kommunizieren. »Architektonische Topologie ist eine Mutation von Form, Struktur, Kontext und Programm in ein verwobenes Muster von komplexer Dynamik«,[41] meint Stephen Perrella, »eine benannte und informierte Topologie eines Niemandslandes zwischen dem Realen und den Unrealen, [...] welche transversal in einen Strom von Assoziationen fließt, ist eine Hypersurface.«[42]

»Urbane Topologie«, und dies hat die Arbeit gezeigt, bleibt nicht bei »frozen Topology« stehen, sondern ist durchdrungen von dynamischen Transformationen. Als nicht-metrisches Werkzeug für Raum behandelt sie immer wieder neu Fragen des Überganges vom Lokalen zum Globalen – des zentralen Punktes jeder Form von Kontextualismus. In den Sozialwissenschaften spricht man von einem Mikro-Makro-Link. Die Werkzeuge der Sozialwissenschaften scheitern an diesen Übergängen vor allem aufgrund ihrer transmaßstäblichen Inkommensurabilität, und – dies ist der Vorsprung und Vorteil der Architektur – aufgrund von fehlenden »Entwürfen«. »Urbane Topologie« kann hier noch keine Lösungen bieten. Sie bietet aber Vorschläge, Umdeutungen, neue Werkzeuge zuhanden topologischer Kartographierungen der kontextuellen »Maßstabsprünge« in der randlosen Stadt. Einem der ureigensten Werkzeuge und einem klassischen Repräsentationsstandard der Architektur – dem Schnitt – kommt in der Topologie für die Erforschung lokaler und globaler topologischer Eigenschaften eine überdurchschnittliche Bedeutug zu: Jeder Schnitt gebiert eine Form und eine Funktion von Mikro-Makro-Link. Der Schnitt produziert resp. entwirft einen Ausschnitt. Es entwickeln sich Schnitt-Strategien zum Freilegen der topologischen Szenerien und (In-)Stabilitäten. In der Topologie wurde die Terminologie der Medizin entlehnt. Man spricht von »Chirurgischen Operationen«/»Surgery« die das Schneiden auch in eine Verbindung zum »Sezieren« bringen. Der Entwerfer produziert so einen Raum durch Chirurgie. Wichtig wird dieses Werkzeug, wie wir gesehen haben, bei dynamischen Systemen, deren Lösungsmannigfaltigkeiten einen topologischen Raum bilden. Oft sind diese nur durch Poincaré-Schnitte im Phasenraum zu visualisieren, woraus cinemascopische, filmische Schnittfolgen entstehen. Architekten werden lokal und global zu sezierenden topologischen Chirurgen.

Topologische Fragen nach dem Zusammenhang von Lokal und Global schälen auch bestehende Schwächen der Kultur der virtuellen Realität heraus. CAAD ist in seiner heutigen Form ein lokales Medium und seine Vernetzung über das World Wide Web führt nicht zu globalen Aussagen, sondern zu statistischen mikro-globalen Phänomenen des Aufadierens von vielen lokalen Sites. Vielleicht kann hier das Denken einer urbanen Topologie katalytisch für zukünftige architektonische Raumforschung wirken. Der Schnitt formuliert die Start- und Expansionsbedingungen, das Formierungspotenzial der Elemente und – was sehr oft unterschlagen wird – die Formwirksamkeit der topologischen Anomalien, sprich Unregelmäßigkeiten. Ein topologischer Entwurf in der Architektur ist Resultat einer Anzahl von adäquaten, spekulativ-dialektischen Deformationen durch Vergleich und Interpretation und formiert so einen Wahrscheinlichkeitsraum jenseits des Konzeptes eines »totalen, endgültigen Ent-Wurfes«. Dieser Entwurf in Bewegung ist auch ein Weiterdenken und Weiterentwickeln von Entwurfsprinzipien der 60er Jahre, nicht nur in der Architektur. Immer wieder stoßen wir dabei auf Umberto Eco's Hauptmerkmale für »Offene Werke« in Bewegung: Unvorhersehbarkeit und Ambiguität, die Fähigkeit zu Mehrdeutigkeit und Mehrfachinterpretation.[43] Solche Raumforschung berücksichtigt quasi als Paradigma topologischen Wandel. »Urbane Topologie« in ihrer Summe von Faktoren und Szenerien liest sich dann als eine Diskussion kontextueller Praxis von Architektur; einem topologischen Wandel der Morphologie urbaner Räume der randlosen Stadt. Es handelt sich bei diesem Wandel um eine räumliche Umsetzung – ein »Bauen« – einer doppelten Hermeneutik[44] im Sinne von Anthony Giddens; ein rekursives »Einschrauben« der »Bedeutung von Bedeutungen« in alle Bereiche des sozialen Lebens.[45]

Instabilitäten als topologischen Wandel – The city goes soft

»Denn in solchen Momenten wird die city soft – die Stadt – nachgiebig und wartet auf die Aufprägung einer Identität. [...] Städte [...] sind von Natur aus künstlich. Wir formen sie nach unseren Vorstellungen: und sie, auf der anderen Seite, formen uns durch den Widerstand, den sie unseren eigenen persönlichen Formen entgegensetzen. In diesem Sinne, so scheint es mir, ist das Leben in Städten eine Kunst, und wir brauchen den Wortschatz von Kunst und Stil, um die seltsamen Beziehungen zwischen Menschen und Material, die im fortdauernden kreativen Spiel urbanen Lebens existieren, beschreiben zu können. [...] die soft city der Illusion, der Mythen, Aspirationen, Alpträume ist genau so wirklich, vielleicht wirklicher [...]«[46] Johnatan Raban, Soft City 1988

Ohne die Thematik der Urbanen Topologie zu stark psychologisieren zu wollen, soll hier nochmals ein Verweis auf die Gestalttheorie möglich sein. Gestalttheorie, betrachtet als eine kontextbezogene Morphologie des Wandels, wie sie in Folge von Wolfgang Metzger[47] gedacht wird und die aufgrund der dynamischen Wechselwirkungen zwischen den Teilvorgängen die Annahme einer eindeutigen Zuordnung zwischen Reizort und Reizart einerseits und Erscheinungsort und Erscheinungsart andererseits (die Konstanzannahme) aufgibt.[48] »Dabei rückt Gestalt selbst in eine Entwicklung – es zeigt sich, dass Gestalt aufbricht aus der paradoxen Konstruktion von Verwandlung. Morphologie gründet in der Auffassung, es sei sinnvoll, an Gestalt festzuhalten, weil sie zwischen Anschaulichem und Verwandlung vermittelt; wir verzichten nicht auf den Gebrauch von Gestalt – trotz, ja gerade wegen der Paradoxien, die in diesem herausfordernden Bild von […] Wirklichkeit stecken.«[49] »Von Gestalt-Konstruktionen aus werden die von uns verspürten Wirkungs- oder Entwicklungsqualitäten ableitbar: Im Verspüren von Verpassen, Abweichung, Annäherung, Im Hervorheben von Steigerungen, Abschwächungen, Erweiterungen merken wir, wie sich seelische Gestalten zwischen den Konstruktionsbestimmungen bewegen – wie wir geeignete Gestalten herausfinden, andere Gestalten abweisen, umformen. Die Paradoxien sagen etwas über das mit sich Zurande-Kommen-Müssen der Verwandlungskonstruktion aus. Gestalt entsteht darin als eine immanente Forderung von und in Verwandlung; Verwandlung kann sich paradoxerweise nur dann ins Unendliche fortsetzen, wenn sie sich immer wieder bindet und destruiert. Gestalt in Verwandlung wird vor diesem Hintergrund zu einer vereinfachenden Formel für die paradoxe Grundkonstruktion seelischer Realität. Die Grundzüge von Verwandlung können sich so überkreuzen, dass Verwandlungen gegen Verwandlung wirken.«[50]

Die eigentliche Entdeckung dieser Arbeit aber ist die Wichtigkeit und Bedeutung der topologischen Eigenschaften »Transversalität« und »Stratifikation«, welche bis hin zu Welschs geisteswissenschaftlichem Ansatz einer transversalen Vernunft oder dem Thema von »Verflüssigung« in fast alle diskutierten Bereiche »Urbaner Topologie« hineinwirken. Sie bilden generische (also »typische«) Eigenschaften für topologische Stabilität, speziell von dynamischen Systemen. Stephen Smale hatte gezeigt, dass dynamische System über sehr lange Zeiträume betrachtet nie topologisch stabil bleiben können. Sie unterliegen emergentem topologischem Wandel. Dies gilt auch für die Generic City – vom ersten bis zum letzten Kapitel. Architektonische Permanenz wird in der randlosen Stadt nicht gewährleistet. Transformation tritt an Stelle von Permanenz. Die Kriterien für topologische Stabilität unterstützen daher eher ein Denken der Resilienz – der Robustheit unter Veränderung.[51] An diesem Punkt könnte in weiterer Forschung eine Diskussion urbaner Nachhaltigkeit ansetzen. Im Lichte von »Urbaner Topologie« und generischer Eigenschaften von topologischer Stabilität ist eine aktuelle Lesart von Vitruvs drei Kriterien möglich:

- utilitas (»Homotopie«: funktorielle, abbildungsräumliche Funktionen),
- firmitas (»generische Stabilität«: Transversalität, Stratifikation und nichtwandernde kritische Punkte) ,
- venustas (»Homologie«: Ausformung von Grenzflächen).

Im Zusammenspiel werden sie zu einem dynamischen System. »Randlose Architektur« in einer »Urbanen Topologie« der randlosen Stadt leistet dann umgeformt nach Vitruv: Accummulation, strukturelle und topologische Stabilität, Interfacequalität.
So vollzieht sich schon in Vitruvs »Zehn Büchern über die Architektur« andeutungsweise ein Perspektiven- und Paradigmenwechsel von einem »Ordnungssystem« über Baukunst hin zu einem »Transformationssystem« von Baukunst: Architektur wird zu einer Topologie des Flüssigen.
Topologie in der Architektur steckt noch in den Kinderschuhen. Gängige CAAD-Software stößt bei hoher topologischer Entropie schnell an ihre Grenzen – und die Anwender derselben sowieso. Die interdisziplinäre theoretische Forschungsarbeit ist zudem stark von einer metaphorischen Tätigkeit bestimmt. Topologie ist für die Architektur ein Werkzeug im Sinne von Lévi-Strauss' »Bricolage«; Werkzeuge mit ursprünglich anderem Verwendungszweck respektive Verwendungskontext werden empirisch und hermeneutisch uminterpretiert und durch die heuristische Anwendung weiterentwickelt. Die metaphorische Positionierung der Topologie in die Architektur scheint als katalytisches Element innerhalb einer modernen interaktionistischen Metapherntheorie – siehe oben – aber legitim. Die topologischen Metaphern interagieren einerseits mit ihrem neuen Kontext der Architektur, verändern diesen dadurch, andererseits ist es möglich, dass gewisse Fragestellungen wieder auf die mathematische Topologie rückwirken und diese entwickeln. Die Interaktion ist auch methodologischer Natur. Wir haben es beim Konzept der Urbanen Topologie in einem Adornoschen Sinne mit einer »Konstellation des Nichtidentischen« zu tun, einem von Walter Benjamins »Ideenlehre« und Max Webers »Idealtypentheorie« beeinflussten nachmetaphysischen Umkreisen von Erkenntnis: »Konstellationen allein repräsentieren, von außen, was der Begriff im Inneren weggeschnitten hat, das Mehr, das er sein will so sehr, wie er es nicht sein kann. Indem die Begriffe, um die zu erkennende Sache sich versammeln, bestimmen sie potentiell deren Inneres, erreichen denkend, was Denken notwendig aus sich ausmerzte. [...] Aktualisierung und Konzentration eines bereits gewussten, das es verwandelt. Erkenntnis des Gegenstands in seiner Konstellation ist die des Prozesses, den er in sich aufspeichert.«[52] Erkenntnis über den Kontext – im vorliegenden Fall: der randlosen Stadt – erschließt sich so aus der Komposition von Facetten; einem erneuerungsfähigen kontingenten Facettenreichtum.[53]
Bernard Tschumi: »Architecture is not about the conditions of design, but about the design of conditions. Or to paraphrase Paul Virilio, our object today is not to

fullfil the conditions of construction, but to achieve the construction of conditions that dislocate the most traditional and regressive aspects of our society and simultaneously reorganise these elements in the most liberating way, where our experience becomes the experience of events organised and strategised through architecture. Strategy is a key word in architecture today.«[54]

In unserem westlichen Weltbild wollen wir das Verändern – den topologischen Wandel – nicht als Grundtatsache anerkennen: Emergenz, Eingriff, Entwurf, Entscheidung (Resilienz). Emergenz bringt nicht neue Architektur hervor, sondern den Vorgang, durch den neue Architektur entstehen kann. Die Bewegung des topologischen Wandels generiert die Bewegung der Entwicklung. Die Entwicklung stellt eine Bewegung dar, die alle Chancen hat, Kreativität in die Welt zu bringen. Am Anfang war Bewegung, die ohne Plan verlaufen ist: Transformation pur sozusagen. Ein entscheidender Aspekt steckt in der Interaktion zwischen Geplantem und Ausgeführtem. Die zweite Natur menschlicher Artefakte meldet ästhetische architektonische Ansprüche an. Topologie schafft architektonische Konsequenz.

Urbane Topologie – Architektur der randlosen Stadt: Ausblick

Der Ausblick für weitere Forschung bezüglich Urbaner Topologie sieht einerseits kurzfristig einen Bedarf für Anwendung respektive Umsetzung in praktische architektonische »Feldarbeit« und Entwurf, der damit verbundenen Rückkopplung mit CAAD-Anwendungssoftware sowie deren Weiterentwicklung und Interaktion mit Informationsarchitektur vor.

Das Thema Informationsarchitektur bedeutet für die Architektur eine fundamentale Erweiterung der Disziplin. Jean Baudrillard diagnostiziert dies in einer Parallele zur Kunst als ein Jenseits der Disziplin: »Was von jetzt an auf dem Gebiet der Kunst passiert, wird niemals mehr die gleiche Bedeutung haben: alles wird irgendwie jenseits des Endes passieren, basieren auf dem Verschwinden der Kunst als solcher. Ich möchte die gleiche Frage bezüglich der Architektur stellen: Hat in der Architektur nicht etwas stattgefunden, das alles, was seither passiert ist, auf Grundlage eines Verschwindens der Architektur als solcher stattgefunden hat – als symbolische Konfiguration einer Gesellschaft. Diese Hypothese müsste sogar die Architekten verführen: die Hypothese eines Jenseits von ihrer Disziplin. […] Oder, allgemeiner gesagt: Ist es nicht so, dass alles das, was sich heute in allen Bereichen abspielt, auf der Basis des Verschwindens des Realen – ausgerechnet im Virtuellen geschieht?«[55]

Es lassen sich Folgerungen ziehen:

A) Mit Hilfe der in sechs aus der Topologie stammenden Themenbereichen, den Kapiteln, vorgestellten topologischen Denkmustern, lassen sich komplexe kontextuelle Sachverhalte der randlosen Stadt raumbestimmt decodieren und architektonischen Kriterien – topologischen Szenerien – zugänglich machen. In der Realität der randlosen Stadt treten die verschiedenen Themenbereiche gleichzeitig auf und durchmischen sich, wodurch Mehrfachcodierungen entstehen.

B) Urbildlose kulturelle und architektonische Faserräume ersetzen den metakodierten Begriff des Simulakra. Simulakra wandelt sich dadurch von einer kulturellen Zustandsbeschreibung der urbanen Pop-Kultur zu einem handhabbaren, agierenden räumlichen Werkzeug.

C) Die topologische Dekodierung von Kontext führt bis in die Fragestellung nach Stabilität – die sich heute nicht mehr am Konzept von Dauerhaftigkeit orientieren kann. Vitruvsche Faktoren für Architektur können so diskursiv integriert werden, und binden »Urbane Topologie« an die Tradition der architekturtheoretischen Debatte an. Damit ist gleichzeitig eine Integration von Prinzipien der Instabilität abgedacht – in nichtgenerischen Fällen.

D) Trotz vermeintlichem, vordergründig gleichförmigem, urbanem Kontext der randlosen Stadt zeigt »Urbane Topologie«, dass dieser Kontext nicht indifferent ist, sondern durch raumbestimmende topologische Invarianten differenziert werden kann. Erst dadurch wird architektonische Intervention möglich.

E) Die topologischen Raumkriterien für architektonischen Kontext zielen auf einen Transfer und eine Interaktion von Invarianten aus Kontexten der randlosen Stadt mit der »randlosen« Architektur von virtueller Realität – dem »neuen« Kontext von Architektur. »Urbane Topologie« markiert ein Interface zu Informationsarchitektur (oder synonymen Begriffen) und verändert dadurch nachhaltig das Berufsbild des Architekten.

F) »Urbane Topologie« hat in der Summe dieser Folgerungen methodologische (wörtlich im Sinne von: Logik der Methode) Konsequenzen für eine Praxis des Entwurfes und eine Praxis der Architektur insgesamt.

G) »Urbane Topologie« bedeutet einen »Spatial Turn« in der zeitgenössischen kontextuellen Architektur.[56] Architektur wird dadurch wieder vermehrt eine Wissenschaft und eine Kunst des Raumes.

Eine solche Öffnung rüttelt an den Grundfesten der Disziplin – auch das ist eine »Randlosigkeit der Architektur«. Dies ist keineswegs nihilistisch gemeint, sondern als affirmative Weiterentwicklung, der sich Architektur kaum wird entziehen können. In den ganzen Veränderungen durch Globalisierung und Virtualisierung stellt sich zum wiederholten Male die Frage nach der Autonomie der Architektur: Autonomie durch kontingente disziplinenübergreifende Öffnung und nicht durch Abschottung, wie dies Anfangs der 70er Jahre noch die italienische Tendenza versuchte (dies ist keine Wertung, sondern eine Diagnose). Die Tendenza war mit der Frage nach innerdisziplinärer Autonomie konfrontiert, heute stellt sich die Frage nach Autonomie extrinsisch, transdisziplinär in Konfrontation mit vollständig neuen und andersartigen realen und virtuellen »Bauplätzen«. Aber auch diese – und daraufhin hat ja diese Arbeit »Urbane Topologie« gezielt – besitzt einen Kontext, den dichtesten, komplexesten und gleichzeitig ausgedehntesten Kontext der Architekturgeschichte. Autonomie der Architektur unter der Berücksichtigung Urbaner Topologie bekommt einen grundsätzlich anderen Charakter. Autonomie jenseits einer Architektur als bauhandwerklicher Dienstleistung ist gerade nur möglich durch eine integrative radikale Öffnung unter der Beibehaltung transformationsresistenter topologischer Kriterien der Architektur: dynamische Autonomie durch Interdisziplinarität.

Es lassen sich offenen Probleme erkennen und benennen: Die angesprochene Gleichzeitigkeit und Interaktion der verschiedenen topologischen Invarianten bringt das topologische Thema »Knotentheorie« ins Spiel: Verbunden sein heißt topologisch irgendwie »verknoten« oder »verflochten« zu sein. In der vorliegenden Arbeit wurde dieses Feld noch ausgeklammert – Forschungen in diese Richtungen sehe ich für die Zukunft aber durchaus für möglich an. Ein weiteres offenes Problem ist das Zusammenspiel von Abstraktion, Visualisierung und Materialisation der Topologie als einer »randlosen« Architektur. Diese Frage kann nur empirisch angegangen werden und auch dies eher prozessual, Schritt für Schritt, als auf einen Schlag. Offen ist dabei auch die Art und Ausformung eines zukünftigen architektonischen Projektes respektive seinem »Bauplatz« innnerhalb einer »Urbanen Topologie«. Diese Projekte und Bauplätze werden heute radikal uminterpretiert, ähnlich wie im dritten Kapitel Mehrdimensionalität als Freiheitsgrade von Parametern reinterpretiert wurde. »Urbane Topologie« heißt auch »randlose« Architektur für eine Lebenskultur in Räumen von Optionen, Wahrscheinlichkeiten und Risiko, die nicht mehr nach einem festen Grund fragen kann. »Randlose« Architektur löst sich dadurch von jeglicher Permanenz. Jede neue Generation oder Halbgeneration von Computerkids verinnerlichte und vergrößte den Abstraktionsgrad für das, was ein virtueller Raum ist oder sein kann. Parallel dazu vollzieht sich die technologische Entwicklung ihrerseits. Der Habitus der topologischen virtuellen Realitäten – das »Gefühl fürs Spiel« im Umgang mit dem virtuellen Raum – beschleunigt sich ununterbrochen. Hier stellt sich ein offenes Problem der Adaptions- und Akkumulationsfähigkeit von

»Urbaner Topologie«. »Randlose« Architektur wird dies alles als ein Teil seines natürlichen Kontextes jenseits jeder Nostalgie akzeptieren müssen. Jean Baudrillard: »Die Architektur hat eine Zukunft aus dem einfachen Grund, weil man noch kein Gebäude, kein Architekturobjekt erfunden hat, das das Ende aller anderen bedeuten würde, das das Ende des Raumes bedeuten würde – und ebensowenig eine Stadt, die das Ende aller anderen Städte bedeuten würde, noch ein Gedanken, der das Ende aller Gedanken bedeuten würde.«[57]

1 Alison and Peter Smithson in: Team 10 Primer 1953–1962, Architectural Design No. 12, Dezenmber 1962, S. 585 **2** Götz Grossklaus, Medien-Zeit, Medien-Raum. Zum Wandel der raumzeitlichen Wahrnehmung in der Moderne. Frankfurt a. M. 1995/1997, S. 7/8 **3** a. a. O., S. 37 **4** a .a. O., S. 40 **5** a. a. O., S. 57 **6** Vgl. Paul A. Harris, »The Itinerant Theorist: Nature and Knowledge/Ecology and Topology in Michel Serres«, SubStance #83, A Review of Theory and Critisism, Wisconsins University Press, Bd. 26, No. 2, 1997, S. 39 **7** Jean Baudrillard, Architektur: Wahrheit oder Radikalität? Vortragstyposcript. Literaturverlag Droschl, Essay 40, Graz 1999, S. 37 **8** Gespräch mit Jürg Graser 15. Juli 2000, und mit Prof. Dr. Zimmermann 25. Juli 2000 **9** Aldo Rossi, »Architektur für die Museen«, in: A. Rossi – Vorlesungen, Aufsätze, Entwürfe, Verlag der Fachvereine, Zürich 1974, S. 28 **10** Oswald M. Ungers, Morphologie, City Meatphors, Köln 1982, S. 14 **11** Anselm Haverkamp: Paradigma Metapher/Metapher Paradigma. in Poetik und Hermeneutik XII, München 1985, S. 230–251 und in: R. Herzog, R. Koselleck (hg) Epochenschwelle und Epochenbewusstsein, München 1987, S. 547–560, hier: S. 552 **12** Detlef Horster, Richard Rorty zur Einführung, Hamburg 1991, S. 72 **13** Vilém Flusser, Vom Subjekt zum Projekt, Mannheim 1994/1998 **14** Niklas Luhmann, Die Wissenschaft der Gesellschaft, Frankfurt a. M. 1990/1994, S. 384 **15** Hans Blumenberg, »Paradigmen zu einer Metaphorologie«, in: Archiv f. Begriffsgeschichte 6 (1960), S. 116–214 **16** Paul Ricoeur, Die Lebendige Metapher, München 1986, Orig. 1975 **17** Aldo Rossi, »An Analogical Architecture«, Japan A+U, 5/1976 No. 65, S. 74–76 **18** Jens Mattern, Paul Ricoeur zur Einführung, Hamburg 1996, S. 140ff. **19** Herbert Mehrtens, Moderne, Sprache, Mathematik, Frankfurt a. M. 1990, S. 102ff. **20** Niklas Luhmannm, Die Wissenschaft der Gesellschaft, Frankfurt a. M. 1990/1994, S. 384 **21** Jens Mattern, Paul Ricoeur zur Einführung, Hamburg 1996, S. 147 **22** Gerhard Kurz, Metapher. Allegorie, Symbol, Göttingen 1997, S. 22ff. **23** Anselm Haverkamp, »Paradigma Metapher/Metapher Paradigma«, in: Poetik und Hermeneutik XII, München 1985, S. 230–251 und in: R. Herzog, R. Koselleck (hg.), Epochenschwelle und Epochenbewusstsein, München 1987, S. 547–560, hier: S. 553 **24** vgl. Harold Bloom, Eine Topographie des Fehllesens, Frankfurt a. M. 1997, Orig. 1975 **25** Anselm Haverkamp: »Paradigma Metapher/Metapher Paradigma« in: Poetik und Hermeneutik XII, München 1985, S. 230–251 und in: R. Herzog, R. Koselleck (hg.), Epochenschwelle und Epochenbewusstsein, München 1987, S. 547–560, hier: S.559 **26** Jens Mattern, Paul Ricoeur zur Einführung, Hamburg 1996, S. 140 **27** Anselm Haverkamp: »Nach der Metapher«, in: Ders. (hg) Theorien der Metapher, Darmstadt 1983/1996. **28** vgl. Gottfried Boehm, »Zu einer Hermeneutik des Bildes«, H .G. Gadammer, G. Boehm (hg.) Seminar: Hermeneutik und die Wissenschaften, Frankfurt a. M. 1978, S. 444–472 **29** vgl. Oskar Bätschmann, Einführung in die Kunstgeschichtliche Hermeneutik, Die Auslegung von Bildern. Darmstadt 1984/1988 **30** vgl. Arthur C. Danto, Die Verklärung des Gewöhnlichen, Eine Philosophie der Kunst, Frankfurt a. M. 1984, Orig. 1981 **31** vgl. Nelson Goodmann, Sprachen der Kunst, Entwurf einer Symboltheorie, Frankfurt a. M. 1997, Orig. 1976. **32** vgl. André Gorboz, Canaletto, Una Venezia Immaginaria, Alifieri Electa, Milano 1985 **33** Jens Mattern, Paul Ricoeur zur Einführung, Hamburg 1996, S. 142 **34** Umberto Eco: Semiotik und Philosophie der Sprache, München 1985, Orig. 1984, S. 175ff. **35** vgl. Margaret M. Fleck, The Topology of Boundaries, Artificial Intelligence 80 (1996) 1–27 **36** Jens Mattern, Paul Ricoeur zur Einführung, Hamburg 1996, S. 150 **37** Anselm Haverkamp, Die Paradoxe Metapher, Frankfurt a. M. 1998, S. 11, Verweis auf: Donald Davidson, »What Metaphors Mean«, in: Ibid. S. 51f. **38** Edward W. Soja, Postmodern Geographies: The Reasseration of Space in Critical Social Theory, London New York 1989/1994, S. 129 **39** Luigi Prestinenza Puglisi, HyperArchitecture. Spaces in the Electronic Age, Basel,

Boston, Berlin, 1999, Orig. 1998, S. 7 **40** Vgl. Peter Wiechens, »Nicht-Orte, Kulturtheorie im Hinblick auf Slavoj Zizek, Ernst Bloch und Marc Augé«, in: C. Rademacher, G. Schweppenhäuser (hg.) Postmoderne Kultur? Opladen 1997, S. 113–140 **41** Stephen Perrella, »Hypersurface Theory: Architecture><Culture«, in: Ders. (ed.) Hypersurface Architecture, AD Profile No. 133, Vol. 68, 5/6, London 1998, S. 11/15, Übersetzung J. H. **42** a. a. O., S. 11/15, Übersetzung J. H. **43** Umberto Eco, Das offene Kunstwerk, Frankfurt a. M. 1977, Orig, Opera Aperta, Mailand 1962 **44** Anthony Giddens, New Rules of Sociological Method, London 1974; Anthony Giddens, Konsequenzen der Moderne, Frankfurt a. M. 1995/1997. Orig. 1990, S. 26/74 **45** Anthony Giddens, Konsequenzen der Moderne, Frankfurt a. M. 1995/1997, Orig. 1990, S. 26 **46** Jonathan Raban, Soft City, London 1988, dt: K. Schützhofer, in: Perspektiven; int. Stud. Zeitung, Nr. 29, Okt. 96, S. 32 **47** Wolfgang Metzger, Gesetze des Sehens, Frankfurt 1936 **48** Herbert Fitzek, Wilhelm Salber; Gestaltpsychologie: Geschichte und Praxis, Darmstadt 1996, S. 124 **49** a. a. O., S. 132 **50** a. a. O., S. 129 **51** Ilja N. Bronstein; Konstantin A. Semendjajew; Gerhard Musiol; Heiner Mühlig, Taschenbuch der Mathematik, Frankfurt a. M. 1995, S. 676 **52** Theodor W. Adorno, »Negative Dialektik«, in Ders. Gesammelte Schriften Band 6 Frankfurt a. M. 1973/1990, S. 164/165 **53** Vgl. Jürgen Ritsert, Kleines Lehrbuch der Dialektik, Darmstadt 1997, S. 171 **54** Bernard Tschumi, »Six Concepts in Contemporary Architecture«, in: A. Papadakis (ed.), On Theory and Experimentation, London 1993, S. 13–19 **55** Jean Baudrillard, Architektur: Wahrheit oder Radikalität? Vortragstyposcript. Literaturverlag Droschl, Essay 40, Graz 1999, S. 28 **56** In der Kulturtheorie werden heute die Begriffe »cultural turn« und »interpretative turn« propagiert. Für die Architektur als einer eingangs beschriebenen Wissenschaft des Raumes genügt dies nicht; es bedarf der räumlichen Erweiterung, u. a. auch durch die in dieser Arbeit vorgeschlagene »Urbane Topologie«. **57** Jean Baudrillard, Architektur: Wahrheit oder Radikalität? Vortragstyposcript. Literaturverlag Droschl, Essay 40, Graz 1999, S. 38

Bibliographie A Edwin E. Abbott, Flatland. A Romance of many Dimansions by A Square. London, Harmondworth, Dover 1952 • Ralph H. Abraham, »Transversality in Manifolds of Mappings«, Bull. Amer. Math. Soc. 69 (1963) S. 470-474 • Ralph H. Abraham; Jerrold E. Marsden, Foundation of Mechanics, Reading/MA, 1966/1978, 2nd ed. • Ralph H. Abraham; Joel Robbin, Transversal Mappings and Flows, New York, Amsterdam 1967 • Ralph H. Abraham; Robert Shaw, Dynamics,The Geometry of Behavior, Part 1-4, Santa Cruz/CA, 1984 • D. J. Acheson, Elementary Fluid Dynamics, Oxford, 1990/1992, S. 157-200 • Theodor W. Adorno, Philosophische Terminologie, Band 1+2, Frankfurt a. M. 1973/1997 • Theodor W. Adorno, Negative Dialektik, in: Ders. Gesammelte Schriften Band 6, Frankfurt a. M. 1973/1990 • Diana Agrest, »The Order of the City«, in: J. Hejduk; E. Diller; Diana Lewis; Kim Shkapich (eds.), Education of an Architect, New York 1988 • Christopher Alexander, Notes on the Synthesis of Form, Cambridge/MA 1964, 13. Auflage 1994 • Jeffrey C. Alexander; Berhard Giesen, »From Reduction to Linkage: The Long View of the Micro-Macro Debate,« in: Jeffrey C. Alexander (hg.), The Micro-macro Link, Berkley, Los Angeles 1987, S. 1-44 • Samuel Alexander, Space, Time, and Deity, 2 Vols, London 1920 • Paul Alexandroff; Heinz Hoppe, Topologie I, Berlin 1935 • Stan Allen, »Field Conditions in Architecture and Urbanism«, The Berlage Papers #17, Amsterdam 1996 • Stan Allen, »From Object to Field«, in: P. Davidson, D. Bates (eds.), Architecture after Geometry, Architectural Design Profile No. 127, Chichester/Sussex/UK 1997, S. 24-31 • Stan Allen; Kyong Park, Sites and Stations, Architecture and Utopia in contemporary City, New York 1996 • Jürg Altweg; Aurel Schmidt, Französische Denker der Gegenwart, München 1987 • Louis Althusser, Philosophie und spontane Philosophie der Wissenschaftler, Berlin 1985, Orig. 1967/1974 • A. Alty, »Building Blocks for Topology Change«, American Institute of Physics, J. Math. Phys, Vol. 36, No. 7, July 1995 • Stanford Anderson, »Erinnern in der Architektur«, DAIDALOS Nr. 58, Dez. 1995, S. 22-37 • G. C. Argan, »Sul concetto di tipilogia architettonica«, in: Ders. Progetto e Destino, Milano 1965, S. 65-81 • Aristoteles, Topik (Organon V), Hamburg 1992 • V. I. Arnold, Dynamische Systeme 1-5, Berlin, Heidelberg, New York 1992 • V. I. Arnold, Catastrophe Theory (Third revised and expanded edition), Berlin, Heidelberg, New York 1992 • Chrisoph Asendorf, Super Constellation: Flugzeug und Raumrevolution, Wien, New York 1997 • W. Ross Ashby, Einführung in die Kybernetik, Frankfurt a. M. 1997, Orig. 1956/1964 • Maria L. Assad, »Portrait of a Nonlinear Dynamical System: The Discourse of Michel Serres« SubStance 71/72 (XXII, S. 2/3, 1993), S. 141-151 • Marc Augé, Orte und Nicht-Orte: Vorüberlegungen zu einer Ethnologie der Einsamkeit, Frankfurt a. M. 1994 • Marc Augé, Orte und Nicht-Orte der Stadt, in: Roland Ritter (ed.) Spaces of Solitude, HDA Dokumente zur Architektur 9, Graz 1997 • Paul Auster, City of Glass, New York 1985, in: Ders. The New York Trilogy, London 1990 • Paul Auster, In the Country of the Last Things, Boston 1987 **B** Peter Baccini; Franz Oswald (hg.) Netzstadt, Zürich 1998 • Dirk Baecker, Kalkül der Form, Frankfurt a. M. 1993 • Dirk Baecker, Im Tunnel, in: Ders. Kalkül der Form, Frankfurt a. M. 1993 • Luciano Baldessadri, »Breda Pavillion at the Milan International Fair 1952«, Casabella, Nr. 342, Nov. 1969, S. 10-21, Architecture d'Aujourdhui, July 1953, S. 74-77 • Micha Bandini, »Typology as a Form of Convention«, AA Files 6, May London 1984, S. 73-82 • Reyner Banham, »The City as Scrambled Egg«, Cambridge Opinion 17 (1959), S. 18-24 • Reyner Banham, Die Revolution der Architektur. Theorie und Gestaltung im Ersten Maschinenzeitalter, Braunschweig/Wiesbaden 1964, Orig. London 1960 • Reyner Banham, »The Atavism of the Short Distance Mini-Cyclist« (1963), in: Paolo Bianchi, Art&Pop&Crossover I+II, Kunstforum Nr. 134/135, 1996, Bd. I, S. 81 • Reyner Banham, The New Brutalism: Ethic or Aesthetic?, London 1966 • Claudio Baraldi; Giancarlo Corsi; Elena Esposito, GLU. Glossar zu Niklas Luhmanns Theorie sozialer Systeme, Frankfurt a. M. 1997 • Gerold O. Barney, (hg.) Global 2000. Der Bericht an den Präsidenten (Jimmy Carter). Frankfurt a. M. 1980, Orig. 1980 • Roland Barthes, »Die strukturalistische Tätigkeit«, Kursbuch 5, Frankfurt a. M. 1966, Orig. 1963/1964, S. 190–196 • Roland Barthes, Die Sprache der Mode, Frankfurt a. M. 1985, Orig. 1967 • Ronen Barzel; Alan H. Barr, »A Modelling System Based on Dynamic Constraints«, in SIGGRAPH 88 Computer Graphics Atlanta Vol. 22, No. 4, August 1988, S. 179–188 • G. K. Batchelor; J. M. Nitsche, »Expulsion of particles from a buoyant blob in a fluidized bed«, Journal of Fluid Mechanics, Vol. 278, 1994, S. 63–81 • Gregory Bateson, Ökologie des Geistes, Frankfurt a. M. 1985/1996, Orig. 1972 • Don Bates; Peter Davidson, Architecture after Geometry, AD Profile Nr. 127, Vol. 67, No. 5/6 May–June 1997 • Jean Baudrillard, Oublier Foucault, München 1978/1983, Orig. 1977 • Jean Baudrillard, Agonie des Realen, Berlin 1978, Orig. 1977/78 • Jean Baudrillard, Der symbolische Tausch und der Tod, München 1982, Orig. 1976 • Jean Baudrillard, Amerika, München 1995, Orig. 1986 • Jean Baudrillard, KoolKiller oder der Aufstand der Zeichen, in: K. Barck; P. Gente; H. Paris, S. Richter, Leipzig 1990 • Hans Michael Baumgartner, Endliche Vernunft. Zur Verständigung der Philosophie über sich selbst. Bonn 1991 • Y. Bar-Hillel, »Argumentation in Pragmatic Languages«, in: Ders: Aspects of Language. Essays and Lectures on Philosophy of Language, Linguistic Philosophy and Methodology of Linguistics, Jerusalem, Amsterdam 1970, S. 206–221 • John Berger, Sehen, das Bild der Welt in der Bilderwelt, Reinbek bei Hamburg, 1974/84, Orig. 1972 • Wim van den Bergh, »Icarus Amazement or the Matrix of the Crossed Destinies« in: John Hejduk, The Lancaster/Hannover Masque, London 1992 • Jody Berland, »Mapping Space:Imaging Technologies and the Planetary Body«, in: S. Aronowitz (ed.) Technoscience and Cyberculture, London, New York 1996 • Herbert J. Bernstein; Anthony V. Phillips, »Faserbündel – der mathematische Schlüssel zur Quantenphysik«, Spektrum der Wissenschaft, Sept. 1981, S. 89–105 • Jacques Bertin, »Thematic Cartography and the Metropolis. Problems of Representation and Interpretation«, in: George Teyssot, World Cities and the Future of the Metropolis, Trienale XVII, Milano 1988 S. 119–121 • Homi Bhabha, »The Third Space. Interview with Homi Bhabha«, in: Jonathan Rutherford, Identity: Community, Culture, Difference, London 1990, S. 207–221 • Paolo Bianchi, »Art&Pop&Crossover I+II«, Kunstforum Nr. 134/135, 1996 • Paolo Bianchi; Sabine Folie, Atlas Mapping. Künstler als Kartografen, Kartografie als Kultur, Wien 1997 • André Bideau, »De-Typologisierung /Editorial«, Werk, Bauen&Wohnen, 3/2000, S. 8/9 • Max Black, »Die Metapher« (1954), »Mehr über die Metapher« (1977), in: Anselm Haverkamp (hg.) Theorie der Metapher, Darmstadt 1983/1996 • Harold Bloom. Eine Topographie des Fehllesens, Frankfurt a. M. 1997. Orig. 1975 • Gottfried Böhm, Was ist ein Bild?, München 1994 • Chilpéric de Boiscuillé, Balises Urbaine. Nomades dans la Ville, Paris 1999 • Fred Bookstein, The Measurement of Biological Shape and Shape Change, Berlin, Heidelberg, New York, 1978 • Iain Borden, »Machines of Possibilities: City Life with Henri Lefèbvre«, Archis Nr. 1 Jan. 2000, S. 62–68 • Peter Bosch, »Zur Dynamik kontextueller Konzepte«, in: Carla Umbach (hg.), Perspektive in Sprache und Raum: Aspekte von Repräsentation und Perspektivität, Wiesbaden 1997 • Max Bosshard; Christoph Luchsinger, »Nicht Stadt-Nicht Land«, Werk, Bauen&Wohnen, Nr. 5/1990, S. 26–35 • Jos Bosman, »Kant's Categories as Matrix«, in Archis, Nr. 1 Jan. 1997, S. 68–73 • R. Bott, Morse Theory and its application to homotopy theory, Bonn 1960 • Ole Bouman; Roemer van Toorn, Foundation, the Invisible in Architecture, Academy Editions, London 1994 • Nicolas

Bourbaki, Elements of Mathematics: General Topology, Berlin, Heidelberg, New York 1989, Orig. topologie générale 1971 • Nicolas Bourbaki, Elements of Mathematics: Topological Vector Spaces, Berlin, Heidelberg, New York 1981/1987 • Pierre Bourdieu, Zur Soziologie der symbolischen Formen, Frankfurt a. M. 1970/1997 • Pierre Bourdieu, Entwurf einer Theorie der Praxis, Frankfurt a. M. 1976, Orig. 1972 • Pierre Bourdieu, The Field of Cultural Production. Essays on Art and Literature, New York 1993 • Pierre Bourdieu, Praktische Vernunft. Zur Theorie des Handelns, Frankfurt a. M. 1998, Orig. 1994 • Pierre Bourdieu; Loic J. D.Wacquant, Reflexive Anthropologie, Frankfurt a. M. 1996, Orig. 1992 • Pierre Bourdieu, Sozialer Raum und Klassen, Frankfurt a. M. 1985/1991, Orig. 1984 • Randal Johnson, »Editor's Introduction«, in: Pierre Bourdieu, The Field of Cultural Production. Essays on Art and Literature, New York 1993 • Christine M. Boyer, The City of Collective Memory. Its Historical Imagery and Architectural Entertainments, Cambridge/MA 1994 • Christine M. Boyer, Cybercities. Visual Perception ind the Age of Electronic Communication, Princeton/New York 1996 • Charles-Arthur Boyer; Didier Faustino, »Borderline Architecture«, Art Press 245, April 1999, S. 50-52 • Malcolm Bowie, Lacan, Göttingen 1994/1997, Orig. 1991 • I. N. Bronstein; K. A. Semendjajew; G. Musiol; H. Mühlig, Taschenbuch der Mathematik, Frankfurt a. M. 1995 • John Seely Brown; Paul Duguid, »Rethinking the Border in Design, An Exploration of Central and Peripheral Relations in Practice«, in: Susan Yelavich, The Edge of the Millenium. An International Critique of Architecture, Urban Planning, Product and Communication Design, New York 1993, S. 174ff. • John Brinckerhoff Jackson, »Roads belong in the Landscape«, in: Ders. A Sense of Place, A Sense of Time, New Haven, London 1994 • Christine Buci-Glucksmann, Der kartographische Blick in der Kunst, Berlin 1997 • Bill Buford, »Dirty Realism, New Writing from America«, Granta 8, 1983 • Raoul Bunschoten, »CHORA Manifesto«, DAIDALOS, Urbane Strategien, Nr. 72 Juli 1999, S. 42ff. • Raoul Bunschoten; Alain Ciraradia, »The Skin of the Earth«, in: Robin Middleton (ed.) AA-The Idea of the City, London 1996 • Raoul Bunschoten, Metaspaces, London 1998 • Victor Burgin, »Geometry and Abjection«, in: John Fletcher; Andrew Benjamin, Abjection, Melancholia and Love. The Work of Julia Kristeva, London/New York 1990 C Bernard Cache: Earth Moves, The Furnishing of Territories, (Michael Speaks ed.), Writing Architecture Series, Boston MIT Press 1995 • Peter Calthorpe, »The Next American Metropolis«, in: Maggie Toy (ed.) Periphery AD Profile No. 108, London 1994 , S. 19 ff • Peter Calthorphe, »Pedestrian Pockets«, in: Richard T. LeGates; Frederic Stout, The City Reader, London, New York 1996 • Italo Calvino, Die unsichtbaren Städte, München, Wien 1984, Orig 1972 • Fritjof Capra, Das Tao der Physik, München 1975/1983 • Lieven De Cauter, »The Smithsons: the independent ensemble a urban model«, in: Ders. The rise of the mobility society. From utopia to heterotopia, Archis, Nr. 2 Feb. 2000 • Stuart Cohen, »Physical Context/Cultural Context: Including it All«, Oppositions Nr. 2, 1974, S. 1-39 • Wayne Cooper, »The Figure Ground (1967)«, in: D. B. Middleton, The Cornell Journal of Architecture, No. 2, Ithaka 1982, S. 42-53 • John D. Caputo, Radical Hermeneutics. Repetition, Deconstruction and the Hermeneutic Project, Bloomington 1987 • John D. Caputo, »Toward an American Programmatology: A response to Prof. Sallis«, in: Roy Martinez (ed.), The Very Idea of Radical Hermeneutics, New Jersey 1997, S. 191 • C. R. Carpenter, »Territoriality: A Review of Concepts and Problems«, in: A. Roe; G. G. Simpson, Behaviour and Evolution, New Haven 1958/1967, S. 224-250 • Dorwin Cartwright (ed.), »Field Theory in Social Science«, Selected Papers by Kurt Lewin, New York 1951, deutsch: Kurt Lewin: Feldtheorie in den Sozialwissenschaften, Ausgewählte theoretische Schriften (Dorwin Cartwright, hg.), Verlage Hans Huber,

Bern, Stuttgart 1963 • Edward S. Casey, The Fate of Place: A Philosophical History, Berkley, London 1997 • Ernst Cassirer, Philosophie der symbolischen Formen, Darmstadt 1953/1964/1997 • Manuel Castells, The informational City. Informational Technology, Economic Restrucuring and the Urban-Regional Process, Cambridge/MA 1989 • Marco Cenzatti, The Los Angeles School of Urban Studies, Los Angeles Forum für Architecture and Urban Design, 1993 • Michel de Certeau, Kunst des Handelns, Berlin 1988, Orig. 1980 • Yen-Ling Chang, »The Problem of Emergence: Mead and Whitehead«, Kinesis Nr. 2, 1970, S. 74 • Grady Clay, Real Places. An Unconventional Guide to America's Generic Landscape, Chicago 1994 • Grady Clay, How to read the American City, Chicago 1973/1980 • R. M. Clever; F. H. Busse, »Standing and Travelling oscillatory Blob Convection«, J. Fluid Mech. (1995), Vol. 297, S. 255-27 • Constant »New Babylon. Imaginäre Stadtlandschaften«, in: Constant, 1945-1983, Ausstellungskatalog, Köln, Bonn, Orig. Hamburg 1964, S. 41-66 • Gerrit Confurius, »Urbane Strategien«, Editorial, Daidalos, Nr. 72 Juli 1999, S. 4ff. • Alan Colquhoun, Essays in Architectural Critisism: Modern Architecture and Historical Change, Cambridge/MA 1981 • Alan Colquhoun, »Typology and Design Method« (1967), in: Ders. Essays in Architectural Critisism, Cambridge/MA 1981/1995 • Wayne Cooper, »The Figure Ground« (1967), in: D. B. Middleton, The Cornell Journal of Architecture, No. 2, Ithaka 1982, S. 42-53 • Gianni G. M. Coppa; Gianluca Dellapiana; Giovanni Lapenty, »Simulation of Bounded Plasmas with the BLOB Method«, IEEE Transaction on Plasma Science, Vol. 24, No. 1 Feb. 1996 S. 12 • André Corboz, Canaletto. Una Venzia immaginaria, Milano 1985 • André Corboz, »Auf der Suche nach ›dem‹ Raum?«, Werk, Bauen&Wohnen, Nr. 3, März 1996, S. 6-14 • André Corboz, »Die Schweiz: Fragment einer europäischen Galaxis«, Werk, Bauen&Wohnen, Nr. 3 März 1997, S. 49-56 • André Corboz, »La Carta d'Atene: Uno spazio Newtoiano?«, in: La Carta d'Atene. Manifesto e Frammento dell'Urbanistica Moderna; a cura di Paola Di Biagi, Officina Edizioni Roma 1998, S. 309-315 • Le Corbusier, Städtebau, Stuttgart 1929/1979, Orig. Urbanisme, Paris 1926 • F. M. Cornford, »The Invention of Space«, in: Essays in Honour of Gilbert Murray, London 1936 • Margaret Craford, »The World is a Shopping Mall« in Michael Sorkin (ed.), Variations on a Theme Park, New York • Luciano DeCrescenzo, Alles fließt, sagt Heraklit, Berlin 1995 • Luciano DeCrescenzo: Geschichte der griechischen Philosophie, Die Vorsokratiker, Zürich 1985, Orig. 1983 • Jean Cousin, »Architecture et Topology«, Habitat Vol. 12, No. 2 1968, S. 13-18, engl: Ders. »Topological Organization of Architectural Space«, AD Architectural Design Vol. 15, 1970, S. 491-493 • Johnathan Culler, Dekonstruktion. Derrida und die Poststrukturalistische Literaturtheorie, Reinbek bei Hamburg, 1988, Orig. 1982, darin: 3. Aufpfropfungen, S. 149-173 • Merce Cunningham, »Hand Drawn Spaces«, in SIGGRAPH 1998, • Bill T. Jones, Paul Kaiser, Shelley Eshkar, Gostcatching, hier in: Susan Kozel, Ghostcatching. More perspectives on capture motion, Archis 4/1999, S. 70ff. • Mihaly Czikszentmihalyi, »Flow: Studies of Enjoyment«, University of Chicago, PHS Grant Report, 1974 D Salvador Dali, »Die glänzenden Ideen der paranoisch-kritischen Methoden stellen Platon und besonders die Sonne in den Schatten«, Cahiers d'art, 15. Jg. 1940, Nr. 1-2, S. 241 • Salvador Dali, La femme visible, Edition Surrealiste, Paris 1930, hier aus: Rem Koolhaas, Delirious New York. A Retroactive Manifesto for Manhatten, New York 1978/1994 • Dallmann, Topological Structures of Three-Dimensional Flow Separation, Aerodynamische Versuchsanstalt Göttingen, DFVLR-AVA Bericht Nr. 221-82 A 07, April 1983 • Fred R. Dallmayr, Critical Encounters. Between Philosophy and Politics,Notre Dame Indiana 1987, Darin: Ders. »Hermeneutics and Deconstruction: Gadamer and Derrida in Dialogue«, S. 130-159 • Arthur C. Danto, Die Verklärung des Gewöhnlichen. Eine Philosophie der Kunst, Frankfurt a. M. 1984/1991, Orig. 1981 • Arthur C. Danto, Wege zur Welt. Grundbegriffe der Philosophie, München 1999 Orig. 1989 • Donald Davidson, »Geistige Ereignisse« (1970), in: Ders. Handlung und Ereignis, Frankfurt a. M. 1990, Orig. 1980 • Paul Davies, The Cosmic Blueprint, London 1987 • Mike Davis, City of Quarz. Ausgrabungen der Zukunft in L. A., Berlin, Göttingen 1994, Orig. London, New York 1990 • Mike Davis, »Fortress Los Angeles: The militarization of urban space«, in Sorkin (ed.) Variations on a Theme Park, New York 1992 • Mike Davis: »Beyond Blade Runner: Urban Control, The Ecology of Fear«, Mediamatic 8 #2/3, S. 102ff. • Guy Debord, »Theorie des Umherschweifens/Dérive«, in: Situationistische Internationale 1958–1969, Gesammelte Ausgaben des Organs der Situationistischen Internationalen, Bd. 1: Nr. 1–7, Hamburg 1976, Bd. 2: Nr 8–12, Hamburg 1977, S. 58–63 • Guy Debord, The Society of the Spectacle, New York, 1994, Orig. 1967 • Guy Debord, Der Beginn einer Epoche. Texte der Situationisten, Hamburg 1995 • Gilles Deleuze, Differenz und Wiederholung, München 1992, Orig. 1968/1989 • Gilles Deleuze, Logik des Sinns, Frankfurt a. M. 1993, Orig. 1969 • Gilles Deleuze, Woran erkennt man den Strukturalismus?, Berlin 1992, Orig. 1973 • Gilles Deleuze; Michel Foucault, »Intellectuals and Power«, in: Donald Bouchard (ed.), Language Counter-Memory, Practice, Ithaca, New York, 1977, S. 206 • Gilles Deleuze; Felix Guattari, Tausend Plateaus/Mille Plateaux. Kapitalismus und Schizophrenie, Berlin, 1992, Orig. 1980 • Gilles Deleuze, Foucault, Frankfurt a. M. 1987/1992, Orig. 1986 • Gilles Deleuze, »Leibniz« (1988) in: Ders. Unterhandlungen, 1972–1990, Frankfurt a. M. 1993, Orig. 1990 • Gilles Deleuze, Die Falte. Leibniz und der Barock, Frankfurt a. M. 1995, Orig. 1988 • Gilles Deleuze; Felix Guattari, Was ist Philosophie, Frankfurt a. M. 1996, Orig. 1991 • Jacques Derrida, Husserls Weg in der Geschichte am Leitfaden der Geometrie, München 1987, Orig. 1962 • Jacques Derrida, Die Schrift und die Differenz, Frankfurt a. M. 1976, L'ecriture et la difference, Editions du seuil, Paris 1967, hier: P. Engelmann (hg.) Postmoderne und Dekonstruktion, Stuttgart 1990 • Jacques Derrida, »Die différence«, in: Ders. Randgänge der Philosophie, Wien, 1988 Orig. 1972 • Jacques Derrida, Randgänge der Philosophie, Wien, 1988, Orig. 1972 • Jacques Derrida, »Ousia und gramma«, in: Ders. Randgänge der Philosophie, Wien, 1988, Orig. 1972 • Jacques Derrida, »Die Struktur, das Zeichen und das Spiel im Diskurs der Wissenschaften vom Menschen«, in: Ders., Die Schrift und die Differenz, Frankfurt a. M. 1972 • Jacques Derrida, Dissemination, Wien 1995, Orig.1972 • Jacques Derrida, »Signatur, Ereignis, Kontext«, in: Ders. Randgänge der Philosophie, Wien 1988 Orig. 1972 • Jacques Derrida, »Am Nullpunkt der Verrücktheit – Jetzt die Architektur«, in: Wolfgang Welsch (hg.), Wege aus der Moderne. Schlüsseltexte der Postmoderne-Diskussion, Weinheim 1988, S. 215-232 • Jacques Derrida, Die Stimme und das Phänomen. Ein Essay über das Problem des Zeichens in der Philosophie Husserls, Frankfurt a. M. 1978 • Jacques Derrida, Die Wahrheit in der Malerei, Graz, Wien, 1992, Orig. 1978 • Jacques Derrida, Chora, Wien 1990, Orig. 1987 • Jacques Derrida, »Semiologie und Grammatologie«, in: P. Engelmann (hg.) Positionen, Wien 1986, hier aus: P. Engelmann (hg.) Postmoderne und Dekonstruktion, Stuttgart 1990 • Tammo Tom Dieck; Klaus Heiner Kamps; Dieter Puppe, Homotopietheorie, Berlin, Heidelberg, New York 1970 • R. R. Dickinson, »Interactive analysis of the topology of 4D vektor fields«, IBM J. RES. DEVELOP. VOL. 35 No. 1/2, Jan/March 1991, S. 59–66 • Hans van Dijk, »Fluid. Animated Barock, Waterpavillon Neeltje Jans«, Archis 11/1995, S. 18–19 • Elizabeth Diller; Ricardo Scofidio, Flesh. Architectural Probes, Princeton , New York 1994 • S. K. Donaldson; P. B. Kronheimer, The Geometry of Four-Manifolds, Oxford 1990 • Francois Dosse, Geschichte des Strukturalismus, Bd. 2, Zeichen der Zeit: 1967–1991, Hamburg

1997, Orig. 1991 • Cristina I. Draghicescu; Mircea Draghicescu, »A Fast Algorithm for vortex Blob Interactions«, Journal of Computational Physics, 116, 1995, S. 69-78 • Uwe Dreisholtkamp, Jacques Derrida, München 1999 • Hubert L. Dreyfus; Paul Rabinow, Michel Foucault. Jenseits von Hermeneutik und Strukturalismus, Frankfurt a. M. 1987/1994 • Jean Duche, »Der Urbanismus als Wille und Vorstellung«, in: Situationistische Internationale 1958-1969, Gesammelte Ausgaben des Organs der Situationistischen Internationalen, Bd. 1: Nr. 1-7, Hamburg 1976, Bd. 2: Nr. 8-12, Hamburg 1977, S. 97-98 **E** Umberto Eco, Das offene Kunstwerk, Frankfurt a. M. 1977, Orig. 1962 • Umberto Eco, Einführung in die Semiotik, München 1972, Orig. 1968 • Peter Eisenman, Aura und Exzess, Zur Überwindung der Methaphysik der Architektur, Wien 1995 • Peter Eisenman, »A Critical Practice: American architecture in the last decade of the twentieth century«, in: J. Hejduk; E. Diller; Diana Lewis; Kim Shkapich (eds.), Education of an Architect, New York 1988 • Peter Eisenman, Unfolding Frankfurt, Berlin 1991 • Peter Eisenhardt; Dan Kurth; Horst Stiehl, »Emergenz: Die Entstehung von radikal neuem«, Arch+ 119/120, Dez. 1993 • Peter Eisenhardt; Kurt Dahn, Emergenz und Dynamik, Naturphilosophische Grundlagen einer nichtstandard Topologie, Cuxhaven 1993 • Peter Eisenhardt; Kurt Dahn, »Aufriss einer Theorie der Emergenz«, in: W. G. Saltzer (ed.) Zur Einheit der Naturwissenschaften in Geschichte und Gegenwart, Darmstadt 1990, S. 129-149 • Peter Eisenhardt; Kurt Dahn; Horst Stiehl, Du steigst nie zweimal in denselben Fluss. Die Grenzen der wissenschaftlichen Erkenntnis, Reinbeck bei Hamburg 1988 • William Ellis, »Type and Context in Urbanism: Colin Rowe's Contextualism«, Oppositions, New York 1979, Vol. 18, S. 1-27 • Peter Engelmann (hg.) Postmoderne und Dekonstruktion. Texte französischer Philosophen der Gegenwart, Stuttgart 1990 • Elena Esposito, »Geheimnis in Raum, Geheimnis in Zeit«, in: Dagmar Reichert, Räumliches Denken, Zürich 1996 • Robin Evans, »Not be used for wrapping purposes. Peter Eisenman: Fin d'Ou T Hou S«, AA Files Nr. 10, London, S. 68-75 • Robin Evans, The Projective Cast, Architecture and its Three Geometries, Cambridge/MA 1995 **F** Christoph Feltkeller, Der architektonische Raum: eine Fiktion. Annäherung an eine funktionale Betrachtung, Braunschweig, Wiesbaden, 1989 • Joseph Fenton, »Hybrid Buildings«, Pamphlet Architecture No11, Princeton, New York 1985 • Paul Feyerabend, Wider den Methodenzwang, Frankfurt a. M. 1976, 1983, 1993, Orig. 1975 • Hinrich Fink-Eitel, Foucault zur Einführung, Hamburg 1989 • Robert Fishman, »Beyond Suburbia: the Rise of the Technoburbs, from Bourgouis Utopias: The Rise and Fall of Suburbia«, in: Richard T. LeGates, Frederic Stout (eds.), The City Reader, London New York 1996 • Robert Fishman, »Die befreite Megalopolis: Amerikas neue Stadt«, Arch+ 109/110, Dez. 1991, S. 75/112 • Robert Fismann: »Space Time and Sprawl«, Architectural Design AD Profile No. 108 Periphery, London 1994 • Herbert Fitzek, Wilhelm Salber; Gestaltpsychologie: Geschichte und Praxis, Darmstadt 1996 • Margaret M. Fleck, »The Topology of Boundaries«, Artificial Intelligence 80 (1996), S. 1-27 • Vilém Flusser: »Transapperatische Bilder«, in Katalog Metropolis, Berlin 1991, S. 51ff. • Vilém Flusser, »Die Stadt als Wellental in der Bilderflut«, in: Ders. Medienkultur, Mannheim, Frankfurt a. M. 1993, 1995, 1997 • Vilém Flusser, »Abbild-Vorbild«, in: Christiaan L. Hart Nibbrig, Was heisst »Darstellen«?, Frankfurt a. M. 1994 • Vilém Flusser: Kommunikologie, Schriften Bd. 4, Mannheim 1996 • Michel Foucault, Die Ordnung der Dinge, Frankfurt a. M. 1971/1995, Orig. 1966 • Michel Foucault, »Andere Räume«, in: Felix Zwoch und Senator für Bau- und Wohnungswesen Berlin, Idee, Prozess, Ergebnis. Die Reparatur und Rekonstruktion der Stadt, Berlin/D 1987, S. 337-340 Französisch: »des espaces autres«, Vortrag am Cercle D'ètudes Architecturales, Paris 14. März 1967, Englisch: »Of Other

Spaces: Utopias and Heterotopias«, Lotus International 48/9, 1985, S. 9-17, Diacritics 16 (1986) 22-27 • Michel Foucault, Archäologie des Wissens, Frankfurt a. M. 1973 • Michel Foucault, Überwachen und Strafen. Die Geburt des Gefängnisses, Frankfurt a. M. 1979, Orig. 1975 • Michel Foucault, »Der maskierte Philosoph«, Interview mit der Zeitung LeMonde 6. 4. 1980, hier: K. Barck; P. Gente; H. Paris (hg.) Aisthesis, Leipzig 1991 • Michel Foucault: »Die Maschen der Macht«, in Ders, Botschaften der Macht: Der Foucault-Reader, Jan Engelmann (hrsg.), Stuttgart, 1999, Orig. 1994 • Kenneth Frampton, Die Architektur der Moderne, eine kritische Baugeschichte, Stuttgart 1983, Orig. 1980 • Kenneth Frampton, »Kritischer Regionalismus – Thesen zu einer Architektur des Widerstands«, in: A. Huyssen; K. R. Scherpe, Postmoderne, Zeichen eines kulturellen Wandels, Reinbek bei Hamburg, 1996 • Jan Freund, »Der Topologiebegriff in der Mathematik«, in: Topologie Workshop. Ein Ansatz zur Entwicklung alternativer Strukturen, Stuttgart Thübingen 1994 • D. S. Freed; K. K. Uhlenbeck, Instantons and Four-Manifolds, New York 1984 • Thomas Feuerstein, »Der Künstler als Translokateur«, in: Marc Mer; Thomas Feuerstein; Klaus Strickner, Translokation. Der ver-rückte Ort. Kunst zwischen Architektur. Wien 1994, S. 115 • René Furrer, Architekturtheorie 1-4, Quellensammlung zur Prüfungsvorbereitung, Zürich GTA-ETHZ 1992 G Werner Gähler, »Fuzzy Topology«, in: Topology, Measures and Fractals, Mathematical Research, Vol. 66, Berlin 1992, S. 188-197 • Werner Gähler, »The general fuzzy filter appraoch to fuzzy topology I«, in: Fuzzy Sets and Systems, 76 (1995) S. 205-224 • Joel Garreau, Edge City. Life on the New Frontier, New York 1991 • Rodolphe Gasché, »Über chiastische Umkehrbarkeit«, in Anselm Haverkamp (hg.) Die paradoxe Metapher, Frankfurt a. M. 1998 • Benjamin Genocchio, »Discourse, Discontinuity, Difference: The Question of »Other« Spaces«, in: Sophie Watson, Katherin Gibson, Postmodern Cities and Spaces, Oxford/UK, Cambridge/MA 1995 S. 35-46 • Clifford Geertz, Local Knowledge, New York 1983 • William Gibson, Neuromancer, München 1987, Orig. 1984 • William Gibson, »Johnny Mnemonic/Der mnemonische Johnny«, in: Ders. Cyberspace, München 1986, 1994, Orig. 1981 • Anthony Giddens, »Time, Space and Regionalisation«, in: Derek Gregory; John Urry, Social Relations and Spatial Structures, London 1985, S. 265-295 • Anthony Giddens, Konsequenzen der Moderne, Frankfurt a. M. 1995/1996, Orig. 1990 • Anthony Giddens, New Rules of Sociological Method, London 1974 • Siegfried Giedion, Raum, Zeit, Architektur: Die Entstehung einer neuen Tradition, Zürich, München 1976, Orig. 1941 • Didier Gille, »Maps and Models«, in: Sanford Kwinter; Michel Feher (eds.) »City«, Zone 1/2, New York 1986, S. 228-281 • Ernst von Glaserfeld, »Konstruktion der Wirklichkeit und des Begriffs der Objektivität«, in: Ders.; H. v. Foerster; P. Watzlawick; P. M. Hejl; S. S. Schmidt, Einführung in den Konstruktivismus, München 1985/1992 • Kurt Gödel, »Über formal unentscheidbare Sätze der Principia Mathematica und verwandter Systeme« I. Monathshefte für Mathematik und Physik, 38 (1931), S. 173-198 • Hans-Dieter Gondek; Bernhard Waldenfels, Einsätze des Denkens. Zur Philosophie Jacques Derridas, Frankfurt a. M. 1999 • Jean Gottmann, »Megalopolis or the Urbanization of the Northeastern Seabord«, in Economic Geography, July 1957, Vol. 33, No. 3, S. 189-200 • Jean Gottmann; Robert Harper, Since Megalopolis. The urban Writings of Jean Gottmann, Baltimore, London 1990 • Jean Gottmann, The Urbanized Notheastern Seaboard of the United States, New York 1961 • Stephen Jay Gould, »Die Axte der Asymmetrie. Im großen Spiel der Möglichkeiten gibt es keine Garantien – weshalb es schwierig ist, vernünftige Prognosen zu stellen«. Serie: Die Gegenwart der Zukunft. Süddeutsche Zeitung Nr. 9930 April1/2. Mai 1999, Feuilleton Beilage, s. I. • Stephen Graham, »Telecommunications, Urban paradigms and the future of cities«, in: Sallie Westwood; John Williams, Imagining Cities. Scripts, Signs, Momory, London, New York, 1997 • Antonio Gramsci, »Zur Philosophie und Geschichte der Kultur«, in: Ralf Konersmann (hg.) Kulturphilosophie, Leipzig 1996, aus: A. Gramsci, Gefängnishefte. Kritische Ausgabe, Hamburg 1994, S. 1375–1384 Orig. 1932/1933 • Noel Gray, »Heterotopias and Other Spaces«, Art Association of Australia Conference, 28. of Sept. 1990 • Kenyon B. Green, »Force Fields and Emergent Phenomena in soziotechnical Macrosystems: Theories and Models«, Behavioral Science Nr. 23 1978, S. 1–14 • Dereck Gregory, »Lefèbvre, Lacan and the production of space«, in: G. B. Benko, U. Strohmayer (eds.), Geography, History and Social Sciences, Dordrecht/NL, 1995, S. 15–44 • Derek Gregory, »Lacan and Geography: The Production of Space Revisited«, in: G. B. Benko; U. Strohmayer (eds.), Space and Social Theory. Interpreting Modernity and Postmodernity, Malden/USA, Oxford/UK 1997, S. 203–231 • Vittorio Gregotti, Il territorio dell'architettura, Milano 1966/1993 • Thomas Gross, »Interview mit Klaus Theweleit: Flimmern, Rauschen und andere Glücksspiralen«, Tages Anzeiger Zürich, DAS MAGAZIN, Nr. 34. 28. 8.–3. 9. 1991, S. 14–24 • Götz Grosklaus, Medien-Zeit, Medien-Raum. Zum Wandel der raumzeitlichen Wahrnehmung in der Moderne. Frankfurt a. M. 1995/1997 • Elizabeth Grosz, »Women, Chora, Dwelling«, in: Sophie Watson, Katherine Gibson, Postmodern Cities and Spaces, Cambridge/MA 1995 • Victor Gruen, »Cityscape and Landscape«, Art&Architecture 19, sept. 1955, S. 35–37 • Felix Guattari, Die drei Ökologien, Wien 1994, Orig. 1989 • Felix Guattari, »Chaosmose. The Object of Ecosophy«, in Amerigo Marras (ed.) ECO-TEC, New York 1999, S. 14 • Gotthard Günther, »Life as Poly-Contexturality«, in: Ders. Beiträge zur Grundlegung einer operationsfähigen Dialektik, Hamburg, 1980, S. 283–305 • Erwin Gutkind, »Typisierung und Individualisierung als künstlerisches Problem«, Bauwelt Jg. 9 Heft 38, 1918, S. 3–6

H Günter Haaf, »Bald ein Garten Eden? Sanfte Entwickler und harte Planer streiten um die Zukunft der Mega-Städte«, in: Jochen Bölsche; Hans Joachim Schöps, Leben in der Stadt, Spiegel Spezial Nr. 12, Hamburg 1998, S. 84–87 • Jürgen Habermas, Theorie des kommunikativen Handelns, Frankfurt a. M. 1981/1995 • Ian Hacking, Was heißt ›soziale Konstruktion‹? Zur Konjunktur einer Kampfvokalbel in den Wissenschaften, Frankfurt a. M. 1999 • Torsten Hägerstrand, Innovation Diffusion as a Spatial Process, Chicago 1967/1973 Orig. 1953 • Alexander Hamedinger, Raum, Struktur und Handlung als Kategorien der Entwicklungstheorie. Eine Auseinandersetzung mit Giddens, Foucault und Lefèbvre, Frankfurt/New York 1998 • Paul A. Harris, »The Itinerant Theorist: Nature and Knowledge/Ecology and Topology in Michel Serres«, SubStance #83, A Review of Theory and Critisism, Wisconsins University Press, Bd. 26, No. 2, 1997 • John C. Hart: »Morse Theory for Computer Graphics«, Washington State University, Technical Report EECS-97-002, Preprint • David Harvey, The Condition of Postmodernity. An Enquiry into the Origins of Cultural Change, Oxford/UK, Cambridge/MA 1989 • David Harvey, The Urban Experiance, Baltimore 1985/1989 • Chadwick, J. E, Hausmann, DR, Parent R.E., »Layered Construction for deformable Animated Characters« Computer Graphics, Vol. 23, No.3, S. 243–252, ACM SIGGRAPH July 1989 • Patrick J. Hayes, »Naive Physics I: Ontology For Liquids«, in: Jerry R. Hobbs; Robert C. Moore (eds.), Formal Theories of the Commonsense World, Noorwood, New Jersey 1985, S. 71–107 • K. Michael Hays, »Smooth Architecture and the De-differentiation of Practice«, Global Village, Perspektiven der Architektur. Bauhaus-Kolloquium 1999, Abstracts, S. 29–30 • Felix Hausdorff, Grundzüge der Mengenlehre, Leipzig 1914 • Anselm Haverkamp (hg.) Theorie der Metapher, Darmstadt 1983/1996 • Anslem Haverkamp (hg.) Die paradoxe Metapher, Frankfurt. a. M. 1998 • Dick Hebdige, »In Poor Taste: Notes on Pop«, in:

The Institute of Contemorary Art, Modern Dreams, The Rise and Fall and Rise of Pop, Cambridge/MA 1988, S. 77–86 • G. W. F. Hegel, Phänomenologie des Geistes, Reclam, Stuttgart 1987, Orig. Bamberg, Würzburg 1801 • John Hejduk: The Lancaster/Hannover Masque, London 1992, darin W. v. d. Bergh, »Icarus Amazement or the Matrix of the Crossed Destinies« • Albert Heinekamp, »Gottfried Wilhelm Leibniz«, in: Norbert Hoerster (hg.), Klassiker des philosophischen Denkens, Bd. 1, München 1982, 1985 • John Hempel, 3-Manifolds, Princeton, New York 1976 • Alex Heller, »Homotopy Theories«, Mem. o. t. American Math. Soc. Nr. 383, Vol. 71, Jan. 1988, S. 11 • Heraklit, »Fragmente« (12, 49a, 91, 88, 126, 62) in: Ute Seiderer (hg.) Panta rhei. Der Fluss und seine Bilder, Leipzig 1999 • Hermann Hertzberger, Het openbare rijk, Delft 1984 • Alfonso Hermida: »The Beauty of the Blobs«, http://www. 3d-design/hermida/hermida.html. 1999 • Mary. B. Hesse, Forces and Fields. The Concept of Action at a Distance in the History of Physics, New York 1961 • Bill Hillier, Space is the machine, A configurational Theory of architecture, Cambridge/UK 1996 • S. G. Hoggar, Mathematics for Computer Graphics, Cambridge University Press 1992 • Denis Hollier, Against Architecture. The Writings of Georges Bataille, Cambridge/MA 1989, Orig. 1974 • Douglas R. Hofstadter, Gödel, Escher, Bach. Ein endlos geflochtenes Band, Stuttgart 1985, Orig. New York 1979 • Douglas R. Hofstetter, Metamacicum: Fragen nach der Essenz von Geist und Struktur, Stuttgart 1991, Orig. New York 1985 • Philip Holmes, »On Paradigm and Method«, in: M. W. Hirsch; J. E. Marsden; M. Schub, From Topology to Computations: Proceedings of the Smalefest, New York 1993, S. 534–544 • Hans Heinz Holz, Descartes, Reihe Campus Einführungen, Frankfurt, New York 1994 • Dieter Hombach, Die Drift der Erkenntnis. Zur Theorie selbstmodifizierter Systeme bei Gödel, Hegel und Freud, München 1991 • R. F. Hoskins, Standard and Nonstandard Analysis, fundamental theory, techiques and applications, Chichester/UK 1990 • Joachim Huber, Open Work, Dipl. Wahlfacharbeit, Zürich GTA-ETHZ 1992 • Joachim Huber, Van Stuhl tot Stad, Dipl. Wahlfacharbeit über J. B. Bakema, Zürich ETHZ 1992 • Joachim Huber, »Urbane Topologie in der Architektur; Weimar, CCTV und der urbane Lattich«, »Thesis«, Wissenschaftliche Zeitschrift der Bauhaus-Uni. Weimar 1997, S. 204–211 • Joachim Huber, »Urbane Topologie als Mediatisierung« in: Walter Prigge (hg.), Peripherie ist überall, Edition Bauhaus, Frankfurt, New York 1998 • Dale Huesemoller, Fibre Bundles, New York 1966/1994 • Bruce Hughes, »Geometric Topology of Stratified Spaces«, Electronic Research Announcements of the American Mathematical Society, Vol. 2, Nr. 2, Oct. 1996, S. 73–81 • Bruce Hughes; Sahmuel Weinberger, »Surgery and Stratified Spaces«, Preprint: math. GT/9807156, 27. July 1998 • Bruce Hughes; Laurence R. Taylor; Sahmuel Weinberger; Bruce Williams, »Neighbourhoods in Stratified Spaces with two Strata«, Preprint math. GT/9808115, 27. Aug. 1998 • Denis Hollier, Against Architecture. The Writings of Georges Bataille, Cambridge/MA 1989, Orig. 1974 • Gillian Horn, »Cross-border architecture«, Blueprint March 1996, S. 24–26 • Fazle Hussain; Mogens V. Melander, »New Aspects of Vortex Dynamics: Helical Waves, Core Dynamics, Viscous Helicity Generation, and Interaction with Turbulance«, in: H. K. Moffatt; G. M. Zaslavsky; P. Comte; M. Tabor, Topological Aspects of the Dynamics of Fluids and Plasmas, Dordrecht, Boston, London 1992, S. 379 • Edmund Husserl, Die Krisis der europäischen Wissenschaften und die transzendentale Phänomenologie, Husserliania VI, Den Haag 1954 • Andreas Huyssen; Klaus Scherpe (hg.), Postmoderne. Zeichen eines kulturellen Wandels, Reinbeck bei Hamburg 1986/1997 | Don Ihde, Hermeneutic Phenomenology. The Philosophy of Paul Ricoeur, Evaston 1971 • Luce Irigary, »The Mechanics of Fluids«, in: Ders.This Sex which is not One, Ithaca, New York, 1985 • Ch. Isnard;

E. Zeemann, »Some models for Catastrophe Theory in the social sciences«, in: L. Collins, The Use of Models in the Social Sciences, London 1976 • Toyo Ito, »A Garden of Microchips: The Architectural Image of the Microelectronic Age«, in: Japanese Architect JA Library 2, summer 1993, S. 11–13 • Gilles Ivain (alias Ivan Chtechglov), »Formular für einen neuen Urbanismus« (1953), in: Situationistische Internationale 1958–1969, Gesammelte Ausgaben des Organs der Situationistischen Internationalen, Bd. 1: Nr. 1–7,Hamburg 1976, Bd. 2: Nr. 8–12, Hamburg 1977, S. 20–25 **J** Jane Jacobs, Tod und Leben großer amerikanischer Städte, Braunschweig 1963/1993, Orig. 1961 • Roman Jacobson, »Les embrayeurs, les catégories verbales et le verbe russe«, in: Essais de linguistique génerale, Paris 1963; dt. »Verschieber, Verbkategorien und das russische Verb« in: Form und Sinn. Sprachwissenschaftliche Betrachtungen, München 1974, S. 35–54 • William James, Das pluralistische Universum, Darmstadt 1994, Orig. 1909/1977 • Frederik Jameson, »Was not täte: eine Ästhetik nach dem Muster der Kartographie«, in A. Huyssen; K. R. Scherpe (hg.) Postmoderne, Zeichen eines kulturellen Wandels, Reinbeck bei Hamburg, 1986/1997, S. 95–100 • Max Jammer: Das Problem des Raumes. Darmstadt, 1960 • Peter Janich, Kleine Philosophie der Naturwissenschaften, München 1997 • Erich Jantsch, Die Selbstorganisation des Universums, Müchen 1979/1992 • Randal Johnson, »Editor's Introduction«, in: Pierre Bourdieu, The Field of Cultural Production. Essays on Art and Literature, New York 1993 • Wolfgang Jung, Über scenographisches Entwerfen, Rafael und die Villa Madama, Braunschweig 1997 **K** Edward Kasner; James R. Newman, Mathematics and the Imagination, Washington 1989, darin: Kap. VIII. Rubber-Sheet Geometry, S. 265 ff • Kevin Kelly, »Mehr ist anders. Zur Topologie des Schwarms«, Arch+ Nr. 138, Okt. 1997, S. 25–32 • Frederick Kiesler, Artiste-Architecte, Paris 1996 • Alexander King; Bertrand Schneider (hg.) Die Globale Revolution, Bericht des Club of Rome 1991, Spiegel Spezial Nr. 2, Hamburg 1991 • Robion C. Kirby, The Topology of 4-Manifolds, Lecture Notes in Mathematics Nr. 1374, Berlin Heidelberg 1989 • Friedrich A. Kittler, »Die Stadt ist ein Medium«, in: G. Fuchs; B. Moltmann; W. Prigge (hg.), Mythos Metropole, Frankfurt a. M. 1995, S. 228–244 • Anna Klingmann, »Scape©«, SIA, Nr. 13, 1. 4. 1999, S. 274–280 • Ken Knabb (ed.), Situationist International Anthology, Berkley/CA 1981 • Karin D. Knorr-Cetina, »Introduction: The micro-sociological challange of macro-sociology: towards a reconstruction of social theory and methodology«, in: Ders.; A. V. Cicourel, Advances in Social Theory and Methodology. Toward an Integration of Micro- and Macro-Sociologies, Boston London 1981, S. 1–2 • Rem Koolhaas, »Generic City«, in: Ders., S, M, L, XL, Rotterdam, New York, 1995, dt. in Lettre International Frühjahr 1997 »Stadt ohne Eigenschaften« • Rem Koolhaas, Delirious New York. A Retroactive Manifesto for Manhatten, New York 1978/1994 • Rem Koolhaas, »What Ever happened to Urbanism«, in: Ders., S, M, L, XL. Rotterdam, New York, 1995 • Rem Koolhaas, »Tempo 160«, Archithese 1/90 Dirty Realism, S. 39ff. • Rem Koolhaas, »Transferia«, Arch+ 119/120, Dez. 1993, S. 62 • Rem Koolhaas, »City of Exacerbated Difference© (COED©)«, Werk, Bauen& Wohnen 11/1997, S. 24–34 • Rem Koolhaas, »Globalization«, in: Ders., S, M, L, XL: Rotterdam, New York 1995 • Rem Koolhaas, »Typical Plan«, in: Ders., S, M, L, XL, Rotterdam, New York 1995, S. 335 ff • Sybille Krämer, Medien, Computer, Realität. Wirklichkeitsvorstellungen und Neue Medien, Frankfurt a. M. 1998 • Detlef Krause, Luhmann-Lexikon, Stuttgart 1996 • Rosalind Krauss, »Minimalism: The Grid, The Claud, and the Detail«, in: Detlef Mertins(ed.), The Presence of Mies, Princeton, New York 1994 • Rosalind Krauss, »Grids«, in: October 9, Cambridge/MA summer 1979, S. 50–64 • Rosalind F. Krauss; Yves-Alain Bois, Formless. A Users Guide, New York 1997, Orig. 1996 • Joachim Krausse, »Einsteins

Weltbild und die Architektur«, Arch+ Nr. 116, »Gebaute Weltbilder«, Berlin, März 3/1993 • Joachim Krausse, »Bauen von Weltbildern, Die Dymaxion-World von Buckminster Fuller«, Arch+ Nr. 116, 3/1993 • Olaf Kretschmar, »Sozialwissenschaftliche Feldtheorien – von der Psychologie Kurt Lewins zur Soziologie Pierre Bourdieus«, Berliner Journal für Soziologie, Heft 4/1991 darin: »Politisches Feld und Symbolische Macht.«, S. 567-581 • Julia Kristeva, »The Semiotic Chora. Ordering the Devices«, in: Ders. Revolution in Poetic Language, New York 1984, Orig. 1974 • Hanno-Walter Kruft, Geschichte der Architekturthorie, München 1995 • Thomas S. Kuhn, Die Struktur wissenschaftlicher Revolution, Frankfurt a. M. 1973/1976, Orig. 1962/1969 • Gerhard Kurz, Metapher, Allegorie, Symbol, Göttingen 1982/1997 • Sanford Kwinter, »La Città Nuova: Modernity and Continuity«, in: S. Kwinter, M. Fehrer (eds.), Zone 1/2, New York 1986, S. 81–121 • Sanford Kwinter, »Landschaften des Wandels. Boccionis ›Stati d'animo‹ als allgemeine Modelltheorie«, Arch+ 119/120, Die Architektur des Ereignisses, Berlin, Dez. 1993, Orig: Ders. ›quelli che partono‹ as a General Theory of Models, Andrew Benjamin (ed.) Architecture-Space-Painting, Journal of Philosophy and the Visual Arts, London 1992, S. 36–44 • Sanford Kwinter, »Das Komplexe und das Singuläre«, Arch+ 119/120, Die Architektur des Ereignisses, Berlin, Dez. 1993 L Rudolf von Laban, Die Kunst der Bewegung, Wilhelmshaven 1996. Orig. 1950 • Rudolf von Laban, Kinetografie-Lananotation. Einführung in die Grundbegriffe der Bewegungs-und Tanzschrift, Wilhelmshaven, 1955/1995 • Jacques Lacan, Schriften I, Olten 1973, Orig. 1966 • Jacques Lacan, Das Drängen des Buchstabens im Unbewussten oder die Vernunft bei Freud, Schriften II, Olten 1975, Orig. 1966 • Jacques Lacan, Die vier Grundbegriffe der Psychoanalyse, Berlin 1987, Orig Paris 1973 • Jacques Lacan, Das Seminar. Buch 20: Encore 1972-/3, Weinheim/Berlin 1986, Orig. 1975 • Manuel DeLanda, »Nonorganic Life«, in: Jonathan Crary; Sanford Kwinter (eds.), Incorporations, New York 1992, S. 129–167 • Manuel DeLanda, »Extensive Borderlines and Intensive Borderlines«, in: Maggi Toy (ed.) Architectural Design Vol. 69, No. 7-8/1999, S. 78–79 • Dieter Landers; Lothar Rogge, Nichtstandard Analysis, Berlin, Heidelberg, New York 1994 • Bruno Latour, Science in Action, Cambridge/ MA 1986 • Bruno Latour; Steve Woolgar, Laboratory Life. The Social Construction of Laboratory Facts, London 1979, als Einführung: Ian Hacking. Einführung in die Philosophie der Naturwissenschaften, Stuttgart 1996, Orig. 1983 • Liane Lefaivre, »Dirty Realism in der Architektur. Den Stein steinern machen«, Archithese Nr. 1, 1990, S. 15–21 • Henri Lefèbvre, The Production of Space, Oxford/UK, Cambridge/USA, 1991, Orig. 1974 • Henri Lefèbvre, Die Revolution der Städte, München 1972, Orig. 1970 • Henri Lefèbvre; (E. Kofman; E. Lebas, eds.),Writing on Cities, London 1996 ± Hans-Jürgen Lehnhart, »Urbanisierte Folklore, Brasiliens Popmusik im Zeichen der Globalisierung«, in: Kulturindustrie. Kompaktes Wissen für den Dancefloor, Testcard 5, Beitrage zur Popgeschichte, S. 124–135 • Gottfried Wilhelm Leibniz, Monadologie, Reclam Stuttgart, 1998, Orig. 1714 • Stanislaw Lem, Solaris, Frankfurt a. M. 1975 • Stanislaw Lem, Phantastik und Futurologie I+II, Frankfurt a. M. 1977/1984, Orig. 1964 • Timothy Lenoir: »Descartes and the Geometrization of Thought: The Methodological Background of Descartes Geometrie«. HM 6 (1979, S. 355–379 • Lars Lerup: »Stim&Dross; Rethinking the Metropolis«, Assemblage 25, MIT 1995, S. 82–101 • Marcel Lesieur, Turbulence in Fluids, Dordrecht, Boston, London, 1987 (3th enlarged Ed. 1997) • Claude Lévi-Strauss, Das wilde Denken, Frankfurt a. M. 1968/1989, Orig. 1962 • Claude Lévi-Strauss, Mythologica I. Das Rohe und das Gekochte, Frankfurt a. M. 1976, Orig. 1964 • Kurt Lewin, Feldtheorie, C.-F. Gaumann (hg.) Werkausgabe Band 4, Stuttgart 1982 • Kurt Lewin: Feldtheorie in den Sozialwissenschaften, Ausgewählte theoretische Schriften (Dorwin Cartwright, hg.) Bern, Stuttgart, 1963 • Kurt Lewin, »Kriegslandschaft«, Zeitschrift für angewandte Psychologie, 12 (1917), S. 440–447 • Peirce F. Lewis, »Axioms for Reading the Landscape. Some Guides to the American Scene«, in: D. W. Meinig; J. B. Jackson, The Interpretation of the Ordinary Landscape, Oxford/UK. 1979, Orig. 1976, S. 13–28 • Daniel Libeskind, Radix-Matrix. Architekturen und Schriften, München New York 1994 • Gerhard J. Lischka, Splitter, Ästhetik, Bern 1993 • I. Logan; D. P. M. Willis; N. J. Avis, »Deformable Objects in Virtual Environments«, SIG Conference, Silicon Graphics Reality Centre, Theale Reading, U. K. 1. 12. 1994, Preprint • Bart Lootsma, »Toward an architecture of entrapment. Recent Work of Diller+Scofidio«, Archis 8/1996, S. 45–53 • Laurance Louppe (ed.), Traces of Dance, Paris, New York 1994, Orig. 1991, darin: Interview mit R. Thom • Laurance Louppe (ed.), Traces of Dance, Paris, New York 1994 Orig. 1991. darin: Gespräch zwischen L. Louppe; D. Dobbels und Paul Virilio • Christoph Luchsinger, »Urbanität, Funktionalität; Wirklichkeit oder Simulakrum? Fragmentierung des Raumes«, Werk, Bauen&Wohnen 12/1999 • Karlheinz Lüdeking, »Zwischen den Linien. Vermutungen zum aktuellen Frontverlauf im aktuellen Bilderstreit«, in: Gottfried Böhm, Was ist ein Bild?, München 1994 • Niklas Luhmann, Soziale Systeme. Grundsriss einer allgemeinen Theorie, Frankfurt a. M. 1984 • Niklas Luhmann, »Territorial Borders as System Boundaries«, in: R. Strassolo; G. DelliZotti, Cooperations and Conflict in Border Areas, Milano 1982, S. 237–244 • Niklas Luhmann, Erkenntnis als Konstruktion, Bern 1988 • Niklas Luhmann, Die Realität der Massenmedien, Opladen 1996 • Greg Lynn, »Form and Field«, in: C. Davidson (ed.), Anywise, New York 1996, S. 92–99 • Greg Lynn; »The Renewed Novelty of Symmetry, dt.: Das erneuerte Neue der Symmetrie«, Arch+ Nr. 128, Sept 1995, S. 48–54 • Greg Lynn, »Architectural Curvilinearity: The Folded, the Pliant and the Supple«, in: Ders.(ed) Folding in Architecture, AD Profile No. 102, London 1993 • Greg Lynn, »An Advanced Form of Movement«, in: Peter Davidson; Donald L.Bates, Architecture after Geometry, AD Profile No. 127, Vol. 67, 5/6 London 1997, S. 54 • Greg Lynn, »Blobs, or Why Tectonics is square and Topology is Groovy«, ANY 14 /1996, S. 58ff. und in: Berlage Papers Nr. 18 Amsterdam 1996 • Jean-Francois Lyotard, Das Postmoderne Wissen. Ein Bericht, Bremen 1982, Graz 1986, Orig. Paris 1979 • Jean-Francois Lyotard, »The City Must be Entered by Way of its Outskirts«, in ANY12/1996, S. 41ff., Orig. in: Ders. »Moralités Postmoderne« Paris, 1993, dt.: Ders. »Zone«, in: Ursula Keller (hg.), Perspektiven metropolitaner Kultur, Frankfurt a. M. 2000, S. 119–129 M Rowland Mainstone: Developements in Structural Form, Cambridge/MA 1975 • Robert Markley, »Boundaries: Mathematics, Alienation, and the Metaphysics of Cyberspace«, Configurations, A Journal of Literature, Science and Technolgy, Bd. 2/3:, Baltimore 1994, S. 485–507 • Greil Marcus, Lipstick Traces. Von DADA bis Punk – Kulturelle Avantgarden und ihre Wege aus dem 20. Jahrhundert, Hamburg 1992, Orig. 1989 • Jerrold E. Marsden; Thomas J. R. Hughes, Mathematical Foundations of Elasticity, New York 1983/1993 • Roy Martinez, The Very Idea of radical Hermeneutics, New Jersey, 1997 • Pierangelo Maset, Ästhetische Bildung der Differenz, Kunst und Pädagogik im technischen Zeitalter, Stuttgart 1995 • Brian Massumi, »Sensing the Virtual, Building the Insensible«, in: Stephen Perella, Hypersurface Architecture, AD Profile No. 133, Vol. 68, 5/6, London 1998 • D. L. Maulsby; K. A. Kittlitz, I. H. Witten, »Constraint-Solving in Interactive Graphics: A User-Friendly Approach«, in: R. A. Earnshaw, B. Wyvill (eds.) New Advances in Computer Graphics, Proceedings of CG Int. 89, Berlin, Heidelberg,

New York 1989, S. 305–317 • Marshall McLuhan, Magische Kanäle. Understanding Media, Dresden, Basel 1968/1994, Orig. 1964 • Marshall McLuhan, Medien Verstehen, der McLuhan-Reader, Mannheim 1997, darin: »Formen der Wahrnehmung«, Orig. »Through the Vanishing Point«, New York 1968 • Robert McAnulty, »Body Troubles«, in: John Whiteman; Jeffrey Kipnis; Richard Burdett (eds.) Strategies in Architectural Thinking, Cambridge/MA 1992, S. 180–197 • Karl Menger, »What is Dimension?«, American Mathematical Monthly 50, Bd. 50, 1943, S. 2–7 • Herbert Mehrtens, Moderne Sprache Mathematik, Frankfurt a. M. 1990 • Martina Merz; Karin Knorr Cetina, »Deconstruction in a ›Thinking Science‹: Theoretical Physicists at Work«, Preprint CERN-TH. 7152/94, January 1994 • Wolfgang Metzger, Gesetze des Sehens, Frankfurt a. M. 1936 • Bernd Meurer (hg.), Die Zukunft des Raumes, Frankfurt a. M., New York 1994 • Maurice Merleau-Ponty, Das Sichtbare und das Unsichtbare, München 1986 • Harald Mey, Studien zur Anwendung des Feldbegriffs in den Sozialwissenschaften, München 1965 • Harald Mey: »Sozialwissenschaftliche Feldtheorie im Rückblick – Betrachtungen angesichts der Wiederentdeckungen von ganzheitlicher Selbstorganisation und Enwicklungsdynamik gleichgewichtsferner Systeme«, in: Inst. f. Soziologie RWTH Aachen 1988, S. 101–115 • Diane P. Michelfelder; Richard E. Palmer (eds.), Dialogue and Deconstruction. The Gadamer-Derrida Encounter, New York 1989 • Gavin S. P. Miller, »The Motion Dynamics of Snakes and Worms«, in SIGGRAPH 88 Computer Graphics Atlanta Vol. 22, No. 4, August 1988, S. 169–178 • R. E. Mills, J. Serra(eds.) Geometric Probability and Biological Structures, Berlin, Heidelberg, New York 1978 • John Milnor, Morse Theory. (Based on Lecture Notes by M. Spivak, and R. Wells) Princeton New Jersey 1963 • Liu Ying-Ming; Luo Mao-Kang, »Fuzzy Topology, Advances in Fuzzy Systems – Applications and Theory« Vol. 9, World Scientific, Singapore, New Jersey, London, Hongkong 1997 • William J. Mitchell, City of Bits. Leben in der Stadt des 21. Jahrhunders, Boston, Basel, Berlin 1996, Orig. 1995 • H. K. Moffatt; G. M. Zaslavsky; P. Comte; M. Tabor, Topological Aspects of the Dynamics of Fluids and Plasmas, Dordrecht, Boston, London 1992 • Annemarie Mol; John Law, »Regions, Networks and Fluids: Anaemia and Social Topolgy«, Social Studies of Science (SAGE, London), Vol. 24 (1994) S. 641–171 • Rafael Moneo, »On Typology«, Oppositions 13, Summer 1978 • Michael Mönninger, »Die Stadt als Rettung«, Werk, Bauen&Wohnen 3/1997 • Bruce Morrissette, »Topology and the French Nouveau Roman«, Boundary 2, Bd. 1, 1972, S. 45–57 • Marston Morse; Stewart S. Cairns, Critical Point Theory in Global Analysis and Differential Topology, London 1969 • Lewis Mumford, Megalopolis, Gesicht und Seele der Grosstadt, Wiesbaden 1951 • Robert Musil, Der Mann ohne Eigenschaften, Reinbeck bei Hamburg 1952/1987 • Stefan Mussil, »Wahrheit und Methode«, in: H. de Berg; M. Prangel (hg.) Differenzen, Systemtheorie zwischen Dekonstruktion und Konstruktivismus, Basel/Tübingen 1995 **N** Mihai Nadin, »Can Field Theory be Appilied to the Semiotics of Communication?« Communications: The European Journal of Communication, Berlin 1986, Bd. 12, Heft 3. S. 61–78 • Ludwig Nagel, Pragmatismus, Frankfurt a. M., New York 1998 • Armin Nassehi, »Différend, Différence und Distinction. Zur Differenz der Differenzen bei Lyotard, Derrida und in der Formenlogik«, in: H. de Berg; M. Prangel (hg.) Differenzen, Systemtheorie zwischen Dekonstruktion und Konstruktivismus, Basel/Tübingen 1995 • Christiaan L. Hart Nibbrig, Was heisst »Darstellen«?, Frankfurt a. M. 1994 • Macos Novak, »Liquid Architectures in Cyberspace«2, in: Michael Benedict (ed.), Cyberspace, first steps, Cambridge/MA 1991 • Marcos Novak, »TransTerraFirma: After Territory«, http://www.arch.carleton.ca. 1999 • Helga Nowotny, Es ist so. Es könnte auch anders sein, Frankfurt a. M. 1999 • NOX Architekten, Maurice Nio, Lars Spuybroeck, »Waterpavillon

Neeltje Jans: X and Y and Z – a manual«, Archis 11/1995 O Kas Oosterhuis Architekten, »Liquid Architecture, Waterpavillon Neeltje Jans/Zeeland«, Archis 11/ 1995, S. 26–29 • Arjen Oosterman, »Möbius House. Images make the man«. Archis Nr. 4 April 1999, S. 64–65 P Stephen Perella, »Hypersurface Theory: Architecture><Curlture«, in: Ders. (ed.) Hypersurface Architecture, AD Profile No. 133, S. 11 • Erwin Panofsky: Perspective as Symbolic Form, New York 1991, Orig. Leipzig, Berlin 1927 • Talcott Parsons: »A Paradigm for the Analysis of Social Systems and Change« (Orig. 1961), in: N. J. Demerath; R. A. Peterson, System, Change and Conflict, New York 1967 • Talcott Parsons, »Winston White, Commentary on: The Mass Media and the Structure of American Society«, Journal of Social Issues 16 (1960) S. 67–77 • Grodon Pask, »The Architectural Relevance of Cybernetics«, AD Architectural Design 9/1969, S. 494–496 • Roger Penrose; The Emporar's New Mind, Oxford/UK, London 1989/1990 • A. E. Perry; M. S. Chong, »A description of eddying motions and flow patterns using critical-point concepts«, Ann. Rev. Fluid Mech. 1987.19: S. 125–155 • A. E. Perry; M. S. Chong; B. J. Cantwell, »A general classificatin of three dimensional flow fields«, Physics of Fluids Annual, Vol. 2, Nr. 5, May 1990, S. 765–777 • Niklaus Pevsner, A History of Building Types, London 1976 • Chris Philo, »Foucaults Geography«, Environment and Planning D: Society and Space, 1992, Vol. 10, S. 137–161 • Jean Piaget; Bärbel Inhelder, Die Entwicklung des räumlichen Denkens beim Kinde, Stuttgart 1971 • Pierre Pinon, »Urban Cartography between the Informal and the Visible«, in: George Teyssot, World Cities and the Future of the Metropolis, Trienale XVII, Milano 1988, S. 114–118 • Klaus Podak, »Splitter einer explodierenden Welt«, Süddeutsche Zeitung, SZ am Wochenende, Sa/So 16/17. 8. 97, Nr. 187, S. I • Henri Ponicaré, La Science et l'hypothese, Paris 1902, (dt. Wissenschaft und Hypothese, München 1906) • Albert Pope, Ladders, Princeton, New York 1996 • Steve Pile, The Body of the City, London 1996 • Chris Philo, »Foucaults Geography«, Environment and Planning D: Society and Space, 1992, Vol. 10. S. 137–161 • Andrew du Plessis; Terry Wall, The Geometry of Topological Stability, Oxford/UK 1995 • Karl R. Popper, Die offene Gesellschaft und ihre Feinde, Bern 1957, Tübingen 1992, Orig. 1945 • Karl R. Popper, Objektive Erkenntnis; Ein evolutionärer Entwurf, Hamburg, 1973/1984, hier Paperback 1993, Orig. Objective Knowledge, Oxford 1972 • Karl R. Popper; John C. Eccles, Das Ich und das Gehirn, München 1977, 1989, 1997, Orig. 1977 • Ulf Poschardt, »Welcome in the Realworld«, in: Paolo Bianchi (hg.), Art&Pop&Crossover I+II, Kunstforum Nr. 134/135, 1996, S. 119–131 • Luigi Prestinenza Puglisi, HyperArchitecture. Spaces ind the Electronic Age, Basel, Boston, Berlin 1999, Orig. 1998 • Mathias Prangel, Kontexte – aber welche? Mit Blick auf einen systemheoretischen Begriff »objektiven Textverstehens«, in: H. de Berg; M. Prangel (hg.) Differenzen, Systemtheorie zwischen Dekonstruktion und Konstruktivismus, Basel/Tübingen 1995 • Ilya Prigogine; IsabelleStengers, Das Paradox der Zeit. Zeit Chaos Quanten, München 1993 • Ilya Prigogine; IsabelleStengers, Order out of Chaos, London, Glasgow 1984/1990, Orig. 1984 Q Boto v. Querenburg, Mengentheoretische Topologie, Heidelberg, Berlin, New York 1973 R Jonathan Raban, Soft City, London 1988, dt: K. Schützhofer, hier in: Perspektiven; Int. Stud. Zeitung, Nr. 29, Okt. 96, S. 32 • John Rajchman, »Perklikationen: über Raum und Zeit des Rebstockparkes«, in: Peter Eisenman, Unfolding Frankfurt, Berlin 1991 • Ib Ravn (hg.), Quarks, Chaos und schwarze Löcher. Das ABC der neuen Wissenschaften, München 1995 • Franco Rella, »The Myth of the Other: Lacan, Foucault, Deleuze, Bataille«, Post Modern Position Series Vol. 7, Maisonneuve Press 1994 • G. F. Bernhard Riemann; Über die Hypothesen, welche der Geometrie zu Grunde liegen (Habilitationsschrift 1854), Abhandl. Kgl. Ges. Wiss. zu Göt-

tingen 13 (1868) • Dagmar Reichert (Hg.), Räumliches Denken, Zürich 1996 • Manfred Riedel, Für eine Zweite Philosophie, Frankfurt a. M. 1988 • Jürgen Ritsert, Kleines Lehrbuch der Dialektik, Darmstadt 1997 • David Robbins, The Independent Group: Postwar Britain and the Aestethics of Plenty, Cambridge/MA, London/UK 1990 • Justin Roberts, »Kirby Calculus in Manifolds with Boundary«, Preprint: Math. GT/9812086, 15. Dec. 1998, Department of Mathematics, University of California, Berkley/CA • Felicidad Romero-Tejedor, Holger van den Boom, ›Systemtopologie‹: vom Konzept zum Entwurf. Über eine Schwierigkeit in der Designdidaktik. in: Öffnungszeiten Nr. 8, Braunschweig 1999, S. 9-13 • Felicidad Romero-Tejedor, Der Begriff der ›Topologie‹ nach Jean Piaget und seine Bedeutung für den Designprozess, in: Öffnungszeiten, Nr. 9/1999, Braunschweig 1999, S. 11-18 • Richard Rorty, Eine Kultur ohne Zentrum. Vier philosophische Essays, Stuttgart 1993, Orig. 1991 • Gilian Rose, »The Interstitial Perspective: A Review Essay on Homi Bhabha's The Location of Culture«, in Environment and Planning D: Society and Space 13 (1995) S. 367 • Aldo Rossi, Die Architektur der Stadt, Skizze zu einer grundlegenden Theorie des Urbanen, Düsseldorf 1973, Orig. 1966 • Aldo Rossi, Die venedischen Städte, ETH Zürich Skript, Zürich Mai 1978 • Aldo Rossi, Vorlesungen, Aufsätze. Entwürfe, Zürich 1974 • Otto E. Rössler, Endophysik, Die Welt des inneren Beobachters, Berlin 1992, Nr. 164 • Brian Rotman, Signifying Nothing. The Semiotics of Zero, London 1987 • Florian Rötzer, Die Telepolis, Urbanität im digitalen Zeitalter Mannheim 1995 • Sophie Roulet; Sophie Soulié, Toyo Ito. L'Architecture de l'éphèmere, Paris 1991 • C. P. Rourke; B. J. Sanderson, Introduction to Piecewise-Linear Topology, Berlin, Heidelberg, New York 1982 • Bertrand Russel, Das ABC der Relativitätstheorie, Reinbeck bei Hamburg, 1972 • Colin Rowe; Fred Koetter, Collage City, Basel, Boston, Berlin 1984/1992, Orig. 1978 • Arie de Ruijter, Claude Lévi-Strauss, Frankfurt a. M. 1991 S Irénée Scalbert: »The Formless in Architecture. The house of the future by A.+P. Smithson«, Archis 9/1999 • Henning Schmidgen, Das Unbewusste der Maschinen. Konzeptionen des Psychischen bei Guattari, Deleuze und Lacan, München 1997 • Leonie Sandrock, »The Right to the City and the Right to Difference«, in: Ders. »Cities of (In)difference and the challang for Planning«,ORL-Institut ETHZ, DISP 140, 1/2000, S. 7-15 • Jean-Paul Sartre, Das Sein und das Nichts, Versuch einer phänomenologischen Ontologie. Hamburg 1993, Orig. Paris 1943 • Saskia Sassen, The Global City: New York, London, Tokyo, Princeton/New York 1991 • Saskia Sassen, Metropolen des Weltmarktes, Die neue Rolle der Global Cities, Frankfurt a. M. 1996, Orig. 1994 • Sasskia Sassen, »Wirtschaft und Kultur in der Globalen Stadt«, in Bernd Meurer (hg.) Die Zukunft des Raumes, Frankfurt, New York 1994 • Saskia Sassen, »Global City – Hierarchie, Maßstab, Zentrum«, in: Hitz, Keil, Lehrer, Ronneberger, Schmid, Wolff (hg.): Capitales Fatales, Zürich 1995 • Ferdinand de Saussure, Grundlagen der allgemeinen Sprachwissenschaft, Berlin 1967 • Lothar Schäfer, Karl R. Popper, München 1996 • Norbert Schneider, Erkenntnistheorie im 20. Jahrhundert, Reclam Stuttgart 1998 • Thomas L. Schumacher, »Contextualism: Urban Ideals and Deformations«, in: Kate Nesbitt (ed.), Theorizing A New Agenda for Architecture. An Anthology of Architectural Theory 1965-1995. Princeton/New York 1996, S. 294-307 Orig: Ders. »Contextualism, Urban Ideals and Deformations«, Casabella No. 359/360 (1971): 79-86 • Ulrich Schwarz, »Emergenz und Morphogenese. Zum Verhältnis von aktueller Architektur und neuem naturwissenschaftlichen Denken«, in: Barbara Steiner; Stephan Schmidt-Wulffen, In Bewegung. Denkmodelle zur Veränderung von Architektur und bildender Kunst, Hamburg 1994 • Ulrich Schwarz: Vom »Ort« zum »Ereignis«, in: Werk, Bauen & Wohnen, Nr. 12, Dez. 1999, S. 50-57 • Markus Schwingel, Bourdieu zu Einführung,

Hamburg 1995 • Denis Scott Brown, »Learning from Pop«, Casabella, Dez. 1971, Nr. 359-360 • Denis Scott Brown, »On Pop Art, Permissivness, and Planning«, AIP Journal May 1969, S. 184-186 • Geoffey Scott, Architecture of Humanism, Glaucester 1914 • Ute Seiderer (hg.) Panta rhei. Der Fluss und seine Bilder, Leipzig 1999 • Gottfried Semper, Die vier Elemente der Baukunst, Ein Beitrag zur vergleichenden Baukunde, Braunschweig 1851, S. 57ff., hier aus: Hanno-Walter Kruft, Geschichte der Architekturtheorie, München 1985/1995, S. 357 • Michel Serres, Hermes IV, Verteilung, Berlin 1993, Orig. 1977 • Michel Serres, Les Origines de la Géométrie, Paris 1993 • Michel Serres, Die fünf Sinne. Eine Philosophie der Gemenge und Gemische, Frankfurt a. M. 1998, Orig. 1985 • Michel Serres, Der Parasit, Frankfurt a. M. 1981, 1987, Orig. 1980 • Graham Shane, »Contextualism«, Architectural Design/ AD Nr. 11 1976, S. 676-679 • Yoshihisa Shinagawa; Tosiyasu L. Kunii; Yannick L. Kergosien, »Surface Coding Based on Morse Theory«, IEEE Computer Graphics & Applications, Sept. 1991, S. 66-78 • Thomas Sieverts, Zwischenstadt, zwischen Ort und Welt, Raum und Zeit, Stadt und Land, Braunschweig 1997 • Georg Simmel, Über räumliche Projektionen socialer Formen, in: Ders. Gesamtausgabe Frankfurt a. M. 1995, Bd. 1 • Camillo Sitte, Der Städte-Bau nach seinen künstlerischen Grundsätzen, Reprint: Braunschweig, Wiesbaden 1983, Orig. Wien 1889 • Viktor Sklovsky, Die Kunst als Verfahren (1916), in Texte der russischen Formalisten, 1. Bd., München 1969 • Peter Sloterdijk, Sphären I. Blasen, Frankfurt a. M. 1998 • Stephen Smale, »Differentiable Dynamical Systems«, Bulletin of the American Mathematical Society Bd. 73, 1967, S. 747-817 • Ceril S. Smith, »The Shape of Things«, Scientific American No: 190 (January 1954), S. 58-64 • Alison & Peter Smithson (eds.) »Team X Primer 1953-62« Architectural Design, May AD Nr. 12 dez. 1962. S. 175-205, reprinted: »Team 10 Primer«, Cambridge/MA 1968 • Alison & Peter Smithson (eds.), »The Work of Team X«, in: Architectural Design AD Nr. 8, aug. 1964 • Alison & Peter Smithson, »The ›As Found‹ and the ›Found‹« in: David Robbins, The Independent Group: Postwar Britain and the Aestethics of Plenty, Cambridge/MA, London/UK, 1990 • Alison & Peter Smithson, »Where to walk and where to ride in our bouncy new cars and our shiny new clothes« (1967), in: Ders., The Emergence of Team X out of CIAM, (Architectural Association) London 1982 • Peter Smithson, »The Slow Growth of Another Sensibility: Architecture as Townbuilding«, in: James Gowan (ed.) A continuing Experiment, Learning and Teaching at the Architectural Association, Architectural Press, London 1975, S. 58ff. • Robert Smithson, »Mapscape or Cartographic Sites«, in: Paolo Bianchi; Sabine Folie, Atlas Mapping, Wien 1997 • Edward W. Soja, Postmodern Geographies: The Reasseration of Space in Critical Social Theory, London New York 1989/1994 • Edward W. Soja, Thirdspace. Journey to Los Angeles and other Real-and-Imagined Places, Malden/MA, Oxford/UK 1996 • Alan Sokal; Jean Bricmont, Eleganter Unsinn. Wie Denker der Postmoderne die Wissenschaften missbrauchen. München 1999, Orig. 1997/98 • Philippe Sollers, Writing and the Experience of Limits, New York 1983, Orig. 1968 • Jonathan D. Spence, The Memory-Palace of Matteo Ricci, London Boston 1993/1995 • George Spencer Brown, Laws of Form, London 1969/New York 1977, dt. Ders. (Thomas Wolf, Überetzer) Gesetze der Form, Lübeck 1997 • Michael Spivak, Calculus on Manifolds, New York 1965 • Lars Spybroek, »Flüssige Form, SüssH2OeEXPO, Zeeland 1993-1997«, Arch+ 138, Oktober 1997, S. 70 • Lars Spuybroek, »Motorische Geometrie«, Arch+ Nr. 138, Okt. 1997, S. 68 • Lynn Arthur Steen; J. Arthur Seebach Jr., Counterexamples in Topology, New York 1970, 1978 • Norman Steenrod, The Topology of Fibre Bundles, Princeton, 1951 • Achim Stephan, »Emergence – A Systematic View on its Historical Facets«, in: Ansgar Beckermann; Hans

Flohr; Jaegwon Kim (eds.) Emergence or Reduction? Essays on the Prospect of Nonreductive Physicalism, Berlin New York 1992 • Ian Stewart, Spielt Gott Roulette? Chaos in der Mathematik, Basel Boston Berlin, 1990 • Ian Stewart, »The Topological Dressmaker«, Scientific American, Bd. 269, July 1993 S. 93–96 • Manfred Stöckler, »Emergenz. Bausteine für eine Begriffsexplikation«, Conceptus XXIV (1990), Nr. 63, S. 7–24 • M. Strauss; »Modern Physics and its Philosophy«, Selected Papers in the Logic, History, and Philosophy of Science, Synthese Library, Boston 1972 • Héctor J. Sussmann; Raphael S. Zahler, »Catastrophe Theory as Applied to the Social and Biological Sciences: A Critique«, Synthese 37 (1978), S. 117–216 T A. E. Taylor, A Commentary on Plato's Timaeus, Oxford 1928 • Georges Teyssot, »The Mutant Body of Architecture«, in: Elizabeth Diller; Ricardo Scofidio, Flesh. Architectural Probes, Princeton New York 1994 • Thom René, Structural Stability and Morphogenesis, New York 1972/1989, Orig. 1972 • René Thom, »Quelques propriétes globales des variétés différentiables«, Comm. Math. Helv. 28 (1954), S. 17–86 • René Thom: »Worüber sollte man sich wundern?«, in: K. Maurin; K. Michalski; E. Rudolph (Hrsgs), Offene Systeme II, Stuttgart 1981 • Thompson, Ideology and Modern Culture, Critical Social Theory in the Era of Mass Communication, Standford/CA 1990 • Michael Thompson, Die Theorie des Abfalls. Über die Schaffung und Vernichtung von Werten, Stuttgart 1981, Orig. 1979 • Maria Thodorou, »Space as Experiance: Chore/Choros«, AA Files 34, London 1997, S. 45–55 • Murray Tobak; David J. Peake, »Topology of three-dimensional separated flow«, Ann. Rev. Fluid. Mech. 1982, 14: S. 61–85 • Maggie Toy (ed.), Periphery, AD Profile No. 108, London 1994 • George S. Trow, Within the Context of No Context, New York, Boston, Toronto 1978/1980/1981 • Bernard Tschumi, »The Architectural Paradox«, in: Ders. Architecture and Disjunction, Cambridge/MA, 1994, Orig. 1975, S. 27–52 • Bernard Tschumi, »Zu einer Theorie der Disjunktion in der Architektur«, Archithese 2/1989, S. 39–40 • Bernhard Tschumi, »Die Aktivierung des Raumes«, Arch+ 119/120/12-93, S. 70/71 • Bernard Tschumi, The Manhatten Transcripts. A Theoretical Project, London 1981/1994 • Bernhard Tschumi: »The architectur of the event«, AD P 95, Vol. 62, 1992 London, S. 26 • Bernard Tschumi, »Six Concepts in Contemporary Architecture«, in: A. Papadakis (ed.), On Theory and Experimentation, Academy Editions, London 1993, S. 13–19 • Christoph Türcke, Vermittlung als Gott, Lüneburg 1994 • Viktor Turner, Das Ritual. Struktur und Anti-Struktur, Frankfurt a. M. 1989, Orig. 1962 • Viktor Turner, »Das Liminale und das Liminoide in Spiel, »Fluss« und Ritual«, in: Ders. Vom Ritual zum Theater. Der Ernst des menschlichen Spiels. Frankfurt a. M. 1989/1995, Orig. 1982 • James Turrell, Mapping Spaces. A Topological Survey of the Work by James Turrell, New York, 1987 • William P. Thurston, Three-Dimensional Geometry and Topology, Princeton New Jersey 1997 • Christoph Türke, Gott als Vermittlung, Kritik des Didaktik-Kultes, Lüneburg 1994 • Alexander Tzonis; Liane Lefaivre, Architektur in Europa seit 1968, Frankfurt a. M. 1992, Orig. 1992 U Oswald M. Ungers, Morpologie. City Metaphors, Köln 1982 • Oswald Mathias Ungers, »Cities within the City«, Lotus 19, 1978, S. 82–97 V Tomas Valena, Beziehungen. Über den Ortsbezug in der Architektur, Berlin 1994 • Jacques Valin, »Transversales«, Science/Culture Vol. 29, No. 9 (June 1991) • Raoul Vaneigem, »Anmerkungen gegen den Urbanismus«, in: Situationistische Internationale 1958–1969, Gesammelte Ausgaben des Organs der Situationistischen Internationalen, Bd. 1: Nr. 1–7, Hamburg 1976, Bd. 2: Nr. 8–12, Hamburg 1977, S. 240–245 • Mathias Varga von Kibéd; Rudolf Matzka, »Motive und Grundgedanken der ›Gesetze der Form‹« in: Dirk Baecker, Kalkül der Form, Frankfurt a. M. 1993 • Gianni Vattimo; Pier Aldo Rovatti, Il Pensiero Debolo, Mailand 1983 • Gianni Vattimo, Das Ende der Moderne, Stuttgart 1990 • Gianni Vattimo, Jenseits vom Subjekt, Nitetzsche, Heidegger und die Hermeneutik. Graz, Wien, 1986, Orig. 1985 • Gianni Vattimo, »Metropolis and Hermeneutics: An Interview«, in: Georges Teyssot (ed.) World Cities and the Future of the Metropolis,Triennale XVII, Milano 1988 • Robert Venturi; Denis Scott Brown, »Interview with Robert Maxwell«, in: Andreas Papadakis, Pop Architecture. A Sophisicated Interpretation of Popular Culture, AD Profile 98, London 1992, S. 14 • Robert Venturi; Denis Scott Brown, View from the Campidoglio, New York 1984 • Robert Venturi; Denis Scott Brown; Charles Izenour, Learning from Las Vegas/Lernen von Las Vegas, Zur Ikonographie und Architektursymbolik der Geschäftsstadt, Braunschweig/Wiesbaden, 1979, Orig. 1972 • Anthony Vidler, The Architectural Uncanny Cambridge/MA, 1994 • Anthony Vidler, »The Idea of Type: The Transformation of the Academic Ideal, 1750–1830«, in: M. K. Hays (ed.), Oppositions Reader, Cambridge/MA 1998, S. 439–459 • Paul Virilio, »The Overexposed City«, in: Sanford Kwinter; Michael Feher (Eds.), Zone 1/2, New York 1986, S. 15–31 , Orig. »l'espace critique«, Paris 1984 siehe auch: Leil Leach (ed.), Rethinking Architecture, A reader in cultural theory, London New York 1997, S. 381–390 • Paul Virilio, »Ordnungen der Wahrnehmung«, Werk Bauen&Wohnen, Nr. 7/8, 1995, S. 18–21 • Paul Virilio, »Das dritte Intervall«, in: Ders. Fluchtgeschwindigkeit, Frankfurt a. M. 1999, Orig. 1995, S. 19–36 • Vitruv, Marcus Vitruvius Polllio, Baukunst. Zehn Bücher über die Architektur, (übersetzt von August Rode), Leipzig 1796, Basel 1987/1995 **W** Bernhard Waldenfels, Phänomenologie in Frankreich, Frankfurt a. M. 1987 • Makoto Sei Watanabe, »Urban Mapping«, Architektur und Bau Forum, 6/1998, S. 131–137 • Melvin Webber »The urban place and the non place urban realm«, in: M. Webber; J. Dyckmann, D. Foley; A. Guttenberg; W. Wheaton; C. Whurster (eds.), Explorations into Urban Structure, Philadelphia, 1964, S. 79–153 • Frank Webster, Theories of the Information Society, London, New York, 1995 • Shmuel Weinberger, The Topological Classification of Stratified Spaces, Chicago, London, 1994 • Thomas P. Weissert, »Stanislaw Lem and a Topology of Mind«, Science-Fiction Studies, No. 2 Volume 19 (1992), S. 161–166 • Wolfgang Welsch, Vernunft. Die zeitgenössische Vernunftkritik und das Konzept der transversalen Vernunft, Frankfurt a. M. 1996 • Wolfgang Welsch, Unsere postmoderne Moderne, Weinheim, 1988 • Wolfgang Welsch, »Städte der Zukunft – Architekturtheoretische und kulturphilosophische Aspekte«, in: Ders., Grenzgänge der Ästhetik, Stuttgart 1996 • D'Arcy Wentworth Thompson, »On Growth and Form«, Cambridge/UK, 1917/42/61, dt. Über Wachstum und Form, Basel 1973 • Sallie Westwood; John Williams, Imagining Cities. Scripts, Signs, Momory, London, New York, 1997 • Karin Wenz, Raum, Raumsprache und Sprachräume. Zur Textsemiotik der Raumbeschreibung, Tübingen 1997 • Benno Werlen, Gesellschaft, Handlung, und Raum. Grundlagen handlungstheoretischer Sozialgeographie, Stuttgart/Wiesbaden 1987 • Alan Wexelblatt, »Giving meaning to Place: Semantic Spaces«, in: M. Bennedikt, Cyberspace, First Steps, Cambridge/MA, 1991, S. 255–271 • Wheeler, The Physicists Conception of Nature, (J. Mehra, ed.), Dordrecht/NL 1973 • Hassler Whitney, »On singularities of mappings of Euclidean Space. Mappings of the Plane into the Plane«, Ann. Math., II Ser. 62 (1955) S. 374–410 • Alfred North Whitehead; Bertrand Russell, Principia Mathematica, Frankfurt a. M. 1994, Orig. 1925/1964, Vorwort von Kurt Gödel, darin S. X: Klassen von Paradoxien • Alfred North Whitehead, Der Begriff der Natur, Weinheim 1990, Orig. 1982 • Peter Wichens, »Nicht-Orte. Kulturtheorie im Hinblick auf Slavoj Zizek, Ernst Bloch, und Marc Augé«, in: Claudia Rademacher, Gerhard Schweppenhäuser (hg.) Postmoderne Kultur? soziologische und philosophische Perspektiven, Opladen 1997, S. 111–140 • Karin Willhem, »Die Stadt ohne Eigenschaften – wider die Propaganda einer globalen Amnesie«, in: G. Breuer (hg.), Neue Stadträume, Basel, Frankfurt a. M. 1998, S. 203-224 • Mark Williams, Road Movie - The Complete Guide to Cinema on Wheels, London 1982 • Peter Wilson, »Eurolandschaft«, in: R. Middleton (ed.) Architectural Association/The Idea of the City, London 1996, S. 102-104, Orig. dt. »Verstädterte Landschaft«, Aries 1995, Symposium 1993, S. 13 • Andrew Witkin, Michael Kass, »Spacetime Constraints«, in SIGGRAPH 88 Computer Graphics Atlanta Vol. 22, No. 4, August 1988, S. 159-169 • Lebbeus Woods, Radical Reconstruction, Princeton/New York, 1997 • Richard Saul Wurman, »Mapping and Cartography in Metropolitan Areas«, in: George Teyssot, World Cities and the Future of the Metropolis, Trienale XVII, Milano 1988, S. 122-127 • Beat Wyss: Die Welt als T-Shirt, Zur Ästhetik und Geschichte der Medien, Köln 1997 • G. Wyvill; C. McPheeters; B. Wyvill, »Datastructure of Soft Objects«, The Visual Computer, Vol. 2, Berlin, Heidelberg, New York, 1986, S. 227-234 Y Frances A. Yates, Gedächtnis und Erinnern, Mnematik von Aristoteles bis Shakespeare, Akademie Verlag 1994, Orig: The Art Of Memory, London 1966 Z Alejandro Zaera Polo, »Order Out of Chaos, The Material Organization of Advanced Capitalism«, in: Jonathan Woodroffe; Dominic Papa; Ian Macburneie (eds.), The Periphery, Architectural Design Profile No. 108, London 1994, S. 24-29 • Milan Zeleny, »What s Autopoiesis?« in Ders. Autopoiesis, A Theory of Living Organization, New York, Oxford 1981 • Slavoj Zizek, Die Pest der Phantasmen: Die Effizienz des Phantasmatischen in den neuen Medien, Wien 1997 • Slavoj Zizek, Liebe dein Symptom wie dich selbst, Berlin 1991 • Slavoj Zizek, Grimassen des Realen. Jacques Lacan und die Monströsität des Aktes, Köln 1993 • Slavoi Zizek, Mehr-Genießen. Lacan und die Populärkultur, Wien 1992 • Mario Zocca, Francesco Milizia e l'urbanistica del Settecento, Rom 1956

S. 83/84: Seifenblasen in Diarahmen

S. 106: Bibliothèque nationale de France, Paris, Dominique Perrault

S. 108/109: »Urban« Discount Kette, Hamburg

S. 113: Shopfront, Camden, London

S. 144/145: EZB-Projekt für Zürich, ETHZ

S. 208/209: Techno-Club »Tresor«, Berlin

 S. 210: Straßenszene, New York

 S. 212: Video-Endoskopie: »THE REST NEXT TIME – IT IS NEXT TIME«, 1992

 S. 214: »Window of the World«, Jean Nouvel, 19. Triennale di Milano, 1996

 S. 218/219: »Pulp City«, Craig Hodgetts&Ming Fung, 19. Triennale di Milano, 1996

 S. 222: Friedhof, Aldo Rossi, Modena

 S. 228/229: Plakatwand, Paris

 S. 235: Private Media Trash: TV, Ampifier, Gitarre, Microfon, Plugs

S. 272/273: »Fluid Dance«, Rom, 2001

S. 287: Berliner Mauer

S. 292: »Deathbed«, Kunstinstallation J. H., 1992

S. 297: »Museum des Steins«, Ulrich Rückriem, Dokumenta 8, Kassel, 1987

S. 301: Überwachungskamera Gauforum, Weimar

S. 302/303: Überwachungskamera Bauhaus-Universität Weimar

S. 305: »Urbaner Lattich«, Vortrag, Bauhaus-Kolloquium, Weimar, 1995

S. 338: »figure/ground«, EZB-Projekt für Zürich, ETHZ

 S. 348/349: Statione Termini, Rom

 S. 356/357: Marktszene, Triumfalo, Rom

 S. 359: Streetball, Tunis

 S. 366: Kompositions-Collage, Projekt Lehrter Bahnhof, Berlin

 S. 375/376: Ankerfeld, Lissabon

S. 418/419: Falten am Goethe Denkmal, Villa Borghese, Rom

S. 420: Guggenheim Museum, Bilbao, Frank O. Gehry

S. 423: Bank, Turin, Aldo Rossi

S. 425: Bank, Turin, Aldo Rossi

S. 430/431: »Folding-Sequence«, EZB-Projekt für Zürich, ETHZ

S. 434: Tinguely-Brunnen und Centre Pompidou, Paris

S. 438: Parc de la Villette, Paris, Bernard Tschumi

S. 445: »Delirium«, Peter Eisenman, 19. Triennale di Milano, 1996

S. 473: Bar Decke, EUR, Rom

 S. 488/489: Tevere Project J. H. 2001, UIA-Competition Water & Architecture

 S. 494: Luftabwehr Bunker/Flak-Türme, Wien

 S. 503: Werkbund-Sammlung Berlin, Martin Gropiusbau

Alle Bilder von J. H., S. 228/229 Susanne Ewald, S. 420 H. Huber